मंटो की प्रसिद्ध 51 कहानियाँ

मंटो

प्रभाकर प्रकाशन

HB ISBN: 978-93-67934-00-5
ISBN: 978-93-67931-84-4
eISBN: 978-93-67939-72-7

प्रकाशक: प्रभाकर प्रकाशन
प्लॉट नं.-63, प्रथम तल, मेन मदर डेयरी रोड
पांडव नगर, ईस्ट दिल्ली-110092
फोन: 011-40395855
वॉट्सऐप: +91 9319228272
ई-मेल: sales@pharosbooks.in
वेबसाइट: www.prabhakarprakashan.com

प्रथम संस्करण: 2025

मंटो की प्रसिद्ध 51 कहानियाँ
सहादत हसन मंटो

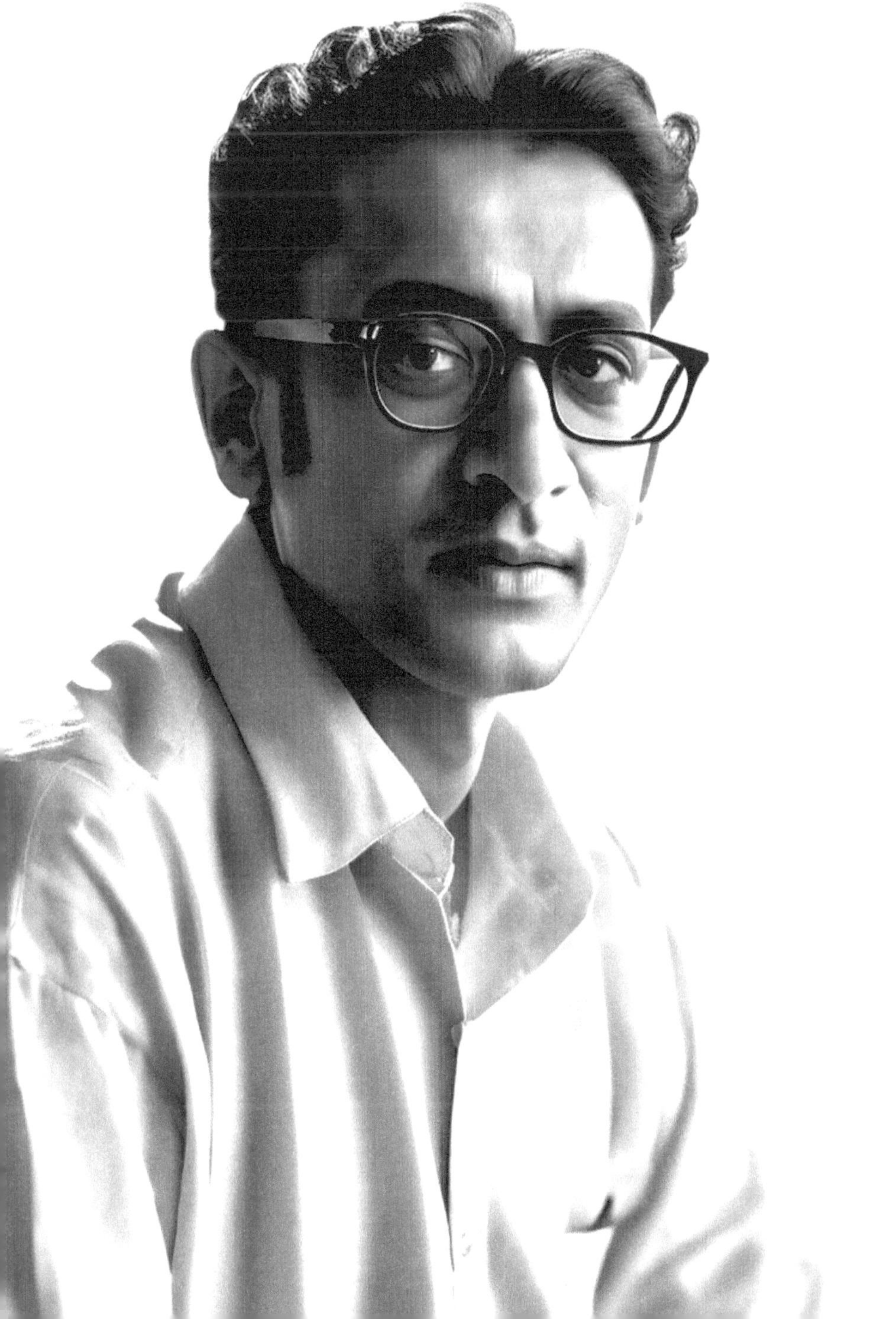

अनुक्रम

बी ज़मानी बेगम

'ज़मीन फट रही है, आसमान काँप रहा है, हर तरफ धुआँ है, आग के शोलों में दुनिया उबल रही है, जलजले आ रहे हैं...यह क्या हो रहा है?'

'तुम्हें मालूम नहीं?'

'नहीं तो!'

'लो सुनो...दुनिया भर को मालूम है।'

'क्या?'

'वही जमानी बेगम...वही मुई चड्डो...'

'हाँ हाँ, क्या हुआ उसे?'

'वही जो होता आया है...लेकिन इस उम्र में...? शर्म नहीं आयी बदबख़्त को।'

'यह बदबख़्त जमानी बेगम है कौन?'

'हाय...वही सिकन्दर की होती-सोती...मुई टख़याई चंगेज़ के पास रही, हलाकू की दाश्ता (रखैल) बनी, कुछ दिन उस लँगड़े तैमूर के साथ मुँह काला करती रही...वहाँ से निकली तो नैपोलियन की बगल में जा घुसी...अब यह मुवा हिटलर बाक़ी रह गया था!'

'तो अब क्या हिटलर के घर है?'

'बुआ, घर-घाट कैसा...निबाह हो सकता है कभी ऐसी औरत का!'

'तलाक हो गयी क्या?'

'तुम कैसी बातें करती हो बुआ...! तलाक तो तब हो, जो सहरे-जलवों की ब्याही हो...और फिर ऐसे मर्दों का भी क्या एतिबार है...दो दिन मज़े किये और चलो छुट्टी हुई।'

'तो अब क्या हो रहा है...यह फ़ज़ीहता किस बात का?'

'फ़ज़ीहता क्या है, पूरे दिनों से है...बच्चा पैदा होने वाला है।'

'तो फिर हो क्यों नहीं चुकता?'

'हाँ सच तो है...कोई पहलौठी का तो है नहीं।'

डॉक्टर आते रहे, लेकिन बी ज़मानी के बच्चा पैदा न हुआ—प्रसव-वेदना की लहरों में इज़ाफ़ा हो गया, ज़लजले और ज़्यादा ज़ोर से आने लगे, शोलों की ज़बानें और ज़्यादा तेज़ हो गयीं।

डॉक्टरों ने कॉन्फ्रेंस की, मेडिकल की सारी किताबें छानी—तय हुआ कि हामिला (गर्भवती) को तेहरान ले जाया जाये, वहाँ रूस के माहिर डॉक्टर को बुलाया जाये और उससे मशवरा किया जाये।

तेहरान में ख़ासतौर पर जल्दी-जल्दी एक मैटरनिटी होम तैयार किया गया—बी ज़मानी बेगम दर्द से तड़पती रही और दुनिया के तीन बड़े डॉक्टर मशवरा करते रहे।

एक बोला, 'साहेबान, इसमें कोई शक नहीं कि होने वाला बच्चा हमारा नहीं है, लेकिन इंसानियत के नाम पर हमें मरीज़ों को इस मुश्किल से निजात दिलानी ही पड़ेगी।'

दूसरा बोला, 'हम तीन बड़े डॉक्टर तीन मुख़्तलिफ़ क़िस्म के तरीक़ा-ए-इलाज के माहिर हैं...सबसे पहले ज़रूरत इस बात की है कि हम एक तरीक़ा-ए-इलाज पर सहमत हों। अगर ऐसा हो गया तो बी ज़मानी बेगम के बच्चा पैदा होना कोई मुश्किल नहीं।'

तीसरा बोला, 'बिलकुल दुरुस्त है...आइये, हम फ़ौरन यह नेक काम शुरू कर दें।'

तीनों तरीक़े मिलाकर एक नया तरीक़ा बनाया गया, जिस पर तीनों बड़े डॉक्टर मुत्तफ़िक़ (सहमत) हो गये।

दुनिया का चेहरा ख़ुशी से तमतमा उठा-मगर बी ज़मानी के बच्चा पैदा न हुआ।

'यह क्या हो रहा है...बच्चा पैदा क्यों नहीं हुआ अभी तक?'

'बच्चा तो पैदा हो रहा था, मगर उसे रोक दिया गया है।'

'क्यों?'

'डॉक्टर सोच रहे हैं कि उसे गोद कौन लेगा।'

'हूँ...तो फैसला क्या हुआ?'

'तुम कैसी बातें करती हो बुआ...ऐसे मामलों का इतनी जल्दी फैसला कैसे हो सकता है...ख़ैर छोड़ो इस क़िस्से को, कुछ-न-कुछ हो ही जायेगा....जिसके औलाद नहीं है, वह ग़रीब उसे गोद ले लेगा।'

औलाद हर एक के थी। किसी के चार बच्चे थे, किसी के पाँच और किसी के सात। अब फैसला कैसे हो।

एक और कॉन्फ्रेंस हुई, डम बार्टन ओक्स में।

एक और मेटरनिटी होम अफ़रा-तफ़री में बनाया गया। तीनों बड़े डॉक्टर वहाँ जमा हुए। हर एक ने सोचा, हर एक ने मामले की अहमियत समझने की कोशिश की।

बी ज़मानी बेगम बिस्तर पर पड़ी दर्द से कराहती रही।

एक बोला, 'साहेबान, हम औलाद वाले हैं...इस बच्चे के वुजूद के हम ज़िम्मेदार नहीं, लेकिन इंसानियत का तक़ाज़ा है कि हम इसकी पैदाइश में हर मुमकिन तरीक़े से मदद करें...आख़िर इसमें होनेवाले बच्चे का क्या क़ुसूर है।'

दूसरा बोला, 'हम डॉक्टर हैं। हमारा मज़हब दवा है...हम चाहें तो इस होने वाले अशुभ बच्चे को, जिससे हमारा कोई रिश्ता नहीं, एक फ़रमांबरदार, आज्ञाकारी, आज़ादी पसंद और इंसानियत दोस्त नौजवान बना सकते हैं।'

तीसरा बोला, 'बिलकुल दुरुस्त है...इस बच्चे की पैदाइश से दुनिया का एक बहुत बड़ा बोझ दूर हो जायेगा...हम डॉक्टर हैं। अपने फ़र्ज़ से हमें ग़ाफ़िल नहीं रहना चाहिए।'

आख़िर तय हो गया, एक और दस्तावेज़ पर अँगूठे भी लगा दिये गये कि होने वाले बच्चे को तीनों बड़े डॉक्टर गोद ले लेंगे और तीनों मिलकर उसकी परवरिश करेंगे।

लेकिन बी ज़मानी बेगम की तकलीफ़ फिर भी रफ़ा न हुई। वह पड़ी दर्द से कराहती रही।

'आख़िर यह मुसीबत क्या है?'

'कुछ समझ में नहीं आता?'

क़िस्सा यह है कि बच्चे को गोद लेने का तो फैसला हो गया है, लेकिन इस बी ज़मानी का भी तो कुछ बंदोबस्त होना चाहिए।'

'मैं तो कहती हूँ, सात झाड़ू और हुक़्क़े का पानी...'

'लानत भेजें मुई हर्राफ़ा (बदचलन) पर...'

'नहीं बुआ, वह सोच रहे हैं कि यह कम्बख़्त कहीं फिर...'

'ओह...'

एक और कॉन्फ्रेंस हुई।

तीनों बड़े डॉक्टर आख़िरी बार पोस्डम में जमा हुए।

जल्दी-जल्दी एक मेटरनिटी होम तैयार किया गया–बी ज़मानी बेगम विचलित होती रही, और उधर कॉन्फ्रेंस होती रही।

एक बोला, 'साहेबान, दुनिया के कल्याण के लिए आज इस बात का कतई तौर पर फैसला हो जाना चाहिए कि बी ज़मानी बेगम का यह बच्चा उसका आख़िरी बच्चा हो।'

दूसरा बोला, 'दुनिया के थन इस औरत के बेशुमार हरामी बच्चों को दूध पिला-पिलाकर सूख गये हैं...अब हमें इसको बाँझ करना ही पड़ेगा।'

तीसरा बोला, 'बिलकुल दुरुस्त है...होने वाले बच्चे की सेहत और तंदुरुस्ती का ख़याल रखते हुए भी हमें ऐसा ही करना चाहिए।'

तय हो गया कि बच्चा फ़ौरन पैदा किया जाये और बी ज़मानी बेगम को हमेशा के लिए बाँझ कर दिया जाये।

ऑपरेशन शुरू हुआ–मेटरनिटी होम के बाहर दुनिया की सारी क़ौमें जमा हो गयीं। बहुत देर तक सन्नाटा छाया रहा।

इसके बाद मेटरनिटी होम का दरवाज़ा फट से खुला और एक सफ़ेदपोश नर्स बाहर निकली–उसने अपनी बारीक आवाज़ में ऐलान किया, 'मुबारक हो...बी ज़मानी बेगम के बच्चा पैदा हो गया है...जच्चा और बच्चा दोनों बेहोश हैं।'

दुनिया की सारी क़ौमें चिंता में डूब गयीं।

एक बूढ़ा, लंगोटी पहने, खाँसता-खँखारता नर्स की तरफ़ बढ़ा।

नर्स ने पूछा, 'तुम कौन हो?'

बूढ़े ने अपने खुश्क होंठों पर ज़बान फेरी और लरजाँ आवाज़ में कहा, 'मेरा नाम हिन्दुस्तान है।'

'ओह...क्या चाहते हो तुम?'

'मैं सिर्फ़ यह पूछने आया हूँ कि लड़का हुआ है या लड़की?'

'दुनिया की सारी क़ौमें बेइख़्तियार खिल-खिलाकर हँस पड़ी।'

देख कबीरा रोया

नगर-नगर ढिंढोरा पीटा गया कि जो आदमी भीख माँगेगा, उसको गिरफ़्तार कर लिया जायेगा।

गिरफ़्तारियाँ शुरू हुई।

लोग ख़ुशियाँ मनाने लगे कि एक बहुत पुरानी लानत दूर हो गयी।

कबीर ने यह देखा तो उसकी आँखों में आँसू आ गये।

लोगों ने पूछा, 'ऐ जुलाहे, तू क्यों रोता है?'

कबीर ने रोकर कहा, 'कपड़ा दो चीज़ों से बनता है—ताने और पेटे से ...गिरफ़्तारियों का ताना तो शुरू हो गया, पर पेट भरने का पेटा कहाँ है?'

एक एम. ए. एल. एल. बी. को दो सौ खड्डियाँ अलाट हो गयीं।

कबीर ने यह देखा तो उसकी आँखों में आँसू आ गये।

एम. ए. एल. एल. बी. ने पूछा, ऐ जुलाहे के बच्चे, तू क्यो रोता है...क्या इसलिए कि मैंने तेरा हक़ मार लिया है?'

कबीर ने रोते हुए जवाब दिया, 'तुम्हारा क़ानून तुम्हें यह चुकता समझाता है कि खड्डियाँ पड़ी रहने दो और धागे का जो कोटा मिले, उसे बेच दो, आख़िर मुफ़्त की खटखट से क्या फ़ायदा...लेकिन यह खटखट ही जुलाहे की जान है।'

छपी हुई किताब के फ़रमे थे, जिनके छोटे-बड़े लिफ़ाफ़े बनाये जा रहे थे।

कबीर का उधर से गुज़रना हुआ, उसने दो-तीन लिफ़ाफ़े उठाये और उन पर छपी हुई तहरीर पढ़कर उसकी आँखों में आँसू आ गये।

लिफ़ाफ़े बनाने वाले ने हैरत से पूछा, 'मियाँ कबीर, तुम क्यों रोने लगे?'

कबीर ने जवाब दिया, 'इन काग़ज़ों पर भगत सूरदास की कविता छपी हुई है... लिफ़ाफ़े बनाकर इसकी बेइज़्ज़ती न करो।'

लिफ़ाफ़े बनाने वाले ने हैरत से कहा, 'जिसका नाम सूरदास है, वह भगत कभी नहीं हो सकता।'

कबीर ने ज़ोर-ज़ोर से रोना शुरू कर दिया।

एक ऊँची इमारत पर लक्ष्मी की बहुत ख़ूबसूरत मूर्ति स्थापित थी।

चंद लोगों ने जब उस इमारत को अपना दफ़्तर बनाया तो उस मूर्ति को टाट के टुकड़ों से ढाँप दिया।

कबीर ने यह देखा तो उसकी आँखों में आँसू उमड़ आये।

दफ्तर के आदमियों ने उसे ढाढस दी और कहा, 'हमारे मज़हब में यह बुत जाइज़ नहीं।'

कबीर ने टाट के टुकड़ों की तरफ़ अपनी सजल आँखों से देखते हुए कहा, 'ख़ूबसूरत चीज़ को बदसूरत बना देना भी किसी मज़हब में जाइज़ नहीं।'

दफ़्तर के आदमी हँसने लगे—कबीर दहाड़े मार-मारकर रोने लगा।

पंक्तिबद्ध फ़ौजों के सामने जनरल ने तक़रीर करते हुए कहा, 'अनाज कम है, कोई परवाह नहीं...फसलें तबाह हो गयी हैं, कोई फ़िक्र नहीं...हमारे सिपाही दुश्मन से भूखे ही लड़ेंगे।'

दो लाख फ़ौजियों ने 'जिंदाबाद, जिंदाबाद' के नारे लगाने शुरू कर दिये। कबीर चिल्ला-चिल्लाकर रोने लगा।

जनरल को बहुत गुस्सा आया—वह पुकार उठा, 'ऐ शख़्स, बता सकता है, तू क्यों रोता है?'

कबीर ने रोनी आवाज़ में कहा, ऐ मेरे बहादुर जनरल, भूख से कौन लड़ेगा?'

दो लाख फ़ौजियों ने 'कबीर-मुर्दाबाद' के नारे लगाने शुरू कर दिये।

'भाइयो, दाढ़ी रखो, मूँछें कतरो और शरई पाजामा पहनो...बहनो, एक चोटी करो, सुर्ख़ी सफ़ेदी न लगाओ, बुर्का पहनो...' बाज़ार में एक मौलवी चिल्ला रहा था।

कबीर ने यह सब देखा तो उसकी आँखें भीग गयीं।

चिल्लाने वाले मौलवी ने और ज़्यादा चिल्लाकर पूछा, 'कबीर, तू क्यों रोने लगा?'

कबीर ने अपने आँसू ज़ब्त करते हुए कहा, 'तेरा भाई है न तेरी बहन...और यह जो तेरी दाढ़ी है, इसमें तूने वस्मा क्यों लगा रखी है...क्या तुझे सफ़ेदी अच्छी नहीं लगती।'

मौलवी ने कबीर को गालियाँ देनी शुरू कर दीं—कबीर की आँखों से टप-टप आँसू गिरने लगे।

एक जगह बहस हो रही थी।

'अदब बराए-अदब (साहित्य मात्र साहित्य) है।'

'बकवास करते हो...अदब बराए-ज़िंदगी है।'

'वह जमाना लद गया...अदब (साहित्य) तो प्रोपेगेंडे का दूसरा नाम है।'

'तुम्हारी ऐसी-की-तैसी...'

'तुम्हारे स्टालिन की ऐसी-की-तैसी...'

'तुम्हारे पुरातनपंथी और फ़लाँ-फ़लाँ बीमारियों के मारे हुए फ़्लाबेयर और बादेलेयर की ऐसी-की-तैसी...'

कबीर रोने लगा।

बहस करने वाले बहस छोड़कर उसकी तरफ़ मुख़ातिब हुए।

एक ने कबीर से पूछा, 'तुम्हारी अंतःचेतना में ज़रूर कोई चीज़ है, जिसे ठेस पहुँची है।'

दूसरे ने कहा, 'तुम्हारे आँसू बुर्जुवायी सदमे का नतीजा हैं।'

कबीर और ज़्यादा रोने लगा।

बहस करने वालों ने तंग आकर एक साथ सवाल किया, 'मियाँ, यह तो बताओ कि तुम रोते क्यों हो?'

कबीर ने कहा, 'मैं इसलिए रोया था कि आपकी समझ में आ जाये, अदब 'बराए-अदब' है, या अदब 'बराए-ज़िंदगी' है।'

बहस करनेवाले हँसने लगे।

एक ने कहा, 'यह साम्यवादी मसख़रा है।'

दूसरे ने कहा, 'नहीं, यह बुर्जुवायी (पूँजीवादी) बहुरूपिया है।'

कबीर की आँखों में फिर आँसू आ गये।

आदेश ज़ारी हो गया कि शहर की तमाम वेश्याएँ एक महीने के अंदर-अंदर शादी कर लें और शरीफ़ाना ज़िंदगी बसर करें।

कबीर एक चकले से गुज़रा तो वेश्याओं के उड़े हुए चेहरे देखकर उसने रोना शुरू कर दिया।

एक मौलवी ने उससे पूछा, 'मौलाना, आप रो क्यों रहे हैं?'

कबीर ने रोते हुए जवाब दिया, 'नैतिकता के दीक्षक इन वेश्याओं के पतियों के लिए क्या बंदोबस्त करेंगे?'

मौलवी तो कबीर की बात न समझा और हँसने लगा और कबीर की आँखें और ज़्यादा अश्कबार (सजल) हो गयीं।

दस-बारह हज़ार के मजमे में एक आदमी भाषण दे रहा था, 'भाइयो, अपहरण के बाद छुड़ाई औरतों का मसला हमारा सबसे बड़ा मसला है। इसका हल हमें सबसे पहले

सोचना है...अगर हम लापरवाह रहे तो ये औरतें क़हबाख़ानों (बार) में चली जायेंगी और फ़ाहिशा (अनाचारिणी) बन जायेंगी...सुन रहे हो, फ़ाहिशा बन जायेंगी...तुम्हारा फ़र्ज़ है कि तुम इनको इस ख़ौफ़नाक मुस्तक-बिल (भविष्य) से बचाओ और अपने घरों में इनके लिए जगह पैदा करो...अपनी, अपने भाई या अपने बेटे की शादी करने से पहले तुम्हें इन औरतों को हरगिज़-हरगिज़ भूलना नहीं चाहिए...'

कबीर फूट-फूट कर रोने लगा।

तक़रीर करने वाला रुक गया—कबीर की तरफ इशारा करके उसने बुलंद आवाज़ में हाज़िरीन से कहा, 'देखो, इस शख़्स के दिल पर कितना असर हुआ है।'

कबीर ने गंभीर आवाज़ में कहा, 'लफ़्ज़ों के बादशाह, तुम्हारे भाषण ने मेरे दिल पर कुछ असर नहीं किया है...मैंने जब सोचा कि तुम किसी मालदार औरत से शादी करने की ख़ातिर अभी तक कुँआरे बैठे हो तो मेरी आँखों में आँसू आ गये।'

एक दुकान पर यह बोर्ड लगा था—'जिन्ना बूट हाउस।'

कबीर ने उसे देखा तो ज़ार-ओ-क़तार रोने लगा।

लोगों ने देखा कि एक आदमी खड़ा है, उसकी आँखें बोर्ड पर जमी हैं और वह रोए जा रहा है तो उन्होंने तालियाँ बजाना शुरू कर दीं, 'पागल है...पागल है...'

मुल्क का सबसे बड़ा क़ाइद (नायक) चल बसा तो चारों तरफ मातम छा गया। अकसर लोग बाजुओं पर सियाह बिल्ले बाँधकर फिरने लगे।

कबीर ने यह देखा तो उसकी आँखों में आँसू आ गये।

सियाह बिल्लेवालों ने उससे पूछा, 'क्या दुख पहुँचा जो तुम रोने लगे?'

कबीर ने जवाब दिया, 'यह काले रंग की पट्टियाँ अगर जमा कर ली जायें तो सैकड़ों का जिस्म ढँक सकती हैं।'

सियाह बिल्लेवालों ने कबीर को पीटना शुरू कर दिया, 'तुम कम्युनिस्ट हो, फिफ्थ कालमिस्ट हो, पाकिस्तान के ग़द्दार हो।'

कबीर हँस पड़ा, 'लेकिन दोस्तों, मेरे बाजू पर तो किसी रंग का बिल्ला नहीं।'

आख़िरी सैल्यूट

यह कश्मीर की लड़ाई भी कुछ अजीबो-ग़रीब थी—सूबेदार रब नवाज़ का दिमाग़ ऐसी बंदूक बन गया था जिसका घोड़ा ख़राब हो गया हो।

विश्व-युद्ध में वह कई मोर्चों पर लड़ चुका था; मारना और मरना जानता था; छोटे-बड़े अफ़सरों की नज़रों में उसकी बड़ी प्रतिष्ठा थी, इसलिए कि वह बड़ा बहादुर, निडर और समझदार सिपाही था; प्लाटून कमांडर मुश्किल काम हमेशा उसे ही सौंपते

थे और वह उन्हें पूरा करता था, मगर इस लड़ाई का ढंग ही निराला था—दिल में बड़ी उमंग, बड़ा जोश था; भूख-प्यास से बेपरवाह सिर्फ़ एक ही लगन थी, दुश्मन का सफाया कर देने की; जब दुश्मन से सामना होता तो जानी-पहचानी सूरतें नज़र आतीं; कुछ दोस्त दिखायी देते, जो पिछले युद्ध में उसके साथ मित्र-देशों के दुश्मनों से लड़े थे, पर अब एक-दूसरे की जान के प्यासे बने हुए थे।

सूबेदार रब नवाज़ सोचता था कि यह सब ख़्वाब तो नहीं—पिछले विश्व-युद्ध का एलान; भर्ती, क़द और छातियों की पैमाइश; पी.टी., चाँदमारी और फिर मोर्चा; इधर से उधर, उधर से इधर; आख़िर जंग का ख़ात्मा, फिर एकदम पाकिस्तान का निर्माण और साथ ही कश्मीर की लड़ाई, ऊपर-तले कितनी ख़बरें—रब नवाज़ सोचता था कि करने वाले ने यह सब कुछ सोच-समझकर किया है, ताकि दूसरे बौखला जायें और समझ न सकें; वरना यह भी कोई बात है कि इतनी जल्दी इतने बड़े इन्क़िलाब बरपा हो जायें।

इतनी बात तो सूबेदार रब नवाज़ की समझ में आती थी कि वह कश्मीर हासिल करने के लिए बढ़ रहे हैं; कश्मीर क्यों हासिल करना है, यह भी वह अच्छी तरह समझता था, इसलिए कि पाकिस्तान के अस्तित्व के लिए कश्मीर को हासिल करना ज़रूरी है; मगर निशाना बाँधते हुए उसे जब कोई जानी-पहचानी शक्ल नज़र आ जाती तो वह कुछ देर के लिए भूल जाता कि वह किस ग़रज़ के लिए लड़ रहा है, किस मक़सद के लिए उसने बंदूक उठाई है—वह सम्भवतः इसलिए भूल जाता था कि उसे बार-बार ख़ुद को याद कराना पड़ता था कि अब वह सिर्फ़ तनख़्वाह, भूभागों और पदवियों के लिए नहीं बल्कि अपने वतन की ख़ातिर लड़ रहा है; यह वतन पहले भी उसका वतन था; वह उसी इलाके का रहनेवाला था जो अब पाकिस्तान का एक हिस्सा बन गया था; अब उसे अपने उसी हमवतन के ख़िलाफ़ लड़ना था जो कभी उसका हमसाया होता था, जिसके ख़ानदान से उसके ख़ानदान के कई पीढ़ियों से रिश्ते थे। अब उसके पड़ोसी का वतन वह था जिसका पानी तक उसने नहीं पिया था; उसी वतन की ख़ातिर उसके पड़ोसी ने काँधे पर बंदूक रख ली थी कि उसे हुक्म दिया गया था कि जाओ, यह जगह जहाँ तुमने अभी अपने घर के लिए दो ईंटें भी नहीं चुनी हैं, जिसकी हवा और जिसके पानी का मज़ा अभी तुम्हारे मुँह में ठीक तौर पर बैठा नहीं है, तुम्हारा वतन है...जाओ इस वतन की ख़ातिर पाकिस्तान से लड़ो, उस पाकिस्तान से जिसके ऐन दिल में तुमने अपनी उम्र के इतने बरस गुज़ारे हैं...

रब नवाज़ सोचता था कि यही हाल उन मुसलमान फ़ौजियों का है जो वहाँ हिन्दुस्तान में अपना घरबार छोड़कर यहाँ पाकिस्तान में आ गये हैं; वहाँ उनसे सब कुछ छीन लिया गया था, यहाँ उन्हें और तो कुछ मिला नहीं, बन्दूकें मिल गयी हैं, उसी वजन की, उसी शक्ल की, उसी मार्क और छाप की।

पहले वे सब मिलकर एक ऐसे दुश्मन से लड़ते थे जिसको उन्होंने पेट और पदवियों की ख़ातिर अपना दुश्मन यक़ीन कर लिया था—अब वे ख़ुद दो हिस्सों में

बँट गये थे; पहले सब हिन्दुस्तानी फ़ौजी कहलाते थे, अब एक पाकिस्तानी फ़ौजी है और दूसरा हिन्दुस्तानी फ़ौजी–उधर हिन्दुस्तान में मुसलमान हिन्दुस्तानी फ़ौजी भी थे–रब नवाज़ जब उनके बारे में सोचता तो उसके दिमाग़ में एक अजीब गड़बड़-सी पैदा हो जाती–जब वह कश्मीर के बारे में सोचता तो उसका दिमाग़ बिलकुल जवाब दे जाता–पाकिस्तानी फ़ौजी कश्मीर के लिए लड़ रहे हैं या कश्मीर के मुसलमानों के लिए। अगर वह कश्मीर के मुसलमानों के लिए लड़ रहे हैं तो हैदराबाद और जूनागढ़ के मुसलमानों के लिए क्यों उन्हें लड़ने के लिए नहीं कहा जाता; और अगर यह जंग ठेठ इस्लामी जंग है तो दुनिया के दूसरे इस्लामी मुल्क इस जंग में क्यों हिस्सा नहीं लेते–रब नवाज़ बहुत सोच-विचार के बाद इस नतीजे पर पहुँचा कि ऐसी बारीक-बारीक बातें फ़ौजी को बिलकुल नहीं सोचनी चाहिए; फ़ौजी की अक्ल मोटी होनी चाहिए कि मोटी अक्लवाला ही अच्छा सिपाही हो सकता है; मगर कभी-कभी वह चोर दिमाग़ से इन बातों पर गौर कर लेता था और बाद में अपनी इस हरकत पर ख़ूब हँसता था।

किशन गंगा नदी के किनारे, उस सड़क के लिए जो मुज़फ़्फ़राबाद से करन जाती है, कुछ अर्से से लड़ाई हो रही थी। अजीबो-ग़रीब लड़ाई थी, रात को कुछ समय के लिए आस-पास की पहाड़ियाँ फ़ायरों के बजाय गंदी-गंदी गालियों से गूँज उठती थीं।

एक मर्तबा सूबेदार रब नवाज़ अपनी प्लाटून के जवानों के साथ रात का हमला करने के लिए तैयार हो रहा था कि दूर, नीचे एक खाई से गालियों का शोर उठा। पहले तो वह घबरा गया। ऐसा लगता था कि बहुत-से भूत मिलकर नाच रहे हैं, और ज़ोर-ज़ोर से क़हक़हे लगा रहे हैं–वह बड़बड़ाया, 'सूअर की दुम...यह क्या हो रहा है?'

एक जवान ने गूँजती हुई आवाज़ों से मुख़ातिब होकर यह बड़ी गाली दी और रब नवाज़ से कहा, 'सूबेदार साहब, अपनी माँ के यार, गालियाँ दे रहे हैं ।

रब नवाज़ ये गालियाँ सुन रहा था जो बहुत उकसाने वाली थीं; उसके जी में आया कि हमला बोल दे मगर ऐसा करना ग़लती होती, चुनांचे वह खामोश रहा। कुछ देर जवान भी चुप रहे मगर जब पानी सिर से गुज़र गया तो उन्होंने भी गला फाड़-फाड़ कर गालियाँ लुढ़कानी शुरू कर दीं।

रब नवाज़ के लिए इस क़िस्म की लड़ाई बिलकुल नयी चीज़ थी; उसने जवानों को दो-तीन मर्तबा ख़ामोश रहने के लिए कहा, मगर गालियाँ ही कुछ ऐसी थीं कि जवाब दिये बिना उनसे रहा नहीं जाता था।

दुश्मन के सिपाही नज़र से ओझल थे; रात को तो ख़ैर अँधेरा होता है मगर वह तो दिन को भी नज़र नहीं आते थे; सिर्फ़ उनकी गालियाँ नीचे पहाड़ी के कदमों से उठती थीं और पत्थरों के साथ टकरा-टकराकर हवा में विलीन हो जाती थीं–रब नवाज़ की प्लाटून के जवान जब इन गालियों का जवाब देते थे तो उसे ऐसा लगता था कि उनकी

गालियाँ दुश्मन की तरफ़ नीचे नहीं जातीं, ऊपर आसमान की तरफ़ उड़ जाती हैं; इसलिए उसे ख़ासी कोफ़्त होती थी–उसने झुँझलाकर हमला करने का हुक्म दे दिया।

रब नवाज़ को वहाँ की पहाड़ियों में एक अजीब बात नज़र आयी थी,चढ़ाई की तरफ़ कोई पहाड़ी दरख़्तों और बूटों से लदी-फँदी होती थी और उतराई की तरफ गंजी, कश्मीरी बूढ़ों के सर की तरह; किसी पहाड़ी की चढ़ाई का हिस्सा गंजा होता था और उतराई की तरफ़ उसी पहाड़ी पर दरख़्त ही दरख़्त होते थे, चीड़ के लम्बे तनावर दरख़्त जिनके बँटे हुए धागे–जैसे पत्तों पर फ़ौजी बूट फिसल-फिसल जाते थे–जिस पहाड़ी पर सूबेदार रब नवाज़ की प्लाटून थी, उसकी उतराई दरख़्तों और झाड़ियों से मुक्त थी; ज़ाहिर है कि हमला बहुत ही ख़तरनाक था मगर सब जवान बख़ुशी तैयार थे; गालियों का इंतिकाम लेने के लिए वे बहुत बेताब थे–हमला हुआ और कामयाब रहा; दो जवान मारे गये और चार जख़्मी हुए; दुश्मन के तीन आदमी मारे गये, बाक़ी रसद का कुछ सामान छोड़कर भाग निकले।

सूबेदार रब नवाज़ और उसके जवानों को इस बात का बड़ा दुख था कि दुश्मन का कोई जिंदा सिपाही उनके हाथ न आ सका, जिसको वे तत्काल गालियों का मज़ा चखा सकते; मगर यह मोर्चा फ़तह करने से वह एक बड़ी अहम पहाड़ी पर क़ाबिज़ हो गये थे–वायरलेस के ज़रिये से सूबेदार रब नवाज़ ने प्लाटून कमांडर मेजर असलम को फ़ौरन ही अपने हमले के नतीजे से सूचित कर दिया था और शाबाशी वसूल की थी।

क़रीब-क़रीब हर पहाड़ी की चोटी पर पानी का एक तालाब-सा होता था–इस पहाड़ी पर भी तालाब था मगर दूसरी पहाड़ियों के तालाबों के मुकाबले में ज़्यादा बड़ा, इसका पानी साफ़-शफ़्फ़ाफ़ था। गो मौसम सख़्त सर्द था मगर सब नहाये; दाँत बजते रहे मगर उन्होंने कोई परवाह न की। वे अभी इसी में मसरूफ़ थे कि फ़ायर की आवाज़ आयी। सब नंगे ही लेट गये। थोड़ी देर के बाद सूबेदार रब नवाज़ ने दूरबीन लगाकर नीचे ढलवानों पर नज़र दौड़ाई मगर उसे दुश्मन के छुपने की जगह का पता न चला। उसके देखते-देखते एक और फ़ायर हुआ। दूर उतराई के फ़ौरन बाद एक अपेक्षाकृत छोटी पहाड़ी की ओर से उसे धुआँ उठता नज़र आया। उसने फ़ौरन ही अपने जवानों को फ़ायर का हुक्म दिया।

इधर से धड़ाधड़ फ़ायर हुए और उधर से भी जवाबन गोलियाँ चलने लगीं। सूबेदार रब नवाज़ ने दूरबीन से दुश्मन की पोजीशन का ध्यानपूर्वक अवलोकन किया–वे ग़ालिबन बड़े-बड़े पत्थरों के पीछे महफ़ूज़ थे, मगर यह सुरक्षा-दीवार बहुत ही छोटी थी ज़्यादा देर तक वह जमे नहीं रह सकते थे; उनमें से जो भी इधर या उधर हटता, तो उसका सूबेदार रब नवाज़ की ज़द में आना यक़ीनी था।

थोड़ी देर फ़ायर होते रहे। इसके बाद रब नवाज़ ने अपने जवानों को मना कर दिया कि वे गोलियाँ जाया न करें, सिर्फ़ ताक में रहें...ज्यों ही दुश्मन का कोई सिपाही

पत्थरों की दीवार के पीछे से निकलकर इधर या उधर जाने की कोशिश करे, उसको उड़ा दें—यह हुक्म देकर उसने अपने नंगे बदन की तरफ देखा और बड़बड़ाया, 'सूअर की दुम...कपड़ों के बग़ैर आदमी हैवान मालूम होता है।'

लम्बे-लम्बे अन्तरालों के बाद दुश्मन की तरफ़ से इक्का-दुक्का फ़ायर होता रहा; इधर से भी उसका जवाब कभी-कभी दे दिया जाता; यह खेल पूरे दो दिन ज़ारी रहा।

मौसम अचानक बहुत सर्द हो गया था, इस कदर सर्द कि दिन को भी ख़ून जमा हुआ-सा महसूस होता था, चुनांचे सूबेदार रब नवाज़ ने चाय के दौर शुरू करा दिये। हर वक़्त आग पर केतली धरी रहती; ज्यों ही सर्दी ज़्यादा सताती, एक दौर उस गर्म-गर्म मशरूब (पेय) का हो जाता। वैसे दुश्मन पर बराबर निगाह थी; इधर एक जवान हटता, उधर दूसरा उसकी जगह फ़ौरन दूरबीन लेकर बैठ जाता।

हड्डियों तक उतर जाने वाली सर्द हवा चल रही थी—जब उस जवान ने जो पहरे पर था, बताया कि पत्थरों की दीवार के पीछे कुछ गड़बड़ हो रही है तो सूबेदार रब नवाज़ ने उससे दूरबीन ली और गौर से देखा। उसे कहीं कोई हरकत नज़र न आयी, लेकिन फ़ौरन ही एक आवाज़ बुलन्द हुई और देर तक उसकी गूँज आस-पास की पहाड़ियों के साथ टकराती रही। रब नवाज़ इसका मतलब न समझा। इसके जवाब में उसने अपनी बन्दूक दाग़ दी। उसकी गूँज दबी तो फिर उधर से आवाज़ बुलन्द हुई जो साफ़ तौर पर उनसे मुख़ातिब थी।

रब नवाज़ चिल्लाया, 'सूअर की दुम, बोल क्या कहता है तू!'

फ़ासिला ज़्यादा नहीं था—रब नवाज़ के अल्फ़ाज़ दुश्मन तक पहुँच गये, क्योंकि वहाँ से किसी ने कहा, 'गाली न दे भाई!'

रब नवाज़ ने अपने जवानों की तरफ़ देखा और बड़ी झुँझलाहट में ताज्जुब के साथ कहा, 'भाई...?' फिर वह अपने मुँह के आगे दोनों हाथ का भोंपू बनाकर चिल्लाया, 'भाई होगा तेरी माँ का जना...यहाँ सब तेरी माँ के यार हैं!'

एकदम उधर से एक जख़्मी आवाज़ बुलन्द हुई, 'रब नवाज़...!'

रब नवाज़ काँप गया।

जख़्मी आवाज़ आस-पास की पहाड़ियों से सर फोड़ती रही और मुखलिफ अन्दाज़ में 'रब नवाज़, रब नवाज़' दोहराती अन्ततः खून जमा देने वाली हवा के साथ जाने कहाँ उड़ गयी।

बहुत देर के बाद रब नवाज़ चौंका 'वह कौन था...?' फिर वह आहिस्ता से बड़ब. ड़ाया, 'सूअर की दुम!'

उसको इतना मालूम था कि टेटवाल के मोर्चे पर सिपाहियों की अक्सरियत 6/9 रेजिमेंट की है; वह भी उसी रेजिमेंट में था—मगर वह आवाज़ किसकी थी? वह ऐसे

बेशुमार आदमियों को जानता था जो कभी उसके अज़ीज़- तरीन दोस्त थे; कुछ ऐसे भी थे जिनसे उसकी दुश्मनी थी कुछ निजी कारणों से; लेकिन वह कौन था जिसने उसकी गाली का बुरा मानकर उसे चीखकर पुकारा था।

रब नवाज़ ने दूरबीन लगाकर देखा, मगर पहाड़ी की हिलती हुई छिदरी दाढ़ी में उसे कोई नज़र न आया; दोनों हाथों का फिर भोंपू बनाकर उसने ज़ोर से अपनी आवाज़ उधर फेंकी, 'उधर कौन है...? मैं रब नवाज़ बोल रहा हूँ...रब नवाज़...रब नवाज़!' 'रब नवाज़' फिर कुछ देर तक पहाड़ियों के साथ टकराता रहा।

रब नवाज़ बड़बड़ाया, 'सूअर की दुम!'

फ़ौरन ही उधर से आवाज़ बुलन्द हुई, 'मैं हूँ...मैं हूँ राम सिंह!'

रब नवाज़ यह सुनकर यूँ उछला जैसे वह छलाँग लगाकर दूसरी तरफ़ जाना चाहता हो। पहले उसने अपने आपसे कहा, 'राम सिंह?' फिर वह हलक फाड़ के चिल्लाया, 'राम सिंह...? ओये राम सिंघा...सूअर की दुम...!'

'सूअर की दुम' अभी पहाड़ियों के साथ टकरा-टकराकर पूरी तरह गुम नहीं हुई थी कि राम सिंह की फटी-फटी आवाज़ बुलन्द हुई, 'ओये कुम्हार के खोते!'

रब नवाज़ फूँ-फूँ करने लगा। जवानों की तरफ़ रौबदार नज़रों से देखते हुए वह बड़बड़ाया, 'बकता है...सूअर की दुम!' फिर उसने राम सिंह को जवाब दिया : 'ओये बाबा टल के कड़ा परशाद...ओये ख़िंज़ीर (सूअर) के झटके...!'

राम सिंह बेतहाशा क़हक़हे लगाने लगा; रब नवाज़ भी ज़ोर-ज़ोर से हँसने लगा; पहाड़ियाँ ये आवाज़ें बड़े खिलंदड़े अंदाज में इधर-उधर उछालती रहीं।

सूबेदार रब नवाज़ के जवान ख़ामोश थे।

जब हँसी का दौरा ख़त्म हुआ तो उधर से राम सिंह की आवाज़ बुलन्द हुई : 'देखो यार, हमें चाय पीनी है।'

रब नवाज़ बोला, 'पियो ना...! ऐश करो!'

राम सिंह चिल्लाया, 'ओये ऐश किस तरह करें...सामान तो हमारा उधर पड़ा है।'

रब नवाज़ ने पूछा, 'किधर?'

राम सिंह की आवाज़ आयी, 'उधर...जिधर तुम्हारा फ़ायर हमें उड़ा सकता है।'

रब नवाज़ हँसा, 'तो क्या चाहते हो तुम...सूअर की दुम।'

राम सिंह बोला, 'हमें सामान ले आने दें।'

'ले आ...!' रब नवाज़ ने अपने जवानों की तरफ़ देखा।

राम सिंह की चिंता भरी आवाज़ बुलन्द हुई, 'तू उड़ा देगा हमें, कुम्हार के खोते!'

रब नवाज़ ने भन्नाकर कहा, 'बक नहीं ओये संतोख सर के कछुए!'

राम सिंह हँसा, 'कसम खा, कि तू हमें नहीं मारेगा?'

रब नवाज़ ने पूछा, 'किसकी कसम खाऊँ?'

राम सिंह ने कहा, 'किसी की भी खा ले!'

रब नवाज़ हँसा, 'ओये जा...मँगवा ले अपना सामान!'

चंद लम्हात ख़ामोशी रही।

दूरबीन एक जवान के हाथ में थी। उसने अर्थ भरी नज़रों से सूबेदार रब नवाज़ की तरफ़ देखा। वह बन्दूक चलाने ही वाला था कि रब नवाज़ ने उसे मना किया, नहीं...नहीं!'

फिर रब नवाज़ ने दूरबीन लेकर ख़ुद ही देखा।

दुश्मन का एक सिपाही डरते-डरते पंजों के बल पत्थरों की आड़ से निकल रहा था; फिर वह उठा और तेज़ी से भागा और कुछ दूर झाड़ियों में ग़ायब हो गया; कुछ देर के बाद वह झाड़ियों में से निकला तो उसके दोनों हाथों में कुछ सामान था; एक लम्हे के लिए वह रुका, और फिर तेज़ी से पत्थरों की महफ़ूज़ दीवार की तरफ भागा और अन्ततः वहाँ पहुँच गया।

वह नज़रों से ओझल हुआ तो रब नवाज़ ने अपनी बन्दूक चला दी। तड़ाख के साथ ही रब एक का क़हक़हा बुलंद हुआ।

'नौ मेशन...!' रब नवाज़ ने यह कहकर जवानों की तरफ़ देखा, 'तो एक राउंड हो जाये।'

तफ़रीह के तौर पर दोनों तरफ़ से गोलियाँ चलने लगीं–फिर ख़ामोशी छा गयी। रब नवाज़ ने दूरबीन लगाकर देखा–पत्थरों की महफ़ूज़ दीवार की ओट में धुआँ उठ रहा था। उसने पुकारा, 'चाय तैयार कर ली राम सिंह?'

उधर से जवाब आया, 'अभी कहाँ ओये कुम्हार के खोते!'

रब नवाज़ जात का कुम्हार था। जब कोई उसकी जात की तरफ़ इशारा करता था तो गुस्से से उसका ख़ून खौलने लगता था; एक सिर्फ़ राम सिंह के मुँह से वह 'कुम्हार' बर्दाश्त कर लेता था, इसलिए कि वह उसका बेतकल्लुफ़ दोस्त था। एक ही गाँव में दोनों पलकर जवान हुए थे; दोनों की उम्र में सिर्फ़ चंद दिन का फ़र्क़ था; दोनों के बाप, और उनके बाप भी एक-दूसरे के दोस्त थे; दोनों एक ही स्कूल में प्राइमरी तक पढ़े थे। एक ही दिन फ़ौज में भर्ती हुए थे और पिछले विश्व युद्ध में दोनों कई मोर्चों पर इकट्ठे लड़े थे।

रब नवाज़ अपने जवानों की नज़रों में ख़ुद को कमतर महसूस करके बड़बड़ाया, 'सूअर की दुम अब भी बाज नहीं आता...' फिर वह राम सिंह से मुख़ातिब हुआ, 'बक नहीं ओये खोते की जूँ!'

राम सिंह का क़हक़हा बुलन्द हुआ।

रब नवाज़ ने बस वैसे ही पेटी बाँध रखी थी, ऐसे ही उसने ट्रिगर दबा दिया। तड़ाख़ के साथ ही एक गगनभेदी चीख बुलन्द हुई।

रब नवाज़ ने फौरन दूरबीन लगाई और देखा कि पत्थरों की दीवार से जरा हटकर राम सिंह पेट पकड़े दोहरा हुआ और गिर पड़ा।

रब नवाज़ ज़ोर से चीखा, 'राम सिंह...!' और उछलकर खड़ा हो गया। उधर से लगातार तीन-चार फायर हुए। एक गोली रब नवाज़ का दायाँ बाजू चाटती हुई निकल गयी। फ़ौरन ही वह औंधे मुँह ज़मीन पर गिर पड़ा।

अब दोनों तरफ़ से फ़ायर शुरू हो गये। उधर के कुछ सिपाहियों ने गड़बड़ से फ़ायदा उठाकर पत्थरों की आड़ से निकलकर भागना चाहा-इधर से फ़ायर जारी थे, मगर निशाने पर कोई न बैठा।

रब नवाज़ ने जवानों को अपनी पहाड़ी से उतरने का हुक्म दिया। तीन जवान फ़ौरन ही मारे गये, लेकिन बाकी जवान प्रयास करके दूसरी पहाड़ी पर पहुँच गये।

राम सिंह खून में लथपथ पथरीली ज़मीन पर पड़ा कराह रहा था। गोली उसके पेट में लगी थी। रब नवाज़ को देखकर उसकी आँखें तमतमा उठीं। मुस्कुराकर उसने कहा, 'ओये कुम्हार के खोते, यह तूने क्या किया...?'

राम सिंह का जख़्म रब नवाज़ अपने पेट पर महसूस कर रहा था; वह मुस्कुराकर राम सिंह पर झुका और दुज़ानू (घुटने के बल बैठना) होकर उसकी पेटी खोलने लगा, 'ख़िंजीर की दुम, तुमसे किसने बाहर निकलने को कहा था।'

पेटी उतारे जाने के दौरान राम सिंह को सख़्त तकलीफ़ हुई; दर्द से वह चिल्ला-चिल्ला पड़ा।

जब पेटी उतर गयी तो रब नवाज़ ने राम सिंह के जख़्म का मुआइना किया, जख़्म बहुत ख़तरनाक था।

राम सिंह ने रब नवाज़ का हाथ दबाकर कहा, 'मैं अपने आपको तुझे दिखाने के लिए बाहर निकला था कि तूने...ओये रब के पुत्तर, तूने फ़ायर कर दिया।'

रब नवाज़ का गला रुँध गया, 'कसम वहदहु-लाशरीक (एकेश्वर) की, मैंने तो ऐसे ही बन्दूक चला दी थी...मुझे मालूम नहीं कि तू खोते का सिंह बाहर निकल रहा है...मुझे अफसोस है राम सिंह!'

राम सिंह का ख़ून काफ़ी बह चुका था। रब नवाज़ और उसके जवान कई घंटों के बाद वहाँ पहुँचे थे। इस अर्से में तो ख़ून की एक पूरी मश्क खाली हो सकती थी।

रब नवाज़ को हैरत थी कि राम सिंह इतनी देर तक जिंदा रह सका है; उसको उम्मीद नहीं थी कि राम सिंह बचेगा; उसका हिलाना-जुलाना भी गलत था; इसीलिए उसने फ़ौरन वायरलेस के जरिये प्लाटून कमांडर से दरख़्वास्त की कि एक डॉक्टर जल्दी रवाना किया जाये...उसका दोस्त राम सिंह जख़्मी हो गया है।

डॉक्टर का वहाँ तक पहुँचना और फिर वक़्त पर पहुँचना बिलकुल मुहाल था। रब नवाज़ को यक़ीन था कि राम सिंह चंद घड़ियों का मेहमान है; फिर भी वायरलेस पर पैगाम पहुँचाकर उसने मुस्कराकर राम सिंह से कहा, 'डॉक्टर आ रहा है...कोई फ़िक्र न कर...!'

राम सिंह कुछ सोचते हुए बहुत कमज़ोर आवाज़ में बोला, 'फ़िक्र किसी बात की नहीं...अच्छा बता, मेरे कितने जवान मारे हैं तुम लोगों ने?'

रब नवाब ने जवाब दिया, 'सिर्फ़ एक!'

राम सिंह की आवाज़ और ज़्यादा कमज़ोर हो गयी, 'और तेरे कितने जवान मारे गये?'

रब नवाज़ ने अर्थपूर्ण नज़रों से अपने जवानों की तरफ देखा, 'छह...'

'छह...छह...!' राम सिंह ने अपने दिल में गिना, 'जब मैं जख़्मी हुआ तो वे बहुत बददिल हो गये...पर मैंने कहा, खेल जाओ अपनी और दुश्मन की जान से...छह...ठीक है...' फिर वह अतीत के धुँधलकों में चला गया, 'रब नवाज़...याद हैं वे दिन तुम्हें...'

राम सिंह ने बीते दिन याद करने शुरू कर दिये, 'खेत-खलियानों की बातें, स्कूल के क़िस्से, 6/9 जाट रेजिमेंट की दास्तानें, कमांडिंग अफसरों के लतीफ़े और बाहर के मुल्कों में अजनबी औरतों से प्रेम-प्रसंग...'

बीते दिनों का ज़िक्र करते हुए राम सिंह को एक बहुत दिलचस्प वाक़या याद आ गया तो वह हँसने लगा, हँसी आते ही उसके टीस उठी मगर उसने परवाह न की और कहने लगा, 'ओये सुअर के नल...याद है तुम्हें वह मैडम...'

रब नवाज़ ने पूछा, 'कौन?'

राम सिंह ने कहा, 'वह...वह इटली की...क्या नाम रखा था हमने उसका ...बड़ी मारखोर औरत थी!'

रब नवाज़ को फ़ौरन ही वह औरत याद आ गयी, 'हाँ-हाँ...वह मैडम मनीता फ़नीतो...पैसा ख़त्म, तमाशा ख़त्म...पर तुझसे तो कभी-कभी रिआयत कर देती थी मुसोलिनी की बच्ची!'

राम सिंह ज़ोर से हँसा...और उसके जख़्म में से जमे हुए खून का एक लोथड़ा बाहर निकल आया।

रब नवाज़ ने कहा, 'राम सिंह, अब तुम खामोश रहो!'

राम सिंह को बहुत तेज़ बुखार था; उसका दिमाग भी तप रहा था; बोलने की ताक़त बिलकुल नहीं थी, मगर वह बोले जा रहा था; कभी-कभी रुक जाता जैसे देख रहा हो कि टंकी में कितना पेट्रोल बाक़ी है।

कुछ देर के बाद उस पर बेहोशी-सी छा गयी–उस दौरान कुछ ऐसे विराम भी आये जब उसके होशो-हवास सलामत थे। इन्हीं विरामों में उसने एक मर्तबा रब नवाज़ से सवाल किया, 'यारा, सच-सच बता, क्या वाकई तुम लोगों को कश्मीर चाहिए?'

रब नवाज़ ने पूरे खुलूस के साथ कहा, 'हाँ राम सिंह!'

राम सिंह ने अपना सर हिलाया, 'नहीं...मैं नहीं मान सकता...तुम्हें वरग़लाया गया है...'

रब नवाज़ ने यक़ीन दिलाने के अंदाज में कहा, 'नहीं, तुम्हें वरग़लाया गया है... क़सम पंजतन पाक की...'

राम सिंह ने रब नवाज़ का हाथ पकड़ लिया, 'क़सम न खा यारा...ठीक ही होगा...' लेकिन उसका लहज़ा साफ़ बता रहा था कि उसको रब नवाज़ की क़सम का यक़ीन नहीं है।

दिन ढलने से कुछ देर पहले प्लाटून कमांडर मेजर असलम आया। उसके साथ कुछ सिपाही थे, मगर डॉक्टर साथ नहीं था।

राम सिंह बेहोशी और अंतिम साँसों की हालत में कुछ बड़बड़ा रहा था, मगर उसकी आवाज़ इस कदर कमज़ोर थी कि कुछ समझ में नहीं आ रहा था।

मेजर असलम भी 6/9 जाट रेजिमेंट ही का था; वह राम सिंह को बहुत अच्छी तरह से जानता था। रब नवाज़ से सारे हालात जानने के बाद उसने राम सिंह को पुकारा, 'राम सिंह...राम सिंह...!'

राम सिंह ने आँखें खोल दीं; फिर आँखें फाड़कर उसने एक क्षण के लिए गौर से मेजर असलम की तरफ़ देखा और लेटे-लेटे अटेंशन होकर उसने सैल्यूट किया; दूसरे ही लम्हे उसका सैल्यूट करने वाला अकड़ा हुआ हाथ गिर पड़ा और उसके होंठ काँपे, 'कुछ नहीं ओये राम सिंया...भूल ही गया तू सुअर के नल्ला कि यह लड़ाई...यह लड़ाई...'

राम सिंह अपनी बात पूरी न कर सका; बन्द होती हुई आँखों से उसने रब नवाज़ की तरफ नीम सवालिया (अर्ध प्रश्न-भाव) अंदाज में देखा और सर्द हो गया।

बुर्क़े

ज़हीर जब थर्ड ईयर में दाख़िल हुआ तो एक दिन उसने महसूस किया कि उसे इश्क़ हो गया है—और इश्क भी बहुत अशद (तीव्र) क़िस्म का। जिसमें अकसर इनसान अपनी जान से भी हाथ धो बैठता है।

वह कॉलेज से ख़ुशी-ख़ुशी वापस आया कि थर्ड ईयर में यह उसका पहला दिन था। जैसे ही वह अपने घर में दाख़िल होने लगा, उसने एक बुर्का-पोश लड़की देखी जो ताँगे में से उतर रही थी—उसने ताँगे में से उतरती हुई हज़ारों लड़कियाँ देखी थीं—मगर वह लड़की जिसके हाथ में चंद किताबें थीं, सीधी उसके दिल में उतर गयी। लड़की ने ताँगेवाले को किराया अदा किया और 'ज़हीर' के साथ वाले मकान में दाख़िल हो गयी। ज़हीर ने सोचना शुरू कर दिया कि इतनी देर वह उसकी मौजूदगी से लापरवाह कैसे रहा?

असल में ज़हीर आवारा किस्म का नौजवान नहीं था। उसको सिर्फ़ अपनी ज़ात से दिलचस्पी थी। सुबह उठे, कॉलेज गये, लेक्चर सुने, घर वापस आये, खाना खाया, थोड़ी देर आराम किया और पाठ दोहराने में व्यस्त हो गये।

यूँ तो कॉलेज में कई लड़कियाँ थीं उसकी हम जमात, मगर ज़हीर ने कभी उनसे बातचीत नहीं की थी। यह नहीं कि वह बड़ा रूखा-फीका इनसान था। असल में वह हर वक़्त पढ़ाई में व्यस्त रहता था। मगर उस रोज़ जब उसने लड़की को ताँगे पर से उतरते देखा तो वह पॉलिटिकल साइंस का ताज़ा सबक बिलकुल भूल गया। ख़्वाजा हाफ़िज़ के तमाम नये शेरों के भावार्थ उसके ज़ेहन से फिसल गये और वह सिर्फ़ उन हाथों के बारे

में सोचने लगा जिनमें किताबें थीं—पतली-पतली सफ़ेद उँगलियाँ—एक अँगूठी—दूसरा हाथ जिसने ताँगेवाले को किराया अदा किया वह भी वैसा ही ख़ूबसूरत था।

'ज़हीर' ने उसकी शक्ल देखने की कोशिश की। मगर नक़ाब इतना मोटा था कि उसे कुछ दिखायी न दिया। लड़की तेज़-तेज़ कदम उठाती उसके साथ वाले मकान में दाख़िल हो गयी और ज़हीर खड़ा देर तक सोचता रहा कि इतना कम फ़ासला होने के बावजूद वह क्यों उसकी मौजूदगी से लापरवाह रहा।

अपने घर में जाकर उसने पहला सवाल अपनी माँ से यह किया, 'हमारे पड़ोस में कौन रहते हैं?'

उसकी माँ के लिए यह सवाल बहुत आश्चर्यजनक था, 'क्यों?'

'मैंने ऐसे ही पूछा है।'

उसकी माँ ने कहा, 'मुहाजिर (शरणार्थी) हैं, हमारी तरह।'

ज़हीर ने पूछा, 'कौन हैं, क्या करते हैं?'

माँ ने जवाब दिया, 'बाप बेचारों का मर चुका है—माँ थी वह उम्र के हाथों मजबूर थी। अब तीन बहिनें और एक भाई है—भाई सबसे बड़ा है। वही बाप समझो वही माँ—बहुत अच्छा लड़का है। उसने अपनी शादी भी इसलिए नहीं की कि इतना बोझ उसके कंधों पर है?'

'ज़हीर' को तीन बहिनों के इस बोझ से कोई दिलचस्पी नहीं थी जो उनके इकलौते भाई के कंधों पर था। वह सिर्फ़ उस लड़की के बारे में जानना चाहता था जो हाथ में किताबें लिये साथ वाले घर में दाख़िल हुई थी—यह तो ज़ाहिर था कि वह उन तीन बहिनों में से एक थी।

खाने से फ़ारिग़ होकर वह पंखे के नीचे लेट गया। उसकी आदत थी कि वह गर्मियों में खाने के बाद एक घंटे तक ज़रूर सोया करता था। मगर उस रोज़ उसे नींद न आयी—वह उस लड़की के संबंध में सोचता रहा, जो उसके पड़ोस में रहती थी।

कई दिन गुज़र गये, मगर मुलाकात न हुई। कॉलेज से आकर उसने सैकड़ों बार छत पर घंटों धूप में खड़े रहकर उसके आने का इंतजार किया। मगर वह न आयी... 'ज़हीर' मायूस हो गया। वह बहुत जल्द मायूस हो जाने वाला आदमी था। उसने सोचा कि यह सब बेकार है। मगर इश्क़ कहता था कि यह बेकारी ही सबसे बड़ी चीज़ है। इश्क़ में सबसे पहले आशिक को इस चीज़ से वास्ता पड़ता है, जो घबराया, वह गया।

अतः ज़हीर ने अपने दिल में इरादा कर लिया कि पहाड़ भी टूट पड़े तो वह घबरायेगा नहीं। अपने इश्क़ में दृढ़ रहेगा।

बहुत दिनों के बाद जब वह साइकिल पर कॉलेज से वापस आ रहा था, उसने अपने आगे एक ताँगा देखा। जिसमें एक बुर्क़ापोश लड़की बैठी थी। उसका अनुमान

बिलकुल सही निकला। क्योंकि यह वही लड़की थी...ताँगा रुका...ज़हीर साइकिल पर से उतर पड़ा—लड़की के एक हाथ में किताबें थीं, दूसरे हाथ से उसने ताँगेवाले को किराया अदा किया और चल पड़ी। मगर ताँगेवाले ने पुकारा, 'ऐ बीबी जी-यह क्या दिया तुमने?'

उसके लहज़े में बदतमीज़ी थी—लड़की रुकी, पलटकर उसने ताँगेवाले को अपने बुर्क़े की नक़ाब में से देखा, 'क्यों क्या बात है?'

ताँगेवाला नीचे उतर आया और हथेली पर अठन्नी दिखाकर कहने लगा, 'यह आठ आने नहीं चलेंगे।'

लड़की ने महीन आवाज़ में कहा, 'मैं हमेशा आठ आने ही दिया करती हूँ।'

ताँगेवाला बड़ा घटिया क़िस्म का आदमी था, बोला, 'वे आपसे रिआयत करते होंगे—मगर...'

यह सुनकर ज़हीर को तैश आ गया। साइकिल छोड़कर आगे बढ़ा, आवेश में आकर एक मुक्का ताँगेवाले की ठोढ़ी के नीचे जमा दिया। वह अभी सँभला भी नहीं था कि एक और उसकी दाहिनी कनपटी पर—इस ज़ोर का कि वह बिलबिला उठा। इसके बाद ज़हीर उस लड़की से जो ज़ाहिर है कि घबरा गयी थी, मुख़ातिब हुआ, 'आप तशरीफ़ ले जाइये, मैं इस हरामजादे से निबट लूँगा।'

लड़की ने कुछ कहना चाहा, शायद शुक्रिया के अल्फ़ाज़ थे जो उसकी ज़बान की नोक पर आकर वापस चले गये—वह चली गयी—दस कदम ही तो थे, मगर ज़हीर को पूरे बीस मिनट उस ताँगेवाले से निबटने में लगे। वह बड़ा ही घटिया क़िस्म का ताँगेवाला था।

ज़हीर बहुत ख़ुश था कि उसने अपनी महबूबा के सामने बड़ी बहादुरी का प्रदर्शन किया। उसने ताँगेवाले को ख़ूब पीटा था और उसने यह भी देखा था कि वह बुर्क़ापोश लड़की अपने घर से चिक़ लगी खिड़की के पीछे से उसको देख रही है। यह देखकर ज़हीर ने दो घूँसे और उस कोचवान की ठोढ़ी के नीचे जमा दिये थे।

इसके बाद ज़हीर सिर से पैर तक उस बुर्क़ापोश की मुहब्बत में गिरफ़्तार हो गया। उसने अपनी माँ से और पूछताछ की तो उसे मालूम हुआ कि उस लड़की का नाम 'यासमीन' है। तीन बहिनें हैं। बाप उनका मर चुका है, माँ ज़िंदा है। मामूली-सी जायदाद है जिसके किराये पर उन सबका गुज़ारा हो रहा है।

'ज़हीर' को अब अपनी माशूक़ा का नाम मालूम हो चुका था। अतः उसने यासमीन के नाम कई ख़त कॉलेज में बैठकर लिखे, मगर फाड़ डाले। लेकिन एक रोज़ उसने एक लम्बा ख़त लिखा और निश्चय कर लिया कि वह उस तक ज़रूर पहुँचा देगा।

बहुत दिनों के बाद जबकि ज़हीर साइकिल पर कॉलेज से वापस आ रहा था उसने 'यासमीन' को ताँगे में देखा। वह उतरकर जा रही थी। लपककर वह आगे बढ़ा जेब से ख़त निकाला और हिम्मत व जुर्रत से काम लेकर उसने काग़ज़ उसकी तरफ़ बढ़ा दिये-'यह आपके कुछ काग़ज़ ताँगे में रह गये थे।'

यासमीन ने वे काग़ज़ ले लिये...नक़ाब का कपड़ा सरसराया...'शुक्रिया।'

यह कहकर वह चली गयी। ज़हीर ने इत्मीनान की साँस ली। लेकिन उसका दिल धक-धक कर रहा था। इसलिए कि उसे मालूम नहीं था कि उसके ख़त का क्या हश्र होने वाला है। वह अभी उस ख़त के बारे में सोच ही रहा था कि एक और ताँगा उसकी साइकिल के पास रुका। उसमें से एक बुर्क़ापोश लड़की उतरी—उसने ताँगेवाले को किराया अदा किया। यह हाथ जिससे किराया अदा किया गया था वैसा ही था जैसा उस लड़की का था, जिसको पहली बार ज़हीर ने देखा था।

किराया अदा करने के बाद यह लड़की उस मकान में चली गयी जहाँ यासमीन गयी थी—'ज़हीर' सोचता रह गया, लेकिन उसको मालूम था कि तीन बहिनें हैं। हो सकता था कि यह लड़की यासमीन की छोटी बहिन हो।

ख़त देकर ज़हीर ने यह समझा था कि आधा मैदान मार लिया है—पर जब दूसरे रोज़ उसे कॉलेज जाते वक़्त एक छोटे से लड़के ने काग़ज़ का एक टुकड़ा दिया तो उसे यक़ीन हो गया कि पूरा मैदान मार लिया गया है। लिखा था—आपका मुहब्बतनामा मिला—जिन ज़ज़्बात का इज़हार आपने किया है, उसके संबंध में मैं आपसे क्या कहूँ ...मैं...मैं...मैं इससे आगे कुछ नहीं कह सकती—मुझे अपनी दासी समझिये।

यह पत्र पढ़कर ज़हीर की बाछें खिल गयीं—कॉलेज में कोई पीरियड अटेण्ड न किया। बस सारा वक़्त बाग़ में घूमता और उस पर्चे को पड़ता रहा।

दो दिन गुज़र गये, मगर यासमीन से ज़हीर की भेंट न हुई। उसको बहुत कोफ़्त हो रही थी, इसलिए कि उसने एक लम्बा-चौड़ा मुहब्बत भरा ख़त लिख रखा था और वह चाहता था कि जल्द-से-जल्द उस तक पहुँचा दे।

तीसरे रोज़ आख़िरकार वह ज़हीर को ताँगे में नज़र आयी। जब वह किराया अदा कर रही थी, साइकिल एक तरफ गिराकर वह आगे बढ़ा और यासमीन का हाथ पकड़ लिया, 'हुज़ूर! यह आपके चंद काग़ज़ात ताँगे में रह गये थे।'

यासमीन ने एक झटके—गुस्से से भरे हुए झटके के साथ अपना हाथ छुड़ाया और तेज़ लहजे में कहा, 'बदतमीज़ कहीं के—शर्म नहीं आती तुम्हें?'

यह कहकर वह चली गयी—और ज़हीर के मुहब्बत भरे ख़त के काग़ज़ सड़क पर फड़फड़ाने लगे। वह सख़्त हैरतज़दा था कि वह लड़की जिसने यह कहा था कि मुझे अपनी दासी समझिये, इतनी नाराज़गी से क्यों पेश आयी है, लेकिन फिर उसने सोचा कि शायद यह भी अंदाज-ए-दिलरुबाना है।

दिन गुज़रते गये, मगर ज़हीर के दिल ओ-दिमाग में यासमीन के ये अल्फ़ाज़ हर वक़्त गूँजते रहते थे, 'बदतमीज़ कहीं के—शर्म नहीं आती तुम्हे' —लेकिन इसके साथ ही उसे उस ख़त के अल्फ़ाज़ याद आते जिसमें यह लिखा था, मुझे अपनी दासी समझिये।

'ज़हीर' ने इस दौरान में कई ख़त लिखे और फाड़ दिये। वह चाहता था कि उचित शब्दों में यासमीन से कहे कि उसने बदतमीज़ कहकर उसकी और उसकी मुहब्बत की तौहीन की है। मगर उसे ऐसे शब्द नहीं मिलते थे। वह ख़त लिखता था मगर जब उसे पढ़ता तो उसे महसूस होता कि वह ग़ैर मामूली तौर पर दुरुस्त है।

एक दिन जबकि वह बाहर सड़क पर अपनी साइकिल के अगले पहिये में हवा भर रहा था, एक लड़का आया और उसके हाथ में एक लिफ़ाफ़ा देकर भाग गया। हवा भरने का पम्प एक तरफ़ रखकर उसने लिफ़ाफ़ा खोला, एक छोटा-सा पत्र था जिसमें ये चंद सतरें लिखी थीं-आप इतनी जल्दी मुझे भूल गये–मुहब्बत के इतने बड़े दावे करने की ज़रूरत ही क्या थी...ख़ैर ...आप भूल जायें तो भूल जायें–आपकी यह कनीज़ (दासी) आपको कभी नहीं भूल सकती।

ज़हीर चकरा गया–उसने यह पत्र बार-बार पढ़ा–सामने देखा तो यासमीन ताँगे में सवार हो रही थी। साइकिल वहीं लिटाकर वह उसकी तरफ़ भागा। ताँगा चलने ही वाला था कि उसने पास पहुँचकर यासमीन से कहा-'तुम्हारा पत्र मिला–खुदा के लिए तुम अपने को कनीज़ न कहा करो मुझे बहुत दुख होता है।'

यासमीन के बुर्क़े की नक़ाब उछली। बड़े गुस्से से उसने ज़हीर से कहा, 'बदतमीज़ कहीं के–तुम्हें शर्म नहीं आती–मैं आज ही तुम्हारी माँ से कहूँगी कि तुम मुझे छेड़ते हो।'

ताँगा चल ही रहा था–थोड़ी देर में निगाहों से ओझल हो गया–ज़हीर पत्र हाथ में पकड़े सोचता रह गया कि यह मामला क्या है? मगर फिर उसे ख़याल आया कि माशूक़ों का रवैया कुछ इस क़िस्म का होता है। वे खुले रूप में इस क़िस्म की हरकतों को पसन्द नहीं करते। पत्र-व्यवहार एक ख़ामोश तरीक़ा है, सारी बातें तय हो जाया करती हैं।

चुनांचे उसने दूसरे रोज़ एक लम्बा ख़त लिखा और जब वह कॉलेज से वापस आ रहा था, ताँगे में यासमीन को देखा। वह उतरकर किराया अदा कर चुकी थी और घर की जानिब जा रही थी कि उसने अपनी साइकिल उसके बिलकुल क़रीब रोकी और अपना लम्बा ख़त उसके हाथ में दे दिया–उसने कोई एतराज़ नहीं किया। एक नज़र उसने अपने बुर्क़े की नक़ाब में से 'ज़हीर' की तरफ़ देखा और चली गयी।

ज़हीर ने महसूस किया था कि वह अपनी नक़ाब के अन्दर मुस्करा रही थी–और यह बड़ी उत्साहवर्धक बात थी–चुनांचे दूसरे रोज़ सुबह जब वह साइकिल निकालकर कॉलेज जाने की तैयारी कर रहा था, उसने यासमीन को देखा। शायद वह ताँगेवाले का इंतज़ार कर रही थी...दाहिने हाथ में किताबें पकड़े थी। बायीं हाथ झूल रहा था।

मैदान खाली था–यानी उस वक़्त बाज़ार में चहल-पहल न थी। ज़हीर ने अवसर उचित समझा, जुर्रत से काम लेकर उसके पास पहुँचा और उसका हाथ जो कि झूल रहा था, पकड़ लिया और बड़े रूमानी अन्दाज़ में उससे कहा, 'तुम भी बड़ी अजीब लड़की हो–ख़तों में मुहब्बत का इज़हार करती हो और बात करें तो गालियाँ देती हो।'

ज़हीर ने बमुश्किल ये अल्फ़ाज ख़त्म किये होंगे कि यासमीन ने अपनी सैंडल उतारकर उसके सिर पर धड़ाधड़ मारनी शुरू कर दी–ज़हीर बौखला गया–यासमीन ने उसको बेशुमार गालियाँ दीं। मगर वह बौखलाहट की वजह से सुन न सका। इस ख़याल से कि कोई देख न ले, वह फ़ौरन अपने घर की तरफ पलटा। साइकिल उठायी और क़रीब था कि अपनी किताबें वगैरह स्टैण्ड के साथ जमा कर कॉलेज का रुख़ करे कि ताँगा आया, यासमीन उसमें बैठी और चली गयी। ज़हीर ने इत्मीनान की साँस ली। इतने में एक और बुर्क़ापोश लड़की प्रकट हुई, उसी घर में से जिसमें से यासमीन निकली थी–उसने ज़हीर की तरफ़ देखा और उसको हाथ से इशारा किया–मगर ज़हीर डरा हुआ था–जब लड़की ने देखा कि ज़हीर ने उसका इशारा नहीं समझा तो वह उससे क़रीब हो के गुज़री और एक ख़त गिरा कर चली गयी। ज़हीर ने काग़ज़ का वह पुर्जा उठाया, उस पर लिखा था–

तुम कब तक मुझे यूँ ही बेवकूफ़ बनाते रहोगे? तुम्हारी माँ मेरी माँ से क्यों नहीं मिलती–आज प्लाजा सिनेमा पर मिलो।

पहला शो...तीन बजे...परवीन।

शग़ल
(मैक्सिम गोर्की की याद में)

यह उन दिनों की बात है, जब हम बरसात में सड़कें साफ़ करके अपना पेट पाल रहे थे।

हम में से कुछ किसान थे और कुछ मज़दूर पेशा। चूँकि पहाड़ी देहातों में रुपये का मुँह देखना बहुत कम नसीब होता है, इसलिए हम सब ख़ुशी-ख़ुशी छह आने रोज़ाना पर सारा दिन उन पत्थरों को हटाते रहते थे, जो बारिशों के ज़ोर से साथ वाली पहाड़ियों से लुढ़ककर सड़क पर आ गिरते थे। पत्थरों को सड़क पर से हटाना तो ख़ैर एक मामूली बात थी, हम तो इस मेहनताने पर उन पहाड़ियों को हटाने पर भी तैयार थे, जो हमारे चारों ओर काले डरावने देवों की तरह अकड़ी खड़ी थीं। दरअसल हमारे बाज़ू सख़्त-से-सख़्त मशक़्क़त के आदी थे, इसलिए यह काम हमारे लिए बिलकुल मामूली था। अलबत्ता जब कभी हमें सड़क को चौड़ा करने के लिए पत्थर काटने होते तो रात को हमें बहुत थकान महसूस होती थी। पुट्ठे अकड़ जाते और सुबह जागते समय ऐसा महसूस होता कि वे तमाम पत्थर जिन्हें हम पिछले दिन काटते और फोड़ते रहे हैं, हमारे जिस्मों पर अपना बोझ डाले हुए हैं। मगर ऐसा कभी-कभी होता था।

हमारा काम हर रोज़ सुबह सात बजे शुरू होता था जब उगते हुए सूरज की सुनहरी किरणें चीड़ के लम्बे-लम्बे पेड़ों से छन-छनकर हमारे पास वाले नाले के क्रोध-भरे पानी से अठखेलियाँ कर रही होतीं और आस-पास की झाड़ियों में नन्ही-नन्ही चिड़िया

अपने गले फूलता-फुलाकर चीख़ रही होतीं। यूँ कहिये कि हम कुदरत को उसके सपने से जागता देखते थे। सुबह की हलकी-फुलकी हवा में ओस से भीगी हरी-हरी झाड़ियों की प्यारी-प्यारी सरसराहट, नाले में कंकड़ों से खेलते हुए झाग-भरे पानी का शोर और बरसात के पानी में भीगी हुई मिट्टी की भीनी-भीनी खुशबू-ये कुछ ऐसी चीज़ें थीं, जो हमारे पत्थर-जैसे सीनों में एक ऐसी कोमलता पैदा कर देती थीं, जो ज़िंदगी के उस नरक में हमें स्वर्ग के सपने दिखाने लगतीं।

हमें हर रोज़ बारह घंटे काम करना पड़ता था। सारा दिन हम सड़क की नालियों और पत्थरों को साफ़ करते रहते थे। यह काम दिलचस्प न था, मगर हमने उसकी नीरसता को दूर करने के लिए एक तरीक़ा इजाद कर लिया था। जब हम सब उस पहाड़ी के नीचे जमा मलबे को अपने बेलचों से हटा रहे होते, जिसके कंकड़ हर वक़्त सड़क पर गिरते रहते थे तो हम एक सुर में कोई पहाड़ी गीत शुरू कर देते। मलबे के पत्थरों से टकराकर हमारे बेलचों की झंकार उस गीत की ताल का काम देती थी। यह गीत उस उदासी को दूर कर देता, जो इस बेरस काम करने से हमारे दिलों में पैदा हो जाती थी। जब तक उसके सुर हमारी चौड़ी छातियों में से निकलते रहते, हम महसूस तक न करते कि इस दौरान में हमने मलबे के एक बहुत बड़े ढेर को साफ़ कर लिया है।

मोटर लॉरियों की आवाजाही से भी हमारा दिल बहला रहता था, जो रंग-बिरंगे मुसाफ़िरों को कश्मीर से वापस या कश्मीर की तरफ़ ले जाती रहती थीं। जब कभी कोई लॉरी हमारे पास से गुज़रती तो हम कुछ अर्से के लिए अपनी झुकी हुई कमर सीधी करके सड़क के एक तरफ़ खड़े हो जाते और ज़मीन पर अपने बेलचे टेककर उसको सामने वाली मोटर के पीठ-पीछे गुम होते देखते रहते। उन लॉरियों को इतनी दूर तक देखते रहने का मक़सद यह था कि हम थोड़ा सुस्ता लें। मगर कभी-कभी उन लॉरियों की शानदार सामानों से लदी हुई छतें और उनकी खिड़कियों से मुसाफ़िरों के लहराते हुए रेशमी कपड़ों की झलक हमारे दिलों में एक नाक़ाबिले-बयान कड़वाहट पैदा कर देती थी और हम अपने आपको उन पत्थरों की तरह फ़िज़ूल और नाकारा समझने लगते थे, जिनको हमारे बेलचों के धक्के इधर-उधर पटकते रहते थे। उन मुसाफ़िरों के तरह-तरह के लिबास देखकर, जिन पर यक़ीनन बहुत-से रुपये ख़र्च किये गये होंगे, हम अनायास अपने कपड़ों की तरफ़ देखना शुरू कर देते थे।

हम में से अकसर का लिबास था-पट्टे का तंग पायजामा, गाढ़े की कमीज़ और लुधियाना की सदरी। सबके पायजामे या तो घुटनों पर से घिस-घिसकर इतने बारीक हो गये थे कि उनमें से जिस्म के बालों की पूरी नुमायश होती थी या बिलकुल फटे हुए थे। कमीज़ों और सदरियों की भी यही हालत थी। उन पर जगह-जगह अलग-अलग रंग के पैबन्द लगे हुए थे। क़रीब-क़रीब हम सबकी कमीज़ों के बटन ग़ायब थे। इसलिए सीने आमतौर पर खुले रहते थे और काम करते वक़्त उन पर पसीने की बूँदें साफ़ नज़र आ सकती थीं।

बारह बजे के क़रीब हम काम छोड़कर खाना खाने के लिए सड़क के नीचे उतरकर पेड़ के साये-तले बैठ जाते थे। यह खाना हम सुबह कपड़े में बाँधकर अपने साथ लाते

थे। तीन ढोडे (मकई की रोटियाँ) और आमतौर पर सरसों का साग होता था, जिसको हम अपने भूखे पेट में डालते थे। खाने के बाद हम पानी अमूमन नाले से पिया करते थे और जिस रोज़ ज़्यादा बारिश होने की वजह से उसका पानी ज़्यादा गंदला हो जाता तो हम दूर सड़क के उस पार चले जाया करते थे, जहाँ साफ़ पानी का एक चश्मा (स्रोत) फूटता है।

खाने से फारिग होकर हम फ़ौरन काम शुरू कर दिया करते थे, हालाँकि हमारा जी चाहता था कि नर्म-नर्म घास पर लेटकर थोड़ी देर सुस्ता लें और फिर काम शुरू करें। मगर ऐसा क्योंकर हो सकता था, जबकि हमें हर वक़्त इस बात का ख़याल रहता था कि पूरा काम किये बग़ैर मज़दूरी नहीं मिलेगी।

हमारा मक़सद काम करना और इस हीले से अपना पेट पालना था और चूँकि हमें मालूम था कि हम में से किसी ने अगर अपने काम में ज़रा-सी सुस्ती या बेदिली दिखायी, तो उसे ताश की गड्डी से नाकारा जोकर की तरह बाहर निकालकर फेंक दिया जायेगा। इसलिए हम दिल लगाकर काम किया करते थे ताकि हमारे अफ़सरों को शिकायत का मौका न मिले। इसका यह मतलब नहीं कि हमारे अफ़सर हम पर बहुत ख़ुश थे। यह क्योंकर हो सकता है। वे बड़े आदमी ठहरे। इसलिए उनका सही या ग़लत तौर पर ख़फ़ा होना भी दुरुस्त होता है। कभी-कभी ये लोग ऐसे ही हमारे काम का मुआइना करते, अपना असंतोष प्रकट करते हुए हम पर बरस पड़ते थे। लेकिन हम, जो उनकी बड़ाई को बख़ूबी समझते थे, 'महाराज, महाराज' कहकर उनके गुस्से को ठण्डा कर दिया करते थे। हम जानते थे कि उनका गुस्सा बेजा है, लेकिन यह एहसास हमारे दिलों में नफ़रत के जज़्बात पैदा नहीं करता था। शायद इसलिए कि झुक-झुककर सलाम करने की आदत ने हमको बिलकुल मुर्दा बना रखा है या फिर इसकी वजह यह भी हो सकती है कि हमको बराबर यह डर लगा रहता था कि अगर हम अपने मौजूदा काम से हटा दिये गये, तो हमारी रोज़ी बन्द हो जायेगी।

हम अपने काम से संतुष्ट थे और यही वजह है कि हम थोड़ी मज़दूरी और ज़्यादा काम के मसले पर बहुत कम गौर किया करते थे। इसकी ज़रूरत भी क्या है। इसलिए कि यह काम पढ़े-लिखे आदमियों का है। हम बिलकुल अनपढ़ और जाहिल थे। दरअसल बात यह है कि हमारी दुनिया बिलकुल अलग-थलग थी, जिसकी सरहदें पत्थर तोड़ने या उनको हटाने, बारह बजे रोटी खाने और फिर काम करने, उसके बाद अपने-अपने डेरों में सो जाने तक ख़त्म हो जाती थीं। हमें उन सीमाओं के बाहर किसी चीज़ से कोई सरोकार न था। दूसरे शब्दों में अपना और अपने घरवालों का पेट पालने के धंधे में हम कुछ ऐसी बुरी तरह फँसकर रह गये थे कि उसके बाहर निकलकर हम किसी और चीज़ की इच्छा करना ही भूल गये थे।

हमारे काम पर सड़कों के महकमे की तरफ़ से एक जाँच-पड़ताल करने वाला तैनात था, जो दिन का अधिकतर हिस्सा सड़क के एक तरफ़ चारपाई बिछाकर बैठे रहने

में गुज़ार देता। यह जात का पण्डित था। ऊँचे तबके का ख़ास निशान सिंदूर के तिलक की सूरत में हर वक़्त उसके गोरे माथे पर चमकता रहता था। हम अपने निरीक्षक को आदर और सम्मान की निगाहों से देखते थे। एक तो इसलिए कि वह ब्राह्मण था और दूसरे इसलिए कि हम उसके मातहत थे। चुनांचे इधर-उधर के दूसरे कामों के अलावा हम बारी-बारी दिन में कई बार उसके पीने के लिए हुक्का ताज़ा किया करते थे और आग सुलगाकर उसकी चिलमें भरा करते थे।

पण्डित का काम सिर्फ़ यह था कि सुबह चारपाई पर अपने गेरुये रंग की कलफ़ लगी पगड़ी और रेशमी कोट उतारकर अपने गंजे सिर पर हाथ फेरते हुए हमारी हाज़िरी लगाये और फिर एक बड़े-से रजिस्टर में कुछ दर्ज करने के बाद इधर-उधर टहलता रहे या हुक्का पीता रहे। वह अपने काम में बहुत कम दिलचस्पी लेता था। अलबत्ता जब कभी मुआइने के लिए किसी अफ़सर की मोटर उधर से गुज़रने वाली होती तो वह अपनी चारपाई उठवाकर हमारे पास खड़ा हो जाया करता था। उसकी इस चालाकी पर हम दिल-ही-दिल में बहुत हँसा करते थे।

एक रोज़, जबकि सुबह से हलकी-हलकी फुहार पड़ रही थी और हम बारह बजे खाने से फ़ारिग होकर रोज़ की तरह अपने काम में मशगूल थे, मोटर के हॉर्न ने हमें चौंका दिया। लॉरियों की बनिस्बत हम मोटरों के देखने के बहुत इच्छुक थे। इसलिए कि उनमें हमारी भूखी नज़रों के देखने के लिए अजीबो-ग़रीब चीज़ें नज़र आती थीं—हम कमर सीधी करके खड़े हो गये। इतने में मोटर के पीछे से हरे रंग की एक छोटी मोटर प्रकट हुई। जब यह हमारे क़रीब पहुँची तो हमने देखा कि उसकी बॉडी बारिश के नन्हे-नन्हे कतरों के नीचे चमक रही है। बहुत आहिस्ता-आहिस्ता चल रही थी। शायद इसलिए कि पिछली सीट पर, जो दो साहब बैठे हुए थे, उनमें एक अपनी रानों पर ग्रामोफोन रखे बजा रहे थे। जब ये मोटर हमारे सामने आयी तो रिकॉर्ड की आवाज़ सड़क के साथ वाली पहाड़ी के पत्थरों से टकराकर फ़िज़ा में गूँजी। कोई गा रहा था—

न मैं किसी का, न कोई मेरा
छाया चारों ओर अँधेरा
अब कुछ सूझत नाहीं मोहे, अब कुछ...

आवाज़ में बेहद दर्द था। एक लम्हे के लिए ऐसा मालूम हुआ कि हम शायद अंध महासागर में डूब गये हैं। जब मोटर अपनी खिड़कियों से उस गीत के दर्दनाक सुर बिखेरती हुई हमारी नज़रों से ओझल हो गयी तो हम सबने एक आह भरकर अपना काम शुरू कर दिया।

शाम के क़रीब जब सूरज की सुर्ख़ और गर्म टिकिया पिघले हुए ताँबे का रंग अख़्तियार करके एक स्याह पहाड़ी के पीछे छुप रही थी और उसकी उनाबी किरणें लम्बे दरख़्तों की चोटियों से खेल रही थीं। सब्ज रंग की वही मोटर उस तरफ़ से वापस

आती दिखायी दी, जिधर वो दोपहर को गयी थी। जब हमने उसके हॉर्न की आवाज़ सुनी तो काम छोड़कर उसको देखने लगे। आहिस्ता-आहिस्ता चलती हुई वह हमारे आगे से गुज़र गयी और फिर अचानक हमसे आधे फ़र्लांग के फ़ासले पर खड़ी हो गयी। वह बाजा जो उसमें बज रहा था, ख़ामोश हो गया।

थोड़ी देर के बाद पिछली सीट से एक नौजवान दरवाज़ा खोलकर बाहर निकला और अपनी पतलून को कमर पर से दुरुस्त करता हुआ, हमारे पास से गुज़रा और आहिस्ता-आहिस्ता उस पुल की तरफ़ रवाना हो गया, जो सामने नाले पर बँधा हुआ था। यह ख़याल करके कि वह नाले के पानी का नज़ारा करने के लिए गया है। जैसा कि आम तौर पर उधर से गुज़रने वाले मुसाफ़िर किया करते थे। हम अपने काम में मसरूफ़ हो गये।

अभी हमें अपना काम शुरू किये पाँच मिनट से ज़्यादा अरसा गुज़रा होगा कि पुल की तरफ़ से ताली की आवाज़ बुलन्द हुई। हमने मुड़कर देखा, पतलून-पोश नौजवान पुल पर से सड़क के साथ पत्थरों से चुनी हुई, दीवार के पास खड़ा सम्भवतः मोटर में अपने साथियों को आकर्षित कर रहा था। समीप की मुँडेर पर उस नौजवान से कुछ दूर एक लड़की बैठी हुई थी।

हम में से एक ने अपने बेलचे को ज़ोर से मोरी की गीली मिट्टी में गाड़ते हुए कहा–'ये राम दई है।'

कालू ने जो उसके पास खड़ा था पूछा, 'राम दई?'

सन्तु चमार की लड़की और कौन?' उसके लहज़े में बेलचे के लोहे जैसी सख़्ती थी।

हम बाक़ी चार हैरान थे कि इस गुफ़्तगू का मतलब क्या है। अगर वह लड़की जो मुँडेर पर बैठी है-सन्तू चमार की लड़की है–तो कौन-सी अहम बात है कि हमारा साथी इस कदर तेज़ बोल रहा है। हम गौर कर रहे थे कि 'फ़ज़ल' ने जो हम से उम्र में बड़ा था और नमाज-रोज़े का बहुत पाबन्द था अपनी दाढ़ी को खुजलाते हुए निहायत ही दार्शनिक लहज़े में कहा–'दुनिया में एक अँधेर मचा है–खुदा मालूम लोगों को क्या हो गया है?'

ये सुनकर हम बाक़ी तीन असल मामले से आगाह होकर सब कुछ समझ गये और उस एहसास ने हमारे दिलों पर राम और गुस्से की एक अजीबो-ग़रीब कैफ़ियत तारी कर दी।

ताली की आवाज़ सुनकर मोटर की पिछली सीट से पतलून पोश के साथी ने अपना सिर बाहर निकाला और यह देखकर कि उसका दोस्त उसे बुला रहा है, दरवाज़ा खोलकर बाहर निकला और हमारे क़रीब से गुज़रता हुआ पुल की जानिब रवाना हो गया–हम बेवकूफ़ बकरियों की तरह उसे अपने दोस्त के पास जाता देखते रहे।

जब पतलून पोश नौजवान का दोस्त उसके पास पहुँच गया तो वे दोनों लड़की की तरफ बढ़े और उससे बातें करनी शुरू कर दीं। यह देखकर कालू क्रोधित होकर और कठोर लहज़े में बोला–'बदमाश...।'

फ़ज़ल ने सर्द आह भरी और ग़मगीन लहज़े में कहने लगा–'जब से यह सड़क बनी है और ऐसे बाबुओं का आवागमन ज़्यादा हो गया है। यहाँ के तमाम इलाकों में गंदगी फैल गयी है। लोग कहते हैं कि यह सड़क बनने से बहुत आराम हो गया है। होगा, मगर इस क़िस्म के बेशर्मी के नज़ारे पहले कभी देखने में न आते थे–खुदा बचाये।'

इस दौरान में पतलून-पोश के साथी ने लड़की को बाजू से पकड़ लिया और शायद उसको उठकर चलने के लिए कहा, मगर वह अपनी जगह पर बैठी रही। ये देखकर कालू से न रहा गया और उसने राम प्रसाद से कहा, 'आओ ये लोग तो अब हेकड़ी दिखा रहे हैं।'

कालू ये कहकर अकेला ही उस तरफ़ बढ़ने को था कि हमने उसे रोक दिया और यह मशवरा दिया कि तमाम मामला पण्डित को बता दिया जाये, जो चारपाई पर सो रहा है और फिर जो वह कहे उस पर अमल किया जाये। इस प्रस्ताव को माकूल ख़याल करके हम सब पण्डित के पास गये और उसे जगाकर, सारा किस्सा सुना दिया। उसने हमारी गुफ़्तगू को बड़ी बेपरवाही से सुना। जैसे कोई बात ही नहीं और उन दोनों नौजवानों की तरफ़ देखकर जो अब राम दई को ख़ुदा मालूम किस तरीक़े से मनाकर ला रहे थे कहा–'जाओ तुम अपना काम करो। मैं उनसे ख़ुद पूछ लूँगा।'

ये जवाब सुनकर हम बेचारगी की हालत में अपने काम पर आ गये। लेकिन हम सबकी निगाहें राम दई और उन दोनों नौजवानों पर जमी हुई थीं जो अब पुल तय करके पण्डित की चारपाई के क़रीब पहुँच रहे थे। लड़के आगे थे और राम दई थकी हुई, घोड़ी की तरह, पीछे-पीछे चल रही थी। जब वे सब पण्डित के आगे से गुज़रने लगे तो वह चारपाई पर से उठा–दो-तीन मिनट तक उनसे कुछ बातें करने के बाद वह भी उनके साथ हो लिया।

जब पण्डित राम दई और वे दोनों हमारे पास से गुज़रे तो हमने देखा कि नौजवानों के चेहरों पर एक हैवानी झलक रही है और पण्डित बड़े अदब से उनके साथ-साथ चल रहा है। राम दई की निगाहें झुकी हुई थीं।

मोटर के पास पहुँचकर पण्डित ने आगे बढ़कर उसका दरवाज़ा खोला। पहले पतलून-पोश फिर राम दई और उसके बाद दूसरा नौजवान मोटर में दाख़िल हो गये। हमारे देखते-देखते मोटर चली और नज़रों से ओझल हो गयी और हम आँखें झपकते रह गये।

'शैतान मरदूद।' कालू ने बड़ी बेचैनी से ये दो लफ्ज अदा किये।

इतने में पण्डित आ गया और हमको परेशान देखकर एक बनावटी आवाज़ में कहने लगा, 'मैंने उनसे पूछा है। कोई बात नहीं, वो लड़की को जरा मोटर की सैर कराना चाहते थे। इंस्पेक्टर साहब के मेहमान हैं और डाक-बँगले में ठहरे हुए हैं। थोड़ी दूर ले जाकर उसे छोड़ देंगे–अमीर आदमी हैं। उनके शग़ल इसी क़िस्म के होते हैं।'

ये कहकर पण्डित चला गया।

हम देर तक खुदा मालूम किन गहराइयों में डूबे रहे कि अनायास फ़ज़ल की आवाज़ ने हमें चौंका दिया। दो मर्तबा ज़ोर से झुककर उसने अपने हाथों को गीला किया और बेलचे को पत्थरों के ढेर में गाड़ते हुए कहा, 'अगर अमीर आदमियों के यही शग़ल हैं तो ग़रीबों की बहू-बेटियों का अल्लाह वली (संरक्षक) है!'

फ़ाहा

गोपाल की रान पर जब ये बड़ा फोड़ा निकला तो उसकी हालत ख़राब हो गयी। गर्मियों का मौसम था। आम खूब हुए थे। बाज़ारों में, गलियों में, दुकानदारों के पास, फेरीवालों के पास, जिधर देखो आम-ही-आम नज़र आते। लाल, पीले, सब्ज रंगों-रंग के...सब्जी मण्डी में लाखों के हिसाब से हर क़िस्म के आम आते थे और निहायत सस्ते दामों पर फ़रोख़्त हो रहे थे। यूँ समझिये कि पिछले बरस की कसर पूरी हो रही थी।

स्कूल के बाहर छोटू राम फल-फ़रोश से गोपाल ने एक रोज़ खूब जी भरके आम खाये और जेब में से एक महीने के बचाये हुए जितने पैसे जमा थे, सब-के-सब उन आमों पर ख़र्च कर दिये। जिनके गूदे और रस में शहद घुला हुआ था।

उस रोज़ कुट्टी के वक़्त आम खाने के बाद उँगलियाँ चाटते हुए गोपाल को स्कूल के हलवाई से दूध की लस्सी पीने का ख़याल आया था, और उस ख़याल को अमली जामा पहनाने की ख़ातिर उसने गंडा राम हलवाई से पाव भर दूध की लस्सी बनाने को कहा भी था। मगर हलवाई ने ये कहकर इनकार कर दिया था–'बाबू गोपाल, पहला हिसाब चुका दो तो और उधार दूँगा, वरना नहीं।'

गोपाल ने अगर आम न खाये होते या अगर उसकी जेब में थोड़े बहुत पैसे होते तो वह वहीं खड़े-खड़े गंडा राम का हिसाब चुका देता और कुछ नहीं तो नकद दाम देकर लस्सी का वो गिलास ले लेता। जिसमें बर्फ का टुकड़ा डुबकियाँ लगा रहा था और जिसे हलवाई ने बुरा-सा मुँह बनाकर अपने पीछे लोहे के थाल पर रख दिया था। मगर गोपाल कुछ भी न कर सका और उसका नतीजा यह हुआ कि चौथे रोज़ उसकी रान पर यह बड़ा-सा फोड़ा निकल आया और तीन-चार रोज़ तक उभरता रहा।

गोपाल की हालत बिगड़ गयी। उसकी समझ में न आता था कि क्या करे? वह फोड़े से इतना परेशान नहीं था जितना उसके दर्द से–और सबसे बड़ी मुसीबत यह थी कि फोड़ा दिन-ब-दिन लाल होता चला जा रहा था और उसके मुँह पर बदन की झिल्ली फटनी शुरू हो गयी थी। कभी-कभी गोपाल को यह मालूम होता कि फोड़े के अन्दर कोई हंडिया उबल रही है और उसके अन्दर सब कुछ एक उबाल में निकलना चाहता है। ये चीज़ उसे बहुत परेशान कर रही थी और फोड़े का रूप देखकर एक मर्तबा तो ऐसा मालूम हुआ था कि उसकी जेब में से काँच की गोली निकलकर उसकी रान में घुस गयी है।

गोपाल ने घर में फोड़े की बाबत किसी से ज़िक्र न किया। वह जानता था कि अगर पिता जी को इसका पता चल गया, तो वह अपने थाने की मक्खियों का सारा गुस्सा उसी पर निकालेंगे और बहुत मुमकिन है कि वह उसे उस छड़ी से पीटना शुरू कर दें, जो थोड़े रोज़ हुए 'गिरधारी' वकील के मुंशी ने वज़ीराबाद से उन्हें तोहफ़े के तौर पर लाकर दी थी। माँ का मिज़ाज भी कम गरम न था। वह अगर उसे आम खाने के जुर्म की सज़ा न देती तो उस ग़लती पर उसके कान खींच-खींचकर ज़रूर लाल कर देती कि उसने घर के बाहर अकेले-अकेले इतने आम क्यों उड़ाये। उसकी माँ का उसूल था, 'गोपाल अगर तुझे ज़हर भी खाना हो तो घर में खा।' गोपाल अच्छी तरह जानता था कि इस उसूल के पीछे उसकी माँ की सिर्फ़ यह ख़्वाहिश थी कि गोपाल के मुँह के साथ उसका मुँह भी चलता रहे।

कुछ भी हो, गोपाल की रान पर फोड़ा निकलना था, निकल आया। इसका कारण जहाँ तक गोपाल समझ सका था, वही आम थे। उसने फोड़े की बाबत घर में किसी से ज़िक्र न किया था। उसको अपने पिता जी की वो डाँट अच्छी तरह याद थी जो गुसलख़ाने के अन्दर बतायी गयी थी। उसके पिता जी लाला पुरुषोत्तम दास थानेदार लँगोट बाँधे नल की धार के नीचे अपनी गंजी चंदिया रखे और बड़ी तोंद बढ़ाये मूँछों में से आम का रस चूस रहे थे। सामने बाल्टी में एक दर्जन के क़रीब आम पड़े थे, जो उन्होंने सुबह-सवेरे एक ठेलेवाले से उसका चालान काटकर हासिल किये थे। गोपाल बाप की पीठ मल रहा था और मैल की मरोड़ियाँ बना रहा था। जब उसने हाथ साफ़ करने के लिए बाल्टी में डाले थे और चुपके से एक आम उड़ाना चाहा था तो लाला जी ने बड़े ज़ोर से उसका हाथ झटक कर छोटे से आम को मूँछों समेत मुँह में डाले हुए कहा था, 'बेशर्म–तुझे बड़ों का लिहाज़ करना जाने कब आयेगा?'

और जब गोपाल ने रोनी सूरत बनाकर कहा था, 'पिता जी, आम खाने को मेरा भी तो जी चाहता है।' तो थानेदार साहब ने आम की गुठली चूसकर मोरी में फेंकते हुए कहा था, 'गोपू तेरे लिए ये आम बहुत गर्म था। फोड़े- फुंसियाँ चाहता है तो बेशक खा ले–दो-तीन बारिशें और हो लेने दे, फिर खूब ठाट से खाइयो, तेरी माँ से कहूँगा, वह लस्सी बना देगी–चल अब पीठ मल।' और गोपाल ने यह रुकावट की बात सुनकर ख़ामोशी से अपने पिता की पीठ मलनी शुरू कर दी थी और आम की खटास ने जो पानी उसके मुँह में भर दिया था, उसे देर तक निगलता रहा था।

उसके दूसरे रोज़ उसने आम खाये और चौथे रोज़ उसकी रान पर फोड़ा निकल आया। उसके पिता की बात सच्ची साबित हुई।

अब अगर गोपाल घर में किसी से उस फोड़े की बात करता, तो ज़ाहिर है कि ख़ूब पिटता। यही वजह है कि वह ख़ामोश रहा और फोड़े का बढ़ाव बन्द करने की तरकीबें सोचता रहा।

एक रोज़ उसके पिता जी थाने से वापसी पर जब घर आये तो उनके हाथ में एक लम्बी-सी बत्ती थी। गोपाल की माँ को आवाज़ देकर उन्होंने यह बत्ती उसके

आती दिखायी दी, जिधर वो दोपहर को गयी थी। जब हमने उसके हॉर्न की आवाज़ सुनी तो काम छोड़कर उसको देखने लगे। आहिस्ता-आहिस्ता चलती हुई वह हमारे आगे से गुज़र गयी और फिर अचानक हमसे आधे फर्लांग के फ़ासले पर खड़ी हो गयी। वह बाजा जो उसमें बज रहा था, ख़ामोश हो गया।

थोड़ी देर के बाद पिछली सीट से एक नौजवान दरवाज़ा खोलकर बाहर निकला और अपनी पतलून को कमर पर से दुरुस्त करता हुआ, हमारे पास से गुज़रा और आहिस्ता-आहिस्ता उस पुल की तरफ़ रवाना हो गया, जो सामने नाले पर बँधा हुआ था। यह ख़याल करके कि वह नाले के पानी का नज़ारा करने के लिए गया है। जैसा कि आम तौर पर उधर से गुज़रने वाले मुसाफ़िर किया करते थे। हम अपने काम में मसरूफ़ हो गये।

अभी हमें अपना काम शुरू किये पाँच मिनट से ज़्यादा अरसा गुज़रा होगा कि पुल की तरफ़ से ताली की आवाज़ बुलन्द हुई। हमने मुड़कर देखा, पतलून-पोश नौजवान पुल पर से सड़क के साथ पत्थरों से चुनी हुई, दीवार के पास खड़ा सम्भवतः मोटर में अपने साथियों को आकर्षित कर रहा था। समीप की मुँडेर पर उस नौजवान से कुछ दूर एक लड़की बैठी हुई थी।

हम में से एक ने अपने बेलचे को ज़ोर से मोरी की गीली मिट्टी में गाड़ते हुए कहा–'ये राम दई है।'

कालू ने जो उसके पास खड़ा था पूछा, 'राम दई?'

सन्तु चमार की लड़की और कौन?' उसके लहज़े में बेलचे के लोहे जैसी सख़्ती थी।

हम बाक़ी चार हैरान थे कि इस गुफ़्तगू का मतलब क्या है। अगर वह लड़की जो मुँडेर पर बैठी है-सन्तू चमार की लड़की है–तो कौन-सी अहम बात है कि हमारा साथी इस कदर तेज़ बोल रहा है। हम गौर कर रहे थे कि 'फ़ज़ल' ने जो हम से उम्र में बड़ा था और नमाज-रोज़े का बहुत पाबन्द था अपनी दाढ़ी को खुजलाते हुए निहायत ही दार्शनिक लहज़े में कहा–'दुनिया में एक अँधेर मचा है–खुदा मालूम लोगों को क्या हो गया है?'

ये सुनकर हम बाक़ी तीन असल मामले से आगाह होकर सब कुछ समझ गये और उस एहसास ने हमारे दिलों पर राम और गुस्से की एक अजीबो-ग़रीब कैफ़ियत तारी कर दी।

ताली की आवाज़ सुनकर मोटर की पिछली सीट से पतलून पोश के साथी ने अपना सिर बाहर निकाला और यह देखकर कि उसका दोस्त उसे बुला रहा है, दरवाज़ा खोलकर बाहर निकला और हमारे क़रीब से गुज़रता हुआ पुल की जानिब रवाना हो गया–हम बेवकूफ़ बकरियों की तरह उसे अपने दोस्त के पास जाता देखते रहे।

जब पतलून पोश नौजवान का दोस्त उसके पास पहुँच गया तो वे दोनों लड़की की तरफ बढ़े और उससे बातें करनी शुरू कर दीं। यह देखकर कालू क्रोधित होकर और कठोर लहज़े में बोला–'बदमाश...।'

फ़ज़ल ने सर्द आह भरी और ग़मगीन लहज़े में कहने लगा–'जब से यह सड़क बनी है और ऐसे बाबुओं का आवागमन ज़्यादा हो गया है। यहाँ के तमाम इलाकों में गंदगी फैल गयी है। लोग कहते हैं कि यह सड़क बनने से बहुत आराम हो गया है। होगा, मगर इस क़िस्म के बेशर्मी के नज़ारे पहले कभी देखने में न आते थे–खुदा बचाये।'

इस दौरान में पतलून-पोश के साथी ने लड़की को बाजू से पकड़ लिया और शायद उसको उठकर चलने के लिए कहा, मगर वह अपनी जगह पर बैठी रही। ये देखकर कालू से न रहा गया और उसने राम प्रसाद से कहा, 'आओ ये लोग तो अब हेकड़ी दिखा रहे हैं।'

कालू ये कहकर अकेला ही उस तरफ़ बढ़ने को था कि हमने उसे रोक दिया और यह मशवरा दिया कि तमाम मामला पण्डित को बता दिया जाये, जो चारपाई पर सो रहा है और फिर जो वह कहे उस पर अमल किया जाये। इस प्रस्ताव को माकूल ख़याल करके हम सब पण्डित के पास गये और उसे जगाकर, सारा किस्सा सुना दिया। उसने हमारी गुफ़्तगू को बड़ी बेपरवाही से सुना। जैसे कोई बात ही नहीं और उन दोनों नौजवानों की तरफ़ देखकर जो अब राम दई को ख़ुदा मालूम किस तरीक़े से मनाकर ला रहे थे कहा–'जाओ तुम अपना काम करो। मैं उनसे ख़ुद पूछ लूँगा।'

ये जवाब सुनकर हम बेचारगी की हालत में अपने काम पर आ गये। लेकिन हम सबकी निगाहें राम दई और उन दोनों नौजवानों पर जमी हुई थीं जो अब पुल तय करके पण्डित की चारपाई के क़रीब पहुँच रहे थे। लड़के आगे थे और राम दई थकी हुई, घोड़ी की तरह, पीछे-पीछे चल रही थी। जब वे सब पण्डित के आगे से गुज़रने लगे तो वह चारपाई पर से उठा–दो-तीन मिनट तक उनसे कुछ बातें करने के बाद वह भी उनके साथ हो लिया।

जब पण्डित राम दई और वे दोनों हमारे पास से गुज़रे तो हमने देखा कि नौजवानों के चेहरों पर एक हैवानी झलक रही है और पण्डित बड़े अदब से उनके साथ-साथ चल रहा है। राम दई की निगाहें झुकी हुई थीं।

मोटर के पास पहुँचकर पण्डित ने आगे बढ़कर उसका दरवाज़ा खोला। पहले पतलून-पोश फिर राम दई और उसके बाद दूसरा नौजवान मोटर में दाख़िल हो गये। हमारे देखते-देखते मोटर चली और नज़रों से ओझल हो गयी और हम आँखें झपकते रह गये।

'शैतान मरदूद।' कालू ने बड़ी बेचैनी से ये दो लफ्ज अदा किये।

इतने में पण्डित आ गया और हमको परेशान देखकर एक बनावटी आवाज़ में कहने लगा, 'मैंने उनसे पूछा है। कोई बात नहीं, वो लड़की को जरा मोटर की सैर कराना चाहते थे। इंस्पेक्टर साहब के मेहमान हैं और डाक-बँगले में ठहरे हुए हैं। थोड़ी दूर ले जाकर उसे छोड़ देंगे–अमीर आदमी हैं। उनके शग़ल इसी क़िस्म के होते हैं।'

ये कहकर पण्डित चला गया।

हाथ में देकर कहा, 'ले आज बड़े काम की चीज़ लाया हूँ। बम्बई का मरहम है। सौ दवाओं की एक दवा है-फोड़े-फुन्सी की बहार है। जरा-सा फाहे पर लेप करके लगा दोगी, यूँ आराम आ जायेगा...यूँ...बम्बई का 'नखालिस' मरहम है। इसे सँभाल के रख।'

गोपाल अपनी बहिन निर्मला के साथ बरामदे में गेंद-बल्ला खेल रहा था। इत्तिफ़ाक़ की बात है कि जब थानेदार जी मरहम देकर अपनी पत्नी को कुछ समझा रहे थे तो निर्मला ने ज़ोर से गेंद फेंकी। गोपाल का ध्यान बाप की तरफ था। गेंद ज़ोर से फोड़े पर लगी। गोपाल बिलबिला उठा। लेकिन दर्द को अंदर-ही-अंदर पी गया। वह स्कूल में मास्टर हरिराम के मशहूर बेंत की मार खाकर दर्द सहने का आदी हो चुका था।

उधर गोपाल के फोड़े पर गेंद लगी, इधर उसके बाप की आवाज़ बुलन्द हुई। ज़रा-सा फाहे पर लेप करके लगा दोगी- 'यूँ आराम आ जायेगा...यूँ।' और यूँ के साथ उसके बाप की चुटकी ने गोया गोपाल के सोये हुए दिमाग़ की चुटकी भर ली। उसको अपने दर्द का इलाज मालूम हो गया।

उसकी माँ ने मरहम की बत्ती सामने दालान में सिलाई की पिटारी में रख दी। गोपाल को अच्छी तरह मालूम था कि उसकी माँ आमतौर पर सिलाई की पिटारी ही में सब सँभालने वाली चीज़ें रखा करती है। सबसे ज़्यादा सँभालने वाली चीज़ वह मोचना था, जिससे उसकी माँ हर दसवें-पन्द्रहवें रोज़ अपने तँग माथे के बाल साफ़ किया करती थी। यह निःसंदेह सिलाई की पिटारी में उस पुड़िया समेत मौजूद था, जिसमें कोयलों की सफ़ेद राख जमा रहती थी, जो उसकी माँ बाल नोचकर लगाया करती थी।

तथापि 'गोपाल' ने अपना इत्मीनान करने के लिए गेंद दालान में फेंक दी और उसको पलँग के नीचे से निकालते हुए अपनी माँ को सिलाई की पिटारी में मरहम रखते देख लिया।

दोपहर को उसने अपनी बहिन निर्मला को साथ मिलाकर छोटी कैंची, जिससे उसका बाप उँगलियों के नाख़ून काटता था। मरहम की बत्ती और अपने बाप के पायजामे से बचा हुआ लट्ठे का वह टुकड़ा हासिल कर लिया, जिससे उसकी माँ एक और टुकड़े को साथ मिलाकर सलवार की म्यानी बनाना चाहती थी।

दोनों ये चीज़ें लेकर ऊपर कोठे पर चले गये और बरसाती के नीचे कोयलों की बोरियों के पास बैठ गये।

निर्मला ने अपनी जेब से लट्ठे का टुकड़ा निकालकर अपनी रान पर सलवार के फिसलते हुए रेशमी कपड़े पर फैलाकर जब गोपाल की तरफ़ अपनी नाचती हुई आँखों से देखा तो उस वक़्त ऐसा मालूम हुआ कि ग्यारह बरस की यह कमसिन लड़की जो दरियाई सरकंडे की तरह नाजुक और लचकीली थी एक बहुत बड़े काम के लिए अपने आपको तैयार कर रही है।

उसका नन्हा-सा दिल जो उस वक़्त तक सिर्फ़ माँ-बाप की झिड़कियों और अपनी गुड़ियों के मैले होते हुए चेहरों की फ़िक्र से धड़का करता था, अब अपने भाई की रान

पर फोड़ा देखने के ख़याल से धड़क रहा था। उसके कान की लवें लाल और गर्म हो गयी थीं।

'गोपाल' ने घर में अपने फोड़े की बात का किसी से ज़िक्र न किया था, लेकिन अब उसे निर्मला को सारी बात सुनानी पड़ी कि किस तरह उसने चोरी-चोरी आम खाये और लस्सी पीना भूल गया और उसकी रान पर पैसे के बराबर फोड़ा निकल आया। जब उसने अपनी राम कहानी सुनाकर निर्मला से राज़दाराना लहज़े में कहा था–'देख निर्मला घर में ये बात किसी से न कहियो।' तो निर्मला ने बड़ी शालीन सूरत बनाकर जवाब दिया था, 'मैं पागल थोड़े ही हूँ।'

गोपाल को यक़ीन था कि निर्मला ये बात अपने तक ही रखेगी अतः उसने पायजामे को ऊपर अड़सा लिया। निर्मला का दिल धक-धक करने लगा। जब गोपाल ने बैठकर अपना फोड़ा दिखाया और निर्मला ने दूर ही से अपनी उँगली से उसे छुआ तो उसके बदन पर एक झुरझुरी-सी तारी हो गयी। सी-सी करते हुए उसने उभरे हुए, लाल फोड़े की तरफ़ देखा और कहा, 'कितना लाल है!'

'अभी तो और होगा।' गोपाल ने अपने मर्दाना हौसले का इज़हार करते हुए जवाब दिया।

निर्मला ने हैरत से कहा, 'सच?'

'अभी तो कुछ लाल नहीं है, जो फोड़ा मैंने 'चिरंजी' के मुँह पर देखा है, वो इससे कहीं ज़्यादा बड़ा और लाल था,' गोपाल ने फोड़े पर दो उँगलियाँ फेरीं।

'तो अभी और बढ़ेगा?' निर्मला आगे सरक आयी।

'क्या पता है...अभी तो बढ़ता चला जा रहा है।' गोपाल ने जेब में से मरहम की बत्ती निकाल कर कहा।

निर्मला सहम-सी गयी, 'इस मरहम से तो आराम आ जायेगा ना?'

गोपाल ने बत्ती के एक सिरे पर से काग़ज़ की तह अलग की और 'हाँ' में सर हिला दिया, 'इसका एक फ़ाहा लगाने ही से फट जायेगा।'

'फट जायेगा।' निर्मला को ऐसा मालूम हुआ कि उसके कान के पास रबड़ का गुब्बारा फट गया है, उसका दिल धक से रह गया।

'और इसके अन्दर जो कुछ है फूट बहेगा।' गोपाल ने मरहम को उँगली पर उठाते हुए कहा।

निर्मला का गुलाबी रंग अब मुंबई के मरहम की तरह पीला पड़ गया था, उसने धड़कते हुए दिल से पूछा, 'मगर ये फोड़े क्यों निकलते हैं भैया?'

'गर्म चीज़ें खाने से।' गोपाल ने एक माहिर चिकित्सक के से अन्दाज़ में जबाव दिया।

निर्मला को वो दो अंडे याद आ गये, जो उसने दो माह पहले खाये थे। वह कुछ सोचने लगी।

गोपाल और निर्मला के दरमियान चंद बातें और हुईं। इसके बाद वह असली काम की तरफ उन्मुख हुए। निर्मला ने लट्ठे का एक गोल फ़ाहा काटा। बड़ी नफ़ासत से, ये रुपये के बराबर था और इसकी गोलाई में मजाल है जो ज़रा-सा नुक्स भी हो। उसी तरह गोल था जिस तरह निर्मला की माँ के हाथ की बनी हुई रोटी गोल होती है।

गोपाल ने उस फ़ाहे पर थोड़ा-सा मरहम लगा दिया और उसे अच्छी तरह फैलाने के बाद फोड़े की तरफ गौर से देखा। निर्मला गोपाल के ऊपर झुकी हुई थी और गोपाल की हर हरकत को बड़ी दिलचस्पी से देख रही थी। गोपाल ने जब फ़ाहा अपने फोड़े के ऊपर जमा दिया तो वह काँप गयी। जैसे उसके बदन पर किसी ने बर्फ का टुकड़ा रख दिया हो।

'अब आराम आ जायेगा ना?' निर्मला ने अर्ध सवालिया अन्दाज़ में कहा।

गोपाल जवाब देने भी न पाया था कि बरसाती के बराबर वाली सीढ़ियों पर किसी के चढ़ने की आवाज़ सुनायी दी। ये उनकी माँ थी जो शायद कोयले लेने के लिए आ रही थी।

गोपाल और निर्मला ने एक साथ एक-दूसरे के चेहरे की तरफ देखा और कुछ कहे-सुने बग़ैर, सब चीज़ें इकट्ठी करके उस पुराने संदूक के पीछे छिपा दीं, जहाँ उनकी बिल्ली सुंदरी बच्चे दिया करती थी, और चुपके से भाग गये।

यहाँ से भागकर गोपाल जब नीचे गया तो उसके बाप ने उसे बाहर फ़ालूदा लाने के लिए भेज दिया। जब वापस आया तो उसे गली में निर्मला मिली। फ़ालूदे का गिलास उसके हवाले करके वह चिरंजी के घर चला गया इस तरह उन चीज़ों को अपनी-अपनी जगह पर रखना भूल गया, जो माँ के अचानक आ जाने से उसने और निर्मला ने संदूक के पीछे छिपा दी थीं।

चिरंजी के यहाँ वो देर तक ताश खेलता रहा। खेल से फ़ारिग होकर जब वह चिरंजी के बग़ल में हाथ डाले कमरे से बाहर निकल रहा था तो किसी बात पर उसका दोस्त हँसा और उसके दाहिने गाल पर फोड़े का निशान लम्बी-सी लकीर बन गया। उसको देखकर फ़ौरन ही अपने फोड़े का गोपाल को ख़याल आया और इस ख़याल के साथ ही उसे वे चीज़ें याद आ गयीं जो संदूक के पीछे पड़ी थीं। चिरंजी के बगल से हाथ निकालकर वो भागा।

घर पहुँचकर उसने वहाँ की फ़िज़ा देखी। उसकी माँ सहन में बैठी उसके बाप से मिलाप अख़बार की खबरें सुन रही थी। दोनों किसी बात पर हँस रहे थे, गोपाल उनके पास से गुज़रा। दोनों ने उसकी तरफ़ देखा। मगर उससे कोई बात न की। गोपाल को इत्मिनान हो गया कि अभी तक उसकी माँ ने अपनी सिलाई की पिटारी नहीं देखी। अतः वह चुपके से घर पर चला गया।

बड़े कमरे को पार करके दरवाज़े के अंदर दाख़िल होने वाला ही था कि उसके क़दम रुक गये।

संदूक के पास बैठी निर्मला कुछ कर रही थी। गोपाल पीछे हट गया और छिपकर देखने लगा।

निर्मला तल्लीनता से फ़ाहा तराश रही थी। उसकी पतली-पतली उँगलियाँ कैंची से बारीक काम ले रही थीं। फ़ाहा काटने के बाद उसने थोड़ा-सा मरहम निकालकर उस पर फैलाया और गर्दन झुकाकर अपने कुर्ते के बटन खोले। सीने के दाहिनी तरफ छोटा-सा उभार था। ऐसा मालूम होता था कि नलकी पर साबुन का छोटा-सा अधूरा बुलबुला अटका हुआ है।

निर्मला ने फ़ाहे पर फूँक मारी और उसे उस नन्हे से उभार पर जमा दिया।

टेढ़ी लकीर

अगर सड़क सीधी हो–बिलकुल सीधी तो उस पर उसके क़दम मनों भारी हो जाते थे। वह कहा करता था, ये ज़िंदगी के खिलाफ़ है जो टेढ़े-मेढ़े रास्तों से भरी है। जब हम दोनों बाहर सैर को निकलते तो इस दौरान में वह कभी सीधे रास्ते पर न चलता। उसे बाग़ का वह कोना बहुत पसन्द था, जहाँ लहराती हुई रविशें बनी हुई थीं।

एक बार उसने अपनी टाँगों को सीने के साथ जोड़कर बड़े दिलकश अन्दाज़ में मुझ से कहा था, 'अब्बास अगर मुझे और कोई काम न हो तो बख़ुदा मैं अपनी सारी ज़िंदगी कश्मीर की पहाड़ी सड़कों पर चढ़ने-उतरने में गुज़ार दूँ–क्या पेच हैं! कभी तुम मुझे नज़र आ रहे हो और एक मोड़ मुड़ने के बाद मेरी नज़रों से ओझल हो जाते हो–कितनी रहस्यमयी चीज़ है–सीधे रास्ते पर तुम हर आने वाली चीज़ देख सकते हो। मगर यहाँ आने वाली चीज़ें तुम्हारी आँखों के सामने बिलकुल अचानक आ जायेंगी। मौत की तरह अचानक, इसमें कितना मजा है।'

वह एक दुबला-पतला नौजवान था, बेहद दुबला। उसको एक नज़र देखने से प्राय: मालूम होता कि अस्पताल के किसी बिस्तर पर से कोई पीला बीमार उठकर चला आया है। उसकी उम्र बमुश्किल बाईस बरस के क़रीब होगी। मगर कभी-कभी वह उससे बहुत ज़्यादा उम्र का मालूम होता था और अजीब बात है कि कभी-कभी उसको देखकर, मैं ये ख़याल करने लगता कि वह बच्चा बन गया है। उसमें एकाएकी इस कदर तब्दीली हो जाया करती थी कि मुझे अपनी निगाहों की सेहत पर शुबह होने लग जाता था।

आख़िरी मुलाकात से दस रोज़ पहले जब वह मुझे बाज़ार में मिला तो मैं उसे देखकर हैरान रह गया। वह हाथ में एक बड़ा सेब लिये उसे दाँतों से काटकर खा रहा था। उसका चेहरा बच्चों के मानिन्द एक नाक़ाबिल-ए-बयान ख़ुशी के कारण तमतमाया हुआ था। उसका सारा चेहरा गवाही दे रहा था कि सेब बहुत लज़ीज़ है।

सेब के रस से भरे हुए हाथों को बच्चों की तरह अपनी पतलून से साफ़ करके उसने मेरा हाथ बड़े जोश से दबाया और कहा–'अब्बास, वह दो आने माँगता था मैंने भी एक ही आने में ख़रीदा।'

उसके होंठ उल्लास-भरी हँसी के कारण थरथराने लगते फिर उसने जेब से एक चीज़ निकाली और मेरे हाथ में देकर कहा, 'तुमने लट्टू देखे होंगे, पर ऐसा लट्टू कभी देखने में न आया होगा–ऊपर का बटन दबाओ-दबाओ–अरे दबाओ।'

मैं सख़्त हैरान हो रहा था, लेकिन उसने मेरी तरफ़ देखे बगैर लट्टू का बटन दबा दिया जो मेरी हथेली पर से उछलकर सड़क पर लँगड़ाने लगा–इस पर ख़ुशी के मारे मेरे दोस्त ने उछलना शुरू कर दिया।

'देखो, अब्बास, देखो, इसका नाच।'

मैंने लट्टू की तरफ़ देखा, जो मेरे सिर के मानिन्द घूम रहा था। हमारे इर्द-गिर्द बहुत से आदमी जमा हो गये थे। शायद वे यह समझ रहे थे कि मेरा दोस्त दवाइयाँ बेचेगा।

'लट्टू उठाओ और चलें, लोग हमारा तमाशा देखने के लिए जमा हो रहे हैं।'

मेरे लहज़े में शायद थोड़ी-सी तेज़ी थी क्योंकि उसकी सारी ख़ुशी मंद पड़ गयी और उसके चेहरे की तमतमाहट ग़ायब हो गयी। वह उठा और उसने मेरी तरफ़ कुछ इस अन्दाज़ से देखा कि मुझे ऐसा मालूम हुआ, जैसे एक नन्हा-सा बच्चा रोनी सूरत बनाकर कह रहा है, 'मैंने तो कोई बुरी बात नहीं की, फिर मुझे क्यों झिड़का गया है?'

उसने लट्टू वहीं सड़क पर छोड़ दिया और मेरे साथ चल पड़ा। घर तक मैंने और उसने कोई बात न की। गली के नुक्कड़ पर पहुँचकर मैंने उसकी तरफ़ देखा–इस अल्प समय में उसके चेहरे पर इन्क़िलाब पैदा हो गया था। वो मुझे एक चिंताग्रस्त बूढ़ा नज़र आया।

मैंने पूछा, 'क्या सोच रहे हो?'

उसने जवाब दिया, 'मैं ये सोच रहा हूँ, अगर ख़ुदा को इनसान की ज़िंदगी बसर करनी पड़ जाये तो क्या हो?'

वह इसी क़िस्म की बेढंगी बातें सोचा करता था। कभी-कभी लोग समझते थे कि वह अपने आपको निराला ज़ाहिर करने के लिए ऐसे ख़यालात का इज़हार करता है। मगर ये बात ग़लत थी। दरअसल उसकी तबियत का रुझान ही ऐसी चीज़ों की तरफ़ रहता था, जो किसी और दिमाग़ में नहीं आती थीं।

आप यक़ीन नहीं करेंगे, मगर उसको अपने जिस्म पर रिसता हुआ जख़्म बहुत पसन्द था। वह कहा करता था, अगर मेरे जिस्म पर हमेशा के लिए कोई जड़ा बन जाये तो कितना अच्छा हो–मुझे दर्द में बड़ा मज़ा आता है।

मुझे अच्छी तरह याद है कि स्कूल में एक रोज़ उसने मेरे सामने अपने बाज़ू को उस्तरे के तेज़ ब्लेड से जख़्मी किया। सिर्फ़ इसलिए कि कुछ रोज़ उसमें दर्द होता रहे।

टीका उसने कभी इस ख़याल से नहीं लगवाया था कि उससे हैज़े, प्लेग या मलेरिया का ख़ौफ़ नहीं रहता। उसकी हमेशा ये ख़्वाहिश होती थी कि दो-तीन रोज़ उसका बदन बुखार के कारण तपता रहे। चुनांचे जब कभी वह बुखार को दावत दिया करता था तो मुझ से कहा करता था, 'अब्बास, मेरे घर एक मेहमान आने वाला है, इसलिए तीन रोज़ तक मुझे फ़ुर्सत नहीं मिलेगी।'

एक रोज़ मैंने उससे पूछा कि तुम आये दिन टीका क्यों लगवाते हो। उसने जवाब दिया, 'अब्बास, मैं तुम्हें बता नहीं सकता कि टीका लगवाने से जो बुखार चढ़ता है उसमें कितनी शायरी होती है—जब जोड़-जोड़ में दर्द होता है—और जिस्म में शिथिलता होती है तो बख़ुदा ऐसा मालूम होता है कि तुम किसी निहायत ही जिद्दी आदमी को समझाने की कोशिश कर रहे हो—और फिर बुखार बढ़ जाने से जो ख़्वाब आते हैं। वल्लाह किस कदर असंगत होते हैं—बिलकुल हमारी ज़िंदगी की मानिन्द! अभी तुम ये देखते हो कि तुम्हारी शादी किसी निहायत ही हसीन औरत से हो रही है। दूसरे लम्हे यही औरत तुम्हारी आग़ोश में एक भीमकाय पहलवान बन जाती है।'

मैं उसकी इन अजीबो-ग़रीब बातों का आदी हो गया था, लेकिन इसके बावजूद एक रोज़ मुझे उसके दिमाग़ी सन्तुलन पर शुबह होने लगा। पिछली मई में, मैंने उससे अपने उस्ताद का परिचय कराया, जिसकी मैं बेहद इज़्ज़त करता था। डॉक्टर शाकिर ने उसका हाथ बड़ी गर्मजोशी से दबाया और कहा, 'मैं आपसे मिलकर बहुत ख़ुश हुआ हूँ।'

'इसके विपरीत, मुझे आपसे मिलकर कोई ख़ुशी नहीं हुई।' ये मेरे दोस्त का जवाब था। जिसने मुझे बेहद शर्मिंदा किया। आप अनुमान लगाइए कि उस वक़्त मेरी क्या हालत हुई होगी। शर्म के मारे मैं अपने उस्ताद के सामने गड़ा जा रहा था और वह बड़े इत्मीनान से सिगरेट के कश लगाकर हॉल में एक तस्वीर की तरफ़ देख रहा था।

डॉक्टर शाकिर ने मेरे दोस्त की इस हरकत को बुरा समझा और एकांत में मुझसे बड़े तेज़ लहज़े में कहा, 'मालूम होता है तुम्हारे दोस्त का दिमाग़ ठिकाने नहीं।'

मैंने उसकी तरफ़ से ख़ुद माफ़ी माँगी और मामला रफ़ा-दफ़ा हो गया। मैं वाक़यी बेहद शर्मिंदा था कि डॉक्टर शाकिर को मेरी वजह से ऐसा सख़्त वाक्य सुनना पड़ा।

शाम को मैं अपने दोस्त के पास गया। इस इरादे के साथ कि उसकी अच्छी तरह खिंचाई करूँगा और अपने दिल की भड़ास निकालूँगा। वह मुझे लाइब्रेरी के बाहर मिला। मैंने छूटते ही उससे कहा, 'तुमने आज डॉक्टर शाकिर की बहुत बेइज़्ज़ती की—मालूम होता है तुमने सभा के शिष्टाचार को त्याग दिया है।'

वह मुस्कराया, 'अरे छोड़ो इस क़िस्से को...आओ कोई और काम की बात करें।'

ये सुनकर मैं उस पर बरस पड़ा। ख़ामोशी से मेरी तमाम बातें सुनकर उसने साफ़-साफ़ कह दिया—'अगर मुझसे मिलकर किसी शख़्स को ख़ुशी हासिल होती है

तो ज़रूरी नहीं कि उससे मिलकर मुझे भी ख़ुशी हासिल हो—और फिर पहली मुलाकात पर सिर्फ़ हाथ मिलाने से मैंने उसके दिल में ख़ुशी पैदा कर दी—मेरी समझ में नहीं आता—तुम्हारे डॉक्टर साहब ने उस रोज़ पच्चीस आदमियों से परिचय किया और हर शख़्स से उन्होंने यही कहा कि आपसे मिलकर मुझे बड़ी ख़ुशी हासिल हुई है—क्या ये मुमकिन है कि हर शख़्स एक ही क़िस्म के प्रभाव पैदा करे। तुम मुझसे ऐसी फ़िज़ूल बातें न करो, आओ अन्दर चलें।'

मैं एक जादुई आदमी की तरह उसके साथ हो लिया और लाइब्रेरी के अन्दर जाकर अपना सब गुस्सा भूल गया, बल्कि ये सोचने लगा कि मेरे दोस्त ने जो कुछ कहा था, सही है। लेकिन फ़ौरन ही मेरे दिल में एक हसद-सा पैदा हुआ कि इस शख़्स में इतनी ताकत क्यों है कि वह अपने ख़यालात का इज़हार बेधड़क कर देता है। पिछले दिनों मेरे एक अफ़सर की दादी मर गयी थी और मुझे उसके सामने मजबूरन अपने ऊपर ग़म की कैफ़ियत तारी करनी पड़ी थी उससे अपनी मर्ज़ी के ख़िलाफ़ दस-पन्द्रह मिनट तक अफ़सोस जाहिर करना पड़ा था। उसकी दादी से मुझे कोई दिलचस्पी न थी। उसकी मौत की ख़बर ने मेरे दिल पर कोई असर न किया था। लेकिन इसके बावजूद मुझे नकली जज़्बात तैयार करने पड़े थे। इसका साफ़ मतलब यह था कि मेरा कैरक्टर अपने दोस्त के मुकाबले में बहुत कमज़ोर है। इस ख़याल ही ने मेरे दिल में हसद (ईर्ष्या) की चिंगारी पैदा की थी और मैं अपने हलक में एक नाक़ाबिल-ए-बयान तल्खी (कटुता) महसूस करने लगा था। लेकिन यह एक वक़्ती और हंगामी जच्चा था, जो हवा के एक तेज़ झोंके के मानिन्द आया और गुज़र गया। मैं बाद में इस पर भी शर्मिंदा हुआ।

मुझे उससे बेहद मुहब्बत थी। लेकिन उस मुहब्बत में ग़ैर इरादी तौर पर कभी-कभी नफ़रत की झलक भी नज़र आती थी। एक रोज़ मैंने उसकी साफ़गोई (स्पष्टवादिता) से प्रभावित होकर कहा था, 'ये क्या बात है कि कभी-कभी मैं तुम से नफ़रत करने लगता हूँ।' और उसने मुझे ये जवाब देकर संतुष्ट कर दिया था, 'तुम्हारा दिल जो मेरी मुहब्बत से भरा हुआ है, एक ही चीज़ को बार-बार देखकर कभी-कभी तंग आ जाता है और किसी दूसरी चीज़ की ख़्वाहिश करने लग जाता है—और फिर अगर तुम मुझसे कभी-कभी नफ़रत न करो तो मुझसे हमेशा मुहब्बत भी नहीं कर सकते, इनसान इसी क़िस्म की उलझनों का मजमूआ (संग्रह) है।'

मैं और वह अपने वतन से बहुत दूर थे। एक ऐसे बड़े शहर में जहाँ ज़िंदगी अंधेरी कब्र-सी मालूम होती है। मगर उसे कभी उन गलियों की याद न सताती थी, जहाँ उसने अपना बचपन और अपनी किशोरावस्था गुज़ारी थी। ऐसा मालूम होता था कि वह उसी शहर में पैदा हुआ है। मेरे चेहरे से हर शख़्स यह मालूम कर सकता है कि मैं परदेसी हूँ। मगर मेरा दोस्त इन जज़्बात से सिरे से खाली है। वह कहा करता है कि वतन की याद बहुत बड़ी कमज़ोरी है। एक जगह से ख़ुद को चिपका देना ऐसा ही है, जैसे एक आज़ादी पसंद सांड को खूँटे से बाँध दिया जाये।

इस क़िस्म के ख़यालात के मालिक की जो हर चीज़ को टेढ़ी ऐनक से देखता हो और आम चलन के ख़िलाफ़ चलता हो, बाक़ायदा विवाह-संस्कार हो। यानी पुरानी रस्मों के मुताबिक उसका निकाह अमल में आये तो क्या आपको ताज्जुब न होगा? मुझे यक़ीन है कि ज़रूर होगा।

एक रोज़ शाम को जब वह मेरे पास आया और बड़े संजीदा अन्दाज़ में उसने मुझे अपने निकाह की ख़बर सुनायी तो आप यक़ीन करें मेरी हैरत की कोई इंतिहा न रही। इस हैरत का कारण ये चीज़ न थी कि वह शादी कर रहा है। न ही मुझे ताज्जुब इस बात पर था कि उसने लड़की बग़ैर देखे, पुराने रिवाज के मुताबिक निकाह की, रस्म में शामिल होना कबूल कैसे कर लिया। जबकि वह हमेशा उन मौलवियों का मज़ाक उड़ाया करता था जो लड़की और लड़के को विवाह-बंधन में बाँधते हैं? वह कहा करता था, 'ये मौलवी मुझे बुड्ढे और गठिया के मारे पहलवान मालूम होते हैं, जो अपने अखाड़े में छोटे-छोटे लड़कों की कुश्तियाँ देखकर अपनी हिर्स पूरी करते हैं।'

और फिर वह शादी या निकाह पर लोगों की भीड़ का भी तो पक्षधर न था... उसका निकाह पढ़ा गया। मेरी आँखों के सामने मौलवी ने—उस मौलवी ने जिससे उसको सख़्त चिढ़ थी और जिसको वह बूढ़ा तोता कहा करता था। उसका निकाह हुआ, छुहारे बाँटे गये और मैं सारी कार्यवाही यूँ देख रहा था गोया सोते में कोई सपना देख रहा हूँ।

निकाह हो गया। दूसरे लफ़्ज़ों में अनहोनी बात हो गयी और जो ताज्जुब मुझे पहले पैदा हुआ था, बाद में भी बरकरार रहा। मगर मैंने इसके बारे में अपने दोस्त से ज़िक्र न किया। इस ख़याल से कि शायद उसे नागवार गुज़रे। लेकिन दिल-ही-दिल में मैं इस बात पर बहुत ख़ुश था कि आख़िरकार उसे इस दायरे में लौटना पड़ा, जिसमें दूसरे ज़िंदगी बसर कर रहे हैं।

निकाह करके मेरा दोस्त अपने उसूलों के टेढ़े मीनार से बहुत बुरी तरह फिसला था और उस गड्ढे में सिर के बल आ गिरा था, जिसको वह बेहद गंदा कहा करता था। जब मैंने ये सोचा तो मेरे जी में आया कि अपने पुराने दोस्त के पास जाऊँ और इतना हँसूँ कि पेट में बल पड़ जायें। मगर जिस रोज़ मेरे दिल में ये ख़्वाहिश पैदा हुई, उसी रोज़ वह दोपहर को मेरे घर आया।

निकाह को तीन महीने गुज़र गये थे और इस दौरान में वह हमेशा उदास-उदास रहता था। उसका चेहरा चमक रहा था और नाक जो चंद रोज़ पहले भद्दी म्यान के अंदर छिपी हुई तलवार का नक्शा पेश करती थी, उस पर सबसे स्पष्ट नज़र आ रही थी।

वह मेरे कमरे के अंदर दाख़िल हुआ और सिगरेट सुलगाकर मेरे पास बैठ गया। उसके होंठों के अंतिम कोने कँपकँपा रहे थे। ज़ाहिर है कि वह मुझे कोई बड़ी ज़रूरी बात सुनाने वाला है। मैं सचेत हो गया।

उसने सिगरेट के धुएँ से छल्ला बनाया और उसमें अपनी उँगली गाड़ते हुए मुझसे कहा, 'अब्बास मैं कल यहाँ से जा रहा हूँ।'

'जा रहे हो?' मेरी हैरत की कोई इंतिहा न रही।

'मैं कल यहाँ से जा रहा हूँ, शायद हमेशा के लिए। मैं इस ख़बर से तुम्हें सूचित करने के लिए न आता, मगर मुझे तुमसे कुछ रुपये लेने हैं जो तुमने मुझसे क़र्ज़ ले रखे हैं–क्या तुम्हें याद है?'

मैंने जवाब दिया, 'याद है, पर तुम जा कहीं रहे हो?...और फिर हमेशा के लिए...?'

'बात यह है कि मुझे अपनी बीवी से इश्क़ हो गया है और कल रात मैं उसे भगाकर अपने साथ लिये जा रहा हूँ...वह तैयार हो गयी है।'

ये सुनकर मुझे इस कदर हैरत हुई कि मैं बेवकूफ़ों की मानिन्द हँसने लगा और देर तक हँसता रहा। वह अपनी विधिवत बीवी को जिसे वह जब चाहता उँगली पकड़कर अपने साथ ला सकता था। अगवा करके ले जा रहा था–भगाकर ले जा रहा था। जैसे, जैसे...मैं क्या कहूँ कि उस वक़्त मैंने क्या सोचा...दरअसल, मैं कुछ सोचने के क़ाबिल ही न रहा था।

मुझे हँसता देखकर उसने निंदा-भरी नज़रों से मेरी तरफ देखा, 'अब्बास! ये हँसने का मौका नहीं। कल रात वह अपने मकान के साथ वाले बाग़ में मेरा इंतज़ार करेगी और मुझे सफ़र के लिए कुछ रुपया जमा करके उसके पास ज़रूर पहुँचना चाहिए। वह क्या कहेगी अगर मैं अपने वायदे पर क़ायम न रहा...तुम्हें क्या मालूम, मैंने किन-किन मुश्किलों के बाद पहुँच हासिल करके उसको इस बात पर तैयार किया है।'

मैंने फिर हँसना चाहा। मगर उसको अति गंभीर देखकर मेरी हँसी दब गयी और मुझे कतअयी तौर पर मालूम हो गया कि वह वाक़यी अपनी निकाह की हुई बीवी को भगाकर ले जा रहा है। कहाँ?...ये मुझे मालूम न था।

मैं ज़्यादा विस्तार में न गया और उसे वे रुपये अदा कर दिये जो मैंने अर्सा हुआ उससे क़र्ज़ लिये थे, और ये समझकर अभी तक न दिये थे कि वह न लेगा। मगर उसने ख़ामोशी से नोट गिनकर अपनी जेब में डाले और बग़ैर हाथ मिलाये जाने ही वाला था कि मैंने आगे बढ़कर उससे कहा, 'तुम जा रहे हो...लेकिन मुझे भुला न देना।'

मेरी आँखों में आँसू आ गये, मगर उसकी आँखें बिलकुल ख़ुश्क थीं।

'मैं कोशिश करूँगा।' ये कहकर वह चला गया। मैं बहुत देर तक जहाँ खड़ा था, बुत बना रहा।

जब उधर उसकी ससुरालवालों को पता चला कि उनकी लड़की रात में कहीं ग़ायब हो गयी है तो चिंता छा गयी। एक हफ़्ते तक उन्होंने उसे इधर-उधर तलाश किया और किसी को इस वाक़ये की ख़बर तक न होने दी। मगर बाद में लड़की के भाई को मेरे पास आना पड़ा और मुझे अपना हमराज बनाकर उसे सारी राम कहानी सुनानी पड़ी।

वे बेचारे ये ख़याल कर रहे थे कि लड़की किसी और आदमी के साथ भाग गयी है और लड़की का भाई मेरे पास इस ग़रज़ से आया था कि उनकी तरफ़ से, मैं अपने दोस्त को इस दुखद घटना से आगाह करूँ। वह बेचारा शर्म के मारे ज़मीन में गड़ा जा रहा था।

जब मैंने उसको असल वाक़ये से आगाह किया तो हैरत के कारण उसकी आँखें खुली-की-खुली रह गयीं। इस बात से तो उसे ढाढ़ंस हुई कि उसकी बहिन किसी ग़ैर मर्द के साथ नहीं गयी, बल्कि अपने शौहर के पास है लेकिन उसकी समझ में नहीं आता था कि मेरे दोस्त ने यह अनुचित हरकत क्यों की?

'बीवी उसी की थी। जब चाहता ले जाता। मगर इस हरकत से तो ये मालूम होता है कि जैसे...'

वह कोई मिसाल पेश न कर सका और मैं भी उसे कोई संतोषजनक जवाब न दे सका।

कल सुबह की डाक से मुझे उसका ख़त मिला। जिसको मैंने काँपते हुए हाथों से खोला। लिफ़ाफ़े में एक काग़ज़ था, जिस पर एक टेढ़ी लकीर खिंची हुई थी–खाली लिफ़ाफ़ा एक तरफ़ रखकर मैं उस गेंद की तरफ़ देखने लगा–जो मैंने बोर्ड पर चिपके हुए काग़ज़ पर गिराया था।

पहचान

एक निहायत ही थर्ड क्लास होटल में देसी व्हिस्की की बोतल ख़त्म करने के बाद तय हुआ कि बाहर घूमा जाये और एक ऐसी औरत तलाश की जाये जो होटल और व्हिस्की से पैदा हुई, खिन्नता को दूर कर सके। कोई ऐसी औरत ढूँढ़ी जाये जो होटल की घुटन के मुकाबले में आनन्दपरक और बदजायका व्हिस्की के मुक़ाबले में लज़ीज़ हो।

फ़ख्र ने होटल के गंदे परिवेश से बाहर निकलते ही मुझसे और मसूद से कहा, 'कोई दानेदार औरत हो...अच्छे गवैये के गले की तरह उसमें बड़े-बड़े दाने हों...ख़ुदा की कसम तबियत साफ़ हो जाये।'

व्हिस्की दानों से बिलकुल खाली थी। सोडा भी बिलकुल बेजान था। शायद इसी वजह से फ़ख्र दानेदार औरत का कायल हो रहा था। हम तीनों औरत चाहते थे। फ़ख्र दानेदार औरत चाहता था। मुझे ऐसी औरत अपेक्षित थी जो बड़े सलीके से वाहियात बातें करे...और मसूद को ऐसी औरत की ज़रूरत थी जिसमें बनियापन न हो। अपनी फीस के रुपये लेकर ट्रंक में या जहाँ उसका जी चाहे रखे और कुछ अरसे के लिए भूल जाये कि सौदा कर रही है।

उस बाज़ार का रास्ता हम जानते थे, जहाँ औरतें मिल सकती हैं। काली, नीली, पीली, लाल और जामुनी रंग की औरतें। पेड़ों की तरह उनके मकान एक कतार में दूर

तक दौड़ते चले गये हैं। ये रंग-बिरंगी औरतें उनमें पके हुए फलों के मानिन्द लटकी रहती हैं। आप नीचे से ढेले और पत्थर मारकर उन्हें गिरा सकते हैं। हमें ये औरतें अपेक्षित नहीं थीं। दरअसल हम अपने आप को धोखा देना चाहते थे। हम ऐसी औरत या औरतें चाहते थे जो आम चलन में प्राइवेट हों। यानी जो मण्डी के हुजूम में से निकलकर पृथक शरीफ़ मुहल्लों में अपना कारोबार चला रही हों।

हम तीनों में फ़ख्र सबसे ज़्यादा तजुर्बेकार था। इच्छा-शक्ति भी उसमें हम सबसे ज़्यादा थी। एक ताँगेवाला जब हमारे पास से गुज़रा तो उसने हाथ के इशारे से उसे रोका और बग़ैर किसी झिझक के मायनेख़ेज़ लहज़े में उससे कहा, 'हम सैर करना चाहते हैं...चलोगे?'

ताँगेवाले ने जो संजीदा और सभ्य आदमी मालूम होता था, हम तीनों की तरफ़ बारी-बारी देखा, मैं झेंप-सा गया। ख़ामोशी-ही-ख़ामोशी में वह हमसे कह गया था, 'तुम नौजवानों को शराब पीकर ये क्या हो जाता है?'

फ़ख्र ने दोबारा उससे कहा, 'हम सैर करना चाहते हैं...चलोगे?' फिर फ़ौरन ही उसे कुछ ख़याल आया और अपना मतलब और ज़्यादा स्पष्ट कर दिया, 'कोई माल-वाल है तुम्हारी निगाह में?'

मसूद और मैं दोनों एक तरफ़ खिसक गये। मसूद ने घबराकर मुझसे कहा, 'यह फ़ख्र कैसा आदमी है। इसे कुछ समझाओ।'

मसूद से मैं कुछ कहने ही वाला था कि फ़ख्र ने आवाज़ दी, 'आओ भाई आओ.. .बैठो ताँगे में।' हम तीनों ताँगे में बैठ गये। मुझे अगली सीट पर जगह मिली।

दिसंबर के आख़िरी दिन थे। रात के आठ बज चुके थे। व्हिस्की पीने के बावजूद हमें सर्दी महसूस हो रही थी। चूँकि अगली सीट पर था और तीनों में से सबसे ज़्यादा कमज़ोर था, इसलिए मेरे कान सुन्न हो रहे थे। जब ताँगा डफ़रिन ब्रिज के नीचे उतरा तो मैंने मफ़लर निकालकर कानों और सिर पर लपेट लिया और ओवरकोट का कॉलर भी ऊँचा कर लिया।

साँस घोड़े के नथुनों से भाप बनकर बाहर निकल रही थी। हम तीनों ख़ामोश थे। ताँगेवाला मोटे और खुरदरे कम्बल में लिपटा ख़ामोशी से अपना ताँगा चला रहा था। मैंने उसकी तरफ़ गौर से देखा। संजीदगी उसके चेहरे पर ठिठुर-सी रही थी जो मुझे बहुत बुरी मालूम हुई। चुनांचे मैंने फ़ख्र से कहा, 'फ़ख्र ये आदमी कैसा है...कोई बात ही नहीं करता। ऐसा मालूम होता है कास्टर आयल पीकर बैठा है।'

ताँगेवाला मेरे इस रिमार्क पर भी खामोश रहा। फ़ख्र ने कहा, 'ज़्यादा बातें करने वाले आदमी ठीक नहीं होते। ये हमारा मतलब समझ गया है। ले चलेगा, जहाँ अच्छी चीज़ हुई।'

मसूद जो सिगरेट सुलगा रहा था एकदम बोला, 'वल्लाह! औरत कितनी अच्छी चीज़ है...औरत, औरत कम है चीज़ ज़्यादा है।' मैंने उसको ज़रा और ख़ूबसूरत बनाकर कहा, 'मसूद, चीज़ नहीं-चीज़ी।'

शायर आदमी था। फड़क उठा, 'वल्लाह! क्या बात पैदा की है। चीज़ नहीं, चीज़ी...सो मियाँ ताँगेवाले चीज़ और चीज़ी में जो फ़र्क़ है उसका ध्यान रखना।' ताँगेवाला खामोश रहा।

अब मैंने उसकी तरफ़ और ज़्यादा गौर से देखा। मजबूत जिस्म का आदमी था। उम्र पैंतीस बरस के लगभग होगी। पतली-पतली मूँछें थीं जिनके बाल नीचे को झुके हुए थे। सर्दी के कारण चूँकि उसने कंबल का ढाटा-सा बना रखा था। इसलिए उसका पूरा चेहरा नज़र न आता था।

मैंने उसकी तरफ देखकर फ़ख्र से पूछा, 'कहाँ ले जा रहा है हमें?'

फ़ख्र ने जो ज़्यादा सोच-विचार का आदी नहीं था जवाब दिया, 'इतने बेताब क्यों होते हो? अभी थोड़ी देर के बाद चीज़ तुम्हारे सामने आ जायेगी।'

'मसूद' ने इस पर 'फ़ख्र' से कहा, 'तुम से क्या बात हुई है इसकी?'

फ़ख्र ने जवाब दिया, 'रोशन आरा रोड पर...कुछ में रहती हैं। कहता है हमारे काम की हैं।'

मेमों का नाम सुनकर मसूद को अपने एक दोस्त की नज़्म याद आ गई। उसका हवाला देकर उसने कहा, 'तो चलो आज लगे हाथों देश के कर्णधारों की बेबसी का इंतिकाम भी ले लिया जायेगा। वल्लाह! ऐसा मालूम होता है कि ये ताँगेवाला भी शौक़ीन है। वह नज़्म ज़रूर पढ़ी होगी इसने।'

इसके बाद देर तक मेमों के बारे में बातचीत होती रही। मैं और मसूद मेमों के बिलकुल कायल नहीं थे। लेकिन फ़ख्र को औरतों की ये किस्म पसंद थी। उनका इल्म साइन्टीफ़िक़ होता है, यानी ये औरतें बड़े साइन्टीफ़िक़ तरीक़े पर अपना कारोबार चलाती हैं। उनके मुक़ाबले में पूर्वी औरतों को रखिये तो वही अंतर नज़र आयेगा जो हमारे यहाँ की रेवड़ी और वहाँ की टॉफ़ी में है। भई, दरअसल बात यह है कि उन मेमों का पैकिंग बड़ा अच्छा होता है।

मैंने कहा, फ़ख्र मुमकिन है तुम्हारा नजरिया दुरुस्त हो, मगर भाई, मैं ऐसे मौक़ों पर ज़बान की मुश्किलात बर्दाश्त नहीं कर सकता। मैं अपने दफ़्तर में बड़े साहब के साथ अंग्रेज़ी बोल सकता हूँ। मैं यहाँ देहली में रहकर इस ताँगेवाले से उर्दू में बातचीत करना गवारा कर सकता हूँ। मगर इस मौके पर अंग्रेज़ी में गुफ़्तगू नहीं कर सकता। मेरी पतलून अंग्रेज़ी, मेरी टाई अंग्रेज़ी, मेरा शू अंग्रेज़ी...ये सब चीज़ें अंग्रेज़ी हो सकती हैं। मगर खुदा के लिए वो चीज़ मुझसे अंग्रेज़ी में कैसे हो सकती है।'

फ़ख्र अपना नज़रिया भूल कर हँसने लगा। मसूद शायद अभी तक अपने दोस्त की लिखी हुई नज़्म पर गौर कर रहा था। जिसमें शायर ने एक फिरंगी औरत के होंठ चूस कर नेताओं की बेबसी का इंतिकाम लिया था—अचानक चौंक कर उसने कहा, 'क्यों भई! ये ताँगा कब तक चलता रहेगा?'

ताँगेवाले ने एकदम बागें खींचकर ताँगा ठहरा दिया और फ़ख्र से कहा, 'वह जगह आ गयी साहब। आप अकेले चलियेगा या...'

हम तीनों ताँगेवाले के पीछे-पीछे चल दिये।

एक हलकी रोशन गली में वह हमें ले गया। दिल्ली की दूसरी गलियों से यह गली कुछ अलग थी। इसलिए कि बहुत चौड़ी थी। दायें हाथ को एक मंज़िला मकान था। जिसकी खिड़कियों और दरवाज़ों पर चिकें लटकी हुई थीं। एक दरवाज़े की चिक उठाकर ताँगेवाला अंदर दाख़िल हो गया। चंद लम्हात के बाद बाहर आया और हमें अंदर ले गया।

कमरे में घुप अँधेरा था। मैंने जब कहा, 'भाई हम कहीं औंधे मुँह न गिर पड़े।' तो दूसरे कमरे से किसी औरत की भद्दी आवाज़ सुनायी दी, 'लालटेन तो ले गया होता तू' और थोड़ी ही देर के बाद ताँगेवाला एक अंधी-सी लालटेन लेकर नमूदार हुआ, 'चलिये अंदर तशरीफ़ ले चलिये।' हम तीनों अंदर तशरीफ़ ले गये। दो काली भुजँगी, इंतिहाई बदसूरत औरतें नज़र आयीं। जिन्होंने ढीले-ढीले फ्रॉक पहिन रखे थे-ये मेमें थीं। मैंने अपनी हँसी रोककर फ़ख्र से कहा, 'क्या लज़ीज़ टॉफियाँ हैं।'

मेरी ये बात सुनकर उन मेमों में से एक जिसका स्याह चेहरा सुर्खी लगाने के कारण ज़्यादा पकी हुई ईंट की-सी रंगत अख़्तियार कर गया था, हँसी-मैं भी हँस दिया और बड़े प्यार से पूछा, 'क्या नाम है आपका?'

बोली-'लूसी।'

शायर मसूद ने आगे बढ़कर दूसरी से पूछा, 'आपका?'

उसने जवाब दिया-'मैरी।'

फ़ख्र भी आगे बढ़ आया, 'क्यों साहब, आप काम क्या करती हैं?'

दोनों लजा गयीं। एक ने अदा से कहा, 'कैसा बात करता है तुम?'

दूसरी ने कहा, 'चलो जल्दी करो। रहना माँगता है या नहीं। हमें रोटी पकाना है।'

मैंने उसके हाथों की तरफ़ देखा तो गीले आटे से भरे हुए थे और वह उसकी मरोड़ियाँ बना रही थी। ताँगेवाला वास्तव में हमें ग़लत जगह ले आया था। मरोड़ियाँ उसके हाथों से कच्चे फर्श पर गिर रही थीं और मुझे ऐसा मालूम होता था कि अनाज रो रहा है और ये मरोड़ियाँ उसके आँसू हैं।

हम तीनों के तीनों उस मकान में आकर सख़्त परेशान हो गये। मगर हम अपनी परेशानी उन दो औरतों पर ज़ाहिर करना नहीं चाहते थे। हमें सख़्त नाउम्मीदी हुई थी। अगर हम उनसे साफ़ लफ़्ज़ों में कह देते कि तुम हमारे मतलब की नहीं हो तो ज़रूर उनके जज़्बात को ठेस पहुँचती। औरत जिसके हाथ आटे में लुथड़े हों, ऐसे जज़्बात से मुक्त नहीं हो सकती।

मैंने उन दोनों की तारीफ़ की। फ़ख्र ने भी मेरा साथ दिया। फिर हम तीनों जल्द वापस आने का वायदा करके वहाँ से निकल गये। ताँगेवाला हमारा मतलब समझ गया

था। अतः उसे चन्द लम्हात के लिए वहाँ ठहराना पड़ा। जब वह बाहर निकला तो फ़ख्र ने उससे कहा, 'तुम इन्हें मेमें कहते हो?'

ताँगेवाले ने बड़ी धीरता के साथ जवाब दिया, 'लोग यही कहते हैं साहब।'

'लोग झक मारते हैं...मैंने ख़याल किया था कि तुम मेरा मतलब समझ गये होगे...अब खुदा के लिए किसी ऐसी जगह ले चलो, जहाँ हम चन्द घड़ियाँ अपना दिल बहला सकें।'

मसूद ने तीनों का साझा मकसद और ज़्यादा स्पष्ट करने की कोशिश की, 'देखो हम ऐसी जगह जाना चाहते हैं, जहाँ कुछ अर्से के लिए बैठ सकें-हमें ऐसी औरत के पास ले चलो जो बातें करने का सलीका रखती हो–भाई हम कोरे नहीं हैं। किसी फ़ौज के सिपाही नहीं हैं। तीन शरीफ़ आदमी हैं। जिन्हें औरत से बातचीत किये बरसों गुज़र चुके हैं...समझे?'

ताँगेवाले ने 'हाँ' में सिर हिला दिया, 'तो चलिये, बैठिये, आपको सदर बाज़ार ले चलता हूँ...'

फ़ख्र ने पूछा, 'कौन है वहाँ?'

ताँगेवाले ने घोड़े की बागें थामकर जवाब दिया, 'एक पंजाबन है। बहुत लोग आते हैं उसके पास।'

ताँगेवाले ने पंजाबन के घर का रुख़ किया।

रास्ते में उन दो मेमों का जिक्र छिड़ गया। हम में से हर एक को वहाँ जाने का अफ़सोस था। इसलिए कि हम सबसे ज़्यादा वे नाउम्मीद हुई थीं। मैंने उनको कुछ रुपये दे दिये होते, मगर ये भीख हो जाती। फ़ख्र ने हमारी इस गुफ़्तगू में ज़्यादा हिस्सा न लिया। वह चाहता था कि उनका ज़िक्र न किया जाये, लेकिन जब तक ताँगा पंजाबन के घर तक न पहुँचा, उनका ज़िक्र होता रहा।

ताँगा एक बड़े बाज़ार में फुटपाथ के पास रुका। तबेले के साथ वाला मकान था। जिधर का हम चारों ने रुख किया। जीना तय करके हम ऊपर पहुँचे। सामने पाखाना था, दरवाज़े से अलग-उसके साथ ही पुरानी मुग़ल शैली का कमरा था, जिसमें हम चारों दाख़िल हुए। उस कमरे के आख़िरी सिरे पर चार आदमी बैठे ताश खेलने में व्यस्त थे, जो हमारी आमद से अनभिज्ञ रहे। अलबत्ता, वह औरत जो उनके पास खड़ी थी और एक आदमी के पत्तों में दिलचस्पी ले रही थी, आहट पाकर हमारी तरफ़ आयी।

यहाँ भी लालटेन की मद्धिम रोशनी थी, जिसको ताश खेलनेवाले चारों तरफ़ से घेरे हुए थे। जब वह फ़ख्र के पास आयी और कूल्हे पर हाथ रख कर खड़ी हो गयी तो मैंने गौर से उसे देखा...उसकी उम्र कम-अज़-कम पैंतीस बरस के करीब थी। छातियाँ बड़ी-बड़ी थीं जो उसने बड़े ही बेहूदा और अश्लील अन्दाज़ से ऊपर को उठा रखी थीं। तंग माथे पर नीले रंग का चाँद ख़ुदा हुआ था। जब वह मसूद की तरफ़ देखकर

मुस्करायी तो मुझे उसके सामने के दो दाँतों में सोने की कीलें नज़र आयीं–बड़ी ख़ौफ़नाक औरत थी। उसका मुँह कुछ इस अन्दाज़ से खुलता था, जैसे नींबू निचोड़ने वाली मशीन का खुलता है।

उसने फ़ख्र को आँख मारी और पूछा, 'कहो क्या बात है?'

फ़ख्र ने बच्चे की तरह कहा, 'आपका नाम।'

उसने कूल्हे पर हाथ रखे, हम तीनों को बारी-बारी से देखा, 'गुलज़ार।'

फ़ख्र ने फ़ौरन ही ख़ेद व्यक्त किया, 'हम गुलाब के यहाँ आये थे, ग़लती से इधर चले आये। माफ़ कर दीजियेगा।'

ये सुनकर वह फ़ख्र के हाथ से सिगरेट छीन कर कश लगाती ताश खेलने वालों के पास चली गयी, जो अभी तक हमारे आगमन से लापरवाह थे। नीचे उतरकर हम तीनों ने ताँगेवाले को फिर अपना मतलब समझाया और उसको बताया कि हम किस क़िस्म की औरत चाहते हैं। उसने हम तीनों का लेक्चर सुना और कहा, 'आप थोड़े लफ्जों में मुझे बताइये कि आप कहाँ जाना चाहते हैं?'

मैंने तंग आकर फ़ख्र से कहा, 'भई तुम ही उसे उन थोड़े लफ़्ज़ों से समझाओ, जो तुम्हारे पास बाक़ी रह गये हैं।'

फ़ख्र ने उसे समझाया, 'देखो हमें किसी लड़की के पास ले चलो...ऐसी औरत के पास जो सोलह-सतरह बरस की हो। इससे ज़्यादा की हरगिज न हो। समझे?'

ताँगेवाले ने कम्बल की बुक्कल मार के बागें थामीं और कहा, 'आपने पहले ही कह दिया होता। चलिये...अब आपको ठीक जगह पर ले चलूँगा।'

आधे घण्टे के बाद ठीक जगह भी आ गयी–ख़ुदा मालूम कौन-सा बाज़ार था। दूसरी मंज़िल पर एक बैठक-सी थी। जिसके दरवाज़े पर मोटा और मैला टाट लटक रहा था। मिट्टी के कूड़े में गुँधा हुआ आटा पास ही पड़ा था। धुआँ इस कदर था कि अंदर दाख़िल होते ही हमारी आँखों में आँसू आ गये।

बुढ़िया ने चूल्हे में लकड़ियाँ झाड़कर हमारी तरफ देखा और ताँगेवाले से देहाती लहज़े में कहा, 'इन्हें अंदर ले जाओ।'

ताँगेवाले ने अँधेरे कमरे में दियासलाई जलाकर हमें दाख़िल किया और कील से लटकी हुई लालटेन को रोशन करके बाहर चला गया। मैंने कमरे का जायज़ा लिया। कोने में एक बहुत पुराना पलँग था, जिसके पाये रंगीन थे। उस पर मैली-सी चादर बिछी हुई थी। तकिया भी पड़ा था, जिस पर सुर्ख रंग के फूल कड़े हुए थे। पलँग के साथ वाली दीवार की कांस पर तेल की एक मैली बोतल और लकड़ी की कंघी पड़ी थी। उसके दाँतों में सिर का मैल और कई बाल फँसे हुए थे। पलँग के नीचे एक टूटा हुआ ट्रंक था, जिस पर एक काली गुरगाबी रखी थी।

मसूद और फ़ख्र दोनों पलँग पर बैठ गये। मैं खड़ा रहा। थोड़ी देर के बाद एक छोटे क़द लड़की अपने से दुगुना दुपट्टा ओढ़ने की कोशिश करती अंदर दाख़िल हुई। फ़ख्र और मसूद दोनों उठ खड़े हुए। जब वह लालटेन की रोशनी में आयी तो मैंने उसे देखा। उसकी उम्र बमुश्किल चौदह बरस के करीब होगी। छातियाँ आडू के बराबर थीं। मगर उसके चेहरे से मालूम होता था कि वह अपने जिस्म को पीछे छोड़कर बहुत आगे निकल चुकी है। बहुत आगे, जहाँ शायद उसकी माँ भी नहीं पहुँच सकी, जो बाहर आँगन में चूल्हा झोंक रही थी। उसके नथुने फड़क रहे थे और इस अन्दाज़ से अपना एक हाथ हिला रही थी जैसे मक्कार दुकानदार की तरह डंडी मारेगी और कभी पूरा तोल नहीं तोलेगी।

हम तीनों उसको हैरत भरी नज़रों से देखते रहे। फ़ख्र शर्म भी महसूस कर रहा था। मसूद की सारी शायरी सिमटकर शायद उसके नाख़ूनों में चली आयी। क्योंकि वह बुरी तरह उन्हें दाँतों से काट रहा था।

मैंने एक बार फिर उसकी तरफ़ देखा, जैसे मुझे अपनी आँखों पर यक़ीन नहीं आया। ठिगनी-सी लड़की थी जो एक बहुत बड़ा मैला-सा दुपट्टा ओढ़ने की कोशिश कर रही थी। रंग गहरा साँवला। बदन की बनावट से मालूम होता था कि वह बड़ी तेज़ी से चली हुई गाड़ी है, जो अब एकदम रुक गयी है। उसके पहियों में ब्रेक लग गये हैं, और वहीं खड़े-खड़े उसका रंग-रोगन धूप और बारिश में उड़ गया है। इस उम्र में भद्दी-से-भद्दी लड़की के जिस्म में जो एक क़िस्म की शोख़ जाज़बियत (लावण्य) होती है उसमें बिलकुल नहीं थी। कपड़ों के बावजूद वह नंगी दिखायी देती थी। बहुत ही बेहूदा और अनुचित तरीक़े से नंगी–उसके जिस्म का निचला हिस्सा कतअयी तौर पर ग़ैर-जनाना था।

मैं उससे कुछ कहने ही वाला था कि उसके पीछे से एक बुड्ढा प्रकट हुआ। बिलकुल सफ़ेद दाढ़ी। सिर बुढ़ापे के कारण हिल रहा था। लड़की ने देहाती ज़बान में उससे कुछ कहा। जिसका मतलब मैं सिर्फ़ इस कदर समझा कि बुड्ढा उसका नाना है।

हम तीनों सही मायनों में उठ भागे। नीचे बाज़ार में पहुँचे तो हमारी खिन्नता कुछ दूर हुई। बुड्ढे और लड़की को देखकर हमारे सौन्दर्य-बोध को बहुत ही गहरा सदमा पहुँचा था। देर तक हम चुपचाप रहे।

फ़ख्र टहलता रहा। मसूद एक कोने में पेशाब करने के लिए बैठ गया। मैं ओवर कोट की जेबों में हाथ डाले ऊपर आसमान की तरफ़ देखता रहा, जहाँ नामुकम्मल चाँद बिलकुल उस कमउम्र लौंडिया की तरह–जिसके जिस्म का निचला हिस्सा ग़ैर-जनाना था, बादल के एक बहुत बड़े टुकड़े का दुपट्टा ओढ़ने की कोशिश कर रहा था...उससे कुछ दूर एक छोटा सफ़ेद टुकड़ा उसके नाना के बूढ़े सिर की तरह लरज़ रहा था...। मेरे बदन पर झुरझुरी आ गयी।

हम सम्भवत: दस-बारह मिनट तक बाज़ार में खड़े रहे। इसके बाद ताँगेवाला नीचे उतरा। फ़ख़्र के पास जाकर उसने कहा, 'आपने आठ बजे ताँगा लिया था–अब ग्यारह बज चुके हैं। तीन घंटों के पैसे दे दीजिये।'

फ़ख़्र ने कुछ कहे बग़ैर दो रुपये उसको दे दिये। रुपये लेकर वह मुस्कराया, 'बाबू जी आपको कुछ पहचान नहीं–ऐसी करारी लौंडिया तो शहर भर में नहीं मिलेगी आपको...ख़ैर आपको अख़्तियार–ताँगे में बैठिये मैं अभी आया।'

उसको ऊपर जाने की ज़हमत न उठानी पड़ी। क्योंकि सफ़ेद दाढ़ी वाला बुड्ढा उसके पीछे-पीछे चला आया था और मोरी के पास खड़ा अपना बूढ़ा सिर हिला रहा था। उसको दो रुपये देकर जब ताँगेवाले ने बागें थामीं तो उसकी संजीदगी ग़ायब थी, 'चल बेटा,' कहकर उसने अपनी भद्दी मगर आनंद-भरी आवाज़ में गाना शुरू कर दिया...

सावन के नज़ारे हैं...लाला..

औरत ज़ात

महाराजा ग से रेसकोर्स पर अशोक की मुलाकात हुई। इसके बाद दोनों गहरे दोस्त बन गये।

महाराजा ग को रेस के घोड़े पालने का शौक ही नहीं पागलपन था। उसके अस्तबल में अच्छी से अच्छी नस्ल का घोड़ा मौजूद था और महल में जिसके गुंबद रेसकोर्स से साफ़ दिखायी देते थे, तरह-तरह के अजायब मौजूद थे।

अशोक जब पहली बार महल में गया तो महाराजा ग ने कई घंटे खर्च करके उसको अपनी तमाम दुर्लभ वस्तुएँ दिखायीं। ये चीज़ें जमा करने में महाराजा को सारी दुनिया का दौरा करना पड़ा था। हर मुल्क का कोना-कोना छानना पड़ा था। अशोक बहुत प्रभावित हुआ। अत: उसने नौजवान महाराजा ग के इस शौक की ख़ूब प्रशंसा की।

एक दिन अशोक घोड़ों के टब लेने के लिए महाराजा के पास गया तो वह डार्क-रूम में फ़िल्म देख रहा था। उसने अशोक को वहीं बुलवा लिया। घोड़ों की रेस की फ़िल्म थी जो महाराजा ने ख़ुद बनाई थी। जब प्रोजेक्टर चला तो पिछली रेस पूरी की पूरी पर्दे पर दौड़ गयी। महाराजा का घोड़ा उस रेस में अव्वल आया था।

उस फ़िल्म के बाद महाराजा ने अशोक की फ़रमाइश पर और कई फ़िल्में दिखायीं। स्विट्ज़रलैंड, पेरिस, न्यूयार्क, होनोलूलू, हवाई, वादी-ए-कश्मीर–अशोक बहुत प्रफुल्लित हुआ ये फ़िल्में कुदरती रंगों में थीं।

अशोक के पास भी सेक्सन मिली मीटर कैमरा और प्रोजेक्टर था। मगर उसके पास फ़िल्मों का इतना ज़खीरा नहीं था। दरअसल उसको इतनी फ़ुर्सत ही नहीं मिलती थी कि अपना यह शौक जी भर के पूरा कर सके।

महाराजा जब कुछ फ़िल्म दिखा चुका तो उसने कमरे में रोशनी की और बड़े आत्मीय भाव से अशोक की रान पर धप्पा मारकर कहा, 'और सुनाओ दोस्त।' अशोक ने सिगरेट सुलगायी, 'मज़ा आ गया फ़िल्म देखकर।'

'और दिखाऊँ।'

'नहीं-नहीं'

'नहीं भाई, एक ज़रूर देख–मजा आ जायेगा तुम्हें।' यह कहकर महाराजा ग ने एक संदूकचा खोलकर एक रील निकाली और प्रोजेक्टर पर चढ़ा दी, 'जरा इत्मीनान से देखना।'

अशोक ने पूछा, 'क्या मतलब।'

महाराजा ने कमरे की लाइट ऑफ कर दी, 'मतलब यह कि हर चीज़ गौर से देखना।' ये कहकर उसने प्रोजेक्टर का स्विच दबा दिया।

पर्दे पर चंद लम्हात सिर्फ़ सफ़ेद रोशनी थरथराती रही, फिर एकदम तस्वीरें शुरू हो गयीं। एक बिलकुल नंगी औरत सोफ़े पर लेटी थी। दूसरी सिंगार मेज़ के पास खड़ी अपने बाल सँवार रही थी।

अशोक कुछ देर खामोश बैठा देखता रहा–इसके बाद एकदम उसके हलक से अजीबो-ग़रीब आवाज़ निकली। महाराजा ने हँसकर उससे पूछा, 'क्या हुआ?'

अशोक के हलक से आवाज़ फँस-फँसकर बाहर निकली, 'बंद करो यार, बंद करो।'

'क्या बंद करो?'

अशोक उठने लगा मगर महाराजा ग ने उसे पकड़कर बैठा दिया, 'यह फ़िल्म तुम्हें पूरी की पूरी देखनी पड़ेगी।'

फ़िल्म चलती रही। पर्दे पर नग्नता मुँह खोले नाचती रही। मर्द और औरत की काम-क्रीड़ा नितान्त अश्लीलता के साथ थिरकती रही। अशोक ने सारा वक़्त बेचैनी में काटा। जब फ़िल्म बंद हुई, पर्दे पर सिर्फ़ सफ़ेद रोशनी थी तो अशोक को ऐसा महसूस हुआ कि कुछ उसने देखा था। प्रोजेक्टर की बजाय उसकी आँखें फेंक रही हैं।

महाराजा ग ने कमरे की लाइट ऑन की और अशोक की तरफ़ देखा और एक ज़ोर का क़हक़हा लगाया, 'क्या हो गया है तुम्हें?'

अशोक कुछ सिकुड़-सा गया था। एकदम रोशनी होने के कारण उसकी आँखें मिंची हुई थीं। माथे पर पसीने के मोटे-मोटे कतरे थे। महाराजा ग ने ज़ोर से उसकी रान पर धप्पा मारा और इस कदर बेतहाशा हँसा कि उसकी आँखों में आँसू आ गये। अशोक सोफ़े पर से उठा। रूमाल निकालकर अपने माथे का पसीना पोंछा, 'कुछ नहीं यार।'

'कुछ नहीं क्या-मज़ा नहीं आया।'

अशोक का हलक सूखा हुआ था। थूक निगलकर उसने कहा, 'कहाँ से लाये यह फ़िल्म?'

महाराजा ने सोफ़े पर लेटते हुए जवाब दिया, 'पैरस से...पे री...पे री।'

अशोक ने सिर को झटका-सा दिया, 'कुछ समझ में नहीं आता।'

'क्या?'

'ये लोग—मेरा मतलब है कैमरे के सामने ये लोग कैसे...?'

'यही तो कमाल है—है कि नहीं?'

'है तो सही,' यह कहकर अशोक ने रूमाल से अपनी आँखें साफ़ कीं। 'सारी तस्वीरें जैसे मेरी आँखों में फँस-सी गयी हैं।'

महाराजा ग उठा, 'मैंने एक दफ़ा चंद लेडीज को यह फ़िल्म दिखायी।'

अशोक चिल्लाया, 'लेडीज को?'

'हाँ-हाँ-बड़े मज़े ले लेकर देखी उन्होंने।'

'ग़लत।'

महाराजा ने बड़ी संजीदगी के साथ कहा, 'सच कहता हैं—एक दफ़ा देखकर दूसरी दफ़ा फिर देखी, चीखती, चिल्लाती और हँसती रहीं।'

अशोक ने अपने सिर को झटका-सा दिया, 'हद हो गयी है—मैं तो समझता था वे बेहोश हो गयी होंगी।'

'मेरा भी यही ख़याल था, लेकिन उन्होंने ख़ूब लुत्फ़ उठाया।'

अशोक ने पूछा, 'क्या यूरोपियन थीं?'

महाराजा ग ने कहा, 'नहीं भाई—अपने देश की थीं—मुझसे कई बार यह फ़िल्म और प्रोजेक्टर माँगकर ले गयीं—मालूम नहीं कितनी सहेलियों को दिखा चुकी हैं!'

'मैंने कहा...' अशोक कुछ कहते-कहते रुक गया।

'क्या?'

'एक-दो रोज़ के लिए यह फ़िल्म दे सकते हो मुझे?'

'हाँ-हाँ ले जाओ!' यह कहकर महाराजा ने अशोक की पसलियों में ठोका दिया, 'साले किसको दिखायेगा।'

'दोस्तों को।'

'दिखा जिसको भी तेरी मर्ज़ी!' यह कहकर महाराजा ग ने प्रोजेक्टर में से फ़िल्म का स्पूल निकाला। उसको दूसरे स्पूल पर चढ़ा दिया और डिब्बा अशोक के हवाले कर दिया, 'ले पकड़...ऐश कर!'

अशोक ने डिब्बा हाथ में ले लिया तो उसके बदन में झुरझुरी-सी दौड़ गयी। घोड़ों के टब लेना भूल गया और चंद मिनट इधर-उधर की बातें करने के बाद चला गया।

घर से प्रोजेक्टर ले जाकर उसने कई दोस्तों को यह फ़िल्म दिखायी। तक़रीबन सबके लिए यौन-संबंधों का यह खुलापन बिलकुल नयी चीज़ थी। अशोक ने हर एक की प्रतिक्रिया नोट की। कुछ ने थोड़ी-सी घबराहट के साथ फ़िल्म का एक-एक सीन गौर से देखा। कुछ ने थोड़ा-सा देखकर आँखें बंद कर लीं। कुछ आँखें खुली रखने के बावजूद फ़िल्म को परिपूर्ण तौर पर न देख सके। एक बर्दाश्त न कर सका और उठकर चला गया।

तीन-चार रोज़ के बाद अशोक को फ़िल्म लौटाने का ख़याल आया तो उसने सोचा क्यों न अपनी बीवी को दिखाऊँ। अतः वह प्रोजेक्टर अपने घर ले गया। रात हुई तो उसने अपनी बीवी को बुलाया, दरवाज़े बंद किये। प्रोजेक्टर का कनेक्शन वगैरह ठीक किया। फ़िल्म निकाली। उसको फिट किया। कमरे की बत्ती बुझायी और फ़िल्म चला दी।

पर्दे पर चंद लम्हात सफ़ेद रोशनी थरथरायी, फिर तस्वीरें शुरू हुईं। अशोक की बीवी ज़ोर से चीखी, तड़पी, उछली। उसके मुँह से अजीबो-ग़रीब आवाज़ें निकलीं। अशोक ने उसे पकड़कर बैठाना चाहा तो उसने आँखों पर हाथ रख लिये और चीख़ना शुरू कर दिया, 'बंद करो-बंद करो।'

अशोक ने हँसकर कहा, 'अरे भई देख लो...शरमाती क्यों हो।'

'नहीं-नहीं,' यह कहकर उसने हाथ छुड़ाकर भागना चाहा।

अशोक ने उसको ज़ोर से पकड़ लिया वह हाथ जो उसकी आँखों पर था। एक तरफ़ खींचा। इस खींचा-तानी में अनायास अशोक की बीवी ने रोना शुरू कर दिया। अशोक को ब्रेक सा लग गया। उसने तो महज़ तफ़रीह की ख़ातिर अपनी बीवी को फ़िल्म दिखायी थी।

रोती और बड़बड़ाती उसकी बीवी दरवाज़ा खोलकर बाहर निकल गयी। अशोक चंद लम्हात बिलकुल खाली ज़ेहन बैठा नंगी तस्वीरें देखता रहा, जो हैवानी हरकतों में मस्त थीं, फिर एकदम उसने मामले की नज़ाकत को महसूस किया। इस एहसास ने उसे ग्लानि के समंदर में गर्क कर दिया...उसने सोचा, 'मुझसे बहुत ही घटिया हरकत हुई। लेकिन हैरत है कि मुझे इसका ख़याल तक न आया—दोस्तों को दिखाया था। ठीक था। घर में और किसी को नहीं, अपनी बीवी—अपनी बीवी को। 'उसके माथे पर पसीना आ गया।'

फ़िल्म चल रही थी। नंगी औरत विभिन्न आसन अख़्तियार करती दौड़ रही थी। अशोक ने उठकर स्विच ऑफ कर दिया—पर्दे पर सब कुछ बुझ गया। मगर उसने अपनी निगाहें दूसरी तरफ़ फेर लीं। उसका दिल-ओ-दिमाग़ शर्मसारी में डूबा हुआ था, यह एहसास उसको चुभ रहा था कि उससे एक निहायत ही निकृष्ट हरकत हुई है। उसने यहाँ तक सोचा कि वह कैसे अपनी बीवी से आँख मिला सकेगा।

कमरे में घुप अँधेरा था। एक सिगरेट सुलगाकर उसने पछतावे को अनेक ख़यालों के ज़रिये से दूर करने की कोशिश की। मगर कामयाब न हुआ। थोड़ी देर दिमाग़ में

इधर-उधर हाथ मारता रहा। जब चारों तरफ़ से धिक्कार ही धिक्कार हुई तो विचलित हो गया। और एक अजीब-सी ख़्वाहिश उसके दिल में पैदा हुई कि जिस तरह कमरे में अँधेरा है उसी तरह उसके दिमाग़ पर भी अँधेरा छा जाये।

बार-बार उसे यह चीज़ सता रही थी, 'ऐसी घटिया हरकत और मुझे ख़याल तक न आया।' फिर वह सोचता 'बात अगर सास तक पहुँच गयी—सालियों को पता चल गया। मेरे बारे में क्या राय कायम करेंगे ये लोग कि ऐसे गिरे हुए चरित्र का आदमी निकला—ऐसी गंदी मानसिकता कि अपनी बीवी को...'

तंग आकर अशोक ने सिगरेट सुलगायी। वे नंगी तस्वीरें जो वह कई बार देख चुका था उसकी आँखों के सामने नाचने लगीं—उनके नेपथ्य में उसे अपनी बीवी का चेहरा नज़र आता। हैरान-ओ-परेशान, जिसने ज़िंदगी में पहली बार गंदगी का इतना बड़ा ढेर देखा हो। सिर झटककर अशोक उठा और कमरे में टहलने लगा। मगर इससे भी उसका तनाव दूर न हुआ।

थोड़ी देर के बाद वह दबे पाँव कमरे से बाहर निकला। साथ वाले कमरे में झाँककर देखा। उसकी बीवी मुँह सिर लपेटकर लेटी हुई थी। काफ़ी देर खड़ा सोचता रहा कि अंदर जाकर मुनासिब शब्दों में उससे माफ़ी माँगे, मगर ख़ुद में इतनी जुर्रत पैदा न कर सका। दबे पाँव लौटा और अँधेरे कमरे में सोफ़े पर लेट गया। देर तक जागता रहा, आख़िर सो गया।

सुबह-सवेरे उठा। रात की घटना उसके ज़ेहन में ताज़ा हो गयी। अशोक ने बीवी से मिलना मुनासिब न समझा और नाश्ता किये बग़ैर निकल गया।

ऑफ़िस में दिल लगाकर उसने कोई काम न किया। यह एहसास उसके दिल-ओ-दिमाग़ के साथ चिपक कर रह गया था, 'ऐसी घटिया हरकत और मुझे ख़याल तक न आया।'

कई बार उसने घर बीवी को टेलीफ़ोन करने का इरादा किया मगर हर बार नंबर के आधे अंक घुमाकर रिसीवर रख दिया। दोपहर को घर से जब उसका खाना आया तो उसने नौकर से पूछा, 'मेम साहब ने खाना खा लिया?'

नौकर ने जवाब दिया, 'जी नहीं-वह कहीं बाहर गयी हैं।'

'कहाँ?'

'मालूम नहीं साहब!'

'कब गयी थीं?'

'ग्यारह बजे।'

अशोक का दिल धड़कने लगा। भूख ग़ायब हो गयी। दो-चार निवाले खाये और हाथ उठा लिया। उसके दिमाग़ में हलचल मच गयी थी। तरह-तरह के ख़यालात पैदा हो रहे थे, 'ग्यारह बजे-अभी तक लौटी नहीं—गयी कहीं है—माँ के पास? क्या वह उसे सब कुछ बता देगी? ज़रूर बतायेगी। माँ से बेटी सब कुछ कह सकती है—हो सकता है

बहिनों के पास गयी हो—सुनेंगी तो क्या कहेंगी? दोनों मेरी इज़्ज़त करती थीं—जाने बात कहीं से कहीं पहुँचेगी—ऐसी घटिया हरकत और मुझे ख़याल तक न आया!'

अशोक ऑफ़िस से बाहर निकल गया। मोटर ली और इधर-उधर आवारा चक्कर लगाता रहा। जब कुछ समझ में न आया तो उसने मोटर का रुख़ घर की तरफ़, फेर दिया, 'देखा जायेगा जो कुछ होगा।'

घर के पास पहुँचा तो उसका दिल ज़ोर-ज़ोर से धड़कने लगा। जब लिफ़्ट एक झटके के साथ ऊपर उठी तो उसका दिल उछलकर उसके मुँह में आ गया। लिफ़्ट तीसरी मंज़िल पर रुकी। कुछ देर सोचकर उसने दरवाज़ा खोला। अपने फ्लैट के पास पहुँचा तो उसके कदम रुक गये। उसने सोचा कि लौट जाये। मगर फ्लैट का दरवाज़ा खुला और उसका नौकर बीड़ी पीने के लिए बाहर निकला। अशोक को देखकर उसने बीड़ी हाथ में छुपा ली और सलाम किया। अशोक को अंदर दाख़िल होना पड़ा।

नौकर पीछे-पीछे आ रहा था। अशोक ने पलटकर उससे पूछा, 'मेम साहब कहाँ हैं?'

नौकर ने जवाब दिया, 'अंदर कमरे में।'

'और कौन है?'

'उनकी बहिनें साहब—कोलाबे वाले साहब की मेम साहब और दो पारसी बाइयाँ!'

यह सुनकर अशोक बड़े कमरे की तरफ बढ़ा। दरवाज़ा बंद था। उसने धक्का दिया। अंदर से अशोक की बीवी की पतली मगर तेज़ आवाज़ आयी, 'कौन है?'

नौकर बोला, 'साहब!'

अंदर कमरे में एकदम गड़बड़ शुरू हो गयी। चीखें बुलंद हुई। दरवाज़ों की चिटखनियाँ खुलने की आवाज़ें आयीं। खट-खट, फट-फट हुई। अशोक कोरीडोर से होता पिछले दरवाज़े से कमरे में दाख़िल हुआ तो उसने देखा कि प्रोजेक्टर चल रहा है और पर्दे पर दिन की रोशनी में धुँधली इनसानी शक्लें एक नफ़रत भरी उन्मुक्तता के साथ हैवानी हरकतों में मशगूल हैं।

अशोक बेतहाशा हँसने लगा।

4 जून, 1950

चौदहवीं का चाँद

अक्सर लोगों की जीवन-शैली उनके हालात पर निर्भर होती है और कुछ बेकार अपनी तक़दीर का रोना रोते हैं। हालाँकि उससे हासिल कुछ भी नहीं होता। वे समझते हैं अगर हालात बेहतर होते तो वे ज़रूर दुनिया में कुछ कर दिखाते। अधिकतर ऐसे भी हैं जो मजबूरियों के कारण किस्मत का शुक्र करते हैं। उनकी ज़िंदगी उन ट्राम कारों की

तरह है जो हमेशा एक ही पटरी पर चलती रहती हैं। जब बेकार हो जाती हैं तो उन्हें महज़ लोहा समझकर किसी कबाड़ी के हवाले कर दिया जाता है।

ऐसे इनसान बहुत कम हैं जिन्होंने हालात की परवाह न करते हुए ज़िंदगी की बागडोर अपने हाथ में सँभाल ली। टॉमसन विल्सन भी ऐसा ही था।

उसने अपनी ज़िंदगी बदलने के लिए अनोखा क़दम उठाया, पर उसकी मंज़िल का चूँकि कोई पता नहीं था, इसलिए उसकी कामयाबी के बारे में अन्दाज़ा लगाना मुश्किल था।

उससे उस अनोखेपन के बारे में मैंने बहुत कुछ सुना। सबसे पहले लोग यही कहते कि वह बहुत एकांतवादी है, लेकिन मैंने दिल में निश्चय कर लिया कि किसी-न-किसी बहाने उसे अपनी दास्तान-ए-ज़िंदगी बयान करने पर तैयार कर लूँगा। क्योंकि मुझे दूसरे आदमियों के बयान की सच्चाई पर विश्वास नहीं था।

मैं चंद रोज़ के लिए एक स्वास्थ्यवर्धक स्थल पर गया। वहीं उससे मुलाकात हुई। मैं नदी किनारे अपने मेजबान के साथ खड़ा था कि वह एकदम पुकार उठा, 'विल्सन।'

मैंने पूछा, 'कहाँ है?'

मेरे मेजबान ने जवाब दिया, 'अरे भई! वही जो मुँडेर पर नीली कमीज पहने हमारी तरफ़ पीठ किये बैठा है।'

मैंने उस तरफ़ देखा और मुझे नीली कमीज़, सफ़ेद बालों वाला सिर नज़र नहीं आया। मेरी बड़ी ख़्वाहिश थी कि वह मुड़कर देखे और हम उसे सैर-तफ़रीह के लिए साथ ले जायें।

उस वक़्त सूरज का अक्स नदी में डूब रहा था। सैर करने वाले चहचहा रहे थे। इतने में गिरजे की समान ध्वनि के साथ घंटियाँ बजने लगीं।

मैं उस वक़्त कुदरत की दिल फरेबियों से इस कदर चमत्कृत हो चुका था कि विल्सन को अपनी तरफ़ आते न देख सका। जब वह मेरे पास से गुज़रा तो मेरे दोस्त ने उसे रोक लिया और उसका मुझसे परिचय कराया। उसने मेरे साथ हाथ मिलाया, लेकिन बड़ी सहजता से—मेरे दोस्त ने उसको महसूस किया और उसको शराब की दावत दी।

आमंत्रित किये जाने पर वह मुस्कराया। यद्यपि उसके दाँत खूबसूरत न थे फिर भी उसकी मुस्कराहट दिलकश थी—वह नीली कमीज़ और ख़ाकी रंग की पतलून पहने था जो किसी हद तक मैली थी। उसके लिबास को उसके जिस्म की बनावट से कोई अनुकूलता नहीं थी।

उसका चेहरा लम्बोतरा, पतले होंठ और आँखें भूरे रंग की थीं। चेहरे का रूप बता रहा था कि जवानी में वह ज़रूर सुंदर होगा। स्वरूप के एतबार से वह किसी बीमा कंपनी का एजेंट मालूम होता था।

हम चहलकदमी करते, एक रेस्तराँ में पहुँचकर उससे मिले-जुले बागीचे में बैठ गये और बैरे को शराब लाने के लिए कहा। होटलवाले की बीवी भी वहाँ मौजूद थी। अधेड़पन की वजह से अब उसमें वह बात नहीं रही थी। लेकिन चेहरे का निखार अब भी गुज़री हुई करारी जवानी का प्रतीक था।

तीस साल पहले बड़े-बड़े आर्टिस्ट उसके दीवाने थे। उसकी बड़ी-बड़ी शराबी आँखों और शहद भरी मुस्कराहटों में अजब आकर्षण था।

हम तीनों बैठे यूँ ही इधर-उधर की बातें करते रहे चूँकि विषय दिलचस्प नहीं थे, इसलिए विल्सन थोड़ी देर के बाद विदा माँग कर चला गया। हम भी उसके विदा होने पर उदास हो गये।

रास्ते में मेरे दोस्त ने विल्सन के बारे में कहा, 'मुझे तो तुम्हारी सुनायी हुई कहानी निराधार मालूम होती है।'

'क्यों?'

'वह इस क़िस्म की हरकत करने वाला नहीं हो सकता।'

उसने कहा, 'कोई शख़्स किसी के स्वभाव के बारे में सही अन्दाज़ा कैसे लगा सकता है?'

'मुझे तो वह आम इनसान दिखायी देता है, जो कुछ संरक्षणों के सहारे कारोबार से अलग हो चुका है।'

'तुम यही समझो, ठीक है।'

दूसरे दिन नदी किनारे विल्सन हमें फिर दिखायी दिया। भूरे रंग का लिबास पहने, दाँतों में पाइप दबाये खड़ा था। ऐसा मालूम होता था कि उसके चेहरे की झुर्रियाँ और सफ़ेद बालों से भी जवानी फूट रही है।

हम कपड़े उतारकर पानी के अंदर चले गये। जब मैं नहाकर बाहर निकला, तो विल्सन ज़मीन पर औंधे मुँह लेटा कोई किताब पढ़ रहा था। मैं सिगरेट सुलगाकर उसके पास गया।

उसने किताब से नज़रें हटाकर मेरी तरफ़, देखा और पूछा, 'बस नहा चुके।'

मैंने जवाब दिया, हाँ—आज तो लुत्फ़ आ गया—दुनिया में इससे बेहतर नहाने की और कोई जगह नहीं हो सकती—तुम यहाँ कितने समय से हो।'

उसने जवाब दिया, 'पन्द्रह बरस से।'

यह कहकर वह नदी की मचलती हुई नीली लहरों की तरफ़ देखने लगा। उसके बारीक होंठों पर मधुर मुस्कराहट खेलने लगी, 'पहली बार यहाँ आते ही मुझे इस जगह से मुहब्बत हो गयी—तुम्हें उस जर्मन का किस्सा मालूम है, जो एक बार यहाँ लंच खाने आया और यहीं का हो के रह गया—वह चालीस साल यहाँ रहा—मेरा भी यही हाल होगा। चालीस बरस नहीं तो पच्चीस तो कहीं नहीं गये।'

मैं चाहता था कि वह अपनी गुफ़्तगू ज़ारी रखे। उसके शब्दों से ज़ाहिर था कि उसकी कहानी की हक़ीक़त ज़रूर कुछ है।

इतने में मेरा दोस्त भीगा हुआ हमारी तरफ़ आया। बहुत ख़ुश था, क्योंकि वह नदी में एक मील तैरकर आ रहा था। उसके आते ही हमारी गुफ़्तगू का विषय बदल गया और बात अधूरी रह गयी।

इसके बाद विल्सन से कई बार मुलाकात हुई। उसकी बातें बड़ी दिलचस्प होतीं। वह इस द्वीप के चप्पे-चप्पे से वाकिफ़ था।

एक दिन चाँदनी रात का लुत्फ़ उठाने के बाद मैंने और मेरे दोस्त ने सोचा कि चलो मांटी सलारो की पहाड़ी की सैर करें। मैंने विल्सन से कहा, 'आओ यार तुम भी हमारे साथ चलो।'

विल्सन ने मेरी दावत कुबूल कर ली। लेकिन मेरा दोस्त तबियत ख़राब का बहाना करके हमसे जुदा हो गया। ख़ैर, हम दोनों पहाड़ी की ओर चल दिये और उस सैर का ख़ूब लुत्फ़ उठाया। शाम के धुँधलके में थके-माँदे, भूखे सराय में आये। खाने का इंतजाम पहले ही कर रखा था, जो बहुत लज़ीज़ साबित हुआ। शराब अँगूर की थी। पहली बोतल तो सिवइयों खाने के साथ ही ख़त्म हो गयी। दूसरी जाम के आख़िरी घूँट पीने के बाद, मेरे और विल्सन के दिमाग़ में एक साथ यह ख़याल समाने लगा कि ज़िंदगी कुछ ऐसी दुश्वार नहीं।

हम उस वक़्त बागीचे में अँगूरों से लदी हुई बेल के नीचे बैठे थे। रात की वातावरण में ठंडी हवा चल रही थी। सराय की सेविका हमारे लिए पनीर और अंजीरें ले आयीं।

विल्सन ने थोड़े से अंतराल के बाद मुझसे कहा, 'हमारे चलने में अभी काफ़ी देर है। चाँद कम-से-कम एक घंटे तक पहाड़ी के ऊपर आयेगा।'

मैंने कहा, 'हमारे पास फ़ुर्सत ही फ़ुर्सत है—यहाँ आकर कोई भी इनसान जल्दी के बारे में नहीं सोच सकता।'

विल्सन मुस्कराया, 'फ़ुर्सत, काश लोग इससे वाक़िफ होते। हर इनसान को यह चीज़ मुफ़्त मिल सकती है। लेकिन लोग कुछ ऐसे बेवकूफ़ हैं कि वे इसे हासिल करने की कोशिश ही नहीं करते—काम! इतना समझने के भी योग्य नहीं कि काम करने से ग़रज़ सिर्फ़ फ़ुर्सत हासिल करना है।'

शराब का असर अमूमन कुछ लोगों को चिंतन की तरफ़ ले जाता है—विल्सन का ख़याल अपनी जगह दुरुस्त था, मगर कोई अछूती और अनोखी बात नहीं थी। उसने सिगरेट सुलगायी और कहने लगा, 'जब मैं पहली बार यहाँ आया तो चाँदनी रात का समाँ था—आज भी वही चौदहवीं का चाँद आसमान पर नज़र आयेगा।'

मैं मुस्करा दिया, 'ज़रूर नज़र आयेगा।'

वह बोला, 'दोस्त मेरा मज़ाक न उड़ाओ—जब मैं अपनी ज़िंदगी के पिछले पन्द्रह बरसों पर नज़र डालता हूँ तो मुझे यह लम्बा अरसा एक महीने का धुँधला अंतराल-सा लगता है—आह! वह रात जब पहली बार मैंने चबूतरे पर बैठकर, चाँद का नज़ारा किया। किरणें नदी की सतह पर चाँद के पतरे चढ़ा रही थीं। मैंने उस वक़्त शराब ज़रूर पी रखी थी, लेकिन नदी के नज़ारे और आस-पास के वातावरण ने जो नशा पैदा किया, वह शराब कभी पैदा नहीं कर सकती।'

उसके होंठ खुश्क होने लगे। उसने अपना गिलास उठाया मगर वह खाली था। एक बोतल मँगवायी गयी। विल्सन ने दो-चार बड़े-बड़े घूँट पिये और कहने लगा, 'अगले दिन मैं नदी किनारे नहाया और द्वीप में इधर-उधर घूमता रहा—बड़ी रौनक थी—मालूम हुआ कि हुस्न-ओ-इश्क़ की देवी का साम्राज्य फैला हुआ है—अगर मेरी तक़दीर में सदा बैंक का मैनेजर होना ही लिखा होता तो यक़ीनन मुझे ऐसी सैर कभी नसीब न होती।'

मैंने उससे पूछा, 'क्या तुम किसी बैंक के मैनेजर थे?'

'हाँ भाई था—वह रात मेरे वहीं रहने की आख़िरी रात थी। क्योंकि सोमवार की सुबह को मुझे बैंक में हाज़िर होना था, पर जब मैंने चाँद, नदी और कश्तियों को देखा तो ऐसा विस्मित हुआ कि वापस जाने का ख़याल मेरे ज़ेहन से उतर गया।'

इसके बाद उसने अपनी बीती घटनाएँ विस्तार से बतायीं और कहा कि वह द्वीप में पन्द्रह साल से रह रहा है और अब उसकी उम्र उनचास बरस की थी।

पहली बार जब वह यहाँ आया तो उसने सोचा कि नौकरी का फंदा गले से उतार देना चाहिए और ज़िंदगी के बाकी दिन यहाँ के जादुई वातावरण में गुज़ारने चाहिए।

द्वीप का वातावरण और चाँद की रोशनी विल्सन के दिमाग़ पर इस कदर छा गयी कि उसने बैंक की नौकरी छोड़ दी। अगर वह चंद बरस और वहाँ रहता, तो उसे उचित पेंशन मिल जाती। मगर उसने उसकी बिलकुल परवाह न की। अलबत्ता, बैंकवालों ने उसे उसकी ख़िदमत के बदले इनाम दिया। विल्सन ने अपना घर बेचा और द्वीप का रुख़ किया। उसके अपने हिसाब के मुताबिक वह पच्चीस बरस तक ज़िंदगी बसर कर सकता था।

मेरी उससे कई मुलाकातें हुईं। इस दौरान में मुझे मालूम हुआ कि वह बड़ा यथार्थवादी है। उसे कोई ऐसी बात गवारा नहीं, जो उसकी आज़ादी में बाधा डाले। इसी वजह से औरत भी उसको प्रभावित न कर सकी। वह सिर्फ़ कुदरती दृश्यों को पसंद करने वाला था। उसकी ज़िंदगी का एकमात्र मक़सद सिर्फ़ अपने लिए ख़ुशी तलाश करना था और उसे यह नायाब चीज़ मिल गयी थी।

बहुत कम इनसान ख़ुशी की तलाश करना जानते हैं। मैं नहीं कह सकता वह समझदार था या बेवकूफ़। इतना ज़रूर है कि अपनी ज़ात के हर पहलू से बख़ूबी वाक़िफ था।

आख़िरी मुलाकात के बाद मैंने अपने मेज़बान दोस्त से इजाज़त माँगी और अपने घर रवाना हो गया। इस दौरान में जंग छिड़ गयी और मैं तेरह बरस तक उस द्वीप पर न जा सका।

तेरह बरस के बाद जब मैं द्वीप पर पहुँचा, तो मेरे दोस्त की हालत बहुत खस्ता हो चुकी थी। मैंने एक होटल में कमरा किराये पर लिया। खाने पर अपने दोस्त से विल्सन के बारे में बात हुई।

वह ख़ामोश रहा। उसकी यह ख़ामोशी बड़ी दुखभरी थी। मैंने बेचैन होकर पूछा, 'कहीं उसने ख़ुदकुशी तो नहीं कर ली।'

मेरे दोस्त ने आह भरी, 'यह दर्द भरी दास्तान, मैं तुम्हें क्या सुनाऊँ– विल्सन को स्कीम मालूम थी कि वह पच्चीस बरस आराम से गुज़ार सकता है पर उसे यह मालूम नहीं था कि आराम के पच्चीस बरस गुज़ारने के साथ ही उसकी इच्छा-शक्ति ख़त्म हो जायेगी।'

'इच्छा-शक्ति को जिंदा रखने के लिए कशमकश ज़रूरी है। समतल ज़मीन पर चलने वाले पहाड़ियों पर नहीं चढ़ सकते–उसका तमाम रुपया ख़त्म हो गया। उधार लेता रहा, लेकिन यह सिलसिला कब तक ज़ारी रहता। क़र्ज़ देने वालों ने उसे तंग करना शुरू किया। आख़िर एक रोज़ उसने अपनी झोपड़ी के उस कमरे में जहाँ वह सोता था, बहुत से कोयले जलाये और दरवाज़ा बंद कर लिया–सुबह जब उसकी नौकरानी नाश्ता तैयार करने आयी तो उसे बेहोश पाया... लोग उसे अस्पताल ले गये। बच गया पर उसका दिमाग़ क़रीब-क़रीब विक्षिप्त हो गया–मैं उससे मिलने गया लेकिन वह कुछ इस तरह हैरान नज़रों से मेरी तरफ़ देखने लगा, जैसे मुझे पहचान नहीं सका।'

मैंने अपने दोस्त से पूछा, 'अब कहाँ रहता है।'

'घर-बार तो उसका नीलाम हो गया है–पहाड़ियों पर आवारा फिरता रहता है। मैंने एक-दो बार उसे पुकारा मगर वह मेरी शक्ल देखते ही जंगली हिरनों की तरह कुलाचें भरता दौड़ गया।'

दो-तीन दिन के बाद, जब मैं और मेरा दोस्त चहलकदमी कर रहे थे कि मेरे दोस्त ने ज़ोर से पुकारा, 'विल्सन।'

मेरी निगाहों ने उसे जैतून के पेड़ के पीछे छिपता देखा। हमारे क़रीब पहुँचने पर उसने कोई हरकत न की, बस चुपचाप खड़ा रहा। फिर अचानक हैवानों की तरह बेतहाशा भागना शुरू कर दिया। इसके बाद मैंने फिर उसको कभी न देखा। घर वापस आया तो एक बरस के बाद मेरे दोस्त का ख़त आया कि विल्सन मर गया है। उसकी लाश पहाड़ी के किनारे पड़ी थी। चेहरे से यह ज़ाहिर होता था कि सोते में दम निकल गया है–उस रात चौदहवीं का चाँद था–मेरा ख़याल है शायद, यह चौदहवीं का चाँद ही उसकी मौत का सबब हो।

चोर

मुझे बेशुमार लोगों का क़र्ज़ अदा करना था और यह सब शराबनोशी की बदौलत था। रात को जब मैं सोने के लिए चारपाई पर लेटता तो मेरा हर क़र्जख़्वाह मेरे सिरहाने मौजूद होता–कहते हैं कि शराबी का ज़मीर मुर्दा हो जाता है, लेकिन मैं आपको यक़ीन दिलाता हूँ कि मेरे साथ मेरे ज़मीर का मामला कुछ और ही था। वह हर रोज़ मेरी पकड़ करता और मैं शिथिल हो के रह जाता।

वाक़यी मैंने बीसियों आदमियों से क़र्ज़ लिया था। मैंने एक रात सोने से पहले, बल्कि यूँ कहिए कि सोने की नाकाम कोशिश करने से पहले हिसाब लगाया तो क़रीब-क़रीब डेढ़ हज़ार रुपये मेरे जिम्मे निकले। मैं बहुत परेशान हुआ। मैंने सोचा, 'ये डेढ़ हज़ार रुपये कैसे अदा होंगे; बीस-पच्चीस रुपये रोज़ाना की आमदन है, और वह मेरी शराब के लिए बमुश्किल काफ़ी होते हैं।'

आप यूँ समझिए ना कि हर रोज़ की एक बोतल–थर्ड क्लास रम की– दाम मुलाहिज़ा हो सोलह रुपये-सोलह रुपये तो एक तरफ़ रहे, उनको हासिल करने में कम-अज़-कम तीन रुपये ताँगे पर सर्फ़ हो जाते थे–काम होता नहीं था, बस पेशगी पर गुज़ारा था, लेकिन जब पेशगी देनेवाले तंग आ गये तो उन्होंने मेरी शक्ल देखते ही कोई बहाना तलाश लिया, या इससे पेशतर कि मैं उनसे मिलूँ, कहीं ग़ायब हो गये। आख़िर कब तक वे मुझे पेशगी देते रहते-लेकिन मैं मायूस न होता और ख़ुदा पर भरोसा रख के किसी-न-किसी हीले से दस-पन्द्रह रुपये उधार लेने में कामयाब हो जाता।

मगर यह सिलसिला कब तक जारी रह सकता था। लोग मेरी इज़्ज़त करते थे, मगर अब वे मेरी शक्ल देखते ही भाग जाते थे–सबको अफ़सोस था कि इतना अच्छा मैकेनिक तबाह हो रहा है।

इसमें कोई शक नहीं कि मैं बहुत अच्छा मैकेनिक था। मुझे कोई भी बिगड़ी मशीन दे दी जाती, उसको सरसरी तौर पर देखने के बाद मैं यूँ चुटकियों में ठीक कर देता–जहाँ तक मैं समझता हूँ, मेरी यह ज़हानत सिर्फ़ शराब मिलने की उम्मीद पर क़ायम थी, इसलिए कि मैं पहले तय कर लिया करता था कि अगर काम ठीक हो गया तो वे मुझे इतने रुपये अदा कर देंगे, जिनसे मेरी दो-चार रोज़ की शराब चल सकेगी। वे लोग ख़ुश थे। मुझे वे तीन-चार रोज़ की शराब के दाम अदा कर देते, इसलिए कि जो काम मैंने किया था, वह किसी और से नहीं हो सकता था।

लोग मुझे लूट रहे थे। मेरी योग्यता पर मेरी इजाज़त से डाके डाल रहे थे...और लुत्फ़ यह है कि मैं समझता था, मैं उन्हें लूट रहा हूँ-हाथ साफ़ कर रहा हूँ उनकी जेबों पर। असल में मुझे अपनी सलाहीयतों (अच्छाइयों) की कोई क़दर न थी। मैं समझता था कि मैकेनिज़्म बिलकुल ऐसी है, जैसे खाना खाना या शराब पीना।

मैंने जब भी कोई काम हाथ में लिया, मुझे कोफ़्त महसूस नहीं हुई। अलबत्ता इतनी बात ज़रूर थी कि जब शाम के छः बजने लगते तो मेरी तबियत बेचैन हो जाती। काम मुकम्मल हो चुका होता, मगर मैं एक-दो पेच ग़ायब कर देता ताकि दूसरे रोज़ भी आमदनी का सिलसिला क़ायम रहे—यह शराब हरामज़ादी कितनी बुरी चीज़ है कि आदमी को बेईमान भी बना देती है।

मैं क़रीब-क़रीब हर रोज़ काम करता था। मेरी माँग बहुत ज़्यादा थी, इसलिए कि मुझ जैसा कारीगर मुल्क भर में नायाब था-'तार बाजा और राग बूझा' वाला हिसाब था। मैं मशीन देखते ही समझ जाता था कि उसमें क्या कमी है।

मैं आपसे सच अर्ज़ करता हूँ, मशीनरी कितनी भी बिगड़ी हुई क्यों न हो, उसको ठीक करने में ज़्यादा-से-ज़्यादा एक हफ़्ता लगना चाहिए, लेकिन अगर उसमें नये पुर्ज़ों की ज़रूरत हो और वे आसानी से दस्तयाब न हो रहे हों तो उसके मुताल्लिक़कुछ कहा नहीं जा सकता।

मैं बिला नाग़ा शराब पीता था और सोते वक़्त बिला नाग़ा अपने क़र्ज़ के मुताल्लिक सोचता था, जो मुझे मुख़्तलिफ आदमियों को अदा करना था। यह एक बहुत बड़ा अज़ाब था। पीने के बावजूद, बेचैनी के बायस मुझे नींद न आती-दिमाग़ में सैकड़ों स्कीमें आती थीं। बस मेरी ख़्वाहिश थी कि कहीं से दस हज़ार रुपये आ जायें तो मेरी जान-में-जान आये। डेढ़ हज़ार रुपया क़र्ज़ का फ़ौरन अदा कर दूँ। एक टैक्सी लूँ और हर क़र्ज़ख़्वाह के पास जाकर माफ़ी तलब करूँ और जेब से रुपये निकालकर उनको दे दूँ। जो रुपये बाक़ी बचें, उनसे एक सेकंड हैंड मोटर ख़रीद लूँ और शराब पीना छोड़ दूँ।

फिर यह ख़याल आता कि नहीं, दस हज़ार से काम नहीं चलेगा; कम-अज़-कम पचास हज़ार होने चाहिए-मैं सोचने लगता कि अगर इतने रुपये आ जायें, जो यक़ीनन आने चाहिए, तो सबसे पहले एक हज़ार ग़रीब लोगों में तक़सीम करूँगा, ऐसे लोगों में जो रुपये लेकर कुछ कारोबार कर सकें।

बाक़ी रहे उनचास हज़ार-इस रकम में से मैंने दस हज़ार अपनी बीवी को देने का इरादा किया। मैंने सोचा कि फिक्स डिपॉजिट होना चाहिए—तो ग्यारह हज़ार हुए, और बाक़ी रहे उनतालीस हज़ार, जो मेरे लिए काफ़ी थे—मैंने सोचा, 'यह मेरी ज़्यादती है।' चुनांचे मैंने बीवी का हिस्सा दोगुना कर दिया, यानी बीस हज़ार—अब बचे उनतीस हज़ार—मैंने सोचा कि पन्द्रह हज़ार अपनी विधवा बहन को दे दूँ। अब मेरे पास चौदह हज़ार रहे। इनमें से आप समझिए कि तक़रीबन दो हज़ार क़र्ज़ के निकल गये, और बाक़ी बचे बारह हज़ार रुपये की अच्छी शराब आनी चाहिए, लेकिन मैंने फ़ौरन थू कर दिया और यह सोचा कि पहाड़ पर चला जाऊँगा और वहाँ कम-अज़-कम छः महीने रहूँगा, ताकि सेहत दुरुस्त हो जाये-शराब की बजाय दूध पिया करूँगा।

बस ऐसे ही ख़यालात में दिन-रात गुज़र रहे थे-पचास हज़ार कहीं से आयेंगे, यह मुझे मालूम नहीं था–वैसे दो-तीन स्कीमें ज़ेहन में थीं शम्मा पत्रिका के मुअम्मे (क्विज) हल करूँ और पहला इनाम हासिल कर लूँ: डर्बी की लॉटरी का टिकट खरीद लूँ या चोरी करूँ और बड़ी सफ़ाई से। मैं फ़ैसला न कर सका कि मुझे कौन-सा क़दम उठाना चाहिए-बहरहाल यह तय था कि मुझे पचास हज़ार रुपये हासिल करने हैं, यूँ मिलें या वूँ मिलें।

स्कीमें सोच-सोचकर मेरा दिमाग चकरा गया-रात को नींद नहीं आती थी, जो बहुत बड़ा अज़ाब था-क़र्ज़ख़्वाह बेचारे तकाज़ा नहीं करते थे, लेकिन जब मैं उनकी शक्ल देखता था तो शर्मिंदगी के मारे पसीना-पसीना हो जाता। बाज़ औक़ात तो मेरी साँस रुकने लगती और मेरा जी चाहता कि ख़ुदकुशी कर लूँ और इस अज़ाब से नजात पाऊँ।

मुझे मालूम नहीं, कैसे और कब मैंने तहैया कर लिया कि मैं चोरी करूँगा-मुझे यह भी मालूम नहीं कि मुझे कैसे मालूम हुआ कि मुहल्ले में एक विधवा औरत रहती है, जिसके पास बे-अन्दाज़ा दौलत है, और वह अकेली रहती है।

मैं वहाँ रात के दो बजे पहुँचा। यह मुझे पहले ही मालूम हो चुका था कि वह दूसरी मंज़िल पर रहती है–नीचे पठान का पहरा था–मैंने सोचा, 'कोई और तरकीब सोचनी चाहिए ऊपर जाने के लिए'–मैं अभी सोच ही रहा था कि मैंने ख़ुद को उस पारसी लेडी के फ्लैट के अंदर पाया-मेरा ख़याल है कि मैं पाइप के ज़रिये से ऊपर चढ़ गया था–टॉर्च मेरे पास थी। उसकी रोशनी में मैंने इधर-उधर देखा। एक बहुत बड़ी सेफ़ थी–मैंने अपनी ज़िंदगी में कभी सेफ़ न खोली थी न बंद की थी, लेकिन उस वक़्त जाने मुझे कहीं से हिदायत मिली कि मैंने एक मामूली तार से उसे खोल डाला। अंदर ज़ेवर-ही-ज़ेवर थे, बहुत बेशक़ीमती–मैंने सब समेटे और मक्के-मदीनेवाले ज़र्द रुमाल में बाँध लिये–कोई पचास-साठ हज़ार रुपये का माल होगा–मैंने कहा, ठीक है, बस इतना ही चाहिए था–कि अचानक दूसरे कमरे से एक बुढ़िया पारसी औरत नमूदार हुई। उसका चेहरा झुर्रियों से भरा हुआ था–मुझे देखकर पोपली-सी मुस्कुराहट उसके होंठों पर नमूदार हुई–मैं बहुत हैरान हुआ कि यह माजरा क्या है। मैंने अपनी जेब से भरा हुआ पिस्तौल निकालकर तान दिया।

उसकी पोपली मुस्कुराहट उसके होंठों पर और ज़्यादा फैल गयी–उसने मुझसे बड़े प्यार से पूछा, 'आप यहाँ कैसे आये?'

मैंने सीधा-सा जवाब दिया, 'चोरी करने।'

'ओह!' बुढ़िया के चेहरे की झुर्रियाँ मुस्कराने लगीं, 'तो बैठो...मेरे घर में नक़दी की सूरत में सिर्फ़ डेढ़ रुपया है...तुमने जेवर चुराये हैं, लेकिन मुझे अफ़सोस है कि तुम पकड़े जाओगे, क्योंकि इन ज़ेवरों को कोई बड़ा जौहरी ही ले सकता है और हर बड़ा जौहरी इन्हें पहचानता है...' यह कहकर वह कुर्सी पर बैठ गयी।

मैं बहुत परेशान हुआ कि या इलाही यह सिलसिला क्या है; मैंने चोरी की है और बड़ी बी मुस्करा-मुस्कराकर मुझसे बातें कर रही हैं; क्यों?

लेकिन फ़ौरन उस 'क्यों' का मतलब समझ में आ गया, जब बड़ी बी ने आगे बढ़कर, मेरी पिस्तौल की परवाह न करते हुए, मेरे होंठों का बोसा ले लिया और अपनी बाँहें मेरी गर्दन में डाल दीं-उस वक़्त, ख़ुदा की कसम, मेरा जी चाहा कि ज़ेवरों की गठरी एक तरफ़ फेंक दूँ और वहाँ से भाग जाऊँ। मगर वह परिपूर्ण औरत निकली। उसकी गिरफ़्त इतनी मजबूत थी कि मैं बिलकुल भी हिल-डुल न सका–असल में मेरे हर रगो-रेशे में एक अजीबो-ग़रीब क़िस्म का ख़ौफ़ सरायत कर गया था। मैं उसे डायन समझने लगा था, जो मेरा कलेजा निकालकर खाना चाहती थी।

मेरी ज़िंदगी में किसी औरत का दख़ल नहीं था। मैं ग़ैर शादीशुदा था। मैंने अपनी ज़िंदगी के तीस बरसों में किसी औरत की तरफ़ आँख उठाकर भी नहीं देखा था। मगर पहली रात जबकि मैं चोरी करने के लिए निकला तो मुझे वह प्रेमिका कुटनी मिल गयी, जिसने मुझसे इश्क़ करना शुरू कर दिया–आपकी जान की कसम, मेरे होशो-हवास ग़ायब हो गये। वह बहुत ही कुरूप थी–मैंने उससे हाथ जोड़कर कहा: 'बड़ी बी, मुझे बख़्श दीजिए...ये पड़े हैं आपके जेवर...मुझे इजाज़त दीजिए।'

उसने आदेशपरक लहज़े में कहा, 'तुम नहीं जा सकते...तुम्हारा पिस्तौल मेरे पास है. ..अगर तुमने ज़रा-सी जुंबिश भी की तो मैं गोली चला दूँगी, या टेलीफोन करके पुलिस को इत्तिला दे दूँगी कि वह आकर तुम्हें गिरफ़्तार कर ले...लेकिन जानेमन, मैं ऐसा नहीं करूँगी...मुझे तुमसे मुहब्बत हो गयी है बस समझ लो, मैं अभी तक कुँवारी हूँ...मेरा ख़याल है कि शायद मैं इस उम्र तक सिर्फ़ तुम्हारे लिए कुँवारी रही हूँ...अब तुम यहाँ से नहीं जा सकते।'

यह सुनकर मैं क़रीब था कि बेहोश हो जाता, टन-टन शुरू हो गयी-दूर कोई क्लॉक सुबह के पाँच बजने की इत्तिला दे रही थी–मैंने बड़ी बी की ठोड़ी पकड़ ली और उसके मुरझाए हुए होंठों का बोसा लेकर, झूठ बोलते हुए कहा: 'मैंने अपनी ज़िंदगी में सैकड़ों औरतें देखी हैं, लेकिन ख़ुदा गवाह है कि तुम-जैसी औरत से मेरा कभी वास्ता नहीं पड़ा...तुम किसी भी मर्द के लिए अनमोल नेमत हो...मुझे अफ़सोस है कि मैंने अपनी ज़िंदगी की पहली चोरी तुम्हारे मकान से शुरू की...यह जेवर पड़े हैं...मैं कल आऊँगा, बशर्ते कि तुम वादा करो कि मकान में और कोई नहीं होगा।'

बुढ़िया यह सुनकर बहुत ख़ुश हुई, 'ज़रूर आना...तुम जैसा चाहते हो, वैसा ही होगा. ..घर में एक मच्छर तक भी नहीं होगा, जो तुम्हारे कानों को तकलीफ़ दे...मुझे अफ़सोस है कि घर में सिर्फ़ एक रुपया आठ आने हैं...तुम कल आना मैं तुम्हारे लिए बीस-पच्चीस हज़ार रुपये बैंक से निकलवा के रखूँगी...यह लो अपनी पिस्तौल।'

मैंने अपनी पिस्तौल ली और वहाँ से दुम दबाकर भागा।

पहला वार खाली गया था—मैंने सोचा, 'कहीं और कोशिश करनी चाहिए'-क़र्ज़ अदा करने के सिलसिले में जो प्लान मैंने बनाया था, उसकी तक्मील भी होनी चाहिए।

चुनांचे मैंने एक जगह और कोशिश की—सर्दियों के दिन थे। सुबह के छः बजनेवाले थे। यह ऐसा वक़्त होता है, जब सब गहरी नींद सो रहे होते हैं—मुझे एक मकान का पता था कि उसका जो मालिक है, बड़ा मालदार है, बहुत कंजूस है; अपना रुपया बैंक में नहीं रखता, घर में रखता है—मैंने सोचा, 'उसके यहाँ चलना चाहिए।' मैं वहाँ पहुँच गया। किन मुश्किलों से अन्दर दाख़िल हुआ, बयान नहीं कर सकता। बहरहाल पहुँच गया।

साहिबे-खाना, जो माशाअल्लाह जवान थे, सो रहे थे—मैंने उनके सिरहाने से चाभियाँ निकालीं और अलमारियाँ खोलनी शुरू कर दीं।

एक अलमारी में काग़ज़ात थे और कुछ कंडोम। मेरी समझ में न आया कि यह शख़्स, जो कुँवारा है, कंडोम कहाँ इस्तेमाल करता है-दूसरी अलमारी में कपड़े थे। तीसरी बिलकुल खाली थी। मालूम नहीं, उसमें ताला क्यों पड़ा था।

और कोई अलमारी नहीं थी। मैंने तमाम मकान की तलाशी ली, लेकिन मुझे एक पैसा भी नज़र न आया-मैंने सोचा, 'इस शख़्स ने ज़रूर अपनी दौलत कहीं दबा के रखी होगी।' चुनांचे मैंने उसके सीने पर भरी हुई पिस्तौल रखकर उसे जगाया। वह ऐसा चौंका और बिदका कि मेरी पिस्तौल फ़र्श पर जा पड़ी।

मैंने एकदम पिस्तौल उठाई और उससे कहा, 'मैं चोर हूँ और यहाँ चोरी करने आया हूँ...तुम्हारी तीन अलमारियों से मुझे एक दमड़ी भी नहीं मिली है, हालाँकि मैंने सुना था कि तुम बड़े मालदार आदमी हो।'

वह शख़्स, जिसका नाम मुझे अब याद नहीं, मुस्कुराया। वह अँगड़ाई लेकर उठा और मुझसे कहने लगा: 'यार, तुम चोर हो तो तुमने मुझे पहले इत्तिला दी होती...मुझे चोरों से बहुत प्यार है...यहाँ जो भी आता है, वह ख़ुद को बड़ा शरीफ़ आदमी कहता है, हालाँकि वह अबल दर्जे का काला चोर होता है...तुम चोर हो, और तुमने अपने आपको छिपाया नहीं है...मैं तुमसे मिलकर बहुत ख़ुश हुआ हूँ।'

यह कहकर उसने मुझसे हाथ मिलाया। इसके बाद उसने रेफ्रिजिरेटर खोला-मैं समझा कि शायद वह मेरी ख़ातिर शरबत वगैरह से करेगा, लेकिन उसने मुझे बुलाया और खुले हुए रेफ्रिजिरेटर के पास ले जाकर कहा, 'दोस्त, मैं अपना सारा रुपया इसमें रखता हूँ, यह संदूकची देखते हो...इसमें क़रीब—क़रीब एक लाख रुपया पड़ा है...तुम्हें कितना चाहिए?'

उसने संदूकची बाहर निकाली, जो बंद थी। उसे खोला। अंदर सब्ज़ रंग के नोटों की गड्डियाँ पड़ी थीं–एक गड्डी निकालकर उसने मेरे हाथ में थमा दी और कहा, 'बस इतने काफ़ी होंगे...दस हज़ार हैं।'

मेरी समझ में न आया कि उसे क्या जवाब दूँ-मैं तो चोरी करने आया था-मैंने गड्डी उसको वापस दी और कहा, 'साहब, मुझे कुछ नहीं चाहिए ...मुझे माफ़ी दीजिए. ..फिर कभी हाज़िर हूँगा।'

मैं वहाँ से, आप समझिए कि दुम दबाकर भागा–घर पहुँचा तो सूरज निकल चुका था।

मैंने सोचा कि चोरी का इरादा तर्क कर देना चाहिए-दो जगह कोशिश की, मगर कामयाब न हुआ-अगली रात कोशिश की जा सकती थी, मगर कामयाबी यक़ीनी नहीं थी-और क़र्ज़ बदस्तूर अपनी जगह पर मौजूद था, जो मुझे बहुत तंग कर रहा था–हलक में, यूँ समझिए, एक फाँस-सी अटक गयी थी।

मैंने यह इरादा कर लिया कि जब अच्छी तरह सो चुकूँगा तो उठकर ख़ुदकुशी कर लूँगा।

मैं सो रहा था कि दरवाज़े पर दस्तक हुई।

मैं उठा–दरवाज़ा खोला-एक बुज़ुर्ग खड़े थे–मैंने उनको आदाब अर्ज किया।

उन्होंने मुझसे फ़रमाया: 'यह लिफ़ाफ़ा देना था, इसलिए आपको तकलीफ़ दी...माफ़ कीजिएगा, आप सो रहे थे, और मैंने आपको जगा दिया...'

मैंने उनसे लिफ़ाफ़ा ले लिया-वे सलाम करके चले गये।

मैंने दरवाज़ा बंद किया–लिफ़ाफ़ा काफ़ी वज़नी था-मैंने उसे खोला और देखा कि सौ-सौ रुपये के बेशुमार नोट हैं। गिने तो पचास हज़ार निकले-एक मुख़्तसर-सा रुक़्क़ा था, जिसमें लिखा था कि आपके ये रुपये मुझे बहुत देर से अदा करने थे; अफ़सोस है कि मैं अब अदा करने के क़ाबिल हुआ हूँ।

मैंने बहुत गौर किया कि वे साहब कौन हो सकते हैं, जिन्होंने मुझसे क़र्ज़ लिया था-सोचते-सोचते मैंने सोचा कि हो सकता है, किसी ने मुझसे क़र्ज़ लिया हो, जो मुझे याद न रहा हो।

लिफ़ाफ़ा तकिए के नीचे रखकर मैंने सारा हिसाब कर लिया बीस हज़ार अपनी बीवी को, पन्द्रह हज़ार रुपये अपनी विधवा बहन को-दो हज़ार क़र्ज़ के-बाकी बचे बारह हज़ार, इसलिए कि एक हज़ार मैंने अच्छी शराब के खाते में रख लिये थे-पहाड़ पर जाने और दूध पीने का ख़याल मैंने छोड़ दिया।

दरवाज़े पर फिर दस्तक हुई-उठकर बाहर गया। दरवाज़ा खोला-मेरा एक क़र्ज़ख़्वाह खड़ा था। उसने मुझसे पाँच सौ रुपये लेने थे-मैं लपककर अन्दर गया- तकिये के नीचे नोटों का लिफ़ाफ़ा देखा, मगर वहाँ कुछ मौजूद न था।

मौसम की शरारत

शाम को सैर के लिए निकला और टहलता-टहलता उस सड़क पर हो लिया जो कश्मीर की तरफ़ जाती है।

सड़क के चारों तरफ़ चीड़ और देवदार के दरख़्त, ऊँची-ऊँची पहाड़ियों के दामन पर काले फीते की तरह फैले हुए थे। कभी-कभी हवा के झोंके उस फीते में एक कँपकँपाहट-सी पैदा कर देते। मेरे दायें हाथ को एक ऊँचा टीला था जिसकी ढलानों में गेहूँ के हरे पौधे निहायत ही मद्धिम सरसराहट पैदा कर रहे थे। ये सरसराहट कानों को बहुत भली मालूम होती थी। आँखें बंद कर लो तो यूँ मालूम होता कि कल्पना के गुदगुदे कालीनों पर कई कुंवारियों रेशमी साड़ी पहने चल-फिर रही हैं। उन ढलानों के बहुत ऊपर चीड़ के ऊँचे-ऊँचे दरख़्तों का एक हुजूम था। बायीं तरफ़ सड़क के बहुत नीचे एक छोटा-सा मकान था, जिसको झाड़ियों ने घेर रखा था। उससे कुछ-कुछ फ़ासले पर झोपड़े थे जैसे किसी हसीन चेहरे पर तिल।

हवा गीली और पहाड़ी घास की भीनी-भीनी बास से लदी हुई थी। मुझे इस सैर में एक नाक़ाबिल-ए-बयान लज़्ज़त महसूस हो रही थी।

सामने टीले पर दो बकरियाँ बड़े प्यार से एक-दूसरे को अपने नन्हे-नन्हे सींगों से रेल रही थीं। उनसे कुछ फ़ासले पर कुत्ते का एक पिल्ला जो कि आकार में मेरे बूट के बराबर था, एक भारी-भरकम भैंस की टाँग से लिपटकर उसे डराने की कोशिश कर रहा था। वह शायद भौंकता भी था, क्योंकि उसका मुँह बार-बार खुलता था मगर उसकी आवाज़ मेरे कानों तक नहीं पहुँचती थी।

मैं यह तमाशा देखने के लिए ठहर गया। कुत्ते का पिल्ला देर तक भैंस की टाँगों पर अपने पंजे मारता रहा। मगर उसकी इन धमकियों का असर न हुआ। जवाब मैं भैंस ने दो-तीन बार अपनी दुम हिला दी और बस! लेकिन एकाएक जबकि पिल्ला हमले के लिए आगे बढ़ रहा था भैंस ने ज़ोर से अपनी दुम हिलाई। किसी स्याह-सी चीज़ को अपनी तरफ बढ़ते देखकर वह इस अंदाज से उछला कि मुझे बेइख़्तियार हँसी आ गयी।

मैं उनको छोड़कर आगे बढ़ा।

आसमान पर बादल के सफ़ेद टुकड़े फैले हुए थे जिनको हवा इधर से उधर ढकेल रही थी। सामने पहाड़ की चोटी पर एक कद्दावर दरख़्त मानो बड़े चुस्त अन्दाज़ में संतरी की तरह अकड़ा हुआ था। उसके पीछे बादल का एक टुकड़ा झूम रहा था।

बादल, ये दराज-कद दरख़्त और पहाड़ी...तीनों मिलकर बहुत बड़े जहाज़ का मंज़र पेश कर रहे थे।

मैं नेचर की इस ख़ूबसूरती को बेख़ुद होकर देख रहा था कि अचानक लॉरी के हॉर्न ने मुझे चौंका दिया। ख़यालों की दुनिया से उतरकर मैं आवाज़ों की दुनिया में आ गया। मन की आँखें बंद हो गईं। सुनने के सारे कान खुल गये। मैं फौरन सड़क के एक तरफ हट गया।

लॉरी परकार की तरह बड़ी तेज़ी से मोड़ के आधे दायरे पर घूमी और हाँफती हुई मेरे पास से गुज़र गई।

एक और लॉरी गुज़रने पर मोड़ के कोने से पाँच-छः गायें नमूदार हुई, जो सिर लटकाए हौले-हौले चल रही थीं। मैं अपनी जगह पर खड़ा रहा। जब ये मेरे आगे से गुज़र गईं तो मैंने क़दम उठाया और मोड़ की ओर बढ़ा।

चंद गजों का फ़ासला तय करने पर जब मैं सड़क के बायें हाथ वाले टीले के एक बहुत बड़े पत्थर के आगे निकल गया जो मोड़ पर संगीन पर्दे का काम देकर सड़क के दूसरे हिस्से को बिलकुल ओझल किए हुए था तो यकायक मेरी नज़रें एक ख़ुद से उगने वाले पौधे से दो-चार हुई।

वह जवान थी। उस गाय की तरह जवान, जिसके पुट्ठे जवानी के जोश से फड़क रहे थे और जो उसके पास से अपने अंदर हज़ारों लर्ज़ा लिये गुज़र रही थी मैं ठहर गया।

वह एक नन्हे-से बछड़े को हाँक रही थी। दो-तीन क़दम चलकर बछड़ा ठहर गया और अपनी जगह पर ऐसा जमा कि हिलने का नाम न लिया। लड़की ने बहुतेरा ज़ोर लगाया, लाख-जतन किये। वह एक क़दम आगे न बढ़ा और कान समेटकर ऐसा ख़ामोश हुआ। गोया वह किसी की आवाज़ ही नहीं सुनता। ये तेवर देखकर लड़की ने अपनी छड़ी से काम लेना चाहा। मगर चीड़ की पतली-सी टहनी बेकार साबित न हुई। थक हारकर उसने बड़ी मायूसी और इंतिहाई गुस्से की मिली-जुली हालत में अपने दोनों पाँव ज़मीन पर ज़ोर से मारे और कंधों को जुंबिश देकर इस अन्दाज़ से खड़ी हो गयी, गोया उस हैवान से कहना चाहती है, 'लो अब हम भी यहाँ से एक इंच न हिलेंगे।'

मैं अभी लड़की की इस प्यारी हरकत का मज़ा लेने की ख़ातिर अपने ज़ेहन में दुहराने ही वाला था कि अचानक बछड़ा ख़ुद-ब-ख़ुद उठ भागा। वह इस तेज़ी के साथ दौड़ रहा था कि उसकी कमज़ोर टाँगें मेज़ के ढीले पायों की तरह लड़खड़ा रही थीं।

लड़की बछड़े की इस शरारत पर बहुत हैरान और ख़ौफ़ज़दा हुई। न जाने मैं क्यों ख़ुश हुआ कि इसी दौरान उसने मेरी तरफ़ देखा और मैंने उसकी तरफ़। हम दोनों एक साथ हँस पड़े। आकाश पर तारों का छिड़काव-सा हो गया।

ये सब कुछ लम्हे के अंदर-अंदर हुआ। उसने फिर मेरी तरफ़ देखा। मगर इस बार सवाल करने वाली लाज भरी आँखों से–शायद उसको अब इस बात का एहसास हुआ था कि उसकी मुस्कराहट किसी ग़ैर मर्द की तबस्सुम से जा टकराई है।

वह गहरे सब्ज़ रंग का दुपट्टा ओढ़े हुए थी कि उस पास की हरियाली ने अपनी सब्ज़ी उसी से उधार ली है। उसकी सलवार भी उसी रंग की थी। अगर वह कुर्ता भी उसी रंग का पहने होती तो दूर से देखनेवाले यही समझते कि सड़क के दरमियान एक छोटा-सा दरख़्त उग रहा है।

हवा के मुलायम झोंके उसके सब्ज़ दुपट्टे में बड़ी प्यारी लहरें पैदा कर रहे थे। ख़ुद को बेकार खड़ी देखकर और मुझको अपनी तरफ़ घूरते पाकर वह बेचैन-सी हो गयी और इधर-उधर यूँ देखा कि जैसे किसी का इंतज़ार कर रही है। फिर अपने दुपट्टे को सँवारकर उसने मुँह उस तरफ़ किया, जिधर गायें आहिस्ता-आहिस्ता जा रही थीं।

मैं उससे कुछ फ़ासले पर बायें हाथ पत्थरों के पास खड़ा था, जो सड़क के किनारे-किनारे दीवार की शक्ल में चुने हुए थे।

जब वह मेरे क़रीब आई तो ग़ैर इरादतन पर उसने मेरी तरफ़ निगाहें उठाई। लेकिन फ़ौरन सिर को झटककर नीचे झुका लीं। कूल्हे मटकाती और छड़ी हिलाती, मेरे पास से यूँ गुज़री जैसे कभी-कभी मेरा अपना ख़याल मेरे जेहन से अपना कंधा रगड़कर गुज़र जाया करता है।

उसके स्लीपर जो शायद उसके पाँव में खुले थे सड़क पर घिसटने से शोर पैदा कर रहे थे। थोड़ी दूर जाकर उसने अपने क़दम तेज़ किये और फिर दौड़ना शुरू कर दिया। बीस-पच्चीस गज के फ़ासले पर वह पत्थरों से चुनी हुई दीवार पर फुर्ती से चढ़ी और मुझे एक नज़र देखकर दूसरी तरफ़ कूद गयी, फिर दौड़कर एक झोपड़े की छत पर चढ़कर मुँडेर पर बैठ गईं।

उसकी ये हरकत...यानी...यानी...मेरी तरफ़ उसका तीन बार मुड़-मुड़ कर देखना. ..क्या उसकी मुस्कराहट के साथ मेरी तबस्सुम के कुछ ज़र्रे तो चिमटकर नहीं रह गये थे?

इस ख़याल ने मेरी नब्ज़ की धड़कन तेज़ कर दी। थोड़ी देर के बाद मुझे थकावट-सी महसूस होने लगी। मेरे पीछे झाड़ियों में जंगल के पंछी गीत गा रहे थे–हवा में घुली हुई मौसीक़ी (संगीत) मुझे किस कदर प्यारी मालूम हुई। न जाने मैं कितने घूँट उस राग मिली हवा को गटागट पी गया।

झोपड़े से कुछ दूर झाड़ियों के पास लड़की की गायें घास चर रही थीं। उनसे परे पथरीली पगडंडी पर एक कश्मीरी मज़दूर घास का गट्ठा कमर पर लादे ऊपर चढ़ रहा था। दूर-बहुत दूर एक टीले से धुआँ बल खाता हुआ आसमान की नीलाहट में घुल-मिल रहा था। मेरे आस-पास पहाड़ियों की बुलंदियों पर हरे-हरे चीड़ों और साँवले पत्थरों

के चौड़े-चकले सीनों पर डूबते हुए सूरज की सुनहरी किरणें स्याह और सुनहरे रंग के मिलेजुले साये बिखेर रही थीं। कितना सुंदर और सुहाना समाँ था!

मैंने अपने आपको उन नज़ारों में घिरा हुआ पाया।

वह जवान थी। उसकी नाक उस पेंसिल की तरह सीधी और सुतवाँ थी, जिससे मैं ये सतरें लिख रहा हूँ। उसकी आँखें–मैंने उस जैसी आँखें बहुत कम देखी हैं। उस पहाड़ी इलाके की सारी गहराइयाँ उनमें सिमटकर रह गयी थीं। पलकें घनी और लंबी थीं। जब वह मेरे पास से गुज़री थी तो धूप की एक कंपित किरण उसकी पलकों में उलझ गईं थी।

उसका सीना मजबूत और कुशादा था। उसमें जवानी साँस लेती थी। कंधे चौड़ें, बाँहें गोल गदराहट से भरपूर, कानों में चाँदी के लंबे-लंबे बुंदे थे। बाल देहातियों की तरह सीधी माँग निकालकर गुँथे हुए थे, जिससे उसके चेहरे पर वक़ार पैदा हो गया था।

वह झोपड़े की मटियाली छत पर बैठी थी और मैं सड़क पर खड़ा था।

'किस कदर बेवकूफ़ हूँ,' यकायक मैंने होश सँभाला और अपने दिल से कहा, 'अगर कोई मुझे इस तरह उसको घूरता हुआ देख ले तो क्या कहे...इसके अलावा यह क्योंकर हो सकता है?'

'यह क्योंकर हो सकता है?' जब मैंने इन अल्फ़ाज़ पर गौर किया तो मालूम हुआ कि में किसी और ही ख़याल में था। इस अहसास पर मुझे हँसी आ गई और यूँ ही एक बार उसको और देखकर सैर के इरादे से आगे बढ़ा। दो ही क़दम चलकर मुझे ख़याल आया-यहाँ बटोत में मुझे सिर्फ़ चंद रोज़ क़याम करना है। क्यों न रुख़सत होते वक़्त उसको सलाम कर लूँ। इसमें हर्ज़ ही क्या है।'

शायद मेरे सलाम का एकाध ज़र्रा उसके हाफ़िज़े पर हमेशा के लिए जम जाये।

मैं ठहर गया और कुछ देर मुंतजिर रहने के बाद मैंने सचमुच उसको सलाम करने के लिए अपना हाथ माथे की तरफ़ बढ़ाया। मगर फ़ौरन ही इस अहमक़ाना हरकत से बा-ख़बर होकर हाथ को यूँ ही हवा में हिला दिया और सीटी बजाते हुए क़दम तेज़ कर दिये।

मई का गर्म दिन शाम की ख़ुनकी में आहिस्ता-आहिस्ता पुल रहा था।

सामने पहाड़ियों पर हलका-सा धुआँ छा गया था, जैसे ख़ुशी के आँसू आँखों के आगे एक चादर-सी तान देते हैं। उस धुँधलके में चीड़ के दरख़्त अंत-चेतना में छिपे हुए ख़यालात मालूम हुए से एक ही कतार में फैलते चले गये थे।

मेरे पास ही एक झाड़ी पर मोटा-सा कौआ अपने स्याह और चमकीले पर फैलाए सुस्ता रहा था...हवा का हर झोंका मेरे जिस्म के उन हिस्सों के साथ छूकर जो कपड़ों से आज़ाद थे, एक ऐसी मुहब्बत का पैग़ाम दे रहा था, जिससे मेरा दिल इससे पहले बिलकुल नावाक़िफ़ था।

मैंने आसमान की तरफ़ निगाहें उठाई और मुझे ऐसा महसूस हुआ कि वह मेरी तरफ़ हैरत से देखकर यह कहना चाहता है, 'सोचते क्या हो-जाओ मुहब्बत करो।'

मैं सड़क के किनारे पत्थरों की दीवार पर बैठ गया और उस...उसकी तरफ़ डरते-डरते देखा कि कहीं कोई रहगुज़र सारा मामला ताड़ न जाये। वह उसी तरह सिर झुकाए अपनी जगह पर बैठी थी। उसे इस खेल में क्या लुत्फ़ आता है? वह अभी थकी नहीं? क्या उसने वाक़यी दो बार मेरी तरफ़ मुड़कर देखा? क्या वह जानती है कि मैं उसकी मुहब्बत में गिरफ़्तार हूँ?' आख़िरी सवाल किस कदर हास्यास्पद था मैं झेंप गया, लेकिन...इसके बावजूद उसको देखने से ख़ुद को बाज़ न रख सका।

एक मर्तबा जब मैंने उसको देखने के लिए अपनी गर्दन मोड़ी तो क्या देखता हूँ कि उसका मुँह मेरी तरफ़ है और वह मुझे देख रही है—मैं मख़मूर हो गया।

मेरे और उसके दरमियान गो फ़ासला काफ़ी था। मगर मेरी आँखें जिनमें मेरे दिल की बसारत (दृष्टि) भी चली आई थी, महसूस कर रही थीं कि वह सपनों का घूँघट काहे मेरी तरफ़ देख रही है...मेरी तरफ़ मेरी तरफ़।

मेरे सीने से बेइख़्तियार आह निकल गयी-'अजीब बात है कि सुख और चैन का हाथ भी दर्द-भरे तारों ही पर पड़ता है,'...इस आह में कितनी राहत थी-कितना सुकून था। उस लड़की ने जो मेरे सामने झोपड़े की छत पर बैठी थी मेरे शबाब के हर रंग को शोख कर दिया था। मेरे रोएँ-रोएँ से मुहब्बत फूट रही थी। शे'रीयत, जो मेरे सीने के किसी नामालूम कोने में सोयी पड़ी थी, अब बेदार हो चुकी थी-क्या दोशीज़गी (यौवन) और शे'रीयत जुड़वा बहिनें हैं?

अगर उस वक़्त वह मुझसे हमकलाम होती तो मैं एक लफ़्ज़ तक अपनी ज़ुबान से न निकालता। ख़ामोशी मेरी तरजुमान होती—मेरी गूँगी ज़ुबान कितनी बातें उस तक पहुँचा देती। मैं उसको अपनी ख़ामोशी में लपेट लेता...वह ज़रूर मुतहय्यर (विस्मित) होती और इस हालत में बड़ी प्यारी मालूम होती।

इस ख़याल से कि रास्ते में यूँ बेकार खड़े रहना ठीक नहीं, मैं दीवार पर से उठा—मेरे सामने टीले पर जाने के लिए एक पगडंडी थी। ऊपर टीले के किसी पत्थर पर बैठकर मैं उसको बख़ूबी देख सकता था। अतः दरख़्तों की जड़ों और झाड़ियों का सहारा लेकर मैंने ऊपर चढ़ना शुरू किया। रास्ते में दो-तीन बार मेरा पाँव फिसला और नुकीले पत्थरों पर गिरते-गिरते बचा।

टीले पर जहाँ पत्थर नहीं थे, कहीं-कहीं ज़मीन के छोटे-छोटे टुकड़ों में आलू बोये हुए थे। इसी क़िस्म के एक नन्हे-से खेत को पार करके मैं एक पत्थर पर बैठ गया और टोपी उतारकर एक तरफ़ रख दी। मेरे दायीं तरफ़ ज़मीन का एक छोटा-सा टुकड़ा था, जिसमें गेहूँ उग रहा था।

चढ़ाई की वजह से मेरा दम फूल गया। मगर शाम की ठंडी हवा ने यह थकान फ़ौरन ही दूर कर दी और मैं जिस काम के लिए आया था उसमें मशगूल हो गया। अब वह झोंपड़े की छत पर खड़ी थी और ख़ुदा मालूम कैसी-कैसी अनोखी आवाज़ें निकाल रही थी। मेरा ख़याल है कि वह उन दोनों बकरियों को सड़क पर चढ़ने से रोक रही थी, जो घास चरती हुई आहिस्ता-आहिस्ता ऊपर का रुख कर रही थी।

हवा तेज़ थी। गेहूँ की पकी हुई बालियाँ खुर-खुर करती हुई बिल्ली की मूँछों की तरह थरथरा रही थीं। झाड़ियों में हवा की सीटियाँ शाम की ख़ामोश फ़ज़ा में कम्पन पैदा कर रही थीं।

मिट्टी के ढेलों के साथ खेलता हुआ मैं उसकी तरफ़ बहुत देर तक देखता रहा। वह अब झोंपड़े की छत पर बड़े अजीब अन्दाज़ से टहल रही थी। एक मर्तबा उसने अपने सिर को जुंबिश दी तो मैं समझा कि वह मेरी मौजूदगी से बा-ख़बर मुझे देख रही है-मेरी हस्ती के सारे दरवाज़े खुल गये।

जाने कितनी देर तक मैं वहाँ बैठा रहा? एकाएक बदलियाँ घिर आयीं और बारिश शुरू हो गयी। मेरे कपड़े भीग रहे थे। लेकिन मैं वहाँ से क्योंकर जा सकता था जबकि वह...वहीं छत पर खड़ी थी। इस ख़याल से मुझे बड़ा सूकून मिला कि वह सिर्फ़ मेरी ख़ातिर बारिश में भीग रही है।

यकायक बारिश तेज़ हो गयी। वह उठी और मेरी तरफ़ देखे बगैर–ही मेरी तरफ़ निगाह उठाए बग़ैर छत पर से नीचे उतरी और दूसरे झोंपड़े में दाख़िल हो गयी मुझे ऐसा महसूस हुआ कि बारिश की बूँदें मेरी हड्डियों तक पहुँच गयी हैं। पानी से बचाव करने के लिए मैंने इधर-उधर निगाहें दौड़ाई। मगर पत्थर और झाड़ियाँ पनाह का काम नहीं दे सकती थीं।

डाक बँगले तक पहुँचते-पहुँचते मेरे कपड़े और ख़यालात सब भीग गये–जब वहाँ से सैर को निकला था तो खुश्क आदमी था, रास्ते में मौसम ने शायर बना दिया। वापस आया तो भीगा हुआ आदमी था–शाम सिर्फ़ भीगा हुआ आदमी–बारिश सारी शायरी बहा ले गईं थी।

गुलगत ख़ान

शाहबाज़ ख़ान ने एक दिन अपने मुलाज़िम जहाँगीर को, जो उसके होटल में अंदर-बाहर का काम करता था, उसकी सुस्त रफ़्तारी से तंग आकर निकाल दिया–असल में जहाँगीर सुस्त नहीं था। वह इस कदर तेज़ था कि उसकी हर हरकत शाहबाज़ ख़ान को स्थिर मालूम होती थी।

शाहबाज़ खान ने उसको एक महीने की तनख़्वाह दी–जहाँगीर ने उसको सलाम किया और टिकट कटाकर सीधा बिलोचिस्तान चला गया, जहाँ कोयले की खानें निकल

रही थीं, और जहाँ उसके कई और दोस्त चले गये थे–लेकिन उसने गुलगत अपने भाई हमज़ा ख़ान को ख़त लिखा कि वह शाहबाज़ ख़ान के यहाँ मुलाज़िमत कर ले, क्योंकि उसे अपना यह आक़ा पसंद था।

एक दिन हमज़ा ख़ान, शाहबाज़ ख़ान के होटल में आया और एक कार्ड दिखाकर बोला, 'ख़ो अम मुलाज़मत चाहता है...अमारे भाई ने लिखा है कि तुम अच्छा और टीक आदमी है...ख़ो अम भी अच्छा और टीक है...तुम कितना पैसा देगा?'

शाहबाज़ ख़ान ने हमज़ा ख़ान की तरफ देखा-जहाँगीर का भाई तो वह किसी लिहाज़ से दिखाई नहीं देता था। नाटा-सा क़द, नाक चौड़ी-चपटी; निहायत बदशक्ल। शाहबाज़ ख़ान ने उसे एक नज़र देखकर और जहाँगीर का ख़त पढ़कर सोचा कि उसको निकाल बाहर करे, मगर वह नेक आदमी था और उसने कभी किसी साइल (ज़रूरतमंद) को ख़ाली हाथ नहीं जाने दिया था।

हमज़ा ख़ान को चुनांचे उसने पन्द्रह रुपये माहवार पर मुलाज़िम रख लिया और यह हिदायत कर दी कि जो काम उसके सुपुर्द किया जाये, ईमानदारी से करे।

हमज़ा ख़ान ने अपने बदनुमा होंठों पर मुस्कराहट पैदा करते हुए शाहबाज़ ख़ान को यक़ीन दिलाया, 'ख़ान बादशाह, अम तुमको कबी तंग नहीं करेगा...जो तुम कहेगा, मानेगा।'

शाहबाज़ ख़ान यह सुनकर ख़ुश हो गया।

हमज़ा ख़ान ने शुरू-शुरू में कुछ इतना अच्छा काम न किया, लेकिन थोड़े अर्से में वह सब कुछ सीख गया–चाय कैसे बनाई जाती है, शक्कर के साथ गुड़ कितना डाला जाता है, कोयलेवालियों से कोयले कैसे हासिल किये जाते हैं और ग्राहकों के साथ किस क़िस्म का सुलूक रवा रखना चाहिए, यह सब उसने सीख लिया।

इसमें सिर्फ़ एक कमी थी कि वो बेहद बदशक्ल था; बदतमीज़ की किसी हद तक था इसलिए कि उसकी शक्ल-सूरत देखकर शाहबाज़ ख़ान के होटल में आने-जाने वाले कुछ घबरा से जाते। मगर जब ग्राहक आहिस्ता आहिस्ता उसकी बदसूरती से मानूस हो गए तो उन्होंने उसके बारे में सोचना छोड़ दिया। बल्कि बाअज़ लोग तो उसमें दिलचस्पी लेने लगे इसलिए कि वह काफ़ी दिलचस्प आदमी था। मगर इस दिलचस्पी से हमज़ा ख़ान को तसकीन नहीं होती थी। वो यह समझता था कि महज़ हँसी मज़ाक की ख़ातिर ये लोग जो होटल में चंद घंटे गुज़ारने आते हैं इससे दिलचस्पी का इज़हार करते हैं।

यूँ हमज़ा ख़ान गुलगत ख़ान के नाम से मशहूर हो गया था इसलिए कि वह काफ़ी देर गुलगत में रहा था और इस रियासत का ज़िक्र बार-बार किया करता था। इसलिए होटल में आने-जाने वालों ने उसका नाम गुलगत ख़ान रख दिया, जिस पर हमज़ा ख़ान को एतराज़ नहीं था। हमज़ा के क्या मानी होते हैं, उस को मालूम नहीं था बल्कि गुलगत का मतलब वह बख़ूबी समझता था।

शाहबाज़ ख़ान के होटल में आये उसको क़रीब-क़रीब एक बरस हो गया। इस दौरान में उसने महसूस किया कि उसका मालिक शाहबाज़ ख़ान उसकी शक्ल-सूरत से घृणा करता है। यह अहसास उसे खाए जाता था।

एक दिन उसने होटल के बाहर कुत्ते का पिल्ला देखा जो उससे भी कहीं ज़्यादा बदसूरत था। उसको उठाकर वह अपनी कोठरी में ले आया जो उसे होटल की ऊपरी मंज़िल पर रहने-सहने के लिए दी गयी थी। यह इतनी छोटी थी कि अगर कुत्ते का एक और पिल्ला आ जाता तो वो उस में गुलगत ख़ान के साथ समा ना सकता।

इस कुत्ते के पिल्ले की टाँगें टेढ़ी-मेढ़ी थीं। थूथनी बड़ी वाहियात थी, अजीब बात है कि गुलगत ख़ान की टाँगें बल्कि यूँ कहिए कि इसका निचला धड़ उसके ऊपर के जिस्मानी हिस्से के मुकाबले में बहुत छोटा था। बिलकुल इसके मानिंद यह पिल्ला निहायत बदसूरत था।

गुलगत ख़ान उससे बहुत प्यार करता। शाहबाज़ ख़ान ने उससे कई मर्तबा कहा कि मैं इस कुत्ते के बच्चे को गोली मार दूँगा। मगर गुलगत ख़ान उसको किसी भी हालत में अपने से ज़ुदा रखने पर राज़ी नहीं था। उसने शुरू-शुरू में तो अपने आका से कुछ न कहा। ख़ामोशी से उसकी बातें सुनता रहा। आख़िर एक रोज़ इससे साफ़ लफ़्जो में उसने कह दिया, 'ख़ो, तुम होटल के मालिक हो। मेरे दोस्त टन-टन के मालिक नहीं हो।' शाहबाज़ ख़ान यह सुनकर चुप हो गया। गुलगत ख़ान बड़ा मेहनती था। सुबह पाँच बजे उठता, दो अँगीठियाँ सुलगाता, सामनेवाले नल से पानी भरता और फिर ग्राहकों की ख़िदमत में मसरूफ़ हो जाता।

उसका टन-टन महीनों बाद बड़ा हो गया। वो उसके साथ कोठरी में सोता था जो होटल की ऊपरी मंज़िल पर थी। सर्दियाँ थीं। इसलिए गुलगत ख़ान को अपने बिस्तर में उसकी मौजूदगी बुरी नहीं मालूम होती थी। बल्कि वह ख़ुश था कि वो उससे इस कदर प्यार करता है कि रात को भी उसका साथ नहीं छोड़ता।

टन-टन नाम गुलगत ख़ान के एक ख़ास ग्राहक ने रखा था, जो उसकी इंतिहाई बदसूरती के बावजूद उसमें दिलचस्पी लेता। यह नाम इसलिए रखा गया कि कुत्ते का वो पिल्ला जिसे वह सड़क पर से उठाकर अपने पास ले आया था और जिसकी गर्दन में उसने अपनी तनख़्वाह में से पैसे बचाकर एक ऐसा पट्टा डाला था जिसमें घुँघरू बँधे हुए थे। इस ख़ास ग्राहक ने जो किसी दैनिक पत्र का कॉलम लिखता था इन घुँघरुओं की आवाज़ सुनकर उसका नाम टन-टन रख दिया।

टन-टन जब बड़ा हुआ तो उसकी टाँगें और भी ज़्यादा छोटी हो गयी। गुलगत खान की भी यही हालत थी। उसकी टाँगें भी दिन-ब-दिन छोटी हो रही थीं। ऊपर का धड़ मुनासिब अन्दाज़ में बढ़ गया था। शाहबाज़ ख़ान को गुलगत ख़ान का यह हुलिया पसंद नहीं था मगर वह मेहनती था। गधे की मानिंद काम करता। सुबह पाँच

बजे से लेकर रात के ग्यारह-बारह बजे तक होटल में रहता। एक घड़ी के लिए भी आराम न करता। लेकिन इस दौरान में वह तीन-चार मर्तबा ऊपर अपनी कोठरी में ज़रूर जाता और अपने प्यारे कुत्ते की जो अब बड़ा हो गया था देखभाल करता था। उसको होटल का बचा खाना देता। पानी पिलाता और प्यार करके फौरन वापस चला आता।

एक दिन उसका टन-टन बीमार हो गया। होटल में अकसर मेडिकल स्टूडेंट आया करते थे क्योंकि उनका कॉलेज नज़दीक ही था। गुलगत ख़ान ने उनमें से एक को यह कहते हुए सुना कि अगर पेट की शिकायत हो तो मरीज को बटेर या मुर्ग़ का गोश्त खिलाना चाहिए।

उसने अपने टन-टन को सुबह से कोई चीज़ खाने को नहीं दी थी। इसलिए कि उसको बदहज़मी थी। मगर जब उसने इस मेडिकल स्टूडेंट की बात सुनी तो उसने इधर-उधर कोई मुर्ग़ तलाश करना शुरू किया मगर न मिला। मुहल्ला ही कुछ ऐसा था जिसमें कोई मुर्ग़-मुर्गियाँ नहीं पालता था।

शाहबाज़ ख़ान को बटेरबाज़ी का शौक था। उसके पास एक बटेर था जिसे वह अपनी जान से ज़्यादा अज़ीज़ समझता था। गुलगत ख़ान ने तिनकों का बना हुआ पिंजरा खोला और हाथ डालकर यह बटेर पकड़ी। कलिमा पढ़कर उसको जबह किया और अपने टन-टन को खिला दिया।

शाहबाज़ खान ने जब पिंजरा ख़ाली देखा तो बहुत परेशान हुआ। उसकी समझ में न आया कि बटेर इसमें से कैसे उड़ गई। वो तो उसके इशारों पर चलती थी। कई पालियाँ उसने बड़ी शान से जीती थीं। उसने गुलगत ख़ान से पूछा तो उसने कहा, 'ख़ो मुझे क्या मालूम तुम्हारा बटेर किधर गया। भाग गया होगा किधर।'

शाहबाज़ ख़ान ने जब ज़्यादा जुस्तजू की, तो उसने देखा कि इसके होटल के सामने थोड़ा-सा खून और नुचे हुए पर पड़े हैं। ये बिला शुबाह उसकी बटेर के थे वह सिर पीट कर रह गया। उसने सोचा कि कोई ज़ालिम उसको भून कर खा गया है। बटेर के पर उसके जाने-पहचाने थे। उसने उनको बड़े प्यार से इकट्ठा किया और अपने होटल के पिछवाड़े जहाँ खुला मैदान था, छोटा-सा गढ़ा खोदकर उन्हें दफ़न कर दिया, फ़ातिहा पढ़ी। इसके बाद उसने कई ग़रीबों को अपने होटल से मुफ़्त खाना भी खिलाया ताकि मरहूम की रूह को शांति पहुँचे।

जब शाहबाज़ ख़ान से कोई उसकी बटेर के बारे में पूछता तो वह कहता, 'शहीद हो गया।'

गुलगत ख़ान यह सुनता और अपने कान समेटे ख़ामोश काम में मशगूल रहता। उसका टन-टन (कुत्ता) अच्छा हो गया। उसको जो शिकायत थी दूर हो गयी। गुलगत ख़ान बहुत ख़ुश था। उसने अपने प्यारे कुत्ते की सेहतयाबी पर दो भिखारियों को होटल से खाना खिलाया-शाहबाज़ ख़ान ने जब पूछा कि उसने उनसे दाम वसूल क्यों नहीं

किये तो उसने कहा, 'कभी-कभी ख़ैरात भी दे देना चाहिए ख़ान!' यह सुनकर शाहबाज़ ख़ान चुप हो गया।

एक दिन मैना का एक बच्चा कहीं से उड़ता-उड़ता गुलगत ख़ान के पास आ गिरा, जबकि वह कॉलेज के किसी लड़के के लिए नाश्ता तैयार करके ले जा रहा था। उसने नाश्ते की ट्रे को एक तरफ़ रखा और मैना के बच्चे को, जो बेहद सहमा हुआ था, पकड़कर उस पिंजरे में डाल दिया जिसमें उसके मालिक शाहबाज़ ख़ान की बटेर होती थी।

मैना को उसने सवा महीने तक पाला-पोसा। फिर वह ख़ासी मोटी हो गई। ख़ूब चहकती थी।

एक दिन उसका टन-टन आ गया। उसने मैना को देखा तो बेताब हो गया। ऐसा लगता था कि वह चाहता है, किसी तरह मैना तक रसाई (पहुँच) हो जाये और वह उसे चबा डाले।

गुलगत ख़ान ने जब देखा कि पिंजरा ऊपर खूँटी के साथ टँगा है, जहाँ उसका टन-टन नहीं पहुँच सकता, और बड़ी हसरत भरी नज़रों से मैना को देख रहा है तो उसने पिंजरे में से मैना को निकाला, उसके पर नोचे, गर्दन मरोड़ी और अपने अज़ीज़ कुत्ते के सुपुर्द कर दी।

टन-टन ने उस बे-बालो-पर परिंदे की लाश को दो-तीन मर्तबा सूँघा। बड़े ज़ोर की एक छींक उसके नथुनों से बाहर निकली और वह वहाँ से दौड़ गया।

गुलगत ख़ान को बड़ा सदमा हुआ।

उसी दिन कॉलेज की वे दो लड़कियाँ, जो बाक़ायदा चाय पीने के लिए आती थीं और जिनका वह ख़ास तौर पर ख़याल रखता था, आईं-पहले वे उससे हँस-हँस के बातें किया करती थीं, मगर अब उन्हें जाने क्या हो गया था कि वे उससे ख़फ़ा-ख़फ़ा नज़र आती थीं।

एक ने, जो गुलगत ख़ान को बहुत पसंद थी, उससे पूछा, 'तुमने मैना को क्यों मार दिया?'

गुलगत ख़ान एक लम्हे के लिए बौखला-सा गया, लेकिन सँभलकर उसने जवाब दिया, 'ख़ो बीबी जी, अमने अपने कुत्ते को डाला था।'

उसने पूछा, 'क्या उसने खाई?'

'ख़ो उस ने उसको सूँघा और छोड़ दिया।'

लड़की ने कहा, 'तो उसको मारने से क्या फ़ायदा हुआ...तुमने पहले भी उसको ख़ान साहब की बटेर ज़िबह करके दी थी, क्या उसने खाई थी?'

गुलगत ख़ान ने बड़े फ़ख्र से जवाब दिया, 'खायी थी...उसकी हड्डियाँ भी।'

शाहबाज़ ख़ान पास खड़ा था-उसने जब यह सुना तो बड़े ज़ोर की एक धौल गुलगत ख़ान की गर्दन पर जमाई, 'तुख़्म हराम, तुमने अब माना है...पहले क्यों इनकार किया था?'

गुलगत ख़ान ख़ामोश रहा।

दोनों लड़कियों ने क़हक़हे लगाए।

गुलगत ख़ान को धौल का इतना ख़याल नहीं था, लेकिन लड़कियों के उन क़हक़हों ने उसके दिल को जख़्मी कर दिया।

शाहबाज़ खान को बहुत गुस्सा था–गुलगत ख़ान के धौल जमाकर वह उस पर बरस पड़ा। जितनी गालियाँ उसे याद थीं, उसने अपने नौकर पर सर्फ़ कर दीं, और आख़िर में उससे कहा, 'तुम उस टन-टन या चुन-चुन से इतना प्यार क्यों करता है हरामखोर, वह भी कोई कुत्ता है,' ...उसके कानों में कॉलेज की दोनों लड़कियों के क़हक़हे गूँज रहे थे।

कोठरी के एक कोने में उसका टन-टन लेटा था, कुछ अजीब अन्दाज़ से टाँगें दीवार के साथ लगाए, जो इस कदर टेढ़ी थीं कि और ज़्यादा टेढ़ी हो ही नहीं सकती थीं।

गुलगत खान ने कुछ देर गौर किया। इसके बाद उसने अपना कमानीवाला चाकू निकाला और टन-टन की तरफ बढ़ा–मगर फिर उसे कोई और ख़याल आया।

उसने कमानीवाला चाकू बंद करके अपनी जेब में रखा और कुत्ते को बड़े प्यार से बुलाकर अपने साथ ले गया।

जब गुलगत ख़ान और टन-टन रेलवे लाइन के पास पहुँचे तो गाड़ी आ रही थी। गुलगत खान ने अपने प्यारे कुत्ते को हुक्म दिया कि वह पटरियों के ऐन दरमियान खड़ा हो जाये।

उस हैवान टन-टन ने अपने आका के हुक्म की तामील की।

गाड़ी पूरी रफ़्तार से आ रही थी।

टन-टन पटरियों के ऐन दरमियान खड़ा गुलगत ख़ान की तरफ देख रहा था, ऐसी निगाहों से, जिनसे वफादारी टपक रही थी।

गुलगत खान ने एक नज़र अपनी तरफ देखा-उसने महसूस किया कि उसका कुत्ता उससे कहीं ज़्यादा ख़ुश शक्ल है।

गाड़ी क़रीब आयी तो उसने टन-टन को धक्का देकर पटरियों से बाहर गिरा दिया और ख़ुद गाड़ी की चपेट में आ गया-उसका बिलकुल क़ीमा बन गया।

कुत्ते ने गोश्त के उस ढेर को सूँघा और ज़ोर-ज़ोर से बड़ी दर्दनाक आवाज़ में रोने लगा।

हरे सैंडिल

'आपसे अब मेरा निबाह बहुत मुश्किल है मुझे तलाक़ दे दीजिए।'

'लाहौलवला, कैसी बातें मुँह से निकाल रही हो...तुममें सबसे बड़ा ऐब एक यही है कि वक़्तन-फ़-वक़्तन तुम पर ऐसे दौरे पड़ते हैं कि होशो-हवास खो देती हो।'

'आप तो बड़े होशो-हवास के मालिक हैं...चौबीसों घंटे शराब के नशे में धुत रहते हैं।'

'मैं शराब ज़रूर पीता हूँ, लेकिन तुम्हारी तरह बिन पिये मदहोश नहीं रहता...वाही-तबाही नहीं बकता।'

'गोया मैं वाही-तबाही बक रही थी?'

'यह मैंने कब कहा लेकिन तुम ख़ुद सोचो, यह तलाक़ लेना क्यों है?'

'बस, मैं लेना चाहती हूँ...जिस ख़ाविंद को अपनी बीवी का ज़र्रा भर ख़याल न हो, उससे तलाक़ न माँगा जाये तो क्या माँगा जाये?'

'तुम तलाक़ के अलावा और सब चीज़ें मुझसे माँग सकती हो।'

'आप मुझे दे ही क्या सकते हैं?

'यह एक नया इल्ज़ाम तुमने मुझ पर धरा है...तुम्हारी जैसी ख़ुशनसीब औरत और कौन होगी?'

'लानत है ऐसी ख़ुशनसीबी पर।'

'लानत न भेजो...मालूम नहीं, तुम किस बात पर नाराज हो, लेकिन मैं तुम्हें तहे-दिल से यक़ीन दिलाता हूँ कि मुझे तुमसे बेपनाह मुहब्बत है।'

'अच्छा छोड़ो इन जली-कटी बातों को...बताओ बच्चियाँ स्कूल चली गईं?'

'आपको उनमें क्या दिलचस्पी है...स्कूल जायें या जहन्नुम में...मैं तो दुआ करती हूँ, मर जायें।'

'किसी रोज़ तुम्हारी ज़ुबान मुझे जलते चिमटे से बाहर खींचनी पड़ेगी...शर्म नहीं आती कि अपनी औलाद के लिए ऐसी बकवास कर रही हो!'

'मैंने कहा, मेरे साथ ऐसी बदकलामी न कीजिए...शर्म आपको आनी चाहिए कि एक औरत से, जो आपकी बीवी है और जिसका एहतिराम आप पर फ़र्ज़ है, आप बाज़ारी अन्दाज़ में गुफ़्तगू कर रहे हैं...असल में यह सब आपकी बुरी सोसाइटी का क़ुसूर है।'

'और जो तुम्हारे दिमाग़ में ख़लल है, उसकी वजह क्या है?'

'आप, और कौन?'

'क़ुसूरवार हमेशा तुम मुझे ठहराती हो...समझ में नहीं आता, तुम्हें क्या हो गया है।'

'मुझे क्या हुआ है...हुआ है तो सिर्फ़ आप हुए हैं...हर वक़्त मेरे सिर पर सवार रहते हैं...मैं आपसे कह चुकी हूँ, मुझे तलाक़ दे दीजिए।'

'क्या दूसरी शादी करने का इरादा है...मुझसे उकता गई हो।'

'थू है आप पर...मुझे कोई ऐसी-वैसी औरत समझा है?'

'तो फिर तलाक़ लेकर क्या करोगी?'

'जहाँ सींग समाए, चली जाऊँगी...मेहनत-मज़दूरी करूँगी...अपना और अपनी बच्चियों का पेट पालूँगी।'

'तुम मेहनत-मज़दूरी कैसे कर सकोगी...सुबह नौ बजे उठती हो, नाश्ता करके फिर लेट जाती हो, दोपहर के खाने के बाद कम-अज़-कम तीन घंटे सोती हो...ख़ुद को धोखा तो न दो।'

'जी हाँ, मैं तो हर वक़्त सोयी रहती हूँ और आप हैं कि हर वक़्त जागते रहते हैं...अभी कल ही आपके दफ़्तर से एक आदमी आया था; वह कह रहा था कि हमारे अफ़सर साहब को जब देखो, मेज़ पर सिर रखे सोये होते हैं।'

'वह कौन था उल्लू का पट्ठा?'

'आप अपनी ज़ुबान दुरुस्त कीजिए।'

'भई, मुझे ताव आ गया था गुस्से में आदमी का अपनी ज़ुबान पर काबू नहीं रहता।'

'मुझे आप पर इतना गुस्सा आ रहा है, लेकिन मैंने ऐसा कोई गैरमहज़ब लफ़्ज इस्तेमाल नहीं किया...इनसान को हमेशा दायरा-ए-तहज़ीब में रहना चाहिए...मगर यह सब आपकी बुरी सोसाइटी की वजह है, जो आप ऐसे अल्फ़ाज़ अपनी गुफ़्तगू में इस्तेमाल करते हैं।'

'मैं तुमसे पूछता हूँ, मेरी बुरी सोसाइटी कौन-सी है?'

'वह कौन है, जो ख़ुद को कपड़े का बहुत बड़ा व्यापारी कहता है...उसके कपड़े कभी आपने मुलाहिज़ा किये...बड़ी अदना क़िस्म के और वह भी मैले चिकट...यूँ तो वह बी.ए. है, लेकिन उसकी आदतें, उठना-बैठना ऐसा वाहियात है कि घिन आती है।'

'वह मर्दे-मजज़ूब (अनासक्त पुरुष) है।'

'यह क्या बला होती है?'

'तुम नहीं समझोगी...मुझे बेकार वक़्त जाया करना पड़ेगा।'

'जी हाँ, आपका वक़्त बड़ा कीमती है...जरा-सी बात करने पर भी जाया हो जाता है।'

'तुम असल में कहना क्या चाहती हो?'

'मैं कुछ कहना नहीं चाहती...जो कहना था, कह दिया...बस मुझे तलाक़ दे दीजिए, ताकि जान छूटे...इन हर रोज़ के झगड़ों से मेरी ज़िंदगी अजीरन हो गई है।'

'तुम्हारी ज़िंदगी तो मुहब्बत से भरे हुए एक जुम्ले से भी अजीरन हो जाती है... इसका क्या इलाज है?'

'इसका इलाज, सिर्फ़ तलाक़ है।'

'तो बुलाओ किसी मौलवी को...तुम्हारी अगर यही ख़्वाहिश है तो में इनकार नहीं करूँगा।'

'मैं कहाँ से बुलाऊँ मौलवी को?'

'भई, तलाक़ तुम चाहती हो...अगर मुझे लेना होता तो मैं दस मौलवी चुटकियों में पैदा कर लेता...मुझसे तुम्हें इस सिलसिले में किसी मदद की तवक्को नहीं करनी चाहिए. ..तुम जानो, तुम्हारा काम जाने।'

'आप मेरे लिए इतना काम भी नहीं कर सकते?'

'जी नहीं।'

'आप तो अब तक यही कहते आये हैं कि आपको मुझसे बेपनाह मुहब्बत है।'

'दुरुस्त है...रफ़ाक़त (समीपता) की हद तक...मुफ़ारक़त (दूरी) के लिए नहीं।'

'तो मैं क्या करूँ?'

'जो जी में आये, करो और देखो, मुझे अब ज़्यादा तंग न करो...किसी मौलवी को बुला लो कि वह तलाक़नामा लिख दें...मैं उस पर दस्तख़्त कर दूँगा।'

'हके-महर का क्या होगा?'

'तलाक़ चूँकि तुम ख़ुद तलब कर रही हो, इसलिए उसके मुताल (माँग) का सवाल ही पैदा नहीं होता।'

'वाह जी वाह!'

'तुम्हारे भाई बैरिस्टर हैं; उनको ख़त लिखकर पूछ लो...जब औरत तलाक चाहे तो वह अपना हक़्के-महर तलब नहीं कर सकती।'

'तो ऐसा कीजिए कि आप मुझे तलाक़ दे दें।'

'मैं ऐसी बेवकूफ़ी क्यों करने लगा...मुझे तो तुमसे प्यार है।'

'आपके ये चोंचले मुझे पसंद नहीं...प्यार होता तो मुझसे ऐसा सुलूक करते?'

'तुमसे मैंने क्या बदसुलूकी की है?'

'जैसे आप जानते ही नहीं...अभी परसों-तरसों की बात है, आपने मेरी नयी साड़ी से अपने जूते साफ़ किये थे।'

'ख़ुदा की क़सम, नहीं।'

'तो फिर क्या फ़रिश्तों ने किये थे?'

'मैं इतना जानता हूँ कि आपकी तीनों बच्चियाँ अपने जूतों की गर्द आपकी साड़ी से झाड़ रही थीं...मैंने उनको डाँटा भी था।'

'वे ऐसी बदतमीज़ नहीं हैं।'

'काफ़ी बदतमीज़ हैं, इसलिए कि तुम उनको सही तरबियत नहीं देती हो...स्कूल से वापस आयें तो उनसे पूछ लेना कि वे साड़ी का नाजाइज़ इस्तेमाल कर रही थी या कि नहीं।'

'मुझे उनसे कुछ पूछना नहीं है।'

'तुम्हारे दिमाग़ को आज, मालूम नहीं, क्या हो गया है...असल वजह मालूम हो जाये तो मैं कोई नतीजा क़ायम कर सकूँ।'

'आप नतीजे क़ायम करते रहेंगे, लेकिन मैं अपना नतीजा क़ायम कर चुकी हूँ...बस आप मुझे तलाक़ दे दीजिए...जिस खाविंद को अपनी बीवी का जरा भी ख़याल न हो, उसके साथ रहने का क्या फ़ायदा?'

'मैंने हमेशा तुम्हारा ख़याल रखा है।'

'आपको मालूम है, कल ईद है?'

'मालूम है...क्यों...कल ही तो मैं बच्चियों के लिए नये बूट लाया हूँ और उनके फ्रॉको के लिए मैंने आज से आठ रोज़ पहले तुम्हें साठ रुपये दिये थे।'

'ये रुपये देकर आपने बड़ा मेरे बाप-दादा पर एहसान किया।'

'एहसान का सवाल ही पैदा नहीं होता...आख़िर बात क्या है?'

'बात यह है कि साठ रुपये कम थे...तीन बच्चियों के लिए आरकंडी चालीस रुपये में आई; फ़ी फ्रॉक के दर्जी ने सात रुपये लिये...बताइए, आपने मुझ पर और बच्चियों पर कौन-सा करम किया।'

'तो एक रुपया तुमने अदा किया।'

'अदा न करती तो फ्रॉक कैसे मिलते।'

'तो वह रुपया मुझसे अभी ले लो...मेरा ख़याल है, सारी नाराजगी इसी बात की थी।'

'मैं कहती हूँ, कल ईद है।'

हाँ-हाँ, मुझे मालूम है...मैं दो मुर्गे मँगवा रहा हूँ...इसके अलावा सिवइयाँ भी...तुमने भी कुछ इंतज़ाम किया?'

'मैं ख़ाक इंतज़ाम करूँगी।'

'क्यों?'

'मैं चाहती थी, कल सब्ज़ (हरी) साड़ी पहनूँ...सब्ज़ सैंडिल के लिए ऑर्डर दे आई थी...आपसे कई मर्तबा कहा कि जाइए और चीनियों की दुकान से दरयाफ़्त कीजिए कि वह सैंडिल अभी तक बनी है या नहीं...मगर आपको मुझमें कोई दिलचस्पी हो तो आप वहाँ जाते।'

लाहौलवला...यह झगड़ा सारा सब्ज़ सैंडिल का था...जनाब, आपकी यह सैंडिल मैं परसों ही ले आया था...आपकी अलमारी में पड़ी है...आप तो सारा वक़्त सोयी रहती हैं...आपने अलमारी खोली ही नहीं होगी...'

दीवाली के दीये

छत की मुँडेर पर दीवाली के दीये हाँफते हुए बच्चों की तरह धड़क रहे थे।

मुन्नी दौड़ती हुई आई। अपनी नन्ही-सी घघरी को दोनों हाथों से ऊपर उठाये छत के नीचे गली में मोरी के पास खड़ी हो गई–उसकी रोयी हुई आँखों में मुँडेर पर फैले हुए दीयों ने कई चमकीले नगीने जड़ दिये...उसका नन्हा-सा सीना दीये की लौ की तरह काँपा–मुस्कराकर उसने अपनी मुट्ठी खोली, पसीने से भीगा हुआ पैसा देखा और बाज़ार में दीये लेने के लिए दौड़ गयी।

छत की मुँडेर पर शाम की खुन्क हवा में दीवाली के दीये फड़फड़ाते रहे। सुरेन्द्र धड़कते हुए दिल को पहलू में छिपाये चोरों के मानिंद गली मैं दाख़िल हुआ और मुँडेर के नीचे बेक़रारी से टहलने लगा–उसने दीयों की कतार की तरफ़ देखा। उसे हवा में उछलते हुए ये शोले अपनी रगों में दौड़ते हुए ख़ून के रक़्सां (नृत्यरत) कतरे मालूम हुए–अचानक सामनेवाली खिड़की खुली...सुरेन्द्र सिर-ता-पा निगाह बन गया। खिड़की के डंडे का सहारा लेकर एक दोशीज़ा (युवती) ने झुककर गली में देखा और फ़ौरन उसका चेहरा तमतमा उठा।

कुछ इशारे हुए। खिड़की चूड़ियों की खनखनाहट के साथ बंद हुई और सुरेन्द्र वहाँ से मधुपुरी (विस्मय) की हालत में चल दिया।

छत की मुँडेर पर दीवाली के दीये दुल्हन की साड़ी में टँके हुए तारों की तरह चमकते रहे।

सरजू कुम्हार लाठी टेकता हुआ आया और दम लेने के लिए ठहर गया। बलराम उसकी छाती में सड़कें कूटने वाले इंजन की मानिंद फिर रहा था–गले की रगें दमे के दौरे के सबब धौंकनी की तरह कभी फूलती थीं कभी सिकुड़ जाती थीं। उसने गर्दन उठाकर जगमग-जगमग करते दीयों की तरफ़ अपनी धुँधली आँखों से देखा और उसे ऐसा मालूम हुआ कि दूर-बहुत दूर...बहुत-से बच्चे कतार बाँधे खेलकूद में मसरूफ़ हैं। सरजू कुम्हार की लाठी मनों भारी हो गयी। बलराम झुककर वह फिर चींटी की चाल चलने लगा।

छत की मुँडेर पर दीवाली के दीये जगमगाते रहे।

फिर एक मज़दूर आया। फटे हुए गिरेबान में उसकी छाती के बादल बर्बाद घोंसले की तीलियों के मानिंद बिखर रहे थे। दीयों की कतार की तरफ उसने सिर उठाकर देखा और उसे ऐसा महसूस हुआ कि आसमान की गंदली पेशानी पर पसीने के मोटे-मोटे कहर चमक रहे हैं। फिर उसे अपने घर के अंधियारे का ख़याल आया और वह उन थिरकते हुए शोलों की रोशनी कनखियों से देखता हुआ आगे बढ़ गया। छत की मुँडेर पर दीवाली के दीये आँखें झपकाते रहे।

नये और चमकीले बूटों की चरचराहट के साथ एक आदमी आया और दीवार के क़रीब सिगरेट सुलगाने के लिए ठहर गया। उसका चेहरा अशरफ़ी पर लगी मुहर के मानिंद जज़्बात से ख़ाली था। कॉलर चढ़ी गर्दन उठाकर उसने दीयों की तरफ़ देखा और उसे ऐसा मालूम हुआ कि बहुत-सी कुठालियों में सोना पिघल रहा है। उसके चरचराते हुए चमकीले जूतों पर नाचते हुए शोलों का अक्स (बिम्ब) पड़ रहा था। वह उनसे खेलता हुआ आगे बढ़ गया।

छत की मुँडेर पर दीवाली के दीये जलते रहे।

जो कुछ उन्होंने देखा, जो कुछ उन्होंने सुना, किसी को न बताया। हवा का एक तेज़ झोंका आया और सब दीये एक-एक करके बुझ गये।

तीन मोटी औरतें

एक का नाम मिसेज़ रिचमैन और दूसरी का मिसेज़ सतलफ़ था। एक विधवा थी, तो दूसरी दो शौहरों को तलाक़ दे चुकी थी। तीसरी का नाम मिस हकसैन था। वह अभी ताकतख़ुदा थी। उन तीनों की उम्र चालीस के लगभग थी और उनकी ज़िंदगी के दिन मजे से कट रहे थे।

मिसेज़ सतलफ़ के ख़द्दो-खाल (शरीर के अंग) मोटापे की वजह से भद्दे पड़ गये थे। उसकी बाँहें, कंधे और कूल्हे भारी मालूम देते थे, लेकिन इस अधेड़ उम्र में भी वह बन-सँवरकर रहती थी। वह नीला लिबास सिर्फ़ इसलिए पहनती थी कि उसकी आँखों की चमक नुमायाँ हो, और बनावटी तरीकों से उसने अपने बालों की ख़ूबसूरती भी क़ायम कर रखी थी—उसे मिसेज़ रिचमैन और मिस हकसैन इसलिए पसंद थीं कि वे दोनों उसकी अपेक्षा मोटी थीं, और चूँकि वह उम्र में भी उन दोनों से काफ़ी छोटी थी, वे उसका अपनी बच्ची की तरह ख़याल रखतीं—यह कोई नापसंद बात न थी। वे दोनों ख़ुश-तबियत थीं और अकसर मज़ाक में उसके होनेवाले मंगेतर का ज़िक्र छेड़ देतीं—वे दोनों ख़ुद तो इस डरी-मुहब्बत की उलझन से कोसों दूर थीं, लेकिन इस मामले में उन्हें मिसेज़ सतलफ़ से पूरी हमदर्दी थी—उन्हें यक़ीन था कि वह कुछ दिनों में ही कोई नया गुल खिलाने वाली है।

वे मिसेज़ सतलफ़ के लिए किसी अच्छे वर की तलाश में थीं। कोई पेंशन- याफ़्ता एडमिरल, जो गल भी खेलना जानता हो या कोई ऐसा रंडवा, जो घर-बार के जंजाल से आज़ाद हो-बहरहाल यह ज़रूरी था कि उसकी आमदनी माक़ूल हो।

मिसेज़ सतलफ़ उनकी बातें बड़े गौर से सुनती और दिल-ही-दिल में हँस देती—इसमें कोई शक नहीं कि वह एक बार फिर शादी करना चाहती थी, लेकिन शौहर के चयन में उसकी सोच बिलकुल अलग थी। उसे किसी स्याह रंग और छरहरे

बदन के इतालवी की चाहत थी, जिसकी आँखें हद-दर्जा चमकीली हों या कोई स्पेनिश जो आला खानदान से ताल्लुक़ रखता हो और उसकी उम्र किसी सूरत में तीस बरस से एक दिन भी ज़्यादा न हो।

यह सच है कि तीनों एक-दूसरे पर जान देती थीं–उनकी आपस में मुहब्बत की वजह सिर्फ़ मोटापा था, और लगातार इकट्ठे ब्रिज खेलने से उनकी दोस्ती और गहरी हो गई थी।

उनकी पहली मुलाकात करलबसाद में हुई, जहाँ वे एक ही होटल में ठहरती थीं और एक ही डॉक्टर से इलाज करा रही थीं।

मिसेज़ रिचमैन ख़ुशशक्ल भी थी–उसकी नशीली आँखें, खुरदरे गाल और रंगीन होंठ बहुत ही दिलफ़रेब और दिलकश थे–उसे हर वक़्त खाने-पीने की फ़िक्र रहती। मक्खन, बालाई, आलू और चर्बी मिली पुडिंग उसका मनभाता खाना था। वह साल में ग्यारह महीने तो जी भर के खाती, फिर इलाज के ज़रिये दुबली होने के लिए एक महीना करलबसाद चली जाती-वह दिन-ब-दिन फूलती जा रही थी। उसका मानना था कि अगर उसे मनमर्जी की खुराक खाने को न मिले तो ज़िंदगी बेकार है। मगर उसके डॉक्टर को इस बात से इत्तिफ़ाक़ न था। उसका ख़याल था कि डॉक्टर कुछ ऐसा क़ाबिल नहीं, वर्ना क्या मज़ाल थी कि वह दुबली न हो सके।

मिसेज़ रिचमैन ने मिस हकसैन से इस बात का ज़िक्र किया तो वह बस एक क़हक़हा लगाकर ख़ामोश हो गयी।

मिस हकसैन की आवाज़ बहुत गहरी थी और चेहरा चपटा-सा था। उसकी दोनों आँखों में बिल्ली की आँखों जैसी चमक थी। उसे मर्दाना पोशाक ज़्यादा पसंद थी।

सच तो यह है कि सिर्फ़ मिस हकसैन की ख़ुशमिज़ाजी की वजह से तीनों सहेलियाँ एक-दूसरे से बहुत क़रीब हो गयी थीं–वे तीनों एक ही वक़्त पर खातीं, इकट्ठी सैर को जातीं और टेनिस खेलने के वक़्त भी एक-दूसरे से कभी जुदा न होतीं। इसमें कोई शक नहीं कि जब वे अपना वजन करतीं तो अपने मोटापे में कोई फ़र्क़ न पाकर उदास-सी हो जातीं।

मिस हकसैन को यह बात बहुत ही नागवार गुज़री कि मिसेज़ रिचमैन मेडिकल इलाज से अपना वजन बीस पाउंड घटाकर, बदपरहेज़ी की वजह से कुछ ही दिनों में फिर उसी तरह मोटी हो जाये–उसके कहने पर तीनों करलबसाद छोड़कर चंद हफ़्तों के लिए कहीं और चली गयीं।

मिसेज़ रिचमैन कमज़ोर तबियत थी। उसे एक ऐसे इनसान की ज़रूरत थी, जो उसे बदएतिदाली (अनियमितता) से बचा सके। उसे यक़ीन था कि अब उसे वर्जिश करने का खूब मौका मिलेगा, और चर्बी मिली चीज़ें खाने से भी निजात मिल जायेगी–और कोई वजह नहीं कि उसका वजन दोनों से कम हो जाये।

मिसेज़ सतलफ़ अपने दिल में अनोखे इरादे बाँध रही थी। उसे यक़ीन था कि वहाँ कुछ ही दिनों में उसका रंग निखर जायेगा, और वह अपने लिए कोई बाँका छैला इतालवी, फ्रांसीसी या अंग्रेज़ तलाश कर लेगी।

तीनों हफ़्ते में सिर्फ़ दो दिन उबले हुए अंडे और टमाटर खातीं और हर सुबह उठकर अपना वजन करतीं।

मिसेज़ सतलफ़ का वजन अब सिर्फ़ एक सौ चव्वन पाउंड रह गया और वह तो गोया अपने आपको एक जवाँसाल लड़की समझने लगी—मिस हकसैन और मिसेज़ रिचमैन के मोटापे में भी काफ़ी फ़र्क़ पड़ गया।

वे तीनों मुत्मइन (संतुष्ट) नज़र आती थीं, लेकिन ब्रिज खेलने के लिए एक चौथे खिलाड़ी की ज़रूरत ने उन्हें एक हद तक परेशान-सा कर दिया था।

वे सुबह-सवेरे को ढीले-ढाले पाजामे पहने, चबूतरे पर बैठी, दूध और चीनी मिलाए बग़ैर चाय पी रही थीं और साथ-साथ डॉक्टर हडबर्ट के तैयार किये हुए बिस्कुट भी खा रही थीं, जिनके मुताल्लिक़ यह गारंटी दी गई थी कि वे चर्बी से बिलकुल पाक हैं—नाश्ते के वक़्त मिस हकसैन ने इत्तिफ़ाक़न लीना का ज़िक्र किया।

'वह कौन है?' मिसेज़ सतलफ़ ने पूछा।

'वह मेरे उस चचेरे भाई की बीवी है, जिसका हाल ही में इंतिकाल हुआ है...वह पिछले दिनों नर्वस ब्रेकडाउन का शिकार रही...क्यों न उसे दो चार हफ़्तों के लिए यहाँ बुला लें।'

'क्या वह ब्रिज खेलना जानती है?'

'क्यों नहीं...उसके यहाँ आ जाने से किसी दूसरे की ज़रूरत भी न रहेगी।'

बात तय हो गई—लीना को बुलाने के लिए तार भेजा गया और वह तीसरे दिन आ पहुँची।

मिस हकसैन उसे स्टेशन पर लेने गईं। शौहर की मौत की वजह से लीना के चेहरे पर गम के आसार नुमायाँ थे—मिस हकसैन ने उसे दो साल से नहीं देखा था, इसलिए उसने बड़ी गर्मजोशी से लीना का मुँह चूम लिया।

'तुम बहुत दुबली हो,' मिस हकसैन ने कहा।

लीना मुस्कुरा दी, 'पिछले दिनों मेरी तबियत ख़राब रही, और अब तो वजन भी बहुत कम हो गया है।'

मिस हकसैन ने एक सर्द आह भरी, लेकिन यह ज़ाहिर न हो सका कि उसकी वजह अभिमान था या लीना से हमदर्दी।

वह उसे एक सुंदर होटल में ले गयी, जहाँ दोनों सहेलियों से उसका परिचय कराया गया—लीना की बकसी देखकर मिसेज़ रिचमैन का दिल भर आया, और लीना के चेहरे की ज़र्दी ने मिसेज़ सतलफ़ को भी बहुत मुतास्सिर किया।

होटल में थोड़ी देर तफ़रीह के बाद वे लंच के लिए चल दीं।

'मुझे कुछ रोटी चाहिए,' लीना के ये अल्फ़ाज़ तीनों सहेलियों के कानों पर बहुत अजीब से गुज़रे–वे तो कब से रोटी छोड़ चुकी थीं, और तो और मिसेज़ रिचमैन-जैसी लालची औरत भी रोटी से परहेज़ करती थी।

मिस हकसैन ने ख़ानसामाँ से कहा किए वह फ़ौरन लीना के हुक्म की तामील करे।

'थोड़ा मक्खन भी।'

किसी अदृश्य ताकत ने एक लम्हे के लिए उन सबके होंठ सी दिये।

'मक्खन शायद नहीं...अभी खानसामों से पूछती हूँ,' मिस हकसैन ने कुछ ठहरकर जवाब दिया।

'मुझे मक्खन-रोटी बहुत पसन्द है,' लीना ने मिसेज़ रिचमैन से मुख़ातिब होकर कहा और खानसामाँ से मक्खन लेकर बड़े इत्मीनान से रोटी पर लगाया।

मिस हकसैन बोली, 'हम यहाँ बहुत सादा ग़िज़ा खाते हैं...उम्मीद है तुम्हें कोई एतिराज न होगा।'

'नहीं तो...मैं भी सादे ग़िज़ा की आदी हूँ...' लीना ने रोटी के टुकड़े पर मक्खन लगाते हुए कहा, 'मुझे जब तक मक्खन, रोटी, आलू और बालाई (मलाई) मिलती रहे, मैं बहुत मुत्मइन रहती हूँ।'

'अफ़सोस कि यहाँ कहीं बालाई नहीं मिलती,' मिसेज़ रिचमैन ने कहा।

'ओह!' लीना बोली।

फिर लंच पर बग़ैर चर्बी के कबाब चुने गये। इसके अलावा पालक था और ताज़ा नाशपातियाँ।

नाशपाती खाते ही लीना ने उत्सुकता भरी नज़रों से खानसामाँ की तरफ़ देखा और इशारा पाते ही खानसामाँ चीनी लेकर हाज़िर हो गया-लीना ने अपने कहवे की प्याली में तीन चम्मच चीनी डाल दी।

'तुम्हें चीनी बहुत पसंद है?' मिसेज़ सतलफ़ ने पूछा।

'हाँ,' लीना ने जवाब दिया।

'हमें तो सैक्रीन ज़्यादा प्रिय है,' मिस हकसैन ने एक टिकिया अपनी प्याली में डालते हुए कहा।

'यह तो एक स्वादहीन चीज़ है,' लीना बोली।

मिसेज़ रिचमैन मुँह बनाकर और ललचाई हुई नज़रों से चीनी की तरफ़ देखने लगी–मिस हकसैन ने उसे ज़ोर से पुकारा तो एक सर्द आह भरकर उसने भी मजबूरन सैक्रीन की टिकिया उठा ली।

लंच से फ़ारिग़ होने के बाद वे ब्रिज खेलने बैठ गयीं–लीना खूब खेली। सबने खेल का ख़ूब लुत्फ़ उठाया।

मिसेज़ सतलफ़ और मिसेज़ रिचमैन के दिल में मेहमान के लिए गहरी हमदर्दी का जज़्बा पैदा हो गया–मिस हकसैन के दिल की मुराद भी पूरी हो गयी और वह यही तो चाहती थी कि लीना उनके साथ दो-चार हफ़्ते ख़ुशी से बसर कर सके।

चंद पलों के बाद मिस हकसैन और मिसेज़ रिचमैन गोल्फ़ खेलने चली गयीं और मिसेज़ सतलफ़ एक जवाँ साल ख़ुशशक्ल प्रिंस रोकामीर के साथ सैर को निकल गईं–लीना कुछ देर सुस्ताने के ख़याल से लेट गयी।

डिनर से थोड़ा वक़्त पहले सब लौट आईं–यह उनका रोज़ का मामूल (नियम) था।

'लीना प्यारी, कहो वक़्त कैसे गुज़रा...' एक दिन मिस हकसैन ने कहा, गोल्फ खेलते वक़्त ध्यान तुम्हारी ही तरफ़ था।'

'ओह, पहले तो मैं बड़े मज़े से बिस्तर पर ही पड़ी रही, फिर मैंने बाहर जाकर कॉकटेल पी...और सुनो, एक छोटा-सा क़हवाख़ाना मेरी नज़र में पड़ा, जहाँ बड़ी अच्छी बालाई मिलती है...मैंने रोज़ाना मकान पर बालाई मँगवाने का इंतज़ाम कर लिया है,' लीना की आँखें चमक रही थीं और उसे यकीन था कि वे तीनों उसकी बात को सराहेंगी।

'तुम कितनी अच्छी हो लीना...' मिस हकसैन ने कहा, 'लेकिन अफ़सोस कि हमें बालाई पसंद नहीं...ऐसी आबोहवा में यह हमें रास नहीं आ सकती।'

'न सही पर मैं जो सलामत हूँ,' लीना ने मुस्कराते हुए कहा।

'तुम्हें क्या अपनी शक्लोसूरत की कोई परवाह नहीं,' मिसेज़ सतलफ़ ने मुँह बनाकर कहा।

'मुझे तो डॉक्टर ने बालाई खाने को कहा है।'

'क्या उसने मक्खन, रोटी, आलू और बालाई चारों ही चीज़ें तज्वीज़ की हैं?'

'बेशक, सादा ग़िज़ा से मैं यही मुराद लेती हूँ।'

'तुम यक़ीनन बहुत मोटी हो जाओगी।'

लीना खिल खिलाकर हँस दी।

रात को लीना के सो जाने पर देर तक तीनों नुक्ताचीनी करती रहीं–उस शाम उनकी तबियत कितनी शिगुफ़्ता (प्रफुल्लित) थी, और अब मिसेज़ रिचमैन बेज़ार-सी नज़र आने लगीं। मिसेज़ सतलफ़ अलग जली बैठी थीं और मिस हकसैन का मिज़ाज भी बिगड़ चुका था।

'मैं यह कतई बर्दाशत नहीं कर सकती कि वह मेरा मनभाता खाना मेरी आँखों के सामने बैठकर उड़ाये,' मिसेज़ रिचमैन ने ज़रा तल्ख़ी से कहा।

'यह तो कोई भी बर्दाश्त नहीं कर सकता,' मिस हकसैन ने जवाब दिया।

'आख़िर तुमने उसे यहाँ बुलाया ही क्यों?'

'मुझे इस बात की क्या ख़बर थी।'

'अगर उसके दिल में अपने मरहूम शौहर का ज़रा भी ख़याल होता तो वह कभी पेट भरकर न खाती...उसकी मौत हुए अभी दो ही महीने तो गुज़रे हैं।'

'सुना, वह क्या कह रही थी...कि उसे डॉक्टर ने मक्खन, रोटी, आलू और बालाई खाने को कहा है।'

'उसे तो फिर किसी सेनेटोरियम का रुख़ करना चाहिए।'

'वह मेहमान है तो तुम्हारी...हमारा तो उससे कोई रिश्ता नहीं...मैं तो लगातार दो हफ़्ते तक उस पेटू का तमाशा देखती रही हूँ।'

'सिर्फ़ खाने-पीने को ज़िंदगी का मक़सद समझ लेना बड़ी बेहूदगी है।'

'तुम क्या लीना की आड़ लेकर मुझे बेहूदा पुकार रही हो?' मिस हकसैन ने पूछा।

'लीना तो हमारे बावर्चीखाने में घुसकर खाती-पीती ही है, तुम ख़ुद भी तो यही कुछ करती हो...' मिसेज़ सतलफ़ ने जरा तीखी आवाज़ में कहा, 'और में यह कभी बर्दाश्त नहीं कर सकती।'

इन अल्फ़ाज ने मिस हकसैन के तन-बदन में एक आग-सी लगा दी-वह उछलकर खड़ी हो गयी, 'मिसेज़ सतलफ़, अपनी जुबान सँभालो...तुम क्या मुझे इतना ही कमीना ख़याल करती हो।'

'तो आख़िर तुम्हारा वजन क्यों कम नहीं होता?'

'बिलकुल ग़लत...मेरा तो कई पौंड वजन कम हो गया है,' यह कहकर मिस हकसैन बच्चों की तरह फूट-फूटकर रोने लगी, और आँसू उसकी आँखों से टपक-टपककर छाती पर गिरने लगे।

'आपस में बदगुमानी से फ़ायदा?' मिसेज़ रिचमैन ने हौले-से कहा।

मिसेज़ सतलफ़ ने मिस हकसैन की तरफ़ मुहब्बत भरी नज़रों से देखा, 'प्यारी, तुम मेरा मतलब नहीं समझीं,' यह कहकर वह घुटनों के बल झुकी और उसने मिस हकसैन के जिस्म को अपने आग़ोश में लेने की कोशिश की। उसका दिल भर आया और उसकी आँखों से भी आँसुओं की झड़ी जारी हो गयी।

'तो क्या मैं दुबली दिखाई नहीं देती?' मिस हकसैन ने हिचकी लेते हुए कहा।

'हाँ बेशक...' मिसेज़ सतलफ़ ने भर्राई हुई आवाज़ में जवाब दिया।

मिसेज़ रिचमैन भी, जो फ़ितरतन निहायत कमज़ोर तबियत थीं, अब रोने लगीं-यह मंजर बहुत रिक़्क़तखेज़ (भावविभोरपूर्ण) था-मिस हकसैन। ऐसी औरत को आँसू बहाते देखकर संगदिल इंसाँ भी मोम हो जाता-आख़िरकार उन्होंने अपने आँसू पोंछे और हर एक ने ब्रांडी और पानी के चंद घूँट पिये।

वे अब इस बात पर अड़ी थीं कि लीना, डॉक्टर की हिदायत के मुताबिक, अपनी मनमर्जी, का ग़िज़ा खाये। आख़िर वह उनकी मेहमान ठहरी। उनका फ़र्ज़ था कि हर तरह से उसका कलेजा ठंडा करें–उन्होंने एक-दूसरे का गर्मजोशी से मुँह चूमा और अपनी-अपनी ख़्वाबगाहों में चली गयीं।

यह सच है कि इनसानी फ़ितरत बहुत कमज़ोर है और उस पर किसी का कोई अख़्तियार नहीं–रिश्ता के मामले में अब हर एक अपनी मर्ज़ी की आप मालिक थी–उन्होंने मछली के कबाब शुरू किए तो लीना की सिवइयाँ, मक्खन और पनीर पर बसर होने लगी। वह हफ़्ते में दो बार उबले हुए अंडे और कच्चे टमाटर खातीं, और लीना मटर के दाने बालाई (मलाई) में मिलाकर खाती–लीना को अब टमाटर मुख़्तलिफ़ मसालों में पकाकर खाने का शौक़ चर्राया था, और खानसामाँ तो शौक़ीन था ही। वह हर बार एक बेहतरीन चीज़ तैयार करके मेज़ पर चुन देता।

लीना ने एक मौके पर यह भी कहा कि डॉक्टर ने उसे लंच पर बरगंडी की अर्गवानी शराब और डिनर पर शेंपियन इस्तेमाल करने को कहा है–इन अल्फ़ाज़ ने तीनों सहेलियों को दम-ब-ख़ुद (विस्मित) कर दिया। वे अभी भी हँस-खेल रही थीं, लेकिन यकायक उनकी कैफ़ियत बदल गयी। मिसेज़ रिचमैन का तो गोया रंग ज़र्द पड़ गया। मिसेज़ सतलफ़ की नीली आँखों में एक ख़ौफ़नाक-सी चमक पैदा हो गयी। और मिस हकसैन की आवाज़ भर्रा गयी।

वे जो ब्रिज खेलते वक़्त बड़े नर्म लहज़े में एक-दूसरे से बात किया करती थीं, अब बात-बात पर बिगड़ने लगीं–लीना ने उन्हें बहुतेरा समझाया-बुझाया कि खेल के वक़्त आपस में तकरार मुनासिब नहीं, लेकिन बेसूद–लीना हमेशा ख़ुश रहती कि खेल में शुरू ही से उसका पल्ला भारी रहता। कुछ ही दिनों में उसने एक बड़ी रकम जीत ली थी।

तीनों मोटी सहेलियों को अब एक-दूसरे से नफ़रत होने लगी। वे अपने मेहमान से भी उकता चुकी थीं। वे एक-दूसरी के ख़िलाफ़ एक-दूसरी के कान भरतीं-जब लीना के रुख़्सत का वक़्त आया तो वे बेशक एक-दूसरी से बहुत दूर जा चुकी थीं। लीना के सामने वे एक-दूसरी से जाहिरा मिलती रही थीं, लेकिन फिर यह बात भी न रही थी-वे एक-दूसरी से बहुत मायूस हो चुकी थीं।

मिस हकसैन जब लीना को रुख़्सत करने स्टेशन पर गईं तो गाड़ी पर सवार होते वक़्त लीना ने कहा, 'मेरे पास अल्फ़ाज़ नहीं हैं कि तुम्हारी मेहमाननवाज़ी का शुक्रिया अदा कर सकूँ।'

'तुम्हारी सोहबत बहुत पुरलुत्फ़ रही,' मिस हकसैन ने जवाब दिया।

जब गाड़ी रवाना हुई तो मिस हकसैन ने इस ज़ोर से आह भरी कि प्लेटफॉर्म उसके नीचे काँप-काँप गया–वह 'उफ़' का शोर बुलंद करती घर लौटी।

उसने गुस्ल का लिबास पहना और होटल की तरफ़ जा निकली—उसकी आँखों के सामने मिसेज़ रिचमैन नया पायजामा और गले में मोतियों की माला पहने, बनाव-शृंगार किए बैठी थी।

वह उसकी तरफ़ बढ़ी, 'क्या कर रही हो?'

मिसेज़ रिचमैन को मिस हकसैन के अल्फ़ाज़ दूर पहाड़ों में बादल की ग़रज़ की तरह सुनाई दिए—उसने कहा, 'कुछ खा रही हूँ,' उसके सामने मक्खन, सेब का मुरब्बा, क़हवा और बालाई वगैरा चुने हुए थे। वह गर्म रोटी पर मक्खन की मोटी तह जमाकर उस पर बालाई रख रही थी।

'तुम खाने के लालच में अपनी जान दे दोगी।'

'कोई परवाह नहीं,' मिसेज़ रिचमैन ने एक बड़ा लुक़्मा चबाते हुए कहा।

'तुम और भी मोटी हो जाओगी।'

'बस ख़ामोश...उस नाबकार (कमबख़्त) को ख़ुदा समझे, जिसे मैं लगातार हफ़्तों हलक में रंगारंग निवाले हँसते देखती रही हूँ...एक इनसान तो इतना हज़्म नहीं कर सकता।'

मिस हकसैन की आँखों में आँसू आ गये। वह बिलकुल बेजान-सी हो गई। उसे इस वक़्त शायद एक मजबूत मर्द की ज़रूरत थी, जो उसे अपने घुटनों पर लिटाकर पुचकारे। वह ख़ामोशी से पास ही कुर्सी पर बैठ गयी।

ख़ादिम हाज़िर हुआ तो उसने क़हवे की ट्रे की तरफ़ इशारा करके उसे सब कुछ लाने को कहा—जब वह हाथ बढ़ाकर क्रीम रोल उठाने लगी तो मिसेज़ रिचमैन ने प्लेट एक तरफ़ खिसका दी—मिस हकसैन जल-भुन गई और उसने मिसेज़ रिचमैन को एक ऐसे नाम से मुख़ातिब किया, जो ख़ासतौर पर औरतों के शायाने-शान न था। इतने में ख़ादिम उसके लिए मक्खन, मुरब्बा और क़हवा लेकर आ गया।

'नाबकार, बालाई लाना भूल गया,' वह शेरनी की तरह बिफरकर बोली।

उसने खाना शुरू किया और हलक में मक्खन और मुरब्बा ठूँसने लगी।

होटल में अब रंगारंग इनसानों की चहल-पहल नज़र आने लगी थी—मिसेज़ सतलफ़ भी प्रिंस रोकमीर के साथ चहलक़दमी करती उधर आ निकली। वह अपने गिर्द एक रेशमी लबादा मजबूती से लपेटे हुए थी, ताकि इस तरह वह कुछ दुबली दिखाई दे। उसने अपनी ठोड़ी का नुक़्स छिपाने के लिए सिर को ऊपर उठाया हुआ था। वह बहुत मसरूर (प्रफुल्लित) थी—एक युवती की तरह प्रिंस उससे इजाज़त लेकर पाँच मिनट के लिए मर्दाना टॉयलेट में अपने बाल सँवारने चला गया। वह भी अपने होंठों को लिपस्टिक से चमकाने के लिए जनाना टॉयलेट की तरफ़ बढ़ी। एकाएक उसकी नज़र अपनी दोनों सहेलियों पर पड़ी।

वह रुक गयी, 'तुम पेटू, हैवान...'

वह कुर्सी पर बैठ गई और उसने ख़ादिम को पुकारा–उसके जेहन से अब प्रिंस का ख़याल भी उतर चुका था।

आँख झपकते में ख़ादिम हाज़िर हो गया।

उसने कहा, 'मेरे खाने को भी यही चीज़ें लाओ।'

मिस हकसैन बोली, 'और मेरे लिए सिवइयाँ!'

'मिस हकसैन!' मिसेज़ रिचमैन पुकार उठी।

'बस ख़ामोश...'

'तो मैं भी सिवइयाँ खाऊँगी।'

क़हवा लाया गया और क्रीमरोल और बालाई भी, मुरब्बा भी, सिवइयाँ भी–वह गर्म रोटी पर मलाई की तह जमाकर खाने लगी। मुरब्बे के बड़े चम्मच हलक में ठूँसने लगी–वह गोया एक ख़ास एहतिमाम से खा रही थी–ऐसे मौके पर मिसेज़ सतलफ़ के लिए प्रिंस रोकमीर से लगाव एक बेमानी बात थी।

'मैंने सालों से आलू नहीं खाए,' मिस हकसैन ने धीमी आवाज़ में कहा।

मिसेज़ रिचमैन ने फ़ौरन ख़ादिम को तीनों के लिए भुने हुए आलू लाने को कहा।

चंद ही लम्हों के बाद भुने हुए आलू उनके सामने थे–वे बड़े चटखारे लेकर खाने लगीं।

तीनों सहेलियों ने एक-दूसरी की तरफ़ देखा और सर्द आहें भरने लगीं–उनके दरमियान ग़लतफ़हमी अपने-आप दूर हो गयी। अब उनके दिलों में इंतिहाई मुहब्बत का जज़्बा मौजज़न था–उन्हें यक़ीन न आया कि आज से पहले वे एक-दूसरी से ताल्लुक़ ख़त्म करने पर आमादा हो चुकी थीं–आलू अब ख़त्म हो चुके थे।

'होटल में चॉकलेट तो ज़रूर होंगे?' मिसेज़ रिचमैन ने कहा।

'क्यों नहीं।'

थोड़ी देर बाद मिस हकसैन अपना मुँह खोले हलक में चॉकलेट ठूँस रही थी–मिसेज़ रिचमैन चॉकलेट मुँह में डालने से पहले, दोनों सहेलियों की तरफ़ नज़रें उठाए, नाबकार लीना को कोसने लगी, 'तुम चाहे जो कहो, लेकिन हक़ीक़त यह है कि वह ब्रिज खेलना नहीं जानती।'

'बेशक,' मिसेज़ सतलफ़ ने सहमत होते हुए कहा।

मिसेज़ हकसैन का ज़ेहन इस वक़्त किसी लज़ीज़ केक की फ़िक्र में था।

हुस्न की तख़्लीक़[1]

कॉलेज में शाहिदा हसीन-तरीन लड़की थी। उसको अपने हुस्न का अहसास था। इसीलिए वह किसी से सीधे मुँह बात न करती और ख़ुद को मुग़लिया ख़ानदान की कोई शहज़ादी समझती। उसके नैन-नक्श वाक़यी मुग़लयी थे। ऐसा लगता था कि नूरजहाँ की तस्वीर जो उस ज़माने के मुसव्विरों (चित्रकारों) ने बनाई थी उसमें जान पड़ गई है।

कॉलेज के लड़के उसे 'शहज़ादी' कहते थे। लेकिन उसके सामने नहीं, पर उसको मालूम हो गया था कि उसे यह नाम दिया गया है। वह और भी मसरूर हो गई।

कॉलेज में मख़लूत तालीम (सहशिक्षा) थी। लड़के ज़्यादा थे और लड़कियाँ कम। आपस में मिलते-जुलते, लेकिन बड़े तकल्लुफ़ के साथ। शाहिदा अलग-थलग रहती। इसलिए कि उसको अपने हुस्न पर बड़ा नाज़ था। वह अपनी साथ की लड़कियों से भी बहुत कम गुफ़्तगू करती थी। क्लास में आती तो एक कोने में बैठ जाती और बुत-सी बनी रहती। बड़ा हसीन बुत...उसकी बड़ी-बड़ी स्याह आँखें जिनपर घनी पलकों की छवि रहती थी, साकित-ओ-सामित (जड़ व स्थिर) रहतीं। लड़के उसे देखते और जी-ही-जी में बहुत कुढ़ते कि यह हुस्न ख़ामोश क्यों है। इस कदर सुस्त किसलिए है, इसे तो मुतहर्रिक (सक्रिय) होना चाहिए।

उसका रंग गोरा था...बहुत गोरा जिसमें थोड़ी-सी ग़लत रूई भी घुली हुई थी। अगर यह न होती तो शक्कर की बनी हुई पुतली थी, जो दीवाली के त्योहार पर बिका करती है।

उसमें मिठास थी, लेकिन वह ज़ाहिर यह करना चाहती थी कि बड़ी कड़वी-कसैली है...कॉलेज में उसका रवैया ही कुछ इस क़िस्म का था कि हर वक़्त नीम की बनाली बनी रहती थी।

एक दिन उसके एक क्लास के लड़के ने जुर्रत से काम लेकर उससे कहा, 'हुज़ूर...ख़ाकसारी में अपनी जगह देकर कभी किसी को सरफ़राज़ तो करें।'

उसने कोई जवाब न दिया। दूसरे दिन उस स्टूडेंट को प्रिंसिपल ने बुलाया और निकाल बाहर किया।

इस हादसे के बाद तमाम लड़के मोहतात (सतर्क) हो गये। उन्होंने शाहिदा को देखना ही छोड़ दिया कि कहीं उनका वही हश्र न हो, जो उस छात्र का हुआ।

शाहिदा अब बी.ए. में थी। ख़ूबसूरत होने के अलावा काफ़ी ज़हीन थी। उसके प्रोफ़ेसर उसकी ज़हानत और ख़ूबसूरती से बड़े मरऊब थे। प्रिंसिपल की चहेती थी। इसलिए कि वह उसकी बड़ी बहिन के बड़े लड़के की बेटी थी।

---

1 रचना

कॉलेज में बातें होती ही रहती हैं। शाहिदा के बारे में क़रीब-क़रीब हर रोज़ तालिबे इल्मों (छात्रों) में बातें होती थीं। वह उसके लिए कोई बुरी राय क़ायम नहीं कर पाते थे। इसलिए कि उसका कैरेक्टर बड़ा मजबूत था।

टुक शाप में बातें होतीं और शाहिदा का हुस्न बहस का मुद्दा होता। सब सोचते कि यह हसीन क़िला कौन सिर करेगा।

शाहिदा को जैसा कि सबको मालूम था, सिर्फ़ ख़ूबसूरत चीज़ें पसंद थीं। वह किसी बदसूरत चीज़ को बर्दाश्त नहीं कर सकती थी।

एक दिन क्लास में एक लड़के की नाक बह रही थी। शाहिदा ने जब उसकी तरफ़ देखा तो फ़ौरन उठकर चली गयी।

वह बड़ी नफ़ासतपसंद थी। उसको वह हर चीज़ खलती थी जो बदनुमा हो।

कॉलेज में एक लड़की जमीला थी...बड़ी बदसूरत, मगर शाहिदा के मुकाबले में कहीं ज़्यादा ज़हीन। उसको वह नफ़रत की निगाहों से देखती थी वैसे वह उसकी ज़हानत की क़ायल थी और कोई रश्क महसूस नहीं करती थी।

कॉलेज के सब लड़के सोचते थे कि शाहिदा अगर हसीन न होती तो कितना अच्छा होता...वे उससे बातचीत तो कर सकते। मगर वह अपने हुस्न के गुरूर में सरशार रहती और किसी को मुँह ही नहीं लगाती थी।

एक दिन कॉलेज में हंगामा-सा बरपा हो गया...एक लड़का जिसके वालिद का ट्रांसफर हो गया था, उस कॉलेज में दाख़िला लेने के लिए आया। लड़कों और लड़कियों ने उसे देखा और शशदर (स्तब्ध) रह गये। वह शाहिदा से ज़्यादा ख़ूबसूरत था। उसका नाम शाहिद था...उसको दाख़िला मिल गया।

जिस क्लास में शाहिदा थी, उसी में शाहिद भी था...इत्तिफ़ाक़ की बात है कि जब शाहिद पहले रोज़ क्लासरूम में आया तो शाहिदा मौजूद नहीं थी। उसको जुकाम हो गया था और इसके बायस उसने दो रोज़ के लिए छुट्टी ले ली थी।

दो दिन के बाद जब शाहिद कॉलेज के बाग़ में टहल रहा था तो उसने देखा कि एक ख़ूबसूरत मगर बेजान-सी मूरत आ रही है। उसने अपनी किताबें बैंच पर रखीं और आगे बढ़ा।

शाहिदा ने उसे देखा। वह उसकी ख़ूबसूरती से मुतास्सिर हुई और थोड़ी देर के लिए उसके क़दम रुक गये। ज़मीन गीली थी, कीचड़-सी हो रही थी। शाहिद जब उसकी तरफ़ बढ़ा तो वह घबरा-सी गई। उसी घबराहट में उसका पाँव फिसला और वह औंधे मुँह ज़मीन पर गिर पड़ी।

शाहिद ने लपककर उसे उठाया...शाहिदा के टखने में मोच आ गई थी मगर उसने मुस्कराकर कहा, 'शुक्रिया...आप कौन हैं?'

शाहिद ने जवाब दिया, 'एक ख़ादिम।'

'आप ख़ादिम तो दिखाई नहीं देते।'

'क्या दिखाई देता हूँ...बाज़ औकात सही शक्लें ग़लत दिखाई दिया करती हैं।'

शाहिदा को यह बात पसंद आई। उसके टखने में बहुत दर्द हो रहा था मगर वह उसे चंद लम्हों के लिए भूल गई। 'आपका नाम?'

'शाहिद!'

शाहिदा ने सोचा कि शायद वह उसका नाम सुन चुका है और शरारत के तौर पर शाहिद बन रहा है। 'आप ग़लत कह रहे हैं।'

'आप कॉलेज के रजिस्टर से इसकी तसदीक़ कर सकती हैं।'

'आप इस कॉलेज में पढ़ते हैं?'

'जी हाँ...आप यहाँ कैसे चली आई?'

'वाह...मैं भी तो यहीं पढ़ती हूँ।'

'किस क्लास में?'

'बी.ए. में।'

'मैं भी तो बी.ए. में हूँ।'

'झूठ...आप तो माली मालूम होते हैं।'

'इस शक्ल के आदमी वाक़यी माली मालूम होते हैं।...लेकिन अफ़सोस है कि अभी तक कोई फूल नहीं तोड़ा।'

'फूल क्या तोड़ने के लिए होते हैं...उन्हें तो सिर्फ़ सूँघना चाहिए।'

शाहिद एक लहज़े के लिए ख़ामोश हो गया। फिर उसने सँभलकर कहा, 'मैं आपको सूँघ रहा हूँ।'

शाहिदा भन्ना गई, 'आप बड़े बदतमीज़ हैं।'

शाहिद ने बैंच पर से किताबें उठाते हुए मुस्कराकर कहा, 'मैंने आपको तोड़ा तो नहीं...सिर्फ़ सूँघ लिया है। और मैं समझता हूँ कि आपकी पंखुड़ियों में से गुरूर की बू आती है। माफ़ कीजिएगा। गुरूर मैं कर सकता हूँ। लेकिन मर्दों के साथ...मैं भी एक फूल हूँ, पर आप कली हैं। मैं आपसे मुकाबला नहीं कर सकता।'

शाहिदा अपना टखना पकड़े बैठी थी। एकदम कराहने लगी। 'हाय-हाय दर्द हो रहा है।'

शाहिद ने उससे इजाज़त तलब की। 'क्या मैं इसे दबा दूँ?'

'दबाइए....ख़ुदा के लिए दबाइए।'

शाहिद ने उसके मोच आये हुए टखने पर इस तौर पर मसाज किया कि पन्द्रह मिनट के अंदर-अंदर शाहिदा का दर्द दूर हो गया।

इस वाक़ये के बाद कॉलेज में वे दोनों ख़ाली पीरियड में इकट्ठे बाहर जाते और बाग़ में बैठकर जाने क्या बातें करते रहते। शायद वे यह कोशिश कर रहे थे कि दोनों गीली ज़मीन पर फिसलें और उनके दिल के टखनों में मोच आ जाये और वे सारी ज़िंदगी उनको सहलाते रहें।

दोनों ने बी.ए. पास कर लिया, बड़े अच्छे नंबरों से। शाहिदा के नंबर शाहिद के मुकाबले में पाँच ज़्यादा थे। उसने उसका बदला लेना चाहा। 'शाहिदा। मैं ये पाँच नंबर अभी लिये लेता हूँ।'

'कैसे?'

शाहिद ने उसको पहली मर्तबा अपनी गोद में उठाया और उसको पाँच मर्तबा चूम लिया।

शाहिदा ने कोई एतराज़ न किया, वह बहुत ख़ुश हुई, लेकिन थोड़ी देर के बाद उसने शाहिद से बड़ी संजीदगी से कहा, 'हमारे नंबर पूरे हो गये। लेकिन आज के इस वाक़ये के बाद मैंने फैसला कर लिया है कि आपकी मेरी शादी हो जानी चाहिए...मैं अपने होंठ अब किसी और के होंठों से आलूदा नहीं करूँगी।'

शाहिद बहुत ख़ुश हुआ। उसे यक़ीन ही नहीं था कि उसकी दिली आरज़ू कभी पूरी होगी। उसने इसी ख़ुशी में पाँच नंबर और हासिल कर लिये और शाहिदा से कहा, 'मेरी जान! मैं इसी उम्मीद में तो अब तक जीता रहा हूँ।'

शाहिदा के माँ-बाप ने उसकी शादी की एक जगह बातचीत की। मगर शाहिदा ने साफ़ इनकार कर दिया कि वह किसी बदसूरत मर्द से रिश्ता-ए-अज़दुवाज़ क़ायम करने के लिए तैयार नहीं।

बहुत झगड़े हुए। आख़िर शाहिदा ने बता दिया कि वह अपने हमजमाअत शाहिद को जो बहुत ख़ुशशक्ल है, पसंद करती है। उसके अलावा किसी और मर्द को अपनी रफ़ाक़त (संगत) में नहीं लेगी।

उसके माँ-बाप शाहिद के वालिदैन से मिले। बड़े शरीफ़ और सूझबूझ वाले आदमी थे...और रोशनख़याल भी।

शाहिद को जब उन्होंने देखा तो बहुत ख़ुश हुए। आला तालीम के लिए विलायत जा रहा था। लेकिन उसकी ख़्वाहिश थी कि पहले शादी करे और अपनी बीवी को साथ लेकर जाये ताकि वह भी बाहर की दुनिया देखे।

जब वालिदैन रजामंद हो गये तो उनकी शादी हो गई। वे बहुत ख़ुश थे। पहली रात शाहिद ने अपनी बीवी से कहा, 'हमारा बच्चा...लड़की हो या लड़का...जब पैदा होगा तो उसे दुनिया देखने आयेगी।'

शाहिदा ने पूछा, 'क्यों?'

शाहिद हँसा। 'मेरी जान! तुम इतनी हसीन हो...मैं भी कुछ बदशक्ल नहीं। हमारा बच्चा यक़ीनन हम दोनों से कहीं ज़्यादा ख़ूबसूरत होगा।'

हनीमून मनाने के लिए वे स्विट्ज़रलैण्ड चले गये। वे यहाँ चार महीने रहे। इसके बाद लंदन चले गये जहाँ शाहिद को पी.एच.डी. की डिग्री लेनी थी।

शाहिद के बाप मियाँ हिदायतउल्ला की वहाँ एक कोठी थी जो उनकी आमद से पहले ही ख़ाली करा ली गई थी...शाहिदा बहुत ख़ुश थी और शाहिद भी। इसलिए कि वे एक बच्चे की आमद का इंतज़ार कर रहे थे।

शाहिद कहता था, 'हमारा बच्चा इतना हसीन और ख़ूबसूरत होगा कि उसका जवाब न होगा।'

शाहिदा कहती, 'ख़ुदा नज़र-ए-बद से बचाए...ज़रूर गुलगोथना-सा होगा।'

पूरे दिन हुए तो बच्चा पैदा होने के आसार पैदा हुए। शाहिद ने अपनी बीवी को मेटरनिटी होम में दाख़िल करा दिया।

लेबर वार्ड के बाहर शाहिद बड़े इजतिराब (बेचैनी) में इधर-उधर टहल रहा था उसकी नज़रों के सामने एक ऐसे बच्चे की तस्वीर थी जिसके खद-ओ-ख़ाल उसके और उसकी बीवी के आपस में बड़े हसीन तौर पर मुदगम हो गये हों।

लेबर वार्ड से नर्स बाहर आई। शाहिद ने लपककर उससे पूछा, 'खैरियत है?'

'जी हाँ।'

'लड़का है या लड़की?'

नर्स परेशान-सी थी। उसने सिर्फ़ इतना कहा, 'पता नहीं लड़का है या लड़की, पर हमने ऐसा बच्चा कभी नहीं देखा।'

शाहिद ने ख़ुश होकर पूछा, 'बहुत ख़ूबसूरत है ना?'

नर्स ने मुँह बनाकर जवाब दिया, 'बड़ा बदसूरत है...उसके सिर पर ऐसा मालूम होता है सींग हैं। दाँत भी हैं...तुम लोग इतने ख़ूबसूरत होकर कैसे बच्चे को जन्म दिया।'

शाहिद अपने बच्चे को देखने के लिए न गया...लेकिन दूसरे दिन मेटरनिटी होम में टिकट लगा दी गई कि जो आदमी चाहे, इस अजीबुल ख़िलक़त (विचित्र) बच्चे को देख सकता है।

पसीना

'मेरे अल्लाह! आप तो पसीने मैं सराबोर हो रहे हैं।'

'नहीं। कोई इतना ज़्यादा तो पसीना नहीं आया।'

'ठहरिए, मैं तौलिया लेकर आऊँ।'

'तौलिये तो सारे धोबी के यहाँ गये हुए हैं।'

'तो मैं अपने दुपट्टे ही से आपका पसीना पोंछ देती हूँ।'

'तुम्हारा दुपट्टा रेशमी है, पसीना जज़्ब नहीं कर सकेगा।'

'पसीने के ये कतरे मुझसे नहीं देखे जाते। आपका यह कहना ठीक है कि रेशमी कपड़ा पानी जज़्ब नहीं कर सकता...लेकिन मैं आपका तौलिया हूँ...क्या मैं आपका पसीना खुश्क नहीं कर सकती।'

'आज गर्मी ज़्यादा थी। साइकिल पर यहाँ आते-आते मैं क़रीब-क़रीब बेहोश हो गया था।'

'हाय अल्लाह!'

'नहीं...बस मैं चंद मिनटों में ठीक हो गया। एक दोस्त था उसने मुझे आम का शर्बत पिला दिया।'

'आम का शर्बत भी होता है?'

'हर चीज़ का शर्बत बनाया जा सकता है।'

'मेरा भी?'

'तुम्हारा शर्बत तो मैं हर रोज़ पीता हूँ, लेकिन इसका ज़ायका अच्छा नहीं होता।'

'शरीर कहीं के।'

'शरारत तो तुम्हारी होती है कि तुम मिठास में खटाई डाल देती हो।'

'खटाई तो आप डालते हैं...मैं तो मिसरी की डली हूँ।'

'मानता हूँ...लेकिन कभी-कभी...'

'आप मुझसे वह ज़्यादा न कीजिए...इधर आइए, मैं आपकी टाई उतारूँ।'

'आज इतना तकल्लुफ़ क्यों किया जा रहा है?'

'आप मुहब्बत को तकल्लुफ़ कहते हैं?'

'इसके मुताल्लिक़ मैं तफ़सीलात में जाना नहीं चाहता...वैसे मैं इतना ज़रूर कह सकता हूँ कि इतनी मुहब्बत का इज़हार तुमने पहले कभी नहीं किया।'

'आप मुहब्बत को क्या जानें।'

'इनसान अगर मुहब्बत ही को जान-पहचान नहीं सकता तो मैं समझता हूँ कि वह हैवान भी नहीं...कोई निर्जीव चीज़ है...पत्थर है...सड़क पर गिरा हुआ रोड़ा है।'

'इधर आइये, मैं आपकी टाई उतारूँ।'

'इस तकल्लुफ़ की क्या ज़रूरत है?'

'मेरी समझ में नहीं आता कि आप तकल्लुफ़ की बात क्यों करते हैं...मैंने कभी आपसे तकल्लुफ़ बरता है?'

'आज पहली बार।'

'आप इतने ज़हीन हैं...बताइए इस तकल्लुफ़ की वजह क्या है?'

'मैं इतना ज़हीन नहीं हूँ।'

'आप कस्त्र-ए-नफ़्शी (सदाशयता) से काम ले रहे हैं।'

'जनाब मैं कस्त्र-ए-नफ़्शी से काम नहीं ले रहा...एक हक़ीक़त थी जो मैंने बयान कर दी?'

'मेरे पास तो आइए, मैं आपका पसीना पोंछ दूँ...गर्मी में बेहाल हो के आ रहे हैं।'

'कोई इतनी ज़्यादा बेहाली नहीं। वैसे इसमें कोई शक नहीं कि आज दर्जा-ए-हरारत (टेम्प्रेचर) बहुत बढ़ा हुआ है...सुनने में आया है कि आज दस आदमी इस हिद्दत से मर गये हैं।'

'मैं कहती हूँ, आप इतने रुपये ख़र्च करते हैं...क्यों नहीं घर में एक 'कूलर' ले आते।'

'कूलर की क्या ज़रूरत है? तुम ख़ुद बहुत बड़ी कूलर हो...इतनी गर्मी में घर आया हूँ। तुम्हारी बातों ही ने मुझे ऐसी ठंडक पहुँचा दी है जो सबसे बड़ा कूलर भी नहीं पहुँचा सकता।'

'आपने अब मेरा मज़ाक उड़ाना शुरू कर दिया।'

'तुम्हारी क़सम...मैं ऐसी गुस्ताख़ी कभी नहीं कर सकता।'

'मेरी क़सम आपने क्यों खाई है?'

'इसलिए कि बड़ी लज़ीज़ है।'

'यानी आदमी को वही क़समें खानी चाहिए जो मज़ेदार हों।'

'यक़ीनन।'

'आपसे मैं कभी जीत नहीं सकती।'

'मैं तो हमेशा हारता रहा हूँ।'

'आप कब हारे हैं...हार तो हमेशा मेरी ही होती रही है।'

'अच्छा, अब ज़रा मैं आराम करना चाहता हूँ...मेरा कुरता-पायजामा निकाल दो।'

'अलमारी में सिर्फ़ एक पायजामा मौजूद है।'

'बनियान होगी।'

'जी नहीं तीन मैली पड़ी हैं जो नौकर ने अभी तक नहीं धोई।'

'ऐसी छोटी-छोटी चीज़ें तो तुम्हें ख़ुद धो लेनी चाहिए।'

'आपको क्या मालूम कि साबुन कितना वाहियात होता है...छाले पड़ जाते हैं हाथों में।'

'नौकरों के हाथों में भी यक़ीनन छाले पड़ते होंगे।'

'आप हमेशा नौकरों की तरफ़दारी करते हैं।'

'क्या वे इनसान नहीं?'

'खैर छोड़िए इस क़िस्से को...इधर आइए...मैं आपकी टाई उतार दूँ।'

'यह कौन-सी इतनी बड़ी मुहिम है, जो आप सिर करना चाहती हैं।'

'मैं आपसे बहस करना नहीं चाहती...यह बताइए कि आपको चलने में तकलीफ़ क्यों महसूस हो रही है?'

'जूता ज़रा तंग है?'

'ये वही है न जो आपने पिछले महीने लिया था?'

'हाँ, वही है...आज पहली बार पहना है।'

'देख के नहीं लिया था।'

'देखकर ही लिया था...पहना भी था, पर...'

'छोटा कैसे हो गया।'

'जो चीज़ इस्तेमाल न की जाये, सिकुड़ जाती है।'

'यह अजीब मंतिक (तर्क) है।'

'औरतों को अपने ख़ाविंदों की हर बात अजीब मंतिक मालूम होती है।'

'मैंने कहा, इधर आइए, आपकी टाई उतार दूँ।'

'पहले तो मैं यह तकलीफ़देह जूते उतारना चाहता हूँ।'

'बैठ जाइए...मैं उतार देती हूँ।'

'आज तुम इतनी मेहरबान क्यों हो? पहले तो...'

'अब नख़रे न बघारिए...बैठिए कुर्सी पर।'

'यहाँ सब कुर्सियाँ इस काबिल कहाँ हैं कि उन पर आदमी बैठे।'

'मैंने आप से कहा था कि जब इनका बेंत बिलकुल नाकारा हो जायेगा तो मैं सब-की-सब ठीक करा दूँगी।'

'यह तुम्हारी अजीब जिद थी, जिसके मुताल्लिक मैंने कुछ कहना मुनासिब नहीं समझा था कि कहीं तुम नाराज न हो जाओ।'

'बात दरअसल यह है कि मैं चाहती थी कि जब तक ये कुर्सियाँ काम देती हैं, इनकी मरम्मत न कराई जाये...क्योंकि इन्हें मुकर्रर वक़्त पर फिर मरम्मत तलब होना है. ..जितने दिन निकल जायें ठीक है।'

'मेरा ख़याल है, तुम भी मरम्मत तलब हो।'

'देखिए...मैं ऐसी बातें पसंद नहीं करती...आप बड़े बेलगाम होते जा रहे हैं।'

'चलिए...मैं ख़ामोश हो जाता हूँ।'

'आप ख़ामोश ही अच्छे लगते हैं।'

'आप ख़ामोश क्यों हो गये?'

'तुम ही ने तो मुझसे कहा था कि आप ख़ामोश ही अच्छे लगते हैं।'

'मैंने यह तो नहीं कहा था कि आप मुँह मैं घुंघियाँ डाल के बैठे रहें।'

'तुम मुझे कुछ खाने के लिए दो।'

'मैं क्या दूँ...आप बाहर से खाकर आ रहे हैं।'

'तुमने कैसे जाना?'

'आपकी पतलून बता रही है....सालन के दाग़ लगे हैं...ज़रूर आपने किसी होटल में अपने दोस्त के साथ अय्याशी की होगी।'

'अय्याशी तो खैर नहीं की, लेकिन मजबूरन अपने अफ़सर के साथ एक दावत में शरीक़ होना पड़ा...और तुम जानती हो अच्छी तरह जानती हो कि मैंने सिर्फ़ चंद कौर मुँह में डाले और हाथ उठा लिया...इसलिए कि खाना बड़ा वाहियात था...उसमें तुम्हारे हाथों का नमक नहीं था।'

'लेकिन पतलून पर ये धब्बे कैसे?'

'इसलिए कि सालन वाहियात था। मुझसे दो मर्तबा चावल नीचे गिर गये।'

'चावल तो आपसे हमेशा नीचे गिरते रहते हैं।'

'इसको छोड़ो...मुझे यह बताओ कि फ़र्श पर शर्बत किसने गिराया और...और...यह गिलास...जग...कोई मेहमान आया था?'

'हाँ...मेरी एक सहेली आई थी।'

'कौन?'

'आप उसे नहीं जानते...कोयटे की थी, जो मेरे साथ पढ़ती थी। उसकी हाल ही में शादी हुई है। मुझसे मिलने आई थी।'

'उससे क्या बातें हुई?'

'मैं आपको क्यों बताऊँ...वैसे वह अपने शौहर से बहुत ख़ुश थी।'

'हर औरत को अपने ख़ाविंद से ख़ुश होना चाहिए...इसमें उसका क्या बड़प्पन है?'

'नहीं...वह...'

'क्या?'

'वह बेहद ख़ुश थी...उसने मुझे...'

'क्या?'

'ऐसी-ऐसी बातें सुनाईं जो...जो मुझे मालूम ही नहीं थीं...शायद आपको भी मालूम न हों...'

'इस गुफ़्तगू को छोड़िए...आइए मैं आपके जूते उतार दूँ...'

'यह काम मैं ख़ुद भी कर सकता हूँ।'

'नहीं मैं आज ख़ुद करूँगी...पहले टाई उतारने दीजिए।'

'उतार लीजिए।'

'आप आज कितने अच्छे लग रहे हैं।'

'इसकी वजह क्या है? पहले तो 'मैं तुम्हें कभी अच्छा नहीं लगा था, ...आज अचानक यह 'इंक़लाब कैसे पैदा हो गया?'

'इंक़लाब कैसा?...मैं शुरू ही से आपसे मुहब्बत करती हूँ...मेरा सारा दुपट्टा गीला हो गया है...तौबा, आपको इतना पसीना क्यों आ रहा है?'

'चलिए अंदर।'

'चलो।'

'यहाँ बाहर की बनिस्बत गर्मी किस कदर कम है?'

'हाँ।'

'इस शू ने तो आपके पाँव की उँगलियों पर चंडियाँ डाल दी हैं।'

'हर तंग चीज़ राहत का बायस होती है।'

'मैं भी आप से तंग हो गई हूँ।'

'मुझसे।'

'नहीं...मेरी सहेली ने मुझे बताया था कि उसका ख़ाविंद...खैर आप इस किस्से को छोड़िए...उसने बड़ी तंग और चुस्त चोली पहनी हुई थी...'

'मैंने अब देखा है कि तुम भी इसी क़िस्म का ब्लाउज़ पहनी हो। कहाँ से लिया तुमने?'

'आज ही उसके दर्ज़ी से सिलवाया है।'

'और मैं जो साड़ी लाया हूँ।'

'वह इससे मैच नहीं करती...खैर मैं आपके साथ चलूँगी और उस दुकान में कोई और साड़ी पसंद कर लूँगी।'

'उस सहेली से तुमने क्या बातें कीं?'

‘आप लेट जाइए...फिर आपको पसीना आ रहा है...मैं आपको उसकी तमाम बातें सुना दूँगी।’

‘तुम अपनी सहेली से ऐसी बातें हर रोज़ सुना करो...ताकि हमारी ज़िंदगी ख़ुशगवार रहे...और तुम मेरे पसीने को अपने दुपट्टे से इसी तरह पोंछती रहो।’

‘आपका पसीना तो अब मेरा लहू (ख़ून) बन गया है।’

आर्टिस्ट लोग

जमीला को पहली बार महमूद ने बाग़-ए-जिन्नाह मैं देखा। वह अपनी सहेलियों के साथ चहलक़दमी कर रही थी...सबने काले बुर्क़े पहने हुए थे, मगर नक़ाबें उलटी हुई थीं। महमूद सोचने लगा, ‘यह किस क़िस्म का पर्दा है कि बुर्क़ा ओढ़ा हुआ है, मगर चेहरा नंगा है...आख़िर इस पर्दे का मतलब क्या है...?’ मगर वह जमीला के हुस्न से बहुत मुतास्सिर हुआ।

वह अपनी सहेलियों के साथ हँसती-खेलती जा रही थी–महमूद उसके पीछे चलने लगा। उसको इस बात का कतई होश नहीं था कि वह इस तरह की हरकत कर सकता है। उसने सैकड़ों मर्तबा जमीला को घूर-घूरकर देखा। इसके अलावा एक-दो बार उसको अपनी आँखों से इशारे भी किए, मगर जमीला ने उसे ध्यान देने योग्य न समझा और अपनी सहेलियों के साथ बढ़ती चली गई। उसकी सहेलियाँ भी काफ़ी ख़ूबसूरत थीं, मगर महमूद ने उसमें एक ऐसी कशिश पाई, जो लोहे के साथ चुंबक में होती है–वह उसके साथ चिमट के रह गया था।

एक जगह उसने जुर्रत से काम लेकर जमीला से कहा, ‘हुज़ूर, अपना नक़ाब तो सँभालिए...हवा में उड़ रहा है।’

जमीला ने यह सुनकर शोर मचाना शुरू कर दिया। इस पर पुलिस के दो सिपाही जो उस वक़्त बाग़ में ड्यूटी पर थे, दौड़ते आये और उन्होंने जमीला से पूछा-‘बहन, क्या बात है?’

जमीला ने महमूद की तरफ़ देखा, जो सहमा खड़ा था, और कहा, ‘यह लड़का मुझसे छेड़खानी कर रहा था...जबसे मैं इस बाग़ में दाख़िल हुई हूँ, यह मेरा पीछा कर रहा है।’

सिपाहियों ने महमूद का सरसरी जायज़ा लिया और फिर उसको गिरफ़्तार करके हवालात में दाख़िल कर दिया–लेकिन उसकी ज़मानत हो गयी।

अब मुक़दमा शुरू हुआ-मुक़दमे की कार्रवाई में जाने की ज़रूरत नहीं, इसलिए कि यह तफ़सील-तलव है–किस्सा मुख़्तसर यह कि महमूद का जुर्म साबित हो गया, और उसे दो माह कैदे-बामशक़्क़्त की सज़ा मिल गयी। उसके वालिदैन ग़रीब थे, इसलिए वह

सेशन की अदालत में अपील न कर सके–महमूद सख़्त परेशान था कि आख़िर उसका क़ुसूर क्या है? उसको अगर एक लड़की पसंद आ गई थी और उसने उससे चंद बातें करनी चाही थीं तो क्या यह जुर्म है, जिसकी पादाश (बदले) में वह दो माह की कैद बामशक़्क़त भुगत रहा है।

जेलख़ाने में वह कई मर्तबा बच्चों की तरह रोया–उसको चित्रकारी का शौक था, लेकिन उससे वहाँ चक्की पिसवाई जाती थी।

अभी उसे जेलख़ाने में आये बीस रोज़ ही हुए थे कि उसे बताया गया, उसकी मुलाकाती आई है–उसने सोचा, 'यह मुलाकाती कौन है?' उसके वालिद तो उससे सख़्त नाराज़ थे और वालिदा अपाहिज थीं, कोई और रिश्तेदार थे ही नहीं।

सिपाही उसे दरवाज़े के पास ले गया, जो आहनी सलाख़ों का बना हुआ था–उन सलाख़ों के पीछे, उसने देखा, जमीला खड़ी है। वह बहुत हैरतज़दा हुआ–उसने समझा कि शायद वह किसी और को देखने आयी होगी, मगर जमीला ने सलाख़ों के पास आकर उससे कहा, 'मैं आपसे मिलने आई हूँ।'

महमूद की हैरत में और भी इजाफ़ा हो गया, 'मुझसे!'

'जी हाँ...मैं माफ़ी माँगने आई हूँ कि मैंने जल्दबाज़ी की, जिसकी वजह से आपको यहाँ आना पड़ा।'

महमूद मुस्करा दिया, 'हाय! उस ज़ूदपशेमाँ का पशेमाँ होना।'

जमीला ने कहा, 'यह तो ग़ालिब है।'

'जी हाँ...ग़ालिब के सिवा और कौन हो सकता है, जो इनसान के जज़्बात की तरजुमानी कर सके...मैंने आपको माफ़ कर दिया...लेकिन मैं यहाँ आपकी कोई ख़िदमत नहीं कर सकता, इसलिए कि यह मेरा घर नहीं है, सरकार का है...इसके लिए मैं माफ़ी चाहता हूँ।'

जमीला की आँखों में आँसू आ गये, 'मैं आपकी ख़िदमत के लिए हाज़िर हूँ।'

चंद मिनट उनके दरमियान और बातें हुई, जो मुहब्बत के अहदो-पैमान थीं–जमीला ने उसको साबुन की एक टिकिया दी, मिठाई भी पेश की।

इसके बाद वह हर पन्द्रह दिन के बाद महमूद से मुलाकात करने के लिए आती रही। इस दौरान में उन दोनों की मुहब्बत परवान चढ़ गई।

जमीला ने महमूद को एक रोज़ बताया, 'मुझे मौसीक़ी (संगीत) सीखने का शौक़ है...आजकल मैं ख़ाँ साहब सलाम अली ख़ाँ से सबक़ ले रही हूँ।'

महमूद ने उससे कहा, 'मुझे मुसव्विरी (चित्रकारी) का शौक़ है...मुझे यही जेलख़ाने में और कोई तकलीफ़ नहीं...मशक़्क़त से मैं घबराता नहीं, लेकिन मेरी तबीयत जिस फ़न

की क़ायल है, यहाँ उसको कहने का मौका नहीं मिलता....यहाँ न कोई रंग है न रौग़न, न कोई काग़ज़ है न पेंसिल...बस चक्की पीसते रहो।'

जमीला की आँखें फिर आँसू बहाने लगीं, 'बस अब थोड़े ही दिन बाक़ी रह गये हैं...आप बाहर आयेंगे तो सब कुछ हो जायेगा।'

महमूद दो माह की कैद काटने के बाद बाहर आया तो जमीला दरवाज़े पर मौजूद थी–उसी काले बुर्क़े में, जो अब पुराना हो गया था और जगह-जगह से फट गया था।

दोनों आर्टिस्ट थे–उन्होंने फैसला किया कि शादी कर लें–चुनांचे शादी हो गई।

जमीला के माँ-बाप कुछ असासा (पूँजी) छोड़ गये थे। उससे उन्होंने छोटा-सा मकान बनाया और ज़िंदगी बसर करने लगे।

महमूद एक आर्ट स्ट्रडियो में जाने लगा, ताकि अपना शौक़ पूरा कर सके– जमीला ख़ाँ साहब सलाम अली ख़ाँ से फिर तालीम हासिल करने लगी।

एक बरस तक वे दोनों तालीम हासिल करते रहे–महमूद मुसव्विरी सीखता रहा और जमीला मौसीक़ी (संगीत)।

इसके बाद उनका बचा-खुचा असासा ख़त्म हो गया और नौबत फ़ाक़ों पर आ गई–दोनों आर्ट के शैदाई थे। वे समझते थे कि फ़ाक़े करनेवाले ही सही तौर पर अपने आर्ट की मेराज (चरम) तक पहुँच सकते हैं। इसलिए वे अपनी उस फ़ाक़ामस्ती के ज़माने में भी ख़ुश थे।

एक दिन जमीला ने अपने शौहर को यह बात बताई कि उसे एक अमीर घराने में मौसीक़ी सिखाने की ट्यूशन मिल रही है।

महमूद ने यह सुनकर उससे कहा, 'नहीं, ट्यूशन-व्यूशन बकवास है...हम लोग आर्टिस्ट हैं।'

उसकी बीवी ने बड़े प्यार के साथ कहा, 'लेकिन मेरी जान, गुज़ारा कैसे होगा?'

महमूद ने अपने फूसड़े निकले हुए कोट का कॉलर बड़े अमीराना अन्दाज़ में दुरुस्त करते हुए जवाब दिया, 'आर्टिस्ट को इन फ़िजूल बातों का ख़याल नहीं रखना चाहिए...हम आर्ट के लिए जिंदा रहते हैं, आर्ट हमारे लिए जिंदा नहीं रहता।'

जमीला यह सुनकर बहुत ख़ुश हुई, 'लेकिन मेरी जान, आप मुसव्विरी सीख रहे हैं...आपको हर महीने फ़ीस अदा करनी पड़ती है, इसका बंदोबस्त भी तो कुछ होना चाहिए...फिर खाना-पीना है, इसका ख़र्च अलहदा है।'

'मैंने फ़िलहाल मुसव्विरी की तालीम लेनी छोड़ दी है...जब हालात मन मुताबिक होंगे तो देखा जायेगा।'

जमीला यह सुनकर ख़ामोश रही।

दूसरे दिन जब वह घर आई तो उसके पर्स में पन्द्रह रुपये थे, जो उसने अपने ख़ाविंद के हवाले कर दिए और कहा, 'मैंने आज से ट्यूशन शुरू कर दी है। यह पन्द्रह रुपये मुझे पेशगी मिले हैं...आप मुसव्विरी का फ़न सीखने का काम जारी रखें।'

महमूद के मर्दाना जज़्बात को बड़ी ठेस लगी, 'मैं नहीं चाहता कि तुम मुलाज़िमत करो मुलाज़िमत मुझे करनी चाहिए।'

जमीला ने ख़ास अन्दाज़ में कहा, 'हाय, मैं कोई ग़ैर हूँ...मैंने अगर कहीं थोड़ी देर के लिए मुलाज़िमत कर ली है तो इसमें हर्ज ही क्या है...बहुत अच्छे लोग हैं, और जिस लड़की को मैं तालीम देती हूँ, बहुत प्यारी और ज़हीन है।'

यह सुनकर महमूद ख़ामोश हो गया–उसने मज़ीद गुफ़्तगू न की।

दूसरे हफ़्ते के बाद वह पच्चीस रुपये लेकर आया और उसने अपनी बीवी से कहा, 'मैंने आज अपनी एक तस्वीर बेची है। ख़रीदार ने उसे बहुत पसंद किया, लेकिन ख़सीस (कंजूस) था। मुझे सिर्फ़ पच्चीस रुपये दिए...अब उम्मीद है कि मेरी तस्वीरों की मार्किट चल निकलेगी।'

जमीला मुस्कराई, 'हम तो फिर काफ़ी अमीर आदमी हो जायेंगे।'

महमूद ने उससे कहा, 'जब मेरी तस्वीरें बिकनी शुरू हो जायेंगी, तो मैं तुम्हें ट्यूशन नहीं करने दूँगा।'

जमीला ने अपने ख़ाविंद की टाई की गिरह दुरुस्त की और बड़े प्यार से कहा–'आप मेरे मालिक हैं, जो भी हुक्म देंगे, मुझे तस्लीम (स्वीकार) होगा।'

दोनों बहुत ख़ुश थे, इसलिए कि वे एक-दूसरे से मुहब्बत करते थे–महमूद ने जमीला से कहा, 'अब तुम कुछ फ़िक्र न करो। मेरा काम चल निकला है...चार तस्वीरें कल या परसों तक बिक जायेंगी और अच्छे दाम वसूल हो जायेंगे। फिर तुम अपनी मौसीक़ी की तालीम जारी रख सकोगी।'

एक दिन जमीला जब शाम को घर आई तो उसके बालों में धुनी हुई रुई का गुबार इस तरह जमा हुआ था, जैसे किसी अधेड़ उम्र आदमी की दाढ़ी में सफ़ेद बाल।

महमूद ने उससे पूछा, 'यह तुमने अपने बालों की क्या हालत बना रखी है मौसीक़ी सिखाने जाती हो या किसी जिनिंग फैक्ट्री में काम करती हो।'

जमीला ने, जो महमूद की नयी रजाई की पुरानी रुई को धुन रही थी, मुस्कराकर कहा, 'हम आर्टिस्ट लोग हैं। हमें किसी बात का होश ही नहीं रहता।'

महमूद ने हुक़्क़े की नै मुँह में लेकर अपनी बीवी की तरफ़ देखा और कहा, 'होश वाक़यी नहीं रहता।'

जमीला ने महमूद के बालों में अपनी उँगलियों से कंघी करना शुरू की, 'यह धुनकी हुई रुई का गुबार आपके सिर में कैसे आ गया?'

महमूद ने हुक्के का एक कश लगाया, 'जैसे तुम्हारे सिर में आ गया...हम दोनों एक ही जिनिंग फैक्ट्री में काम करते हैं, सिर्फ़ आर्ट की ख़ातिर...'

घोगा

मैं जब अस्पताल में दाख़िल हुआ तो छठे रोज़ मेरी हालत बहुत ख़राब हो गई। कई रोज़ तक बेहोश रहा। डॉक्टर जवाब दे चुके थे। लेकिन ख़ुदा ने अपना करम किया और मेरी तबीयत सँभलने लगी।

उस दौरान की बातें मुझे याद नहीं। दिन में कई आदमी मिलने के लिए आते। लेकिन मुझे बिलकुल मालूम नहीं, कौन आता था, कौन जाता था, मेरे बिस्तर-ए-मर्ग (मृत्यु-शय्या) पर जैसा कि मुझे अब मालूम हुआ दोस्तों और अज़ीज़ों का जमघटा लगा रहता, कुछ आहें भरते, मेरी ज़िंदगी के बीते हुए वाक़ियात दोहराते और अफ़सोस का इज़हार करते।

जब मेरी तबीयत किसी कदर सँभली और मुझे ज़रा होश आया तो मैंने आहिस्ता-आहिस्ता अपने आस-पास का हाल जानना शुरू किया। मैं जनरल वार्ड में था। दरवाज़े के अंदर दाख़िल होते ही दायें हाथ का पहला बेड मेरा था। दीवार के साथ लोहे की अलमारी थी, जिसमें ख़ास-ख़ास दवाएँ और सर्जरी के उपकरण थे, दीगर सामान भी था, मसलन गर्म पानी और बर्फ की रबड़ की थैलियाँ, थर्मामीटर, बिस्तर की चादरें, कंबल और रुई वगैरह। इसके अलावा और बेशुमार चीज़ें थीं, जिनका प्रयोजन मेरी समझ में नहीं आता था।

कई नर्सें थीं, सुबह सात बजे से दो बजे दोपहर तक। दो बजे से शाम के सात बजे तक, चार-चार नर्सों की टोली इस वार्ड में काम करती। रात को सिर्फ़ एक नर्स ड्यूटी पर होती थी।

रात को मुझे नींद नहीं आती थी। यूँ तो अकसर आँखें बंद किए लेटा रहता, लेकिन कभी-कभी अधखुली आँखों से इधर-उधर देख लेता कि क्या हो रहा है। उन दिनों जो नर्स रात की ड्यूटी पर होती थी, वह इस कदर मुख़्तसर (नाटी) थी कि उसे कोई भी अपने बटुवे में डाल सकता था। गहरा साँवला रंग, जिस्म का हर हिस्सा अटपटा, इंतिहा दर्जे की मामूली लड़की थी, मालूम नहीं कुदरत ने उसके साथ इस क़िस्म का ग़ैर शायराना सुलूक क्यों किया था कि वह शे'र थी, न रुबाई, न कतअ...अलबत्ता उस्ताद इमाम दीन की तुकबंदी मालूम होती थी।

हर नर्स का कोई-न-कोई चाहनेवाला मौजूद था, मगर ग़रीब का कोई भी नहीं था। मैं नर्सिंग के पेशे को बावजूद उसकी मौजूदा गिरावटों के एहतिराम की नज़र से देखता हूँ। इसलिए मुझे उस नर्स से जिसका नाम मिस ज़ेकब था, बड़ी हमदर्दी थी। उसमें कोई मरीज़ दिलचस्पी नहीं लेता था।

एक शाम को जब वह आई और मेरे बिस्तर के पास से गुज़री, तो मैंने अपनी नहीफ़ (दुर्बल) आवाज़ में उससे कहा, 'अस्सलाम अलैकुम मिस ज़ेकब।' उसने मेरी आवाज़ सुन ली। फ़ौरन रुककर उसने जवाब दिया, 'सलाम अलैकुम।'

बस इसके बाद मेरा यह दस्तूर हो गया कि जब वह शाम को ड्यूटी पर आती तो वार्ड में दाख़िल होते ही सबसे पहले उसको मेरी अस्सलाम अलैकुम सुनाई देती। मुझे नींद आनी शुरू हो गई थी, लेकिन सुबह साढ़े पाँच बजे जाग जाता। मिस ज़ेकब रात भर की जागी हुई मरीज़ों के टेम्प्रेचर लेने में मसरूफ़ होती, जब मेरे बिस्तर के पास आती तो मैं फिर उसे सलाम करता।

'अस्सलाम अलैकुम' का यह सिलसिला बड़ा दिलचस्प हो गया। वह इस लिहाज़ से चिढ़ गई कि पहल मैं क्यों करता हूँ। अतः उसने कई बार कोशिश की कि वह पहल करे मगर उसे नाकामी हुई। लेकिन एक रोज़ सुबह-सबेरे जबकि ज़्यादा देर तक जागने के बायस मेरी आँख लग गई थी। जब वह मेरा टेम्प्रेचर लेने के लिए आई तो उसने महीन पतली आवाज़ को ज़ोरदार बनाकर कहा, 'सलाम अलैकुम।'

मैं चौंक पड़ा...आँखें खोलीं तो देखा कि मिस ज़ेकब का अलग वजूद मेरे सामने खड़ा मुस्करा रहा है। मैंने बड़ी फ़राख़दिली से अपनी शिकस्त तस्लीम की और उसके मुताबिक मुनासिब-ओ-मौज़ूं मुस्कराहट अपने होंठों पर पैदा करके जवाब दिया 'वअलैकुम अस्सलाम मिस ज़ेकब-आज तो आपने कमाल कर दिया।'

वह बेहद ख़ुश हुई, और इस ख़ुशी में उसने मेरा दो बार टेम्प्रेचर लिया कि पहली मर्तबा उसने थर्मामीटर अच्छी तरह झटका नहीं था।

एक रात मुझे बिलकुल नींद नहीं आ रही थी और मैं बार-बार अपनी घड़ी देख रहा था कि दिन होने में कितनी देर है। बारह बजे के क़रीब मैंने अपनी धुँधली आँखों से देखा कि वार्ड के बीच में जो मेज़ पड़ी है, उसके साथ कुर्सी पर मिस ज़ेकब अपने तमाम नाटेपन के साथ बैठी है और एक मरीज़ जो मोटा था, उससे बातें करने की कोशिश कर रहा है।

चूँकि ख़ामोशी थी, इसलिए मैं उसकी गुफ़्तगू सुन सकता था। वह नर्स से बड़े गहरे क़िस्म के इश्क़ का इज़हार करने की कोशिश कर रहा था। पहले वह कुछ देर चपरासियों के मानिंद जिनका साहब अपनी कुर्सी पर मौजूद हो, खड़ा रहा। फिर वह उससे मुख़ातिब हुआ, 'नर्स साहिबा...क्या इस वक़्त आप मुझे ऐस्प्रिन की गोली दे सकती हैं?'

मिस ज़ेकब शायद रिपोर्ट लिखने में मसरूफ़ थी। उसने इस मोटे मरीज़ की तरफ़ देखा, कलम मेज़ पर रखकर उठी और उस अलमारी में से जो मेरे बिस्तर के क़रीब थी, ऐस्प्रिन की एक गोली निकालकर उसके हवाले कर दी।

रात के दो बज गये। मैं जाग रहा था, लेकिन मेरी आँखें बंद थीं। आहट हुई तो मैंने करवट बदलकर देखा कि वही मोटा मरीज़ अलमारी खोलकर ऐस्प्रिन की

गोलियाँ निकाल रहा है, बिलकुल उसी तरह जैसे कोई चोरी कर रहा हो। मैंने कोई मुदाख़लत न की।

मैंने दूसरे दिन नर्स नईमा हक़ से जो हर सुबह मेरा बदन छोटे-छोटे तौलियों से कुनकुने पानी में साबुन के साथ साफ़ किया करती थी और परले दर्जे की शरीर (नटखट) थी, पूछा कि 'उन्नीस नंबर के बेड का मरीज़ कौन है?'

उसका साँवला चेहरा सवाल बन गया, 'आप उसके बारे में क्यों पूछ रहे हैं?'

मैंने उससे कहा, 'तुम जानती हो, मैं अफ़साना-निगार हूँ, मुझे हर शख़्स से दिलचस्पी है, चाहे वह मरीज़ ही क्यों न हो?'

'उसमें क्या बात है?'

'जो तुम में है...तुम शरीर हो, वह चोर है।'

नईमा हक़ को मेरी यह बात नागवार मालूम हुई, 'शरारत और चोरी को आप एक ही बात समझते हैं।'

वह मेरे बालों भरे सीने पर तौलिया फेर रही थी, मैंने अपने कमज़ोर हाथ से उसके गाल पर हौले से चपत लगाई और कहा, 'मेरा यह मतलब नहीं था...तुम मेरे सवाल का जवाब दो कि उन्नीस नंबर के बेड का जो मरीज़ है उसका क्या नाम है?'

नईमा ने जवाब दिया, 'घोगा।'

'यह क्या नाम है?'

'बस है...हमने रख दिया है।'

मैं उससे कुछ और पूछने ही वाला था कि नईमा ने उबाली हुई सिरिंज पकड़ी और उसमें एक सीसी विटामिन बी कॉम्पलेक्स डालकर सूई मेरे सूखे हुए बाज़ू में चुभो दी, मुझे सख़्त दर्द हुआ, इसलिए मैं घोगा को भूल गया, मगर इतने में अज़रा आ गयी। यह नर्स नईमा से चार सीसी आगे थी। उन दोनों में जो गुफ़्तगू हुई, उससे मुझे मालूम हुआ कि उन्नीस नंबर के बेड के मरीज़ का नाम इन दोनों ने मिलकर तजवीज़ किया है।

अज़रा ने पहले मेरी ख़ैरियत पूछी, फिर कहा, 'ख़ैरियत तो है आप घोगे के मुताल्लिक़ पूछ रहे थे।'

मैंने दर्द के बायस ज़रा तल्ख़ लहज़े में कहा, 'घोगा जाये जहन्नुम में...और तुम भी उसके साथ...'

अज़रा मुस्कराई...'मैं तो उसके साथ जहन्नुम की आख़िरी हद तक जाने के लिए तैयार हूँ।'

नईमा ने पूछा, 'क्यों?'

अज़रा ने जवाब दिया, 'वह मुझसे मुहब्बत करता है, मैं उससे मुहब्बत करती हूँ।'

नईमा ने अज़रा की चुटकी ली और बड़े ज़ोर से कहा, 'वह तो मुझसे मुहब्बत करता है...चलो आओ...अभी फैसला कर लें। घोगा से पूछ लो, अभी कल ही मुझसे कह रहा था कि वह अपने दो मकान मेरे नाम लिख देगा।'

अज़रा ने मक्खीमार छड़ी नईमा के सिर पर मारी। 'वह दो मकान क्या, दो ईंटें भी तुम्हारे नाम नहीं लिखेगा...वह घोगा है...बहुत बड़ा घोगा...तुम उसको अभी तक नहीं पहचानी हो।'

इसके बाद मुझे चंद रोज़ में उस मोटे मरीज़ के मुताल्लिक़ अजीबो-ग़रीब बातें मालूम हुई, जिसको नईमा और अज़रा ने घोगे का नाम दे रखा था।

उसका नाम गुलाम मुहम्मद था। मास्टर गुलाम मुहम्मद बी.ए.बी.टी. किसी मिडिल स्कूल का हेड मास्टर। उसको दमे का मर्ज़ था, बड़ी शदीद क़िस्म का दमा था। जब उसे दौरा पड़ता तो सारा वार्ड उसकी धौंकनी जैसी चलती हुई साँसों के उतार-चढ़ाव से घंटों गूँजता रहता। लेकिन इस हालत में भी वह नज़रबाज़ी से न टलता।

उसकी उम्र चालीस के कुछ ऊपर होगी, मगर कुँवारा था। मेरी उससे मुलाकात हुई तो उसने मुझे बताया कि उसने शादी इसलिए नहीं की कि वह दमे का मरीज़ है। किसी लड़की की ज़िंदगी क्यों ख़राब करे।

उसकी दो बहिनें थीं जो उम्र में उससे कुछ छोटी थीं। वे भी कुँवारी थीं। उनके मुताल्लिक़ मुझे इतना ही मालूम हुआ है कि बड़ी हेल्थ-विज़िटर है और छोटी टीचर। ये दोनों बिला नागा आतीं और घोगे के पास अपने बुर्क़ों समेत एकाध घंटा बैठकर चली जातीं। वह उसके नाश्ते और दो वक़्त के खाने के लिए परांठे और सालन वगैरह लाया करती थीं।

उसको ऐसे टीके लग रहे थे जिनसे भूख बढ़ जाती है। लेकिन इस बात का ख़ास ख़याल रखना पड़ता है कि मरीज़ ज़्यादा न खाए ताकि उसका वजन न बढ़े। मगर घोगा बहुत पेटू था। घर से जो कुछ आता, चट कर जाता। फिर उसके साथ वाले बेड पर एक बंगाली नौजवान था, जो अरसे से टायफ़ायड में गिरफ़्तार था। उसको भूख नहीं लगती थी। घोगा उसका खाना भी पेट में डाल लेता। मगर नईमा ने मुझे बताया कि अस्पताल से जो उसे मुफ़्त खाना मिलता है उसके अलावा वह इधर-उधर से और चीज़ें भी इकट्ठा करता है और अपनी बहिनों के हवाले कर देता है।

एक रात जबकि मुझे नींद आने ही वाली थी मैंने देखा कि घोगा दबे पाँव चला आ रहा है। रात की नर्स किसी दूसरे वार्ड की नर्स से बातें करने में मशगूल थी। घोगे ने अलमारी खोली और उसमें से कई चीज़ें निकाल कर अपनी जेब में डाल लीं। मुझे उसकी यह हरकत बहुत बुरी मालूम हुई, लेकिन मैं उससे कुछ न कह सका। इसलिए कि मुझे कोई फैसला करने में देर हो गई। इसका नतीजा यह हुआ कि वह हर रोज़ अलमारी में से चीज़ें चुराता और मैं उसे टोक न सकता।

मेरी समझ में नहीं आता था कि जब उसे दवाएँ बराबर मिलती हैं तो वह और दवाइयाँ जो उसके मर्ज़ दमे का इलाज नहीं थीं, क्यों इस तरीक़े से हासिल करता है?

नईमा हक़ से मैंने पूछा तो उसने मख़सूस अन्दाज़ में गर्दन को एक हलकी-सी जुंबिश देकर और अपने साँवले होंठों पर उनसे ज़्यादा गहरे रंग की मुस्कराहट पैदा करके कहा, 'जनाब इतने बड़े राइटर बने फिरते हैं, आपको यह भी मालूम नहीं कि वह जितनी दवाइयाँ और इंजेक्शन चुराता है, अपनी बहिन को जो कि हेल्थ-विज़िटर है, दे देता है...उसको रोज़ाना बेड के लिए एक रुपया देना पड़ता है...बहुत बड़ा घोगा है, इसलिए वह इस ख़र्च की कसर यूँ पूरी कर लेता है, बल्कि उसको कुछ प्रॉफिट ही होता है।'

नईमा का यह कहना दुरुस्त था, इसलिए कि मेरी बीवी के बयान से इसकी तसदीक़ हो गई। उसको घोगे से सख़्त नफ़रत थी। अस्पताल से जो कुछ मिलता तो वह अपनी बहिन के सुपुर्द कर देता, खाना भी। एक और नर्स रफ़ीक़ा थी। वह उस मरीज़ का नाम भी लेना नहीं चाहती थी।

शक्ल-सूरत की मामूली, मगर जवान थी। हर वक़्त अपने सफ़ेद फ्रॉक को पेटी के नीचे खींचती और फिर अपने सीने के उभारों को पसंदीदा निगाहों से देखती। मगर किरदार के लिहाज़ से वह दूसरी नर्सों के मुकाबले में बहुत ज़्यादा मजबूत थी उसको घोगे से इसलिए नफ़रत थी कि वह उससे बेमानी बातें करता था।

दरअसल वह हर नर्स से बेमानी या बेमायने बातें करने का आदी था। मैंने कई बार देखा कि पहले उसने किसी नर्स से रस्मी बातचीत की। इसके बाद बिस्तर पर से उठकर उसके पीछे-पीछे चलने लगा। कुछ इस भोंडे तौर पर कि वह ग़रीब उकता गई और उसने जो दवा माँगी, अलमारी में से निकालकर उसको दे दी कि छुटकारा मिले।

क़रीब-क़रीब हर नर्स उससे मुतनफ़्फ़र (खिन्न) थी...मुझे ख़ुद वह बहुत नापसंद था। मेरे बिस्तर की तरफ़ रुख़ करता तो मैं चादर ओढ़ लेता ताकि उसको यह मालूम हो कि मैं सो रहा हूँ। उसका बातचीत का अन्दाज़ मुझे खलता था, यही वजह है कि मैंने उसे कभी बर्दाश्त न किया।

मुझसे दो-तीन बार उसने चंद रुपये बतौर कर्ज़ लिये और वापस न दिए, मुझे इसका कोई ख़याल न था। लेकिन जब मुझे मालूम हुआ कि ये पन्द्रह रुपये उसने मुझसे इसलिए हासिल किए थे कि उसको दस रुपये एक खास दवा के लिए ख़र्च करने पड़े थे जो अस्पताल में नहीं थी तो मेरी तबियत बहुत मुकद्दर हुई और मैंने दिल-ही-दिल में उसको सैकड़ों गालियाँ दीं। फिर तमाम डॉक्टरों पर उसके ज़लील किरदार की चुगली कर दी।

वे पहले मेरी बताई हुई बातें न माने। उन्होंने कभी ऐसा मरीज़ न देखा था न सुना। मगर नर्सों से पूछ-पूछ के उनको हक़ीक़त मालूम हो गई और उन्होंने घोगे को रुख़्सत कर देने का फैसला कर लिया। मुझे इसका इल्म था। चुनांचे मैंने महज़ अपना दिल ठंडा करने की ख़ातिर उसको अपने पास बुलाया और कहा, 'सुना है आप कल-परसों जाने वाले हैं।'

घोगे ने अपने नीम गंजे सिर पर हाथ फेरा और ताज्जुब का इज़हार किया। बड़े डॉक्टर ने तो मुझसे कहा था कि और छुट्टी ले लो...और मैं एक महीने की ले चुका हूँ।

मेरा दिल डूबने-सा लगा एक महीना और...तीस दिन मज़ीद चोरियों के नर्सों के पीछे चलने और हाथ मल-मल के दवाएँ माँगने के।

बड़े डॉक्टर साहब बहुत नर्म दिल थे। मैंने सोचा, 'यक़ीनन घोगे ने अपने हाव-भाव से ऐसे अन्दाज़ में उनकी मिन्नत-ख़ुशामद की होगी और उन्होंने अपना पीछा छुड़ाने के लिए उसको एक माह और अस्पताल में रहने की इजाज़त दे दी होगी।' मगर उसी दिन घोगा इंतिहाई निराशा के आलम में मेरे पास आया और कहने लगा।

'मैं कल जा रहा हूँ।'

मुझे बड़ी ख़ुशी हुई। 'मगर मास्टर साहब आपने तो एक महीने की छुट्टी ली है, अभी-अभी।'

उसने आह भरकर जवाब दिया, 'डॉक्टर साहब ने कहा कि तुम्हारा काफ़ी इलाज हो चुका है। अब तुम घर में आराम करो।'

मैंने कहा, 'यह बेहतर है।'

लेकिन घोगे का चेहरा बता रहा था कि घर में उसे चुराने के लिए दवाएँ नहीं मिलेंगी। नर्सें भी न होंगी। झक मारेगा वहाँ।

मैं सुबह चार साढ़े चार बजे के क़रीब सोया। दस बजे आँख खुली। नईमा हक़ मेरे पास खड़ी थी। दरअसल उसी ने मुझे जगाया था। मैंने उसकी तरफ़ देखा तो मुझे महसूस हुआ कि वह मुझे कोई ख़बर सुनाना चाहती है। मुझे ज़्यादा देर तक इंतज़ार न करना पड़ा।

मक्खीमार छड़ी से मेरे बिस्तर पर चंद ग़ैर मरी मक्खियाँ मारने के बाद उसने मुझसे कहा, 'घोगा गया।'

मैंने कहा, 'हाँ सुना था कि वह जा रहा है।'

नईमा के साँवले होंठों पर सिकुड़ी हुई मुस्कराहट नमूदार हुई, 'और वह भी गई...'

मैंने पूछा, 'कौन?'

नईमा ने जवाब दिया, 'वह...वह मिस ज़ेकब...जिसके बारे में आप कहा करते थे कि इतनी मुख़्तसर है कि बटुवे में समा सकती है...लेकिन घोगे के पास तो कोई बटुवा नहीं था।'

मुझे बड़ी हैरत हुई कि मिस ज़ेकब को घोगे में क्या नज़र आया या घोगे को मिस ज़ेकब में क्या ख़ूबी दिखाई दी...लेकिन तीसरे रोज़ मिस ज़ेकब नाइट ड्यूटी पर थी। जब वह सुबह मेरे बिस्तर के क़रीब आयी तो मैंने ज़ोर से अस्सलाम अलैकुम कहा। उसने चौंककर धीमी आवाज़ में उस सलाम का जवाब दिया और मेरा टेम्प्रेचर लिये बग़ैर चली गई।

सात बजे जब दूसरी नर्सें आई तो नईमा ने मेरा बदन पोंछने के लिए गर्म पानी तैयार करते हुए अपने साँवले होंठों पर कुनकुनी मुस्कराहट पैदा करते हुए कहा, 'घोगे के पास बटुवा नहीं था, इसलिए आपकी मिस ज़ेकब वापस तशरीफ़ ले आयी है।'

मैंने पूछा, 'क्या हुआ?'

नईमा ने गर्म-गर्म पानी में तर किया हुआ तौलिया मेरे बाज़ू पर रख दिया, 'कुछ ख़ास तो नहीं हुआ...सिर्फ़ ज़ेकब के कानों की दो सोने की बालियाँ गुम हो गई हैं...शायद घोगे की बहिन के कान नंगे होंगे।'

डरपोक

मैदान बिलकुल साफ था, लेकिन जावेद का ख़याल था कि म्यूनिसिपल कमेटी की लालटेन, जो दीवार में गड़ी है, उसको घूर रही है। उस चौड़े सहन को, जिस पर नानकशाही ईंटों का ऊँचा-नीचा फ़र्श बना हुआ था, जो दूसरी इमारतों से बिलकुल अलग-थलग था, पार करके वह उस नुक्कड़ वाले मकान तक पहुँचने का बार-बार इरादा करता, पर यह लालटेन, जो नकली आँख की तरह, हर तरफ टकटकी बाँधे, देख रही थी, उसके इरादे को डगमगा देती और वह उस बड़ी मोरी के उस तरफ हट जाता, जिसको फाँद कर, वह सहन को चंद कदमों में तय कर सकता था–सिर्फ़ चंद कदमों में!

जावेद का घर इस जगह से काफ़ी दूर था, पर यह फ़ासला बड़ी तेज़ी से तय करके, वह वहाँ तक पहुँच गया था। उसके विचारों की गति, उसके क़दमों की रफ़्तार से अधिक तेज़ थी। रास्ते में उसने बहुत-सी चीज़ों पर गौर किया। वह बेवकूफ़ नहीं था। उसे अच्छी तरह मालूम था कि वह एक वेश्या के पास जा रहा है और उसको इस बात की भी पूरी समझ थी कि वह किस वजह से उसके पास जाना चाहता है।

वह औरत चाहता था–औरत, चाहे किसी रूप में हो। औरत की ज़रूरत उसकी ज़िंदगी में एकाएक नहीं पैदा हो गयी थी। एक ज़माने में यह ज़रूरत उसके भीतर आहिस्ता-आहिस्ता मौजूदा तेज़ी का रूप पाती रही थी और अब अचानक उसने महसूस किया था कि औरत के बिना वह एक पल ज़िंदा नहीं रह सकता। औरत उसको ज़रूर मिलनी चाहिए–ऐसी औरत जिसकी रान पर हौले से धप मारकर, वह उसकी आवाज़ सुन सके–ऐसी औरत, जिससे वह वाहियात क़िस्म की बातें कर सके।

जावेद पढ़ा-लिखा होशमंद आदमी था। हर बात की ऊँच-नीच समझता था, पर इस मामले में कुछ और सोचने-विचारने के लिए तैयार नहीं था। उसके मन में एक ऐसी इच्छा हुई थी, जो नयी न थी। इससे पहले, कई बार उसके मन में यह इच्छा पैदा हुई थी और इस ख़्वाहिश को पूरा करने के लिए इंतहाई कोशिशों के बाद, जब उसे नाकामयाबी का सामना करना पड़ा तो इस नतीजे पर पहुँचा कि उसकी ज़िंदगी में पूरी औरत कभी

नहीं आयेगी और अगर उसने उस पूरी औरत की तलाश जारी रखी तो किसी दिन वह पागल कुत्ते की तरह किसी राह चलती औरत को काट खायेगा।

काट खाने की हद तक अपने इरादे में नाकाम रहने के बाद, अब अचानक उसके मन में इस इच्छा ने करवट बदली थी। अब किसी औरत के बालों में अपनी उँगलियों। से कंघी करने का ख़याल उसके दिमाग़ से निकल चुका था। औरत की तस्वीर उसके दिमाग़ में मौजूद थी–उसके बाल भी थे, पर अब उसकी यह इच्छा थी कि वह उन बालों को वहशियों की तरह खींचे, नोचे, उखाड़े।

अब उसके दिमाग़ में से वह औरत निकल चुकी थी, जिसके होंठों पर वह अपने होठ इस तरह रखने के लिए इच्छुक था, जैसे तितली फूलों पर बैठती है। अब वह उन होंठों को अपने गर्म होंठों से दागना चाहता था।...हौले-हौले, सरगोशियों में बातें करने का ख़याल भी उसके दिमाग़ में नहीं था। अब वह ऊँची आवाज़ में बातें करना चाहता था–ऐसी बातें जो उसके मौजूदा इरादे की तरह नंगी हों।

अब पूरी, सालिम औरत उसके आगे नहीं थी। वह ऐसी औरत चाहता था, जो घिस-घिसकर, गिरे हुए मर्द की शक्ल इख़्तियार कर गयी हो-ऐसी औरत, जो आधी औरत हो और आधी कुछ भी न हो।

एक समय था, जब जावेद 'औरत' कहते समय, अपनी आँखों में एक खास क़िस्म की ठंडक महसूस किया करता था–जब औरत की कल्पना उसे चाँद की ठंडी दुनिया में ले जाती थी। वह 'औरत' कहता था, बड़ी सावधानी से, मानो उसको इस बेजान लफ़्ज़ के टूटने का डर हो। एक अरसे तक वह इस दुनिया की सैर करता रहा। पर आख़िरकार उसको मालूम हुआ कि औरत, जिसकी तमन्ना उसके दिल में है, उसकी जिंदगी का ऐसा सपना है, जो ख़राब मर्दों के साथ देखा जाए।

जावेद अब सपनों की दुनिया से बाहर निकल आया था। बहुत देर तक ज़ेहनी तौर से वह अपने आपको बहलाता रहा। पर अब, उसका जिस्म डरावने रूप से जाग चुका था। उसकी कल्पना की तेज़ी ने उसके जिस्मानी एहसासों की नोक-पलक कुछ इस ढंग से निकाली थी कि अब ज़िंदगी उसके लिए सुइयों का बिस्तर बन गयी। हर ख़याल एक नश्तर बन गया–औरत उसकी नज़रों में ऐसी शक्ल अख़्तियार कर गयी, जिसको वह बयान करना भी चाहे तो न कर सकता था।

जावेद कभी इनसान था, पर अब इनसानों से उसे नफ़रत थी, इतनी कि वह अपने आप से भी नफ़रत करने लगा था। यही वजह थी कि वह ख़ुद को जलील करना चाहता था, इस तरह कि एक अर्से तक उसके ख़ूबसूरत ख़याल, जिनको वह अपने दिमाग़ में फूलों की तरह सजा कर रखता था, गंदगी से लिथड़े रहे। "मुझे नफ़ासत तलाश करने में असफलता मिली है, लेकिन गंदगी तो मेरे चारों तरफ फैली हुई है। अब यह जी चाहता है कि अपनी रूह और जिस्म के हर ज़र्रे को इस गंदगी से लिथेड़ दूँ। मेरी नाक, जो

इससे पहले ख़ुशबुओं की तलाश करती रही है, अब बदबूदार और ग़लीज़ चीज़ें सूँघने के लिए बेताब है। यही वजह है कि आज मैंने पुराने ख़यालों का चोला उतारकर, इस मुहल्ले का रुख किया है, जहाँ हर चीज़ एक भेद-भरी बू में लिपटी नज़र आती है। यह दुनिया कितने डरावने तौर पर हसीन है।"

नानकशाही ईंटों का ऊबड़-खाबड़ फ़र्श उसके सामने था। लालटेन की बीमार रोशनी में जावेद ने, जब उस फ़र्श की तरफ अपनी बदली हुई नज़रों से देखा तो उसे ऐसा महसूस हुआ कि बहुत-सी नंगी औरतें औंधी-सीधी लेटी हैं, जिनकी हड्डियाँ जगह-जगह उभरी हुई हैं। उसने फ़ैसला किया कि इस फ़र्श को पार करके, नुक्कड़ वाले मकान की सीढ़ियों तक पहुँच जाए और कोठे पर चढ़ जाए। पर म्यूनिसिपल कमेटी की लालटेन लगातार टकटकी बाँधे, उसकी तरफ घूर रही थी। उसके बढ़ने वाले क़दम रुक गये और वह भन्ना-सा गया। "यह लालटेन मुझे क्यों घूर-घूर कर देख रही है। यह मेरे रास्ते में क्यों रोड़े अटकाती है?"

वह जानता था कि यह महज वहम है और असलियत से इसका कोई रिश्ता नहीं। लेकिन फिर भी उसके कदम रुक जाते थे और वह अपने दिल में तमाम भयानक इरादे लिये, मोरी के उस पार खड़ा रह जाता था। वह समझता था कि उसकी जिंदगी के सत्ताईस बरसों की झिझक, जो उसे विरासत में मिली थी, उस लालटेन में जमा हो गयी है। यह झिझक, जिसको पुरानी केंचुली की तरह वह अपने घर छोड़ आया था, उससे पहले वहाँ पहुँच चुकी थी, जहाँ उसे अपनी ज़िंदगी का सबसे भद्दा खेल खेलना था। ऐसा खेल, जो उसे कीचड़ में लथपथ कर दे, उसकी रूह पर कालिख पोत दे।

एक मैली-कुचैली औरत उस मकान में रहती थी। उसके पास चार-पाँच जवान औरतें थीं जो रात के अँधेरे और दिन के उजाले में, यकसाँ भद्देपन से पेशा करती थी। ये औरतें गंदी मोरी से ग़लाज़त निकालने वाले पंप की तरह दिन-रात चलती रहती थीं। जावेद को इस चकले के बारे में उसके दोस्त ने बताया था, जो हुस्नो-इश्क़ की लाश कई बार इस क़ब्रिस्तान में दफ़्न कर चुका था। जावेद से वह कहा करता था, "तुम 'औरत-औरत' पुकारते हो...औरत है कहाँ?...मुझे तो अपनी ज़िंदगी में सिर्फ़ एक औरत नज़र आयी, जो मेरी माँ थी।...पर्दे वालियाँ अलबत्ता देखी हैं पर उनके बारे में सुना भी है। लेकिन जब कभी औरत की ज़रूरत महसूस होती है तो मैंने माई जीवाँ के कोठे को अपना बेहतरीन साथी पाया है। ख़ुदा की कसम, माई जीवाँ औरत नहीं, फ़रिश्ता है...ख़ुदा उसे क़यामत तक ज़िंदा रखे।"

जावेद, माई जीवाँ और उसके यहाँ की चार-पाँच पेशा कराने वाली औरतों के बारे में बहुत कुछ सुन चुका था। उसको मालूम था कि उनमें से एक, हर वक़्त गहरे रंग के शीशों वाला चश्मा पहने रहती है, इसलिए कि किसी बीमारी की वजह से उसकी आँखें ख़राब हो चुकी हैं। एक काली-कलूटी लौंडिया है जो हर वक़्त हँसती रहती है। उसके

बारे में जावेद जब सोचता तो अजीबोगरीब तस्वीर उसकी आँखों के सामने खिंच जाती। "मुझे ऐसी ही औरत चाहिए, जो हर वक़्त हँसती रहे।...ऐसी औरतों को हँसते ही रहना चाहिए। जब वह हँसती होगी तो उसके काले-काले होठ यों खुलते होंगे, जैसे बदबूदार गंदे पानी में मैले-मैले बुलबुले बनकर फटते हैं।"

माई जीवाँ के पास एक और छोकरी भी थी, जो बाकायदा तौर पर पेशा करने के पहले, गलियों और बाज़ारों में भीख माँगा करती थी। अब एक बरस से वह उस मकान में थी जहाँ अठारह बरसों से यही काम हो रहा था। वह अब पाउडर और सुर्खी लगाती थी। जावेद उसके बारे में भी सोचता–"उसके सुर्खी-लगे गाल बिलकुल दाग़दार सेबों की तरह होंगे... जो हर कोई ख़रीद सकता है।"

उन चार-पाँच औरतों में से, जावेद की नज़र किसी खास पर नहीं थी–"मुझे कोई भी मिल जाय...। मैं चाहता हूँ कि मुझसे दाम लिये जाएँ और खट से एक औरत मेरी बगल में थमा दी जाय। एक सेकेंड की देर न होनी चाहिए। किसी किस्म की बात न हो। कोई नर्म-नाज़ुक बात मुँह से निकलने न पाये। क़दमों की चाप सुनाई दे, दरवाज़ा खुलने की खड़खड़ाहट पैदा हो...रुपये खनखनायें और आवाज़ें भी आएँ, पर मुँह बंद रहे। अगर आवाज़ निकले तो ऐसी, जो इनसानी आवाज़ मालूम हो। मुलाक़ात हो बिलकुल हैवानों की तरह। तहज़ीब के संदूक में ताला लग जाए। थोड़ी देर के लिए एक ऐसी दुनिया आबाद हो जाए, जिसमें सूँघने, देखने और सुनने के नाज़ुक एहसास, जंग-लगे उस्तरे की तरह कुंद हो जाएँ।"

जावेद बेचैन हो गया। एक उलझन-सी उसके दिमाग़ में पैदा हो गयी। इरादा उसके अंदर इतनी शिद्दत पकड़ चुका था कि पहाड़ भी उसके रास्ते में होते तो वह उनसे भिड़ जाता। पर म्यूनिसिपल कमेटी की एक अंधी लालटेन, जिसको हवा का एक झोंका बुझा सकता था, उसके रास्ते में बहुत बुरी तरह बाधक हो गयी थी।

उसकी बग़ल में पान वाले की दुकान खुली थी। तेज़ रोशनी में उसकी छोटी-सी दुकान का सामान इतना नुमायाँ हो रहा था कि बहुत-सी चीज़ें नज़र नहीं आती थीं। बिजली के क़ुमक़ुमे के इर्द-गिर्द मक्खियाँ, इस अंदाज़ से उड़ रही थीं, जैसे उनके पर बोझिल हो रहे हैं। जावेद ने जब उनकी तरफ देखा तो उसकी उलझन बढ़ गयी। वह नहीं चाहता था कि उसको कोई सुस्त-रफ़्तार चीज़ नज़र आए। कुछ कर गुज़रने का इरादा, जो वह अपने घर से लेकर यहाँ आया था, उन मक्खियों के साथ बार-बार टकराया और वह उसके एहसास से इस कदर परेशान हुआ कि एक तूफान-सा उसके दिमाग़ में मच गया। "मैं डरता हूँ...मैं ख़ौफ़ खाता हूँ...इस लालटेन से मुझे डर लगता है...मेरे तमाम इरादे इसने तबाह कर दिए हैं।...मैं डरपोक हूँ...मैं डरपोक हूँ...लानत हो मुझ पर।"

उसने कई लानतें अपने आप पर भेजी, पर जैसा चाहिए, वैसा असर न पैदा हुआ। उसके क़दम आगे न बढ़ सके। नानकशाही ईंटों का ऊबड़-खाबड़ फ़र्श उसके सामने लेटा रहा।

गर्मियों के दिन थे। आधी रात गुज़रने पर भी, हवा ठंडी न हुई थी। बाज़ार में आमदो-रफ़्त बहुत कम थी। गिनती की सिर्फ़ चंद दुकानें खुली थी। फ़िज़ा में ख़ामोशी लिपटी हुई थी। हाँ, कभी-कभी किसी कोठे से, हवा के गर्म झोंके के साथ, थके हुए संगीत का एक टुकड़ा उड़-उड़कर इधर चला जाता था और गाढ़ी ख़ामोशी में घुल जाता था।

जावेद के सामने, यानी माई जीवाँ के चकले से इधर हट कर, बड़े बाज़ार में, जो दुकानों के ऊपर कोठों की एक कतार थी, उसमें कई जगह ज़िंदगी के आसार नज़र आ रहे थे। उसके बिलकुल सामने, खिड़की में तेज रोशनी के बल्ब के नीचे एक काली भुजंग औरत, बैठी पंखा डुला रही थी। उसके सिर के ऊपर बिजली का बल्ब जल रहा था और ऐसा दिखायी देता था कि सफ़ेद आग का एक गोला है जो पिघल-पिघलकर उस वेश्या पर गिर रहा है।

जावेद उस काली भुजंग औरत के बारे में कुछ गौर करने ही वाला था कि बाज़ार के उस सिरे से, जो उसकी आँखों से ओझल था, बड़े भद्दे नारों के रूप में कुछ आवाज़ें उठीं। थोड़ी देर के बाद तीन आदमी, झूमते-झूमते, शराब के नशे में चूर नुमूदार हुए। तीनों-के-तीनों उस काली भुजंग औरत के कोठे के नीचे पहुँचकर खड़े हो गये और जावेद के कानों ने ऐसी-ऐसी वाहियात बातें सुनी कि उसके तमाम इरादे, उसके अंदर सिमटकर रहे गये।

एक शराबी ने, जिसके क़दम बहुत अधिक लड़खड़ा रहे थे, अपने मूँछों-भरे होंठों से, बड़ी भद्दी आवाज़ के साथ, एक बोसा नोचकर उस काली वेश्या की तरफ उछाला और ऐसा फ़िक़रा कसा कि जावेद की सारी हिम्मत पस्त हो गयी। कोठे पर बिजली के बल्ब की रोशनी में, उस काली भुजंग औरत के होंठ, एक आबनूसी ठहाके में खुले और उसने शराबी के फिकरे का जवाब यूँ दिया जैसे टोकरी भर कूड़ा नीचे फेंक दिया हो। नीचे बिखरे हुए ठहाकों का फव्वारा-सा छूट पड़ा और जावेद के देखते-देखते, वे तीनों शराबी कोठे पर चढ़े। थोड़ी देर के बाद वह जगह, जहाँ वह काली वेश्या बैठी थी, खाली हो गयी।

जावेद अपने आप से और भी नफ़रत करने लगा–'तुम...तुम...तुम क्या हो? मैं पूछता हूँ, आख़िर तुम क्या हो?...न तुम यह हो, न तुम वह हो...न तुम इनसान हो, न तुम हैवान...तुम्हारी समझ-बूझ, तुम्हारी अकल और सोच, आज सब धरी-की-धरी रह गयी। तीन शराबी आते हैं। तुम्हारी तरह उनके दिल में इरादा नहीं होता, लेकिन बेधड़क उस वेश्या से वाहियात बातें करते हैं और हँसते, ठहाके लगाते, कोठे पर चढ़ जाते हैं, जैसे पतंग उड़ाने जा रहे हों...और तुम...और तुम, जो कि अच्छी तरह समझते हो कि तुम्हें क्या करना है, यों बेवकूफ़ों की तरह बीच बाज़ार में खड़े हो और एक बेजान लालटेन से ख़ौफ़ खा रहे हो। तुम्हारा इरादा इतना साफ और खुला है, लेकिन फिर भी तुम्हारे क़दम आगे नहीं बढ़ते...लानत हो तुम पर।'

पल भर के लिए जावेद के अंदर, अपने से बदला लेने का भाव पैदा हुआ। उसके क़दमों में हरकत हुई और मोरी फाँद कर, वह माई जीवाँ के कोठे की तरफ बढ़ा। वह लपककर सीढ़ियों के क़रीब पहुँचने ही वाला था कि ऊपर से एक आदमी उतरा। जावेद पीछे हट गया। अनायास उसने अपने आपको छिपाने की कोशिश भी की, लेकिन कोठे पर से नीचे आने वाले आदमी ने उसकी तरफ कोई ध्यान न दिया।

उस आदमी ने अपना मलमल का कुर्ता उतारकर कंधे पर रख लिया था। उसकी दाहिनी कलाई में मोतिये के फूलों का, मसला हुआ हार लिपटा था। उसका बदन पसीने से सराबोर हो रहा था। जावेद के वजूद से बेख़बर वह अपने तहमद को दोनों हाथ से घुटनों तक ऊँचा किए, नानकशाही ईंटों का ऊँचा-नीचा फ़र्श पार करके, मोरी के उस पार चला गया और जावेद ने सोचना शुरू किया कि उस आदमी ने उसकी तरफ क्यों नहीं देखा।

इस बीच उसने लालटेन की तरफ देखा तो वह उसे यह कहती जान पड़ी–"तुम कभी अपने मक़सद में सफल नहीं हो सकते, इसलिए कि तुम डरपोक हो। याद है तुम्हें, पिछले साल बरसात में, जब तुमने उस हिंदू लड़की इंदिरा से अपनी मुहब्बत जाहिर करनी चाही थी तो तुम्हारे जिस्म में सकत तक नहीं रही थी। कैसे-कैसे डरावने ख़याल तुम्हारे मन में पैदा हुए थे।...याद है, तुमने हिंदू-मुस्लिम फ़साद के बारे में भी सोचा था और डर गए थे। उस लड़की को तुमने इसी डर के मारे भुला दिया और हमीदा से तुम इसलिए मुहब्बत न कर सके कि वह तुम्हारी रिश्तेदार थी और तुम्हें इस बात का डर था कि तुम्हारी मुहब्बत को गलत नज़रों से देखा जाएगा। कैसे-कैसे वहम तुम्हारे ऊपर उन दिनों छाए थे।...और फिर तुमने बिलकीस से मुहब्बत करनी चाही, पर उसको सिर्फ़ एक बार देखकर, तुम्हारे सब इरादे ग़ायब हो गए और तुम्हारा दिल, वैसा-का-वैसा बंजर रहा।...क्या तुम्हें इस बात का एहसास नहीं कि हर बार तुमने अपनी बेलौस मुहब्बत को ख़ुद ही शक की नज़रों से देखा है। तुम्हें इस बात का कभी पूरी तरह यक़ीन नहीं आया कि तुम्हारी मुहब्बत ठीक है।...तुम हमेशा डरते हो। इस वक़्त भी तुम डर रहे हो। यहाँ घरेलू औरतों और लकड़ियों का सवाल नहीं। हिंदु-मुस्लिम फ़साद का भी इस जगह कोई डर नहीं, लेकिन इसके बावजूद तुम कभी उस कोठे पर नहीं जा सकोगे।...मैं देखूँगी, तुम किस तरह ऊपर जाते हो।"

जावेद की रही-सही हिम्मत भी पस्त हो गयी। उसने महसूस किया कि वह सचमुच पहले दर्जे का डरपोक है।...बीती हुई घटनाएँ, तेज़ हवा में रखी हुई किताब के पन्नों की तरह, उसके में देर तक फड़फड़ाती रहीं और पहली बार उसको इस बात का एहसास बड़ी तेज़ी के साथ हुआ कि उसके वजूद की बुनियादों में एक ऐसी झिझक बैठी हुई है, जिसने उसे क़ाबिले रहम की हद तक डरपोक बना दिया है।

सामने सीढ़ियों से किसी के उतरने की आवाज़ आयी तो जावेद अपने विचारों से चौक पड़ा। वही, जो गहरे रंग के शीशों वाली ऐनक पहनती थी और जिसके बारे में

वह कई बार अपने दोस्त से सुन चुका था, सीढ़ियों के नीचे के चबूतरे पर खड़ी थी। जावेद घबरा गया। करीब था कि वह आगे सरक जाए कि उसने बड़े भद्दे ढंग से उसे आवाज़ दी, "अजी ठहर जाओ...मेरी जान घबराओ नहीं...आओ...आओ..." इसके बाद उसने पुचकारते हुए कहा–"चले आओ...आ जाओ।"

यह सुनकर, जावेद को ऐसा महसूस हुआ कि अगर वह कुछ देर वहाँ ठहरा तो उसकी पीठ में दुम उग जाएगी, जो उस औरत के पुचकारने पर, हिलना शुरू कर देगी। इस एहसास के साथ उसने चबूतरे की तरफ घबरायीं हुई नज़रों से देखा। माई जीवाँ के चकले की उस ऐनक-चढ़ी लौंडिया ने कुछ इस तरह अपने जिस्म को हरकत दी कि जावेद के तमाम इरादे, पके हुए बेरों की तरह झड़ गए। उसने फिर पुचकारा–"आओ...मेरी जान, अब आ भी जाओ।"

जावेद एकदम भागा। मोरी फाँदकर, जब वह बाज़ार में पहुँचा तो उसने एक ऐसे ठहाके की आवाज़ सुनी जो ख़तरनाक तौर पर डरावना था। वह काँप उठा।

जब वह अपने घर पहुँचा तो उसके ख़यालों के हुजूम में से सहसा एक ख़याल रेंगकर आगे बढ़ा, जिसने उसको तसल्ली दी–"जावेद, तुम एक बहुत बड़े पाप से बच गए। ख़ुदा का शुक्र बजा लाओ।"

सौ कैंडल पॉवर का बल्ब

वह चौक में कैसर पार्क के बाहर, जहाँ चंद ताँगे खड़े रहते हैं, बिजली के एक खंबे के साथ ख़ामोश खड़ा था और दिल ही दिल में सोच रहा था, कोई वीरानी-सी वीरानी है!

यही पार्क जो सिर्फ़ दो वर्ष पहले इतनी रौनक से भरपूर जगह थी, अब उजड़ी-उजड़ी दिखाई देती थी। जहाँ पहले औरत और मर्द सुंदर, आकर्षक फैशन के लिबासों में चलते-फिरते थे, वहाँ अब बेहद मैले-कुचैले कपड़ों में लोग इधर-उधर बेमक़सद घूम रहे थे। बाज़ार में काफ़ी भीड़ थी, मगर उसमें वह रंग नहीं था जो एक मेले-ठेले का हुआ करता था। आस-पास की सीमेंट की बनी हुई बिल्डिंगें अपना रूप खो चुकी थीं, सिर-झाड़ू, मुँह-फाड़ एक-दूसरे की तरफ फटी-फटी आँखों से देख रहे थे, जैसे बेवा औरतें।

वह हैरान था कि वह रंग कहाँ गया–वह सिंदूर कहाँ उड़ गया? वे सुर कहाँ ग़ायब हो गए जो उसने कभी यहाँ देखे और सुने थे–अधिक समय की बात नहीं, वह कल ही तो (दो वर्ष भी कोई समय होता है) यहाँ आया था। कलकत्ते से जब उसे यहाँ की एक फ़र्म ने अच्छी तनख़्वाह पर बुलाया था तो उसने कैसर पार्क में कितनी कोशिश की थी कि उसे किराये पर एक कमरा ही मिल जाए, मगर वह नाकाम रहा हज़ार फ़रमाइशों के बावजूद।

मगर अब उसने देखा कि जिस कुंजड़े, जुलाहे, मोची की तबीयत चाहती थी, फ्लैटों और कमरों पर अपना क़ब्ज़ा जमा रहा था।

जहाँ किसी शानदार फिल्म कंपनी का दफ़्तर होता था, वहाँ चूल्हे सुलग रहे थे। जहाँ कभी शहर की बड़ी-बड़ी रंगीन हस्तियाँ जमा होती थीं, वहाँ धोबी मैले-कुचैले कपड़े धो रहे हैं।

दो वर्ष में इतना बड़ा इंक़लाब!

वह हैरान था, लेकिन उसको इस इंक़लाब की पृष्ठभूमि मालूम थी। अख़बारों के जरिये से और उन दोस्तों, जो शहर में मौजूद थे, उसे सब पता लग चुका था कि यहाँ कैसा तूफान आया था, मगर वह सोचता था कि यहाँ कोई अजीबोगरीब तूफान आया था जो इमारतों का रंग-रूप भी चूसकर ले गया। इनसानों ने इनसान कत्ल किए औरतों की बेइज़्ज़ती की, लेकिन इमारतों की ख़ुश्क लकड़ियों और उनकी ईंटों से भी वही सलूक किया।

उसने सुना था कि उस तूफान में औरतों को नंगा किया गया था। उनकी छातियाँ काटी गई थीं। यहाँ उसके आसपास जो कुछ था, सब नंगा और जोबन-रहित था।

वह बिजली के खंबे के साथ लगा अपने एक दोस्त का इंतज़ार कर रहा था, जिसकी मदद से वह अपनी रिहाइश का बंदोबस्त करना चाहता था। उस दोस्त ने उससे कहा था कि तुम कैसर पार्क के पास, जहाँ ताँगे खड़े रहा करते हैं, मेरा इंतज़ार करना।

दो वर्ष हुए जब वह नौकरी के सिलसिले में यहाँ आया था तो यहाँ ताँगों का अड्डा बहुत मशहूर जगह थी। सबसे उम्दा, सबसे बाँके ताँगे यहाँ खड़े रहते थे, क्योंकि यहाँ से ऐयाशी का हर सामान मुहैया हो जाता था। अच्छे से अच्छा रेस्तराँ और होटल क़रीब था। बेहतरीन चाय, बेहतरीन खाना और अन्य चीज़ें भी।

शहर के जितने बड़े दलाल थे, वे यहीं से मिलते थे। इसलिए कि कैसर पार्क में बड़ी-बड़ी कंपनियों के कारण रुपया और शराब पानी की तरह बहते थे।

उसको याद आया कि दो वर्ष पहले उसने अपने दोस्त के साथ बड़े ऐश किए थे। अच्छी से अच्छी लड़की हर रात उसकी बग़ल में होती थी। स्काच जंग के कारण दुर्लभ थी, मगर एक मिनट में दर्जनों बोतलें मुहैया हो जाती थीं।

ताँगे अब भी खड़े थे, मगर उन पर वे कलगियाँ, वे फुँदने व पीतल की पालिश किए हुए साज-व-सामान की चमक नहीं थी। यह भी शायद दूसरी चीज़ों के साथ उड़ गई।

उसने घड़ी में वक़्त देखा। पाँच बज चुके थे। फरवरी के दिन थे। शाम के साये छाने शुरू हो गए थे। उसने दिल-ही-दिल में अपने दोस्त की लानत-मलामत की और दायें हाथ के वीरान होटल में मोरी के पानी से बनाई हुई चाय पीने के लिए जाने ही वाला था कि किसी ने उसको हौले से पुकारा। उसने ख़याल किया कि शायद उसका

दोस्त आ गया, मगर जब उसने मुड़कर देखा तो एक अजनबी था। आम शक्ल-ब-सूरत का, लट्ठे की नई सलवार में जिसमें अब और ज़्यादा शिकनों की गुंजाइश नहीं थी नीली पापलीन की कमीज़ जो लांड्री में जाने के लिए बेताब थी।

उसने पूछा-"क्यों भई, तुमने मुझे बुलाया?"

उसने हौले से जवाब दिया-"जी हाँ।"

उसने ख़याल किया मुहाजिर भीख माँगना चाहता है-"क्या माँगते हो?"

उसने उसी लहजे में जवाब दिया-"जी कुछ नहीं।" फिर क़रीब आकर कहा-"कुछ चाहिए आपको?"

"क्या?"

"कोई लड़की-बड़की।" यह कहकर वह पीछे हट गया।

उसके सीने में एक तीर-सा लगा। देखो इस ज़माने में भी ये लोगों की जिंसी भावनाएँ टटोलता फिरता है और फिर इनसानियत के मुताल्लिक ऊपर-तले उसके दिमाग़ में बड़े साहसपूर्ण ख़यालात आए। इन्हीं ख़यालात के प्रभाव से उसने पूछा-"कहाँ है?"

उसका ढंग दलाल के लिए आशाजनक नहीं था। चंद क़दम उठाते हुए उसने कहा-"जी नहीं आपको ज़रूरत मालूम नहीं होती।"

उसने उसको रोका-"यह तुमने किस तरह जाना? इनसान को हर वक़्त इस चीज़ की ज़रूरत होती है जो तुम मुहैया कर सकते हो-वह सूली पर भी-जलती चिता में भी...।"

वह फिलासफर बनने ही वाला था कि रुक गया-"देखा-अगर कहीं पास ही है तो मैं चलने के लिए तैयार हूँ। मैंने यहाँ एक दोस्त को वक़्त दे रखा है।"

दलाल करीब आ गया-"पास ही बिलकुल पास।"

"कहाँ?"

"उस सामने वाली बिल्डिंग में।"

उसने सामने वाली बिल्डिंग को देखा।

"उसमें-उस बड़ी बिल्डिंग में?"

"जी हाँ।"

वह लरज गया, "अच्छा...तो...?"

सँभलकर उसने पूछा-"मैं भी चलूँ?"

"चलिए, लेकिन मैं आगे-आगे चलता हूँ।" और दलाल ने सामने वाली बिल्डिंग की ओर चलना शुरू कर दिया।

वह सैकड़ों आत्मभेदी बातें सोचता उसके पीछे हो लिया।

चंद गज़ों का फ़ासला था। फौरन तय हो गया। दलाल और वह दोनों उस बड़ी बिल्डिंग में थे जिसकी पेशानी पर एक बोर्ड लटक रहा था–उसकी हालत सबसे खस्ता थी। जगह-जगह उखड़ी हुई ईंटों, कटे हुए पानी के नलों और कूड़े-करकट के ढेर थे।

अब शाम गहरी हो गई थी। ड्योढ़ी में से गुज़रकर आगे बढ़े तो अँधेरा शुरू हो गया। चौड़ा-चकला सेहन तय करके वह एक तरफ मुड़ा, जहाँ इमारत बनते-बनते रुक गई थी। नंगी ईंटें थीं। चूना और सीमेंट मिले हुए सख़्त ढेर पड़े थे और जगह-जगह बजरी बिखरी हुई थी।

दलाल अधूरी सीढ़ियाँ चढ़ने लगा कि मुड़कर उसने कहा–"आप यहाँ ठहरिए। मैं अभी आया।"

वह रुक गया। दलाल ग़ायब हो गया। उसने मुँह ऊपर करके सीढ़ियों के अंत की तरफ देखा तो उसे तेज़ रोशनी नज़र आयी।

दो मिनट गुज़र गए तो दबे पाँव वह भी ऊपर चढ़ने लगा। आख़िरी जीने पर उसे दलाल की बहुत ज़ोर की कड़क सुनाई दी।

"उठती है कि नहीं?"

कोई औरत बोली, "कह तो दिया, मुझे सोने दो।" उसकी आवाज़ घुटी-घुटी-सी थी।

दलाल फिर कड़का–"मैं कहता हूँ, उठ–मेरा कहा नहीं मानेगी तो याद रख...।"

औरत की आवाज़ आई–"तू मुझे मार डाल, लेकिन मैं नहीं उठूँगी। ख़ुदा के लिए मेरे हाल पर रहम कर।"

दलाल ने पुचकारा, "उठ मेरी जान! जिद्द न कर। गुज़ारा कैसे चलेगा?"

औरत बोली, "गुज़ारा जाए जहन्नुम में। मैं भूखी मर जाऊँगी। ख़ुदा के लिए मुझे तंग न कर। मुझे नींद आ रही है।"

दलाल की आवाज़ कड़ी हो गयी, "तो नहीं उठेगी? हरामज़ादी, सूअर की बच्ची!"

औरत चिल्लाने लगी–"मैं नहीं उठूँगी–नहीं उठूँगी–नहीं उठूँगी।"

दलाल की आवाज़ भिंच गयी।

"आहिस्ता बोल–कोई सुन लेगा–ले, चल उठ–तीस-चालीस रुपये मिल जाएँगे।"

औरत की आवाज़ में विनय थी–"देख, मैं हाथ जोड़ती हूँ–मैं कितने दिनों से जाग रही हूँ–रहम कर–ख़ुदा के लिए मुझ पर रहम कर...।"

"बस, एक-दो घंटे के लिए–फिर सो जाना–नहीं तो देख, मुझे सख़्ती करनी पड़ेगी।"

थोड़ी देर के लिए ख़ामोशी छा गयी। उसने दबे पाँव आगे बढ़कर उस कमरे में झाँका, जिसमें से बड़ी तेज रोशनी आ रही थी।

उसने देखा, एक छोटी-सी कोठरी है जिसके फ़र्श पर एक औरत लेटी है—कमरे में दो-तीन बर्तन हैं। बस इसके सिवाय और कुछ नहीं। दलाल उस औरत के पास बैठा उसके पाँव दाव रहा है। थोड़ी देर के बाद उसने उस औरत से कहा-"ले, उठ अब, क़सम ख़ुदा की, एक-दो घंटे में आ जाएगी—फिर सो जाना।"

वह औरत एकदम यूँ उठी जैसे आग दिखाई हुई छछूंदर उठती है और चिल्लाई—"अच्छा, उठती हूँ।"

वह एक तरफ हट गया। असल में वह डर गया था। दबे पाँव वह तेज़ी से नीचे उतर गया। उसने सोचा कि भाग जाए—"इस शहर से ही भाग जाए। इस दुनिया से भाग जाए—मगर कहाँ?"

फिर उसने सोचा कि यह औरत कौन है? क्यों इस पर इतना ज़ुल्म हो रहा है? और यह दलाल कौन है? इसका क्या लगता है? और यह इस कमरे में इतना बड़ा बल्ब जलाकर जो सौ कैंडल पावर से किसी तरह भी कम नहीं था—क्यों रहते हैं, कब से रहते हैं?

उसकी आँखों में इस तेज बल्ब की रोशनी अभी तक घुसी हुई थी। उसको कुछ दिखाई नहीं दे रहा था। मगर वह सोच रहा था कि इतनी तेज रोशनी में कौन सो सकता है? इतना बड़ा बल्ब?-क्या वह छोटा नहीं लगा सकते? यही पंद्रह-बीस कैंडल पावर का?

वह सोच ही रहा था कि आहट हुई। उसने देखा कि दो साये उसके पास खड़े हैं। एक ने, जो दलाल का था, उससे कहा—"देख लीजिए।"

उसने कहा, "देख लिया है।"

"ठीक है न?"

"ठीक है।"

"चालीस रुपये होंगे?"

"ठीक है।"

"दे दीजिए।"

वह अब सोचने-समझने के क़ाबिल नहीं रहा था। जेब में उसने हाथ डाला और कुछ नोट निकालकर दलाल के हवाले कर दिए।

"देख लो, कितने हैं?"

नोटों की खड़खड़ाहट सुनाई दी।

दलाल ने कहा—"पचास हैं।"

उसने कहा—"पचास ही रखो।"

"साहब, सलाम।"

उसके जी में आया कि एक बहुत बड़ा पत्थर उठाकर उसके दे मारे।

दलाल बोला–"तो ले जाइए। लेकिन देखिए, तंग न कीजिएगा और फिर एक-दो घंटे के बाद छोड़ जाइएगा।"

"बेहतर।"

उसने बड़ी बिल्डिंग से बाहर निकलना शुरू किया जिसकी पेशानी पर वह कई बार एक बहुत बड़ा बोर्ड पढ़ चुका था।

बाहर ताँगा खड़ा था। वह आगे बढ़ गया और औरत पीछे।

दलाल ने एक बार फिर सलाम किया और एक बार फिर उसके दिल में यह ख़्वाहिश पैदा हुई कि वह एक बड़ा पत्थर उठाकर उसके सिर पर दे मारे।

ताँगा चल पड़ा। वह उसे पास ही एक वीरान-से होटल में ले गया। दिमाग़ को यथासंभव उस परेशानी से, जो उसे पहुँच चुकी थी, निकालकर उसने उस औरत की तरफ देखा, जो सिर से पैर तक उजाड़ थी–उसके पपोटे सूजे हुए थे। आँखें झुकी हुई थीं। उसका ऊपर का धड़ भी सारे का सारा झुका हुआ था, जैसे वह एक ऐसी इमारत है जो पल-भर में गिर जाएगी।

वह उससे मुख़ातिब हुआ–"ज़रा गर्दन तो ऊँची कीजिए।"

वह ज़ोर से चौंकी, "क्या?"

"कुछ नहीं–मैंने सिर्फ़ इतना कहा था कि कोई बात तो कीजिए।"

उसकी आँखें सुर्ख बूटी हो रही थीं जैसे उनमें मिर्च डाली गयी हो-वह ख़ामोश रही।

"आपका नाम?"

"कुछ भी नहीं।" उसके लहजे में तेज़ाब की-सी तेज़ी थी।

"आप कहाँ की रहने वाली हैं?"

"जहाँ की भी तुम समझ लो।"

"आप इतना रूखा क्यों बोलती हैं?"

औरत अब क़रीब-क़रीब जाग पड़ी और उसकी तरफ लाल बूटी आँखों से देखकर कहने लगी–"तुम अपना काम करो, मुझे जाना है।"

उसने पूछा, "कहाँ?"

औरत ने बड़ी रूखी लापरवाही से जवाब दिया–"जहाँ से मुझे लाए हो?"

"आप चली जाइए।"

"तुम अपना काम करो न–मुझे तंग क्यों करते हो?"

अपने लहजे में दिल का सारा दर्द भरकर उसने कहा–"मैं तुम्हें तंग नहीं करता–मुझे तुमसे हमदर्दी है।"

वह झल्ला गई, "मुझे नहीं चाहिए कोई हमदर्दी।" फिर क़रीब-क़रीब चीख पड़ी, "तुम अपना काम करो और मुझे जाने दो।"

उसने क़रीब आकर उसके सिर पर हाथ फेरना चाहा तो उस औरत ने ज़ोर से एक तरफ झटक दिया :

"मैं कहती हूँ, मुझे तंग न करो। मैं कई दिनों से जाग रही हूँ–जब से आई हूँ, जाग रही हूँ।"

वह एड़ी से चोटी तक हमदर्द बन गया।

"सो जाओ, यहीं।"

औरत की आँखें सुर्ख़ हो गई। तेज़ लहज़े में बोली, "मैं यहाँ सोने नहीं आई यह मेरा घर नहीं।"

"तुम्हारा घर वह है, जहाँ से तुम आई हो?"

औरत और ज़्यादा तेज़ हो गई।

"उफ्! बकवास बंद करो–मेरा कोई घर नहीं–तुम अपना काम करो न। मुझे छोड़ आओ और अपने रुपये ले लो उस... उस...।" वह गाली देती-देती रह गयी। उसने सोचा कि इस औरत से ऐसी हालत में कुछ पूछना और हमदर्दी दिखाना फ़िज़ूल है। चुनांचे उसने कहा–"चलो, मैं तुम्हें छोड़ आऊँ।"

और वह उसे उस बड़ी बिल्डिंग में छोड़ आया।

दूसरे दिन उसने कैसर पार्क के एक वीरान होटल में उस औरत की सारी दास्तान अपने दोस्त को सुनाई। दोस्त पसीज गया। उसने बहुत अफ़सोस ज़ाहिर किया और पूछा-"क्या जवान थी?"

उसने कहा, "मुझे मालूम नहीं–मैं उसे अच्छी तरह बिलकुल न देख सका–मेरे दिमाग़ में तो हर वक़्त यह ख़याल आता था कि मैंने वहीं से पत्थर उठाकर दलाल का सिर क्यों न कुचल दिया।

दोस्त ने कहा, "वाकई बड़े सबाब का काम होता।"

वह ज़्यादा देर तक होटल में अपने दोस्त के साथ न बैठ सका। उसके दिल-ब-दिमाग़ पर पिछले दिन की घटना का बहुत बोझ था। चुनांचे चाय खत्म हुई तो दोनों रुख़्सत हो गए।

उसका दोस्त चुपके से ताँगों के अड्डे पर आया। थोड़ी देर तक उसकी निगाहें उस दलाल को ढूँढ़ती रहीं, मगर वह नज़र न आया। छः बज चुके थे। बड़ी बिल्डिंग सामने थी, चंद गज़ों के फ़ासले पर। वह उस तरफ चल दिया और उसमें दाख़िल हो गया।

लोग अंदर आ-जा रहे थे, मगर वह बड़े इत्मीनान से उस स्थान पर पहुँच गया। काफ़ी अँधेरा था। मगर जब वह उन सीढ़ियों के पास पहुँचा तो उसे रोशनी दिखाई दी। ऊपर देखा और दबे पाँव ऊपर चढ़ने लगा। कुछ देर वह आख़िरी जीने पर ख़ामोश खड़ा रहा। कमरे से तेज़ रोशनी आ रही थी, मगर कोई आवाज़, कोई आहट उसे सुनायी न

दी। आख़िरी जीना तय करके वह आगे बढ़ा। दरवाज़े के पट खुले थे। उसने ज़रा इधर हटकर अंदर झाँका। इससे पहले उसे बल्ब नज़र आया जिसकी रोशनी उसकी आँखों में घुस गई। वह एकदम परे हट गया ताकि थोड़ी देर अँधेरे की तरफ मुँह करके अपनी आँखों से चकाचौंध निकाल सके।

इसके बाद वह फिर दरवाज़े की तरफ बढ़ा, मगर इस अंदाज़ से कि उसकी आँखें बल्ब की तेज रोशनी की जद में न आएँ। उसने अंदर झाँका–फ़र्श का जो हिस्सा उसे नज़र आया, उस पर एक औरत चटाई पर लेटी थी। उसने उसे गौर से देखा–सो रही थी। मुँह पर दुपट्टा था। उसका सीना साँस के उतार-बढ़ाव से हिल रहा था–वह जरा और आगे बढ़ा-उसकी चीख निकल गयी, मगर उसने फ़ौरन ही दबा ली–उस औरत से कुछ दूर नंगे फ़र्श पर एक आदमी पड़ा था, जिसका सिर टुकड़े-टुकड़े था–पास ही खून से सनी ईंट पड़ी थी। यह सब उसने एकदम देखा और सीढ़ियों की तरफ लपका–पाव फिसला और नीचे, मगर उसने चोट की कोई चिंता न की और होश-व-हवास क़ायम रखने की कोशिश करते हुए मुश्किल से अपने घर पहुँचा और सारी रात डरावने सपने देखता रहा।

हारता चला गया

लोगों को सिर्फ़ जीतने में मजा आता है, लेकिन उसे जीत कर हार देने में ख़ुशी होती है। जीतने में उसे कभी इतनी दिक़्क़त महसूस नहीं हुई, लेकिन हारने में ज़रूर कई बार उसे काफ़ी मेहनत करनी पड़ी। शुरू-शुरू में, बैंक की नौकरी करते हुए, जब उसे ख़याल आया कि उसके पास भी दौलत का अंबार होना चाहिए तो उसके दोस्तों और सगे-संबंधियों ने इस ख़याल की हँसी उड़ायी थी। मगर जब वह बैंक की नौकरी छोड़कर, बंबई चला गया तो थोड़े ही समय के बाद, उसने रुपये-पैसे से अपने दोस्तों और रिश्तेदारों की मदद करनी शुरू कर दी।

बंबई में उसके लिए कई मैदान थे, पर उसने अपने लिए फिल्मी दुनिया को ही चुना। उसमें पैसा था, इज़्ज़त थी। इसमें चल-फिरकर, वह दोनों हाथों से दौलत बटोर सकता था और दोनों ही हाथों से लुटा भी सकता था। इसीलिए वह अभी तक इसी मैदान का खिलाड़ी है।

लाखों नहीं, करोड़ों रुपया उसने कमाया और लुटा दिया। कमाने में इतनी देर न लगी, जितनी लुटाने में। एक फिल्म के लिए गीत लिखे। लाख रुपये धरवा लिये। लेकिन एक लाख रुपयों को रंडियों के कोठों पर, भड़वों की महफिल में, घुड़-दौड़ के मैदानों में और जुआघरों में हारते हुए उसे काफ़ी देर लगी।

एक फिल्म बनायी। दस लाख का फायदा हुआ। अब इस रकम को इधर-उधर लुटाने का सवाल पैदा हुआ। चुनांचे, उसने हर कदम में फिसलन पैदा कर ली। तीन मोटरें ख़रीद

ली-एक नयी और दो पुरानी, जिनके बारे में उसे अच्छी तरह पता था कि बिलकुल बेकार हैं। ये गाड़ियाँ उसने घर के बाहर गलने-सड़ने के लिए रख दीं। जो नयी थीं, उसको गैराज में बंद कर दिया-इस बहाने से कि पेट्रोल नहीं मिलता। उसके लिए टैक्सी ठीक थी। सुबह ली, एक मील के बाद रुकवा ली। किसी जुआखाने में चले गए। दो-ढाई हज़ार रुपये हारकर, दूसरे दिन बाहर निकले। टैक्सी बाहर खड़ी थी। उसमें बैठे और घर से चले गए और जान-बूझकर किराया देना भूल गए। शाम को बाहर निकले और टैक्सी खड़ी देखकर कहा, "अरे नालायक, तुम अभी तक यहीं खड़े हो। चलो मेरे साथ दफ़्तर, तुम्हें पैसे दिलवा दूँ..." दफ़्तर पहुँचकर फिर किराया देना भूल गए और...

एक के बाद एक, दो-तीन फिल्में हिट हो गयीं। कामयाबी के जितने भी रिकार्ड थे, सब टूट गए। दौलत के अंबार लग गए। शोहरत आसमान तक जा पहुँची। झुँझलाकर, उसने दो-तीन ऐसी फिल्में बनायीं जिनकी नाकामी ख़ुद अपनी मिसाल बन गई। अपनी तबाही के लिए, दूसरों को भी बरबाद कर दिया। लेकिन फ़ौरन ही आस्तीनें चढ़ा लीं। जो तबाह हो गए थे, उन्हें दिलासा दिया और एक ऐसी फिल्म बनायी, जो सोने की खान साबित हुई।

औरतों के बारे में भी उसकी हार-जीत का यही चक्कर चलता रहा। किसी महफिल या किसी कोठे से एक औरत उठाई; उसको बना-सँवार कर, शोहरत के ऊँचे आसन पर बिठा दिया; फिर उसके औरतपन का सारा रूप बिगाड़ने के बाद, उसे ऐसे मौके दिए कि वह किसी दूसरे के गले में अपनी बाहें डाल दे।

बड़े-बड़े सरमायादारों और बड़े-बड़े ख़ूबसूरत प्रेमियों से मुकाबला हुआ। सिर-धड़ की बाजियाँ लगीं। राजनीति की बिसातें बिछीं। लेकिन वह इन तमाम काँटेदार झाड़ियों में हाथ डालकर, अपना मन-पसंद फूल नोचकर ले आया। दूसरे दिन ही उसको अपने कोट में लगाया और किसी रक़ीब को मौका दे दिया कि वह झपट्टा मारकर ले जाए।

उन दिनों जब वह फ़ारस रोड के एक जुआखाने में लगातार, दस रोज़ से जा रहा था, उस पर हारने की ही धुन सवार थी। यूँ तो उसने अभी ताजा-ताजा एक बहुत ही हसीन एक्ट्रेस हारी थी और दस लाख रुपये तक एक फिल्म में तबाह कर दिए थे। मगर इन दो हादसों से उसे तसल्ली नहीं हुई थी। ये दोनों चीज़ें तो अचानक ही उसके हाथ से निकल गई थीं। उसका अंदाज़ा इस बार गलत साबित हुआ था। इसलिए यही वजह थी कि वह, रोज़ फ़ारस रोड के जुआख़ाने में, नाप-तोल कर, एक तयशुदा रकम हार रहा था।

हर रोज़ शाम को, अपनी जेब में दो सौ रुपये डालकर, वह पवन पुल की तरफ जाता। उसकी टैक्सी, टखियाइयों की जंगला लगी दुकानों के साथ-साथ चलती और दूर जाकर बिजली के एक खंभे के पास रुक जाती। वह बाहर निकलता। अपनी नाक पर मोटे-मोटे शीशों वाली ऐनक अच्छी तरह जमाता। धोती की लॉग ठीक करता और एक

नज़र दायीं ओर देखता, जहाँ लोहे के जंगले के पीछे, एक बहुत ही ख़ूबसूरत औरत, टूटा हुआ शीशा रखे, सिंगार में मशरूफ़ होती, ऊपर बैठक में चला जाता।

दस दिन से वह लगातार फ़ारस रोड के इस जुआघर में, दो सौ रुपये हारने के लिए जा रहा था। कभी तो ये रुपये दो-तीन हाथों में ही खत्म हो जाते और कभी उनको हारते-हारते सुबह हो जाती।

ग्यारहवें दिन, जब बिजली के खंभे के पास टैक्सी रुकी तो उसने अपनी नाक पर मोटे-मोटे शीशों वाली ऐनक जमाकर और धोती की लॉग ठीक करके, एक नज़र बायीं तरफ देखा, तो उसे सहसा यह अहसास हुआ कि वह पिछले दस दिनों से लगातार इस बदसूरत औरत को देख रहा है। वह हमेशा की तरह, टूटा हुआ शीशा सामने रखे, लकड़ी के तख़्त पर बैठी, सिंगार में मशरूफ़ थी।

लोहे के जंगले के पास आकर, उसने ध्यान से, इस अधेड़ उम्र की औरत को देखा-काला रंग, चिकनी त्वचा, गालों और ठोड़ी पर नीले रंग के छोटे-छोटे, सुई से गोदे हुए दायरे, जो चमड़ी की रंगत में लगभग मिल गए थे, दाँत बड़े ही बेढंगे, मसूड़े पान और तंबाकू से गले हुए। उसने सोचा इस औरत के पास कौन आता होगा।

लोहे के जंगले की तरफ उसने एक कदम और बढ़ाया तो वह बदसूरत औरत मुस्करायी। शीशा एक तरछ रखकर, उसने बड़े ही भौंडेपन से कहा-"क्यों सेठ, रहेगा?"

उसने और ज़्यादा गौर से उस औरत की तरफ देखा, जिसे इस उम्र में भी उम्मीद थी कि अभी भी उसके ग्राहक हैं। उसे बड़ी हैरानी हुई। इसलिए उसने पूछा-"बाई तुम्हारी उम्र क्या होगी!"

यह सुनकर औरत के दिल को शायद धक्का-सा लगा। मुँह बिसूर कर, उसने शायद मराठी ज़ुबान में गाली दी। उसको अपनी ग़लती महसूस हुई। चुनांचे, उसने बड़ी मासूमियत के साथ उससे कहा-"बाई, मुझे माफ कर दो। मैंने ऐसे ही पूछा था, लेकिन मेरे लिए यह बड़ी हैरानी की बात है-हर रोज़ तुम सज-धज कर यहाँ बैठती हो। क्या तुम्हारे पास कोई आता है?"

औरत ने कोई जवाब नहीं दिया। उसने फिर अपनी ग़लती महसूस की और बिना किसी उत्सुकता के पूछा, "तुम्हारा नाम क्या है?"

औरत, जो परदा हटाकर अंदर जाने वाली थी, रुक गई और बोली, गंगूबाई।"

"गंगूबाई, तुम हर रोज़ कितना कमा लेती हो?"

उसके स्वर में हमदर्दी थी। गंगूबाई लोहे की सलाखों के पास आ गयी-"छै-सात रुपये...कभी कुछ भी नहीं।"

"छै-सात रुपया और कभी कुछ भी नहीं," गंगूबाई के ये अलफ़ाज़ दोहराते हुए, उसे उन दो सौ रुपयों का ख़याल आया, जो उसकी जेब में पड़े थे और जिनको वह

सिर्फ़ हार देने के लिए अपने साथ लाया था। उसे अचानक एक ख़याल आया–"देखो गंगूबाई, तुम रोज़ाना सात रुपये कमाती हो–मुझसे दस ले लिया करो।"

"रहने के लिए?"

"नहीं...लेकिन तुम यही समझना कि मैं रहने के लिए दे रहा हूँ," यह कहकर; उसने जेब में हाथ डाला और दस रुपये का एक नोट निकालकर सलाखों में से अंदर गुज़ार दिया–"यह लो।"

गंगूबाई ने नोट ले लिया। लेकिन उसका चेहरा सवाल बना हुआ था।

"देखो गंगूबाई, मैं तुम्हें हर रोज़ इसी वक़्त दस रुपये दिया करूँगा, लेकिन एक शर्त पर..."

"सरत?"

"शर्त यह है कि दस रुपये लेने के बाद, तुम खाना-बाना खाकर, अन्दर सो जाया करो...रात को मैं तुम्हारी बत्ती जलती न देखूँ।"

गंगूबाई के होंठों पर एक अजीबोगरीब मुस्कराहट फैल गई।

"हँसी नहीं, मैं अपनी ज़ुबान का पक्का रहूँगा।"

यह कहकर, वह ऊपर जुआख़ाने में चला गया। सीढ़ियों में उसने सोचा मुझे तो ये रुपये हारने ही होते हैं। दो सौ न सही, एक सौ नब्बे ही सही।

कई दिन बीत गए। हर रोज़, हस्बे-मामूल, उसकी टैक्सी शाम के वक़्त बिजली के खंभे के पास रुकती। दरवाज़ा खोलकर वह बाहर निकलता। मोटे शीशों वाली ऐनक में से दायीं तरफ, गंगूबाई को, लोहे की सलाखों के पीछे, तख़्त पर बैठे देखता। अपनी धोती की लॉग ठीक करता, जंगले के पास पहुँचता और दस रुपये का एक नोट निकालकर गंगूबाई को दे देता। गंगूबाई नोट को माथे से छूकर सलाम करती, और वह एक सौ नब्बे रुपये हारने के लिए, ऊपर कोठे पर चला जाता। इस बीच, दो-तीन बार रुपया हारने के बाद, जब वह रात को ग्यारह-बारह बजे या दो-तीन बजे नीचे उतरा तो गंगूबाई की दुकान बंद पाई।

एक दिन, हमेशा की तरह दस रुपये देकर, जब वह कोठे पर गया तो दस बजे ही छुट्टी पा गया। ताश के पत्ते कुछ ऐसे पड़े कि कुछ घण्टों में ही एक सौ नब्बे रुपये का सफाया हो गया। कोठे से नीचे उतरकर, जब वह टैक्सी में बैठने लगा तो उसने क्या देखा कि गंगूबाई की दुकान खुली है और लोहे के जंगले के पीछे, तख़्त पर यूँ बैठी है जैसे ग्राहकों का इंतज़ार कर रही हो।

टैक्सी से बाहर निकलकर, वह उसकी दुकान की तरफ बढ़ा। गंगूबाई ने उसे देखा तो घबरा गई, लेकिन वह पास पहुँच चुका था।

"गंगूबाई, यह क्या?"

गंगूबाई ने कोई जवाब नहीं दिया।

"बहुत अफ़सोस है, तुमने अपना वायदा पूरा न किया...मैंने तुमसे कहा था-रात को मैं तुम्हारी बत्ती जलती न देखूँ...लेकिन तुम यहाँ इस तरह बैठी हो।"

उसके लहजे में दुख था, गंगूबाई सोच में पड़ गयी।

"तुम बहुत बुरी हो," यह कहकर वह जाने लगा।

गंगूबाई ने आवाज़ दी, "ठहरो सेठ।"

वह ठहर गया। गंगूबाई ने आहिस्ता-आहिस्ता, एक-एक लफ़्ज़ चबाते हुए कहा-"मैं बहुत बुरी हूँ। पर यहाँ चाँगली कौन है?... सेठ, तुम दस रुपये देकर एक की बत्ती बुझाते हो...जरा देखो तो–कितनी बत्तियाँ जल रही हैं।"

उसने एक तरफ हटकर, गली के साथ-साथ दौड़ती हुई जंगला लगी दुकानों की तरफ देखा। एक न खत्म होने वाली कतार थी और बेशुमार बत्तियाँ रात की मटमैली फ़िज़ा में सुलग रही थीं।

"क्या तुम ये सब बत्तियाँ बुझा सकते हो?"

उसने अपनी ऐनक के मोटे-मोटे शीशों में से, पहले गंगूबाई के सिर पर लटकते बल्ब को देखा, फिर गंगूबाई के मटमैले चेहरे को और गर्दन झुकाकर कहा–"नहीं गंगूबाई, नहीं।"

जब वह टैक्सी में बैठा तो उसकी जेब की तरह, उसका दिल भी खाली था।

मैडम डीकॉस्टा

नौ महीने पूरे हो चुके थे।

मेरे पेट में अब पहली-सी गड़बड़ नहीं थी, पर मैडम डीकॉस्टा के पेट में चूहे दौड़ रहे थे। वह बहुत परेशान थी। चुनांचे मैं आने वाली घटना की तमाम अनजानी तकलीफ़ें भूल गयी थी और मैडम डीकॉस्टा की हालत पर रहम खाने लगी थी।

मैडम डीकॉस्टा मेरी पड़ोसन थी। हमारे फ्लैट की बालकनी और उसके फ्लैट की बालकनी के बीच सिर्फ़ एक लकड़ी का तख़्ता था, उसमें अनगिनत नन्हे-नन्हे सूराख थे। उन सूराखों में से मैं और मेरी सास, मैडम डीकॉस्टा के सारे ख़ानदान को खाना खाते देखा करते थे। लेकिन जब उनके घर सुखायी हुई झींगा मछली पकती और उसकी नाक़ाबिले-बर्दाश्त बू उन सूराखों में से छन-छन कर हम तक पहुँच जाती तो मैं और मेरी सास बालकनी का रुख तक न करती थीं। मैं अब भी कभी-कभी सोचती हूँ कि इतनी बदबूदार चीज खायी कैसे जा सकती है। पर बाबा, क्या कहा जाए। इनसान बुरी-से-बुरी चीज़ें खा जाता है। कौन जाने, उन्हें इस बू में ही मज़ा आता हो।

मैडम डीकॉस्टा की उम्र लगभग चालीस-बयालीस की होगी। उसके कटे हुए बाल, जो अपनी सियाही बिलकुल खो चुके थे और जिनमें बेशुमार सफ़ेद धारियाँ पड़ चुकी थीं, उसके छोटे-से सिर पर, घिसे हुए नमदे की टोपी के रूप में, बिखरे रहते थे। कभी-कभी जब वह नया, भड़कीले रंग का, बहुत ही भौंडे तरीक़े से सिला हुआ, फ्राक पहनती थी, तो सिर पर लाल-लाल बुंदकियों वाला जाल भी लगा लेती थी, जिससे उसके छिदरे बाल उसके सिर के साथ चिपक जाते थे। उस हालत में वह दर्जियों का ऐसा मॉडल दिखायी देती थी, जो नीलाम-घर में पड़ा हो।

मैंने कई बार उसे अपने इन्हीं बालों में लहरे पैदा करने की कोशिश में भी व्यस्त देखा है। जब वह अपने चार बेटों को, जिनमें एक ताजा-ताजा फौज में भरती हुआ था और अपने आपको हिंदुस्तान के हाकिमों की सूची में शामिल समझता था और दूसरा, जो हर रोज़ अपनी कलफ़ लगी पतलून इस्त्री करके पहनता था और नीचे आकर छोटी-छोटी क्रिश्चियन लड़कियों के साथ मीठी-मीठी बातें किया करता था, जो उसे नाश्ता करा दिया करती थी और अपने बूढ़े पति को, जो रेलवे में नौकर था, बालकनी में निकलकर हाथ के इशारे से 'बाई-बाई' करने के बाद छुट्टी पा जाती थी तो अपने सिर के इन बिखरे हुए बालों में लहरें पैदा करने वाले क्लिप अटका दिया करती थी और उन क्लिपों को लगाकर यह सोचा करती थी कि मेरे यहाँ बच्चा कब पैदा होगा।

वह ख़ुद आधे दर्जन बच्चे पैदा कर चुकी थी, जिनमें से पाँच ज़िंदा थे। उनके जन्म पर भी क्या वह इसी तरह दिन गिना करती थी या चुपचाप बैठी रहती थी और बच्चे को अपने आप पैदा होने के लिए छोड़ देती थी–इसके बारे में मुझे कुछ पता नहीं, लेकिन मुझे इस बात का तल्ख़ तजुर्बा जरूर है कि जो कुछ मेरे पेट में था, उससे मैडम डीकॉस्टा को, जिसका दाहिना पैर और उसके ऊपर का हिस्सा, किसी बीमारी के कारण हमेशा सूजा रहता था, बहुत गहरी दिलचस्पी थी। चुनांचे दिन में कई बार बालकनी में से झाँककर वह मुझे आवाज़ दिया करती थी और ग्रामर की परवाह न करने वाली अंग्रेज़ी में, जिसे न बोलना शायद उसके नज़दीक हिंदुस्तान के मौजूदा शासकों का अपमान था, मुझसे कहा करती थी–"मैं बोली, आज तुम किदर गया था..."

जब मैं उसे बताती कि मैं अपने शौहर के साथ शॉपिंग करने गयी थी तो उसके चेहरे पर निराशा के आसार पैदा हो जाते और वह अंग्रेज़ी भूलकर बंबइया हिंदुस्तानी में बात करना शुरू कर देती, जिसका मकसद मुझसे इस बात का पता लेना होता था कि मेरे ख़याल के मुताबिक बच्चे के पैदा होने में कितने दिन बाकी रह गए हैं।

मुझे इस बात का पता होता तो मैं निश्चय ही उसे बता देती। इसमें हर्ज ही क्या था। उस बेचारी को ख़्वाहमख़्वाह की उलझन से छुटकारा मिल जाता और मुझे भी हर रोज़ उसके नित-नये सवालों का सामना न करना पड़ता। पर मुसीबत यह हे कि मुझे बच्चों

की पैदाइश और उससे संबंधित बातों का कुछ पता नहीं था। मुझे सिर्फ़ इतना पता था कि नौ महीने पूरे हो जाने पर बच्चा पैदा हो जाया करता है।

मैडम डीकॉस्टा के हिसाब से नौ महीने पूरे हो चुके थे। मेरी सास का ख़याल था कि अभी कुछ दिन बाकी हैं।...लेकिन ये नौ महीने कहाँ से शुरू करके पूरे कर दिए गए थे–मैंने बहुतेरा अपने दिमाग़ पर ज़ोर दिया, पर समझ न सकी।

बच्चा मुझे पैदा होने वाला था। शादी मेरी हुई थी, लेकिन सारा बहीखाता मैडम डीकॉस्टा के पास था। कई बार मुझे ख़याल आया कि यह मेरी बेपरवाही का नतीजा है अगर मैंने किसी छोटी-सी नोट-बुक में, उस कॉपी में ही, जो धोबी के हिसाब के लिए बनायी गयी थी सब तारीख़ें लिख छोड़ी होतीं तो कितना अच्छा था।

इतना तो मुझे याद था और याद है कि मेरी शादी 26 अप्रैल को हुई थी। यानी 26 की रात को मैं अपने घर की बजाय अपने शौहर के घर में थी। लेकिन इसके बाद की घटनाएँ कुछ ऐसी गडमड हो गयी थीं कि उस बात का पता लगाना मुश्किल था और मुझे ताज्जुब इसी बात का है कि मैडम डीकॉस्टा ने कैसे अंदाज़ा लगा लिया था कि नौ महीने पूरे हो चुके हैं और बच्चा लेट हो गया है।

एक दिन उसने मेरी सास से बेचैनी-भरे लहजे में कहा–"तुम्हारी डॉटर-इन-ला का बच्चा लेट हो गया है।...पिछले वीक में पैदा होना ही माँगता था।"

मैं अंदर सोफे पर लेटी थी ओर आने वाली घटना के बारे में अटकलें लगा रही था। मैडम डीकॉस्टा की यह बात सुनकर मुझे बड़ी हँसी आयी और ऐसा लगा कि मैडम डीकॉस्टा और मेरी सास दोनों प्लेटफॉर्म पर खड़ी हैं और जिस गाड़ी का उन्हें इंतज़ार था, लेट हो गयी है।

अल्लाह जाने..., मेरी सास को इतनी शिद्दत का इंतज़ार नहीं या, चुनांचे वे कई बार मैडम डीकॉस्टा से कह चुकी थीं, "कोई फ़िक्र की बात नहीं। ख़ुदा अपना फ़ज़ल करेगा। कुछ दिन ऊपर हो जाया करते हैं।" मगर मैडम डीकॉस्टा नहीं मानती थीं। जो हिसाब वह लगा चुकी थी, गलत कैसे हो सकता था? जब मैडम डीसिल्वा के बच्चा होने वाला था तो उसने दूर ही से देखकर कह दिया था कि ज़्यादा-से-ज़्यादा एक हफ्ता लगेगा। चुनांचे चौथे दिन ही मैडम डीसिल्वा अस्पताल जाती नज़र आयीं। और ख़ुद डीकॉस्टा ने छः बच्चे जने थे जिनमें से एक भी लेट न हुआ था। और फिर वह नर्स थी। यह अलग बात है कि उसने किसी अस्पताल में दाईगीरी की ट्रेनिंग नहीं ली थी, पर सब लोग उसे नर्स कहते थे। चुनांचे उनके फ्लैट के बाहर, छोटी-सी लकड़ी की तख़्ती पर 'नर्स डीकॉस्टा' लिखा रहता था। उसे बच्चों की पैदाइश का समय मालूम न होता तो और किसको होता?

जब कमरा नं० 17 में रहने वाले, मिस्टर नजीर की नाक सूज गयी थी तो मैडम डीकॉस्टा ने ही बाज़ार से रुई का पैकेट मँगवाया था और पानी गर्म करके टकोर की

थी। बार-बार वह इस घटना को सनद के रूप में पेश किया करती थीं, चुनांचे मुझे बार-बार कहना पड़ता था–"हम कितने ख़ुशकिस्मत हैं कि हमारे पड़ोस में ऐसी औरत रहती है, जो मिलनसार होने के साथ-साथ अच्छी नर्स भी है।" यह सुनकर वह बहुत ख़ुश होती थीं और उसको यों ख़ुश करने से मुझे फ़ायदा यह हुआ करता था कि जब 'उन्हें' तेज बुखार चढ़ा था तो मैडम डीकॉस्टा ने बर्फ़ लगाने वाली रबड़ की थैली मुझे फौरन ला दी थी। यह थैली एक हफ्ते हमारे यहाँ पड़ी रही और मलेरिया के शिकार, कई लोगों के इस्तेमाल में आती रही। यों भी मैडम डीकॉस्टा बड़ी सेवा करने वाली थीं। पर उसके इस सेवा-भाव में उसकी नाक-धँसाऊँ तबीयत का बड़ा हाथ था। दरअसल वह अपने पड़ोसियों के उन सारे राजों को जानने की भी बड़ी इच्छुक थीं, जो वे अपने सीनों में ही रखते चले आते थे।

मिसेज डीसिल्वा, मैडम डीकॉस्टा की हम-मज़हब थीं, इसलिए बहुत-सी कमज़ोरियाँ उसकी मालूम थी। मसलन वह जानती थी कि मिसेज डीसिल्वा की शादी क्रिसमस में हुई और बच्चा जुलाई में पैदा हुआ, जिसका साफ मतलब यह था कि उसकी असली शादी पहले हो चुकी थी। उसको यह भी पता था कि मिसेज डीसिल्वा नाच-घरों में जाती है और यों बहुत-सा रुपया कमाती है और यह कि अब वह उतनी सुंदर नहीं रही, जितनी कि पहले थी। इसलिए उसकी आमदनी भी पहले से कम हो गयी है।

हमारे सामने जो यहूदी रहते थे, उनके बारे में मैडम डीकॉस्टा के अलग-अलग बयान थे। कभी वह कहती थीं कि मोटी मोजेल, जो रात को देर से घर आती है, सट्टा खेलती है और वह ठिगना-सा बुड्ढा, जो पतलून के गैलिसों में अँगूठे अटकाए और कोट कंधे पर रखे, सुबह घर से निकल जाता है और शाम को लौटता है, मोजेल का पुराना दोस्त है। उस बुड्ढे के बारे में उसने खोजकर यह मालूम किया था कि वह साबुन बनाता है, जिसमें सज्जी बहुत ज़्यादा होती है।

एक दिन उसने हमें बताया था कि मोजेल ने अपनी लड़की की, जो बहुत सुंदर थी और हर रोज़ नीले रंग की जीन्स पहनकर स्कूल जाती थी, उस आदमी से मँगनी कर रखी है, जो हर रोज़ एक पारसी को मोटर में लेकर आता है। मैं उस पारसी के बारे में सिर्फ़ इतना जानती हूँ कि उसकी मोटर हमेशा नीचे खड़ी रहती थी और वह मोजेल की लड़की के मंगेतर सहित रात वहीं बिताता था। मैडम डीकॉस्टा का यह कहना था कि मोजेल की लड़की, क्लोरी का मंगेतर, पारसी का मोटर ड्राइवर है और वह पारसी अपने मोटर ड्राइवर की बहन, लिली का आशिक़ है, जो अपनी बहन वायलेट, समेत उसी फ्लैट में रहती थी। वायलैट के संबंध में मैडम डीकॉस्टा की राय बहुत ख़राब थी। वह कहा करती थी कि वह लौंडिया, जो हर समय एक नन्हे-से बच्चे को उठाए रहती है, बहुत बुरे कैरेक्टर की है, और उस नन्हे-से बच्चे के बारे में उसने हमें एक दिन यह ख़बर सुनायी थी कि जैसा मशहूर किया गया है, वह किसी पारसिन का लावारिस बच्चा नहीं, बल्कि ख़ुद वायलेट

की बहन लिली का है और जो लिली है...बस मुझे इतना ही याद है, क्योंकि जो वंशावली मैडम डीकॉस्टा ने तैयार की थी, वह इतनी लंबी है कि शायद ही किसी को याद रह सके।

सिर्फ़ आसपास की औरतों और पड़ोस के मर्दों तक मैडम डीकॉस्टा की जानकारी सीमित नहीं थी, उसे दूसरे मुहल्ले के लोगों के बारे में भी बहुत-सी बातें मालूम थीं। चुनांचे, जब वह अपने सूजे हुए पैर का इलाज कराने की गरज से बाहर जाती तो घर लौटते हुए, दूसरे मुहल्ले की बहुत-सी ख़बरें लाती थी।

एक दिन, जब मैडम डीकॉस्टा मेरे बच्चे के जन्म का इंतज़ार कर-करके थक-हार चुकी थी, मैंने उसे बाहर फाटक के पास, अपने दो बड़े लड़कों, एक लड़की और पड़ोस की दो औरतों के साथ बातें करते हुए देखा। मैं यह सोचकर मन ही मन बहुत कुड़ी कि वह मेरे बच्चे के लेट हो जाने के बारे में बातें कर रही होंगी। चुनांचे जब उसने घर का रुख किया तो मैं जंगले से परे हट गयी। पर उसने मुझे देख लिया था। सीधी ऊपर चली आयी। मैंने दरवाज़ा खोलकर उसे बाहर बालकनी ही में मूढ़े पर बैठा दिया। मूढ़े पर बैठते ही उसने बंबई की हिंदुस्तानी और ग्रामर-रहित अंग्रेज़ी में कहना शुरू किया-"तुमने कुछ सुना?...मातमा गांडी ने क्या किया?...साली कांग्रेस एक नया क़ानून पास करना माँगटी है। मेरा फ्रेड्रिक ख़बर लाया है कि बोंबे में प्रोहिबीशन हो जाएगा।...तुम समझता है, प्रोहिबीशन क्या होता है?" मैंने अनजानापन प्रगट किया, क्योंकि जितनी अंग्रेज़ी मुझे आती थी, उसमें प्रोहिबीशन शब्द नहीं था। इस पर मैडम डीकॉस्टा ने कहा–"प्रोहिबीशन शराब बंद करने को कहते हैं।...हम पूछता है, इस कांग्रेस का हमने क्या बिगाड़ा है कि शराब बंद करके हमको तंग करना माँगटी है।...यह कैसा गौरमेंट है? हमको ऐसा बात एकदम अच्छा नहीं लगता। हमारा त्योहार कैसे चलेगा? हम क्या करेगा? व्हिस्की हमारा त्यौहारों में होना ही माँगता है...तुम समझती हो न? क्रिसमस कैसे होगा?...क्रिश्चियन लोग तो इस लॉ को नहीं मानेगा। कैसे मान सकता है...मेरे घर में चौबीस क्लाक (घंटे) ब्राण्डी का ज़रूरत रहता है। यह लॉ पास हो गया तो कैसे काम चलेगा।...यह सब कुछ गांडी कर रहा है...गांडी, जो मोहमडन लोग का एकदम बेरी है।...साला आप तो पीता नहीं और दूसरों को पीने से रोकता है। और तुम्हें मालूम है, यह हम लोगों का, मेरा मतलब है, गौरमेंट का बहुत बड़ा एनेमी है..."

उस वक़्त ऐसा मालूम होता था कि इंग्लिस्तान का सारा टापू मैडम डीकॉस्टा के अंदर समा गया है। वह गोआ की रहने वाली, काले रंग की क्रिश्चियन औरत थी, मगर जब उसने ये बातें कीं तो मेरी कल्पना ने उस पर सफ़ेद चमड़ी मढ़ दी। कुछ क्षणों के लिए वह यूरोप से आयी हुई, ताजा-ताजा अंग्रेज़ औरत दिखाई दी, जिसे हिंदुस्तान और उसके महात्मा गांधी से कोई वास्ता न हो।

समुंदर के पानी से नमक बनाने का आंदोलन महात्मा गांधी ने शुरू किया था। चर्खा चलाना और खादी पहनना भी उसी ने लोगों को सिखाया था। इसी किस्म की और भी

बहुत-सी ऊटपटाँग बातें वह कर चुका था। शायद इसीलिए मैडम डीकॉस्टा ने यह समझा था कि बंबई में शराब सिर्फ़ इसलिए बंद की जा रही है कि अंग्रेज़ लोगों को तकलीफ़ हो।...वह कांग्रेस और महात्मा गांधी को एक ही चीज़ समझती थी–यानी लँगोटी।

महात्मा गांधी और उसकी सात पीढ़ियों पर लानतें भेजकर, मैडम डीकॉस्टा असली बात की तरफ आयी–"और हाँ, तुम्हारा यह बच्चा क्यों पैदा नहीं होता? चलो, मैं तुम्हें किसी डॉक्टर के पास ले चलूँ।"

मैंने उस वक़्त बात टाल दी। मगर मैडम डीकॉस्टा ने घर जाते हुए फिर मुझ से कहा–"देखो, तुमको कुछ ऐसा-वैसा बात हो गया तो फिर हमको न बोलना।"

उसके दूसरे दिन की बात है। 'वे' बैठे कुछ लिख रहे थे। मुझे ख़याल आया, कई दिनों से मैंने मिसेज काज़िमी को फोन नहीं किया। उसको भी बच्चे की पैदाइश का बहुत ख़याल है, इस वक़्त फुर्सत है और नजीर साहब का दफ़्तर, जो उनके घर के साथ ही मिला था, बिलकुल खाली होगा, क्योंकि छः बज चुके थे। उठकर टेलीफोन कर देना चाहिए। यों सीढ़ियाँ उतरने और चढ़ने से डॉक्टर साहब और तजुर्बाकार की सलाह पर अमल भी हो जायगा, जो यह था कि चलने-फिरने से बच्चा आसानी के साथ पैदा होता है। चुनांचे, मैं अपने पैदा होने वाले बच्चे-समेत उठी और धीरे-धीरे सीढ़ियाँ चढ़ने लगी। जब पहली मंजिल पर पहुँची, तो मुझे 'नर्स डीकॉस्टा' का बोर्ड नज़र आया और इससे पहले कि मैं उसके फ्लैट के दरवाज़े से गुज़र कर, दूसरी मंजिल के पहले जीने पर क़दम रखूँ, मैडम डीकॉस्टा बाहर निकल आयी और मुझे अपने घर ले गयी।

मेरा दम फूला हुआ था और पेट में ऐंठन-सी पैदा हो गयी थी। ऐसा महसूस होता था कि रबड़ की गेंद है, जो कहीं अटक गयी है। इससे बड़ी उलझन हो रही थी। मैंने एक बार इस तकलीफ़ का ज़िक्र अपनी सास से किया था तो उसने मुझे बताया था कि बच्चे की टाँग-वाँग इधर-उधर फँस जाया करती है। चुनांचे यह टाँग-वॉग ही हिलने से कहीं फँस गयी थी, जिसकी वजह से मुझे बड़ी तकलीफ़ हो रही थी।

मैंने मैडम डीकॉस्टा से कहा–"मुझे एक ज़रूरी टेलीफोन करना है, इसलिए मैं आपके यहाँ नहीं बैठ सकती।"...और बहुत-से बहाने मैंने पेश किए, पर वह न मानी और मेरा बाजू पकड़कर उसने ज़बरदस्ती मुझे उस सोफे पर बैठा दिया, जिसका कपड़ा बहुत मैला हो रहा था।

मुझे सोफे पर बैठाकर, जल्दी-जल्दी उसने दूसरे कमरे से अपने दो छोटे-छोटे लड़कों को बाहर निकाला। अपनी कुँवारी जवान लड़की को भी, जो महात्मा गांधी की लँगोटी से कुछ बड़ी निक्कर पहनती थी, उसने बाहर भेज दिया और मुझे खाली कमरे में ले गयी। अंदर से दरवाज़ा बंद करके उसने मेरी तरफ उस अफरीकी जादूगर की तरह देखा, जिसने अलादीन का चाचा बनकर, उसे गुफा में बंद कर दिया था।

यह सब उसने इतनी फुर्ती से किया कि मुझे वह एक बड़ी भेद भरी औरत दिखायी दी। सूजे हुए पैर की वजह से उसकी चाल में हल्का-सा लँगड़ापन पैदा हो गया था, जो मुझे उस समय बहुत भयानक दिखायी दिया।

मेरी तरफ घूरकर देखने के बाद, उसने इधर दीवार की तीन खिड़कियाँ बंद की। हर खिड़की की चटकनी चढ़ाकर, उसने मेरी तरफ इस अंदाज़ से देखा, जैसे उसे इस बात का डर हो कि मैं उठ भागूँगी।

ईमान की कहूँ, उस वक़्त मेरा जी यही चाहता था कि दरवाज़ा खोलकर भाग जाऊँ। उसकी ख़ामोशी और उसके खिड़कियाँ-दरवाज़े बंद करने से मैं बहुत परेशान हो गयी थी। आख़िर इसका मतलब क्या था?...वह चाहती क्या थी? इतने जबरदस्त एकान्त की क्या ज़रूरत थी?...और फिर...वह लाख पड़ोसन थी, उसके हम पर कई एहसान भी थे; लेकिन आख़िर वह थी तो एक गैर औरत। और उसके बेटे...वह मुआ फ़ौजी और वह कलफ़-लगी पतलून वाला, जो छोटी-छोटी क्रिश्चियन लड़कियों से मीठी-मीठी बातें करता था।...अपने, अपने होते हैं और पराये, पराये। मैं कई इश्क़िया नाविलों में कुटनियों का हाल पढ़ चुकी थी। जिस अंदाज़ से वह इधर-उधर चल-फिर रही थी और दरवाज़े बंद करके पर्दे खींच रही थी, उससे मैंने यही नतीजा निकाला था कि वह नर्स-वर्स बिलकुल नहीं, बल्कि एक बहुत बड़ी कुटनी है। खिड़कियों और दरवाज़े बंद होने की वजह से, कमरे में, जिसके अन्दर लोहे के चार पलंग पड़े थे, काफ़ी अँधेरा हो गया था, जिससे मुझे और भी घबराहट हुई। पर उसने फौरन ही बटन दबा कर रोशनी कर दी।

समझ में नहीं आता था कि वह मेरे साथ क्या करेगी। बड़े भेद-भरे तरीके से उसने अँगीठी पर से एक बोतल उठायी, जिसमें सफ़ेद रंग का तरल पदार्थ था, और मुझसे मुखातिब होकर कहने लगी–"अपना ब्लाउज़ उतारो...मैं कुछ देखना माँगती हूँ।"

मैं घबरा गयी–"क्या देखना चाहती हो?"

ऊपर से सब कुछ साफ नज़र आ रहा था। फिर ब्लाउज़ उतरवाने का क्या मतलब था और उसे क्या हक़ हासिल था कि वह दूसरी औरतों को यों घर के अन्दर बुलाकर, ब्लाउज़ उतारने पर मजबूर करे। मैंने साफ़-साफ़ कह दिया–"मैडम डीकॉस्टा, मैं ब्लाउज़ हरगिज़ नहीं उतारूँगी।" मेरे लहजे में घबराहट के अलावा तेज़ी भी थी।

मैडम डीकॉस्टा का रंग पीला पड़ गया, "तो...तो...फिर हमको मालूम कैसे पड़ेगा कि तुम्हारे घर बच्चा कब होगा।... इस बोतल में खोपरे का तेल है। यह हम तुम्हारे पेट पर गिरा कर देखेगा।...इससे एकदम मालूम हो जाएगा कि बच्चा कब होगा।...लड़की होगी या लड़का?"

मेरी घबराहट दूर हो गयी। मैडम डीकॉस्टा फिर मुझे मैडम डीकॉस्टा नज़र आने लगी।

खोपरे का तेल बड़ी बेजरर चीज़ है। पेट पर अगर उसकी पूरी बोतल भी उँडेल दी जाती तो क्या हर्ज था और फिर तरकीब कितनी दिलचस्प थी। इसके अलावा अगर मैं न

मानती तो मैडम डीकॉस्टा को कितनी बड़ी निराशा का सामना करना पड़ता। मैं वैसे भी किसी का दिल तोड़ना पसंद नहीं करती। चुनांचे मैं मान गयी।...ब्लाउज़ और कमीज़ उतारने में मुझे काफ़ी कोफ़्त हुई, पर मैंने बर्दाश्त कर ली। गैर औरत की मौजूदगी में, जब मैंने अपना फूला हुआ पेट देखा, जिसके निचले हिस्से पर इस तरह के लाल-लाल निशान बने हुए थे, जैसे रेशमी कपड़े में चुन्नटें पड़-पड़ जाएँ तो मुझे एक अजीब किस्म की शर्म महसूस हुई। मैंने चाहा कि फ़ौरन कपड़े पहन लूँ और वहाँ से चल दूँ। लेकिन मैडम डीकॉस्टा का वह हाथ, जिसमें खोपरे के तेल की बोतल थी, उठ चुका था।

मेरे पेट पर ठंडे-ठंडे तेल की एक लकीर दौड़ गयी। मैडम डीकॉस्टा ख़ुश हो गयी। मैंने जब कपड़े पहन लिये तो उसने संतोष-भरे लहजे में कहा-"आज क्या डेट है? ग्यारह...बस पंद्रह को बच्चा हो जाएगा और लड़का ही होगा।"

बच्चा 25 तारीख को हुआ, लेकिन था लड़का। अब, जब कभी वह मेरे पेट पर अपने नन्हे-नन्हे हाथ रखता है, तो मुझे ऐसा महसूस होता है कि मैडम डीकॉस्टा ने खोपरे के तेल की सारी बोतल उँडेल दी है।

महमूदा

मुस्तक़ीम ने महमूदा को पहली बार अपनी शादी पर देखा। आरसी मुसहफ़[2] की रस्म अदा हो रही थी कि अचानक उसे दो बड़ी-बड़ी, असाधारण रूप से बड़ी आँखें दिखायी दीं। वे महमूदा की आँखें थीं जो अभी तक कुँवारी थी।

मुस्तक़ीम औरतों और लड़कियों के झुरमुट में घिरा था। महमूदा की आँखें देखने के बाद उसे ज़रा भी अनुभव न हुआ कि आरसी मुसहफ़ की रस्म कब शुरू हुई और कब खत्म हुई। उसकी दुल्हन कैसी थी, यह बताने के लिए उसे मौका दिया गया, मगर महमूदा की आँखें उसकी दुल्हन और उसके बीच एक काले मखमली पर्दे की भाँति बाधक हो गयीं।

उसने चोरी-चोरी कई बार महमूदा की ओर देखा, उसकी हमउम्र लड़कियाँ सब चहचहा रही थीं। मुस्तक़ीम से बड़े जोरों पर छेड़खानी हो रही थी, मगर वह अलग-थलग खिड़की के पास घुटनों पर ठोड़ी जमाए ख़ामोश बैठी थी। उसका रंग गोरा था, बाल तख़्तियों पर लिखने वाली स्याही की भाँति काले तथा चमकीले थे। उसने सीधी माँग निकाल रखी थी जो उसके अंडाकार चेहरे पर बहुत जँचती थी। मुस्तक़ीम का अनुमान था कि उसका कद छोटा है, अतः जब वह उठी तो उसका प्रमाण भी मिल गया।

---

1. एक प्रथा जिसके अनुसार दुल्हन के अँगूठे मे एक बड़े शीशे वाली अंगूठी पहनाते हैं जिसमें दूल्हा को दुल्हन की सूरत दिखायी जाती है।

उसका लिबास बहुत साधारण था। दुपट्टा जब उसके सिर से ढलका और फ़र्श तक जा पहुँचा तो मुस्तक़ीम ने देखा कि उनका सीना बहुत ठोस और मजबूत है। भरा-भरा जिस्म, तीखी नाक, चौड़ी पेशानी, छोटा-सा मुँह और आँखें जो देखने को सबसे पहले दिखायी देती थीं।

मुस्तक़ीम अपनी दुल्हन को घर ले आया। दो-तीन मास बीत गए। वह ख़ुश था इसलिए कि उसकी पत्नी शिष्ट तथा सुघड़ थी। लेकिन वह महमूदा की आँखें न भूल सका था। उसे ऐसा महसूस होता था कि वह उसके दिल व दिमाग़ पर छा गयी है। मुस्तक़ीम को महमूदा का नाम मालूम नहीं था। एक दिन उसने अपनी बीवी कुलसुम से यों ही पूछा, "वह लड़की कौन थी जो, हमारी शादी पर जब आरसी मुसहफ़ की रस्म अदा हो रही थी—एक कोने में खिड़की के पास बैठी थी?"

कुलसुम ने जवाब दिया, "मैं क्या कह सकती हूँ? उस वक़्त कई लड़कियाँ थीं। मालूम नहीं आप किसके बारे में पूछ रहे हैं?"

मुस्तक़ीम ने कहा, "वह...वह, जिसकी बड़ी-बड़ी आँखें थीं।"

कुलसुम समझ गयी—ओहो, आपका मतलब महमूदा से है! हाँ, वाकई उसकी आँखें बहुत बड़ी है, लेकिन बुरी नहीं लगती। ग़रीब घराने की लड़की, बहुत कम बोलने वाली और शरीफ़। कल ही उसकी शादी हुई है।"

मुस्तक़ीम को सहसा एक धक्का लगा—"उसकी शादी हो गयी कल?"

"हाँ, मैं कल वहीं तो गयी थी। मैंने आपसे कहा नहीं था कि मैंने उसे एक अँगूठी दी है।"

"हाँ-हाँ, मुझे याद आ गया। लेकिन मुझे यह मालूम नहीं था कि तुम जिस सहेली की शादी पर जा रही हो, वही लड़की है, बड़ी-बड़ी आँखों वाली। कहाँ शादी हुई है उसकी?"

कुलसुम ने गिलौरी बनाकर अपने पति को देते हुए कहा, "अपने अज़ीज़ों में। ख़ाविंद उसका रेलवे वर्कशाप में काम करता है, डेढ़ सौ रुपये माहवार तनख़्वाह है। सुना है, बेहद शरीफ़ आदमी है।"

मुस्तक़ीम ने गिलौरी कल्ले के नीचे दबायी, "चलो अच्छा हो गया। लड़की भी जैसा कि तुम कहती हो शरीफ़ है।"

कुलसुम से न रहा गया। उसे आश्चर्य हो रहा था कि उसका पति महमूदा में इतनी दिलचस्पी क्यों ले रहा है? उसने कहा—"ताज्जुब है कि आपने उसे सिर्फ़ एक नज़र देखने पर भी याद रखा।"

मुस्तक़ीम ने कहा, "उसकी आँखें कुछ ऐसी हैं कि आदमी उन्हें भूल नहीं सकता। क्या मैं झूठ बोल रहा हूँ?"

कुलसुम दूसरा पान बना रही थी। थोड़े-सी फ़ुरसत के बाद वह अपने पति से कहने लगी, "मैं इसके बारे में कुछ नहीं कह सकती। मुझे तो उसकी आँखों में कोई आकर्षण। दिखायी नहीं देता। मर्द न जाने किन निगाहों से देखते हैं।

मुस्तक़ीम ने यही उचित समझा कि इस विषय पर अब आगे बातचीत नहीं होनी चाहिए। इसलिए उत्तर में वह मुस्कराकर उठा और अपने कमरे में चला गया। इतवार की छुट्टी थी। सदा की भाँति उसे अपनी पत्नी के साथ मैटिनी शो देखने जाना चाहिए था, मगर महमूदा का ज़िक्र छेड़कर उसने दिमाग़ को बोझिल बना लिया था।

उसने आरामकुर्सी में लेटकर तिपाई पर से एक किताब उठायी जिसे वह दो बार पढ़ चुका था। उसने पहला पन्ना निकाला और पढ़ने लगा, परंतु अक्षर गडमड होकर महमूदा की आँखें बन जाते। मुस्तक़ीम ने सोचा, शायद कुलसूम ठीक कहती थी कि उसे महमूदा की आँखों में कोई आकर्षण नज़र नहीं आता, हो सकता है किसी और मर्द को भी नज़र न आए। एक सिर्फ़ मैं हूँ जिसे दिखायी दिया है। पर क्यों? मैंने ऐसा कोई इरादा नहीं किया था, मेरी कोई इच्छा नहीं थी कि वे मेरे लिए आकर्षण बन जाएँ। एक क्षण की तो बात थी—बस मैंने एक नज़र देखा और वे मेरे दिल-ओ-दिमाग़ पर छा गयीं, इसमें न उन आँखों का दोष है, न मेरी आँखों का जिनसे मैंने उन्हें देखा।

इसके बाद मुस्तक़ीम ने महमूदा के विवाह के बारे में सोचना आरंभ किया, हो गयी उसकी शादी, चलो अच्छा हुआ। लेकिन दोस्त यह क्या बात है कि तुम्हारे दिल में हल्की-सी टीस उठती है, क्या तुम चाहते हो कि उसकी शादी न हो? सदा कुँवारी रहे क्योंकि तुम्हारे दिल में उससे शादी करने की इच्छा तो कभी उत्पन्न नहीं हुई, तुमने उसके बारे में कभी एक क्षण के लिए भी नहीं सोचा कि यह जलन कैसी? इतनी देर तुम्हें—फिर उसे देखने का कभी विचार नहीं आया, पर अब तुम क्यों उसे देखना चाहते हो? और यदि कभी उसे देख भी लो तो क्या कर लोगे? उसे उठाकर अपनी जेब में रख लोगे? उसकी बड़ी-बड़ी आँखें नोचकर अपने बटुए में डाल लोगे? बोलो ना, क्या करोगे?

मुस्तक़ीम के पास इसका कोई जवाब नहीं था। असल में उसे मालूम ही नहीं था कि वह क्या चाहता है? यदि कुछ चाहता भी है तो क्यों चाहता है?

महमूदा की शादी हो चुकी थी और वह भी केवल एक दिन पहले, यानी उस समय जबकि मुस्तक़ीम पुस्तक पढ़ रहा था, महमूद निश्चय ही दुल्हनों के लिबास में या तो अपने मैके या अपनी ससुराल में शरमायी-लजायी बैठी थी। वह ख़ुद शरीफ़ थी, उसका पति भी शरीफ़ था, रेलवे वर्कशॉप में नौकर था और डेढ़ सौ रुपये मासिक वेतन पाता था। बड़ी ख़ुशी की बात थी। मुस्तक़ीम की हार्दिक इच्छा थी कि वह ख़ुश रहे-आजीवन सुखी रहे। लेकिन उसके दिल में जाने क्यों एक टीस-सी उठती जो उसे व्याकुल कर देती थी।

मुस्तक़ीम अंत में इस नतीजे पर पहुँचा कि यह सब बकवास है। उसे महमूदा के बारे में बिलकुल कुछ नहीं सोचना चाहिए। दो वर्ष व्यतीत हो गए। इस दौरान उसे महमूदा के बारे में कुछ मालूम न हुआ और न उसने कुछ मालूम करने का प्रयत्न किया, यद्यपि वह और उसका पति बंबई में डोंगरी की एक गली में रहते थे। मुस्तक़ीम हालाँकि डोंगरी से बहुत दूर माहिम में रहता था, लेकिन अगर वह चाहता तो बड़ी आसानी से महमूदा को देख सकता था।

एक दिन कुलसुम ही ने उससे कहा, "आपकी उस बड़ी-बड़ी आँखों वाली महमूदा के नसीब बहुत बुरे निकले।"

चौंककर मुस्तक़ीम ने चिंतित स्वर में पूछा, "क्यों, क्या हुआ?"

कुलसुम ने गिलौरी बनाते हुए कहा, "उसका ख़ाविंद एकदम मौलवी हो गया है।"

"तो उससे क्या हुआ?

"आप सुन तो लीजिए। वह हर वक़्त मज़हब की बातें करता रहता है, लेकिन वही उटपटाँग किस्म की। वज़ीफ़े करता है, चिल्ले कटता है और महमूदा को मजबूर करता है कि वह भी ऐसा ही करे। फ़क़ीरों के पास घंटों बैठा रहता है-घरबार से बिलकुल ग़ाफ़िल हो गया है। दाढ़ी बढ़ायी है, हाथ में हर वक़्त तस्बीह होती है, काम पर कभी जाता है कभी नहीं जाता। कई-कई दिन ग़ायब रहता है वह बेचारी कुढ़ती रहती है। घर में खाने को कुछ होता नहीं, इसलिए फ़ाक़े करती है और जब उससे शिकायत करती है तो आगे से जवाब यह मिलता है-फ़ाक़ाकशी अल्लाह तबारक ताला को बहुत प्यारी है।" कुलसुम ने सब कुछ एक साँस में कहा।

मुस्तक़ीम ने पनदनियाँ से थोड़ी-सी छालियाँ उठाकर मुँह में डालीं, "कहीं दिमाग़ तो नहीं चल गया उसका?"

कुलसुम ने कहा, महमूदा का तो यही ख़याल है। ख़याल क्या, उसे तो यक़ीन है। गले में बड़े-बड़े मनकों वाली माला डाले फिरता है, कभी-कभी सफ़ेद रंग का चोला भी पहनता है।"

मुस्तक़ीम गिलौरी लेकर अपने कमरे में चला गया और आराम-कुर्सी पर लेटकर सोचने लगा, यह क्या हो गया। ऐसा पति तो बड़ा दुखदायी होता है। ग़रीब किस मुसीबत में फँस गयी। मेरा ख़याल है कि पागलपन के कीटाणु उसके पति के अंदर शुरू ही से मौजूद होंगे जो अब एकदम उभर आए हैं। लेकिन सवाल यह है कि अब महमूदा क्या करेगी? उसका तो यहाँ कोई रिश्तेदार भी नहीं। कुछ शादी करने लाहौर से आए थे और वापस चले गए थे। क्या महमूदा ने अपने माँ-बाप को लिखा होगा? नहीं, नहीं, उसके माँ-बाप तो जैसा कि कुलसुम ने एक बार कहा था, उसके बचपन में ही मर गए थे। शादी उसके चचा ने की थी। डोंगरी, डोंगरी में शायद उसकी जान-पहचान का कोई

हो। लेकिन नहीं, अगर जान-पहचान का कोई होता तो वह फ़ाके क्यों करती? कुलसुम क्यों न उसे अपने यहाँ ले आए? पागल हुए हो मुस्तक़ीम, होश के नाख़ून लो।

मुस्तक़ीम ने एक बार फिर इरादा किया कि वह महमूदा के बारे में नहीं सोचेगा, इसलिए कि उससे कोई लाभ नहीं होगा, बेकार मग़ज़मारी की।

बहुत दिनों के वाद कुलसुम ने एक रोज़ उसे बताया कि महमूदा का पति, जिसका नाम जमील था, क़रीब-क़रीब पागल हो गया है।

मुस्तक़ीम ने पूछा, "क्या मतलब?"

कुलसुम ने जवाब दिया, "मतलब यह कि वह अब रात के एक सेकेंड के लिए नहीं सोता। जहाँ खड़ा है, बस वहीं घंटों ख़ामोश खड़ा रहता है। महमूदा ग़रीब रोती रहती है। मैं कल उसके पास गयी थी। बेचारी का कई दिन का फ़ाक़ा था। मैं बीस रुपये दे आयी, क्योंकि मेरे पास इतने ही थे।"

मुस्तक़ीम ने कहा, "बहुत अच्छा किया तुमने। जब तक उसका पति ठीक नहीं होता कुछ-न-कुछ दे आया करो, ताकि ग़रीब को फ़ाक़ो की नौबत तो न आए।"

कुलसुम ने कुछ सोच-विचार के बाद विचित्र स्वर में कहा-"असल में बात कुछ और है..."

"क्या मतलब?"

महमूदा का ख़याल है कि जमील ने महज एक ढोंग रचा रखा है। वह पागल-वागल हरगिज़ नहीं। बात यह है कि वह...।"

"वह क्या?"

"वह...औरत के क़ाबिल नहीं।...यह कमज़ोरी दूर करने के लिए वह फ़क़ीरों और संन्यासियों से टोने-टोटके लेता रहता है।"

मुस्तक़ीम ने कहा, "यह बात तो पागल होने से ज़्यादा अफ़सोसनाक है। महमूदा के लिए तो यह समझो कि घरेलू ज़िंदगी एक ख़ला बनकर रह गयी है।"

मुस्तक़ीम अपने कमरे में चला गया और महमूदा की दुर्दशा के बारे में सोचने लगा। ऐसी स्त्री का जीवन क्या होगा जिसका पति सर्वथा निष्क्रिय है? कितनी उमंगें होंगी उसके हृदय में उसके यौवन ने कितने कंपकंपा देने वाले स्वप्न देखे होंगे। उसने अपनी सहेलियों से क्या कुछ नहीं सुना होगा? कितनी निराशा हुई होगी बेचारी को जब उसे चारों ओर शून्य-ही-शून्य दिखायी दिया होगा? उसने अपनी गोद हरी करने के बारे में भी कई बार सोचा होगा। जब डोंगरी में किसी के यहाँ बच्चा होने की सूचना उसे मिली होगी तो बेचारी के दिल पर एक घूँसा-सा लगा होगा। अब क्या करेगी? ऐसा न हो, कहीं आत्महत्या कर ले! दो वर्ष तक उसने किसी को यह राज न बताया, परंतु उसका सीना फट गया। ख़ुदा उसके हाल पर रहम करे।

बहुत दिन गुज़र गए। मुस्तक़ीम और कुलसुम छुट्टियों में पंचगनी चले गए। वहाँ ढाई महीने रहे। वापस आए तो एक मास के पश्चात कुलसुम के यहाँ लड़का पैदा हुआ; वह महमूदा के घर न जा सकी। लेकिन एक दिन उसकी एक सहेली जो महमूदा को जानती थी, उसे बधाई देने आयी। उसने बातों-बातों में कुलसुम से कहा, "कुछ सुना तुमने? वह महमूदा है ना, बड़ी-बड़ी आँखों वाली..."

कुलसुम ने कहा, "हाँ-हाँ डोंगरी में रहती है।"

"ख़ाविंद की बेपरवाही ने ग़रीब को बुरी बातों पर मजबूर कर दिया है," कुलसुम की सहेली की आवाज़ में दर्द था।"

कुलसुम ने बड़े दुख-भरे स्वर में पूछा, "कैसी बुरी बातों पर?"

"अब उसके यहाँ गैर मर्दों का आना-जाना हो गया है।"

"झूठ!" कुलसुम का दिल धक-धक करने लगा।

कुलसुम की सहेली ने कहा, "नहीं कुलसुम, मैं झूठ नहीं कहती। मैं परसों उससे मिलने गयी थी, दरवाज़े पर दस्तक देने ही वाली थी कि अंदर से एक नौजवान मर्द जो मैमन मालूम होता था, बाहर निकला और तेज़ी से नीचे उतर गया। मैंने उससे मिलना मुनासिब न समझा और वापस चली आयी।"

"यह तुमने बहुत बुरी ख़बर सुनायी। ख़ुदा उसे गुनाह के रास्ते से बचाये रखे! हो सकता है वह मैमन उसके ख़ाविंद का कोई दोस्त हो," कुलसुम ने ख़ुद को धोखा देते हुए कहा।

उसकी सहेली मुस्करायी, "दोस्त चोरों की तरह दरवाज़ा खोलकर भागा नहीं करते।"

कुलसुम ने अपने पति से बात की तो उसे बहुत दुख हुआ। वह कभी नहीं रोया था, लेकिन कुलसुम ने जब उसे यह दर्दनाक बात बतायी कि महमूदा पाप-मार्ग पर जा रही है तो उसकी आँखों से आँसू आ गए। उसने उसी समय निश्चय कर लिया कि महमूदा उनके यहाँ रहेगी। अतः उसने अपनी पत्नी से कहा, "यह बड़ी भयानक बात है। तुम ऐसा करो, अभी जाओ और महमूदा को यहाँ ले आओ।"

कुलसुम ने बड़े रूखेपन से कहा, "मैं उसे अपने घर में नहीं रख सकती।"

"क्यों?" मुस्तक़ीम के स्वर में विस्मय था।

"बस मेरी मर्जी! वह मेरे घर में क्यों रहे? इसलिए कि आपको उसकी आँखें पसंद है?" कुलसुम के बोलने का ढंग बहुत विषैला और व्यंग्यपूर्ण था।

मुस्तक़ीम को बहुत क्रोध आया, किंतु वह उसे पी गया। कुलसुम से बहस करना व्यर्थ था। अब केवल यही हो सकता था कि वह कुलसुम को निकालकर महमूदा को ले आए। पर वह ऐसा क़दम उठाने के बारे में सोच ही नहीं सकता था। मुस्तक़ीम की नीयत बिलकुल नेक थी और उसे ख़ुद इसका एहसास था। अमल में उसने किसी गंदे

दृष्टिकोण से महमूदा को देखा ही नहीं था। हों, उसकी आँखें उसे ज़रूर पसंद थीं, इतनी कि वह बयान नहीं कर सकता था।

वह पाप के मार्ग पर अग्रसर हो चुकी थी। अभी उसने सिर्फ़ कुछ क़दम उठाए थे उसे विनाश के गड्ढे से बचाया जा सकता था। मुस्तक़ीम ने कभी नमाज़ नहीं पड़ी थी कभी रोज़ा नहीं रखा था, कभी ख़ैरात नहीं दी थी। ख़ुदा ने उसे कितना अच्छा मौका दिया था कि वह महमूदा को गुनाह के रास्ते पर घसीटकर ले आए और तलाक वगैरह दिलवाकर उसकी किसी और से शादी कर दे। मगर वह यह सबाब का काम नहीं कर सकता था, इसलिए कि वह अपनी बीवी का दबेल था।

बहुत देर तक मुस्तक़ीम का अंतःकरण उसे झिड़कता रहा। एक-दो बार उसने यत्न किया कि उसकी पत्नी सहमत हो जाए, पर जैसा कि मुस्तक़ीम को मालूम था, ऐसा प्रयत्न निरर्थक था।

मुस्तक़ीम का विचार था कि और कुछ नहीं तो कुलसुम महमूदा से मिलने ज़रूर जाएगी। मगर उसे निराशा हुई। कुलसुम ने उस रोज़ के बाद महमूदा का नाम तक न लिया।

अब क्या हो सकता था, मुस्तक़ीम ख़ामोश रहा।

लगभग दो वर्ष बीत गए। एक दिन घर से निकलकर मुस्तक़ीम ऐसे ही दिल बहलाने के लिए फुटपाथ पर चहलकदमी कर रहा था कि उसने कसाइयों की बिल्डिंग की ग्राउंड की खोली के बाहर थड़े पर महमूदा की आँखों की झलक देखी। मुस्तक़ीम दो कदम आगे निकल गया था, फ़ौरन मुड़कर उसने देखा महमूदा ही थी। वही बड़ी-बड़ी आँखें थीं, वह एक यहूदन के साथ जो उस खोली में रहती थी, बातें करने में व्यस्त थी।

इस यहूदन को सारा माहिम जानता था। अधेड़ उम्र की औरत थी। उसका काम ऐयाश मर्दों के लिए जवान लड़कियाँ उपलब्ध करना था। उसकी अपनी दो जवान लड़कियाँ थी जिनसे वह पेशा कराती थी। मुस्तक़ीम ने जब महमूदा का चेहरा बड़े ही बेहूदा तरीके से मेकअप किए हुए देखा तो वह लरज़ उठा। अधिक देर तक यह दुखद दृश्य देखने की शक्ति उसमें न थी; वहाँ से फ़ौरन चल दिया।

घर पहुँचकर उसने कुलसुम से इस घटना का जिक्र न किया, क्योंकि अब ज़रूरत ही नहीं रही थी। महमूदा अब पूर्णतया शरीर बेचने वाली औरत बन चुकी थी। मुकीम के सामने जब भी उसका बेहूदा, कामोत्तेजक रूप से मेकअप किया हुआ चेहरा आता तो उसकी आँखों में आँसू आ जाते। उसका अंतःकरण उससे कहता-"मुस्तक़ीम, जो कुछ तुमने देखा है, उसका कारण तुम हो। क्या हो जाता यदि तुम अपनी बीवी की कुछ दिनों की नाराज़गी बर्दाश्त कर लेते! ज़्यादा से ज़्यादा इस अरसे में वह मैके चली जाती। मगर महमूदा की ज़िंदगी उस गंदगी से तो बच जाती जिसमें वह इस समय धँसी हुई है। क्या तुम्हारी नीयत नेक नहीं थी? अगर तुम सच्चाई पर थे और सच्चाई पर रहते

तो कुलसुम एक-न-एक दिन अपने आप ठीक हो जाती। तुमने बड़ा जुल्म किया, बहुत बड़ा पाप किया।"

मुस्तक़ीम अब क्या कर सकता था? कुछ भी नहीं। पानी सिर से गुज़र चुका था। चिड़ियाँ सारा खेत चुग गयी होगी। अब कुछ नहीं हो सकता था। मरते हुए रोगी को अंतिम समय ऑक्सीजन सुँघाने वाली बात थी।

थोड़े दिनों के बाद बंबई का वातावरण सांप्रदायिक दंगों के कारण बड़ा भयंकर हो गया था। बँटवारे के कारण देश के चारों ओर विनाश और लूट का बाज़ार गर्म था। लोग धड़ाधड़ हिंदुस्तान छोड़कर पाकिस्तान आ रहे थे। कुलसुम ने मुस्तक़ीम को मजबूर किया कि वह भी बंबई छोड़ दे। अतः जो पहला जहाज़ मिला, उसकी सीटें बुक कराके मियाँ-बीवी कराची पहुँच गए और छोटा-मोटा कारोबार शुरू कर दिया।

ढाई बरस बाद इस कारोबार में उन्नति होने लगी। इसलिए मुस्तक़ीम ने नौकरी का विचार त्याग दिया। एक रोज़ शाम को दुकान से उठकर वह टहलते हुए सदर जा निकला। जी चाहा एक पान खाए; बीस-तीस क़दम के फ़ासले पर उसे एक दुकान नज़र आयी जिस पर काफ़ी भीड़ थी। आगे बढ़कर वह दुकान के पास पहुँचा; क्या देखता है कि महमूदा बैठी पान लगा रही है; झुलसे हुए चेहरे पर उसी क़िस्म का भद्दा मेकअप है, लोग उससे गंदे-गंदे मज़ाक़ कर रहे हैं और वह हँस रही है। मुस्तक़ीम के होशोहवास ग़ायब हो गए। सोच रहा था कि वहाँ से भाग जाए कि महमूदा ने उसे पुकारा, "इधर आओ दूल्हा मियाँ, तुम्हें एक फस्ट क्लास पान खिलाएँ। हम तुम्हारी शादी में शरीक़ थे।"

मुस्तक़ीम बिलकुल पथरा गया।

शिकारी औरतें

मैं आज आपको चन्द शिकारी औरतों के किस्से सुनाऊँगा। मेरा ख़याल है कि आपका भी कभी उनसे वास्ता पड़ा होगा।

मैं बंबई में था। फिल्मिस्तान से आम तौर पर बिजली की ट्रेन से छः बजे घर पहुँच जाया करता था, लेकिन उस रोज़ मुझे देर हो गयी। इसलिए कि 'शिकारी' की कहानी पर वाद-विवाद होता रहा।

मैं जब बंबई सेंट्रल के स्टेशन पर उतरा तो मैंने एक लड़की को देखा जो थर्ड क्लास कंपार्टमेंट से बाहर निकली। उसका रंग गहरा साँवला था। नाक-नक्शा ठीक-ठाक था। जवान थी। उसकी चाल अनोखी-सी थी। ऐसा लगता था कि फिल्म का दृश्य लिख रही है।

मैं स्टेशन के बाहर आया और पुल पर विक्टोरिया गाड़ी का इंतज़ार करने लगा। मैं तेज़ चलने का आदी हूँ, इसलिए मैं दूसरे मुसाफ़िरों से बहुत पहले बाहर निकल आया था।

विक्टोरिया आयी और मैं उसमें बैठ गया। मैंने कोचवान से कहा कि आहिस्ता-आहिस्ता चले, इसलिए कि फिल्मिस्तान में कहानी पर बहस करते-करते मेरी तबीयत परेशान हो गयी थी। मौसम सुहावना था। विक्टोरिया वाला आहिस्ता-आहिस्ता पुल से उतरने लगा।

जब हम सीधी सड़क पर पहुँचे तो एक आदमी सिर पर टाट से ढका हुआ मटका उठाए आवाज़ लगा रहा था–"कुल्फ़ी...कुल्फ़ी!"

जाने क्यों मैंने कोचवान से विक्टोरिया रोक लेने को कहा और उस कुल्फ़ी बेचने वाले से कहा कि एक कुल्फ़ी दो। मैं असल में अपनी तबीयत की परेशानी किसी न किसी तरह दूर करना चाहता था।

उसने मुझे एक दोने में कुल्फ़ी दी। मैं खाने ही वाला था कि अचानक कोई धम्म से विक्टोरिया में आन घुसा। काफ़ी अँधेरा था। मैंने देखा तो वही गहरे रंग की साँवली लड़की थी।

मैं बहुत घबराया-वह मुस्करा रही थी। दोने में मेरी कुल्फ़ी पिघलना शुरू हो गयी।

उसने कुल्फ़ी वाले से बड़े बेतकल्लुफ़ अंदाज़ में कहा, "एक मुझे भी दो।"

उसने दे दी।

गहरे साँवले रंग की लड़की ने उसे एक मिनट में चट कर दिया और विक्टोरिया वाले से कहा–"चलो।"

मैंने उससे पूछा, "कहाँ?"

"जहाँ भी तुम जाना चाहते रहते हो।"

"मुझे तो अपने घर जाना है।"

"तो घर ही चलो।"

"तुम कौन हो?"

"कितने भोले बनते हो।"

मैं समझ गया कि वह किस तरह की लड़की है। चुनांचे मैंने उससे कहा, "घर जाना ठीक नहीं और यह विक्टोरिया भी गलत है–कोई टैक्सी ले लेते हैं।"

वह मेरे इस मशवरे पर बहुत ख़ुश हुई। मेरी समझ में नहीं आता था कि उस से नजात कैसे हासिल करूँ। उसे धक्का देकर बाहर निकालता तो ऊधम मच जाता। फिर मैंने यह भी सोचा कि औरत जात है। इससे फ़ायदा उठाकर कहीं वह यह बावेला न मचा दे कि मैंने उससे अभद्र मज़ाक किया है।

विक्टोरिया चलती रही और मैं सोचता रहा कि यह मुसीबत कैसे टल सकती है। आख़िर हम वेबी अस्पताल के पास पहुँच गए। वहाँ टैक्सियों का अड्डा था। मैंने विक्टोरिया वाले को उसका किराया अदा किया और एक टैक्सी ले ली। हम दोनों उसमें बैठ गए।

ड्राइवर ने पूछा–"किधर जाना है, साहब?"

मैं अगली सीट पर बैठा था। थोड़ी देर सोचने के बाद मैंने उससे, फुसफुसा कर कहा, "मुझे कहीं नहीं जाना है–यह लो दस रुपये–इस लड़की को जहाँ भी तुम ले जाना चाहो, ले जाओ।"

वह बहुत ख़ुश हुआ।

दूसरे मोड़ पर उसने गाड़ी ठहराई और मुझसे कहा, "साहब, आपको सिगरेट लेनी थी–उस ईरानी के होटल से सस्ती मिल जाएँगी।"

मैं फ़ौरन दरवाज़ा खोलकर बाहर निकला। गहरे साँवले रंग की लड़की ने कहा–"दो पैकेट लाना।"

ड्राइवर उससे मुख़ातिब हुआ–"तीन ले आएँगे।" और उसने मोटर स्टार्ट की और यह जा, वह जा। बंबई का वाकया है, मैं अपने फ्लैट में अकेला बैठा था। मेरी बीवी शापिंग के लिए गयी हुई थी कि एक घाटन, जो बड़े तीखे नक्शों वाली थी, बेधड़क अंदर चली आयी। मैंने सोचा, शायद नौकरी की तलाश में आयी है, मगर वह आते ही कुर्सी पर बैठ गयी। मेरे सिगरेट-केस से एक सिगरेट निकाला और उसे सुलगाकर मुस्कराने लगी।

मैंने उससे पूछा–"कौन हो तुम?"

"तुम पहचानते नहीं?"

"मैंने आज पहली दफ़ा तुम्हें देखा है।"

"साला, झूठ मत बोलो–दो रोज़ देखा है।"

मैं बड़ी उलझन में गिरफ़्तार हो गया–लेकिन थोड़ी देर बाद मेरा नौकर फ़ज़लदीन आ गया। उसने उस तीखे नक्शों वाली घाटन को अपने क़ब्ज़े में ले लिया।

यह वाकया लाहौर का है।

मैं और मेरा एक दोस्त रेडियो स्टेशन जा रहे थे। जब हमारा ताँगा असेंबली हाल के पास पहुँचा तो एक ताँगा हमारे पीछे से निकलकर आगे आ गया। उसमें एक बुर्कापोश औरत थी, जिसका नक़ाब अधखुला था।

मैंने जब उसकी तरफ देखा तो उसकी आँखों में अजीब क़िस्म की शरारत नाचने लगी। मैंने अपने दोस्त से, जो पिछली सीट पर बैठा था, कहा–"यह औरत बदचलन मालूम होती है।"

"तुम ऐसे फ़ैसले एकदम मत दिया करो।"

"अच्छा जनाब–मैं आइंदा एहतियात से काम लूँगा।"

बुर्कापोश औरत का ताँगा हमारे ताँगे के आगे-आगे था। वह टकटकी लगाए हमें देख रही थी। मैं बड़ा बुज़दिल हूँ, लेकिन उस वक़्त मुझे शरारत सूझी और मैंने उसे हाथ के इशारे से आदाब अर्ज़ कर दिया।

उस आधे ढके चेहरे पर मुझे कोई प्रतिक्रिया नज़र न आयी, जिससे मुझे बड़ी मायूसी हुई।

मेरा दोस्त गटकने लगा। उसको मेरी इस नाकामी से बड़ी ख़ुशी हुई। लेकिन जब हमारा ताँगा शिमला पहाड़ी के पास पहुँच रहा था तो बुर्कापोश औरत ने अपना ताँगा ठहरा लिया और (मैं ज़्यादा विस्तार में जाना नहीं चाहता) वह थोड़ी उठी हुई नक़ाब के अंदर से मुस्कराती हुई आयी और हमारे ताँगे में बैठ गई–मेरे दोस्त के साथ।

मेरी समझ में न आया, क्या किया जाए। मैंने उस बुर्कापोश औरत से कोई बात न की और ताँगे वाले से कहा कि वह रेडियो स्टेशन का रुख करे।

मैं उसे अंदर ले गया। डायरेक्टर साहब से मेरे दोस्ताना ताल्लुक़ थे। मैंने उनसे कहा, "यह ख़ातून हमें रास्ते में पड़ी हुई मिल गई। आपके पास ले आया हूँ और दरख़्वास्त करता हूँ कि इन्हें यहाँ कोई काम दिलवा दीजिए।"

उन्होंने उसकी आवाज़ का इम्तहान करवाया जो काफ़ी संतोषजनक था। जब वह आडिशन देकर आयी तो उसने बुर्का उतारा हुआ था। मैंने उसे गौर से देखा। उसकी उम्र पच्चीस के क़रीब होगी। रंग गोरा, आँखें बड़ी-बड़ी, लेकिन उसका जिस्म ऐसा मालूम होता था जैसे शकरकंदी की तरह भूबल में डालकर बाहर निकाला गया है।

हम बातें कर रहे थे कि इतने में चपरासी आया। उसने कहा, "बाहर एक ताँगे वाला खड़ा है। वह किराया माँगता है।" मैंने सोचा, शायद ज़्यादह अरसा गुज़रने पर वह तंग आ गया है। चुनांचे मैं बाहर निकला। मैंने अपने ताँगे वाले से पूछा, "भई, क्या बात है, हम कहीं भाग तो नहीं गए।"

वह बड़ा हैरान हुआ, "क्या बात है सरकार?"

"तुमने कहला भेजा है कि मेरा किराया अदा कर दो।"

"मैंने जनाब, किसी से कुछ भी नहीं कहा।"

उसके ताँगे के साथ दूसरा ताँगा खड़ा था। उसका कोचवान जो घोड़े को घास खिला रहा था, मेरे पास आया और बोला–"वह औरत, जो आपके साथ गयी थी कहाँ है?"

"अंदर है–क्यों?"

"जी उसने दो घंटे मेरे ख़राब किए हैं-कभी इधर जाती थी, कभी उधर–मैं तो समझता हूँ कि उसको मालूम ही नहीं था कि उसे कहाँ जाना है।"

"अब तुम क्या चाहते हो?"

"जी, मैं अपना किराया चाहता हूँ।"

"मैं उससे लेकर आता हूँ।"

मैं अंदर गया। उस बुर्कापोश औरत से जो अपना बुर्का उतार चुकी थी, कहा, "तुम्हारा ताँगेवाला किराया माँगता है।"

वह मुस्करायी–"मैं दे दूँगी।"

मैंने उस का पर्स जो सोफे पर पड़ा था, उठाया–उसको खोला–मगर उसमें एक पैसा भी नहीं था। बस के चन्द टिकट थे और दो बालों की पिनें और एक वाहियात क़िस्म की लिपस्टिक।

मैंने वहाँ डायरेक्टर के दफ्तर में कुछ कहना मुनासिब न समझा। उनसे विदा माँगी। बाहर आकर उसके ताँगे वाले को दो घंटे का किराया अदा किया और उस औरत को अपने दोस्त की मौजूदगी में कहा–"तुम्हें इतना तो ख़याल होना चाहिए था कि तुमने ताँगा किया है और तुम्हारे पास एक कौड़ी भी नहीं।"

वह खिसियानी-सी हो गयी–"मैं...मैं...आप बड़े अच्छे आदमी हैं।"

"मैं बहुत बड़ा हूँ–तुम बड़ी अच्छी हो–कल से रेडियो स्टेशन आना शुरू कर दो–तुम्हारी आमदनी की सूरत पैदा हो जाएगी–यह बकवास जो तुमने शुरू कर रखी है, उसे छोड़ दो।"

मैंने उसे मजंग के पास छोड़ दिया। मेरा दोस्त वापस चला गया। संयोगवश मुझे एक काम से वहाँ जाना पड़ा। देखा कि मेरा दोस्त और वह औरत इकट्ठे जा रहे थे। यह भी लाहौर ही का वाकया है।

चंद रोज़ हुए मैंने एक दोस्त को मजबूर किया कि वह मुझे दस रुपये दे। उस दिन बैंक बंद थे। उसने क्षमा माँगी, लेकिन जब मैंने उस पर जोर दिया कि वह किसी-न-किसी तरह दस रुपये पैदा करे, इसलिए कि मुझे अपनी इल्लत पूरी करनी है जिससे तुम बख़ूबी वाक़िफ़ हो तो उसने कहा, "अच्छा, मेरा एक दोस्त है। वह शायद इस वक़्त कॉफी हाउस में होगा। वहाँ चलते हैं, उम्मीद है, काम बन जाएगा।"

हम दोनों ताँगे में बैठकर कॉफी हाउस पहुँचे। माल रोड पर बड़े डाकख़ाने के ख़रीब एक ताँगा जा रहा था। उसमें कत्थई रंग का बुर्का पहने एक औरत बैठी थी। उसका नक़ाब पूरा का पूरा उठा हुआ था।

वह ताँगे वाले से बड़े बेतकल्लुफ़ अंदाज़ में गुफ़्तगू कर रही थी। हमें उसके शब्द सुनाई नहीं दिए, लेकिन उसके होंठों की जुंबिश से जो कुछ मालूम होना था, हो गया। हम कॉफी हाउस पहुँचे तो उस औरत का ताँगा भी वहीं रुक गया। मेरे दोस्त ने अंदर जाकर दस रुपयों का बंदोबस्त किया और बाहर निकला। वह औरत कत्थई बुर्के में जाने किसका इंतज़ार कर थी।

हम वापस घर आने लगे तो रास्ते में ख़रबूज़ों के ढेर नज़र आ गए। हम दोनों ताँगे से उतरकर ख़रबूज़े परखने लगे।

हमने आपस में फ़ैसला किया कि अच्छे नहीं निकलेंगे, क्योंकि उनकी शक्ल-व-सूरत बेढंगी थी। जब उठे तो क्या देखते है कि वही कत्थई बुर्का ताँगे में बैठा ख़रबूज़े देख रहा है।

मैंने अपने दोस्त से कहा, "ख़रबूज़ा ख़रबूज़े को देखकर रंग पकड़ता है-आपने अभी तक एक कत्थई रंग नहीं पकड़ा।"

उसने कहा, "हटाओ जी, यह सब बकवास है।"

हम वहाँ से उठकर ताँगे में बैठे। मेरे दोस्त को क़रीब एक ही कैमिस्ट के पास जाना था। वहाँ दस मिनट लगे। बाहर निकले तो देखा, कत्थई बुर्क़ा उसी ताँगे में बैठा जा रहा था।

मेरे दोस्त को बड़ी हैरत हुई–"यह क्या बात है? यह औरत बेकार क्यों घूम रही है?"

मैंने कहा, "कोई न कोई बात तो ज़रूर होगी।"

हमारा ताँगा माल रोड को मुड़ने ही वाला था कि वह कत्थई बुर्क़ा फिर नज़र आया। मेरे दोस्त यद्यपि कुँवारे हैं, लेकिन बड़े ज़ाहिद। उनको जाने क्यों उकसाहट पैदा हुई कि उस कत्थई बुर्के से बड़ी बुलंद आवाज़ में कहा, "आप क्यों आवारा फिर रही हैं–आइए हमारे साथ।"

उसके ताँगे ने फ़ौरन रुख बदला और मेरा दोस्त सख़्त परेशान हो गया। जब वह कत्थई बुर्क़ा उससे बात करने लगा तो उसने उससे कहा, "आपको ताँगे में आवारागर्दी करने की क्या ज़रूरत है? मैं आपसे शादी करने के लिए तैयार हूँ।" मेरे दोस्त ने उस कत्थई बुर्के से शादी कर ली।

दूदा पहलवान

स्कूल में पढ़ता था तो सुन्दरतम् लड़का माना जाता था। उस पर बड़े-बड़े अमरदपरस्तों के बीच बड़ी खूँखार लड़ाइयाँ हुई। एक-दो इसी सिलसिले में मारे भी गए।

वह वाक़ई सुन्दर था। बड़े मालदार घराने की आँखों का नूर था। इसलिए उसको किसी चीज़ की कमी नहीं थी। मगर जिस मैदान में वह कूद पड़ा था उसको एक संरक्षक की ज़रूरत थी जो वक़्त पर उसके काम आ सके। शहर में यूँ तो सैकड़ों बदमाश और गुंडे मौजूद थे–जो सुन्दर और ख़ूबसूरत सलाहो के एक इशारे पर मरने को तैयार थे। मगर दूदा पहलवान में एक निराली बात थी। वह बहुत ग़रीब था। बहुत बदमिज़ाज और अक्खड़ तबीयत का था। मगर इसके बावजूद उसमें ऐसा बाकाँपन था कि सलाहो ने इसे देखते ही पसंद कर लिया और उनकी दोस्ती हो गई।

सलाहो को दूदा पहलवान की दोस्ती से बहुत फ़ायदे हुए। शहर के दूसरे गुंडे जो सलाहो के रास्ते में रुकावटें पैदा करने का कारण बन सकते थे दूदा की वजह से ख़ामोश रहे। स्कूल से निकलकर सलाहो कॉलेज में दाख़िल हुआ तो उसने और पर व पुर्ज़े निकाले और थोड़े ही समय में उसकी सरगर्मियों ने नया रुख़ अपना लिया। इसके बाद ख़ुदा का करना ऐसा हुआ कि सलाहो का बाप मर गया। अब वह अपनी तमाम जायदाद का

अकेला मालिक था। पहले तो उसने नक़दी पर ही हाथ साफ़ किया फिर मकान गिरवी रखने शुरू कर दिए। फिर वे मकान बिक गए। हीरा मंडी की तमाम वेश्याएँ सलाहो के नाम से परिचित थी। मालूम नहीं इसमें कहाँ तक सच्चाई है लेकिन लोग कहते हैं कि हीरा मंडी में बूढ़ी नायिकाएँ अपनी जवान बेटियों को सलाहो की निगाहों से छुपा-छुपाकर रखती थीं कि कहीं ऐसा न हो कि वह उनके दुश्मन के चक्कर में फँस जाएँ। लेकिन इन सावधानियों के बावजूद जैसा कि सुनने में आया है कई कुँवारी वेश्या-कन्याएँ उसके इश्क़ में गिरफ़्तार हुई और उलटे रास्ते पर चलकर अपनी ज़िंदगी के सुनहरे दिन उसकी वासना की नज़्र कर बैठीं।

सलाहो खुल खेल रहा था। दूदा को मालूम था कि यह खेल देर तक जारी नहीं रहेगा। वह उम्र में सलाहो से दुगुना बड़ा था। उसने हीरा मंडी में बड़े-बड़े सेठों की ख़ाक उड़ते देखी थी। वह जानता था कि हीरा मंडी एक ऐसा अंधा कुआँ है जिसको दुनियाभर के सेठ मिलकर भी अपनी दौलत से नहीं भर सकते। मगर वह उसको कोई नसीहत नहीं देता था। शायद इसलिए कि वह संसार को जानने वाला होने के कारण अच्छी तरह समझता था कि जो भूत उसके हसीन व जमील बाबू के सिर पर सवार है उसे कोई टोना-टोटका उतार नहीं सकता।

दूदा पहलवान हर वक़्त सलाहो के साथ होता था। शुरू-शुरू में जब सलाहो ने हीरा मंडी का रुख़ किया तो उसका ख़याल था कि दूदा भी उसके ऐश में शामिल होगा। मगर आहिस्ता-आहिस्ता उसे मालूम हुआ, उसको इस क़िस्म के ऐश से कोई दिलचस्पी नहीं थी, जिसमें वह दिन-रात डूबा रहता था। वह गाना सुनता था, शराब पीता था। वेश्याओं से अश्लील मज़ाक़ भी करता था। मगर उससे आगे कभी नहीं गया था। उसका बाबू रात-भर अंदर किसी माशूक़ को बग़ल में दबाए पड़ा रहता था और वह बाहर किसी पहरेदार की तरह जागता रहता।

लोग समझते थे दूदा ने अपना घर भर लिया है। दौलत की जो लूट मची है उससे यक़ीनन उसने अपने हाथ रंगे हैं। इसमें कोई शक नहीं कि जब सलाहो इश्क़ की दाद देने निकलता था तो हज़ारों के नोट दूदा के ही पास होते थे। मगर यह सिर्फ़ उसी को मालूम था कि पहलवान ने इसमें से एक पाई भी कभी इधर-उधर नहीं की। उसको सिर्फ़ सलाहो से दिलचस्पी थी जिसको वह अपना मालिक समझता था और यह लोग भी जानते थे कि दूदा किस हद तक उसका गुलाम है। सलाहो उसे डाँट-डपट लेता था। कभी-कभी शराब पीकर उसे नशे में मारपीट भी लेता था। मगर वह ख़ामोश रहता। हसीन व जमील सलाहो उसका देवता था। वह उसके हुज़ूर में कोई गुस्ताख़ी नहीं कर सकता था।

एक दिन संयोग से दूदा बीमार था। सलाहो जो रात को सामान्य रूप से ऐश करने के लिए हीरा मंडी पहुँचा, वहाँ किसी वेश्या के कोठे पर गाना सुनने के दौरान उसकी झड़प एक तमाशबीन से हो गई और हाथापाई में उसके माथे पर हलकी-सी ख़राश आ

गई। दूदा को जब इसका पता चला तो उसने दीवार के साथ टक्करें मार-मारकर अपना सारा सिर ज़ख़्मी कर लिया। ख़ुद को अनगिनत गालियाँ दीं। बहुत भला-बुरा कहा। उसको इतना अफ़सोस हुआ कि दस-पन्द्रह दिन तक सलाहो के सामने उसका सिर झुका रहा। एक शब्द भी उसके मुँह से नहीं निकला। उसको यह महसूस होता था कि उससे कोई बहुत बड़ा पाप हो गया है। चुनाँचे लोगों का कहना है कि वह बहुत देर तक नमाज़ पढ़-पढ़कर अपने दिल का बोझ हलका करता रहा।

सलाहो की वह इस तरह ख़िदमत करता था जिस तरह पुराने किस्से-कहानियों के वफ़ादार नौकर करते हैं। वह उसके जूते पालिश करता था। उसके हर आराम और ऐश का ख़याल रखता था जैसे वह उसके पेट से पैदा हुआ हो।

कभी-कभी सलाहो नाराज़ हो जाता। यह वक़्त दूदा पहलवान के लिए बड़ी परीक्षा का वक़्त होता था। दुनिया से बेज़ार हो जाता। फ़क़ीरों के पास जाकर गंडे-तावीज़ लेता। ख़ुद को तरह-तरह के शारीरिक कष्ट पहुँचाता। आख़िर जब सलाहो मौज में आकर उसे बुलाता तो उसे महसूस होता जैसे उसे दोनों जहान मिल गए। दूदा को अपनी ताक़त पर नाज़ नहीं था। उसे यह भी घमंड नहीं था कि वह छुरी मारने की कला में बेजोड़ है। उसे अपनी ईमानदारी और भलमनसाहत पर भी कोई गर्व नहीं था। लेकिन वह अपनी इस बात पर बहुत मान करता था कि लंगोट का पक्का है। वह अपने दोस्तों-यारों को बड़े गर्व से सुनाया करता था कि उसकी जवानी में सैकड़ों मर्द और औरतें आईं। चलित्तरों के बड़े-बड़े मंत्र उस पर फूँके, मगर वह...शाबाश है उसके उस्ताद को, लंगोट का पक्का रहा।

उन लोगों को जो दूदा पहलवान के लँगोटिये थे, अच्छी तरह मालूम था कि उसका दामन औरत की तमाम वासनाओं से पाक है। कई बार कोशिश की गई कि वह गुमराह हो जाए मगर नाकामी हुई। वह अपनी बात पर दृढ़ रहा।

ख़ुद सलाहो ने कई बार इम्तहान लिया। अजमेर के उर्स पर आने के लिए मेरठ की एक बदनाम वेश्या अनवरी को इस बात पर तैयार किया कि वह दूदा पहलवान पर डोरे डाले। उसने अपने तमाम गुर इस्तेमाल कर डाले मगर दूदा पर कोई असर न हुआ। उर्स ख़त्म होने पर जब वह लाहौर रवाना हुए तो उसने गाड़ी में सलाहो से कहा, "बाऊ, बस अब मेरा कोई और इम्तहान न लेना। यह साली अनवरी बहुत आगे बढ़ गई थी। तुम्हारा ख़याल था वरना गला घोट देता हरामज़ादी का।"

उसके बाद सलाहो ने उसका कोई इम्तहान न लिया। दूदा के ये धमकी-भरे शब्द ही काफ़ी थे जो उसने बड़े गंभीर लहज़े में कहे थे।

सलाहो ऐश-व-इशरत में पहले की तरह ग़र्क़ था। इसलिए कि अभी तीन-चार मकान बाक़ी थे। हीरा मंडी की तमाम वेश्याएँ एक-एक करके उसके पहलू में आ चुकी थीं। अब उसने झूठे जामों का दौर शुरू कर दिया था। उसी दौरान न जाने कहाँ से एक वेश्या अलमास पैदा हुई जो सारी हीरा मंडी पर छा गई। देखा किसी ने भी नहीं था मगर

इसके बावजूद उसके हुस्न के चर्चे आम थे, हाथ लगाए मैली होती है। पानी पीती है तो उसके ग़ोरे हलक़ में साफ़ नज़र आता है। हिरनी की-सी आँखें जिनमें ख़ुदा ने अपने हाथ से सुरमा लगाया है। बदन ऐसा मुलायम है कि निगाहें फिसल-फिसल जाती हैं। सलाहो जहाँ भी जाता था इस परी चेहरा हूर के हुस्न व तेज़ की बातें सुनता था।

दूदा पहलवान ने फ़ौरन पता लगा लिया और अपने बाबू को बताया कि वह अलमास कश्मीर से आई है। वाक़ई ख़ूबसूरत है। अधेड़ उम्र की माँ उसके साथ है जो उस पर कड़ी निगरानी रखती है। इसलिए कि वह लाखों के ख़्वाब देखती है।

जब अलमास का मुजरा शुरू हुआ तो उसके कोठे पर वही महानुभाव जाते थे जिनका लाखों का कारोबार था। सलाहो के पास अब इतनी दौलत नहीं थी कि वह इतने तगड़े दौलतमंद अय्याशों का मुक़ाबला ख़म ठोककर कर सके। आठ-दस मुजरों में ही उसकी हजामत हो जाती। चुनाँचे वह इस ख़याल के मुताबिक ख़ामोश रहा और पेच-ओ-ताब खाता रहा। दूदा पहलवान अपने बाबू की यह बेचारगी देखता तो बहुत दुखी होता। मगर वह क्या कर सकता था? उसके पास था ही क्या। एक सिर्फ़ उसकी जान थी मगर वह इस मामले में क्या काम दे सकती थी। बहुत सोच-विचार के बाद आख़िर दूदा ने एक तरकीब सोची जो यह थी कि सलाहो अलमास की माँ इक़बाल से संबंध पैदा करे और उस पर ज़ाहिर करे कि वह उसके इश्क़ में गिरफ़्तार हो गया है। इस तरह जब मौक़ा मिले तो अलमास को अपने क़ब्ज़े में कर ले।

सलाहो को यह तरकीब पसंद आई। चुनाँचे उस पर अमल करना शुरू हो गया। इक़बाल बहुत ख़ुश हुई कि इस ढलती उम्र में उसे सलाहो जैसा जवान चाहने वाला मिल गया। यह सिलसिला देर तक जारी रहा। इस दौरान सैकड़ों बार अलमास सलाहो के सामने आई। कभी-कभी उसके पास बैठकर बात भी करती रही और उसके हुस्न से काफ़ी प्रभावित हुई। उसकी हैरत थी कि वह उसकी माँ से क्यों दिलचस्पी ले रहा है। जबकि वह उसकी आँखों के सामने मौजूद है। लेकिन उसकी यह हैरत बहुत देर तक क़ायम न रही जब उसको सलाहो की हरकतों में मालूम हो गया कि वह चाल चल रहा है। यह बात साफ़ होते ही उसे ख़ुशी हुई। अंदरूनी तौर पर उसके जवानी के अहसास को ठेस पहुँच रही थी।

बातों-बातों में एक दिन सलाहो का ज़िक्र आया तो अलमास ने उसकी ख़ूबसूरती की तारीफ़ ज़रा चटखारे के साथ बयान की जो उसकी माँ को बहुत नागवार मालूम हुई। चुनाँचे उन दोनों में ख़ूब चख़-चख़ हुई। अलमास ने अपनी माँ को साफ़ कह दिया कि सलाहो उसे बेवकूफ़ बना रहा है। इक़बाल को बहुत दुख हुआ। यहाँ अब बेटी का सवाल नहीं था बल्कि रकीब और मौत का चुनाव था। दूसरे दिन जब सलाहो आया तो उसने सबसे पहले उससे पूछा, "आप किसे पसंद करते हैं? मुझे या मेरी बेटी अलमास को?"

सलाहो अजब परेशानी में फँस गया। सवाल बड़ा टेढ़ा था। थोड़ी देर सोचने के बाद अंत में उसे यही कहना पड़ा, "तुम्हें, मैं तो सिर्फ़ तुम्हें पसंद करता हूँ।" और फिर उसे इक़बाल को और भी यक़ीन दिलाने के लिए और बहुत-सी बातें गढ़नी पड़ी। इक़बाल यूँ तो बड़ी चालाक थी मगर उसको किसी हद तक यक़ीन आ ही गया। शायद इसलिए कि वह अपनी उम्र के एक ऐसे मोड़ पर पहुँच चुकी थी जहाँ से उसे कुछ छोटी बातों को भी सच्चा समझना ही पड़ता था।

जब यह बात अलमास तक पहुँची तो वह बहुत जिज़-बिज़ हुई। ज्यों ही उसे मौक़ा मिला उसने सलाहो को पकड़ लिया और उससे सच उगलवाने की कोशिश की। सलाहो ज़्यादा देर तक अपनी जिरह बरदाश्त न कर सका। आख़िर उसे मानना ही पड़ा कि उसे इक़बाल से कोई दिलचस्पी नहीं। असल में तो अलमास का हुसूल ही उसकी नज़र के सामने था।

यह क़बूलवाने पर अलमास की तसल्ली हो गई। मगर वह आत्मीयता, वह लगाव जो उसके दिल-ओ-दिमाग़ में सलाहो के बारे में पैदा हुआ था ग़ायब हो गया। और उसने ठेठ वेश्या बनकर अपनी माँ को समझाया कि बचपना छोड़ दो और उससे मेरे दाम वसूल करो। तुम्हें वह क्या देगा। अपनी लड़की की अक़्ल वाली बात इक़बाल की समझ में आ गई और वह सलाहो को दूसरी नज़र से देखने लगी।

सलाहो भी समझ गया कि उसका वार ख़ाली गया है। अब इसके सिवाय और कोई चारा नहीं था कि वह नीलाम में अलमास की सबसे बढ़कर बोली दे। दूदा पहलवान ने इधर-उधर से कुरेद कर मालूम किया कि अलमास की नथनी उतर सकती है अगर सलाहो 25 हज़ार रुपये उसकी माँ के क़दमों में ढेर कर दे।

सलाहो अब पूरी तरह जकड़ा जा चुका था। 'जान जाए पर वचन न जाए' वाला मामला था। उसने दो मकान बेचे और 25 हज़ार रुपये लेकर इक़बाल के पास पहुँचा। उसका ख़याल था कि वह इतनी रकम पैदा नहीं कर सकेगा। जब वह ले आया तो वह बौखला-सी गई। अलमास से सलाह की तो उसने कहा, "इतनी जल्दी कोई फ़ैसला नहीं करना चाहिए। पहले उससे कहो कि हमारे साथ कलियर शरीफ के उर्स पर चले। सलाहो को जाना पड़ा। नतीजा यह हुआ कि पूरे पंद्रह हज़ार रुपये मुजरों में लुट गए। उसकी उन तमाशबीनों पर जो उर्स में शामिल हुए थे, धाक तो बैठ गई मगर उसके पच्चीस हज़ार रुपयों को दीमक लग गई। वापस आए तो बाक़ी का रुपया आहिस्ता-आहिस्ता अलमास की फ़रमाइशों की नज़र हो गया। दूदा अंदर ही अंदर में उबल रहा था। उसका जी चाहता था कि इक़बाल और अलमास दोनों के सिर उड़ा दे। मगर उसे अपने बाबू का ख़याल था। उसके दिल में बहुत-सी बातें भी जो वह सलाहो को बताना चाहता था। मगर बता नहीं सकता था। इससे उसे और भी झुँझलाहट होती थी। सलाहो बहुत बुरी तरह अलमास पर लट्टू था। पच्चीस हज़ार रुपये ठिकाने लग चुके थे। अब दस हज़ार रुपये उस मकान को गिरवी रखकर उजाड़

रहा था जिसमें उसकी नेकचलन माँ रहती थी। यह रुपया कब तक उसका साथ देता। इक़बाल और अलमास दोनों जोंक की तरह चिमटी हुई थीं। आख़िर वह दिन भी आ गया जब उस पर नालिश हुई और अदालत ने कुर्क़ी का हुक्म दे दिया।

सलाहो बहुत परेशान हुआ। उसे कोई सूरत नज़र नहीं आती थी। कोई ऐसा आदमी नहीं था जो उसे क़र्ज देता। ले-देकर एक मकान था सो वह गिरवी था और कुर्क़ी आई हुई थी। और बेल्फ सिर्फ़ दूदा पहलवान की वजह से रुके हुए थे जिसने उनको यक़ीन दिलाया था कि वह बहुत जल्द रुपये का बंदोबस्त कर देगा।

सलाहो बहुत हँसा था कि दूदा कहाँ से रुपये का बंदोबस्त करेगा। सौ-दो सौ रुपये की बात होती तो उसे यक़ीन आ जाता। मगर सवाल पूरे दस हज़ार रुपये का था। चुनाँचे उसने पहलवान का ख़ूब मज़ाक़ उड़ाया कि वह उसे बचकानी तसल्लियाँ दे रहा है। पहलवान ने यह लान-तान ख़ामोशी से बरदाश्त की और चला गया। दूसरे दिन आया तो उसका सिंगरफ जैसा चेहरा जर्द था। ऐसा मालूम होता था कि वह रोगी शय्या से उठकर आया है। सिर न्योढ़ाकर उसने अपने डब में से रूमाल निकाला जिसमें सौ-सौ के कई नोट थे और सलाहो से कहा, "ले लो...ले आया हूँ।"

सलाहो ने नोट गिने पूरे दस हज़ार थे। टुकुर-टुकुर पहलवान का मुँह देखने लगा। "ये रुपया कहाँ से पैदा किया तुमने?"

दूदा ने उदास लहज़े में जवाब दिया, "हो गया, पैदा कहाँ से..."

सलाहो कुर्क़ी को भूल गया। इतने सारे नोट देखे तो उसके क़दम फिर अलमास के कोठे की तरफ उठने लगे। मगर पहलवान ने उसे रोका।

"नहीं बाऊ...अलमास के पास न जाओ। यह रुपया कुर्क़ी वालों को दे दो।"

सलाहो ने बिगड़े हुए बच्चे की तरह कहा, "क्यूँ?...मैं जाऊँगा अलमास के पास।"

दूदा ने कड़े लहज़े में कहा, "तू नहीं जाएगा...।"

सलाहो तैश में आ गया, "तू कौन होता है मुझे रोकने वाला?"

दूदा की आवाज़ नर्म हो गई, "मैं तेरा गुलाम हूँ, बाऊ...पर अब अलमास के पास जाने का कोई फ़ायदा नहीं।"

"क्यों?"

दूदा की आवाज़ में लर्जिश-सी पैदा हो गई, "न पूछो, बाऊ, यह रुपया मुझे उसी ने दिया है।"

सलाहो क़रीब-क़रीब चीख उठा, "यह रुपया अलमास ने दिया है...तुम्हें दिया है।"

"हाँ, बाऊ! उसी ने दिया है। मुझ पर बहुत देर से मरती थी साली, पर मैं उसके हाथ नहीं आता था। तुझ पर तकलीफ़ का वक़्त आ गया तो मेरे मन ने कहा, "दूदा छोड़

अपनी कसम को। तेरा बाऊ तुझसे कुर्बानी माँगता है। सो मैं कल रात उसके पास गया और...और उससे सौदा कर लिया।"

दूदा की आँखों से टप-टप आँसू गिरने लगे।

मेरा नाम राधा है

यह उस समय की घटना है जब उस लड़ाई का नामोनिशान भी न था। शायद आठ-नौ बरस पहले की बात है जब ज़िंदगी में हंगामे बड़े सलीके से आते थे। आजकल की तरह नहीं कि बेहंगम तरीक़े बेमतलब के लड़ाई-झगड़े और घटनाएँ होते हैं।

उस समय मैं चालीस रुपया माहवार पर एक फ़िल्म कंपनी में नौकर था, और मेरी ज़िंदगी बड़े हमवार तरीक़े से उफ़्ता-ओ-ख़ेजां गुज़र रही थी। यानी प्रातः दस बजे स्टूडियो पर गए। नियाज़ मुहम्मद विलेन की बिल्लियों को दो पैसे का दूध पिलाया। चालू फ़िल्म के लिए चालू क़िस्म के संवाद लिखे। बंगाली ऐक्ट्रेस से, जो उस ज़माने में बंगाल की बुलबुल कहलाती थी, थोड़ी देर मज़ाक़ किया और दादा गोरे की जो उस स्थान का सबसे बड़ा फ़िल्म डायरेक्टर था, थोड़ी-सी ख़ुशामद की और घर चले आए।

जैसाकि मैं बतला चुका हूँ कि ज़िंदगी की गाड़ी बड़ी नर्मी से आहिस्ता-आहिस्ता गुज़र रही थी। स्टूडियो का मालिक हरमुज़जी फ्रामजी जो मोटे-मोटे लाल गालोंवाला मौजी क़िस्म का ईरानी था, एक अधेड़ उम्र की ख़ोज़ा ऐक्ट्रेस के प्रेम में फँसा हुआ था। हर नई लड़की के स्तन टटोलकर देखना उसका काम था। कलकत्ता के बऊ बाजार की एक मुसलमान वेश्या थी—जो अपने डायरेक्टर, साउंड रिकार्डिस्ट और स्टोरी राइटर तीनों के साथ इश्क़ लड़ा रही थी। उस इश्क़ का असल में मतलब यह था कि उन तीनों का प्रेम उसके लिए विशेष रूप से मौजूद रहे।

'बन की सुंदरी' की शूटिंग चल रही थी। नियाज़ मुहम्मद विलेन की जंगली-बिल्लियों को जो उसने ख़ुदा मालूम स्टूडियो के लोगों पर क्या असर पैदा करने के लिए पाल रखी थीं, दो पैसे का दूध पिलाकर मैं हर रोज़ उस 'बन की सुन्दरी' के लिए मुश्किल भाषा में संवाद लिखा करता था। उस फ़िल्म की कहानी क्या थी, प्लाट कैसा था, स्पष्ट है कि इसका पता मुझे कुछ नहीं था। क्योंकि उस ज़माने में, मैं एक मुंशी था—जिसका काम केवल आज्ञा मिलने पर जो कुछ कहा जाए ग़लत-सलत उर्दू में—जो डायरेक्टर साहब की समझ में आ जाए पेंसिल से एक काग़ज़ पर लिखकर देना होता था। ख़ैर, 'बन की सुंदरी' की शूटिंग चल रही थी और अफ़वाह यह थी कि 'दलीप' का पार्ट अदा करने के लिए एक नया चेहरा सेठ हरमुज़जी फ्राम जी कहीं से ला रहे हैं। हीरो का पार्ट राजकिशोर को दिया गया था।

राजकिशोर रावलपिंडी का एक सुंदर स्वस्थ युवक था। उसके शरीर के बारे में लोगों का ख़याल था कि बहुत मरदाना और सुडौल है। मैंने कई बार उसके बारे में गौर किया लेकिन मुझे उसके शरीर में जो कि निश्चय ही कसरती और गठीला था, कोई खिंचाव नज़र न आया। लेकिन उसका कारण यह भी हो सकता है कि मैं बहुत ही दुबला और मरियल क़िस्म का आदमी हूँ और अपने भाई-बन्दों के शरीरों की निरख-परख करने का इतना आदी नहीं जितना उनके दिल-दिमाग़ और आत्मा के बारे में सोचने का आदी हूँ।

मुझे राजकिशोर से घृणा नहीं थी, इसलिए कि मैंने अपनी उम्र में शायद ही किसी आदमी से घृणा की है। लेकिन वह मुझे कुछ ज़्यादा पसंद नहीं था। इसका कारण मैं आहिस्ता-आहिस्ता बताऊँगा।

राजकिशोर की भाषा एवं बोलचाल का तरीका ठेठ रावलपिंडी का थे, जो कि मुझे बहुत ही पसंद था। मेरा विचार है कि पंजाबी भाषा में यदि कहीं बढ़िया शेर मिलते हैं तो वे रावलपिंडी की भाषा में ही आपको मिल सकते हैं। उस शहर की भाषा में एक अजीब तरह का मरदानापन है, जिसमें भारी आकर्षण और मिठास है। यदि रावलपिंडी की कोई स्त्री आपसे बात करें तो ऐसा लगता है कि मीठे आम का रस आपके मुँह में चुआया जा रहा है। लेकिन मैं आमों की नहीं राजकिशोर की बात कर रहा था, जो मुझे आम से बहुत कम प्रिय था। राजकिशोर जैसा कि मैं कह चुका हूँ, सुंदर एवं स्वस्थ युवक था। यहाँ तक बात ख़त्म हो जाती तो मुझे कोई आपत्ति नहीं होती, लेकिन परेशानी यह थी कि उसे यानी राजकिशोर को ख़ुद अपने स्वास्थ्य और सौंदर्य का ज्ञान था, ऐसा ज्ञान जो कम-से-कम मेरे लिए स्वीकार्य नहीं था।

स्वस्थ होना बहुत अच्छी चीज़ है, किंतु अपने स्वास्थ्य को दूसरों पर बीमारी बनाकर लादना बिलकुल दूसरी चीज़ है। राजकिशोर को यही बड़ा बुरा मर्ज़ था कि वह अपना स्वास्थ्य, अपना सुडौलपन, प्रदर्शित कर-करके दूसरे कमज़ोर लोगों को अपमानित करने की कोशिश किया करता था।

इसमें कोई शक नहीं कि मैं दमा का मरीज़ हूँ, कमज़ोर हूँ मेरे एक फेफड़े में हवा खींचने की बहुत कम ताक़त है लेकिन ख़ुदा साक्षी है कि मैंने आज तक अपनी कमज़ोरी का प्रोपेगंडा नहीं किया। हालाँकि मुझे इसका पूरा-पूरा ज्ञान है कि आदमी अपनी कमज़ोरियों में इसी तरह फ़ायदा उठा सकता है जिस तरह कि अपनी ताक़त से उठा सकता है। लेकिन मेरा ईमान है कि हमें ऐसा नहीं करना चाहिए।

सौंदर्य मेरे लिए वह सौंदर्य है जिसकी लोग चिल्ला-चिल्लाकर नहीं वरन मन ही मन में प्रशंसा करें।

मैं उस सेहत को बीमारी समझता हूँ जो कि निगाहों के साथ पत्थर बनकर टकराती रहे।

राजकिशोर में ये सब सौंदर्य मौजूद थे जो एक युवक में होने चाहिए। लेकिन मुझे दुख है कि उसे उन सौंदर्यों का बहुत ही भौंडा प्रदर्शन करने की आदत थी। आपसे बात कर रहा है और अपने एक बाज़ू के पट्ठे अकड़ा रहा है और ख़ुद ही दाद दे रहा है। बहुत ही गंभीर वार्ता हो रही है, यानी स्वराज की बात छिड़ी है और वह अपने खादी कुर्ते की बटन खोलकर अपने वक्ष की चौड़ाई का अंदाज़ा कर रहा है।

मैंने खादी के कुर्ते का ज़िक्र किया तो मुझे याद आया कि राजकिशोर पक्का कांग्रेसी था। हो सकता है कि वह इसी कारण से खादी के कपड़े पहनता हो। लेकिन मेरे दिल में हमेशा इस बात की खटक रही है कि उसे अपने देश से इतना प्यार नहीं था, जितना कि उसे स्वयं से था।

बहुत लोगों का ख़याल था कि राजकिशोर के बारे में जो मैंने राय क़ायम की है बिलकुल ही ग़लत थी। इसलिए कि स्टूडियो और स्टूडियो के बाहर हर आदमी उसके शरीर, विचारों और सादगी का प्रशंसक था। यही नहीं उसकी भाषा जो रावलपिंडी की थी, दूसरों के साथ-साथ मुझे भी पसंद थी।

दूसरे ऐक्टरों की तरह वह अलग-अलग रहने का आदी नहीं था। कांग्रेस पार्टी का कोई जलसा होता तो राजकिशोर को वहाँ आप ज़रूर मौजूद पाएँगे। कोई साहित्यिक गोष्ठी हो रही है तो राजकिशोर ज़रूर पहुँचेगा। अपने व्यस्त जीवन में से वह अपनी जान-पहचान और दुख-दर्द वाले लोगों के लिए भी समय निकाल लिया करता था।

सारे फ़िल्म प्रोड्यूसर उसकी इज़्ज़त करते थे क्योंकि उसके चाल-चलन की पवित्रता की बहुत प्रसिद्धि थी। फ़िल्म प्रोड्यूसरों को छोड़िए, पब्लिक को भी इस बात का अच्छा ज्ञान था कि राजकिशोर बहुत ही अच्छे चरित्र का आदमी है।

फ़िल्मी दुनिया में रहकर पाप के धब्बों से बचे रहना किसी भी आदमी के लिए बहुत बड़ी बात है। यों तो राजकिशोर एक सफल हीरो था, लेकिन उसके इस एक गुण ने भी उसे बहुत ऊँचा स्थान दिया था।

नागपाड़े में मैं जब शाम को पान वाले की दुकान पर बैठता था, तो प्रायः ऐक्टर और ऐक्ट्रसों की बातें हुआ करती थीं। लगभग सब ऐक्टर और ऐक्ट्रसों के संबंध में कोई न कोई स्कैंडल प्रसिद्ध था। लेकिन राजकिशोर का जब भी ज़िक्र आता तो श्यामलाल पनवाड़ी बड़े मज़ेदार लहज़े में कहा करता-"मंटो साहब, राज भाई ही एक ऐसा ऐक्टर है जो लंगोट का भारी पक्का है।"

मालूम नहीं श्यामलाल उसे राज भाई कैसे कहने लगा था, लेकिन उसके बारे में मुझे इतना अधिक आश्चर्य भी नहीं हुआ, इसलिए राज भाई की मामूली से मामूली बात भी एक कारनामा बनकर लोगों तक पहुँच जाती थी। उदाहरण के तौर पर बाहर के लोगों को उसकी आमदनी का पूरा-पूरा ज्ञान था। अपने बाप को महीने का खर्च क्या देता है,

अनाथालयों को महीने का चंदा कितना देता है, उसका अपना जेब-खर्च क्या है-ये सब बातें लोगों को इस तरह मालूम थीं जैसे वे चीज़ें उन्हें ज़ुबानी याद कराई गई हैं।

श्यामलाल ने एक दिन मुझे बताया कि राज भाई का अपनी सौतेली माँ के साथ बहुत ही अच्छा व्यवहार है। उस ज़माने में अब आमदनी का कोई ज़रिया नहीं था, बाप और उसकी नई बीवी उसे तरह-तरह के दुःख देते थे, लेकिन राज भाई की तारीफ़ है कि उन्होंने अपना कर्त्तव्य पूरा किया और उनको अपने सिर-आँखों पर जगह दीं। अब दोनों पलंग पर बैठे राज करते हैं। हर रोज़ सुबह-सवेर राज अपनी सौतेली माँ के पास जाता है और उसके चरण छूता है, बाप के सामने हाथ जोड़कर खड़ा हो जाता है और जो आज्ञा मिले उसका तुरन्त पालन करता है।

आप बुरा न मानिए, मुझे हमेशा राजकिशोर की बड़ाई सुनकर उलझन-सी होती थी। ख़ुदा जाने क्यों? मैं जैसा पहले कह चुका हूँ मुझे उससे कोई ईर्ष्या या घृणा नहीं थी। उसने मुझे कभी ऐसा मौका नहीं दिया था और उस ज़माने में जब मुंशियों की कोई इज़्ज़त-ओ-वक़अंत ही नहीं थी, वह मेरे साथ घंटों बातें किया करता था। मैं नहीं कह सकता कि क्या कारण था। लेकिन ईमान की बात है कि मेरे दिल-दिमाग़ के किसी अँधेरे कोने में यह शक बिजली की तरह कौंध जाता कि राज बन रहा है। राज की ज़िंदगी बिलकुल बनावटी है, लेकिन परेशानी यह थी कि मेरे विचारों का कोई नहीं था। लोग देवताओं की तरह उसकी पूजा करते थे और मैं दिल ही दिल में कुढ़ता था।

राज की बीवी थी। राज के चार बच्चे थे। वह अच्छा पति और अच्छा पिता था। उसकी ज़िंदगी पर से चादर का कोई भी कोना हटाकर देखा जाता तो आपको कोई धब्बेदार चीज़ नज़र न आती। यह सब कुछ था लेकिन उसके होते हुए भी मेरे दिल में बराबर शक बना रहता था।

ख़ुदा की क़सम मैंने अपने दिल को लानत-मलामत दी कि भई, तुम बड़े ही वा. हियात हो कि ऐसे अच्छे आदमी को जिसे सारी दुनिया अच्छा कहती है और जिसके बारे में तुम्हें कोई शिकायत भी नहीं क्यों बेकार में शक की नज़रों से देखते हो। यदि एक आदमी अपना सुडौल बदन बार-बार देखता है तो यह कौन-सी बुरी बात है। तुम्हारा बदन भी यदि ऐसा ही ख़ूबसूरत होता तो बहुत संभव है कि तुम भी यही हरकत करते।

कुछ भी हो, लेकिन मैं अपने दिलो-दिमाग़ को कभी तैयार न कर सका कि वह राजकिशोर को उसी नज़र से देखूँ जिससे दूसरे देखते थे। यही कारण था कि मैं बातचीत के बीच में उससे उलझ जाया करता था। मेरी तबीयत के ख़िलाफ़ कोई बात की और मैं हाथ धोकर उसके पीछे पड़ गया। लेकिन ऐसी छुटपुट घटनाओं के बाद हमेशा उसके चेहरे पर मुस्कराहट और मेरे हलक में एक अवर्णनीय कड़वाहट रही। मुझे उससे और भी ज़्यादा उलझन होती थी। इसमें कोई शक नहीं कि उसकी ज़िंदगी में कोई स्कैंडल नहीं

था। अपनी बीवी के सिवा किसी दूसरी स्त्री का मैला या उजला दामन उससे बँधा नहीं था। मैं यह भी मानता हूँ कि वह सब ऐक्ट्रसों को बहन कहकर पुकारा करता था और वे भी उसे प्रत्युत्तर में भाई कहा करती थीं, लेकिन दिल ने हमेशा मेरे दिमाग़ में यही सवाल किया कि संबंध क़ायम करने की ऐसी ज़्यादा ज़रूरत ही क्या है।

भाई-बहन का संबंध कुछ और है। लेकिन किसी स्त्री को अपनी बहन कहना उस भाव से जैसे यह बोर्ड लगाया जा रहा है कि 'सड़क बंद है' या 'यहाँ पेशाब करना मना है' बिलकुल दूसरी बात है।

यदि तुम किसी स्त्री से गहरा संबंध करना नहीं चाहते तो उसका ढिंढोरा पीटने की क्या ज़रूरत है। यदि तुम्हारे दिल में तुम्हारी बीवी के सिवा किसी स्त्री का ख़याल नहीं आ सकता तो उसका इश्तहार देने की क्या ज़रूरत है। यह और इस तरह की दूसरी बातें चूँकि मेरी समझ में नहीं आती थीं इसलिए मुझे अजीब क़िस्म की उलझन होती थी।

खैर!

'बन की सुंदरी' की शूटिंग चल रही थी। स्टूडियो में ख़ासी चहल-पहल थी। हर रोज़ एक्स्ट्रा लड़कियाँ आती थीं जिनके साथ हमारा दिन हँसी-मज़ाक़ में गुज़र जाता था।

एक दिन नियाज़ मुहम्मद विलेन के कमरे में मेकअप मास्टर जिसे हम उस्ताद कहते थे, यह ख़बर लेकर आया कि वैम्प के रोल के लिए जो लड़की आने वाली थी, आ गई है और जल्दी काम शुरू हो जाएगा।

उस समय चाय का दौर चल रहा था। कुछ उसकी हरारत थी, कुछ इस ख़बर ने हमको गरमा दिया। स्टूडियो में एक नई लड़की का आना हमेशा ख़ुशी का समाचार हुआ करता है। इसलिए हम सब नियाज़ मुहम्मद विलेन के कमरे से निकलकर बाहर चले आए ताकि उसके दर्शन किए जा सकें।

शाम के वक़्त जब सेठ हरमुज़ जी फ़्राम जी आफ़िस से निकलकर असली तबलची की चाँदी की डिबिया से दो ख़ुशबूदार तंबाकू वाले पान निकालकर अपने चौड़े गले में दबाकर बिलियर्ड खेलने वाले कमरे का रुख़ कर रहे थे, कि हमें वह नई लड़की नज़र आई।

साँवले रंग की स्त्री थी, मैं केवल इतना ही देख सका, क्योंकि वह जल्दी-जल्दी सेठ के साथ हाथ मिलाकर स्टूडियो की मोटर में बैठकर चली गई कुछ देर के बाद नियाज़ मुहम्मद ने बताया कि उस स्त्री के होंठ मोटे थे। शायद वह केवल होंठ ही देख सका था। उस्ताद जिसने शायद इतनी झलक भी न देखी थी, सिर हिला कर बोला, 'हूँ...कंडम'-यानी बकवास है।

चार-पाँच दिन गुज़र गए, लेकिन वह नई लड़की स्टूडियो में नहीं आई। पाँचवें या छठे दिन जब मैं गुलाब के होटल से चाय पीकर निकल रहा था, अचानक मेरी और उसकी मुठभेड़ हो गई।

मैं हमेशा स्त्रियों को चार आँखों से देखने का आदी हूँ। यदि कोई स्त्री एकदम मेरे सामने आ जाए तो मुझे उसका कुछ भी नज़र नहीं आता। चूँकि अप्रत्याशित रूप से उसकी मेरी मुठभेड़ हुई थी इसलिए मैं उसकी शक्ल-सूरत के बारे में कोई अंदाज़ा नहीं कर सका। हाँ, पैर मैंने ज़रूर देखें जिनमें नई चाल के स्लीपर थे।

लेबोरेटरी से स्टूडियो तक जो रोड जाती है उस पर मालिकों ने बजरी बिछा रखी थी। उस बजरी में बेशुमार गोल-गोल पट्टियाँ हैं जिन पर से जूता बार-बार फिसलता है। चूँकि उसके पाँव में खुले स्लीपर थे, इसलिए चलने में उसे कुछ ज़्यादा तकलीफ़ हो रही थी।

उस मुलाक़ात के बाद धीरे-धीरे मिस नीलम से मेरी दोस्ती हो गई। स्टूडियो के लोगों को ख़ैर इसका ज्ञान नहीं था। लेकिन उसके साथ मेरे संबंध बहुत ही घनिष्ठ थे। उसका असली नाम 'राधा' था। मैंने जब एक बार उससे पूछा कि, तुमने इतना प्यारा नाम क्यों छोड़ दिया तो उसने जवाब दिया-"यों ही..." लेकिन फिर कुछ देर बाद कहा-"यह नाम इतना प्यारा है कि इसे फ़िल्म में इस्तेमाल नहीं करना चाहिए।"

आप शायद सोचें कि राधा धार्मिक प्रवृत्ति की स्त्री है। जी नहीं, उसका धर्म और उसकी तवह्हुमात से दूर का भी नाता न था। लेकिन जिस तरह मैं हर नया काम शुरू करने से पहले काग़ज़ पर 'बिसमिल्लाह' अर्थात् जय प्रभु के दो शब्द ज़रूर लिखता हूँ, इसी तरह शायद उसे भी अनजाने में ही राधा नाम से अधिक प्रेम था।

चूँकि वह चाहती थी कि उसे राधा न कहा जाए इसलिए मैं आगे चलकर उसे नीलम ही कहूँगा। नीलम बनारस की वेश्या की पुत्री थी। वहाँ की बोलचाल और भाव में जो बहुत अच्छा मालूम होता था, मेरा नाम सआदत होने पर भी सादिक़ कहा करती थी। एक दिन मैंने उससे कहा था-"नीलम, मैं जानता हूँ तुम मुझे सआदत कह सकती हो; फिर मेरी समझ में नहीं आता कि तुम अपनी ग़लती ठीक क्यों नहीं करती।" यह सुनकर उसके साँवले होंठों पर जो बहुत ही पतले थे, एक हलकी-सी मुस्कराहट आ गई और उसने जवाब दिया-"जो ग़लती मुझसे एक बार हो जाए, मैं उसे ठीक करने की कोशिश नहीं किया करती।"

मेरा ख़याल है कि बहुत कम लोगों को मालूम है कि वह स्त्री जिसे स्टूडियो के तमाम लोग एक मामूली ऐक्ट्रेस समझते थे, विचित्र प्रकार के गुणों की खान थी। उसमें दूसरी ऐक्ट्रेसों का-सा ओछापन बिलकुल नहीं था। उसकी गंभीरता, जिसे स्टूडियो का हर आदमी अपनी ऐनक से गलत रंग में देखता था, बहुत प्यारी चीज़ थी।

उसके साँवले चेहरे पर जिसकी त्वचा बहुत ही साफ़ और एक-सी थी यह गंभीरता, यह साफ़ तबीयत तथा प्रसन्न मुद्रा उसके हित में अहित बन गई थी। इसमें कोई शक नहीं, उससे उसकी आँखों में, उसके पतले होंठों के कोनों में दुख की बेमालूम तल्ख़ियाँ घुल गई थीं, लेकिन यही एक बात थी जिसने उसे दूसरी स्त्रियों से बिलकुल भिन्न बना दिया था।

मैं उस समय भी आश्चर्य में था और अब भी वैसा ही हैरान हूँ कि नीलम को 'बन की सुंदरी' में वैम्प के रोल के लिए क्यों चुना गया था, इसलिए कि उसमें तेज़ी औ तर्रारी नाम मात्र को भी न थी। जब वह पहली बार अपने वाहियात पार्ट को अदा करने के लिए तंग चोली पहनकर सेट पर आई तो मेरी निगाहों को बहुत दुख हुआ। वह दूसरों की स्थिति को तुरंत ही भाँप लिया करती थी, इसलिए मुझे देखते ही उसने कहा–"डायरेक्टर साहब कह रहे थे कि तुम्हारा पार्ट चूँकि शरीफ़ स्त्रियों का नहीं है इसलिए तुम्हें इस तरह की वेशभूषा दी गई है। मैंने उनसे कहा–यदि यह वेशभूषा है तो में आपके साथ नंगी चलने के लिए तैयार हूँ।"

मैंने उससे पूछा-"डायरेक्टर साहब ने यह सुनकर क्या कहा?" नीलम के होंठों पर एक अर्थपूर्ण हलकी मुस्कराहट खेल गई–"उन्होंने तसव्वर में मुझे नंगी देखना शुरू कर दिया...ये योग भी कितने अहमक़ हैं, यानी उस वेशभूषा में मुझे देखकर बेचारे को तसव्वर पर ज़ोर डालने की ज़रूरत ही क्या थी?" सुदृढ़ मानसिक स्थिति के लिए नीलम का यह साहस ही काफ़ी था। अब मैं उन घटनाओं की ओर आता हूँ जिनकी मदद से मैं यह कहानी पूर्ण करना चाहता हूँ।

बंबई में जून के महीने से बारिश शुरू हो जाती है और सितंबर के मध्य तक जारी रहती है। पहले दो-ढाई महीनों में इतना अधिक पानी बरसता है कि स्टूडियो में काम नहीं हो सकता। 'बन की सुंदरी' की शूटिंग अप्रैल के अंत में हुई थी। जब पहली बारिश हुई तो हम अपना तीसरा सैट पूरा कर रहे थे। एक छोटा-सा सीन बाक़ी रह गया था जिसमें कोई विशेष काम नहीं था। इसलिए बारिश में भी हमने अपना काम जारी रखा। लेकिन जब यह काम ख़तम हो गया तो हम काफ़ी समय के लिए बेकार हो गए।

उस बीच में स्टूडियो के लोगों को एक-दूसरे के साथ मिलकर बैठने का मौका मिलता है। मैं लगभग सारे दिन गुलाब के होटल में बैठा चाय पीता रहता था। जो भी आदमी अंदर आता था या तो सारे का सारा भीगा होता था या आधा। बाहर की सब मक्खियाँ शरण लेने के लिए अंदर जमा हो जाती थीं। इतना गंदा दृश्य था कि जी बिगड़ता था। एक कुर्सी पर चाय छानने का कपड़ा पड़ा है तो दूसरी कुर्सी पर प्याज़ काटने की बदबूदार छुरी पड़ी झक मार रही है। गुलाब साहब पास खड़े हैं और अपने गोश्त लगे दाँतों के नीचे बंबई की रुई चबा रहे हैं–"तुम उधर जाने को नहीं सकता... हम उधर से जाके आया...बहुत लफड़ा होगा...हाँ... बड़ा बांदा हो जाएगा..."

उस होटल में जिसकी छत कोरोगेटेड स्टील की थी, सेठ हरमज़ जी फ्राम जी, उनके साले एंडल जी और हीरोइनों के सिवा सब लोग आते थे। नियाज़ मुहम्मद को तो दिन में कई बार वहाँ आना पड़ता था, क्योंकि वह चुन्नी-मुन्नी नाम की दो बिल्लियाँ पाल रहा था। राजकिशोर दिन में एक चक्कर लगा जाता था। ज्यों ही वह अपने लंबे क़दावर कसरती बदन के साथ दरवाज़े पर आता मेरे सिवाय होटल में बैठे हुए तमाम लोगों की आँखें

चमक उठतीं। एक्स्ट्रा लड़के उठ-उठकर राज भाई को कुर्सी देते और जब वह उनमें से किसी की दी हुई कुर्सी पर बैठ जाता तो वे सारे परवानों की तरह उसके चारों ओर जमा हो जाते। उसके बाद दो तरह की बातें सुनने में आतीं। एक्स्ट्रा लड़कों की ज़ुबान पर पुराने फ़िल्मों में राज भाई के काम की तारीफ़ की और ख़ुद राजकिशोर की ज़ुबान पर उसके स्कूल छोड़कर कॉलेज और कॉलेज छोड़कर फ़िल्मी दुनिया में घुसने का इतिहास–चूँकि मुझे यह सब बातें ज़ुबानी याद हो चुकी थीं इसलिए ज्यों ही राजकिशोर होटल में दाख़िल होता तो मैं उससे दुआ-सलाम करने के बाद बाहर चला जाता।

एक दिन जब बारिश थमी हुई थी और हरमज़ जी फ्राम जी का अलसेशियन कुत्ता नियाज़ मुहम्मद की दो बिल्लियों से डरकर गुलाब के होटल की ओर दुम दबाए भागा आ रहा था मैंने मौलसिरी के पेड़ के नीचे बने हुए गोल चबूतरे पर नीलम और राजकिशोर को बातें करते हुए देखा।

राजकिशोर खड़ा हुआ अपनी साधारण आदत के अनुसार धीमे-धीमे हिल रहा था, जिसका मतलब यह था कि वह अपने ख़याल के अनुसार बहुत ही दिलचस्प बातें कर रहा है। मुझे याद नहीं कि नीलम से राजकिशोर का परिचय कैसे और कब हुआ था। लेकिन नीलम तो उसे फ़िल्मी दुनिया में आने से पहले ही अच्छी तरह जानती थी और शायद एक-दो बार उसने मुझसे उसके अंदर स्वस्थ शरीर के बारे में ज़िक्र भी किया था।

मैं गुलाब होटल से निकलकर रिकार्डिंग रूम के छज्जे तक पहुँचा तो राजकिशोर ने अपने चौड़े कंधे पर से खादी का थैला एक झटके के साथ उतारा और उसे खोलकर एक मोटी कापी बाहर निकाली। मैं समझ गया–यह राजकिशोर की डायरी हैं।

प्रतिदिन सब कामों से निवृत्त होकर अपनी सौतेली माँ का आशीर्वाद लेकर राजकिशोर सोने से पहले अपनी डायरी लिखने का आदी है। यों तो उसे पंजाबी बोली बहुत प्रिय है, लेकिन वह रोज़नामचा अंग्रेज़ी में लिखता है जिसमें कहीं टैगोर के नाज़ुक स्टाइल की और कहीं गांधी के राजनीतिक ढंग की झलक नज़र आती है–उसकी लेखनी पर शेक्सपियर के ड्रामों का प्रभाव काफ़ी है। लेकिन मुझे उस स्टाइल में लिखनेवालों का व्यक्तित्व कभी नज़र नहीं आया। यदि यह डायरी आपको कभी मिल जाए तो आपको राजकिशोर की ज़िंदगी के दस-पंद्रह बरसों का हाल मालूम हो सकता है। उसने कितने रुपये चन्दे में दिए, कितने ग़रीबों को खाना खिलाया, कितने जुलूसों में भाग लिया, क्या पहना, क्या उतारा–और यदि मेरा अंदाज़ ठीक है तो आपको उस डायरी के किसी पृष्ठ पर मेरे नाम के साथ पैंतीस रुपये भी नज़र आ जाएँगे जो मैंने उससे एक बार उधार लिए थे और इस विचार में अभी तक वापस नहीं किए कि वह अपनी डायरी में उनकी वापसी का ज़िक्र भी नहीं करेगा।

ख़ैर; वह नीलम को उस डायरी के कुछ पृष्ठ पढ़कर सुना रहा था। मैंने दूर से ही उसके ख़ूबसूरत होंठों की सिकुड़न से मालूम कर लिया कि शेक्सपियर के अंदाज़ में प्रभु की प्रार्थना कर रहा है।

नीलम मौलसिरी के पेड़ के नीचे गोल सीमेंट के बने चबूतरे पर चुपचाप बैठी थी। उसके चेहरे पर राजकिशोर के डायरी-पाठ से कोई परिवर्तन के चिह्न दृष्टिगोचर नहीं हो रहे थे।

वह राजकिशोर की उभरी हुई छाती की ओर देख रही थी। उसके कुर्ते के बटन खुले थे और सफ़ेद बटन पर उसकी छाती के काले बाल बहुत ही ख़ूबसूरत मालूम होते थे।

स्टूडियो में चारों ओर हर चीज़ सलीके से लगी थी। नियाज़ मुहम्मद की दो बिल्लियाँ भी जो आम तौर पर गंदी रहा करती थीं, उस दिन बहुत साफ़-सुथरी दिखाई दे रही थीं। वे दोनों सामने बेंच पर लेटी नरम-नरम पंजों से अपना मुँह धो रही थीं। नीलम जॉर्जट की बेदाग़ सफ़ेद साड़ी पहनी हुई थी। ब्लाउज़ सफ़ेद लिनन का था जो उसकी साँवली और सुडौल बाँहों के साथ बहुत ही अच्छा ख़ुशगवार और मद्धम सा तज़ाद पैदा कर रहा था

"नीलम इतनी मुख़्तलिफ़ (प्रभावरहित) क्यों दिखाई दे रही है?" एक क्षण के लिए यह प्रश्न मेरे दिमाग़ में पैदा हुआ और जब एकदम उसकी और मेरी आँखें चार हुई तो मुझे उसकी निगाह के किरण-पुँज में अपने प्रश्न का उत्तर मिल गया–नीलम प्रेमपाश में बँध चुकी है। उसने हाथ के इशारे से मुझे बुलाया, थोड़ी देर इधर-उधर की बातें हुई। जब राजकिशोर चला गया तो उसने मुझसे कहा–"आज आप मेरे साथ चलिएगा।" शाम को छह बजे मैं नीलम के मकान पर था। ज्यों ही हम अंदर पहुँचे, उसने अपना बैग सोफ़े पर फेंका और मुझसे नज़र मिलाए बिना कहा–"आपने जो कुछ सोचा है, ग़लत है।"

मैं उसका मतलब समझ गया था। इसलिए मैंने जवाब दिया–"तुम्हें कैसे मालूम हुआ कि मैंने क्या सोचा था?" उसके पतले होंठों पर अर्थपूर्ण धीमी-सी मुस्कराहट आ गई–"इसलिए कि हम दोनों ने एक ही बात सोची थी... आपने शायद बाद में ध्यान नहीं दिया, लेकिन मैं बहुत सोच-विचार के बाद इस नतीजे पर पहुँची हूँ कि हम दोनों ग़लत थे।"

"यदि मैं कहूँ कि हम दोनों सही थे?"

उसने सोफ़े पर बैठते हुए कहा–"तो हम दोनों बेवकूफ़ हैं।" यह कहकर तुरंत ही उसके चेहरे की संजीदगी और ज़्यादा बढ़ गई। "सादिक़, यह कैसे हो सकता है। मैं बच्ची हूँ जो मुझे अपने दिल का हाल मालूम नहीं–तुम्हारे विचार से मेरी उम्र क्या होगी?"

"बाईस बरस।"

"बिलकुल ठीक—लेकिन तुम नहीं जानते कि दस बरस की उम्र से मुझे प्रेम के अर्थ मालूम थे—अर्थ क्या हुआ जी, ख़ुदा की क़सम प्रेम करती थी। दस से लेकर सोलह बरस तक मैं एक खतरनाक प्रेम में बँधी रही हूँ। मेरे दिल में अब क्या ख़ाक किसी की मुहब्बत पैदा होगी..." यह कहकर उसने मेरे आश्चर्यचकित चेहरे की ओर देखा और उसी निराश भाव से कहा, "तुम भी कभी नहीं मानोगे, चाहे मैं तुम्हारे सामने अपना दिल निकालकर ही क्यों न रख दूँ, फिर भी तुम यक़ीन नहीं करोगे। मैं अच्छी तरह जानती हूँ। भई! ख़ुदा की क़सम, वह मर जाए तो तुमसे झूठ बोले...मेरे दिल में अब किसी की मुहब्बत पैदा नहीं हो सकती। लेकिन इतना ज़रूर है कि..." यह कहते-कहते वह एकदम रुक गई।

मैंने उससे कुछ न कहा क्योंकि वह भारी चिंता में डूब गई थी। वह शायद सोच रही थी कि 'इतना ज़रूर' क्या है?

थोड़ी देर के बाद उसके पतले होंठों पर वही हलकी अर्थपूर्ण मुस्कराहट आई जिससे उसके चेहरे की संजीदगी में थोड़ी-सी बुद्धिमानी की-सी शरारत पैदा हो जाती थी। सोफ़े पर से एक झटके के साथ उठकर उसने कहना शुरू किया, "मैं इतना ज़रूर कह सकती हूँ कि यह मुहब्बत नहीं है। कोई और बात हो तो मैं कह नहीं सकती...सादिक़, मैं तुम्हें यक़ीन दिलाती हूँ।"

मैंने तुरंत ही कहा, "यानी तुम अपने आपको यक़ीन दिलाती हो?"

वह जल गई—"तुम बहुत कमीने हो...कहने का एक ढंग होता है, आख़िर तुम्हें यक़ीन दिलाने की मुझे ज़रूरत ही क्या पड़ी है...मैं अपने आपको यक़ीन दिला रही हूँ। लेकिन परेशानी यह है कि आ नहीं रहा...क्या तुम मेरी मदद नहीं कर सकते?"...यह कहकर यह मेरे पास बैठ गई और दाहिने हाथ की उँगलियाँ पकड़कर मुझसे पूछने लगी, "राजकिशोर के बारे में तुम्हारा क्या विचार है—मेरा मतलब है कि तुम्हारे विचार के अनुसार राजकिशोर में वह कौन-सी चीज़ है जो मुझे पसंद आई है?" उँगलियाँ छोड़कर उसने एक-एक करके दूसरी उँगलियाँ पकड़नी शुरू कीं—"मुझे उसकी बातें पसंद नहीं—मुझे उसकी ऐक्टिंग पसंद नहीं—मुझे उसकी डायरी पसंद नहीं। न जाने आज क्या खुराफ़ात सुना रहा था।" ख़ुद ही तंग आकर वह उठ खड़ी हुई—"समझ में नहीं आता कि मुझे क्या हो गया है...बस केवल यह जी चाहता है कि एक शोर हो, बिल्लियों की लड़ाई की तरह शोर मचे, धूल उड़े और मैं पसीना-पसीना हो जाऊँ..." फिर एकदम वह मेरी ओर पलटी-"सादिक़, तुम्हारा क्या ख़याल है...मैं कैसी स्त्री हूँ?"

मैंने मुस्कराकर जवाब दिया, "बिल्लियाँ और औरतें हमेशा मेरी समझ में अच्छी रही हैं।"

उसने एकदम पूछा—"क्यों?"

मैंने थोड़ी देर सोचकर जवाब दिया, "हमारे घर में एक बिल्ली रहती थी। साल में एक बार उस पर रोने के दौरे पड़ते थे। उसका रोना-धोना सुनकर कहीं से एक बिलौटा आ जाया करता था। फिर उन दोनों में इतनी लड़ाई और ख़ून-ख़राबा होता था कि अलअमाँ लेकिन इसके बाद वह खाला बिल्ली चार बच्चों की माँ बन जाया करती थी।"

नीलम का मानो मुँह का स्वाद ख़राब हो गया–"थू...तुम कितने गंदे हो।" फिर थोड़ी देर के बाद इलायची से मुँह का स्वाद ठीक करने के बाद उसने कहा-"मुझे औलाद से नफ़रत है, ख़ैर हटाओ जी इस किस्से को।"

यह कहकर नीलम ने पानदान खोलकर अपनी पतली उँगलियों से मेरे लिए पान लगाना शुरू कर दिया। चाँदी की छोटी-छोटी कुल्हियों से उसने बड़ी नफ़ासत से चमची के साथ चूना और कत्था निकालकर फैले हुए पान पर लगाया और गिलौरी बनाकर मुझे दी–"सादिक़, तुम्हारा क्या विचार है?"

यह कहकर वह चुप हो गई। मैंने पूछा–"किस बारे में?"

उसने सरौते से भुनी हुई छालिया काटते हुए कहा–"इसी बकवास के बारे में जो बेकार में शुरू हो गई है–यह बकवास नहीं तो क्या है–यानी मेरी समझ में तो कुछ आता ही नहीं। ख़ुद ही फाड़ती हूँ और ख़ुद ही सीती हूँ।...यदि यह बकवास इसी तरह जारी रही तो न जाने क्या होगा...तुम नहीं जानते हो, मैं बहुत ज़बरदस्त औरत हूँ।"

"ज़बरदस्त से तुम्हारा क्या मतलब है?"

नीलम के होंठों पर वही हलकी अर्थपूर्ण मुस्कान आ गई-"तुम बड़े बेशर्म हो, सब कुछ समझते हो लेकिन बारीक-बारीक चुटकियाँ लेकर मुझे उकसाओगे ज़रूर..." यह कहते हुए उसकी आँखों की सफ़ेदी गुलाबी रंगत में बदल गई। "तुम, समझते क्यों नहीं कि मैं बहुत गरम मिज़ाज की औरत हूँ।" यह कहकर वह उठ खड़ी हुई–"अब तुम जाओ–मैं नहाना चाहती हूँ।"

मैं चला गया।

इसके बाद बहुत दिनों तक नीलम ने राजकिशोर के बारे में मुझसे कुछ न कहा। लेकिन उस बीच हम दोनों एक-दूसरे के विचारों से परिचित थे। जो कुछ वह सोचती थी, मुझे मालूम हो जाता था और जो कुछ मैं सोचता था, उसे मालूम हो जाता था। कई दिन तक यही मौन विनिमय जारी रहा।

एक दिन डायरेक्टर कृपलानी, जो 'बन की सुंदरी' बना रहा था, हीरोइन का रिहर्सल सुन रहा था। हम सब म्यूज़िक रूम में जमा थे। नीलम एक कुर्सी पर बैठी अपने पाँव की गति से धीमे-धीमे ताल दे रही थी। एक बाज़ारू क़िस्म का गाना था लेकिन धुन अच्छी थी। जब रिहर्सल ख़त्म हुआ तो राजकिशोर कंधे पर खादी का थैला रखे कमरे में घुसा। डायरेक्टर कृपलानी म्यूज़िक डायरेक्टर घोष, साउंड रिकाडिस्ट पी० एन० मोघा, इन

सबको उसने अंग्रेज़ी में आदाब किया। हीरोइन मिस ईदनबाई को हाथ जोड़कर नमस्कार किया और कहा–"ईदन बहन, कल मैंने आपको क्राफर्ड मार्किट में देखा, मैं तब आपकी भाभी के लिए मौसंबियाँ ख़रीद रहा था कि आपकी मोटर नज़र आई..." हिलते-हिलते उसकी नज़रें नीलम पर पड़ी जो पियानो के पास एक ऊँची कुर्सी में धँसी हुई थी। एकदम उसके हाथ नमस्कार के लिए उठे। यह देखते ही नीलम उठ खड़ी हुई। "राज साहब, मुझे बहन न कहिएगा।" नीलम ने यह बात इस ढंग से कही कि म्यूज़िक रूम में बैठे हुए सब आदमी एक क्षण के लिए स्तब्ध रह गए। राजकिशोर खिसियाना-सा हो गया और केवल इतना कह सका–"क्यों?" नीलम जवाब दिए बिना बाहर निकल गई।

तीसरे दिन मैं नागपाड़े में दोपहर के समय श्यामलाल पनवाड़ी की दुकान पर गया तो वहाँ उसी घटना के बारे में चर्चाएँ हो रही थीं।

श्यामलाल बड़े मज़ेदार तरीक़े से कह रहा था-"साली का अपना मन मैला होगा नहीं तो राज भाई किसी को बहन कहे और यह बुरा माने...कुछ भी हो, उसकी इच्छा कभी पूरी नहीं होगी। राज भाई लंगोट का बहुत पक्का है।"

राज भाई के लंगोट से मैं बहुत तंग आ गया था, लेकिन मैंने श्यामलाल से कुछ न कहा और चुप बैठा उसकी और उसके मित्र ग्राहकों की बातें सुनता रहा, जिनमें अतिशयोक्ति अधिक और असलियत बहुत कम थी।

स्टूडियो में उस म्यूज़िक रूम की घटना का सबको पता था और तीन रोज़ से बातचीत का विषय केवल यही चीज़ बन रही थी कि राजकिशोर को मिस नीलम ने क्यों एकदम बहन कहने से मना किया। मैंने राजकिशोर से उस बारे में कुछ न कुछ सुना, लेकिन उसके एक मित्र से मालूम हुआ कि उसने अपनी डायरी में उस पर बहुत ही मजेदार रिमार्क लिखा है–और प्रार्थना की है कि मिस नीलम का दिल-दिमाग़ पाक-साफ़ हो जाए।

इस घटना को कई दिन गुज़र गए लेकिन कोई और विशेष बात न हुई। नीलम पहले से कुछ ज़्यादा गंभीर हो गई थी और राजकिशोर के कुर्ते के बटन अब हर समय खुले रहते थे, जिससे उसकी सफ़ेद और उभरी हुई छाती के काले बाल बाहर झाँकते रहते थे।

चूँकि एक-दो रोज़ से बारिश थमी हुई थी और 'बन की सुंदरी' का चौथे सेट का रंग सूख गया था, इसलिए डायरेक्टर कृपलानी ने नोटिस बोर्ड पर सूटिंग का ऐलान कर दिया। वह सीन जो अब लिया जाने वाला था, नीलम और राजकिशोर के बीच था अर्थात् दोनों को भाग लेना था। चूँकि मैंने ही उसके संवाद लिखे थे, इसलिए मुझे मालूम था कि राजकिशोर बातें करते-करते नीलम का हाथ चूमेगा।

इस सीन में चूमने की बिलकुल गुंजाइश नहीं थी। लेकिन चूँकि जनता की भावनाओं को उकसाने के लिए आम तौर पर फ़िल्मों में स्त्रियों को ऐसी वेशभूषा पहनाई जाती

है जो लोगों की भावनाओं को भड़काए, इसलिए डायरेक्टर कृपलानी ने पुराने नुस्ख़े के मुताबिक़ चुंबन का यह टच रख दिया था।

जब शूटिंग शुरू हुई तो मैं धड़कते दिल के साथ सेट पर मौजूद था। राजकिशोर और नीलम का हाल क्या होगा, इस विचार से ही मेरे दिल में सनसनी की एक लहर दौड़ जाती थी। किंतु सारा सीन पुरा हो गया और कुछ न हुआ। हर संवाद के बाद एक थका देने वाली मनहूसियत के साथ आकाशदीप जलते और बुझते जाते, स्टार्ट और कट की आवाज़ें गरजतीं और शाम को जब सीन के क्लाईमेक्स का समय आया तो राजकिशोर ने बड़ी भावुकता से नीलम का हाथ पकड़ा, लेकिन कैमरे की ओर पीठ करके अपना हाथ चूमा और अलग कर दिया।

मेरा ख़याल था कि नीलम अपना हाथ खींचकर राजकिशोर के मुँह पर ऐसा चाँटा जड़ेगी कि रिकार्डिंग रूम में पी० एन० मोघा के कानों के परदे फट जाएँगे, लेकिन इसके विरुद्ध नीलम के पतले होंठों पर एक नीरस मुस्कान दिखाई दी। जिसमें स्त्री की कोमल भावनाओं का कोई चिह्न मौजूद न था।

मुझे भारी निराशा हुई थी। लेकिन मैंने उसका ज़िक्र नीलम से नहीं किया। दो-तीन दिन गुज़र गए और जब उसने भी मुझसे उस बारे में कुछ न कहा तो मैंने यह नतीजा निकाला कि उसे उस हाथ चूमने वाली बात की गंभीरता का ज्ञान नहीं था, वरना यों कहना चाहिए कि उसके बेफ़िक्र दिमाग़ में उसका ख़याल तक नहीं आया था और उसकी वजह सिर्फ़ यह हो सकती थी कि वह उस वक़्त राजकिशोर की ज़ुबान से जो औरत को बहन कहने का आदी था, प्रेमालाप सुन रही थी।

नीलम का हाथ चूमने के बजाय राजकिशोर ने अपना हाथ क्यों चूमा था—क्या उसने बदला लिया था?...क्या उसने स्त्री को अपमानित करने की कोशिश की थी? ऐसे कई प्रश्न मेरे दिमाग़ में पैदा हुए, लेकिन कोई जवाब न मिला।

चौथे दिन जब में अपनी आदत के अनुसार नागपाड़े में श्यामलाल की दुकान पर गया तो उसने मुझसे शिकायत-भरे स्वर में कहा—"मंटो साहब, आप तो हमें अपनी कंपनी की कोई बात सुनाते ही नहीं—आप बताना नहीं चाहते या फिर आपको कुछ मालूम नहीं होता...पता है, राज भाई ने क्या किया?"

इसके बाद उसने अपने तरीके से वह कहानी कहनी शुरू की कि 'बन की सुंदरी' में एक सीन था जिसमें डायरेक्टर साहब ने राज भाई को मिस नीलम का मुँह चूमने का आर्डर दिया था, "ना साहब, मैं ऐसा काम कभी न करूँगा। मेरी अपनी पत्नी है, इस गंदी औरत का मुँह चूमकर क्या मैं उसके पवित्र होंठों से अपने होंठ मिला सकूँगा...बस साहब, तुरंत डायरेक्टर साहब को सीन बदलना पड़ा और राज भाई ने कहा, अच्छा भई, तुम मुँह न चूमो, हाथ चूम लो। लेकिन राज भाई ने भी कच्ची गोलियाँ नहीं खेलीं, जब

वक़्त आया तो उसने इस सफ़ाई से अपना हाथ चूमा कि देखने वालों को यही मालूम हुआ कि उस माली का हाथ चूमा है।"

"मैंने उस बातचीत का जिक्र नीलम से नहीं किया, इसलिए कि जब वह सारे किस्से से ही बेख़बर थी तो उसे व्यर्थ दुखी करने से क्या लाभ।

बंबई में मलेरिया आम तौर से फैल जाता है। मालूम नहीं कौन-सा महीना था और कौन-सी तारीख़ थी। केवल इतना याद है कि 'बन की सुंदरी' का पाँचवाँ सेट लग रहा था और बारिश बड़े ज़ोरों पर थी कि नीलम अचानक बहुत तेज़ बुखार से ग्रस्त हो गई। चूँकि मुझे स्टूडियो में कोई काम नहीं था इसलिए में घंटों उसके पास बैठा उसकी तीमारदारी करता रहा। मलेरिया ने उसके चेहरे के साँवलेपन में एक अजीब क़िस्म का दुखदायी पीलापन पैदा कर दिया था...उसकी आँख और उसके पतले होंठों के कोनों में जिनमें अवर्णनीय मुस्कराहट खेलती थी, अब उनमें बेबसी की झलक दिखाई देती थी।

कुनैन के टीकों से उसका शरीर काफ़ी कमज़ोर हो गया था, इसलिए उसे अपनी कमज़ोर आवाज़ को ज़ोर लगाकर ऊँचा उठाना पड़ता था। उसका विचार था कि शायद मेरे कान भी ख़राब हो गए हैं।

एक दिन जब उसका बुखार बिलकुल दूर हो गया और वह बिस्तर पर लेटी नम्र स्वर में ईदन बाई की बीमारी में सहायक होने का धन्यवाद दे रही थी, तभी नीचे से मोटर के हॉर्न की आवाज़ आई। मैंने देखा कि वह आवाज़ सुनकर नीलम के बदन पर एक ठंडी फुरफुरी-सी दौड़ गई।

थोड़ी देर बाद कमरे का संगीन सागवानी दरवाज़ा खुला और राजकिशोर शादी के सफ़ेद कुर्ते और तंग पायजामे में अपनी पुरानी क़िस्म की बीवी के साथ कमरे में घुसा। ईदन बाई को ईदन बहन कहकर सलाम किया। मेरे साथ हाथ मिलाया और अपनी बीवी को जो तीखे-तीखे कट वाली घरेलू क़िस्म की स्त्री थी, हम सबसे परिचित कराकर वह नीलम के पलंग पर बैठ गया। कुछ क्षणों तक वह यों ही मुस्कराता रहा, फिर उसने नीलम की ओर देखा और पहली बार उसकी धुली हुई आँखों में एक भारी भावुकता का बेड़ा तिरता हुआ देखा।

मैं अभी पूरी तरह सँभल भी न पाया था कि उसने क्षमा याचना के भाव से कहना शुरू किया-"मैं बहुत दिनों से इरादा कर रहा था कि आपकी बीमारी की हालत देखने आऊँ, लेकिन इस कमबख़्त मोटर का इंजन कुछ ऐसा ख़राब हुआ कि दस दिन कारखाने में पड़ी रही। आज आई तो मैंने (अपनी बीवी की ओर इशारा करके) शांति से कहा-"भई चलो, इसी वक़्त उठो-रसोई का काम कोई और कर लेगा, आज इत्तफ़ाक़ से रक्षाबन्धन का त्यौहार भी है"-नीलम बहन की कुशलता भी पूछ आएँगे और उनसे राखी भी बँधवाएँगे, यह कहकर उसने अपने खादी के कुर्ते से एक रेशमी फुँदने वाला गजरा निकाला-नीलम के चेहरे पर पीलापन और ज़्यादा दुखदायी हो गया।

राजकिशोर जान-बूझकर नीलम की ओर नहीं देख रहा था, इसलिए उसने ईदन बाई से कहा–"लेकिन ऐसे नहीं, ख़ुशी का मौक़ा है, बहन बीमार बनकर राखी नहीं बाँधेगी...शांति, चलो उठो...इनको लिपस्टिक आदि लगाओ। मेकअप-बॉक्स कहाँ है...?"

सामने मेंटल पीस पर नीलम का मेकअप-बॉक्स पड़ा था। राजकिशोर ने लंबे-लंबे पग उठाये और उसे ले आया। नीलम चुप थी। उसके पतले होंठ भिंच गये थे, जैसे वह अपनी चीख बड़ी मुश्किल से रोक रही थी।

जब शांति ने पतिव्रता स्त्री की भाँति उठकर नीलम का मेकअप करना चाहा, तो उसने कोई प्रतिवाद न किया। ईदन बाई ने एक बेजान लाश को सहारा देकर उठाया और जब शांति ने बहुत ही बेढंगेपन से होंठों पर लिपस्टिक लगाना शुरू किया तो वह मेरी ओर देखकर मुस्कराई...नीलम की वह मुस्कराहट एक मौन चीख थी।

मेरा ख़याल था–नहीं मुझे यक़ीन था कि एकदम कुछ होगा...नीलम के भिंचे हुए होंठ एक धमाके के साथ बंद हो गए और जिस तरह बरसात में पहाड़ी नाले बड़े-बड़े मज़बूत बंध तोड़कर दीवानों की तरह आगे बढ़ जाते हैं, उसी तरह नीलम अपनी रुकी हुई भावुकता के तूफ़ानी बहाव में हम सबके क़दम उखाड़कर ख़ुदा जाने किन गहराइयों में धकेल ले जाएगी। लेकिन आश्चर्य है कि वह बिलकुल चुप रही–उसके चेहरे का दुखदायी पीलापन गजरे और लाली के ढेर में छिपता रहा और वह पत्थर की मूर्ति की भाँति बेबस बनी रही। अंत में जब मेकअप पूरा हो गया तो उसने राजकिशोर से आश्चर्यजनक रूप से दृढ़तापूर्वक कहा–"लाइए, अब मैं राखी बाँध दूँ।"

रेशमी कुंदनों वाला गजरा थोड़ी देर में राजकिशोर की कलाई में था और नीलम जिसके हाथ काँपने चाहिए थे, बड़े धैर्य और शांति के साथ उसमें गाँठ दे रही थी। इस कार्य के बीच में एक बार फिर मुझे राजकिशोर की धुली हुई आँखों में एक कोमल भावुकता की झलक नज़र आई जो तुरंत ही उसकी हँसी में ग़ायब हो गई।

राजकिशोर ने एक लिफ़ाफ़े में रीति के अनुसार नीलम को कुछ रुपये दिए जो उसने धन्यवाद देकर अपने तकिये के नीचे रख लिये–जब वे लोग चले गए, मैं और नीलम अकेले रह गए तो उसने मुझ पर एक उजड़ी नज़र हुई निगाह डाली, और तकिये पर सिर रखकर चुपचाप लेट गई। पलंग पर राजकिशोर अपना थैला भूल गया था। जब नीलम ने उसे देखा तो पाँव से एक ओर रख दिया। मैं लगभग दो घंटे तक उसके पास अखबार पढ़ता रहा। जब उसने कोई बात न की, तो मैं बिना पूछे चला गया।

इस घटना के तीन दिन बाद मैं नागपाड़े में अपनी नौ रुपये माहवार की कोठरी में बैठा शेव कर रहा था और दूसरी कोठरी में अपनी साथिन मिसेज फ़र्नेंडिज़ की गालियाँ सुन रहा था कि एकदम कोई अंदर आया। मैंने पलटकर देखा, नीलम थी। एक क्षण के लिए मैंने सोचा कि नहीं कोई और है–उसके होंठों पर गहरे लाल रंग की लिपस्टिक कुछ इस तरह फैली हुई थी जैसे मुँह से ख़ून निकलकर बहता रहा

और पोछा नहीं गया—सिर का एक बाल भी सही हालत में नहीं था। सफ़ेद साड़ी की बूटियाँ अड़ी हुई थीं। ब्लाउज़ के तीन-चार हुक खुले हुए थे और उसकी साँवली छातियों पर ख़राशें नज़र आ रही थीं।

नीलम को उस हालत में देखकर मुझसे पूछा ही न गया कि तुम्हें क्या हुआ है... और मेरी कोठरी का पता लगाकर कैसे पहुँची हो।

पहला काम मैंने यह किया कि दरवाज़ा बंद कर दिया। जब मैं कुर्सी खींचकर उसके पास बैठा तो उसने अपने लिपस्टिक से लिथड़े हुए होंठ खोले और कहा—"मैं सीधी यहाँ आ रही हूँ।"

मैंने धीमे से पूछा—"कहाँ से?"

"अपने घर से...और मैं तुमसे यह कहने आई हूँ कि अब वह जो बकवास शुरू हुई थी, ख़तम हो गई है।"

"कैसे?"

"मुझे मालूम था कि वह फिर मकान पर आएगा। उस वक़्त जब और कोई नहीं होगा। और वह आया...अपना थैला लेने के लिए"—यह कहते हुए उसके पतले होंठों पर जो लिपस्टिक ने बिलकुल बेशक्ल कर दिये थे, हलकी-सी अर्थपूर्ण मुस्कराहट आई। "वह अपना थैला लेने आया था—मैंने कहा चलिए दूसरे कमरे में पड़ा है। मेरा भाव शायद बदला हुआ था क्योंकि वह कुछ घबरा-सा गया...मैंने कहा, घबराइए नहीं...जब हम दूसरे कमरे में घुसे तो मैं थैला देने के बजाय ड्रेसिंग टेबल के सामने बैठ गई और मेकअप करना शुरू कर दिया।" इतना कहकर वह चुप हो गई—सामने मेरी टूटी हुई मेज़ पर शीशे के गिलास में पानी पड़ा था। उसे उठाकर नीलम गटागट पी गई। और साड़ी के छोर से अपने होंठ पोंछकर उसने कहना जारी किया—"मैं एक घंटे तक मेकअप करती रही। जितनी लिपस्टिक होंठों पर थोप सकती थी, मैंने थोपी...जितनी लाली मेरे गालों पर चढ़ सकती थी, मैंने चढ़ाई। वह चुप एक कोने में मेरी शक्ल देखता रहा।

जब मैं बिलकुल चुड़ैल बन गई तो मज़बूत पैरों के साथ चलकर मैंने दरवाज़ा बन्द कर दिया।"

"फिर क्या हुआ?"

मैंने जब अपने सवाल का जवाब पाने के लिए नीलम की ओर देखा तो वह मुझे बिलकुल दूसरी नज़र आई। साड़ी से होंठ पोंछने के बाद उसके होंठों की रंगत कुछ अजीब-सी हो गई थी। इसके अलावा उसका भाव उतना ही दबा हुआ था, जितना लाल गरम किए हुए लोहे का, जिसे हथौड़े से पाटा जा रहा हो—उस समय तो वह चुड़ैल नज़र नहीं आ रही थी। लेकिन जब उसने मेकअप किया होगा तो ज़रूर चुड़ैल दिखाई देती होगी।

मेरे प्रश्न का जवाब उसने तुरंत ही नहीं दिया—टाट की चारपाई से उठकर वह मेरी मेज़ पर बैठ गई और कहने लगी-"मैंने उसको झँझोड़ दिया...जंगली बिल्ली की तरह मैं उसके साथ चिपट गई। उसने मेरा मुँह नोचा, मैंने उसका... बहुत देर तक हम दोनों एक-दूसरे के साथ कुश्ती लड़ते रहे...ओह...उसमें बला की ताक़त थी...लेकिन लेकिन... जैसा कि मैं तुमसे एक बार कह चुकी हूँ...मैं बहुत ज़बरदस्त औरत हूँ...मेरी कमज़ोरी...वह कमज़ोरी जो मलेरिया ने पैदा की थी मुझे बिलकुल न मालूम हुई, मेरा शरीर तप रहा था। मेरी आँखों से चिंगारियाँ निकल रही थीं।...मेरी हड्डियाँ कड़ी हो रही थी। मैंने उसे पकड़ लिया—"मैंने उससे बिल्लियों की तरह लड़ना शुरू किया... मुझे मालूम नहीं था क्यों...मुझे पता नहीं था किसलिए...बिना सोचे-समझे उससे भिड़ गई...हम दोनों ने कोई भी ऐसी बात जुबान से न निकाली जिसका मतलब कोई दूसरा समझ सके...मैं चीख़ती रही...वह केवल हूँ-हूँ करता रहा...उसके सफ़ेद खादी के कुर्ते की कई बोटियाँ मैंने उन उँगलियों से नोचीं...उसने मेरे बाल...कई लटें जड़ से निकाल डालीं...उसने अपनी सारी ताक़त ख़र्च कर दी। लेकिन मैंने इरादा कर लिया था कि विजय मेरी ही रहेगी...इसलिए वह कालीन पर मुर्दे की तरह लेटा था...और मैं इतनी हाँफ रही थी, ऐसा लगता था कि मेरी साँस एकदम रुक जाएगी...इतना हाँफते हुए भी मैंने उसके कुर्ते को चिंदी-चिंदी कर दिया। उस समय जब मैंने उसका चौड़ा चकला सीना देखा तो मुझे मालूम हुआ कि वह बकवास क्या थी...वही बकवास जिसके बारे में हम दोनों सोचते थे और कुछ समझ नहीं सकते थे...यह कहकर वह तेज़ी से उठ खड़ी हुई और अपने बिखरे हुए बालों को सिर के हिलाने से एक ओर हटाकर कहने लगी—सादिक़, कमबख़्त का शरीर वास्तव में ही सुंदर है...जाने मुझे क्या हुआ...एकदम मैं उस पर झुकी और उसे काटना शुरू कर दिया.. .वह सी-सी करता रहा। लेकिन जब मैंने उसके होंठों से अपने लहू-भरे होंठ लगाए और उसे एक ख़तरनाक जलता हुआ चुंबन दिया तो वह फल बेचने वाली स्त्री की भाँति ठंडा हो गया...मैं उठ खड़ी हुई...मुझे उससे एकदम घृणा उत्पन्न हो गई...मैंने गौर से उसकी ओर नीचे देखा...उसके सुंदर शरीर पर मेरे ख़ून और लिपस्टिक की सुर्ख़ी ने बहुत बुरे बेल-बूटे बना दिये थे...मैंने अपने कमरे की ओर देखा तो हर चीज़ बनावटी नज़र आती।

इसलिए मैंने जल्दी से दरवाज़ा खोला कि शायद मेरा दम घुट जाएगा और सीधी तुम्हारे पास चली आई।

यह कहकर वह चुप हो गई...मुर्दे की तरह चुप। मैं डर गया। उसका एक हाथ जो चारपाई से नीचे लटक रहा था, मैंने छुआ, आग की तरह गरम था।

"नीलम...नीलम..."

मैंने कई बार उसे ज़ोर से पुकारा, लेकिन उसने कोई जवाब न दिया। आख़िर जब मैंने बहुत ज़ोर से भयानक आवाज़ में नीलम कहा तो वह चौंकी और उठकर जाते हुए उसने केवल यह कहा—"सआदत, मेरा नाम राधा है।"

बाबू गोपीनाथ

बाबू गोपीनाथ से मेरी मुलाक़ात सन् चालीस में हुई। उन दिनों मैं बंबई में एक साप्ताहिक पत्रिका एडिट किया करता था। दफ़्तर में अब्दुल रहीम सेनडो एक नाटे कद के आदमी के साथ दाख़िल हुआ। मैं उस व 'लीड' लिख रहा था। सेनडो ने अपने विशेष अंदाज़ में ऊँचे स्वर में मुझे आदाब किया और अपने साथी से परिचय कराया, "मंटो साहब, बाबू गोपीनाथ से मिलिए।"

मैंने उठकर उससे हाथ मिलाया। सेनडो ने अपने स्वभावानुसार प्रशंसाओं के पुल बाँधने शुरू कर दिए–"बाबू गोपीनाथ, तुम हिंदुस्तान के नंबर वन रायटर से हाथ मिला रहे हो। लिखता है तो धड़न तख़्ता हो जाता है लोगों का। ऐसी कंटीन्यूइटिली मिलाता है कि तबीयत साफ़ हो जाती है। पिछले दिनों वह क्या चुटकुला लिखा था आपने मंटो साहब, मिस ख़ुर्शीद ने कार ख़रीदी। अल्लाह बड़ा कारसाज़ है। क्यों बाबू गोपीनाथ, है न ऐंटी की पैंटी पो?"

अब्दुल रहीम सेनडो का बातें करने का अंदाज़ बिलकुल निराला था–कंटीन्यूइटिली, धड़न तख़्ता और ऐंटी की पैंटी पो–ऐसे शब्द उसके अपने गढ़े हुए थे, जिनको वह बातचीत में बेतकल्लुफ़ प्रयोग करता था। मेरा परिचय कराने के बाद वह बाबू गोपीनाथ की तरफ़ संबोधित हुआ, जो बहुत प्रभावित दिखाई देता था–"आप हैं बाबू गोपीनाथ, बड़े खाना-ख़राब, लाहौर से झक मारते-मारते बंबई तशरीफ़ लाए हैं साथ काश्मीर की एक कबूतरी है।"

बाबू गोपीनाथ मुस्कराया।

अब्दुल रहीम सेनडो ने परिचय को अपर्याप्त समझकर कहा, "नंबर वन बेवकूफ़ हो सकता है तो वह आप हैं। लोग इनको मस्का लगाकर रुपया बटोरते हैं। मैं सिर्फ़ बातें करके इनसे हर रोज़ पोल्सन बटर के दो पैकेट वसूल करता हूँ। बस मंटो साहब, ये समझ लीजिए कि बड़े एंटी फ्लू ज़स्टेन क़िस्म के आदमी हैं। आप आज शाम को इनके फ्लैट पर ज़रूर तशरीफ़ लाएँ।"

बाबू गोपीनाथ ने, जो ख़ुदा मालूम क्या सोच रहा था, चौंककर कहा–"हाँ, हाँ, ज़रूर तशरीफ़ लाइए मंटो साहब!" फिर सेनडो से पूछा, "क्यों सेनडो, क्या आप कुछ उसका शगल करते हैं?"

अब्दुल रहीम सेनडो ने जोर से कहकहा लगाया, "अजी हर क़िस्म का शगल करते हैं। तो मंटो साहब, आज शाम को ज़रूर आइएगा। मैंने भी पीनी शुरू कर दी है इसलिए कि मुफ़्त मिलती है।"

सेनडो ने मुझे फ्लैट का पता लिख दिया, जहाँ मैं वायदे के अनुसार शाम के छह बजे के क़रीब पहुँच गया। तीन कमरे का साफ़-सुथरा फ्लैट था, जिसमें बिलकुल नया

फर्नीचर सजा हुआ था। सेनडो और बाबू गोपीनाथ के अलावा बैठने वाले कमरे में दो मर्द और दो औरतें मौजूद थीं, जिनसे सेनडो ने मुझे परिचित कराया।

एक था गफ़्फ़ार साईं, तहमदपोश, पंजाब ठेठ साईं गले में मोटे-मोटे दानों की माला। सेनडो ने उसके बारे में कहा, "आप बाबू गोपीनाथ के लीगल एडवाइज़र है। मेरा मतलब समझ जाइए आप। हर आदमी जिसकी नाक बहती हो या जिसके मुँह से थूक निकलता हो, पंजाब में ख़ुदा को पहुँचा हुआ दरवेश बन जाता है। ये भी बस पहुँचे हुए हैं या पहुँचने वाले हैं। लाहौर से बाबू गोपीनाथ के साथ आए हैं, क्योंकि इन्हें वहाँ कोई और बेवकूफ़ मलने की उम्मीद नहीं थी। यहाँ आप बाबू साहब क्रेवन ए के सिगरेट और स्काच व्हिस्की के पैग पीकर दुआ करते रहते हैं कि अंत नेक हो।"

गफ़्फ़ार साईं यह सुनकर मुस्कराता रहा।

दूसरे मर्द का नाम ग़ुलाम अली था। लंबा-तगड़ा जवान, कसरती बदन, मुँह पर चेचक के दाग़। उसके बारे में सेनडो ने कहा, "मेरा शागिर्द है। अपने उस्ताद के नक्शे-ए-क़दम पर चल रहा है। लाहौर की एक नामी वेश्या की कुँवारी–लड़की इस पर आशिक हो गई। बड़ी-बड़ी कंटीन्यूइटिलियाँ मिलाई गईं उसको फाँसने के लिए, मगर उसने कहा, 'डू और डाई'–मैं लंगोट का पक्का रहूँगा। एक तकिये में बातचीत करते, पीते हुए बाबू गोपीनाथ से मुलाक़ात हो गई। बस, उस दिन से उसके साथ चिमटा हुआ है। हर रोज़ क्रेवन ए का डिब्बा और खाना-पीना मुकर्रर है।"

यह सुनकर गुलाम अली भी मुस्कराता रहा।

गोल चेहरे वाली एक सुर्ख-सफ़ेद औरत थी। कमरे में दाख़िल होते ही मैं समझ गया था कि यह वही काश्मीरी कबूतरी है, जिसके बारे में सेनडो ने दफ़्तर में ज़िक्र किया था। बहुत साफ़-सुथरी औरत थी। बाल छोटे थे। ऐसा लगता था कटे हैं, किन्तु वास्तव में ऐसा नहीं था। आँखें साफ़ और चमकीली थीं। चेहरे की रेखाओं से स्पष्ट लगता था कि अत्यन्त अल्हड़ और अनुभवहीन है। सेनडो ने उससे परिचय कराते हुए कहा–"ज़ीनत बेगम। बाबू साहब प्यार से जीनो कहते हैं। एक बड़ी ख़ुर्राट नायिका काश्मीर से यह सेब तोड़कर लाहौर ले आई। बाबू गोपीनाथ को अपनी सी० आई० डी० से पता चला और एक रात ले उड़े। मुक़दमेबाज़ी हुई और लगभग दो महीने तक पुलिस ऐश करती रही। आख़िर बाबू साहब ने मुक़दमा जीत लिया और इसे यहाँ ले आए–धड़न तख़्ता।"

अब गहरे साँवले रंग की औरत बाक़ी रह गई थी, जो ख़ामोश बैठी सिगरेट पी रही थी। आँखें लाल थीं जिनसे काफ़ी बेहयाई प्रकट हो रही थी। बाबू गोपीनाथ ने उसकी तरफ़ संकेत किया और सेनडो से कहा, "इसके विषय में भी कुछ हो जाए।"

सेनडो ने उस औरत की रान पर हाथ मारा और कहा–"जनाब, यह हैं टीन पीपटी, फ़िल-फ़िल फूटी, मिसेज़ अब्दुल रहीम सेनडो उर्फ़ सरदार बेगम–आप भी लाहौर की पैदावार हैं। सन् छत्तीस में मुझसे इश्क़ हुआ। दो वर्षों ही में मेरा धड़ तख़्ता करके रख

दिया। मैं लाहौर छोड़कर भागा। बाबू गोपीनाथ ने इसे यहाँ बुलवा लिया ताकि मेरा मन लगा रहे। इसको भी एक डिब्बा क्रेवन ए का राशन में मिलता है। प्रतिदिन शाम को ढाई रुपये का मोर्फ़िया का इंजेक्शन लेती है। रंग काला है मगर वैसे बड़ी 'टिट फार टेट' क़िस्म की औरत है।"

सरदार ने एक अदा से कहा–"बकवास न करो।" इस अदा में पेशावर औरत की बनावट थी।

सबसे परिचय कराने के बाद सेनडो ने अपने स्वभावानुसार मेरी प्रशंसा के पुल बाँध ने शुरू कर दिए। मैंने कहा–"छोड़ो यार, आओ कुछ बातें करें।"

सेनडो चिल्लाया–"ब्वॉय, व्हिस्की एंड सोडा–बाबू गोपीनाथ, लगाओ हवा एक हरे को।"

बाबू गोपीनाथ ने जेब में हाथ डालकर सौ-सौ के नोटों का एक पुलिंदा निकाला और एक नोट सेनडो के हवाले कर दिया। सेनडो ने नोट लेकर उसकी तरफ़ गौर से देखा और लड़खड़ाकर कहा, ओ गॉड–ओ मेरे रब्ब-उल-आलमीन...वह दिन कब आएगा जब मैं भी लब लगाकर यूँ नोट निकाला करूँगा...जाओ भाई गुलाम अली, दो बोतलें जानी वॉकर स्टिल गोइंग स्ट्रांग की ले आओ।"

बोतलें आई तो सबने पीना शुरू किया। यह शगल दो-तीन घंटे तक जारी रहा। इस दौरान में सबसे ज़्यादा बातें सामान्य तौर पर अब्दुल रहीम ने कीं। पहला गिलास एक ही साँस में ख़त्म करके वह चिल्लाया–धड़न तख़्ता, मंटो साहब, व्हिस्की हो तो ऐसी। हलक में उतरकर पेट में इंक़लाब ज़िंदाबाद लिखती चली गई है–जिओ, बाबू गोपीनाथ, जिओ!"

बाबू गोपीनाथ बेचारा ख़ामोश रहा। कभी-कभी अलबत्ता वह सेनडो की हाँ में हाँ मिला देता था। मैंने सोचा, इस शख़्स की अपनी कोई राय नहीं है, दूसरा जो भी कहे, मान लेता है। विश्वास के कच्चे होने का प्रमाण गफ़्फ़ार साईं मौजूद था जिसे वह सेनडो के कथनानुसार अपना लीगल एडवाइज़र बताकर लाया था। सेनडो का उससे वास्तव में यह मतलब था कि बाबू गोपीनाथ की उस पर श्रद्धा थी। यूँ भी मुझे वार्तालाप के दौरान मालूम हुआ कि लाहौर में उसका प्राय: वक़्त फ़क़ीरों और दरवेशों की संगत में कटता था। यह चीज़ मैंने विशेष रूप से नोट की कि वह खोया-खोया-सा था, कुछ सोच रहा है। अत: मैंने उससे एक बार कहा–"बाबू गोपीनाथ, क्या सोच रहे हैं आप?"

वह चौंक पड़ा, "जी, मैं...मैं...कुछ नहीं।" यह कहकर वह मुस्कराया और ज़ीनत की तरफ़ एक आशिक़ाना निगाह डाली–"उन हसीनों के बारे में सोच रहा हूँ–और हमें क्या सोच होगी।"

सेनडो ने कहा, "बड़े खाना-ख़राब हैं ये मंटो साहब, बड़े खाना-ख़राब हैं–लाहौर की कोई ऐसी वेश्या नहीं, जिसके साथ बाबू साहब की कंटीन्यूइटिली न रह चुकी हो।"

बाबू गोपीनाथ ने यह सुनकर बड़े भौंडे ढंग के साथ कहा–"अब कमर में वह दम नहीं, मंटो साहब!"

उसके बाद वाहियात गुफ़्तगू शुरू हो गई। लाहौर की वेश्याओं के सब घराने गिने गए–कौन डेरादार थी? कौन नटनी थी? नथुनी उतारने का बाबू गोपीनाथ ने क्या दिया था वग़ैरा वग़ैरा। यह गुफ़्तगू सरदार, सेनडो, गफ़्फ़ार साईं और गुलाम अली के बीच होती रही। ठेठ लाहौर के कोठों की भाषा में मतलब तो समझता रहा, मगर कुछ विशेष शब्द समझ में न आए।

ज़ीनत बिलकुल ख़ामोश बैठी रही। कभी-कभी किसी बात पर मुस्करा देती। मगर मुझे ऐसा महसूस हुआ कि उसे उस गुफ़्तगू से कोई दिलचस्पी नहीं थी। हलकी व्हिस्की का एक गिलास भी पिया, बिना किसी दिलचस्पी के। सिगरेट भी पीती थी तो मालूम होता था, उसको तम्बाकू और उसके धुएँ से कोई लगाव नहीं, लेकिन लुत्फ़ यह है कि सबसे ज़्यादा सिगरेट उसी ने पिये। बाबू गोपीनाथ से उसे मुहब्बत थी, इसका पता मुझे किसी बात से न मिला। इतना अलबत्ता प्रकट था कि बाबू गोपीनाथ को इनका काफ़ी ख़याल था क्योंकि ज़ीनत की सुविधा के लिए हर सामान उपलब्ध था। लेकिन एक बात मुझे मालूम हुई कि उन दोनों में कुछ अजीब-सा चाव था। मेरा मतलब है, वे दोनों एक-दूसरे के क़रीब होने की बजाय कुछ हटे हुए लगते थे।

आठ बजे के लगभग सरदार, डॉक्टर मजीद के घर चली गई, क्योंकि उसे मॉर्फ़िया का इंजेक्शन लेना था। गफ़्फ़ार साईं तीन पैग पीने के बाद अपनी तस्बीह (माला) उठाकर कालीन पर सो गया। गुलाम अली को होटल से खाना लेने के लिए भेज दिया गया। सेनडो ने अपनी दिलचस्प बकवास जब कुछ समय के लिए बंद की तो बाबू गोपीनाथ ने, जो अब नशे में था, ज़ीनत की ओर वही आशिक़ाना निगाह डालकर कहा–"मंटो साहब, मेरी ज़ीनत के बारे में आपका क्या ख़याल है?"

मैंने सोचा, क्या कहूँ? ज़ीनत की ओर देखा तो वह झेंप गई। मैंने ऐसे ही कह दिया–"बड़ा नेक ख़याल है?"

बाबू गोपीनाथ ख़ुश हो गया, "मंटो साहब, है भी बड़ी नेक। ख़ुदा की कसम, न ज़ेवर का शौक़ है न किसी और चीज़ का। मैंने कई बार कहा जानेमन, मकान बनवा दूँ? जवाब क्या दिया, मालूम है आपको?–क्या करूँगी मकान लेकर, मेरा कौन है? मंटो साहब, मोटर कितने में आ जाएगी?"

मैंने कहा–"मालूम नहीं।"

बाबू गोपीनाथ ने आश्चर्य से कहा–"क्या बात करते हैं मंटो साहब! आपको और कारों की क़ीमत मालूम न हो! कल चलिए मेरे साथ। ज़ीनू के लिए एक मोटर लेंगे। मैंने अब देखा है कि बंबई में मोटर लेनी ही चाहिए।"

ज़ीनत का चेहरा प्रतिक्रिया से खाली रहा।

बाबू गोपीनाथ का नशा थोड़ी देर के बाद बहुत तेज़ हो गया। भावातुर होकर उसने मुझसे कहा, "मंटो साहब, आप बड़े योग्य आदमी हैं। मैं तो बिलकुल गधा हूँ–लेकिन आप मुझे बताइए, मैं आपकी क्या सेवा कर सकता हूँ? कल बातों-बातों में सेनडो ने आपका जिक्र किया। मैंने उसी वक़्त टैक्सी मँगवाई और उससे कहा–"मुझे ले चलो मंटो साहब के पास। मुझसे कोई गुस्ताख़ी हो गई हो तो माफ़ कर दीजिएगा। बड़ा गुनहगार आदमी हूँ–व्हिस्की मँगाऊँ आपके लिए और?"

मैंने कहा–"नहीं, नहीं–बहुत पी चुके हैं।"

वह और अधिक भावुक हो गया–"और पीजिए मंटो साहब!" यह कहकर जेब से सौ-सौ के नोटों का पुलिंदा निकाला और एक नोट अलग करने लगा, लेकिन मैंने सब नोट उसके हाथ से लिये और वापस उसकी जेब में ठूँस दिए, "सौ रुपये का एक नोट आपने गुलाम अली को दिया था, उसका क्या हुआ?"

मुझे वस्तुतः कुछ दिलचस्पी हो गयी थी बाबू गोपीनाथ से। कितने आदमी ग़रीब के साथ जोंक की तरह लिपटे हुए थे। मेरा ख़याल था, बाबू गोपीनाथ बिलकुल गधा था, लेकिन वह मेरा इशारा समझ गया और मुस्कराकर कहने लगा, "मंटो साहब, उस नोट में से जो कुछ बाक़ी बचेगा वह या तो गुलाम अली की जेब में गिर पड़ेगा या..."

बाबू गोपीनाथ ने वाक्य भी पूरा नहीं किया था कि गुलाम अली ने कमरे में दाख़िल होकर बड़े दुःख के साथ यह सूचना दी कि होटल में किसी हरामज़ादे ने उसकी जेब के सौ रुपये निकाल लिये। बाबू गोपीनाथ मेरी ओर देखकर मुस्कराया। फिर सौ का नोट जेब से निकाला और गुलाम अली को देकर कहा, "जल्दी खाना ले आओ।"

पाँच-छह मुलाक़ातों के बाद मुझे बाबू गोपीनाथ के सही व्यक्तित्व का पता लगा। पूरी तरह तो खैर इनसान किसी को भी नहीं जान सकता, लेकिन मुझे उसके बहुत से हालात मालूम हुए ,जो बेहद दिलचस्प हैं।

पहले तो मैं यह कहना चाहता हूँ, मेरा यह ख़याल कि परले दरजे का चुग़द है, ग़लत साबित हुआ! उसको इस बात का पूरा अहसास था कि सेनडो, गुलाम अली और सरदार वगैरा, जो उसके दरबारी बने हुए थे, स्वार्थी हैं। वह इनसे झिड़कियाँ, गालियाँ सब कुछ सुनता था, लेकिन क्रोध प्रकट नहीं करता था। उसने मुझसे कहा–"मंटो साहब, मैंने आज तक किसी की सलाह रद्द नहीं की। जब भी कोई मुझे राय देता है, मैं कहता हूँ, सुभान अल्लाह। वे मुझे बेवकूफ़ समझते हैं, लेकिन मैं उन्हें अक्लमंद समझता हूँ। इसलिए कि उनमें कम से कम इतनी अक्ल तो थी, जो मुझमें ऐसी बेवकूफ़ी को पहचान लिया, जिससे उनका स्वार्थ सिद्ध हो सकता है। बात वास्तव में यह है कि मैं शुरू से फ़क़ीरों और कंजरों की संगत में रहा हूँ। मुझे इनसे कुछ मुहब्बत-सी हो गई है। मैं इनके बग़ैर नहीं रह सकता। मैंने सोच रखा है, अब मेरी दौलत बिलकुल ख़त्म हो जाएगी तो किसी तकिये में जा बैठूँगा। रंडी का कोठा और पीर का मज़ार-बस ये दो जगह हैं जहाँ मेरे

मन को शांति मिलती है। रंडी का कोठा तो छूट जाएगा, इसके लिए जेब ख़ाली होने वाली है, लेकिन हिंदुस्तान में हज़ारों पीर हैं। किसी एक के मज़ार पर चला जाऊँगा।"

मैंने उससे पूछा–"रंडी के कोठे और तकिये आपको क्यों पसंद हैं?"

कुछ देर सोचकर उसने जवाब दिया, "इसलिए कि इन दोनों जगहों पर फर्श से लेकर अर्श तक धोखा ही धोखा होता है। जो आदमी स्वयं को धोखा देना चाहे उसके लिए इनसे अच्छा स्थान और क्या हो सकता है!"

मैंने एक और सवाल किया–"आपको वेश्याओं का गाना सुनने का शौक़ है। क्या आप संगीत की समझ रखते हैं?"

उसने जवाब दिया–"बिलकुल नहीं और यह अच्छा है, क्योंकि मैं कनसुरी से कनसुरी वेश्या के घर जाकर भी अपना सिर हिला सकता हूँ–मंटो साहब, मुझे गाने से कोई दिलचस्पी नहीं, लेकिन जेब में से दस या सौ रुपये का नोट निकालकर गाने वाली को दिखाने में बहुत मज़ा आता है। नोट निकाला और उसको दिखाया। वह उसे लेने के लिए एक अदा से उठी। पास आई तो नोट जुराब में उड़स लिया। उसने झुककर उसे बाहर निकाला तो हम ख़ुश हो गए। ऐसी बहुत फ़िज़ूल-फ़िज़ूल-सी बातें हैं जो हम ऐसे तमाशवीनों को पसंद हैं अन्यथा कौन नहीं जानता कि रंडी के कोटे पर माँ-बाप अपनी औलाद से पेशा कराते हैं, और मकबरों और तकियों में इनसान अपने ख़ुदा से।"

बाबू गोपीनाथ की वंशावली तो मैं नहीं जानता, लेकिन इतना मालूम हुआ कि वह एक बहुत बड़े कंजूस बनिये का बेटा है। बाप के मरने पर उसे दस लाख रुपये की जायदाद मिली, जो उसने अपनी इच्छानुसार उड़ाना शुरू कर दी। बंबई आते वक़्त वह अपने साथ पचास हज़ार रुपये लाया था। उस जमाने में सब चीज़ें सस्ती थीं, लेकिन फिर भी हर रोज़ लगभग सौ सवा सौ रुपये ख़र्च हो जाते थे।

ज़ीनू के लिए उसने फ़िएट मोटर ख़रीदी। याद नहीं आ रहा, लेकिन शायद तीन हज़ार रुपये में आई। ड्राइवर रखा, लेकिन वह भी लफंगे टाइप का। बाबू गोपीनाथ को कुछ ऐसे ही आदमी पसंद थे।

हमारी मुलाक़ातों का सिलसिला बढ़ गया। बाबू गोपीनाथ से मुझे तो सिर्फ़ दिलचस्पी थी, लेकिन उसे मुझसे श्रद्धा हो गई थी। यही वजह है कि वह दूसरों की अपेक्षा मेरा बहुत अधिक सत्कार करता था।

एक दिन शाम के लगभग जब मैं फ्लैट पर गया तो मुझे वहाँ शफ़ीक़ को देखकर अत्यंत आश्चर्य हुआ। मुहम्मद शफ़क़ तूसी कहूँ तो शायद आप समझ लें कि मेरा मतलब किस आदमी से है। यूँ तो शफ़ीक़ काफ़ी मशहूर आदमी है। कुछ तो अपनी गाने की उपज के कारण और कुछ अपने विनोदप्रिय स्वभाव के कारण, लेकिन उसके जीवन का एक भाग अत्यधिक गुप्त है। बहुत कम आदमी जानते हैं कि तीन सगी बहनों को, एक के बाद दूसरी को, तीन-तीन चार-चार वर्ष के अंतर के बाद रखैल बनाने से पहले उसका

संबंध उनकी माँ से भी था। यह भी बहुत मशहूर है कि उसको अपनी पहली पत्नी जो थोड़े ही समय में मर गई थी, इसलिए पसंद नहीं थी कि उसमें वेश्याओं के नाज़-नखरे नहीं थे, लेकिन यह तो ख़ैर प्रत्येक व्यक्ति, जो शफ़ीक़ तूसी से थोड़ा-बहुत भी परिचय रखता है, जानता है कि चालीस वर्ष (यह हम ज़माने की आयु है) की वेश्याओं ने उसे रखा। अच्छे से अच्छा कपड़ा पहना, उत्तम से उत्तम भोजन किया। अवस्था में सैकड़ों शानदार से शानदार मोटर रखी, मगर उसने अपनी गिरह में किसी वेश्या पर दमड़ी भी ख़र्च न की।

औरतों के लिए, विशेषकर जो पेशेवर हो, उसकी विनोदप्रिय तबीयत, जिसमें मीरासियों के मिज़ाज की झलक थी, बहुत आकर्षक थी। वह कोशिश किए बिना उनको अपनी तरफ खींच लेता था।

मैंने जब उसे हँस-हँसकर ज़ीनत से बातें करते देखा तो मुझे इसलिए हैरत न हुई कि वह ऐसा क्यों कर रहा है। मैंने केवल यह सोचा कि वह अचानक यहाँ पहुँचा कैसे। एक सेनडो उसे जानता था, मगर उसकी बोलचाल एक अरसे से बंद थी, लेकिन बाद में मुझे मालूम हुआ कि सेनडो ही उसे लाया था। उन दोनों में सुलह-सफ़ाई हो गई थी। बाबू गोपीनाथ एक तरफ़ बैठा हुक्का पी रहा था। मैंने शायद इससे पहले, जिक्र नहीं किया। वह सिगरेट बिलकुल नहीं पीता था। मुहम्मद शफ़ीक़ तूसी मीरासियों के लतीफ़े सुना रहा था, जिसमें ज़ीनत किसी क़दर कम और सरदार बहुत दिलचस्पी ले रही थी। शफ़ीक़ ने मुझे देखा और कहा, "ओह, बिस्मिल्लाह, बिस्मिल्लाह, क्या आपका गुज़र भी इस वादी में होता है?"

सेनडो ने कहा, "तशरीफ़ ले आइये, इज़राइल साहब, यहाँ धड़न तख़्ता।..."

मैं इसका मतलब समझ गया।

थोड़ी देर गप्पबाजी होती रही। मैंने नोट किया कि ज़ीनत और मुहम्मद शफ़ीक़ तूसी की निगाहें आपस में टकराकर कुछ और भी कह रही हैं। ज़ीनत इस फ़न में बिलकुल कोरी थी, लेकिन शफ़ीक़ की मुहारत ज़ीनत की कमियों को छुपाती रही। सरदार दोनों की निगाहबाज़ी को कुछ इस तरह से देख रही थी जैसे ख़लीफ़े अखाड़े के बाहर बैठकर अपने पट्ठों के दाँव-पेंचों को देखते हैं।

इस दौरान मैं भी ज़ीनत से काफ़ी बेतकल्लुफ़ हो गया था। वह मुझे भाई कहती थी जिस पर मुझे एतराज़ नहीं था। अच्छी मिलनसार तबीयत की औरत थी। कम बोलने वाली, सीधी-सादी, साफ़-सुथरी।

शफ़ीक़ से मुझे उसकी निगाहबाज़ी पसंद नहीं आई थी। अव्वल तो उसमें भोंडापन था। इसके अलावा कुछ यूँ कहिये कि इस बात का भी उसमें दख़ल था कि वह मुझे भाई कहती थी। शफ़ीक़ और सेनडो उठकर बाहर गए तो मैंने शायद बड़ी बेरहमी के साथ उससे निगाहबाज़ी के विषय में सवाल किया क्योंकि फ़ौरन उसकी आँखों में ये

मोटे-मोटे आँसू आ गए और वह रोती-रोती दूसरे कमरे में चली गई। बाबू गोपीनाथ एक कोने में बैठा हुक्का पी रहा था, उठकर तेज़ी से उसके पीछे चला गया। सरदार ने आँखों ही आँखों में उससे कुछ कहा लेकिन मैं मतलब नहीं समझा। थोड़ी देर बाद बाबू गोपीनाथ कमरे से बाहर निकला और 'आइये मंटो साहब' कहकर मुझे अपने साथ अंदर ले गया।

ज़ीनत पलंग पर बैठी थी। मैं अंदर दाख़िल हुआ तो वह दोनों हाथों से मुँह ढाँप कर लेट गई। मैं और बाबू गोपीनाथ दोनों पलंग के पास कुर्सियों पर बैठ गए। बाबू गोपीनाथ ने बड़ी संजीदगी के साथ कहना शुरू किया-"मंटो साहब, मुझे इस औरत से बहुत मुहब्बत है। दो वर्ष से यह मेरे पास है। मैं हज़रत ग़ौस-ए-आज़म जीलानी की क़सम खाकर कहता हूँ कि इसने मुझे कभी शिकायत का मौक़ा नहीं दिया। इसकी दूसरी बहनें, मेरा मतलब है इस पेशे की दूसरी औरतें, दोनों हाथ से मुझे लूटकर खाती रहीं मगर इसने कभी एक पैसा ज़्यादा भी मुझसे नहीं लिया। मैं अगर किसी दूसरी औरत के यहाँ हफ़्तों पड़ा रहा तो इस ग़रीब ने अपना कोई ज़ेवर गिरवी रखकर गुज़ारा किया। मैं जैसाकि आपसे एक बार कह चुका हूँ, बहुत जल्द इस दुनिया को त्यागने वाला हूँ, मेरी दौलत अब कुछ दिन की ही मेहमान है। मैं नहीं चाहता हूँ कि इसकी जिंदगी ख़राब हो। मैंने लाहौर में इसको बहुत समझाया कि तुम अन्य वेश्याओं की ओर देखो, जो कुछ वह करती हैं, सीखो। मैं आज दौलतमंद हूँ। कल मुझे भिखारी होना ही है। तुम लोगों के जीवन में सिर्फ़ एक दौलतमंद काफ़ी नहीं। मेरे बाद तुम किसी और को नहीं फाँसोगी तो काम नहीं चलेगा। लेकिन मंटो साहब, इसने मेरी एक न सुनी। सारा दिन शरीफ़ज़ादियों की तरह घर में बैठी रहती। मैंने गफ़्फ़ार साईं से परामर्श किया। उसने कहा, बंबई ले जाओ। उसे मालूम था कि उसने ऐसा क्यों कहा। बंबई में उसकी दो जानने वाली वेश्यायें ऐक्ट्रसें बनी हुई है। लेकिन मैंने सोचा, बंबई ठीक है। दो महीने हो गए है इसे यहाँ लाए हुए। सरदार को लाहौर से बुलाया है कि इसको सब गुर सिखायें। गफ़्फ़ार साईं से भी यह बहुत कुछ सीख सकती है। यहाँ मुझे कोई नहीं जानता। इसको यह ख़याल था कि बाहर तुम्हारी बेइज़्ज़ती होगी। मैंने कहा, तुम छोड़ो इसको। बंबई बहुत बड़ा शहर है। लाखों रईस हैं। मैंने तुम्हें मोटर ले दी है। कोई अच्छा आदमी तलाश कर लो-मंटो साहब, मैं ख़ुदा की क़सम खाकर कहता हूँ, मेरी दिली ख़्वाहिश है कि यह अपने पैरों पर खड़ी हो जाए। अच्छी तरह होशियार हो जाए। मैं इसके नाम आज ही बैंक में दस हज़ार रुपया जमा कराने को तैयार हूँ। मगर मुझे मालूम है कि दस दिन के अंदर-अंदर यह बाहर बैठी होगी। सरदार इसकी एक-एक पाई अपनी जेब में डाल लेगी...आप भी इसे समझाइए कि चालाक बनने की कोशिश करे। जब से मोटर ख़रीदी है, सरदार इसे हर शाम अपोलो बंदर ले जाती है, लेकिन अभी तक कामयाब नहीं हुई। सेनडो आज बड़ी मुश्किलों से मुहम्मद शफ़ीक़ को यहाँ लाया है। आपका क्या ख़याल है इस विषय में?"

मैंने अपना विचार प्रकट करना अनुचित न समझा, लेकिन बाबू गोपीनाथ ने स्वयं कहा–"अच्छा खाता-पीता आदमी मालूम होता है और ख़ूबसूरत भी है। क्यों ज़ीनो जानी–पसंद है तुम्हें?"

ज़ीनू ख़ामोश रही।

बाबू गोपीनाथ से जब मुझे ज़ीनत को बंबई लाने के उद्देश्य ना पता चला तो मेरा दिमाग़ चकरा गया। मुझे यक़ीन न आया कि ऐसा भी हो सकता है, लेकिन बाद में अनुभव ने मेरी हैरत दूर कर दी। बाबू गोपीनाथ की हार्दिक इच्छा थी कि ज़ीनत बंबई में किसी मालदार आदमी की रखैल बन जाए या ऐसे तरीक़े सीख जाए जिनसे वह विभिन्न लोगों से रुपया वसूल करते रहने में सफल हो सके।

ज़ीनत से यदि केवल छुटकारा ही प्राप्त करना होता तो यह कोई इतनी कठिन बात न थी। बाबू गोपीनाथ एक दिन में ये काम कर सकता था। चूँकि उसकी नीयत नेक थी इसलिए उसने ज़ीनत के भविष्य के लिए हर संभव प्रयत्न किया। उसको ऐक्ट्रेस बनाने के लिए इसने कई जाली डायरेक्टरों को दावतें दीं। घर में टेलीफोन लगवाया, लेकिन ऊँट किसी करवट न बैठा।

मुहम्मद शफ़ीक़ तूसी लगभग डेढ़ महीना आता रहा। कई रातें उसने ज़ीनत के साथ गुज़ारीं, लेकिन वह ऐसा आदमी नहीं था, जो किसी औरत का सहारा बन सके। बाबू गोपीनाथ ने एक दिन बड़े दुख के और रंग के साथ कहा, "शफ़ीक़ साहब तो खाली जैंटलमैन ही निकले। ठस्सा देखिए, बेचारी ज़ीनत से चार चादरें, छह तकिये के गिलाफ़ और दो सौ रुपये नक़द हथिया कर ले गए। सुना है, आजकल एक लड़की अलमास से इश्क़ लड़ा रहे हैं।"

यह ठीक था। अलमास, नज़ीर जान पटियाले वाले की सबसे छोटी और आख़िरी लड़की थी। इससे पहले तीन बहनें शफ़ीक़ की रखैल रह चुकी थीं। दो सौ रुपये, जो उसने ज़ीनत से लिये थे, मुझे पता है कि अलमास पर खर्च हुए थे। बहनों के साथ लड़-झगड़कर अलमास ने ज़हर खा लिया था।

मुहम्मद शफ़ीक़ तूसी ने जब आना-जाना बंद कर दिया तो ज़ीनत ने कई बार मुझे टेलीफोन किया और कहा–"उसे ढूँढ़कर मेरे पास लाइये।" मैंने उसे तलाश किया, लेकिन किसी को उसका पता ही नहीं था कि वह कहाँ रहता है। एक दिन संयोगवश रेडियो स्टेशन पर भेंट हुई। सख़्त परेशानी की स्थिति में था। जब मैंने उससे कहा कि तुम्हें ज़ीनत बुलाती है तो उसने जवाब दिया, "मुझे यह संदेश और माध्यमों से भी मिल चुका है। अफ़सोस है, आजकल मुझे बिलकुल फ़ुर्सत नहीं है। ज़ीनत बहुत-अच्छी औरत है, लेकिन अफ़सोस है कि बेहद शरीफ़ हैं–ऐसी औरतों से, जो बीवियों जैसी लगें, मुझे कोई दिलचस्पी नहीं।"

शफ़ीक़ से जब मायूसी हुई तो ज़ीनत ने सरदार के साथ फिर अपोलो बंदर जाना शुरू किया। पंद्रह दिनों में बड़ी कठिनाइयों से कई गैलन पेट्रोल फूँकने के बाद सरदार ने दो आदमी फाँसे। उनसे ज़ीनत को चार सौ रुपये मिले। गोपीनाथ ने समझा कि स्थितियाँ आशाजनक हैं, क्योंकि इनमें से एक ने, जो रेशमी कपड़ों की मिल का मालिक था, ज़ीनत से कहा था कि मैं तुमसे शादी करूँगा। एक महीना बीत गया, लेकिन वह आदमी फिर ज़ीनत के पास न आया।

एक दिन मैं न जाने किस काम से हार्नबी रोड पर जा रहा था। मुझे फुटपाथ के पास ज़ीनत की मोटर खड़ी नज़र आई। पिछली सीट पर मुहम्मद यासीन बैठा था। नगीना होटल का मालिक। मैंने उससे पूछा, "यह मोटर तुमने कहाँ से ली?"

यासीन मुस्कराया–"तुम जानते हो मोटर वाली को?"

मैंने कहा, "जानता हूँ।

"तो, बस समझ लो, मेरे पास कैसे आयी...अच्छी लड़की है या...।" यासीन ने मुझे आँख मारी। मैं मुस्कराया।

उसके चौथे रोज़ बाबू गोपीनाथ टैक्सी लेकर मेरे दफ़्तर आया। उससे मुझे मालूम हुआ कि ज़ीनत से यासीन की मुलाक़ात कैसे हुई। एक शाम अपोलो बंदर से एक आदमी लेकर सरदार और ज़ीनत नगीना होटल गई। वह आदमी जो किसी बात पर झगड़कर चला गया, लेकिन होटल के मालिक से ज़ीनत की दोस्ती हो गई।

बाबू गोपीनाथ संतुष्ट था क्योंकि दस-पंद्रह दिन की दोस्ती के दौरान यासीन ने ज़ीनत को छह बहुत ही सुंदर और क़ीमती साड़ियाँ लें दी थीं। बाबू गोपीनाथ यह सोच रहा था कि कुछ दिन और बीत जाएँ, ज़ीनत और यासीन की दोस्ती और मज़बूत हो जाए तो लाहौर वापस चला जाए–मगर ऐसा न हुआ।

नगीना होटल में एक क्रिश्चियन औरत ने कमरा किराये पर लिया। उसकी युवा लड़की मेमोरियल से यासीन की आँख लड़ गई। चुनाँचे ज़ीनत बेचारी होटल में बैठी रहती और यासीन उसकी मोटर में सुबह-शाम उस लड़की को घुमाता रहता। बाबू गोपीनाथ को इसका पता लगने पर बहुत दुख हुआ। उसने मुझसे कहा, "मंटो साहब, ये कैसे लोग हैं? भई दिल उचाट हो गया है तो साफ़ कह दो। लेकिन ज़ीनत भी अजीब है। अच्छी तरह मालूम है कि क्या हो रहा है मगर मुँह से इतना भी नहीं कहती, मियाँ अगर तुमने इस क्रिश्चियन छोकरी से इश्क़ लड़ाना है तो अपनी मोटर कार का बंदोबस्त करो। मेरी मोटर क्यों इस्तेमाल करते हो...मैं क्या करूँ मंटो साहब! बड़ी शरीफ़ और नेकबख़्त औरत है-कुछ समझ में नहीं आता-थोड़ी-सी चालाक तो बनना चाहिए।"

यासीन से संबंध समाप्त होने पर ज़ीनत ने कोई आघात महसूस नहीं किया।

बहुत दिनों तक कोई नई बात देखने में नहीं आई। एक दिन टेलीफोन किया तो पता लगा, बाबू गोपीनाथ गुलाम अली और गफ़्फ़ार साईं के साथ लाहौर चला गया है रुपये का बंदोबस्त करने, क्योंकि पचास हज़ार ख़त्म हो चुके थे। जाते समय वह ज़ीनत से कह गया था कि उसे लाहौर में ज़्यादा दिन लगेंगे क्योंकि उसे कुछ मकान बेचने पड़ेंगे।

सरदार को मोर्फ़िया के टीकों की ज़रूरत थी, सेनडो को पोल्सन मक्खन की। चुनाँचे दोनों ने मिल-जुलकर कोशिश की और प्रतिदिन दो-तीन आदमी फाँसकर लाते। ज़ीनत से कहा गया कि बाबू गोपीनाथ वापस नहीं आएगा, इसलिए उसे अपनी चिंता करनी चाहिए। सवा सौ रुपये रोज़ के हो जाते हैं, जिनमें से आधे ज़ीनत को मिलते, बाक़ी सेनडो और सरदार बाँट लेते।

मैंने एक दिन ज़ीनत से कहा, "यह तुम क्या कर रही हो?"

उसने बड़े अल्हड़पन से कहा, "मुझे कुछ मालूम नहीं है भाई जान! ये लोग जो कुछ कहते हैं, मान लेती हूँ।"

जी चाहा कि देर तक पास बैठकर समझाऊँ कि जो कुछ तुम कर रही हो, ठीक नहीं। सेनडो और सरदार अपना उल्लू सीधा करने के लिए तुम्हें भी बैच डालेंगे, मगर मैंने कुछ न कहा। ज़ीनत उकता देने वाली हद तक बेसमझ, बेउमंग और बेजान औरत थी। उस कमबख़्त को अपनी जिंदगी की कुछ क़दर-ब-क़ीमत ही मालूम न थी। शरीर बेचती, मगर उसमें बेचने वालों का कोई अंदाज़ तो होता। इस तरह मुझे बहुत कोफ़्त होती थी उसे देखकर। सिगरेट से, शराब से, खाने से, घर से टेलीफोन से, यहाँ तक कि उस सोफे से भी, जिस पर वह प्रायः लेटी रहती थी, उसे कोई दिलचस्पी नहीं थी।

बाबू गोपीनाथ पूरे एक माह के बाद लौटा। माहिम गया तो वहाँ फ्लैट में कोई और ही था। सेनडो और सरदार की सलाह से ज़ीनत ने बांद्रा में एक बंगले का ऊपरी भाग किराये पर ले लिया था। बाबू गोपीनाथ मेरे पास आया तो मैंने उसे पूरा पता बता दिया। उसने मुझसे ज़ीनत के विषय में पूछा। जो कुछ मुझे मालूम था मैंने कह दिया, लेकिन यह न कहा कि सेनडो और सरदार उससे पेशा करा रहे हैं।

बाबू गोपीनाथ इस बार दस हज़ार रुपये अपने साथ लाया था, जो उसने बड़ी कठिनाइयों से प्राप्त किए थे। गुलाम अली और गफ़्फ़ार साईं को वह लाहौर ही छोड़ आया। टैक्सी नीचे खड़ी थी। बाबू गोपीनाथ ने इशारा किया कि मैं भी उसके साथ चलूँ।

लगभग एक घण्टे में हम बांद्रा पहुँच गए। पाली हिल पर टैक्सी चढ़ ही थी कि सामने तंग सड़क पर सेनडो दिखाई दिया। बाबू गोपीनाथ ने उसे जोर से पुकारा–"सेनडो!"

सेनडो ने जब बाबू गोपीनाथ को देखा तो उसके मुँह से केवल इस कदर निकलना, "धड़न तख़्ता!"

बाबू गोपीनाथ ने उससे कहा, "आओ टैक्सी में बैठ जाओ और साथ चलो। लेकिन सेनडो ने कहा–"टैक्सी एक तरफ खड़ी कीजिए। मुझे आपसे कुछ प्राइवेट बातें करनी हैं।"

टैक्सी एक तरफ खड़ी की गई। बाबू गोपीनाथ बाहर निकला तो सेनडो उसे कुछ दूर ले गया। देर तक उनमें बातें होती रहीं। जब ख़त्म हुई तो बाबू गोपीनाथ अकेला टैक्सी की तरफ़ आया। ड्राइवर से उसने कहा, "वापस ले चलो।"

बाबू गोपीनाथ ख़ुश था। हम दादर के पास पहुँचे तो उसने कहा, "मंटो साहब, जीनू की शादी होने वाली है।"

मैंने हैरत से पूछा, "किससे?"

बाबू गोपीनाथ ने जवाब दिया, "हैदराबाद सिंध का एक दौलतमंद ज़मींदार है। ख़ुदा करे, दोनों ख़ुश रहें। यह भी अच्छा है जो मैं ठीक वक़्त पर आ पहुँचा। जो रुपये मेरे पास हैं, उनसे जीनू का दहेज बन जाएगा–क्यों, क्या ख़याल है आपका?"

मेरे दिमाग़ मैं उस वक़्त कोई ख़याल नहीं था। मैं सोच रहा था कि यह हैदराबाद सिंध का दौलतमंद ज़मींदार कौन है? सेनडो और सरदार की कोई जालसाजी तो नहीं? लेकिन बाद में इसकी पुष्टि हो गई। वह वास्तव में हैदराबाद का धनवान ज़मींदार है जो हैदराबाद सिंध ही के एक म्यूज़िक टीचर की मार्फ़त ज़ीनत से परिचित हुआ। यह म्यूज़िक टीचर ज़ीनत को गाना सिखाने की व्यर्थ कोशिश किया करता था। एक दिन यह अपने हितैषी गुलाम हुसैन (यह इस हैदराबाद सिंध के रईस का नाम था) को साथ लेकर आया। ज़ीनत ने ख़ूब आवभगत की। गुलाम हुसैन के तीव्र अनुरोध पर उसने गालिब की गजल-'नुक्ताचीं है गम-ए-दिल, उसको सुनाए न बने'-गाकर सुनायी। गुलाम हुसैन दिलो-जान से उस पर मोहित हो गया। इसका जिक्र म्यूज़िक टीचर ने ज़ीनत से किया। सरदार और सेनडो ने मिलकर मामला पक्का कर दिया और शादी तय हो गई।

बाबू गोपीनाथ ख़ुश था। एक बार सेनडो के मित्र के नाते वह ज़ीनत के पास गया। गुलाम हुसैन से उसकी भेंट हुई। उससे मिलकर बाबू गोपीनाथ की ख़ुशी दूनी हो गयी। मुझसे उसने कहा, "मंटो साहब, वह ख़ूबसूरत, जवान और बड़ा योग्य आदमी है–मैंने यहाँ आते हुए दातागंजबख़्श के हुज़ूर में जाकर दुआ माँगी थी जो क़ुबूल हुई–भगवान करे, दोनों ख़ुश रहें।"

बाबू गोपीनाथ ने बड़ी निःस्वार्थता और बड़े मन से ज़ीनत की शादी का प्रबंध किया। दो हज़ार के जेवर और दो हज़ार के कपड़े बनवाए और पाँच हज़ार नक़द दिए।

मुहम्मद शफ़ीक़ तूसी, मुहम्मद यासीन, प्रोप्राइटर नगीना होटल, सेनडो, म्यूज़िक टीचर, मैं और गोपीनाथ शादी में शामिल थे। दुल्हन की तरफ से सेनडो वकील था।

निकाह की रस्म अदा हुई। तो सेनडो ने आहिस्ता से कहा, "धड़न तख़्ता!"

गुलाम हुसैन सर्ज का नीला सूट पहने था। सबने उसको मुबारकबाद दी, जो उसने सर-माथे पर क़ुबूल की। काफ़ी रोबदार आदमी था। बाबू गोपीनाथ उसके मुक़ाबले में छोटी-सी बटेर मालूम होता था।

शादी की दावतों पर खान-पान का जो भी सामान होता है, बाबू गोपीनाथ ने उपलब्ध किया था। दावत से जब सब लोग निपट गए तो बाबू गोपीनाथ ने सबके हाथ धुलवाए। मैं जब हाथ धोने के लिए आया तो उसने मुझसे बच्चों के से अंदाज़ में कहा, "मंटो साहब, ज़रा अंदर जाइए और देखिए, जीनू दुल्हन के लिबास में कैसी लगती है।"

मैं पर्दा हटाकर अंदर दाख़िल हुआ। ज़ीनत सुर्ख़ ज़रबफ़्त का सलवार-कुर्ता पहने थी-दुपट्टा भी उसी रंग का था, जिस पर गोट लगी थी। चेहरे पर हलका-सा मेकअप था। हालाँकि मुझे होंठों पर लिपस्टिक की लाली बहुत बुरी मालूम होती थी, मगर ज़ीनत के होंठ सजे हुए थे। उसने शरमाकर मुझे आदाब किया तो बहुत प्यारी लगी। लेकिन जब मैंने दूसरे कोने में एक मसहरी देखी जिस पर फूल ही फूल थे तो मुझे बेअख़्तियार हँसी आ गई। मैंने ज़ीनत से कहा, "यह क्या मसखरापन है?"

ज़ीनत ने मेरी तरफ बिलकुल मासूम कबूतरी की तरह देखा-"आप मज़ाक़ करते हैं, भाईजान!" उसने यह कहा और आँखों में आँसू डबडबा आए।

मुझे अभी ग़लती का अहसास भी नहीं हुआ था कि बाबू गोपीनाथ अंदर दाख़िल हुआ। बड़े प्यार के साथ उसने अपने रूमाल से ज़ीनत के आँसू पोंछे और बड़े दुःख के साथ मुझसे कहा—"मंटो साहब, मैं समझा था, आप बड़े समझदार और लायक आदमी है—जीनू का मज़ाक़ उड़ाने से पहले आपने कुछ सोच लिया होता।"

बाबू गोपीनाथ के स्वर में वह श्रद्धा, जो उसे मुझमें थी, ज़ख़्मी नज़र आई, लेकिन इससे पूर्व कि मैं उससे माफी माँगू, उसने ज़ीनत के सिर पर हाथ फेरा और बड़ी सद्भावना के साथ कहा—"ख़ुदा तुम्हें ख़ुश रखे।"

यह कहकर बाबू गोपीनाथ ने भीगी हुई आँखों से मेरी तरफ देखा। उनमें भर्त्सना थी—बहुत ही दुःख-भरी भर्त्सना—और चला गया।

मम्मी

उसका नाम मिसेज़ स्टेला जैक्सन था, मगर सब उसे मम्मी कहते थे। दरमियाने क़द की अधेड़ उम्र की स्त्री थी। उसका पति जैक्सन पहले महायुद्ध में मारा गया था। उसकी पेंशन स्टेला को लगभग दस साल से मिल रही थी।

वह पूना में कैसे आई, कब से वहाँ थी, इसके बारे में मुझे कुछ पता नहीं। दरअसल मैंने उसके बारे में कुछ जानने की कभी कोशिश ही नहीं की। वह इतनी दिलचस्प औरत

थी कि उससे मिलकर सिवाय उसकी शख़्सियत के और किसी चीज़ से दिलचस्पी नहीं बहती थी। उससे कौन-कौन जुड़ा हुआ है, यह जानने की ज़रूरत ही महसूस न होती थी, क्योंकि वह पूना के ज़र्रे-ज़र्रे से वाक़िफ़ थी, जो हो सकता है कि एक हद तक अतिशयोक्ति हो, लेकिन मेरे लिए पूना वही पूना है। उसके वही ज़र्रे उसके तमाम ज़र्रे हैं, जिनके साथ मेरी कुछ यादें जुड़ी हुई है—और मम्मी की अजीबोगरीब शख़्सियत उनमें हर एक में मौजूद है।

उससे मेरी पहली मुलाक़ात पूना में ही हुई...मैं बहुत ही सुस्त क़िस्म का आदमी हूँ। यों घुमक्कड़ी की बड़ी-बड़ी उमंगें मेरे दिल में मौजूद है, और अगर आप मेरी बातें सुनें तो आपको लगेगा कि मैं कंचनजंघा या हिमालय की इसी तरह की किसी अन्य चोटी को सर करने के लिए निकल जाने वाला हूँ। ऐसा हो सकता है, लेकिन इससे भी ज़्यादा उम्मीद इस बात की है कि वह चोटी सर करके मैं वहाँ का हो रहूँ।

ख़ुदा जाने कितने सालों से बंबई में था। आप इससे अंदाज़ा लगा सकते हैं कि जब मैं पूना गया तो बीवी मेरे साथ थी। एक लड़का होकर, उसको मरे क़रीब-क़रीब चार साल हो गए थे। इस बीच में...ठहरिए, मैं हिसाब लगा लूँ...आप यह सूझ लीजिए कि आठ बरस से बंबई में था, लेकिन उस बीच में मुझे वहाँ का विक्टोरिया गार्डन और म्यूज़ियम देखने की भी फ़ुर्सत नहीं मिली थी। यह तो केवल इत्तफ़ाक़ की बात थी कि मैं एकदम पूना जाने के लिए तैयार हो गया। जिस फ़िल्म कंपनी में नौकर था, उसके मालिकों से एक मामूली-सी बात पर मनमुटाव हो गया और मैंने सोचा कि यह कड़वाहट दूर करने के लिए पूना हो आऊँ। वह भी इसलिए कि वह पास था और मेरे कुछ दोस्त वहाँ रहते थे।

मुझे प्रभात नगर जाना था, जहाँ मेरा फ़िल्मों का एक पुराना साथी रहता था। स्टेशन से बाहर निकलने पर मालूम हुआ कि वह जगह काफ़ी दूर है, लेकिन तब तक हम ताँगा ले चुके थे।

सुस्त रफ़्तार से चलने वाली चीज़ों से मेरी तबीयत बहुत घबराती है, लेकिन मैं अपने दिल की रंजिश को दूर करने के लिए यहाँ आया था, इसलिए मुझे प्रभात नगर जाने की बहुत जल्दी नहीं थी। ताँगा बहुत ही वाहियात क़िस्म का था, अलीगढ़ के इक्कों से भी ज़्यादा वाहियात, जिनमें हर समय गिरने का ख़तरा बना रहता है। घोड़ा आगे चलता है, और सवारियाँ पीछे। एक-दो गर्द से अटे बाज़ारों को पार करते-करते मेरी तबीयत घबरा गई। मैंने अपनी बीवी से मशविरा किया और पूछा कि ऐसी हालत में क्या करना चाहिए? उसने कहा कि धूप तेज़ है। मैंने जो और ताँगे देखे हैं, वे भी इसी तरह के हैं। अगर इसे छोड़ दिया तो पैदल चलना होगा, जो ज़ाहिर है कि इस सवारी से ज़्यादा तकलीफ़देह है। बात ठीक थी। धूप सचमुच बहुत तेज़ थी। घोड़ा एक फर्लांग आगे बढ़ा होगा कि पास से

वैसा ही वाहियात क़िस्म का ताँगा गुज़रा। मैंने सरसरी तौर पर उधर देखा, तभी एकदम कोई चिल्लाया, "ओए मंटो के घोड़े!"

मैं चौंक पड़ा। चड्डा था, एक घिसी हुई मेम के साथ। दोनों साथ-साथ जुड़कर बैठे थे। मेरी पहली प्रतिक्रिया बड़ी दुखद थी कि चड्डा की सौंदर्य प्रियता कहाँ गई, जो ऐसी लगामी के साथ बैठा है। उस का ठीक अंदाज़ा तो मैंने उस समय नहीं किया था, मगर उस औरत की झुर्रियाँ पाउडर और रुज की तहों में से भी साफ़ दिखाई देती थीं। इतना शोख़ मेकअप था कि देखने से आँखों को तकलीफ़ होती थी।

मैंने चड्डा को काफ़ी समय के बाद देखा था। वह मेरा बेतकल्लुफ़ दोस्त था। 'ओए मंटो के घोड़े!' के जवाब में मैंने भी कुछ इसी क़िस्म का नारा लगाया होता, लेकिन उस औरत को उसके साथ देखकर मेरी बेतकल्लुफ़ी झर्रियाँ-झर्रियाँ हो गई। मैंने अपना ताँगा रुकवा लिया। चड्डा ने भी अपने कोचवान को ठहरने के लिए कहा। फिर उसने उस औरत से अंग्रेजी में कहा, "मम्मी, जस्ट ए मिनट!"

ताँगे से कूदकर वह मेरी ओर अपना हाथ बढ़ाते हुए चिल्लाया, "तुम!...तुम यहाँ कैसे आए?" फिर अपना बढ़ा हुआ हाथ बड़ी बेतकल्लुफ़ी से मेरी पुरतकल्लुफ़ बीवी से मिलाते हुए कहा–"भाभी जान, आपने कमाल कर दिया। इस गुलमुहम्मद को आख़िर आप खींचकर यहाँ ले ही आईं।"

मैंने उससे पूछा, "तुम जा कहाँ रहे हो?"

चड्डा ने ऊँचे स्वर में कहा, "एक काम से जा रहा हूँ–तुम ऐसा करो सीधे..." वह एकदम पलटकर मेरे ताँगे वाले से मुख़ातिब हुआ, "देखो, साहब को हमारे घर ले जाओ; किराया-विराया मत लेना इनसे।" उधर से जल्द ही निपटकर उसने बेफ़िक्र-सा होकर मुझसे कहा, "तुम जाओ, नौकर वहाँ होगा, बाक़ी तुम देख लेना।"

और वह फुदककर अपने ताँगे में उस बूढ़ी मेम के साथ जा बैठा, जिसको उसने मम्मी कहा था। इससे मुझे एक प्रकार का सुकून मिला, बल्कि यों कहिए कि जो बोझ एकदम उन दोनों को साथ-साथ देखकर मेरे सीने पर आ पड़ा था, काफ़ी हद तक हलका हो गया था।

उसका ताँगा चलकर एक डाक बँगले की तरफ़ की इमारत के पास रुका। ताँगेवाला नीचे उतरकर बोला–"चलिए साहब..."

मैंने पूछा–"कहाँ?"

उसने जवाब दिया, "चड्डा साहब का मकान यही है।"

"ओह!" मैंने सवालिया नज़र से अपनी बीवी की ओर देखा। उसके तेवरों ने मुझे बताया कि वह चड्डा के मकान में रहने के हक़ में नहीं थी। सच पूछिए तो वह पूना आने के ही हक़ में नहीं थी। उसको यक़ीन था कि मुझको वहाँ पीने-पिलाने वाले

दोस्त मिल जाएँगे। गम तकदूर करने का बहाना पहले से ही मौजूद है, इसलिए दिन-रात उड़ेगी। मैं ताँगे से उतर गया। छोटा-सा अटैची कैसा था, वह मैंने उठाया और अपनी बीवी से कहा–"चलो!"

वह शायद मेरे तेवरों से भाँप गई थी हर हालत में उसे मेरा फ़ैसला मानना होगा, इसलिए उसने कोई हील-हुज्जत न की और चुपचाप मेरे साथ चल पड़ी।

बहुत मामूली क़िस्म का मकान था। ऐसा मालूम होता था कि मिलिट्री वालों ने अस्थायी तौर पर एक छोटा-सा बंगला बनाया था। थोड़ी देर उसे इस्तेमाल किय और चलते बने। चूने और राच का काम बड़ा कच्चा था। जगह-जगह से पलस्तर उखड़ा हुआ था और घर के भीतर का भाग वैसा ही था जैसा कि लापरवाह कुँवारे का हो सकता है, जो फ़िल्मों का हीरो हो और ऐसी कंपनी में नौकर हो, जहाँ महीने की तनख़्वाह हर तीसरे महीने मिलती हो और वह भी कई किस्तों में।

मुझे इस बात का पूरा अहसास था कि वह औरत, जो बीवी हो, ऐसे गंदे माहौल में यक़ीनन परेशानी और घुटन महसूस करेगी। लेकिन मैंने सोचा कि चड्डा आ जाए तो उसके साथ ही प्रभात नगर चलेंगे। वहाँ जो मेरा फ़िल्मों का पुराना साथी रहता था, उसकी बीवी और बाल-बच्चे भी थे। वहाँ के माहौल में मेरी बीवी जैसे-तैसे दो-तीन दिन काट सकती थी।

नौकर भी अजीब बेफ़िक्र आदमी था। जब हम उस घर में पहुँचे तो सब दरवाज़े खुले थे, और वह मौजूद नहीं था। जब वह आया तो उसने हमारी मौजूदगी की ओर कोई ध्यान न दिया। जैसे हम बरसों से वहीं बैठे थे और इसी तरह बैठे रहने का इरादा किए हुए थे।

जब वह कमरे में दाख़िल होकर हमें देखे बिना पास से गुज़र गया तो मैंने समझा कि कोई मामूली ऐक्टर है, जो चड्डा के साथ रहता है; लेकिन जब मैंने उससे नौकर के बारे में पूछताछ की तो मालूम हुआ कि वही हुजूर चड्डा साहब के चहेते नौकर थे।

मुझे और मेरी बीवी दोनों को प्यास लग रही थी। उससे पानी लाने को कहा तो वह गिलास ढूँढ़ने लगा। बड़ी देर के बाद उसने एक टूटा हुआ जग अलमारी के नीचे से निकाला और बड़बड़ाया–"रात एक दर्जन गिलास साहब ने मँगवाए थे, मालूम नहीं किधर गए।"

मैंने उसके हाथ में पकड़े हुए जग की ओर इशारा किया–"क्या आप इसमें तेल लेने जा रहे हैं?"

'तेल लेने जाना' बंबई का एक ख़ास मुहावरा है। मेरी बीवी इसका मतलब न समझी, मगर हँस पड़ी। नौकर बौखला गया–"नहीं साहब...मैं...तलाश कर रहा था कि गिलास कहाँ है।

मेरी बीवी ने उसको पानी लाने से मना कर दिया। उसने वह टूटा हुआ जग वापस अलमारी के नीचे इस तरह से रखा जैसे वही उसकी जगह थी। अगर उसे कहीं और रख दिया तो सारी तरतीब बिगड़ जाएगी। इसके बाद वह यों कमरे से बाहर निकला जैसे उसे मालूम था कि हमारे मुँह में कितने दाँत हैं।

मैं पलंग पर बैठा था, जो शायद चड्डा का था। इससे कुछ दूर हटकर दो आरामकुर्सियाँ थीं। उनमें से एक पर मेरी बीवी बैठी पहलू बदल रही थी। काफ़ी देर तक हम दोनों ख़ामोश रहे। इतने में चड्डा आ गया। वह अकेला था। उसको इस बात का बिलकुल अहसास नहीं था कि हम उसके मेहमान हैं और इस लिहाज़ से उसे हमारी ख़ातिरदारी करनी चाहिए। कमरे में दाख़िल होते ही उसने मुझसे कहा–"वेट इज वेट... तो तुम आ गए ओल्ड ब्वॉय! चलो, ज़रा स्टूडियो तक हो आएँ। तुम साथ होगे तो एडवांस मिलने में आसानी हो जाएगी...आज शाम को...।" मेरी बीवी पर उसकी नज़र पड़ी तो वह रुक गया और खिल-खिलाकर हँसने लगा, "भाभी जान, कहीं आपने इसे मौलवी तो नहीं बना दिया?" फिर ज़ोर-ज़ोर से हँसा, "मौलवियों की ऐसी-तैसी! उठो मंटो, भाभी जान यहाँ बैठती हैं, हम अभी आ जाएँगे।"

मेरी बीवी जल-भुनकर पहले कोयला थी, तो अब बिलकुल राख हो गई थी। मैं उठा और चड्डा के साथ हो लिया। मुझे मालूम था कि थोड़ी देर तक गुस्सा होकर वह सो जाएगी। वही हुआ। स्टूडियो पास ही था। अफ़रा-तफ़री में मेहता जी के सिर चढ़कर चड्डा ने दो सौ रुपये वसूल कर लिए और पौन घंटे में जब हम वापस आए तो देखा कि वह बड़े मज़े से आरामकुर्सी पर सो रही थी। हमने उसे परेशान करना ठीक न समझा और दूसरे कमरे में चले गए, जो कबाड़खाने से मिलता-जुलता था। इसमें जो चीज़ें थीं, वे अजीब तरीके से टूटी हुई थीं, जो सब मिलकर एक मुकम्मल नज़ारा पेश कर रही थीं।

हर चीज़ पर गर्द जमी थी और उस जमी हुई गर्द में भी एक तरह का अपनापन था, जैसे उसकी मौजूदगी उस कमरे में ज़रूरी हो। चड्डा ने जल्द ही अपने नौकर को ढूँढ़ निकाला और उसे सौ रुपये का नोट देकर कहा, "चीन के शाहज़ादे! दो बोतलें थर्ड क्लास रम की ले आओ...मेरा मतलब है, 'थ्री एक्स रम' की और आधा दर्जन गिलास।"

मुझे बाद में मालूम हुआ कि उसका नौकर सिर्फ़ चीन का ही नहीं, दुनिया के हर बड़े देश का शहज़ादा था। चड्डा की ज़ुबान पर जिस देश का नाम आ जाता, वह उसी का शहज़ादा बन जाता था। उस वक़्त चीन का शहज़ादा सौ का नोट उँगलियों से खड़खड़ाता चला गया।

चड्डा ने टूटे हुए स्प्रिंगों वाले पलंग पर बैठकर अपने होंठ 'थ्री एक्स रम' के स्वागत में चटखाते हुए कहा, "वेट इज वेट–आफ्टर ऑल, तुम इधर आ ही निकले।"

फिर एकदम फ़िक्रमंद होकर बोला–"यार, भाभी का क्या होगा? वह तो घबरा जाएँगी।"

चड्डा बिना बीवी का था, मगर दूसरों की बीवियों का बहुत ख़याल रहता था। वह उनकी इतनी क़द्र करता था, मानो सारी उम्र कुँवारा रहना चाहता था। वह कहा करता था–"यह हीनता भाव है, जिसने मुझे अब तक इस नेमत से महरूम रखा है। जब शादी का सवाल आता है तो फ़ौरन तैयार हो जाता हूँ, लेकिन बाद में यह सोचकर कि मैं बीवी के क़ाबिल नहीं हूँ, सारी तैयारी कोल्ड स्टोरेज में डाल देता हूँ।"

रम बहुत जल्दी आ गई, गिलास भी। चड्डा ने छह मंगवाए थे और चीन का शहज़ादा तीन लाया था, बाक़ी तीन रास्ते में टूट गए थे। चड्डा ने उनकी परवाह न की और भगवान का शुक्रिया किया कि बोतल सलामत रही। एक बोतल जल्दी-जल्दी खोलकर उसने कोरे गिलासों में रम डाली और कहा, "तुम्हारे पूना आने की ख़ुशी में।" हम दोनों ने लंबे-लंबे घूँट भरे और गिलास ख़ाली कर दिए।

दूसरा दौर शुरू करके चड्डा उठा और कमरे में देखकर आया कि मेरी बीवी अभी तक सो रही है। उसको बहुत तरस आया। कहने लगा, "पहले मैं चाय मँगवाता हूँ।" यह कहकर उसने रम का एक छोटा-सा घूँट लिया और नौकर को आवाज़ दी, "जमैका के शहज़ादे।"

जमैका का शहज़ादा जल्द आ गया। चड्डा ने उससे कहा–"देखो मम्मी से कहो, एकदम फ़र्स्ट क्लास चाय तैयार करके भेज दे।"

नौकर चला गया। चड्डा ने अपना गिलास खाली किया और शरीफ़ाना पेग डालकर कहा, "मैं इस वक़्त ज़्यादा नहीं पीऊँगा। पहले चार पेग मुझे बहुत जज़्बाती बना देते हैं। मुझे भाभी को छोड़ने तुम्हारे साथ प्रभात नगर जाना है।"

आधे घंटे के बाद चाय आ गई। बहुत साफ़ बरतन थे और बड़े सलीके से ट्रे में रखे हुए थे। चड्डा ने टी कोज़ी उठाकर चाय की ख़ुशबू सूँघी और ख़ुशी जाहिर करता हुआ बोला, "मम्मी इज़ ए ज्वेल..." फिर उसने इथोपिया के शहज़ादे पर बरसना शुरू कर दिया। उसने इतना शोर मचाया कि मेरे कान बिलबिला उठे। इसके बाद उसने ट्रे उठाई और मुझसे कहा–"आओ।"

मेरी बीवी जाग रही थी। चड्डा ने ट्रे बड़ी सफ़ाई से टूटी हुई तिपाई पर रखी और बड़े अदब से कहा, "हाजिर है बेगम साहब।" मेरी बीवी को यह मज़ाक़ पसंद न आया, लेकिन चाय का सामान चूँकि साफ़-सुथरा था, इसलिए उसने इंकार न किया और दो प्यालियाँ पी लीं। उनसे उसको कुछ ताज़गी मिली। उसके बाद हम दोनों की ओर मुड़कर उसने भेदभरी आवाज़ में कहा, "आप अपनी चाय तो पहले ही पी चुके हैं!"

मैंने जवाब न दिया, मगर चड्डा ने झुककर बड़ी ईमानदारी दिखाते हुए कहा, "जी हाँ, यह ग़लती हमसे हो चुकी है; लेकिन हमें यक़ीन था कि आप ज़रूर माफ़ कर देंगी?"

मेरी बीवी मुस्कराई तो वह खिल-खिलाकर हँसा, "हम दोनों बहुत ऊँची नस्ल के सूअर हैं, जिन पर हर हराम की चीज़ हलाल है। चलिए, अब हम आपको मस्जिद तक छोड़ आएँ।"

मैरी बीवी को फिर चड्डा का यह मज़ाक़ पसंद न आया। असल में उसको चड्डा ही से नफ़रत थी या यों कहिए कि उसे मेरे हर दोस्त से नफ़रत थी, और चड्डा उनमें सबसे ज़्यादा खलता था, क्योंकि कभी-कभी वह बेतकल्लुफ़ी की हदें भी पार कर जाता था। लेकिन बड़का को इसकी कोई परवाह नहीं थी। मेरा ख़याल है कि उसने कभी इसके बारे में सोचा ही नहीं था। वह ऐसी बेकार की बातों में दिमाग़ ख़र्च करना एक ऐसा 'इनडोर गेम' समझता था, जो लूडो से कहीं अधिक बेमानी होता है। उसने मेरी बीवी के बिगड़े तेवरों को बड़ी ख़ुश-ख़ुश नज़रों से देखा और नौकर को आवाज़ दी, "ओ कबाबिस्तान के शहज़ादे–एक अदद ताँगा लाओ-रोल्ज़ राईस क़िस्म का।"

कबाबिस्तान का शहज़ादा चला गया और साथ ही चड्डा भी। वह शायद दूसरे कमरे में गया था। एकांत मिला तो मैंने अपनी बीवी को समझाया कि कबाब होने की कोई ज़रूरत नहीं। आदमी की ज़िंदगी में ऐसे लम्हे आ ही जाया करते हैं, जिनका कभी ख़याल तक नहीं आता। उनसे गुज़रने का सबसे अच्छा तरीका यही है कि उनको गुज़र जाने दिया जाए। लेकिन अमूलन उसने मेरी इस सीख पर कोई ध्यान नहीं दिया और बड़बड़ाती रही। इतने में कबाबिस्तान का शहज़ादा रोल्ज़ राईस क़िस्म का ताँगा लेकर आ गया और हम प्रभात नगर के लिए चल पड़े।

बहुत ही अच्छा हुआ कि मेरा फिल्मों का पुराना साथी घर में मौजूद नहीं था, उसकी बीवी थी। चड्डा ने मेरी बीवी उसके सुपुर्द की और कहा, "खरबूज़ा, खरबूज़े को देखकर रंग पकड़ता है। बीवी, बीवी को देखकर रंग पकड़ती है, यह हम अभी आकर देखेंगे।" फिर वह मुझसे बोला, "चलो मंटो, स्टूडियो में तुम्हारे दोस्त को पकड़े।"

चड्डा कुछ ऐसी अफ़रा-तफ़री मचा दिया करता था कि दूसरों को सोचने-समझने का बहुत कम मौका मिलता था। उसने मेरी बाँह पकड़ी और बाहर ले गया और मेरी बीवी सोचती ही रह गई। तांगे में सवार होकर अब बबूला ने कुछ सोचने के ढंग में कहा–"यह तो हो गया, अब क्या प्रोग्राम है?" फिर खिल-खिलाकर हँसा–"मम्मी...ग्रेट...मम्मी!"

मैं उससे पूछने ही वाला था कि यह मम्मी किस चिड़ीमार की औलाद है कि चड्डा ने बातों का ऐसा सिलसिला शुरू कर दिया कि मेरा सवाल बेमौत मर गया।

ताँगा वापस उस डाक बंगलेनुमा कोठी पर पहुँचा, जिसका नाम 'सईदा काटेज' था, लेकिन चड्डा उसको 'कबीदा काटेज' कहा करता था, क्योंकि उसमें रहने वाले सबके सब कबीदा रहते हैं। हालाँकि यह ग़लत था, जैसाकि मुझे बाद में मालूम हुआ।

उस काटेज में काफ़ी आदमी रहते थे, हालाँकि ऊपरी ढंग से देखने में यह जगह बिलकुल ग़ैर आबाद मालूम होती थी। सब के सब उसी फ़िल्म कंपनी के नौकर थे, जो

महीने की तनख़्वाह हर तीन महीने बाद देती थी और वह भी कई किस्तों में। एक-एक करके जब वहाँ के निवासियों से मेरा परिचय हुआ, तो पता चला कि सब के सब असिस्टेंट डायरेक्टर थे, कोई चीफ असिस्टेंट डायरेक्टर, कोई उसका सहायक और कोई उस सहायक का सहायक। हर दूसरा किसी पहले का सहायक था, और अपनी निजी फ़िल्म कंपनी की बुनियाद डालने के लिए पैसा इकट्ठा कर रहा था। अपने पहनावे और हाव-भाव से हर कोई हीरो मालूम होता था। कंट्रोल का जमाना था लेकिन किसी के पास राशन कार्ड नहीं था। वे चीज़ें भी, जो थोड़ी-सी तकलीफ़ के बाद आसानी से कम क़ीमत पर मिल सकती थीं, ये लोग ब्लैक मार्केट से ख़रीदते थे। पिक्चर ज़रूर देखते थे, रेस का जमाना होता तो रेस खेलते थे, नहीं तो सट्टा। जीतते कभी-कभार ही थे, लेकिन हारते हर रोज़ थे।

सईदा काटेज की आबादी बहुत घनी थी। चूँकि जगह कम थी, इसलिए मोटर गैराज भी रहने के काम में लाया जाता था। उसमें एक फैमिली रहती थी। शीरीं नाम की एक औरत थी, जिसका ख़ाविंद शायद एकरूपता तोड़ने के लिए असिस्टैंट डायरेक्टर नहीं था।

वह उसी फ़िल्म कंपनी में नौकर था, लेकिन मोटर ड्राइवर था। मालूम नहीं वह कब आता था और कब जाता था, क्योंकि मैंने उस शरीफ़ आदमी को वहाँ कभी नहीं देखा। शीरीं का एक छोटा-सा लड़का भी था, जिसको सईदा काटेज के सभी निवासी फ़ुरसत के समय प्यार करते। शीरीं, जो काफ़ी हसीन थी, अपना ज़्यादातर वक़्त गैराज में गुज़ारती थी।

काटेज का बढ़िया हिस्सा चड्डा और उसके दो साथियों के पास था। ये तीनों भी ऐक्टर थे, लेकिन हीरो नहीं थे। एक सईद था, जिसका फ़िल्मी नाम रंजीत कुमार था। चड्डा कहा करता था कि सईद काटेज उसी गधे के नाम से मशहूर है, नहीं तो उसका नाम 'कबीदा काटेज' ही था। वह काफ़ी ख़ूबसूरत और कम-गो था। चड्डा कभी-कभी उसे कछुआ कहा करता था क्योंकि वह हर काम बहुत आहिस्ता-आहिस्ता करता था।

दूसरे ऐक्टर का नाम मालूम नहीं था, लेकिन सब उसे ग़रीब नवाज़ कहते थे। वह हैदराबाद के एक खाते-पीते घराने से ताल्लुक़ रखता था और ऐक्टिंग के शौक़ में यहाँ चला आया था। तनख़्वाह ढाई सौ रुपये माहवार मुकर्रर थी, लेकिन उसे नौकर हुए एक बरस हो गया था, और इस बीच उसने केवल एक बार ढाई सौ रुपये एडवांस के रूप में लिये थे—वह भी चड्डा के लिए, जिसे एक ख़ूँख़्वार पठान की अदायगी करनी थी। ऊटपटाँग क़िस्म की ज़ुबान में फ़िल्मी कहानियाँ लिखना उसका शग़ल था और कभी-कभी वह शायरी भी कर लिया करता। था। काटेज का हर आदमी उसका क़र्ज़दार था।

शकील और अक़ील दो भाई थे। दोनों किसी असिस्टेंट डायरेक्टर के असिस्टेंट थे और सबकी तरह अपनी फ़िल्म कंपनी बनाने के लिए पैसे जुटाने के चक्कर में थे। तीन

बड़े यानी चड्डा, सईद और ग़रीब नवाज़ शीरीं का बहुत ख़याल रखते थे, लेकिन तीनों कभी इकट्ठे गैराज में नहीं जाते थे। हालचाल पूछने का उनका कोई वक़्त भी मुकर्रर न था। तीनों जब काटेज के बड़े कमरे में इकट्ठे होते तो उनमें से एक उठकर गैराज में चला जाता और कुछ देर वहाँ बैठकर शीरीं के घरेलू मामलों पर बातचीत करता रहता। बाक़ी दो अपने-अपने काम में लगे रहते।

जो असिस्टेंट क़िस्म के लोग थे वे शीरीं का हाथ बँटाया करते थे। कभी उसको बाज़ार से सौदा-सट्टा ला दिया, कभी लांड्री में उसके कपड़े धुलने दे आए और कभी उसके रोते बच्चे को बहला दिया। उनमें से 'कबीदा ख़ातिरो' कोई भी न था, सबके सब प्रसन्न थे। अपने मुश्किल हालात की चर्चा भी करते तो बड़ी ख़ुशी से। इसमें कोई शक नहीं कि उनकी ज़िंदगी बड़ी दिलचस्प थी।

हम काटेज के गेट में दाख़िल होने जा रहे थे कि ग़रीब नवाज़ साहब बाहर आ रहे थे। चड्डा ने उसकी ओर ध्यान से देखा और अपनी जेब में हाथ डालकर नोट निकाले। बिना गिने उसने कुछ ग़रीब नवाज़ को दे दिए और कहा, "चार बोतलें स्काच की चाहिए, कमी आप पूरी कर दीजिएगा, देशी हो तो मुझे वापस मिल जाए।"

ग़रीब नवाज़ के हैदराबादी होंठों पर गहरी साँवली मुस्कराहट आ गई। चड्डा खिल-खिलाकर हँसा और मेरी ओर देखकर उसने ग़रीब नवाज़ से कहा, "यह मिस्टर मंटो हैं...लेकिन इनसे तफ़सीली मुलाक़ात की इजाज़त इस वक़्त नहीं मिल सकती। यह रम पिए हैं। शाम को स्काच आ जाए तो... लेकिन आप जाइए।"

ग़रीब नवाज़ चला गया। हम अंदर दाख़िल हुए। चड्डा ने एक ज़ोर की जम्हाई ली और रम की बोतल उठाई जो आधी से ज़्यादा ख़ाली थी। उसने रोशनी में उसकी मिक़दार का सरसरी तौर पर अंदाज़ लगाया और नौकर को आवाज़ दी, "क़ज़ाकिस्तान के शहज़ादे।" जब वह न आया तो उसने अपने गिलास में एक बड़ा पेग डालते हुए कहा, "ज़्यादा पी गया है, कमबख़्त।"

गिलास ख़त्म करते हुए वह कुछ फ़िक्रमंद हो गया–"यार, भाभी को तुम ख़ामख़्वाह यहाँ लाए। ख़ुदा क़सम, मुझे अपने सीने पर बोझ-सा महसूस हो रहा है।" फिर ख़ुद ही उसने अपने को हौसला बँधाया–"लेकिन मेरा ख़याल है कि बोर नहीं होंगी वहाँ।"

मैंने कहा–"हाँ-वहाँ, रहकर वह मेरे क़त्ल का फ़ौरी इरादा नहीं कर सकती।" यह कहकर मैंने अपने गिलास में रम डाली, जिसका स्वाद बुसे हुए गुड़ जैसा था।

जिस कबाड़खाने में हम बैठे थे, उसमें सलाखों वाली दो खिड़कियाँ थीं, जिनसे बाहर का हिस्सा खाली-खाली सा नज़र आता था। इधर से किसी ने चड्डा का नाम लेकर ज़ोर से पुकारा। मैं चौंक पड़ा और देखा कि म्यूज़िक डायरेक्टर वनकुतरे हैं। कुछ समझ में नहीं आता था कि वह किस नस्ल का है। मंगोल है, हब्शी है, आर्य है या क्या बला है। कभी-कभी उसके किसी नखशिख को देखकर आदमी किसी नतीजे पर पहुँचने ही

वाला होता था कि उसके बदले में कोई ऐसा निशान नज़र आ जाता कि जल्द ही नये सिरे से सोचना पड़ जाता। वैसे वह मराठा था, लेकिन शिवाजी की तीखी नाक के बजाय उसके चेहरे पर बड़े हैरतअंगेज ढंग से मुड़ी हुई चपटी नाक थी, जो उसके ख़याल में उनके सर के लिए बहुत ज़रूरी थी, जिनका सीधा ताल्लुक नाक से होता है। उसने मुझे देखा तो चिल्लाया, "मंटो-मंटो सेठ।"

चड्डा ने उससे ज़्यादा ऊँची आवाज़ में कहा–"सेठ की ऐसी-तैसी-चल, अंदर आ!"

वह जल्द अंदर आ गया। अपनी जेब से उसने हँसते हुए रम की एक बोतल निकाली और तिपाई पर रख दी–"मैं साला इधर मम्मी के पास गया। वह बोला-तुम्हारा फ्रेंड आए ला... मैं बोला साला यह फ्रेंड कौन होने को सकता है... साला मालूम न था, साला मंटो है।"

चड्डा वनकुतरे के कद्दू जैसे सिर पर एक धौल जमाई, "अब चुप कर साले...तू रम ले आया...बस ठीक है।" वनकुतरे ने अपना सिर सहलाया और मेरा ख़ाली गिलास उठाकर अपने लिए पेग बनाया, "मंटो, यह साला आज मिलते ही कहने लगा–आज पीने को जी चाहता है...मैं एकदम कड़का...सोचा, क्या करूँ..."

चड्डा ने एक और धप्पा उसके सिर पर जमाया–"बैठ बे, जैसे तूने सचमुच ही कुछ सोचा होगा।"

"सोचा नहीं तो साला यह इतनी बड़ी बाटली कहाँ से आया–तेरे बाप ने दिया?" वनकुतरे ने एक ही घूँट में रम ख़त्म कर दी। चड्डा ने उसकी बात सुनी–अनसुनी कर दी और उससे पूछा–"तू यह तो बता कि मम्मी क्या बोली" बोली थी कि मौज़ील कब आएगी?...अरे हाँ..."वह प्लेटीनम ब्लोंड।"

वनकुतरे ने जवाब में कुछ कहना चाहा, लेकिन चड्डा ने मेरी बाँह पकड़कर कहना शुरू कर दिया, "मंटो! ख़ुदा की क़सम, क्या चीज़ है! सुना करते थे कि एक चीज़ प्लेटीनम ब्लोंड भी होती है, मगर देखने का मौका कब मिला–बाल हैं, जैसे चाँदी के महीन तार...ग्रेट...ख़ुदा की कसम मंटो, बहुत ग्रेट...मम्मी ज़िंदाबाद!" फिर उसने गुस्सैल नज़रों से वनकुतरे की ओर देखा और कड़क कर कहा, "वनकुतरे के बच्चे...नारा क्यों नहीं लगाता...मम्मी ज़िंदाबाद!"

चड्डा और वनकुतरे दोनों ने मिलकर 'मम्मी ज़िंदाबाद!' के कई नारे लगाए। इसके बाद वनकुतरे ने चड्डा के सवालों का फिर जवाब देना चाहा, लेकिन उसने उसे चुप करा दिया, "छोड़ो यार...मैं जज़्बाती हो गया हूँ...इस वक़्त यह सोच रहा हूँ कि आम तौर पर माशूक़ के बाल काले होते हैं, जिन्हें काली घटा कहा जाता है...मगर यहाँ कुछ और ही मामला हो गया है।" फिर वह मुझसे मुख़ातिब हुआ–"मंटो, बड़ी गड़बड़ हो गई है, उसके बाल चाँदी के तारों जैसे हैं–चाँदी का रंग भी नहीं कहा जा सकता–मालूम नहीं, प्लेटीनम का रंग कैसा होता है क्योंकि मैंने अभी तक यह धातु देखी नहीं...कुछ अजीब-सा

ही रंग है–फ़ौलाद और चाँदी दोनों मिला दिए जाएँ...।" वनकुतरे ने दूसरा पेग ख़त्म करते हुए कहा–"और उसमें थोड़ी-सी थ्री एक्स रम मिक्स कर दी जाए।"

"चड्डा ने भिन्नाकर उसे एक बहुत ही मोटी गाली दी। "बकवास न कर!" फिर उसने बड़ी बेचारी नज़रों से मेरी ओर देखा–"यार...मैं सचमुच जज़्बाती हो गया हूँ...वह रंग...ख़ुदा की क़सम, लाजवाब रंग है...वह तुमने देखा है...वह, जो मछलियों के पेट पर होता है...नहीं-नहीं, हर जगह होता है पोमफ्रेट मछली...उसके वे क्या होते हैं?... नहीं-नहीं, साँपों के...वे नन्हे-नन्हे खपरे...बस, उनका रंग...खपरे...यह शब्द मुझे एक हिंद सतोड़े ने बताया था...इतनी ख़ूबसूरत चीज़ और ऐसा भोंडा नाम...पंजाबी में हम इन्हें चाने कहते हैं। इस लफ्ज में चिनचिनाहट है...वही, बिलकुल वही, जो उसके बालों में है। लटें नन्ही-नन्ही सँपोलियाँ मालूम होती हैं, जो लोट लगा रही हैं...।" वह एकदम उठा। "सँपोलियों की ऐसी-तैसी! मैं जज़्बाती हो गया हूँ।" वनकुतरे ने बड़े भोलेपन से पूछा–"वह क्या होता है?"

चड्डा से जवाब दिया–"सेंटीमेंटल", "लेकिन तू क्या समझेगा बाला जी बाजीराव और नाना फ़रनवीस की औलाद...!"

वनकुतरे ने अपने लिए एक और पेग बनाया और मुझसे मुख़ातिब होकर कहा–"यह साला चड्डा समझता है कि मैं इंगलिश नहीं समझता हूँ। मैट्रीकुलेट हूँ...साला मेरा बाप मुझसे बहुत मोहब्बत करता था...उसने..."

चड्डा ने चिढ़कर कहा–"उसने तुझे तानसेन बना दिया...और तेरी नाक मरोड़ दी, ताकि निकोड़े सुर आसानी से तेरी नाक से निकल सकें। बचपन में ही उसने तुझे ध्रुपद गाना सिखा दिया था और दूध पीने के लिए तू मियाँ की टोड़ी में रोया करता था और पेशाब करते वक़्त अड़ाना में, और तूने पहली बात पटदीप में की थी...और तेरा बाप... जगत उस्ताद था। बैजू बावरे के भी कान काटता था...और तू आज उसके कान काटता है...इसलिए तेरा नाम कन कुतरे है।" इतना कहकर वह मेरी ओर मुड़ा और कहा–"मंटो, यह साला जब भी पीता है, अपने बाप की तारीफ़ शुरू कर देता है। वह इससे मोहब्बत करता था तो मुझ पर उसने क्या अहसान किया और उसने इसे मैट्रीकुलेट बना दिया तो इसका यह मतलब नहीं कि में अपनी बी० ए० की डिग्री फाड़कर फेंक दूँ।"

वन कुतरे ने इस बौछार पर आपत्ति ज़ाहिर करनी चाही, मगर चड्डा ने उसे वहीं दबा दिया, "चुप रह...मैं कह चुका हूँ कि मैं सेंटीमेंटल हो गया हूँ...हाँ, वे रंग, पोमफ्रेट मछली के...नहीं-नहीं...साँप के नन्हे-नन्हे खपरे...बस, इन्हीं का रंग...मम्मी ने ख़ुदा जाने अपनी बीन पर कौन-सा राग बजाकर उस नागिन को बाहर निकाला है।"

वन कुतरे सोचने लगा। "पेटी मँगाओ, मैं बजाता हूँ।"

चड्डा खिल-खिलाकर हँसने लगा "बैठ बे मैट्रीकुलेट के चाकुलेट...।" उसने रम की बोतल में से बची हुई रम को अपने गिलास में उड़ेल लिया और मुझसे कहा, "मंटो,

अगर यह प्लेटिनम ब्लोंड न पटी तो चड्डा हिमालय पहाड़ की किसी चोटी पर धूनी रमाकर बैठ जाएगा...।" और उसने गिलास ख़ाली कर दिया।

वन कुतरे ने अपनी लाई हुई बोतल खोलनी शुरू की "मंटो, मुल्गी एकदम चाँगली है।"

मैंने कहा–"देख लेंगे।"

"आज ही, आज रात मैं एक पार्टी दे रहा हूँ। यह बहुत ही अच्छा हुआ कि तुम आ गए और एक सौ आठ मेहता जी ने तुम्हारी वजह से एडवांस दे दिया, नहीं तो बड़ी मुश्किल हो जाती...आज रात...आज ही रात..." चड्डा ने बड़े भोंड़े सुरों में गाना शुरू कर दिया, "आज की रात साज़-ए-दर्द न छेड़।"

बेचारा वन कुतरे उसकी इस ज़्यादती पर एक बार फिर आपत्ति करने ही वाला था कि तभी ग़रीब नवाज़ और रंजीत कुमार आ गए। दोनों के पास स्कॉच की दो-दो बोतलें थीं। ये उन्होंने मेज पर रख दीं।

रंजीत कुमार से मेरे अच्छे-ख़ासे ताल्लुक़ात थे। लेकिन बेतकल्लुफ़ी नहीं थी, इसलिए हम दोनों ने थोड़ी-सी आप कब आए? आज ही आया। ऐसी रस्मी बातें कीं और गिलास टकराकर पीने लग गए।

चड्डा वाक़यी बहुत जज़्बाती हो गया था। हर बात में उस प्लेटिनम ब्लोंड का ज़िक्र ले आता था। रंजीत कुमार दूसरी बोतल का चौथाई हिस्सा चढ़ा गया था। ग़रीब नवाज़ ने स्काच के तीन पेग पिए थे। नशे के मामले में उन सबकी हालत अब तक एक जैसी थी। मैं चूँकि ज़्यादा पीने का आदी हूँ, इसलिए मैं ज्यों का त्यों बैठा था। उनकी बातचीत से मैंने अंदाज़ा लगाया कि वे चारों उस नई लड़की पर बहुत बुरी तरह मर मिटे थे जो मम्मी ने कहीं से पैदा की थी। इस अमूल्य मोती का नाम फ़ीलस था। पूने में कोई हेयर ड्रेसिंग सैलून था, जहाँ वह नौकरी करती थी। उसके साथ आम तौर पर एक हिजड़ा-सा लड़का रहा करता था। लड़की की उम्र चौदह-पन्द्रह बरस के क़रीब थी। ग़रीब नवाज़ तो यहाँ तक उस पर गर्म था कि वह हैदराबाद में अपने हिस्से की जायदाद बेचकर भी उस पर दाँव लगाने के लिए तैयार था। चड्डा के पास तुरुप का सिर्फ़ एक पत्ता था, अपनी ख़ूबसूरती। वनकुतरे का ख़याल था कि उसकी पेटी सुन वह परी ज़रूर शीशे में उतर आएगी और रंजीत कुमार ज़ोर-ज़बरदस्ती को ही कारगर समझता था... लेकिन सब आख़िर में यही सोचते थे कि देखिए, मम्मी किस पर मेहरबानी करती है। इससे मालूम होता था कि उस प्लेटिनम ब्लोंड फ़ीलस को वह स्त्री, जिसे मैंने चड्डा के साथ ताँगे में देखा था, किसी के भी हवाले कर सकती थी।

फ़ीलस की बातें करते-करते चड्डा ने अचानक अपनी घड़ी देखी और मुझसे कहा–"जहन्नुम में जाए यह छोकरी, चलो यार...भाभी वहाँ कबाब हो रही होंगी...लेकिन मुसीबत यह है कि मैं वहाँ भी कहीं सेंटीमैंटल न हो जाऊँ...ख़ैर, तुम मुझे सँभाल लेना।"

अपने गिलास की कुछ आख़िरी बूंदें गले में टपकाकर उसने नौकर को आवाज़ दी, "ममियों के मुल्क मिस्र के शहज़ादे।"

ममियों के मुल्क मिस्र का शहज़ादा इस तरह आँखें मलता हुआ वहाँ आया, जैसे उसे सदियों के बाद खोदकर बाहर निकाला गया हो। चड्डा ने उसके मुँह पर रम के छींटे मारे और कहा–"दो अदद ताँगे लाओ...जो मिस्र के रथ मालूम हों।"

ताँगे आ गए। हम सब उन पर लदकर प्रभात नगर के लिए चल पड़े। मेरा पुराना फ़िल्मों का साथी हरीश घर पर मौजूद था। इतनी दूरी पर रहने के बावजूद उसने मेरी बीवी की ख़ातिरदारी में कोई कसर नहीं छोड़ी थी। चड्डे ने आँख के इशारे से उसे सारा मामला समझा दिया था, इसलिए फ़ायदेमंद साबित हुआ। मेरी बीवी ने अपना ख़याल ज़ाहिर नहीं किया। उसका वक़्त वहाँ कुछ अच्छा ही बीता था। हरीश ने, जो औरत के मिज़ाज का अच्छा जानकार था, बड़ी मज़ेदार बातें कीं और आख़िर में मेरी बीवी से इल्तज़ा की कि वह उसकी शूटिंग देखने चले, जो उस दिन होने वाली थी। मेरी बीवी ने पूछा, "कोई गाना फ़िल्मा रहे हैं आप?"

हरीश ने जवाब दिया, "जी नहीं, वह कल का प्रोग्राम है–मेरा ख़याल है, आप कल चलिएगा।"

हरीश की बीवी शूटिंग देख-देखकर और दिखा-दिखाकर तंग आई हुई थी। उसने जल्द मेरी बीवी से कहा–"हाँ, कल ठीक रहेगा।" फिर सबकी ओर देखकर बोली–"आज सफ़र की थकान भी है।"

हम सबने सुकून की साँस ली। हरीश ने फिर कुछ देर तक मज़ेदार बातें कीं, आख़िर में मुझसे कहा, "चलो यार, तुम चलो मेरे साथ" फिर मेरे तीन साथियों की ओर देखा, "इनको छोड़ो...सेठ साहब तुम्हारी कहानी सुनना चाहते हैं।"

मैंने बीवी की ओर देखा और हरीश से कहा–"इनसे इजाज़त ले लो।"

मेरी भोली-भाली बीवी जाल में फँस चुकी थी। उसने हरीश से कहा–"मैंने बंबई से चलते वक़्त इनसे कहा भी था कि अपना डॉक्यूमेंट केस साथ ले चलिए, लेकिन इन्होंने कहा–कोई ज़रूरत नहीं। अब ये कहानी क्या सुनाएँगे?"

हरीश ने कहा–"ज़ुबानी सुना देगा।" फिर उसने मेरी ओर यूँ देखा, जैसे कह रहा हो कि जल्दी 'हाँ' कहो।

मैंने धीमे से कहा–"हाँ, ऐसा हो सकता है।"

चड्डा ने उस ड्रामे में आख़िरी टच दिया, "तो भई हम चलते हैं।" और वे तीनों सलाम-नमस्ते करके चले गए। थोड़ी देर के बाद मैं और हरीश निकले। प्रभात नगर के बाहर ताँगे खड़े थे। चड्डा ने हमें देखा और ज़ोर का नारा लगाया, "राजा हरिश्चन्द्र की जय!"

शाम की महफ़िल जमी मम्मी के घर।

यह भी एक काटेज थी-शक्ल-ओ-सूरत और बनावट में सईद काटेज जैसी, मगर बहुत साफ़-सुथरी, जिससे मम्मी के सलीके का पता चलता था। फर्नीचर मामूली था, लेकिन जो चीज़ वहाँ थी, सजी हुई थी। मैंने सोचा था कि मम्मी के घर कोई वेश्यालय होगा, लेकिन उस घर की किसी चीज़ से भी नज़रों को ऐसा शक नहीं होता था। वह वैसा ही शरीफ़ाना था जैसाकि एक औसत दर्जे के ईसाई का होता है। लेकिन मम्मी की उम्र के मुक़ाबले में वह कुछ जवान-सा दिखाई देता था। उस पर वह मेकअप नहीं था, जो मैंने मम्मी की झुर्रियों वाले चेहरे पर देखा था। जब मम्मी ड्राइंग रूम में आई तो मैंने सोचा कि इर्द-गिर्द की जितनी चीज़ें हैं, वे आज की नहीं बरसों पुरानी हैं, केवल मम्मी आगे निकलकर बूढ़ी हो गई हैं और वे वैसी की वैसी पड़ी रही हैं–उनकी जो उम्र थी, वह वहीं की वहीं रही हैं...लेकिन जब मैंने उसके गहरे और शोख़ मेकअप की ओर देखा तो मेरे दिल में न जाने क्यों, यह इच्छा पैदा हुई कि वह भी अपने इर्द-गिर्द के माहौल की तरह पूरी तरह जवान बन जाए।

चड्डा ने उससे मेरा परिचय कराया, जो बहुत मुख़्तसर और फिर मुख़्तसर में ही उसने मुझसे मम्मी के बारे में यह कहा–"यह मम्मी है...दी ग्रेट मम्मी...!"

मम्मी अपनी तारीफ़ सुनकर मुस्करा दी और मेरी तरफ़ देखकर उसने चड्डा से अंग्रेजी में कहा–"तुमने जो चाय मँगवाई थी वह बहुत जल्दी में बनी थी, वह शायद इन्हें पसंद न आई हो।" फिर उसने मेरी ओर मुड़कर कहा, "मिस्टर मंटो, मैं बहुत शर्मिंदा हूँ। असल में सारा क़सूर तुम्हारे दोस्त चड्डा का है, जो मेरा बेहद बिगड़ा हुआ लड़का है।"

मैंने उचित लफ़्ज़ों में चाय की तारीफ़ की और उसका शुक्रिया अदा किया। मम्मी ने मुझे बेकार की तारीफ़ न करने के लिए कहा और फिर चड्डा से बोली, "रात का खाना तैयार है...यह मैंने इसलिए किया कि तुम ऐन वक़्त मेरे सिर पर सवार हो जाओगे...।"

चड्डा ने मम्मी को गले से लगा लिया–"यू आर ए ज्वेल मम्मी! यह खाना अब हम खाएँगे।"

मम्मी ने चौंककर पूछा, "क्या?...नहीं, हरगिज़ नहीं।" चड्डा ने उसे बताया, "मिसेज मंटो को प्रभात नगर छोड़ आए हैं।"

मम्मी चिल्लाई, "ख़ुदा तुम्हें ग़ारत करे...यह तुमने क्या किया!" चड्डा खिल-खिलाकर हँसा, "आज पार्टी जो होने वाली थी।"

"वह तो मैंने मिस्टर मंटो को देखते ही अपने दिल में कैंसिल कर दी थी।" मम्मी ने अपना सिगरेट सुलगाया।

चड्डा का दिल डूब गया। "ख़ुदा अब तुम्हें ग़ारत करे...और यह सब प्लान हमने इस पार्टी के लिए बनाया था।" वह कुर्सी पर यासज़दा-सा होकर बैठ गया और कमरे के ज़र्रे-ज़र्रे में मुख़ातिब होकर कहने लगा, "लो, सारे सपने मलियामेट हो गए...प्लेटिनम ब्लोंड...औंधे साँप के नन्हे-नन्हे खपरों जैसे रंग वाली...।" एकदम उठकर उसने मम्मी

को बाज़ुओं से पकड़ लिया, "कैंसिल की थी–अपने दिल में कैंसिल की थी ना...लो, उस पर साद बना देता हूँ।" और उसने मम्मी के दिल की जगह पर उँगली से बहुत बड़ा साद बना दिया और ऊँची आवाज़ में पुकारा, 'हुर्रे।'

मम्मी संबंधित लोगों को इत्तिला भेज चुकी थी कि पार्टी कैंसिल हो चुकी है। लेकिन मैंने महसूस किया कि वह चड्डा का दिल तोड़ना नहीं चाहती थी। इसलिए उसने लाड़ से उसके गाल थपथपाए और कहा, "तुम फ़िक्र न करो, मैं अभी इंतज़ाम करती हूँ।"

वह इंतज़ाम करने बाहर चली गई। चड्डा ने ख़ुशी का एक और नारा लगाया और वन कुतरे से कहा, "जनरल वन कुतरे, जाओ, हेडक्वार्टर से सारी तोपें ले आओ।"

वनकुतरे ने सैल्यूट किया और हुक्म-उदूली के लिए चला गया। सईद काटेज बिलकुल पास थी। दस मिनट के अंदर-अंदर वह बोतलें लेकर वापस आ गया। उसके साथ चड्डा का नौकर था। चड्डा ने उसको देखा तो उसका स्वागत किया, "आओ, आओ, मेरे कोह-ए-काफ़ के शहज़ादे...वह...वह साँप के खपरों जैसे रंग के बालों वाली छोकरी आ रही है... तुम भी किस्मत–आज़मा लेना।"

रंजीत कुमार और ग़रीब नवाज़ को चड्डा का इस तरह का नियंत्रण अच्छा न लगा। दोनों ने मुझसे कहा कि यह चड्डा की बहुत बेहूदगी है। इस बेहूदगी को उन्होंने बहुत महसूस किया था। चड्डा नियमानुसार अपनी हाँकता रहा और वे चुपचाप एक कोने में बैठे आहिस्ता-आहिस्ता रम पीकर एक-दूसरे से अपने सुख-दुख की बातें करते रहें।

मैं मम्मी के बारे में सोचता रहा। ड्राइंग रूम में ग़रीब नवाज़, रंजीत कुमार और चड्डा बैठे थे। ऐसा लगता था कि ये छोटे-छोटे बच्चे बैठे हैं और इनकी माँ बाहर खिलौने लेने गई है। ये सब इंतज़ार में हैं। चड्डा संतुष्ट था कि सबसे अच्छा खिलौना उसे मिलेगा, इसलिए कि वह अपनी माँ का चहेता है। बाक़ी दो का दुख चूँकि एक जैसा था, इसलिए वे एक-दूसरे के ख़ैरख़्वाह बन गए थे...शराब इस माहौल में दूध मालूम होती थी और वह प्लेटिनम ब्लोंड...उसकी कल्पना दिमाग़ में एक छोटी-सी गुड़िया के रूप में आती थी...हर माहौल का अपना एक ख़ास संगीत होता है। उस वक़्त जो संगीत मेरे दल के कानों तक पहुँच रहा था, उसमें कोई सुर उत्तेजक नहीं था। हर चीज़ माँ और उसके बच्चों के आपसी संबंधों की तरह जाहिर थी।

मैंने जब उसको ताँगे में चड्डा के साथ देखा था तो मुझे धक्का-सा लगा था। मुझे अफ़सोस हुआ कि मेरे दिल में उन दोनों के बारे में बुरे ख़याल पैदा हुए; लेकिन यह चीज़ मुझे बार-बार सता रही थी कि वह इतना गहरा मेकअप क्यों करती है, जो उसकी झुर्रियों की तौहीन है। उस ममता की तौहीन है, जो उसके दिल में चड्डा, ग़रीब नवाज़ और वनकुतरे के लिए मौजूद है...और ख़ुदा जाने और किस-किसके लिए...।

बातों-बातों में मैंने चड्डा से पूछा, "यार, यह तो बताओ कि तुम्हारी मम्मी इतना शोख़ मेकअप क्यों करती है?"

"इसलिए कि दुनिया हर शोख़ चीज़ को पसंद करती है-तुम्हारे और मेरे जैसे उल्लू इस दुनिया में बहुत कम बसते हैं, जो मद्धिम सुर और मद्धिम रंग पसंद करते हैं। जो जवानी को बचपन के रूप में नहीं देखना चाहते और...जो बुढ़ापे पर जवानी की टीपटाप पसंद नहीं करते...हम जो ख़ुद को कलाकार कहते हैं, उल्लू के पट्ठे हैं।

मैं तुम्हें एक दिलचस्प घटना सुनाता हूँ...बैसाखी का मेला था...तुम्हारे अमृतसर में...राम बाग़ के उस बाज़ार में, जहाँ टकैइयाँ (वेश्याएँ) रहती थीं–जाट गुज़र रहे थे.. .एक तंदुरुस्त जवान ने...ख़ालिस दूध और मक्खन पर पले जवान ने जिसकी नई जूती उसकी लाठी पर बाज़ीगरी कर रही थी, ऊपर एक कोठे की ओर देखा, जहाँ एक टकई की तेल में भीगी हुई जुल्फें उसके माथे पर बड़े बदसूरत ढंग से जमी हुई थीं। उसने अपने साथी की पसलियों में टहोका देकर कहा, "ओए लहना सिंहा...वेख, ओए ऊपर वेख, असीं ते पिंड विच मझई।" आख़िरी लफ़्ज चड्डा ने न जाने क्यों गोल कर दिया। हालाँकि वह किसी तरह की शिष्टता का क़ायल नहीं था। फिर वह खिल-खिलाकर हँसने लगा और मेरे गिलास में रम डालकर बोला, "उस जाट के लिए वह चुड़ैल ही उस वक़्त कोह-ए-काफ़ की परी थी...और उसके गाँव की हसीन और तंदरुस्त मुटियारें बेडौल भैंस...हम सब चुग़द हैं...दरमियाने दर्जे के...इसलिए कि इस दुनिया में कोई चीज़ अव्वल दर्जे की नहीं...तीसरे दर्जे की है या दरमियाने दर्जे की...लेकिन...लेकिन फ़ीलस, खासुलख़ास दर्जे की चीज़ है...वह साँप के खपरों..."

वन कुतरे ने अपना गिलास उठाकर चड्डा के सिर पर उँडेल दिया। "खपरे...खपरे...तुम्हारा भेजा फिर गया है।"

चड्डा ने माथे से रम की टपकती बूँदें चाटनी शुरू कर दीं और वनकुतरे से कहा, "ले, अब सुना...तेरा बाप साला तुमसे कितनी मुहब्बत करता था...मेरा दिमाग़ अब काफ़ी ठण्डा हो गया है।"

वन कुतरे बहुत गंभीर होकर मुझसे बोला–"बाई गॉड, वह मुझसे बहुत मोहब्बत करता था...मैं फिफ्टीन ईयर का था कि उसने मेरी शादी बना दी।"

चड्डा ज़ोर से हँसा, "तुम्हें कार्टून बना दिया उस साले ने...ख़ुदा उसे बहिश्त में भी केसरियल की पेटी दे कि वहाँ भी उसे बजा-बजाकर वह तुम्हारी शादी के लिए कोई ख़ूबसूरत हूर ढूँढ़ता रहे। और तुम्हारी ख़ूबसूरत बीवी की ऐसी-तैसी...इस वक़्त फ़ीलस की बात करो...उससे ज़्यादा और कोई ख़ूबसूरत नहीं हो सकता।" चड्डा ने ग़रीब नवाज़ और रंजीत कुमार की ओर देखा, जो कोने में बैठे फ़ीलस के हुस्न पर अपनी राय एक-दूसरे पर ज़ाहिर करने वाले थे। "गन पाउडर प्लांट के बानियो...सुन लो, तुम्हारी कोई साज़िश कामयाब नहीं हो सकती...मैदान चड्डा के हाथ में रहेगा... क्यों वेल्ज़ के शहज़ादे?"

वेल्ज़ का शहज़ादा रम की खाली होती हुई बोतल की तरफ़ हसरतभरी नज़रों से देख रहा था। चड्डा ने क़हक़हा लगाया और उसको आधा गिलास भरकर दे दिया। ग़रीब

नवाज़ और रंजीत कुमार एक-दूसरे से फ़ीलस के बारे में घुल-मिलकर बातें तो कर रहे थे, लेकिन अपने दिमाग़ में उसको हासिल करने के लिए प्रोग्राम अलग-अलग बना रहे थे। यह उनकी बातचीत के अंदाज़ से प्रदर्शित होता था।

ड्राइंग रूम में अब बिजली के बल्ब जल रहे थे, क्योंकि शाम गहरी हो चली थी। चड्डा मुझे बंबई की फ़िल्म इंडस्ट्री की ताज़ी ख़बरें सुना रहा था कि बाहर बरामदे में मम्मी की तेज़ आवाज़ सुनाई दी। चड्डा ने नारा लगाया और बाहर चला गया। ग़रीब नवाज़ ने रंजीत कुमार की ओर अर्थपूर्ण नज़रों से देखा। फिर दोनों दरवाज़े की ओर देखने लगे।

मम्मी चहकती हुई अंदर दाख़िल हुई। उसके साथ चार-पाँच ऐंग्लो-इंडियन लड़कियाँ थीं। कई तरह के नख-शिख और क़द-काठ की-पोली, डौली, किटी, एलिमा और थैलिमा...और वह हिजड़ा-सा लड़का...उसे सिसी कहकर पुकारता था। फ़ीलस सबसे पीछे आई और वह भी चड्डा के साथ। उसकी एक बांह प्लेटीनम ब्लोंड की पतली कमर के पीछे लगी थी। मैंने ग़रीब नवाज़ और रंजीत कुमार की प्रतिक्रिया नोट की। उनको चड्डा की यह दिखावटी विजयी हरकत पसंद न आई थी।

लड़कियों के अंदर आते ही शोर मच गया। एकदम इतनी अंग्रेजी बरसी कि वनकुतरे मैट्रीकुलेट के इम्तिहान में कई बार फेल हुआ। लेकिन उसने कोई परवाह न की और बराबर बोलता रहा। जब किसी ने उसका नोटिस न लिया तो वह एलिमा की बड़ी बहन थैलिमा के साथ एक सोफ़े पर अलग बैठ गया और पूछने लगा कि उसने हिंदुस्तानी डांस के और कितने नये तोड़ सीखे हैं।

वह इधर 'धा नी ता कत ता थ ई था' ई की वन, टू, थ्री बना-बनाकर उसको तोड़े बता रहा था, उधर चड्डा बाक़ी लड़कियों के झुरमुट में अंग्रेज़ी के नंगे-नंगे मज़ाक़ सुना रहा था जो उसे हज़ारों की संख्या में ज़बानी याद थे। मम्मी सोडे की बोतलें और खाने-पीने का सामान मँगवा रही थी। रंजीत कुमार सिगरेट के कश लगाकर टकटकी बाँधे फ़ीलस की ओर देख रहा था, और ग़रीब नवाज़ मम्मी से बार-बार कहता था कि रुपये कम हों तो वह उससे ले ले।

स्कॉच खुली और पहला दौर शुरू हुआ। फ़ीलस को जब शामिल होने के लिए कहा गया तो उसने अपने प्लेटीनम बालों को एक हलका-सा झटका देकर मना कर दिया कि वह व्हिस्की नहीं पिया करती।

सबने मिन्नत-खुशामद की, लेकिन वह न मानी। चड्डा ने इस पर अफ़सोस जाहिर किया तो मम्मी ने एक हलका-सा पेग तैयार करके गिलास को फ़ीलस के होंठों से लगाते हुए बड़े दुलार से कहा-"बहादुर लड़की बनो और पी जाओ।"

फ़ीलस इंकार न कर सकी। चड्डा ख़ुश हो गया और उसने इसी ख़ुशी में बीस-पच्चीस और नंगे मज़ाक़ सुना दिए। सब मजे लेते रहे। मैंने सोचा, आदमी ने नग्नता से तंग आकर कपड़े पहनने शुरू किए होंगे। यही वजह है कि अब वह कपड़ों से

उकताकर कभी-कभी नग्नता की ओर दौड़ने लगा है। शिष्टता की प्रतिक्रिया नि:संदेह अशिष्टता है। इसका एक दिलचस्प पहलू भी है। आदमी को इससे निरंतर एकरसता के कष्ट से कुछ लम्हों के लिए छुटकारा मिल जाता है।

मैंने मम्मी की ओर देखा, जो उन ज़बान लड़कियों से घुल-मिलकर चड्डा के नंगे-नंगे मज़ाक़ सुनकर हँस रही थी और क़हक़हे लगा रही थी। उसके चेहरे पर बड़ा वाहियात मेकअप था। उसके नीचे उसकी झुर्रियाँ साफ़ नज़र आ रही थीं। मगर वह भी ख़ुश थी...मैंने सोचा, आख़िर लोग क्यों पलायन को बुरा समझते हैं...वह पलायन, जो मेरी आँखों के सामने था। उसका बाहरी रूप सुंदर न था, लेकिन भीतर बहुत सुंदर था...उस पर कोई बनाव-शृंगार न था। कोई ग़ाज़ा, कोई उबटन नहीं था। पोली थी, वह एक कोने में रंजीत कुमार के साथ खड़ी अपने नये फ्राक के बारे में बातचीत कर रही थी और उसे बता रही थी कि सिर्फ़ अपनी होशियारी से उसने बड़े सस्ते दामों पर उम्दा चीज़ तैयार करा ली है। दो टुकड़े थे, जो बिलकुल बेकार मालूम पड़ते थे, मगर अब वे एक सुंदर पोशाक में बदल गए थे। और रंजीत कुमार बड़ी संजीदगी के साथ उसको दो नये ड्रेस बनाकर देने का वायदा कर रहा था, हालाँकि उसे फ़िल्म कंपनी से इतने रुपये इकट्ठे मिलने की कोई उम्मीद न थी। डौली थी, वह ग़रीब नवाज़ से कुछ क़र्ज माँगने की कोशिश कर रही थी और उसको यक़ीन दिला रही थी कि दफ़्तर से तनख़्वाह मिलने पर वह यह क़र्ज ज़रूर अदा कर देगी। ग़रीब नवाज़ को पूरी तरह मालूम था कि वह यह रुपया नियमानुसार कभी वापस नहीं देगी; लेकिन वह उसके वायदे पर एतबार किए जा रहा था। थैलिमा वनकुतरे से तांडव नाच के बड़े मुश्किल तोड़े सीखने की कोशिश कर रही थी। वन कुतरे को मालूम था कि सारी उम्र उसके पैर कभी उसके भाव अदा नहीं कर सकेंगे, लेकिन वह उसको बताए जा रहा था। थैलिमा भी अच्छी तरह जानती थी कि वह बेकार अपना और वन कुतरे का वक़्त बर्बाद कर रही है, मगर वह बड़ी लगन और तन्मयता से सबक़ याद कर रही थी। एलिमा और किटी दोनों पिए जा रही थीं और आपस में किसी ऐसे आदमी की बातचीत कर रही थी जिसने पिछली रेस में ख़ुदा जाने कब का बदला लेने के लिए ग़लत टिप दी थी। वह चड्डा फ़ीलस के खपरे ऐसे रंग के बालों को पिघले हुए सोने के रंग की स्काच में मिला-मिलाकर पी रहा था। फ़ीलस का हिजड़ा-सा दोस्त बार-बार जेब से कंघी निकालता था और अपने बाल सँवारता था। मम्मी कभी इससे बात करती थी कभी उससे; कभी सोडा खुलवाती, कभी टूटे हुए गिलास के टुकड़े उठवाती...उसकी नज़र सब पर थी, उस बिल्ली की तरह, जो देखने में तो अपनी आँखें बंद किए सुस्ता रही होती है, लेकिन उसको मालूम होता है कि उसके पाँचों बच्चे कहाँ-कहाँ हैं और क्या-क्या शरारत कर रहे हैं।

इस दिलचस्प तस्वीर में कौन-सा रंग, कौन-सी रेखा ग़लत थी?...मम्मी का वह भड़कीला शोख़ मेकअप भी ऐसा मालूम होता था कि उस तस्वीर का एक ज़रूरी हिस्सा है।

गालिब ने कहा है:

कैद-ए-हयात-ओ-बंद-ए-ग़म, अस्ल में दोनों एक हैं,
मौत से पहले आदमी ग़म से निजात पाए क्यों?

कैद-ए-हयात और बंद-ए-ग़म जब असल में एक ही हैं तो यह ज़रूरी है कि आदमी मौत से पहले थोड़ी देर के लिए निजात हासिल करने की कोशिश न करे। इस निजात के लिए कौन यमराज का इंतज़ार करे...क्यों आदमी थोड़े-से लम्हों के लिए ख़ुद को धोखा देने के दिलचस्प खेल में हिस्सा ले...।

मम्मी हर किसी की तारीफ़ करना जानती थी। उसके सीने में ऐसा दिल था, जिसमें उन सबके लिए प्यार था। मैंने सोचा, शायद इसलिए उसने अपने चेहरे पर रंग मल लिया है कि लोगों को उसकी असलियत का इल्म न हो...उसमें शायद इतनी जिस्मानी ताक़त नहीं थी कि वह हर किसी की माँ बन सकती और इसीलिए उसने अपने प्यार और स्नेह के लिए कुछ शख़्स चुन लिये थे और बाक़ी सारी दुनिया को छोड़ दिया था।

मम्मी को मालूम नहीं था कि चड्डा एक तगड़ा पेग फ़ीलस को पिला चुका था। चोरी-छिपे नहीं सबके सामने; मगर मम्मी उस समय बावर्चीख़ाने में पोटैटो चिप्स तल रही थी...अब फ़ीलस नशे में थी, और जिस तरह उसके पालिश किए हुए फ़ौलाद के रंग के बाल धीरे-धीरे लहराते थे, उसी तरह वह स्वयं भी लहरा रही थी।

रात के बारह बज रहे थे। वन कुतरे थैलिमा को तोड़े सिखा-सिखाकर थक जाने के बाद अब बता रहा था कि उसका बाप साला उससे बहुत मोहब्बत करता था। बचपन में ही उसने उसकी शादी बना दी थी। उसकी वाइफ बहुत ब्यूटीफुल है...और ग़रीब नवाज़ डोली को क़र्ज़ देकर भूल भी चुका था। रंजीत कुमार पोली को अपने साथ कहीं बाहर ले गया था। एलिमा और किटी दोनों दुनिया-भर की बातें करके अब थक गई थीं और आराम करना चाहती थीं–तिपाई के इर्द-गिर्द फ़ीलस, उसका हिजड़ा-सा दोस्त और मम्मी बैठे थे। चड्डा अब जज़्बाती नहीं था, फ़ीलस उसकी बग़ल में बैठी थी, जिसने पहली बार शराब का सरूर चखा था–उसको हासिल करने का इरादा उसकी आँखों में साफ़ मौजूद था। मम्मी इससे ग़ाफ़िल नहीं थी।

थोड़ी देर बाद फ़ीलस का हिजड़ा-सा दोस्त उठकर सोफ़े पर जा लेटा और अपने बालों में कंघी करते-करते सो गया। ग़रीब नवाज़ और डौली उठकर कहीं चले गए। एलिमा और किटी ने आपस में किसी मारग्रेट के बारे में बातें करते हुए मम्मी से विदा ली और चली गई...वन कुतरे ने आख़िरी बार अपनी बीवी की ख़ूबसूरती की तारीफ़ की और फ़ीलस की ओर ललचाई नज़रों से देखा, फिर थैलिमा की ओर, जो उसके पास बैठी थी, और फिर वह उसकी बाँह पकड़कर चाँद दिखाने के लिए बाहर मैदान में ले गया।

एकदम जाने क्या हुआ कि चड्डा और मम्मी में गरमागरम बातें शुरू हो गईं। चड्डा की ज़बान लड़खड़ा रही थी। वह एक कुपुत्र की तरह मम्मी से बदज़बानी करने लगा। फ़ीलस ने एक हद तक बीच-बचाव करने की कोशिश की, लेकिन चड्डा हवा के घोड़े पर सवार था। वह फ़ीलस को अपने साथ सईदा काटेज ले जाना चाहता था और मम्मी इसके ख़िलाफ़ थी। वह उसको बहुत देर तक समझाती रही कि वह इस इरादे से बाज आए, लेकिन वह उसके लिए तैयार न होता था और बार-बार मम्मी से कह रहा था, "तुम पागल हो गई हो...बूढ़ी दलाला...फ़ीलस मेरी है...पूछ लो इससे।"

मम्मी ने बहुत देर तक उसकी गालियाँ सुनीं, आख़िर में बड़े समझाने वाले अंदाज़ में उससे कहा, "चड्डा, माई सन... तुम क्यों नहीं समझते...शी इज़ यंग...शी इज़ वेरी यंग...।"

उसकी आवाज़ में कँपकँपाहट थी, एक इल्तिजा थी, एक ताड़ना थी, एक बड़ी डरावनी तस्वीर थी, लेकिन चड्डा बिलकुल न समझा। उस समय उसके सामने सिर्फ़ फ़ीलस और उसको हासिल करना भर था। मैंने फ़ीलस की ओर देखा और पहली बार इस बात को महसूस किया कि वह सचमुच बहुत छोटी उम्र की थी, मुश्किल से पन्द्रह बरस की...उसका सफ़ेद चेहरा चाँदी रंग के बादलों में घिरा हुआ बारिश की पहली बूँद की तरह कँपकँपा रहा था।

चड्डा ने उसे बाँह से पकड़कर अपनी ओर खींचा और फ़िल्मों के हीरो के अंदाज़ से अपनी छाती से लगाकर भींच लिया। मम्मी एकदम लाल होकर चिल्लाई, चड्डा छोड़ दो...फॉर गॉड सेक...छोड़ दो इसे।"

जब चड्डा ने अपने चौड़े सीने से फ़ीलिस को अलग न किया तो मम्मी ने उसके मुँह पर एक ज़ोरदार चाँटा मारा और चिल्लाई, "गेट आउट...गेट आउट...!"

चड्डा भौचक्का रह गया। फ़ीलस को अलग करके उसने धक्का दिया और मम्मी की ओर आग बरसाने वाली नज़रों से देखता हुआ बाहर चला गया। मैंने भी उठकर विदा ली और चड्डा के पीछे चल दिया।

सईदा काटेज पहुँचकर मैंने देखा कि वह पतलून, कमीज़ और बूटों समेत पलंग पर सीधे मुँह पड़ा था। मैंने उससे कोई बात न की और दूसरे कमरे में जाकर बड़ी मेज़ पर सो गया।

सुबह देर से उठा। घड़ी में दस बज रहे थे। चड्डा सुबह ही सुबह उठकर चला गया था। कहाँ, यह किसी को मालूम नहीं था; लेकिन जब मैं गुसलखाने से बाहर निकल रहा था तो मैंने उसकी आवाज़ सुनी, जो गैरेज से बाहर आ रही थी। मैं रुक गया। वह किसी से कह रहा था–"वह लाजवाब औरत है...दुआ करो कि उसकी उम्र को पहुँचकर तुम भी वैसी ही ग्रेट हो जाओ।"

उसकी आवाज़ में अजीब तरह की कड़वाहट थी। पता नहीं उसका रुख़ अपनी ही ओर था या उस शख़्स की ओर, जिससे वह मुख़ातिब था। मैंने ज़्यादा देर तक वहाँ रुके

रहना ठीक न समझा और अंदर चला गया। आधे घंटे तक मैंने उसका इंतज़ार किया। जब वह न आया तो मैं प्रभात नगर चला गया।

मेरी बीवी का मिज़ाज ठीक था-हरीश घर में नहीं था। हरीश की बीवी ने उसके बारे में पूछा तो मैंने कह दिया–"वह अभी स्टूडियो में सो रहा है।"

पूने में काफ़ी तफ़रीह हो गई थी, इसलिए मैंने हरीश की बीवी से जाने की इजाज़त माँगी। शिष्टाचार के नाते उसने हमें रुकने को कहा, लेकिन मैं सईदा काटेज में ही फैसला करके चला था कि रात की घटना मेरी मानसिक जुगाली के लिए बहुत काफ़ी है।

हम चल दिए। जो कुछ हुआ था, मैंने बीवी को सब कुछ बता दिया। उसका कहना था कि फ़ीलस उसकी कोई रिश्तेदार होगी या वह उसे किसी अच्छी आसामी को पेश करना चाहती होगी, तभी उसने चड्डा से लड़ाई की...मैं चुप रहा। न समर्थन किया, न विरोध।

कई दिन गुज़रने पर चड्डा का ख़त आया, जिसमें उस रात की घटना का ज़िक्र सरसरी तौर पर था और उसने अपने बारे में यह कहा था, "मैं उस दिन जानवर बन गया था–लानत हो मुझ पर।

तीन महीने बाद मुझे एक ज़रूरी काम से पूना जाना पड़ा। सीधा सईदा काटेज पहुँचा। चड्डा मौजूद नहीं था। ग़रीब नवाज़ से उस समय मुलाक़ात हुई जब वह गैराज ले निकलकर शीरीं के नन्हे बच्चे को प्यार कर रहा था। वह बड़े तपाक से मिला। थोड़ी देर बाद रंजीत कुमार आ गया, कछुए की चाल चलता और चुपचाप बैठ गया। मैं अगर उससे कुछ पूछता था तो वह बड़ा मुख़्तसर उत्तर देता था। बातों-बातों में उससे मालूम हुआ कि चड्डा उस रात के बाद मम्मी के पास नहीं गया और न कभी वह यहाँ आई। फ़ीलस को उसने दूसरे दिन ही अपने माँ-बाप के पास भिजवा दिया था। वह उस हिजड़ा जैसे लड़के के साथ घर से भागकर आई हुई थी।...रंजीत कुमार को यक़ीन था कि अगर वह कुछ दिन और पूना में रहती तो वह ज़रूर उसे ले उड़ता। ग़रीब नवाज़ का ऐसा कोई दावा नहीं था। केवल इतना अफ़सोस था कि वह चली गई।

चड्डा के बारे में यह पता चला कि दो-तीन दिन से उसकी तबीयत ठीक नहीं है बुखार रहता है, वह किसी डॉक्टर से राय नहीं लेता-सारा दिन इधर-उधर घूमता रहता है। ग़रीब नवाज़ ने जब मुझे ये बातें बतानी शुरू कीं तो रंजीत कुमार उठकर चला गया। मैंने सलाखों वाली कोठरी में देखा, उसका रुख़ गैराज की ओर था।

मैं ग़रीब नवाज़ से गैरेज वाली शीरीं के बारे में कुछ पूछताछ करने के बारे में सोच ही रहा था कि वन कुतरे बड़ा घबराया हुआ कमरे में दाख़िल हुआ। उससे मालूम हुआ कि चड्डा को तेज़ बुखार था। वह उसे तांगे में वहाँ ला रहा था कि वह रास्ते में ही बेहोश हो गया...मैं और ग़रीब नवाज़ बाहर दौड़े। ताँगे वाला बेहोश चड्डा को संभाले हुए था। हम सबने मिलकर उसे उठाया और कमरे में पहुँचा कर बिस्तर पर

लिटा दिया। मैंने उसके माथे पर हाथ रखकर देखा, सचमुच बहुत तेज़ बुखार था। एक सौ छः डिग्री से कम न होगा।

मैंने ग़रीब नवाज़ से कहा, "फ़ौरन डॉक्टर को बुलाना चाहिए।" उसने वन कुतरे से मशविरा किया और 'अभी आता हूँ' कहकर बाहर चला गया। जब वापस आया तो उसके साथ मम्मी थी, जो हाँफ रही थी। अंदर घुसते ही उसने चड्डा की ओर देखा और लगभग चीखकर पूछा, "क्या हुआ मेरे बेटे को?"

वन कुतरे ने जब उसे बताया कि चड्डा कई दिन से बीमार था तो मम्मी ने बड़े दुख और गुस्से से कहा—"तुम कैसे लोग हो—मुझे खबर क्यों न की?" फिर उसने ग़रीब नवाज़, मुझे और वन कुतरे को अलग-अलग हिदायतें दी—एक को चड्डा के पाँव सहलाने की, दूसरे को बरफ लाने की और तीसरे को पंखा करने की। चड्डा की हालत देखकर उसकी अपनी हालत बिगड़ गई थी, लेकिन उसने हौसले से काम लिया और डॉक्टर को बुलाने चली गई।

मालूम नहीं, रंजीत कुमार को गैराज में कैसे पता चला। वह मम्मी के जाने के फ़ौरन बाद घबराया हुआ आया। उसके पूछने पर वन कुतरे ने चड्डा के बेहोश होने की घटना का वर्णन कर दिया और यह भी बता दिया कि मम्मी डॉक्टर के पास गई है। यह सुनकर रंजीत कुमार की बेचैनी किसी हद तक दूर हो गई।

मैंने देखा कि वे तीनों बहुत संतुष्ट थे, मानो चड्डा की सेहत की सारी ज़िम्मेदारी मम्मी ने अपने ऊपर ले ली हो।

उसकी हिदायत के अनुसार चड्डा के पाँव सहलाए जा रहे थे, सिर पर बर्फ की पट्टियाँ रखी जा रही थीं। मम्मी जब डॉक्टर को लेकर आई तो वह कुछ-कुछ होश में आ चुका था। डॉक्टर ने मुआयने में काफ़ी देर लगाई। उसके चेहरे से मालूम होता था कि चड्डा की ज़िंदगी खतरे में है। मुआयने के बाद डॉक्टर ने मम्मी को इशारा किया और वे कमरे से बाहर चले गए-मैंने सलाखों वाली खिड़की में से देखा, गैराज के टाट का परदा हिल रहा था।

थोड़ी देर बाद मम्मी आई। ग़रीब नवाज़, वन कुतरे और रंजीत कुमार से उस ने एक-एक करके कहा कि घबराने की कोई बात नहीं। चड्डा अब आँखें खोलकर सुन रहा था। मम्मी को उसने हैरत की नज़र से नहीं देखा था, लेकिन वह उलझन-सी ज़रूर महसूस कर रहा था। कुछ लम्हों के बाद जब वह समझ गया कि मम्मी क्यों और कैसे आई है तो उसने मम्मी का हाथ अपने हाथ में ले लिया और दबाकर कहा "मम्मी, यू आर ग्रेट!"

मम्मी उसके पास पलंग पर बैठ गई। वह ममता की साक्षात् मूर्ति थी। उसने चड्डा के तपते हुए माथे पर हाथ फेरा और मुस्कराते हुए केवल इतना कहा—"मेरे बेटे...मेरे ग़रीब बेटे..."

चड्डा की आँखों में आँसू आ गए, लेकिन जल्द ही उसने उन्हें सोखने की कोशिश की और कहा–"नहीं, तुम्हारा बेटा अव्वल दर्जे का स्काउंड्रल है...जाओ, अपने मृत पति की पिस्तौल लाओ और उसकी छाती पर दाग़ दो।"

मम्मी ने चड्डा के गाल पर धीरे से तमाचा मारा, "बेकार की बातें न करो।" फिर वह चुस्त-चालाक नर्स की तरह उठी और हम सबकी ओर मुड़कर कहा, "लड़कों चड्डा बीमार है और इसको अस्पताल ले जाना हैं-समझे?"

सब समझ गए। ग़रीब नवाज़ ने तुरन्त टैक्सी का बंदोबस्त कर दिया। चड्डा को उठाकर उसमें डाला गया। वह बहुत कहता रहा कि ऐसी कौन-सी आफ़त आ गई है जो मुझे अस्पताल के सुपुर्द किया जा रहा है, लेकिन मम्मी यही कहती रही कि बात कुछ भी नहीं, अस्पताल में ज़रा आराम रहता है। चड्डा बहुत जिद्दी था, लेकिन इस समय वह मम्मी की किसी बात से इंकार नहीं कर सकता था।

चड्डा अस्पताल में दाख़िल हो गया। मम्मी ने अकेले में मुझे बताया कि मर्ज बहुत ख़तरनाक है-यानी प्लेग। यह सुनकर मेरे होश उड़ गए। ख़ुद मम्मी बहुत परेशान थी, लेकिन उसको उम्मीद थी कि यह बला टल जाएगी और चड्डा बहुत जल्द ठीक हो जाएगा।

इलाज होता रहा। प्राइवेट अस्पताल था। डॉक्टरों ने चड्डा का इलाज बहुत ध्यान से किया, लेकिन कई पेचीदगियाँ पैदा हो गईं। उसकी त्वचा जगह-जगह से फटने लगी और बुखार बढ़ता गया। आख़िर में डॉक्टरों ने राय दी कि उसे बंबई ले जाया जाए लेकिन मम्मी न मानी। उसने चड्डा को उसी हालत में उठाया और अपने घर ले गई।

मैं ज़्यादा दिन पूना में नहीं रुक सकता था। वापस बंबई आया तो मैंने टेलीफोन के ज़रिये कई बार उसका हाल मालूम किया। मेरा ख़याल था कि वह किसी तरह भी जिंदा न बच सकेगा, लेकिन मुझे मालूम हुआ कि धीरे-धीरे उसकी हालत सँभल रही है। एक मुक़दमे के सिलसिले में मुझे लाहौर जाना पड़ा। वहाँ से पंद्रह दिन के बाद लौटा तो मेरी बीवी ने चड्डा का एक खत दिया, जिसमें केवल यह लिखा था-"महामाया मम्मी ने अपने कपूत को मौत के मुँह से बचा लिया है।"

उन थोड़े-से लफ़्ज़ों में बहुत कुछ था...भावनाओं का एक पूरा समुंदर था। मैंने अपनी बीवी से इसका ज़िक्र बड़ी भावुकता से किया तो उसने प्रभावित केवल इतना कहा, "ऐसी औरतें अकसर ख़िदमतगुज़ार होती हैं।"

मैंने चड्डा को दो-तीन ख़त लिखे जिनका जवाब न आया। बाद में मालूम हुआ कि मम्मी ने उसको आबोहवा बदलने के लिए अपनी एक सहेली के पास लोनावाला भिजवा दिया था। चड्डा मुश्किल से वहाँ एक हफ़्ता रहा और उकता कर चला आया। जिस दिन वह पूना पहुँचा, इत्तफ़ाक़ से मैं वहाँ था, प्लेग के ज़बरदस्त हमले की वजह से चड्डा बहुत कमज़ोर हो गया, लेकिन उसका गुलगपाड़ा करने वाला मिज़ाज आज भी वैसा ही था। अपनी बीमारी का ज़िक्र उसने इस तरह किया जैसे आदमी साइकिल की

मामूली घटना का करता है। अब जबकि वह बच गया था, अपनी ख़तरनाक बीमारी के बारे में विस्तार से बात करना वह बेकार समझता था।

सईदा काटेज में चड्‌डा की ग़ैर मौजूदगी के दिनों में छोटी-छोटी तब्दीलियाँ हुई थी। अक़ील और शकील कहीं और चले गए थे क्योंकि उन्हें अपनी निजी फ़िल्म कंपनी क़ायम करने के लिए सईदा काटेज का माहौल अनुकूल नहीं लगता था। उनकी जगह एक बंगाली म्यूज़िक डायरेक्टर आ गया था। उसका नाम सेन था। उसके साथ लाहौर से भागा हुआ एक लड़का राम सिंह रहता था। सईदा काटेज में रहने वाले सब के सब लोग उससे काम लेते थे। तबीयत का बहुत शरीफ़ और सबका सेवक था। चड्‌डा के पास वह उस वक़्त आया था, जब वह मम्मी के कहने पर लोनावाला जा रहा था। उसने ग़रीब नवाज़ और रंजीत कुमार से कह दिया था कि उसे सईदा काटेज में रख लिया जाए। सेन के कमरे में चूँकि जगह खाली थी, इसलिए उसने वहीं अपना डेरा जमा लिया था।

रंजीत कुमार को कंपनी की नई फ़िल्म में बतौर हीरो चुन लिया गया था और उसके साथ वादा किया गया था कि अगर फ़िल्म कामयाब हुई तो उसको दूसरी फ़िल्म डायरेक्ट करने का मौका दिया जाएगा। चड्‌डा अपनी दो बरस की पेंडिग तनख़्वाह में से डेढ़ हज़ार रुपया एकसाथ हासिल करने में कामयाब हो गया था, इसलिए उसने रंजीत कुमार से कहा था, “मेरी जान, अगर कुछ वसूल करना चाहते हो तो मेरी तरह प्लेग में मुबतला हो जाओ...हीरो और डायरेक्टर बनने से तो, मेरा ख़याल है, यह कहीं अच्छा है।”

ग़रीब नवाज़ कुछ ही दिन पहले हैदराबाद होकर आया था, इसलिए सईदा काटेज थोड़ी सम्पन्न थी। मैंने देखा, गैराज के बाहर अलगनी पर ऐसी कमीज़ें और सलवारें लटक रही थीं, जिनका कपड़ा अच्छा और क़ीमती था। शीरीं के बच्चे के पास नये खिलौने थे।

मुझे पूना में पंद्रह दिन रहना पड़ा। मेरा पुराना फ़िल्मों का साथी अब नई फ़िल्म की हीरोइन की मुहब्बत में मुब्तला होने की कोशिश कर रहा था, लेकिन डरता था, क्योंकि यह हीरोइन पंजाबी थी और उसका पति बड़ी-बड़ी मूँछों वाला हट्टा-कट्टा मुश्टण्डा था। चड्‌डा ने सलाह दी थी, “कुछ परवाह न करो उस साले की...जिस पंजाबी ऐक्ट्रेस का पति बड़ी-बड़ी मूँछों वाला पहलवान हो, वह इश्क़ के मैदान में ज़रूर चारों खाने चित गिरा सकता है, बस, इतना करो कि सौ रुपये फ़्री गाली के हिसाब से मुझमें दस-बीस हेवी वेट क़िस्म की गालियाँ सीख लो। ये तुम्हारी ख़ास मुश्किलों में बहुत काम आया करेंगी।”

हरीश एक बोतल फ़्री गाली के हिसाब से छह गालियाँ पंजाब के खास लहज़े में याद कर चुका था, लेकिन अभी तक उसे अपने इश्क़ के रास्ते में कोई ऐसी ख़ास मुश्किल पैदा नहीं आई थी, जो वह उनके असर को परख सकता।

मम्मी के घर नियमानुसार महफिलें जमती थीं। पोली, डौली, किटी, एलिगा, थैलिया आदि सब आती थीं। वन कुतरे पहले की तरह थैलिमा को कथकली और तांडव नाच की ता थई और धा नी ना कत वन टू थ्री बना-बनाकर बताता था, और वह उसे सीखने

की पूरी कोशिश करती थी। ग़रीब नवाज़ उसी तरह कर्ज़ दे रहा था, और रंजीत कुमार, जिसको अपनी कंपनी की नई फ़िल्म में हीरो का चांस मिल रहा था, उनमें से किसी भी एक को बाहर खुली हवा में ले जाता था—चड्डा के नंगे-नंगे मज़ाक़ सुनकर उसी तरह क़हक़हे लगते थे—एक सिर्फ़ वह नहीं थी...वह, जिसके बालों के रंग के लिए सही उपमा ढूँढ़ने में चड्डा ने काफ़ी समय लगाया था। लेकिन इन महफिलों में चड्डा की निगाहें उसे ढूँढ़ती नहीं थीं। फिर भी कभी-कभी जब चड्डा की नज़रें मम्मी की नज़रों से टकराकर झुक जाती थीं तो मैं महसूस करता था कि उसको अपनी उस रात की दीवानगी का अफ़सोस है। ऐसा अफ़सोस, जिसकी याद से उसको तकलीफ़ होती है। इसलिए चौथे पेग के बाद किसी वक़्त इस तरह का एक जुमला उसकी ज़बान से निकल जाता, 'चड्डा, यू आर ए डम्ड ब्रूट!'

यह सुनकर मम्मी होंठों ही होंठों में मुस्करा देती, जैसे वह उस मुस्कराहट की मिठास में लपेट-लपेटकर कह रही हो—"डोंट टॉक राट!"

वन कुतरे से पहले की तरह उसकी चख़ चलती थीं। नशे में आकर जब भी वह अपने बाप की तारीफ़ में या अपनी बीवी की ख़ूबसूरती के बारे हमें कुछ कहने लगता तो वह उसकी बात बहुत बड़े गंडासे से काट डालता। वह बेचारा चुप हो जाता और अपना मैट्रिकूलेशन का सर्टिफिकेट तह करके जेब में डाल लेता।

मम्मी, वही मम्मी थी...पोली की मम्मी, डौली की मम्मी, चड्डा की मम्मी, रंजीत कुमार की मम्मी। सोडे की बोतलों, खाने-पीने की चीज़ों और महफ़िल जमाने के दूसरे साजो-सामान के इंतज़ाम में वह वैसे ही प्यार से, दिलचस्पी से हिस्सा लेती थी। उसके चेहरे का मेकअप वैसा ही वाहियात होता था। उसके कपड़े उसी तरह भड़कीले थे। सुर्ख़ी की तहों से उसकी झुर्रियाँ उसी तरह झाँकती थीं, लेकिन अब मुझे ये पाक दिखाई देती थीं। इतनी पाक कि प्लेग के कीड़े उन तक नहीं पहुँच सकते थे। डरकर, सिमटकर वे भाग गए थे...चड्डा के शरीर से भी निकल भागे थे, क्योंकि उस पर उन झुर्रियों की छत्रछाया थी—उन पाक झुर्रियों की, जो हर वक़्त बहुत ही वाहियात रंगों में लिथड़ी रहती थीं।

वन कुतरे की ख़ूबसूरत बीवी का जब गर्भपात हुआ था तो मम्मी की ही मदद से उसकी जान बची थी। थैलिमा जब हिंदुस्तानी नाच सीखने के शौक़ में एक मारवाड़ी कत्थक के हत्थे चढ़ गई, और उसके सौदे में एक दिन उसे जब मालूम हुआ कि उसने एक ख़तरनाक रोग ख़रीद लिया है तो मम्मी ने उसको बहुत डाँटा था और उससे कोई ताल्लुक़ न रखने का पक्का इरादा कर लिया था लेकिन फिर उसकी आँखों में आँसू देखकर उसका दिल पसीज गया था। उसने उसी दिन शाम को अपने बेटों को सारी बता सुना दी थी और उनसे दरख़्वास्त की थी कि वे थैलिमा का इलाज कराएँ। किटी के एक पहेली हल करने के सिलसिले में पाँच सौ रुपये का इनाम मिला था तो मम्मी ने उसे मज़बूर किया था कि कम से कम आधे रुपये ग़रीब नवाज़ को दे दे, क्योंकि उस

ग़रीब का हाथ तंग है। उसने किटी से कहा था, "तुम इस वक़्त इसे दे दो—बाद में लेती रहना।" और मुझसे उसने मेरे पंद्रह दिन के वास में कई बार मेरी मिसेज़ के बारे में पूछा था और चिंता जाहिर की थी कि पहले बच्चे की मौत को इतने बरस हो गए हैं, दूसरा बच्चा क्यों नहीं हुआ। रंजीत कुमार के साथ वह ज़्यादा घुल-मिलकर बात नहीं करती थी। ऐसा मालूम होता था कि उसकी दिखावटी तबीयत उसको अच्छी नहीं लगती थी। मेरे सामने भी एक-दो बार उसकी चर्चा कर चुकी थी। म्यूज़िक डायरेक्टर सेन से वह नफ़रत करती थी। चड्डा उसको अपने साथ लाता था तो वह उससे कहती थी, "ऐसे जलील आदमी को यहाँ मत लाया करो।" चड्डा उससे पूछता तो वह बड़ी संजीदगी से जवाब देती, "मुझे यह आदमी ऊपरा-ऊपरा-सा मालूम होता है—जँचता नहीं मेरी नज़रों में।" यह सुनकर चड्डा हँस देता था।

मम्मी के घर की महफ़िलों की प्यार-भरी गर्मी लिये मैं वापस बंबई चला गया। इन महफ़िलों में शराब की मस्ती थी, सेक्स था, लेकिन कोई उलझाव नहीं था। हर चीज़ गर्भवती औरत के पेट की तरह ज़ाहिर थी। उसी तरह उभरी हुई, देखने में उसी तरह की कुढब और दुविधा में डालने वाली, लेकिन असल में बड़ी सही, शिष्ट और अपनी जगह पर क़ायम।

दूसरे दिन सुबह के अख़बारों में पढ़ा कि सईदा काटेज में बंगाली म्यूज़िक डायरेक्टर सेन मारा गया। उसका क़त्ल करने वाला कोई राम सिंह है, जिसकी आयु चौदह-पंद्रह साल के लगभग बताई जाती है। मैंने उसी वक़्त पूना टेलीफोन किया, लेकिन फोन पर कोई न मिल सका।

एक हफ़्ते के बाद चड्डा का ख़त आया, जिसमें उस क़त्ल का पूरा ब्योरा था। रात को सब सोये हुए थे कि अचानक चड्डा के पलंग पर कोई गिरा। वह हड़बड़ाकर उठा। बिजली जलाई तो देखा, सेन है, ख़ून में लथपथ। चड्डा अभी अच्छी तरह अपने होश-हवास संभाल भी न पाया था कि दरवाज़े में राम सिंह दिखाई दिया। उसके हाथ में छुरी थी। जल्द ही ग़रीब नवाज़ और रंजीत कुमार भी आ गए। सारी सईदा काटेज जग गई। रंजीत कुमार और ग़रीब नवाज़ ने रामसिंह को पकड़ लिया और छुरी उसके हाथ से छीन ली। चड्डा ने सेन को अपने पलंग पर लिटाया और उसके घावों के बारे में कुछ पूछने ही वाला था कि उसने आख़िरी हिचकी ली और ठंडा हो गया।

राम सिंह ग़रीब नवाज़ और रंजीत कुमार की जकड़ में था, मगर वे दोनों काँप रहे थे। सेन मर गया तो राम सिंह ने चड्डा से पूछा, "भापा जी...मर गया?"

चड्डा ने 'हाँ' में उत्तर दिया, तो राम सिंह ने रंजीत कुमार और ग़रीब नवाज़ से कहा, "मुझे छोड़ दीजिए, में भागूँगा नहीं।"

चड्डा की समझ में नहीं आता था कि वह क्या करे। उसने तुरंत नौकर भेजकर मम्मी को बुलवाया। मम्मी आई तो सब बेफ़िक्र हो गए कि मामला सुलझ जाएगा।

उसने राम सिंह को छुड़वा दिया और थोड़ी देर के बाद अपने साथ थाने ले गई और उसका बयान दर्ज करा दिया। इसके बाद चड्डा और उसके साथी कई दिन तक बड़े परेशान रहे। पुलिस की पूछताछ बयान, फिर अदालत में मुकदमे की पैरवी। मम्मी इस बीच बहुत दौड़-धूप करती रही थी। चड्डा को यक़ीन था कि राम सिंह बरी हो जाएगा, और ऐसा ही हुआ। अदालत ने उसे साफ़ बरी कर दिया। अदालत में उसका वही बयान था? जो उसने थाने में दिया था। मम्मी ने उससे कहा था–"बेटा, घबराओ नहीं, जो कुछ है, सच-सच बता दो।" और उसने सारी बातें ज्यों की त्यों बयान कर दी थीं कि सेन ने उसे प्लेबैक सिंगर बना देने का लालच दिया था। ख़ुद उसे भी संगीत से बहुत लगाव था और सेन बड़ा अच्छा गाने वाला था। वह इस चक्कर में आकर उसकी हैवानी ख़्वाहिशें पूरी करता रहा, लेकिन उसको इससे बहुत नफ़रत थी। उसका दिल बार-बार उसे लानत-मलामल करता था। आख़िर में वह इतना तंग आ गया था कि उससे सेन से कह भी दिया था कि उसने फिर उसे मज़बूर किया तो वह उसे जान से मार डालेगा। उस घटना की रात को यही हुआ।

अदालत में उसने यही बयान दिया। मम्मी मौजूद थी। आँखों ही आँखों में वह राम सिंह को दिलासा दे रही थी कि घबराओ नहीं, जो सच है, कह दो, सच की हमेशा जीत होती है। इसमें कोई शक नहीं कि तुम्हारे हाथों ने ख़ून किया है, लेकिन एक बड़ी मनहूस चीज़ का, हैवान का, एक अमानुष का। राम सिंह ने बड़ी सादगी और बड़े भोलेपन से सारी घटनाओं का वर्णन किया। मजिस्ट्रेट इतना प्रभावित हुआ कि उसने राम सिंह को बरी कर दिया।

चड्डा ने कहा–"इस झूठे ज़माने में यह सच की एक अनोखी जीत है, और इसका श्रेय मेरी बूढ़ी मम्मी को है।"

चड्डा ने मुझे उस जलसे में बुलाया था जो राम सिंह की रिहाई की ख़ुशी में सईदा काटेज वालों ने किया था। लेकिन मैं व्यस्तता की वजह से उसमें शामिल नहीं हो सका।

शकील और अक़ील दोनों सईदा काटेज में वापस आ गए थे। बाहर का माहौल भी उनकी निजी फ़िल्म कंपनी की बुनियाद डालने के लिए रास नहीं आया था।

अब वे फिर अपनी पुरानी फ़िल्म कंपनी में किसी असिस्टेंट के असिस्टेंट हो गए थे। उन दोनों के पास उस रकम में से कुछ सैकड़े बाक़ी बचे हुए थे जो उन्होंने निजी फ़िल्म कंपनी की बुनियाद डालने के लिए जुटाई थी। चड्डा के मशविरे पर उन्होंने यह सब रुपया जलसे को कामयाब बनाने के लिए दे दिया। चड्डा ने हमसे कहा था–"अब मैं चार पेग पीकर दुआ करूँगा कि वह तुम्हारी निजी फ़िल्म कंपनी फ़ौरन खड़ी कर दे।"

चड्डा का कहना था कि उस जलसे से वन कुतरे ने शराब पीकर अपनी आदत के खिलाफ़ अपने बाप की तारीफ़ न की और न ही अपनी ख़ूबसूरत बीवी का ज़िक्र किया। ग़रीब नवाज़ ने किटी की उस वक़्त की ज़रूरत को पूरा करने के लिए दो सौ

रुपये क़र्ज़ दिए और रंजीत कुमार से उसने कहा, "तुम इन बेचारी लड़कियों को यों ही झाँसे न दिया करो...हो सकता है कि तुम्हारी नीयत साफ़ हो, लेकिन लेने के मामले में इनकी नीयत इतनी साफ़ नहीं होती-कुछ न कुछ दे दिया करो।"

मम्मी ने उस जलसे में राम सिंह को बहुत प्यार किया और सबको मशविरा दिया कि उसे घर वापस जाने के लिए कहा जाए। इसलिए वही फैसला हुआ और दूसरे दिन ग़रीब नवाज़ ने उसके टिकट का बंदोबस्त कर दिया। शीरीं ने सफ़र के लिए उसको खाना पकाकर दिया। स्टेशन पर सब उसे छोड़ने गए। ट्रेन चली तो वे देर तक हाथ हिलाते रहे।

ये छोटी-छोटी बातें मुझे जलसे के दस दिन बाद मालूम हुई, जब मुझे एक ज़रूरी काम से पूना जाना पड़ा। सईदा काटेज में कोई तब्दीली नहीं हुई थी। ऐसा मालूम होता था कि वह ऐसा पड़ाव है, जिसका रंग-रूप हज़ारों काफ़िलों के ठहरने से भी नहीं बदलता। वह कुछ ऐसी जगह थी, जो अपने ख़ालीपन को ख़ुद ही भर लेती थी। मैं जिस दिन वहाँ पहुँचा, शीरीनी बँट रही थी। शीरीं के एक और लड़का हुआ था। वन कुतरे के हाथ में गलैक्सो का डिब्बा था। उन दिनों यह बड़ी मुश्किल से हासिल होता था। अपने बच्चे के लिए उसने कहीं से दो हासिल किए थे। उनमें से एक वह शीरीं के नये जन्मे बच्चे के लिए ले आया था। चड्डा ने आख़िरी दो लड्डू उसके मुँह में ठूँसे और कहा-"तू ग्लैक्सो का डिब्बा ले आया...चड्डा कमाल किया है तूने...अपने साले बाप और अपनी साली बीवी की, देखना, हरगिज़ कोई बात न करना।"

वन कुतरे ने बड़े भोलेपन के साथ कहा-"साले, मैं अब कोई पियेला हूँ?...वह तो दारू बोला करती है...वैसे बाई गॉड, मेरी बीवी बड़ी हैंडसम है।"

चड्डा ने इतनी ज़ोर का क़हक़हा लगाया कि वन कुतरे को और कुछ कहने का अवसर न मिला। उसके बाद चड्डा, ग़रीब नवाज़ और रंजीत कुमार मेरी ओर मुड़े और उस कहानी की बातें शुरू हो गई जो मैं अपनी पुरानी फ़िल्मों के साथी के जरिये से वहाँ के एक प्रोड्यूसर के लिए लिख रहा था। फिर कुछ देर शीरीं के नये जन्मे बच्चे का नाम रखा जाता रहा। सैकड़ों नाम रखे गए, लेकिन चड्डा को कोई पसंद न आया। आख़िर में मैंने कहा कि जन्मस्थान यानी सईदा काटेज के नाम पर लड़के का नाम मसरूद होना चाहिए। चड्डा को पसंद नहीं था, लेकिन अस्थायी तौर से उसने मंजूर कर लिया।

इस बीच महसूस किया कि चड्डा, ग़रीब नवाज़ और रंजीत कुमार तीनों की तबीयत कुछ बुझी-बुझी-सी थी। मैंने सोचा, शायद इसकी वजह पतझड़ का मौसम हो, जब आदमी बिना वजह ही थकावट महसूस करने लगता है। शीरीं का नया बच्चा भी इस ढीलेपन की वजह हो सकता था, लेकिन यह कोई ठोस वजह मालूम नहीं होती थी। सेन के क़त्ल की ट्रेजडी? मालूम नहीं, क्या वजह थी...लेकिन मैंने पूरी तरह महसूस किया कि वे सब उदास थे, ऊपर से हँसते-बोलते थे, लेकिन अंदर ही अंदर घुट रहे थे।

मैं प्रभात नगर में अपने पुराने फ़िल्मों के साथी के घर में कहानी लिखता रहा। यह व्यस्तता पूरे सात दिन तक जारी रही। मुझे बार-बार ख़याल आता था कि इस बीच में चड्‌डा ने कोई रुकावट क्यों नहीं डाली। वन कुतरे भी कहीं ग़ायब था। रंजीत कुमार से मेरे कोई ख़ास ताल्लुक़ात नहीं थे, जो वह मेरे पास इतनी दूर आता। ग़रीब नवाज़ के बारे में मैंने सोचा था कि शायद हैदराबाद चला गया हो। और मेरा पुराना फ़िल्मों का साथी अपनी नई फ़िल्म की हीरोइन से, उसके घर में, उसके बड़ी-बड़ी मूँछों वाले पति की मौजूदगी में, इश्क़ लड़ाने का पक्का इरादा कर रहा था।

मैं अपनी कहानी के एक बड़े दिलचस्प हिस्से की पटकथा तैयार कर रहा था कि चड्‌डा आ टपका और कमरे में घुसते ही उसने मुझसे पूछा, इस बकवास का तुमने कुछ वसूल किया है?

उसका इशारा मेरी कहानी की ओर था, जिसके मानदेय की दूसरी किस्तें मैंने दो दिन पहले वसूल की थीं।

"हाँ दूसरा हज़ार परसों लिया है।"

"कहाँ है?" यह कहते हुए चड्‌डा मेरे कोट की ओर बढ़ा।

"मेरी जेब में।"

चड्‌डा ने मेरी जेब में हाथ डाला। सौ-सौ के चार नोट निकाले और मुझसे कहा–"आज शाम को मम्मी के वहाँ पहुँच जाना-एक पार्टी है।"

मैं उस पार्टी के बारे में उससे कुछ पूछने ही वाला था कि वह चला गया। वह ढीलापन और उदासीनता, जो मैंने कुछ दिन पहले उसमें महसूस की थी, वैसी की वैसी थी। वह कुछ बेचैन भी था। मैंने उसके बारे में सोचना चाहा, लेकिन दिमाग़ तैयार न हुआ। वह कहानी के दिलचस्प हिस्से की पटकथा में बुरी तरह फँसा हुआ था।

अपने पुराने फ़िल्मों के साथी की बीवी से अपनी बीवी की बातें करके शाम को साढ़े पाँच बजे के क़रीब मैं वहाँ चलकर सात बजे सईदा काटेज पहुँचा। गैराज के बाहर अलगनी पर गीले-गीले पोतड़े लटक रहे थे और नल के पास अक़ील और शकील शीरीं के बड़े लड़के के साथ खेल रहे थे। गैराज को टाट का परदा हटा हुआ था और शीरीं उनसे शायद बातें कर रही थी। मुझे देखकर वे झेंप गए। मैंने चड्‌डा के बारे में पूछा तो अक़ील ने कहा कि वह मम्मी के घर मिल जाएगा।

मैं वहाँ पहुँचा तो देखा, एक शोर मचा हुआ था। सब नाच रहे थे। ग़रीब नवाज़ पोली के साथ, रंजीत कुमार किटी और एलिमा के साथ और वन कुतरे थैलिमा के साथ। वह उसको कत्थककली की मुद्राएँ बता रहे थे। चड्‌डा मम्मी को गोद में उठाए इधर-उधर कूद रहा था। सब नशे में थे। एक तूफ़ान मचा हुआ था। मैं अंदर पहुँचा तो सबसे पहले चड्‌डा ने नारा लगाया। उसके बाद देशी-विदेशी आवाज़ों का एक गोला-सा फटा, जिसकी गूँज देर तक कानों में सरसराती रही। मम्मी बड़े तपाक से मिली-ऐसे तपाक

से जो बेतकल्लुफ़ी की हद तक बढ़ा हुआ था। मेरा हाथ उसने अपने हाथ में लेकर कहा "किस मी डियर।" लेकिन उसने ख़ुद ही मेरा एक गाल चूम लिया और घसीटकर नाचने वालों के झुरमुट में ले गई। चड्डा ने एकदम पुकारा, "बंद करो–अब शराब का दौर चलेगा।" फिर उसने नौकर को आवाज़ दी, स्काटलैण्ड के शहज़ादे! व्हिस्की की नई बोतल लाओ! "स्काटलैण्ड का शहज़ादा नई बोतल ले आया। नशे में धुत् था, खोलने लगा तो हाथ से गिरी और चकनाचूर हो गई। मम्मी ने उसको डाँटना चाहा तो चड्डा ने रोक दिया, "एक तो बोतल टूटी है मम्मी, जाने दो, यहाँ तो दिल टूटे हुए हैं।"

महफ़िल एकदम सूनी हो गई, लेकिन तुरंत ही चड्डा ने उस उदासीनता को अपने क़हक़हों में छिन्न-भिन्न कर दिया। नई बोतल आई। हर गिलास में बड़ा तगड़ा पेग डाला गया। इसके बाद चड्डा ने उखड़ी-उखड़ी-सी तक़रीर देनी शुरू की, "लेडीज एण्ड जैंटलमैन आप सब जहन्नुम में जाएँ...मंटो हमारे बीच मौजूद है, जो अपने-आपको बहुत बड़ा अफ़साना निगार समझता है। इनसानी फ़ितरत की, वह क्या कहते हैं, गहरी से गहरी गहराइयों में उतर जाता है...मगर मैं कहता हूँ कि बकवास है...कुएँ में उतरने वाले...कुएँ में उतरने वाले...।" उसने इधर-उधर देखा, "अफ़सोस है कि यहाँ कोई हिन्दसतोड़ नहीं, एक हैदराबादी है जो ख़ाफ़ को काफ़ कहता है, और जिससे दस बरस पीछे मुलाक़ात हुई तो कहेगा कि परसों आपसे मिला था...लानत हो उसके निज़ाम हैदराबाद पर, जिसके पास कई लाख टन सोना है, करोड़ों जवाहरात हैं, लेकिन एक मम्मी नहीं...हाँ...वह कुएँ में उतरने वाले...मैंने क्या कहा था कि सब बकवास है? पंजाबी में जिन्हें टोबहे कहते हैं...वे गोता लगाने वाले, वे इसके मुक़ाबले में इनसानी-फ़ितरत को कई दर्जे अच्छा समझते हैं? इसलिए मैं कहता हूँ..."

सबने ज़िंदाबाद का नारा लगाया। चड्डा चिल्लाया, "यह सब साजिश है–इस मंटो की साजिश है, नहीं तो मैंने हर हिटलर की तरह मुर्दाबाद के नारे का इशारा किया था...तुम सब मुर्दाबाद...लेकिन पहले मैं...मैं...।" वह जज़्बाती हो गया। मैं...जिसने उस रात उस सौंप के खपरों ऐसे रंग वाले बालों की एक लड़की के लिए अपनी मम्मी को नाराज़ कर दिया था। मैं ख़ुद को...न जाने कहाँ का डोन जुआन समझता था...लेकिन नहीं, उसको पाना कोई मुश्किल काम नहीं था। मुझे अपनी जवानी की क़सम, एक ही चुंबन में उस प्लेटीनम ब्लोंड के क्वाँरेपन का सारा रम मैं अपने इन मोटे-मोटे होंठों से चूस सकता था...लेकिन यह एक गलत काम था...वह कम उम्र थी। इतनी कम उम्र, इतनी कमज़ोर, कैरेक्टरलेस...इतनी...उसने मेरी ओर एक सवालिया नज़र से देखा। "बताओ यार, उसे उर्दू, फारसी या अरबी में क्या कहेंगे...कैरेक्टरलेस...लेडीज़ एंड जैंटलमैन...वह इतनी छोटी, इतनी कमज़ोर और इतनी मासूम थी कि उस रात पाप में शामिल होकर या तो यह सारी उम्र पछताती रहती या उसे बिलकुल भूल जाती...उन चंद लम्हों के मज़े की याद के सहारे जीने का सलीका उसको बिलकुल न आता...मुझे इसका दुख होता...अच्छा हुआ कि मम्मी ने उसी वक़्त मेरा हुक्का-पानी बंद कर दिया...मैं अब अपनी बकवास

बंद करता हूँ। मैंने असल में एक बहुत लम्बा-चौड़ा लेक्चर करने का इरादा किया था, लेकिन मुझसे कुछ बोला नहीं जाता...मैं एक पेग और पीता हूँ।"

उसने एक पेग और पिया। लेक्चर के बीच में सब चुप थे। उसके बाद भी चुप रहे। मम्मी न मालूम क्या सोच रही थी। गंजे और सुर्खी की तहों के नीचे झुर्रियाँ भी ऐसी दिखाई देती थीं कि वे भी किसी गहरी फ़िक्र में डूबी हुई हैं। बोलने के बाद चड्डा जैसे ख़ाली-सा हो गया। इधर-उधर घूम रहा था, जैसे कोई चीज़ खाने के लिए ऐसा कोना ढूँढ़ रहा हो, जो उसके दिमाग़ में अच्छी तरह क़ायम रहे। मैंने उसे एक बार पूछा, "क्या बात है चड्डा।"

उसने क़हक़हा लगाकर जबाव दिया, "कुछ नहीं...बात यह है कि आज व्हिस्की मेरे दिमाग़ के चूतड़ों पर जमाकर लात नहीं मार रही।" उसका क़हक़हा खोखला था।

वन कुतरे ने थैलिमा को उठाकर मुझे अपने पास बिठा लिया और इधर-उधर की बातें करने के बाद अपने बाप की तारीफ़ शुरू कर दी कि वह बड़ा गुनी आदमी था। ऐसा हारमोनियम बजाता था कि लोग अवाक् रह जाते थे। फिर उसने अपनी बीवी की ख़ूबसूरती का ज़िक्र किया और बताया कि बचपन में ही उसके बाप ने यह लड़की चुनकर उससे ब्याह दी थी। बंगाली म्यूज़िक डायरेक्टर सेन की बात चली तो उसने कहा, "मिस्टर मंटो, वह एकदम हलकट आदमी था...कहता था, मैं ख़ान साहब अब्दुल करीम का चेला हूँ...झूठ, बिलकुल झूठ...वह तो बंगाल के किसी भड़वे का चेला था।"

घड़ी ने दो बजाए। चड्डा ने किटी को धक्का देकर एक ओर गिराया और बढ़कर वन कुतरे के कद्दू जैसे सिर पर धप्पा मारकर कहा, "बकवास बंद कर बे...उठ...और कुछ गा...लेकिन खबरदार, अगर तूने कोई पक्का राग गाया।"

वन कुतरे ने तुरंत गाना शुरू किया। आवाज़ अच्छी नहीं थी। मुरकियों की बारीकियाँ उसके गले से निकलती थीं; लेकिन जो कुछ गाता था, पूरी मस्ती में गाता था। माल्कोस में उसने दो-तीन फ़िल्मी गाने सुनाए, जिससे माहौल बहुत उदास हो गया। मम्मी और चड्डा एक-दूसरे को देखते थे और नज़रें किसी और तरफ हटा लेते थे...ग़रीब नवाज़ इतना प्रभावित हुआ कि उसकी आँखों में आँसू आ गए। चढ्ढा ने ज़ोर का क़हक़हा लगाया और कहा, "हैदराबाद वालों की आँखों का मसाना बहुत कमज़ोर होता है–मौका-बेमौका टपकने लगता है।"

ग़रीब नवाज़ ने अपने आँसू पोंछे और एलिमा के साथ नाचना शुरू कर दिया। वन कुतरे ने ग्रामोफोन के तवे पर रिकार्ड रखकर सुई लगा दी। घसी हुई ट्यून बजने लगी। चड्डा ने मम्मी को फिर गोद में उठा लिया और कूद-कूदकर शोर मचाने लगा। उसका गला बैठ गया था, उन मीरासियों की तरह, जो शादी-ब्याह के मौके पर ऊँचे सुरों में गा-गाकर अपनी आवाज़ को बर्बाद कर लेते हैं।

उस उछल-कूद और चीख-दहाड़ में चार बज गए। मम्मी एकदम चुप हो गई। फिर उसने चड्डा की ओर मुड़कर कहा, "बस, अब ख़त्म!"

चड्डा ने बोतल से मुँह लगाया और उसे खाली करके एक ओर फेंक दिया और मुझसे कहा—"चलो मंटो, चलें।"

मैंने उठकर मम्मी से इजाज़त लेनी चाही कि चड्डा ने मुझे अपनी ओर खींच लिया, "आज कोई विदाई नहीं लेगा।"

हम दोनों बाहर निकल रहे थे कि मैंने वन कुतरे के रोने की आवाज़ सुनी। मैंने चड्डा से कहा, "ठहरो, देखें क्या बात है।" मगर वह मुझे धकेलकर आगे ले गया। "उस साले की आँखों का मसाना भी कमज़ोर है।"

मम्मी के घर से सईदा काटेज बिलकुल निकट थी। रास्ते में चड्डा ने कोई बात न की। सोने से पहले मैंने उससे इस अजीब पार्टी के बारे में जानना चाहा तो उसने कहा—"मुझे नींद आ रही है।" बिस्तर पर लेट गया।

सुबह उठकर मैं गुसलख़ाने में गया। बाहर निकला तो देखा कि ग़रीब नवाज़ गैराज के टाट के साथ लगा खड़ा है और रो रहा है। मुझे देखकर वह आँसू पोंछता वहाँ से हट गया। मैंने पास जाकर उससे रोने की वजह पूछी तो उसने कहा—"मम्मी चली गई।"

"कहाँ?"

"मालूम नहीं।" यह कहकर ग़रीब नवाज़ सड़क की ओर चला गया।

चड्डा बिस्तरे पर लेटा था। ऐसा मालूम होता था कि वह एक लम्हे के लिए भी नहीं सोया था। मैंने उससे मम्मी के बारे में पूछा तो उसने मुस्कराकर कहा, "चली गई, सुबह की गाड़ी से उसे पूना छोड़ना था।"

मैंने पूछा, "लेकिन क्यों?"

चड्डा की आवाज़ में चिड़चिड़ापन आ गया, "हुकूमत को उसकी अदाएँ पसंद नहीं थीं—उसका रंग-ढंग पसंद नहीं था। उसके घर की महफिलें उसकी नज़रों में आपत्तिजनक थीं। इसलिए कि पुलिस उससे प्यार और ममता को भ्रष्टाचार के रूप में लेना चाहती थी...वे उसे माँ कहकर उससे एक दलाल का काम लेना चाहते थे...एक अरसे से उसके एक केस की छानबीन हो रही थी। आख़िर सरकार पुलिस की छानबीन में सहमत हो गई और उसको 'तड़ी पार' कर दिया। इस शहर से निकाल दिया...वह अगर वेश्या थी, या दलाला थी—उसकी मौजूदगी अगर समाज के लिए हानिकारक थी तो उसका ख़ात्मा कर देना चाहिए था...पूने की गंदगी से यह क्यों कहा गया कि तुम यहाँ से चली जाओ और जहाँ चाहो ढेर हो सकती हो... चड्डा ने बड़े ज़ोर से क़हक़हा लगाया और थोड़ी देर चुप रहा। फिर उसने बड़ी भावुक आवाज़ में कहा, "मुझे दु:ख है मंटो कि उस गंदगी के साथ ऐसी पवित्रता चली गई है, जिसने उस रात मेरी एक बड़ी ग़लत और गंदी तरंग को

मेरे दिलो दिमाग़ से निकाल दिया था–लेकिन मुझे अफ़सोस नहीं होना चाहिए–वह पूना से चली गई–मुझ जैसे जवानों में ऐसी ग़लत और गंदी तरंगें वहाँ भी पैदा होंगी जहाँ वह अपना घर बनाएगी...मैं अपनी मम्मी उनके सुपुर्द करता हूँ...ज़िंदाबाद मम्मी...ज़िंदाबाद... चलो, ग़रीब नवाज़ को ढूँढ़ें। रो-रोकर उसने अपना बुरा हाल कर लिया होगा...हैदराबादियों की आँखों का मसाना बहुत कमज़ोर होता है–मौका-बेमौका टपकने लगता है।

मैंने देखा चड्डा की आँखों में आँसू इस तरह तैर रहे थे जिस तरह क़त्ल हुए लोगों की लाशें।

तमाशा

दो-तीन रोज़ से हवाई जहाज़ सियाह उक़ाबों की तरह पर फैलाए ख़ामोश फ़िज़ा में मँडरा रहे थे, जैसे वे किसी शिकार की तलाश में हों, सुर्ख़ आँधियाँ वक़्त-बेवक़्त किसी आने वाले ख़ूनी हादसे का पैग़ाम ला रही थीं, सुनसान बाज़ारों में सशस्त्र पुलिस की गश्त एक अजीब भयावह समा पेश कर रही थी, वे बाज़ार, जो आज से कुछ अरसा पहले लोगों के हुजूम से भरे हुआ करते थे, अब किसी नामालूम ख़ौफ़ की वजह से सूने पड़े थे–शहर की फ़िज़ा पर एक रहस्यमयी ख़ामोशी छायी हुई थी और भयानक ख़ौफ़ राज कर रहा था।

ख़ालिद घर की ख़ामोश और स्तब्ध फ़िज़ा से सहमा हुआ अपने वालिद के क़रीब बैठा बातें कर रहा था, "अब्बा, आप मुझे स्कूल क्यों नहीं जाने देते?"

"बेटा, आज, स्कूल में छुट्टी है।"

"मास्टर साहब ने तो हमें बताया ही नहीं, वह तो कल कह रहे थे कि जो लड़का आज स्कूल का काम ख़त्म करके अपनी कॉपी नहीं दिखलाएगा, उसे सख़्त सज़ा दी जाएगी।"

"वह बतलाना भूल गए होंगे।"

"आपके दफ़्तर में भी छुट्टी होगी?"

"हाँ, हमारा दफ़्तर भी आज बंद है।"

"चलो अच्छा हुआ, आज आपसे कोई अच्छी-सी कहानी सुनूँगा।"

यह बातें हो रही थीं कि तीन-चार जहाज़ चीखते हुए उनके सिर पर से गुज़र गए। ख़ालिद उनको देखकर बहुत भयभीत हो गया। वह तीन-चार रोज़ से इन जहाज़ों को गौर से देख रहा था, मगर किसी नतीजे पर नहीं पहुँच सका। वह हैरान था कि ये जहाज़ सारा दिन धूप में क्यों चक्कर लगाते रहते हैं। वह उनकी रोज़ाना की गतिविधि से सख़्त तंग आकर बोला, "अब्बा, मुझे इन जहाज़ों से सख़्त ख़ौफ़ मालूम हो रहा है। आप इनके चलाने वालों से पहले कह दें कि वे हमारे घर पर से न गुज़रा करें।"

"ख़ौफ़? कहीं पागल तो नहीं हो गए ख़ालिद!"

"अब्बा, ये जहाज़ बहुत ख़ौफ़नाक हैं। आप नहीं जानते ये किसी-न-किसी दिन हमारे घर पर गोला फेंक देंगे। कल सुबह मामा अम्मीजान से कह रही थीं कि इन जहाज़ वालों के पास बहुत-से गोले हैं। अब्बा, अगर उन्होंने इस क़िस्म की कोई शरारत की तो याद रखें, मेरे पास भी एक बंदूक है, वही जो आपने मुझे पिछली ईद पर लाकर दी थी।"

ख़ालिद के अब्बा ने अपने लड़के के गैरमामूली साहस पर हँसते हुए कहा, "मामा तो पागल है, मैं उनसे दरयाफ़्त करूँगा कि वह घर में ऐसी बात क्यों करती हैं। इत्मीनान रखो, वे ऐसी बात कभी नहीं करेंगी।"

अपने वालिद से रुख़्सत होकर ख़ालिद अपने कमरे में चला गया और हवाई बंदूक निकालकर निशाने लगाने का अभ्यास करने लगा ताकि उस रोज़, हवाई जहाज़ वाले गोले फेंके, तो उसका निशाना न चूक जाए और वह पूरी तरह बदला ले सके। काश! प्रतिशोध का यही नन्हा जज़्बा हर शख़्स में पैदा हो जाए।

उसी अर्से में जबकि एक नन्हा बच्चा अपनी बदला लेने की फ़िक्र में डूबा हुआ तरह-तरह से मनसूबे बाँध रहा था, घर के दूसरे हिस्से में ख़ालिद का अब्बा अपनी बीवी के पास बैठा हुआ मामा को हिदायत कर रहा था कि वह आगे से घर में इस क़िस्म की कोई बात न करें जिससे ख़ालिद को दहशत हो। मामा को और बीवी को इस किस्म की ताक़ीद करके वह अभी बड़े दरवाज़े से बाहर जा रहा था कि ख़ादिम एक भयानक ख़बर लाया कि शहर के लोग बादशाह के मना करने पर भी शाम के क़रीब एक आम जलसा करने वाले हैं। और यह आशा की जाती है कि कोई-न-कोई दुर्घटना ज़रूर पेश आकर रहेगी।

ख़ालिद का अब्बा यह ख़बर सुनकर बहुत ख़ौफ़ज़दा हुआ। अब उसे यक़ीन हो गया कि माहौल का गैरमामूली सुकून, जहाज़ों की उड़ान, बाजारों में सशस्त्र पुलिस की गश्त, लोगों के चेहरों पर उदासी का आलम और ख़ूनी आँधियों की आमद किसी ख़ौफ़नाक हादसे के आसार थे। वह हादसा किस क़िस्म का होगा यह ख़ालिद के अब्बा की तरह किसी को भी मालूम नहीं था। मगर फिर भी सारा शहर किसी नामालूम ख़ौफ़ से लिपटा हुआ था। बाज़ार जाने के ख़याल को तर्क करके ख़ालिद का अब्बा अभी कपड़े भी नहीं बदल पाया था कि जहाज़ों का शोर बुलंद हुआ। वह सहम गया। उसे लगा, जैसे सैकड़ों इनसान एक-सी आवाज़ में दर्द की शिद्दत से कराह रहे हैं। ख़ालिद जहाज़ों का शोरगुल सुनकर अपनी हवाई बंदूक सँभालता हुआ कमरे से बाहर दौड़ आया और उन्हें गौर से देखने लगा, ताकि वे जिस वक़्त गोला फेंकने लगें, तो वह अपनी हवाई बंदूक की मदद से उन्हें नीचे गिरा दे। इस वक़्त इस छह साल के बच्चे के चेहरे पर मज़बूत इरादे और दृढ़ निश्चय के लक्षण प्रकट थे जो कम हक़ीक़त बंदूक का खिलौना हाथ में थामे एक वीर सिपाही को शर्मिंदा कर रहा था। मालूम होता था कि वह आज इस

चीज़ को, जो उसे अरसे से ख़ौफ़ज़दा कर रही थी, मिटाने पर तुला हुआ है। ख़ालिद के देखते-देखते एक जहाज़ से कुछ चीज गिरी, जो काग़ज़ के छोटे-छोटे टुकड़ों के समान थी-गिरते ही वे टुकड़े हवा में पतंगों की तरह उड़ने लगे। इनमें से—चंद ख़ालिद के मकान की छत पर भी गिरे। ख़ालिद भागता हुआ ऊपर गया और काग़ज़ उठाकर अपने वालिद के पास ले गया।

"अब्बाजी! मामा सचमुच झूठ बक रही थी, जहाज़ वालों ने तो गोलों की बजाय ये काग़ज़ फेंके हैं।"

ख़ालिद के बाप ने वह काग़ज़ लेकर पढ़ना शुरू किया तो रंग ज़र्द हो गया—होने वाले हादसे की तस्वीर अब उसे साफ तौर पर नज़र आने लगी। उस इश्तिहार में साफ लिखा था कि बादशाह किसी को जलसा करने की इजाज़त नहीं देता और अगर उसकी मर्ज़ी के ख़िलाफ़ कोई जलसा किया गया तो अंजाम की जिम्मेदार स्वयं जनता होगी। अपने वालिद को इश्तिहार पढ़ने के बाद इस क़दर हैरान देखकर ख़ालिद ने घबराते हुए पूछा, "इस काग़ज़ में यह तो नहीं लिखा कि वे हमारे घर पर गोले फेंकेंगे?"

"ख़ालिद, इस वक़्त तुम जाओ...जाओ, अपनी बंदूक के साथ खेलो।"

"मगर इसमें लिखा क्या है?"

"लिखा है, आज शाम को एक तमाशा होगा।"

ख़ालिद के बाप ने गुफ़्तगू को अधिक बढ़ाने के डर से झूठ बोलते हुए कहा, "तमाशा होगा।"

"फिर तो हम भी चलेंगे न?"

"क्या कहा?"

"क्या इस तमाशे में आप मुझे नहीं ले चलेंगे?"

"ले चलेंगे, अब जाओ, जाकर खेलो।"

"कहाँ खेलूँ? बाज़ार में आप मुझे जाने नहीं देते। मामा मुझसे खेलती नहीं। मेरा सहपाठी भी तो आजकल यहाँ नहीं आता। अब आप ही बताएँ, मैं खेलूँ तो किससे खेलूँ! शाम के वक़्त तमाशा देखने तो ज़रूर चलेंगे न?" किसी जवाब का इंतज़ार किए बगैर ख़ालिद कमरे से बाहर चला गया और अलग-अलग कमरों में आवारा फिरता हुआ अपने वालिद की बैठक में पहुँचा जिसकी खिड़कियाँ बाज़ार की तरफ खुलती थीं। खिड़की के क़रीब जाकर वह बाज़ार की तरफ देखने लगा तो क्या देखता है कि बाज़ार में दुकानें बंद हैं, मगर आना-जाना जारी है। लोग जलसे में शामिल होने के लिए जा रहे थे। वह सख़्त हैरान था कि दुकानें क्यों बंद रहती हैं। इस मसले के हल के लिए उसने अपने नन्हे दिमाग़ पर बहुत ज़ोर दिया, मगर कोई नतीजा न निकाल सका। बहुत सोच-विचार के बाद उसने सोचा कि लोगों ने वह तमाशा देखने की ख़ातिर, जिसके इश्तिहार जहाज़

बाँट रहे थे, दुकानें बंद कर रखी हैं। अब उसने ख़याल किया कि वह कोई निहायत ही दिलचस्प तमाशा होगा, जिसके लिए तमाम बाज़ार बंद हैं। इस ख़याल ने ख़ालिद को सख़्त बेचैन कर दिया और वह उस वक़्त का बेक़रारी से इंतज़ार करने लगा जब अब्बा उसे तमाशा दिखाने ले चलेंगे।

वक़्त गुज़रता गया...वह खूनी घड़ी क़रीबतर आती गयी।

तीसरे पहर का वक़्त था। ख़ालिद, उसका बाप और माँ सहन में चुप बैठे एक-दूसरे की तरफ ख़ामोश निगाहों से ताक रहे थे। हवा सिसकियाँ भरती हुई चल रही थी। तड़ तड़ तड़...की आवाज़ सुनते ही ख़ालिद के बाप के चेहरे का रंग काग़ज़ की तरह सफेद हो गया। ज़ुबान से मुश्किल में इतना ही कह सका, "गोली!"

ख़ालिद की माँ भयातिरेक से एक शब्द भी मुँह से न निकाल सकी। गोली का नाम सुनते ही ऐसा मालूम हुआ जैसे उसकी छाती में गोली उतर रही है। ख़ालिद इस आवाज़ को सुनते ही अपनी वालिद की अँगुली पकड़कर कहने लगा, "अब्बा जी, चलो चलें! तमाशा तो शुरू हो गया है।"

"कौन-सा तमाशा?" ख़ालिद के बाप ने अपने ख़ौफ़ को छुपाते हुए कहा।

"वही तमाशा, जिसके इश्तिहार आज सुबह जहाज़ बाँट रहे थे...खेल शुरू हो गया है, तभी तो इतने पटाखों की आवाज़ सुनाई दे रही है।"

"अभी बहुत वक़्त बाकी है। तुम शोर मत करो-"अब जाओ, मामा के पास जाकर खेलो।" ख़ालिद यह सुनते ही बावर्चीख़ाने की तरफ रवाना हो गया मगर वहाँ मामा को न पाकर अपने वालिद की बैठक में जाकर खिड़की से बाज़ार की तरफ देखने लगा। बाज़ार आमदोरफ़्त बंद हो जाने की वजह से साँय-साँय कर रहा था। दूर फ़ासले से कुत्तों की दर्दनाक चीखें सुनाई दे रही थीं। कुछ क्षणों के बाद इन चीखों में इनसानों की दर्दनाक आवाज़ें शामिल हो गयीं। ख़ालिद किसी को कराहते सुनकर बहुत हैरान हुआ। अभी वह इस आवाज़ की जुस्तजू के लिए कोशिश कर ही रहा था कि चौक में उसे एक लड़का दिखाई दिया जो चीखता-चिल्लाता भागता चला आ रहा था। ख़ालिद के कमरे के ठीक सामने वह लड़का लड़खड़ाकर गिरा और गिरते ही बेहोश हो गया। उसकी पिंडली पर गहरा जख्म था जिससे फव्वारों खून निकल रहा था। यह दृश्य देखकर ख़ालिद बहुत ख़ौफ़ज़दा हुआ। भागकर अपने वालिद के पास आया और कहने लगा, "अब्बा! अब्बा! बाज़ार में एक लड़का गिरा पड़ा है। उसकी टाँग से बहुत ख़ून निकल रहा है।"

ख़ालिद का बाप यह सुनते ही खिड़की की तरफ गया और देखा कि वाक़ई एक नौजवान बाज़ार में औंधे मुँह पड़ा है। बादशाह के ख़ौफ़ के कारण किसी में इतना साहस नहीं था कि उस लड़के को सड़क पर से उठाकर सामने वाली दुकान के पट्टे पर लिटा दे।

"अब्बा, इस लड़के को किसी ने पीटा है?"

ख़ालिद का बाप हाँ में सिर हिलाता कमरे के बाहर चला गया।

अब ख़ालिद कमरे में अकेला रह गया। वह सोचने लगा कि इस लड़के को इतने बड़े जख़्म से कितनी तकलीफ़ हुई होगी, जबकि एक दफ़ा उसे चाकू चुभने से ही तमाम रात नींद नहीं आयी थी। उसका बाप और उसकी माँ तमाम रात उसके सिरहाने बैठे रहे थे। इस ख़याल के आते ही उसे ऐसा मालूम होने लगा कि जैसे वह जख़्म खुद उसकी पिंडली में है और उसमें बहुत तेज दर्द है। वह एकदम रोने लगा।

ख़ालिद के रोने की आवाज़ सुनकर, उसकी माँ दौड़ती-दौड़ती आयी और उसको गोद में लेकर पूछने लगी, "मेरे बच्चे रो क्यों रहे हो?"

"अम्मी, उस लड़के को किसी ने मारा है।"

"शरारत की होगी उसने।"

ख़ालिद की वालिदा अपने मियाँ की ज़ुबानी ज़ख़्मी लड़के की दास्तान सुन चुकी थी।

"मगर स्कूल में तो छड़ी से सज़ा देते हैं। लहू तो नहीं निकालते।"

"छड़ी ज़ोर से लग गयी होगी।"

"तो फिर क्यों इस लड़के को इस क़दर मारा है। एक रोज़ जब मास्टर साहब ने मेरे कान खींचकर सुर्ख़ कर दिए तो अब्बा जी ने हैडमास्टर के पास शिकायत की थी न!

"इस लड़के का मास्टर बहुत बड़ा आदमी है।"

"अल्लाह मियाँ से भी बड़ा?"

"नहीं, उनसे छोटा है।"

"तो, फिर वह अल्लाह मियाँ के पास शिकायत करेगा?"

"अब देर हो गयी है, चलो सोएँ।"

"अल्लाह मियाँ, मैं दुआ करता हूँ कि तू उस मास्टर को जिसने इस लड़के को पीटा है, अच्छी तरह सज़ा दे और उस छड़ी को छीन ले जिसके इस्तेमाल से ख़ून निकल आता है...मैंने पहाड़े याद नहीं किए इसलिए मुझे डर है कि कहीं वही छड़ी मेरे उस्ताद के हाथ न आ जाए। अगर तुमने मेरी बात न मानी तो फिर मैं भी तुमसे नहीं बोलूँगा!" सोते वक़्त ख़ालिद दिल में दुआ माँग रहा था!

सन् 1919 की एक बात

सन् 1919 की एक बात है, भाईजान, जब रौलेट एक्ट के ख़िलाफ़ सारे पंजाब में आंदोलन चल रहा था। अमृतसर की बात कर रहा हूँ। सर माईकल ओडावायर ने डिफ़ेंस आफ इंडिया रूल्ज़ के मातहत गांधी जी का दाख़िला पंजाब में बंद कर दिया था। वह इधर आ रहे थे कि पलवल के स्थान पर उनको रोक लिया गया और गिरफ़्तार करके वापस बंबई भेज दिया गया। जहाँ तक मैं समझता हूँ, भाईजान, अगर अंग्रेज़ यह गलती

न करता तो जलियाँवाला बाग़ का हादसा उसके शासन के स्याह इतिहास में ऐसे ख़ूनी पृष्ठ की वृद्धि कभी न करता।

क्या मुसलमान, क्या हिंदू, क्या सिख–सबके दिल में गांधीजी के लिए बेहद इज़्ज़त थी। सब उन्हें महात्मा मानते थे। जब उनकी गिरफ़्तारी लाहौर पहुँची तो सारा कारोबार एकदम बंद हो गया। यहाँ से अमृतसर वालों को मालूम हुआ, चुनांचे यों चुटकियों में मुकम्मिल हड़ताल हो गयी।

कहते हैं कि नौ अप्रैल की शाम को डॉक्टर सत्यपाल और डॉक्टर किचलू की जिलावतनी के हुक्म डिप्टी–कमिश्नर को मिल गए थे। वह उनकी तामील के लिए तैयार न था। इसलिए उसके ख़याल में अमृतसर में किसी दंगे–फ़साद या हुल्लड़ का खतरा नहीं था। लोग शांतिपूर्ण ढंग से विरोध प्रकट करने के लिए जलसे वग़ैराह करते थे, जिनसे हिंसा का सवाल पैदा नहीं होता था। मैं अपनी आँखों देखा हाल बयान करता हूँ। नौ अप्रैल को रामनवमी थी। जुलूस निकला, मगर मजाल है जो किसी ने हाकिमों की मर्ज़ी के ख़िलाफ़ एक क़दम उठाया हो। लेकिन भाईजान, सर माईकल अजब औंधी खोपड़ी का इनसान था। उसने डिप्टी–कमिश्नर की एक न सुनी। उस पर बस यही ख़ौफ़ सवार था कि यह लीडर महात्मा गांधी के इशारे पर साम्राज्य का तख़्ता उलटने पर आमादा है। और जो हड़तालें हो रही हैं और जलसे होते हैं उनके पीछे यही साज़िश काम कर रही है।

डॉक्टर किचलू और डॉक्टर सत्यपाल की जिलावतनी की ख़बर आनन– फ़ानन में आग की तरह फैल गयी। दिल हर शख़्स का खिन्न था। हर वक़्तधड़का–सा लगा रहता था कि कोई बहुत बड़ा हादसा होने वाला है। लेकिन भाईजान, जोश बहुत ज़्यादा था। कारोबार बंद थे। शहर क़ब्रिस्तान बना हुआ था। पर उस क़ब्रिस्तान की ख़ामोशी में भी एक शोर था। जब डॉक्टर किचलू और सत्यपाल की गिरफ़्तारी की ख़बर आयी तो लोग हज़ारों की संख्या में इकट्ठे हुए, ताकि मिलकर डिप्टी–कमिश्नर बहादुर के पास जाएँ और अपने प्रिय नेताओं की जिलावतनी के हुक़्म रद्द कराने की दरख़्वास्त करें। मगर वह ज़माना, भाईजान, दरख़्वास्तें सुनने का नहीं था। सर माईकल जैसा ज़ालिम सबसे बड़ा शासक था। उसने दरख़्वास्त सुनना तो अलग, लोगों की उस भीड़ को ही गैर–क़ानूनी क़रार दे दिया।

अमृतसर–वह अमृतसर जो कभी आज़ादी के आंदोलन का सबसे बड़ा केंद्र था, जिसके सीने पर जलियाँवाला बाग़ जैसा गौरवमय जख़्म था, आज किस हालत में है? लेकिन छोड़िए इस क़िस्से को। दिल को बहुत दुख होता है। लोग कहते हैं कि इस पवित्र शहर में जो कुछ आज से पाँच बरस पहले हुआ उसके ज़िम्मेदार भी अंग्रेज़ हैं। होगा भाईजान, पर सच पूछिए तो इस लहू में जो वहाँ बहा है, हमारे अपने ही हाथ रँगे हुए नज़र आते हैं। ख़ैर!

डिप्टी–कमिश्नर साहब का बँगला सिविल लाइंस में था। हर बड़ा अफ़सर और हर बड़ा टोडी शहर के इस अलग–थलग हिस्से में रहता था। आपने अमृतसर देखा है तो

आपको मालूम होगा कि शहर और सिविल लाइंस को मिलाने वाला एक पुल है जिस पर से गुज़रकर आदमी ठंडी सड़क पर पहुँचता है जहाँ हुक्मरानों ने अपने लिए ज़मीन पर यह जन्नत बनायी थी।

भीड़ जब हाल-दरवाज़े के क़रीब पहुँची तो मालूम हुआ कि पुल पर घुड़सवार गोरों का पहरा है। भीड़ बिलकुल न रुकी और बढ़ती गयी। भाईजान, मैं उसमें शामिल था। जोश कितना था, मैं यह बयान नहीं कर सकता। लेकिन सब निहत्थे थे। किसी के पास एक मामूली छड़ी तक भी नहीं थी। असल में वे तो सिर्फ़ इस ग़रज़ से निकले थे कि सामूहिक रूप से अपनी आवाज़ शहर के हाकिम तक पहुँचाएँ और उससे निवेदन करें कि डॉक्टर किचलू और डॉक्टर सत्यपाल को बिना शर्त रिहा कर दें। भीड़ पुल की तरफ बढ़ती रही। लोग क़रीब पहुँचे तो गोरों ने गोलीबारी शुरू कर दी। उससे भगदड़ मच गयी। वे गिनती में सिर्फ़ बीस-पच्चीस थे और भीड़ में सैकड़ों थे। लेकिन भाईजान, गोली की दहशत बहुत होती है। ऐसी आपाधापी फैली कि तौबा! कुछ गोलियों से घायल हुए और कुछ भगदड़ में ज़ख़्मी हुए।

दाहिने हाथ को गंदा नाला था। धक्का लगा तो मैं उसमें गिर पड़ा। गोलियाँ चलना बंद हुई तो मैंने उठकर देखा भीड़ तितर-बितर हो चुकी थी। घायल सड़क पर पड़े थे और पुल पर गोरे खड़े हँस रहे थे। भाईजान, मुझे बिलकुल याद नहीं कि उस समय मेरी दिमाग़ी हालत किस क़िस्म की थी। मेरा ख़याल है कि मेरे होश-हवास पूरी तरह सलामत नहीं थे। गंदे नाले में गिरते वक़्त तो मुझे कतई होश नहीं था। जब बाहर निकला तो जो दुर्घटना घटी थी उसका रंगरूप धीरे-धीरे दिमाग़ में उभरना शुरू हुआ।

दूर शोर की आवाज़ सुनायी दे रही थी जैसे बहुत से लोग गुस्से में चीख-चिल्ला रहे हों। मैं गंदा नाला पार करके ज़ाहिरा पीर के तकिये से होता हुआ हाल-दरवाज़े के पास पहुँचा तो देखा कि तीस-चालीस नौजवान जोश में भरे पत्थर उठा-उठाकर दरवाज़े पर मार रहे हैं। उसका शीशा टूटकर सड़क पर गिरा तो एक लड़के ने बाकी लड़कों से कहा, "चलो महारानी का बुत तोड़ें।"

दूसरे ने कहा, "नहीं यार, कोतवाली को आग लगाएँ।"

तीसरे ने कहा, "और सारे बैकों को भी।"

चौथे ने उनको रोका, "ठहरो! इससे क्या फ़ायदा होगा? चलो, पुल पर उन गोरों को मारें।"

मैंने उसे पहचान लिया। यह थैला कंजर था—नाम मुहम्मद तुफ़ैल था, मगर थैला कंजर के नाम से मशहूर था। इसलिए कि वह एक वेश्या की कोख से जन्मा था। बड़ा आवारागर्द। छोटी उम्र में ही उसे जुए और शराबनोशी की लत पड़ गयी थी। उसकी दो बहने—शमशाद और अलमास अपने वक़्त की हसीन-तरीन वेश्याएँ थी। शमशाद का गला बहुत अच्छा था। उसका मुजरा सुनने के लिए रईस दूर-दूर से आते थे। दोनों अपने भाई

की करतूतों से बेज़ार थीं। शहर में मशहूर था कि उन्होंने उसे घर से निकाल रखा है। फिर भी वह किसी-न-किसी हीले-बहाने से अपनी ज़रूरतों के लिए कुछ-न-कुछ वसूल कर लेता था। अच्छा खाता था, अच्छा पीता था। बड़ा नफ़ासत पसंद था। लतीफ़ेगोई और रसिकता मिज़ाज में कूट-कूटकर भरी थी। मिरासियों और भाँडों के बाज़ारूपन से बहुत दूर रहता था। लंबा क़द, भरे-भरे हाथ-पाँव, मज़बूत कसरती बदन और नाक-नक्शे का भी ख़ासा था।

जोश में भरे हुए लड़कों ने उसकी बात न सुनी और मलका के बुत की तरफ चलने लगे। उसने फिर उनसे कहा, "मत गँवाओ अपना जोश। इधर आओ मेरे साथ। चलो, उन गोरों को मारें। उन्होंने हमारे बेक़सूर लोगों की जान ली है, और उन्हें ज़ख़्मी किया है। ख़ुदा की क़सम! हम सब मिलकर उनकी गर्दन मरोड़ सकते हैं। चलो।"

कुछ रवाना हो चुके थे, बाकी रुक गए। थैला पुल की तरफ बढ़ा तो वे उसके पीछे चलने लगे। मैंने सोचा कि माँओं के ये लाल बेकार मौत के मुँह में जा रहे हैं। मैं फव्वारे के पास दुबका खड़ा था। वहाँ से मैंने थैले को आवाज़ दी और कहा, "मत जाओ, यार। क्यों अपनी और उनकी जान के पीछे पड़े हो?"

थैले ने यह सुनकर अजीब-सा क़हक़हा लगाया और मुझसे कहा, "थैला सिर्फ़ यह बताने चला है कि वह गोलियों से डरने वाला नहीं" फिर वह अपने साथियों से बोला, "तुम डरते हो तो वापस जा सकते हो।"

ऐसे मौक़ों पर बढ़ते हुए क़दम उलटे कैसे हो सकते हैं? और फिर वह भी उस वक़्त जब लीडर अपनी जान हथेली पर रखकर आगे-आगे जा रहा हो। थैले ने क़दम तेज किए तो उसके साथियों को भी करने पड़े।

हाल-दरवाज़े से पुल का फ़ासला कुछ ज़्यादा नहीं होगा—कोई साठ-सत्तर गज़ के लगभग। थैला सबसे आगे-आगे था। जहाँ पुल का दोमुखी समानांतर जँगला शुरू होता है वहाँ से पंद्रह-बीस क़दम के फ़ासले पर दो घुड़सवार गोरे खड़े थे। थैला नारे लगाता जब जँगले के सिरे पर पहुँचा तो गोली चली। मैं समझा कि वह गिर पड़ा—लेकिन देखा कि वह उसी तरह ज़िंदा आगे बढ़ रहा है। उसके बाकी साथी डर के मारे भाग खड़े हुए थे। मुड़कर उसने पीछे देखा और चिल्लाया, "भागो नहीं, आओ!"

उसका मुँह मेरी तरफ था कि एक और फ़ायर हुआ। पलटकर उसने गोरों की तरफ देखा और पीठ पर हाथ फेरा। भाईजान, नज़र तो मुझे कुछ नहीं आना चाहिए था, मगर मैंने देखा कि उसकी सफेद बोस्की की कमीज़ पर लाल-लाल धब्बे थे। वह और तेज़ी से बढ़ा जैसे ज़ख़्मी शेर—एक और फ़ायर हुआ। वह लड़खड़ाया, मगर एकदम क़दम मज़बूत करके वह घुड़सवार गोरे पर लपका और पलक झपकते ही जाने क्या हुआ—घोड़े की पीठ खाली थी। गोरा ज़मीन पर था और थैला उसके ऊपर। दूसरे गोरे ने जो क़रीब था और पहले बौखला गया था, बिदकते हुए घोड़े को रोका और धड़ाधड़ फ़ायर शुरू

कर दिए-उसके बाद जो कुछ हुआ मुझे मालूम नहीं। मैं वहाँ फव्वारे के पास बेहोश होकर गिर पड़ा।

भाईजान, जब मुझे होश आया तो मैं अपने घर में था। चंद जान-पहचान वाले मुझे वहाँ से उठा लाए थे। उनकी ज़ुबानी मालूम हुआ कि पुल पर गोलियाँ खाकर भीड़ बिफर गयी थी। उस बिफरने का फल यह हुआ कि मलका के बुत को तोड़ने की कोशिश की गयी। टाउन हाल और तीन बैंकों को आग लगी और पाँच या छः यूरोपियन मारे गए। खूब लूटमार मची।

लूट-खसोट का अंग्रेज़ अफसरों को इतना ख़याल न था। पाँच या छः यूरोपियन मारे गए थे, उसका बदला लेने के लिए जलियाँवाले बाग़ का ख़ूनी कांड हुआ। डिप्टी-कमिश्नर बहादुर ने शहर की बागडोर जनरल डायर के सुपुर्द कर दी। चुनांचे जनरल ने 12 अप्रैल को फ़ौजियों के साथ शहर के विभिन्न बाज़ारों में मार्च किया और दर्जनों बेगुनाह आदमी गिरफ़्तार कर लिए। 13 अप्रैल के जलियाँवाले बाग़ में सभा हुई। लगभग पच्चीस हज़ार लोग होंगे। शाम के क़रीब जनरल डायर हथियारबंद गोरों और सिखों के साथ वहाँ पहुँचा और निहत्थे आदमियों पर गोलियों की बारिश शुरू कर दी।

उस समय तो किसी को जान के नुकसान का ठीक अंदाज़ा न था, बाद में जब जांच-पड़ताल हुई तो पता चला कि एक हज़ार मारे गए हैं और तीन या चार हज़ार के क़रीब घायल। लेकिन मैं थैले की बात कर रहा था। भाईजान, आँखों देखी बात आपको बता चुका हूँ, बेऐब ज़ात ख़ुदा की है। मरहूम में चारों एब शरई थे। एक पेशेवर तवाइफ़ की कोख से था मगर जियाला था। मैं अब यक़ीन के साथ कह सकता हूँ कि उस मलऊन गोरे की पहली गोली भी उसके लगी थी। आवाज़ सुनकर उसने जब पलटकर अपने साथियों की तरफ देखा था और उन्हें हौसला दिलाया था तो जोश की हालत में उसे मालूम नहीं हुआ था कि उसकी छाती में गरम-गरम सीसा उतर चुका है। दूसरी गोली उसकी पीठ में लगी, तीसरी फिर सीने में। मैंने देखा नहीं, पर सुना है कि जब थैले की लाश गोरे से जुदा की गयी तो उसके दोनों हाथ उसकी गर्दन में इस तरह पैवस्त थे कि अलग नहीं होते थे—गोरा जहन्नुम पहुँच चुका था।

दूसरे रोज़ जब थैले की लाश कफ़न-दफ़न के लिए उसके घरवालों के सुपुर्द की गयी तो उसका बदन गोलियों से छलनी हो रहा था। दूसरे गोरे ने तो अपना पूरा पिस्तौल उस पर खाली कर दिया था। मेरा ख़याल है, उस वक़्त मरहूम की रूह उसके जिस्म से उड़ चुकी थी। उस शैतान के बच्चे ने सिर्फ़ उसके मुर्दा जिस्म पर चाँद—मारी की थी।

कहते हैं, जब थैले की लाश मुहल्ले में पहुँची तो कुहराम मच गया। अपनी बिरादरी में वह इतना लोकप्रिय नहीं था। लेकिन उसकी कीमा-कीमा लाश देखकर सब दहाड़े मार-मारकर रोने लगे। उसकी बहनें शमशाद और अलमास तो बेहोश हो गयीं। जब जनाज़ा उठा तो उन दोनों ने ऐसे बैन किए कि सुनने वाले लहू के आँसू रोते रहे।

भाईजान, मैंने कहीं पढ़ा था कि फ्रांस के इंक़लाब में पहली गोली वहाँ की टखियाई के लगी थी। मरहूम मुहम्मद तुफ़ैल एक वेश्या का लड़का था। इंक़लाब की इस जद्दोजहद में उसको जो पहली गोली लगी थी वह दसवीं थी या पचासवीं, इसके बारे में किसी ने तहक़ीक़ात नहीं की। शायद इसलिए कि समाज में उस बेचारे का कोई रुतबा नहीं था। मैं तो समझता हूँ, पंजाब के उस खूनी गुसलख़ाने में नहाने वालों की फ़हरिस्त में थैले कंजर का नामोनिशान तक भी नहीं होगा, और यह भी पता नहीं कि ऐसी कोई फ़हरिस्त तैयार भी हुई थी।

सख़्त हंगामी दिन थे। सैनिक शासन का बोलबाला था। वह राक्षस जिसे मार्शल ला कहते हैं शहर के गली-गली, कूचे-कूचे में डकराता फिरता था। बहुत आपा-धापी की हालत में ग़रीब को जल्दी-जल्दी यों दफ़न किया गया जैसे उसकी मौत उसके सोगवार रिश्तेदारों का संगीन जुर्म थी जिसके निशान वे मिटा देना चाहते थे।

"बस भाईजान, थैला मर गया। थैला दफ़ना दिया गया और... और।" यह कहकर मेरा हमसफर पहली बार कुछ कहते-कहते रुका और ख़ामोश हो गया। ट्रेन दनदनाती हुई जा रही थी। पटरियों की खट-खट ने यह कहना शुरू कर दिया, "थैला मर गया...थैला दफ़ना दिया गया। उस मरने और दफ़नाने के दरमियान कोई फ़ासला नहीं था। जैसे वह इधर मरा और उधर दफ़ना दिया गया। और खट-खट के साथ उन शब्दों की ताल कुछ इस कदर जज़्बात से खाली थी कि मुझे अपने दिमाग़ में उन दोनों को जुदा करना पड़ा। चुनांचे मैंने अपने हमसफर से कहा, "आप कुछ और भी सुनाने वाले थे?"

चौंककर उसने मेरी तरफ देखा, "जी हाँ, उस दास्तान का एक अफ़सोसनाक हिस्सा बाकी है।"

मैंने पूछा, "क्या?"

उसने कहना शुरू किया :

"मैं आपसे अर्ज़ कर रहा हूँ कि थैले की दो बहनें थी—शमशाद और अलमास। बहुत ख़ूबसूरत। शमशाद लंबी थी, पतले-पतले नक्श, बड़ी-बड़ी आँखें। ठुमरी खूब गाती थी। सुना है, खाँ साहब फतेहअली खाँ से तालीम लेती रही थी। दूसरी अलमास थी। उसके गले में सुर नहीं था, लेकिन बतावे में अपना सानी नहीं रखती थी। मुजरा करती थी तो ऐसा लगता था कि उसका अंग-अंग बोल रहा है। हर भाव में एक बात होती थी। आँखों में वह जादू था जो हरेक के सर पर चढ़कर बोलता था।"

मेरे हमसफर ने तारीफ़ में कुछ ज़रूरत से ज़्यादा वक़्त लिया। मगर मैंने टोकना मुनासिब न समझा। थोड़ी देर के बाद वह ख़ुद लंबे चक्कर से निकला और दास्तान के दु:खद हिस्से की तरफ आया। "किस्सा यह है, भाईजान, कि उन दो बहनों के हुस्न-ओ-जमाल का ज़िक्र किसी ख़ुशामदी ने फ़ौजी अफ़सरों से कर दिया। बलवे में एक मेम—क्या नाम था उस चुड़ैल का?...मिस...मिस...शेरवुड मारी गयी थी। तय यह

हुआ कि उनको बुलवाया जाए और...और...जी-भर के बदला लिया जाए—आप समझ गए ना, भाईजान!"

मैंने कहा, "जी हाँ।"

मेरे हमसफर ने एक आह भरी। "ऐसे नाज़ुक मामलों में वेश्याएँ और रंडियाँ भी अपनी माएँ-बहनें होती हैं। मगर भाईजान, यह मुल्क अपनी इज़्ज़त को, मेरा ख़याल है, पहचानता ही नहीं। जब ऊपर से इलाके के थानेदार को आर्डर मिला तो वह फ़ौरन तैयार हो गया। चुनांचे वह ख़ुद शमशाद और अलमास के मकान पर गया और कहा कि साहब लोगों ने याद किया है। वे तुम्हारा मुजरा सुनना चाहते हैं। भाई की क़ब्र की मिट्टी अभी तक ख़ुश्क भी नहीं हुई थी। अल्लाह को प्यारा हुए उस ग़रीब को सिर्फ़ दो दिन हुए थे कि यह हाज़िरी का हुक्म सादर हुआ कि आओ, हमारे हुज़ूर नाचो। तकलीफ़ देने का इससे बढ़कर भयानक तरीक़ा क्या हो सकता है? ज़ुल्म की दहशत की मिसाल मेरा ख़याल है, इससे बढ़कर शायद ही कोई मिल सके। क्या हुक्म देने वालों को इतना ख़याल भी न आया कि वेश्या भी गैरतमंद होती है। हो सकती है—क्यों नहीं हो सकती?" उसने अपने-आप से सवाल किया लेकिन वह मुखातिब मुझसे था।

मैंने कहा, "हो सकती है।"

"जी हाँ, थैला आख़िर भाई था। उसने किसी जुएखाने की लड़ाई-भिड़ाई में अपनी जान नहीं दी थी। वह शराब पीकर दंगा-फ़साद करते हुए नहीं मारा गया था। उसने वतन की राह में बड़े बहादुराना तरीके से शहादत का जाम पिया था। वह एक वेश्या की कोख से था। लेकिन वह वेश्या माँ थी और शमशाद और अलमास उसकी बेटियाँ थीं और थैले की बहनें थीं। और वे थैले की लाश देखकर बेहोश हो गयी थीं। जब उसका जनाज़ा उठा तो उन्होंने ऐसे बैन किए थे कि सुनकर आदमी लहू रोता था।"

मैंने पूछा, "वे गयीं?"

मेरे हमसफर ने इसका जवाब थोड़े व़क्फ़े के बाद उदासी में दिया, "जी हाँ, जी हाँ गयीं-खूब सज-बनकर।" एकदम उसकी उदासी तीखापन इख़्तियार कर गयी। "सोलह सिंगार करके अपने बुलाने वालों के पास गयीं—कहते हैं खूब महफ़िल जमी—दोनों बहनों ने अपने जौहर दिखाए। तड़क-भड़क की पोशाकें पहने हुए वे कोहक़ाफ़ की परियाँ मालूम होती थीं। शराब के दौर चलते हैं। और कहते हैं कि रात के दो बजे एक बड़े अफ़सर के इशारे पर महफ़िल बर्ख़ास्त हुई।" वह उठ खड़ा हुआ और बाहर भागते हुए दरख़्तों को देखने लगा।

पहियों और पटरियों की आहनी गड़गड़ाहट की ताल पर उसके आख़िरी दो शब्द नाचने लगे, 'बर्ख़ास्त हुई, बर्ख़ास्त हुई।'

मैंने अपने दिमाग़ में उन्हें अपनी गड़गड़ाहट से नोचकर अलहदा करते हुए उससे पूछा, "फिर क्या हुआ?"

भागते हुए दरख़्तों और खंभों से नज़रें हटाकर उसने बड़े मज़बूत लहजे में कहा, "उन्होंने अपनी भड़कीली पोशाकें नोच डालीं और बिलकुल नंगी हो गयीं और कहने लगीं, 'लो देख लो, हम थैले की बहनें हैं। उस शहीद की जिसके ख़ूबसूरत जिस्म को तुमने सिर्फ़ इसलिए अपनी गोलियों से छलनी-छलनी किया था कि उसमें वतन से मुहब्बत करने वाली रूह थी। हम उसकी ख़ूबसूरत बहनें हैं, आओ अपनी वासना के गरम-गरम लोहे से हमारा ख़ुशबुओं में बसा हुआ जिस्म दाग़दार करो–मगर ऐसा करने से पहले हमें एक बार अपने मुँह पर थूक लेने दो।"

यह कहकर वह ख़ामोश हो गया, कुछ इस तरह कि और नहीं बोलेगा। मैंने फ़ौरन ही पूछा, "फिर क्या हुआ?"

उसकी आँखों में आँसू डबडबा आए–"उनको गोली से उड़ा दिया गया।" मैंने कुछ न कहा। गाड़ी आहिस्ता-आहिस्ता स्टेशन पर रुकी तो उसने कुली बुलाकर अपना असबाब उठवाया। जब जाने लगा तो मैंने उसे कहा, "आपने जो दास्तान सुनायी उसका अंजाम मुझे आपका अपना गढ़ा हुआ मालूम होता है।"

एकदम चौंककर उसने मेरी तरफ देखा, "यह आपने कैसे जाना?"

"मैंने कहा, आपके लहजे में गहरा दर्द था।"

मेरे हमसफर ने अपने हलक की कड़वाहट थूक के साथ निगलते हुए कहा, "जी हाँ, उन हराम...?" वह गाली देते-देते रुक गया। "उन्होंने अपने शहीद भाई के नाम पर बट्टा लगा दिया।" यह कहकर वह प्लेटफार्म पर उतर गया।

स्वराज्य के लिए

मुझे सन् याद नहीं रहा, लेकिन वही दिन थे, जब अमृतसर में हर तरफ 'इंक़लाब ज़िंदाबाद' के नारे गूँजते थे। उन नारों में, मुझे अच्छी तरह याद है, एक अजीब क़िस्म का जोश था–एक जवानी–एक अजीब क़िस्म की जवानी, बिलकुल अमृतसर की गुजरियों की-सी, जो सिर पर उपलों के टोकरे उठाए, बाज़ारों को जैसे काटती हुई चलती हैं। ख़ूब दिन थे। जलियाँवाला बाग़ के ख़ूनी हादसे का उदास डर फ़िज़ा में जो समाया रहता था, उस वक़्त ग़ायब था। उसकी जगह अब ले ली थी एक बेख़ौफ़ तड़प ने–एक अंधाधुंध छलाँग ने, जो अपनी मंज़िल से नावाक़िफ़ थी।

लोग नारे लगाते थे, जुलूस निकालते थे और सैकड़ों की संख्या में धड़ाधड़ क़ैद हो रहे थे। गिरफ़्तार होना, एक दिलचस्प शग़ल बन गया था। सुबह क़ैद हुए, शाम छोड़ दिए गए। मुक़दमा चला; चंद महीनों की क़ैद हुई; वापस आए, एक नारा लगाया, फिर क़ैद गए।

ज़िंदगी से भरपूर दिन थे। एक नन्हा-सा बुलबुला भी, फटने पर एक बहुत बड़ा भँवर बन जाता था। किसी ने चौक में खड़े होकर तक़रीर दी और कहा, "हड़ताल होनी

चाहिए।" चलिए, हड़ताल हो गयी। एक लहर उठी कि हर आदमी को खादी पहननी चाहिए ताकि लंका शायर के सारे कारख़ाने बंद हो जायँ। लीजिए, विदेशी कपड़ों का बायकाट शुरू हो गया और हर चौक में अलाव जलने लगे। लोग जोश में आकर, वहीं खड़े-खड़े कपड़े उतारते और अलाव में फेंक देते। कोई औरत अपने मकान के शहनशीन से, अपनी नापसंदीदा साड़ी उछालती तो भीड़ तालियाँ पीट-पीटकर, अपने हाथ लाल कर लेती।

मुझे याद है, कोतवाली के सामने, टाउन हॉल के पास, एक अलाव जल रहा था। शेखू ने, जो मेरा सहपाठी था, जोश में आकर, अपना रेशमी कोट उतारा और विदेशी कपड़ों की चिता में डाल दिया। तालियों का समुंदर बहने लगा, क्योंकि शेखू एक बहुत बड़े 'टोडी बच्चे' का लड़का था। उस बेचारे का जोश और भी ज़्यादा बढ़ गया। अपनी बोस्की की कमीज़ उतारकर, उसे भी उसने शोलों की भेंट चढ़ा दिया, लेकिन बाद में उसे ख़याल आया कि उसके साथ सोने के बटन थे।

मैं शेखू का मज़ाक़ नहीं उड़ाता। मेरा हाल भी उन दिनों कुछ वैसा ही था। जी चाहता था, कहीं से पिस्तौल हाथ आ जाय तो एक इंक़लाबी पार्टी बनायी जाए। बाप सरकारी पेंशनर था, इसका मुझे कभी ख़याल न आया। बस दिलो-दिमाग़ में एक अजीब-सी ख़ुदबुद रहती थी–बिलकुल वैसी ही, जैसी फ्लैश खेलने के दौरान रहा करती है।

स्कूल से तो मुझे वैसे ही दिलचस्पी न थी, पर उन दिनों मुझे खासतौर पर पढ़ाई से नफ़रत हो गयी...घर से किताबें लेकर निकलता और जलियाँवाला बाग़ चला जाता। स्कूल का वक़्त खत्म होने तक, वहाँ की सरगर्मियाँ देखता रहता किसी पेड़ के साये-तले बैठकर, दूर मकानों की खिड़कियों में औरतों को देखता और सोचता कि ज़रूर इनमें से किसी को मुझसे इश्क़ हो जाएगा–यह ख़याल दिमाग़ में क्यों आता, मैं इसके बारे में कुछ नहीं कह सकता।

जलियाँवाला बाग़ में खूब रौनक थी। चारों तरफ तंबू और कनातें फैली हुई थीं। जो खेमा सबसे बड़ा था, उसमें हर दूसरे-तीसरे दिन एक डिक्टेटर बनाकर बैठा दिया जाता था। जिसको सारे वालंटियर सलामी देते थे। दो-तीन दिन या ज़्यादा-से-ज़्यादा दस-पन्द्रह दिन तक, यह डिक्टेटर, खादी-पोश औरतों और मर्दों का 'नमस्कार' एक बनावटी संजीदगी के साथ वसूल करता। शहर के बनियों से लंगरखाने के लिए आटा-चावल इकट्ठा करता और दही की लस्सी पी-पीकर, जो ख़ुदा जाने, जलियाँवाला बाग़ में क्यों इतनी आम थी एक दिन अचानक गिरफ़्तार हो जाता और किसी क़ैदखाने में चला जाता।

मेरा एक पुराना सहपाठी था–शहज़ादा ग़ुलाम अली। उससे मेरी दोस्ती का अंदाज़ा आपको इन बातों से हो सकता है कि हम इकट्ठे दो बार मैट्रिक के इम्तहान में फेल हो चुके थे और एक बार हम दोनों घर से भाग कर बंबई गए थे, ख़याल था कि रूस जाँएगे; मगर पैसे खत्म होने पर, जब फुटपाथों पर सोना पड़ा तो घर ख़त लिखे, माफ़ियाँ माँगी और वापस चले आए।

शहज़ादा गुलाम अली, खूबसूरत जवान था। लम्बा क़द; गोरा रंग जैसा कश्मीरियों का होता है। तीखी नाक खिलण्डरी आँखें चाल-ढाल में एक खास शान, जिसमें पेशेवर गुंडों की अकड़ की हल्की-सी झलक भी थी।

जब वह मेरे साथ पढ़ता था तो शहज़ादा नहीं था, लेकिन जब शहर में इंक़लाबी हलचल बड़ी और उस ने दस-पन्द्रह जलसों और जुलूसों में हिस्सा लिया तो नारों, गैंदे के हारों, जोशीले गीतों और लेडी वालंटियरस से खुली बातचीत ने उसे एक इंक़लाबी बना दिया। एक दिन उसने अपनी पहली तक़रीर दी। दूसरे दिन मैंने अख़बार देखे तो मालूम हुआ कि गुलाम अली शहज़ादा बन गया है।

शहज़ादा बनते ही, गुलाम अली सारे अमृतसर में मशहूर हो गया। छोटा-सा शहर है; वहाँ नेकनाम या बदनाम होते देर नहीं लगती। यों तो अमृतसरी, आम आदमियों के मामले में नुक्ताचीनी करने वाला है। यानी हर आदमी दूसरों के ऐब टटोलने और चरित्रों में सूराख व ढूँढ़ने की कोशिश करता रहता है। लेकिन राजनीतिक और धार्मिक नेताओं के मामले में अमृतसरी एकदम आँखें फेर लेते हैं। उनको दरअसल हर वक़्त एक तक़रीर या आंदोलन की ज़रूरत रहती है। आप उन्हें नीली-योग बना दीजिए या सियाह-पोश, एक ही नेता, चोले बदल-बदलकर, अमृतसर में काफ़ी देर तक जिंदा रह सकता है।

लेकिन वह ज़माना कुछ और था। सभी बड़े-बड़े नेता जेलों में थे और उनकी गद्दियाँ खाली थीं। उस समय लोगों को नेताओं की कोई उतनी ज़्यादा ज़रूरत न थी। लेकिन वह आंदोलन जो कि अब शुरू हुआ था उसको ऐसे आदमियों की बड़ी ज़रूरत थी, जो एक-दो दिन खादी पहनकर, जलियाँवाला बाग़ के बड़े तंबू में बैठें एक-दो तकरीरें दें और गिरफ़्तार हो जाएँ।

उन दिनों यूरोप में नयी-नयी डिक्टेटरशिप शुरू हुई थी। हिटलर और मुसोलिनी का बड़ा इश्तिहार हो रहा था। ग़ालिबन इसी असर के तहत, कांग्रेस ने डिक्टेटर बनाने शुरू कर दिये थे। जब शहज़ादा गुलाम अली की बारी आयी तो उससे पहले चालीस डिक्टेटर गिरफ़्तार हो चुके थे।

ज्यों ही मुझे मालूम हुआ कि गुलाम अली डिक्टेटर बन गया है तो मैं फ़ौरन जलियाँवाला बाग़ में पहुँचा। बड़े खेमे के बाहर वालंटियरों का पहरा था। लेकिन गुलाम अली ने जब मुझे अंदर से देखा तो बुला लिया—जमीन पर एक गदेला था, जिस पर खादी की चाँदनी बिछी थी। उस पर गाव-तकियों का सहारा लिये, शहज़ादा गुलाम अली चंद खादी-पोश बनियों से बातचीत कर रहा था, जो शायद तरकारियों के बारे में थी। चंद मिनटों में ही उसने यह बातचीत खत्म की और कुछ वालंटियरों को हुक्म देकर, वह मेरी तरफ़ पलटा। उसकी यह गैरमामूली संजीदगी देखकर, मुझे गुदगुदी-सी हो रही थी। जब वालंटियर चले गए तो मैं हँस पड़ा, "सुना बे शहज़ादे!"

मैं देर तक उससे मज़ाक़ करता रहा, लेकिन मैंने महसूस किया कि गुलाम अली में भारी तब्दीली आ गयी है। ऐसी तब्दीली जिससे वह वाक़िफ़ है। चुनांचे उसने कई बार मुझसे यही कहा–"नहीं सआदत! मज़ाक़ न उड़ाओ। मैं जानता हूँ, मेरा सिर छोटा है और यह इज़्ज़त जो मुझे मिली है, बड़ी है लेकिन मैं यह खुली टोपी ही पहने रहना चाहता हूँ।"

कुछ देर बाद उसने दही की लस्सी का एक बहुत बड़ा गिलास पिलाया और मैं उससे यह वायदा करके घर चला गया कि शाम को उसकी तक़रीर सुनने ज़रूर आऊँगा।

शाम को जलियाँवाला बाग़ खचाखच भरा था। मैं चूँकि जल्दी आया था, इसलिए मुझे स्टेज के पास ही जगह मिल गयी। गुलाम अली तालियों के शोर के साथ प्रकट हुआ–सफ़ेद, बेदाग़ खादी के कपड़े पहने, वह ख़ूबसूरत और आकर्षक लग रहा था। उस अकड़ की झलक, जिसका ज़िक्र मैं पहले कर चुका हूँ उसके इस आकर्षण को बढ़ा रही थी।

लगभग एक घंटे तक वह बोलता रहा–इस बीच कई बार मेरे रोंगटे खड़े हुए और एक-दो बार तो मेरे जिस्म में बड़ी शिद्दत से यह इच्छा पैदा हुई कि मैं बम की तरह फट जाऊँ। उस समय मैंने शायद यही ख़याल किया था कि यूँ फट जाने से हिंदुस्तान आज़ाद हो जाएगा।

ख़ुदा जाने कितने बरस बीत चुके हैं! बहते हुए जज़्बातों और घटनाओं की नोक-पलक, जो उस समय थी, अब बिलकुल उसी तरह बता पाना लगभग नामुमकिन है। लेकिन यह कहानी लिखते समय, जब मैं गुलाम अली की तक़रीर का तसव्वुर करता हूँ तो मुझे सिर्फ़ एक जवानी बोलती दिखायी पड़ती है जो सियायत से बिलकुल पाक थी–उसमें एक ऐसे नौजवान की सच्ची निडरता थी जो एकदम किसी राह-चलती औरत को पकड़ ले और कहे, "देखो, मैं तुम्हें चाहता हूँ।" और दूसरे ही पल, क़ानून के पंजे में गिरफ़्तार हो जाय। उस तक़रीर के बाद मुझे कई तक़रीरें सुनने का मौका मिला, लेकिन वह अधपकी दीवानगी, वह सिरफिरी जवानी, वह अल्हड़ जज़्बा, वह दाढ़ी-मूँछ-रहित ललकार, जो मैंने शहज़ादा गुलाम अली की आवाज़ में सुनी–उसकी हल्की-सी गूँज भी मुझे अब कहीं सुनायी नहीं देती। अब जो तक़रीरें सुनने में आती हैं, वे ठंडी संजीदगी, बूढ़ी सियासत और शायराना होशमंदी में लिपटी होती हैं।

उस समय, दरअसल, दोनों पार्टियाँ कच्ची थीं। सरकार भी और रियाया भी। नतीजों की परवाह किए बिना, दोनों एक-दूसरे से उलझी हुई थीं। सरकार, क़ैद का महत्त्व समझे बिना, लोगों को क़ैद कर रही थी और जो क़ैद होते थे, उनको भी क़ैदखाने में जाने से पहले क़ैद का मक़सद मालूम नहीं होता था।

एक धाँधली थी, मगर उस धाँधली में एक आग-जैसी बेचैनी थी। लोग शोलों की तरह भड़कते थे, बुझते थे, फिर भड़कते थे। चुनांचे उस भड़कने और बुझने, बुझने और

भड़कने ने, गुलामी की निंदासी, उदास और जंभाइयों-भरी फ़िज़ा में गर्म कँपकँपी पैदा कर दी थी।

शहज़ादा गुलाम अली ने तक़रीर खत्म की तो सारा जलियाँवाला बाग़, तालियों और नारों का दहकता हुआ अलाव बन गया। उसका चेहरा दमक रहा था। जब मैं उससे अलग जाकर मिला और बधाई देने के लिए, मैंने उसका हाथ अपने हाथ में दबाया तो वह काँप रहा था। यह गर्म कँपकँपाहट उसके चमकते हुए चेहरे से भी नुमायाँ थी। वह कुछ-कुछ हाँफ रहा था। उसकी आँखों में, जोश-भरे जज़्बात की दमक के अलावा मुझे एक थकी हुई तलाश नज़र आई–वो किसी को ढूँढ़ रही थी। उसने एकदम अपना हाथ मेरे हाथ से अलग किया और सामने चमेली की झाड़ी की तरफ बढ़ा।

वहाँ एक लड़की थी। खादी की बेदाग़ साड़ी पहने हुए।

दूसरे दिन मुझे मालूम हुआ कि शहज़ादा गुलाम अली, इश्क़ में गिरफ़्तार है। वह उस लड़की से, जिसे मैंने चमेली की झाड़ी के पास बड़े अदब से खड़े देखा था, इश्क़ कर रहा था। यह इश्क़ इकतरफा नहीं था, क्योंकि निगार को भी उससे बेहद लगाव था। निगार, जैसा कि नाम से ज़ाहिर है, एक मुसलमान लड़की थी, अनाथ। जनाना अस्पताल में नर्स थी और पहली मुसलमान लड़की थी जिसने अमृतसर में बेपर्दा होकर कांग्रेस के आंदोलन में भाग लिया था।

कुछ खादी के लिबास ने, कुछ कांग्रेस की सरगर्मियों में हिस्सा लेने की वजह से और कुछ अस्पताल की फ़िज़ा ने, निगार के इस्लामी मिज़ाज को–उस तीखी चीज़ को जो मुसलमान औरत के स्वभाव में नुमायाँ होती है, कुछ थोड़ा–सा घुमा दिया था, जिससे वह थोड़ी मुलायम हो गई थी।

वह ख़ूबसूरत न थी, पर अपनी जगह औरत होने का एक निहायत ही अनोखा और बेमिसाल नमूना थी। विनम्रता, आदर और श्रद्धा का वह मेल, जो आदर्श हिंदू औरत की ख़ासियत है, निगार में भी अपनी हल्की-सी झलक के साथ दिखाई देता था, जिसने उसकी शख़्सीयत में, रूह को गर्मा देने वाले रंग भर दिए थे। उस समय तो शायद यह कभी मेरे मन में न आता, लेकिन अब यह लिखते समय, मैं निगार का तसव्वुर करता हूँ तो वह मुझे नमाज़ और आरती का दिलफ़रेब मेल दिखाई देती है।

वह शहज़ादा गुलाम अली की पूजा करती थी और वह भी उस पर जान देता था। जब निगार के बारे में उससे बातचीत हुई तो पता चला कि कांग्रेस-आंदोलन के दौरान, उन दोनों की मुलाक़ात हुई और थोड़े ही दिनों के मेल-जोल के बाद, वे एक-दूसरे के हो गए।

गुलाम अली का इरादा था कि क़ैद होने से पहले-पहले, वह निगार को अपनी बीवी बना ले। मुझे याद नहीं, वह ऐसा क्यों करना चाहता था क्योंकि क़ैद से वापस आने पर भी वह उससे शादी कर सकता था। उन दिनों कोई इतनी लम्बी क़ैद तो होती न थी। कम-से-कम तीन महीने और ज़्यादा-से-ज़्यादा एक बरस। कुछेक को तो पन्द्रह-बीस

दिनों के बाद ही रिहा कर दिया जाता था ताकि दूसरे क़ैदियों के लिए जगह बन जाए। बहरहाल, वह अपने इरादे को निगार पर भी ज़ाहिर कर चुका था और वह बिलकुल तैयार थी। अब सिर्फ़ दोनों को बाबा जी के पास जाकर, उनका आशीर्वाद लेना था।

बाबा जी, जैसाकि आप जानते होंगे, बड़ी भारी हस्ती के मालिक थे। शहर से बाहर, लखपति सर्राफ हरिराम की शानदार कोठी में वे ठहरे हुए थे। यूँ तो वे अकसर अपने आश्रम में रहते थे, जो उन्होंने पास के एक गाँव में बना रखा था, पर जब कभी वे अमृतसर आते तो हरिराम सर्राफ ही की कोठी में उतरते और उनके आते ही, यह कोठी बाबा जी के भक्तों के लिए, पाक स्थान बन जाती। दिनभर, उनके दर्शन करने वालों का तांता बँधा रहता। दिन-ढले कोठी से बाहर, कुछ फ़ासले पर, आम के पेड़ों के झुरमुट में, एक तख़्त पर बैठकर वे लोगों को आम दर्शन देते अपने आश्रम के लिए चंदा इकट्ठा करते और आख़िर में भजन आदि सुनकर, हर रोज़ शाम को यह सभा, उनकी इजाज़त से, बर्ख़ास्त हो जाती।

बाबा जी बहुत परहेज़गार, आस्तिक, विद्वान और प्रतिभाशाली शख़्स थे। यही वजह हैं कि हिन्दू, मुसलमान, सिक्ख और अछूत–सब उनको बहुत मानते थे और उन्हें अपना नेता क़ुबूल करते थे।

सियासत से, हालाँकि, ज़ाहिर तौर पर बाबा जी को कोई दिलचस्पी न थी, लेकिन यह एक खुला हुआ भेद है कि पंजाब का हर सियासी आंदोलन उन्हीं के इशारे पर शुरू और उन्हीं के इशारे पर खत्म हुआ।

सरकार की निगाह में, वे एक न समझ में आने वाला भेद थे। एक ऐसी सियासी पहेली जिसे ब्रिटिश सरकार के बड़े-बड़े मियामतदाँ भी हल न कर सके थे। बाबा जी के पतले-पतले होठों की एक हल्की-सी मुस्कान के हज़ार मतलब निकाले जाते थे। लेकिन जब वे ख़ुद इस मुस्कान के एकदम नये अर्थ सुझाते थे तो उनकी भक्त जनना और भी अधिक प्रभावित होती थीं।

अमृतसर में यह जो असहयोग आंदोलन चल रहा था और लोग धड़ाधड़ क़ैद हो रहे थे, उसके पीछे, जैसा कि जाहिर है, बाबा जी का ही असर काम कर रहा था। हर शाम, लोगों को आम दर्शन देते समय, वे सारे पंजाब के आंदोलन और सरकार की नित नयी शक्तियों के बारे में, अपने पोपले मुँह से एक छोटा-सा, एक मासूम-सा जुमला निकाल दिया करते थे, जिसे बड़े-बड़े नेता फ़ौरन ही अपने गले में तावीज़ बनाकर डाल लेते थे।

लोगों का कहना है कि उनकी आँखों में एक चुम्बक-सी शक्ति थी। उनकी आवाज़ में एक जादू था और उनका ठंडा दिमाग़–उनका वह मुस्कराता हुआ दिमाग़–जिसको गंदी-से-गंदी गाली और ज़हरीले-से-ज़हरीला व्यंग्य भी, एक मिनट के हज़ारवें हिस्से के लिए, उत्तेजित न कर सकता था, विरोधियों के लिए बड़ी ही उलझन का सबब था। अमृतसर में बाबा जी के सैकड़ों जुलूस निकल चुके थे। लेकिन जाने क्या बात है कि

मैंने और सभी नेताओं को देखा, एक सिर्फ़ उन्हीं को, न दूर से देखा, न पास से। इसलिए जब गुलाम अली ने उनके दर्शन करने और उनसे शादी के लिए इजाज़त लेने की बात मुझसे की तो मैंने उससे कहा कि जब वे दोनों जाएँ तो मुझे भी साथ लेते चलें।

दूसरे ही दिन, गुलाम अली ने ताँगे का इंतज़ाम किया और हम सुबह-सवेरे लाला हरिराम सर्राफ की आलीशान कोठी में पहुँच गए।

बाबा जी नहा-धोकर, सुबह की प्रार्थना से सुर्खरू हो, एक ख़ूबसूरत पण्डितानी से राष्ट्रीय गीत सुन रहे थे। चीनी की बेदाग़, सफेद टाइलों वाले फ़र्श पर बाबा जी, खजूर के पत्तों की चटाई पर बैठे थे। गाव-तकिया उनके पास ही पड़ा था, लेकिन उन्होंने उसका सहारा नहीं लिया था।

कमरे में सिवाय एक चटाई के, जिसके ऊपर बाबा जी बैठे थे, और कोई फर्नीचर नहीं था। एक सिरे से दूसरे सिरे तक, सफेद टाइलें चमक रही थीं। उनकी चमक ने राष्ट्रीय गीत गाने वाली पण्डितानी के हल्के गुलाबी रंग के चेहरे को और भी ख़ूबसूरत बना दिया था।

बाबा जी हालाँकि सत्तर-बहत्तर वर्ष के थे, लेकिन उनके जिस्म पर (वे सिर्फ़ गेरुए रंग का छोटा-सा तहमद बाँधे थे) उम्र की झुर्रियों का कोई असर न था। उनकी त्वचा में एक अजीब किस्म की चमक और लावण्य था। मुझे बाद में मालूम हुआ कि वे रोज़ नहाने से पहले ज़ैतून का तेल अपने शरीर पर मलवाते हैं।

शहज़ादा गुलाम अली की तरफ देखकर वे मुस्कराए। मुझे भी एक नज़र देखा और हम तीनों की बंदगी का जवाब, उसी मुस्कराहट को तनिक फैला कर दिया और इशारा किया कि हम बैठ जाएँ।

मैं जब यह तस्वीर अपने सामने लाता हूँ तो चेतना की ऐनक से यह मुझे दिलचस्प होने के अलावा बड़ी ही विचारोत्तेजक दिखाई देती है। खजूर की चटाई पर एक अधनंगा बुज़ुर्ग, योगियों का आसन लगाए बैठा है। उसके बैठने के ढंग से; उसके गंजे सिर से, उसकी अधखुली आँखों से; उसके साँवले, मुलायम शरीर से, उसके चेहरे की हर रेखा से; एक शांति-भरा संतोष, एक बेफ़िक्र विश्वास जाहिर हो रहा था, कि जिस जगह पर दुनिया ने उसे बैठा दिया है, अब बड़े-से-बड़ा भूचाल भी वहाँ से उसे नहीं गिरा सकता।

उससे कुछ दूर कश्मीर की घाटी की एक नयी खिली कली, कुछ उस बुज़ुर्ग की समीप होने के सम्मान से झुकी हुई, कुछ राष्ट्रीय गीत के असर में और कुछ अपनी भरपूर जवानी से, जो उसकी खुरदरी, सफेद साड़ी से निकलकर, राष्ट्रीय गीत के अलावा अपनी जवानी का भी गीत गाना चाहती थी; जो उस बुज़ुर्ग की समीपता की कद्र करने के साथ-साथ, किसी ऐसी तंदुरुस्त और जवान हस्ती के स्वागत में भी सर झुकाना चाहती थी जो उसकी नर्म कलाई पकड़कर ज़िंदगी के दहकते हुए अलाव में कूद पड़े। उसके हल्के प्याजी चेहरे से; उसकी बड़ी-बड़ी, काली आँखों से; उसके खादी के खुरदरे

ब्लाउज में ढँके हुए हलचल-भरे सीने से, उस बूढ़े योगी के ठोस विश्वास और गंभीर संतोष के मुकाबले में, एक ख़ामोश पुकार फूटी पड़ती थी कि आओ, जिस जगह पर मैं इस समय हूँ, वहाँ से खींचकर मुझे नीचे गिरा दो या इससे भी ऊपर ले चलो।

इस तरफ हटकर हम तीनों बैठे थे-मैं, निगार और शहज़ादा गुलाम अली। मैं बिलकुल चुग़द बना बैठा था। बाबा जी की शख़्सियत से भी प्रभावित था और उस पण्डितानी के बेदाग़ हुस्न से भी। फ़र्श की चमकीली टाइलों ने भी मुझे बाँध रखा था और उन पर बिछी, उस खुरदरी चटाई ने भी। कभी सोचता था कि ऐसी टाइलों वाली एक कोठी मुझे मिल जाए तो कितना अच्छा हो।

फिर सोचता था कि यह पण्डितानी मुझे और कुछ न करने दे, सिर्फ़ एक बार मुझे अपनी आँखें चूम लेने दे। इस ख़याल से मेरे शरीर में थरथरी पैदा होती तो झट अपनी नौकरानी का ख़याल आता, जिससे ताज़ा-ताज़ा मुझे कुछ 'वह' हुआ था। जी में आता कि उन सबको यहाँ छोड़कर, सीधा घर जाऊँ; शायद नज़र बचाकर उसे ऊपर गुसलख़ाने तक ले जाने में क़ामयाब हो सकूँ, पर जब बाबा जी पर नज़र पड़ती और कानों में राष्ट्रीय गीत के जोशीले बोल गूँजते तो एक दूसरी थरथरी बदन में पैदा होती और मैं सोचता कि कहीं से पिस्तौल हाथ लग जाए तो सिविल लाइंस में जाकर अंग्रेज़ों को भूनना शुरू कर दूँ।

इस चुग़द के पास निगार और गुलाम अली बैठे थे। इश्क वाले दो दिल, जो मुहब्बत में अकेले धड़कते-धड़कते, अब शायद कुछ उकता गए थे और जल्द ही एक-दूसरे में मुहब्बत के दूसरे रंग देखने के लिए घुल-मिल जाना चाहते थे। दूसरे लफ़्ज़ों में, वे बाबा जी से-अपने एकमात्र सियासी रहनुमा से, ब्याह की इजाज़त लेने आए थे और जैसा कि ज़ाहिर है, उन दोनों के दिमाग़ में उस समय राष्ट्रीय गीत के बजाय उनकी अपनी ज़िंदगी का सबसे ख़ूबसूरत लेकिन अनसुना संगीत गूँज रहा था।

गीत खत्म हुआ। बाबा जी ने बड़े स्नेह-भरे ढंग से पण्डितानी को हाथ के इशारे से आशीर्वाद दिया और मुस्कराते हुए, निगार और गुलाम अली की ओर मुड़े। मुझे भी उन्होंने एक नज़र देख लिया।

गुलाम अली शायद परिचय के लिए अपना और निगार का नाम बताने वाला था, लेकिन बाबा जी की याददाश्त ग़ज़ब की थी, उन्होंने फौरन ही अपनी मीठी आवाज़ से कहा, "शहज़ादे, अभी तक गिरफ़्तार नहीं हुए?"

गुलाम अली ने हाथ जोड़कर कहा, "जी नहीं!"

बाबा जी ने कलमदान से एक पेंसिल निकाली और उससे खेलते हुए कहने लगे, "पर मैं तो समझता हूँ, तुम गिरफ़्तार हो चुके हो।"

गुलाम अली इसका मतलब न समझ सका। लेकिन बाबा जी ने फौरन ही पण्डितानी की तरफ देखा और निगार की ओर इशारा करके कहा-"निगार ने हमारे शहज़ादे को गिरफ़्तार कर लिया है।"

निगार शरमा-सी गई। गुलाम अली का मुँह हैरत से खुला-का-खुला रह गया पण्डितानी के प्याजी चेहरे पर एक आशीर्वाद-भरी चमक-सी आई। उसने निगार और गुलाम अली को कुछ इस तरह देखा, जैसे कह रही हो, "बहुत अच्छा हुआ।"

बाबा जी एक बार फिर पण्डितानी की ओर मुड़े, "ये बच्चे मुझसे शादी की इजाज़त माँगने आए हैं–तुम कब शादी कर रही हो कमल?"

तो उस पण्डितानी का नाम कमल था। बाबा जी के अचानक सवाल करने पर वह बौखला गई। उसका प्याजी चेहरा सुर्ख़ हो गया। काँपती हुई आवाज़ में उसने जवाब दिया–"मैं तो आपके आश्रम में जा रही हूँ।"

एक हल्की-सी आह भी इन शब्दों में लिपटकर बाहर आ आयी, जिसे बाबा जी के होशियार दिमाग़ ने फौरन नोट किया। वे उसकी तरफ देखकर, जोगियों के-से अंदाज़ में मुस्कराए और गुलाम अली और निगार से बोले, "तो तुम दोनों अपना फ़ैसला कर चुके हो?"

दोनों ने दबी ज़ुबान में जवाब दिया, "जी हाँ!"

बाबा जी ने सियासत-भरी आँखों से उनके देखा, "इनसान जब फैसले करता है तो कभी-कभी उसको बदल भी दिया करता है।"

पहली बार बाबा जी की रौब-भरी मौजूदगी में गुलाम अली ने–नहीं, उसकी अल्हड़ और बेबाक जवानी ने कहा, "यह फ़ैसला अगर किसी वजह से बदल भी जाए तो भी अपनी जगह पर अटल रहेगा।"

बाबा जी ने अपनी आँखें बंद कर लीं और जिरह के से अंदाज़ में पूछा "क्यों?"

हैरत है कि गुलाम अली बिलकुल न घबराया। शायद इस बार, निगार से उसे जो सच्ची मुहब्बत थी, वह बोल उठी, "बाबा जी, हमने हिंदुस्तान को आज़ादी दिलाने का जो फैसला किया है, मुमकिन है, वक़्त की मजबूरियाँ उसे मुल्तवी करती रहें, मगर जो फ़ैसला है, वह तो अटल है।

बाबा जी ने, जैसा कि मेरा अब ख़याल है, इस विषय पर वहम करना मुनासिब न समझा, इसलिए वे मुस्करा दिए–उस मुस्कराहट का मतलब भी उनकी तमाम मुस्कराहटों की तरह, हर आदमी ने बिलकुल अलग-अलग समझा। अगर बाबा जी से पूछा जाता तो मुझे यक़ीन है कि वे उसका मतलब हम सबसे एकदम मुख़्तलिफ़ बताते।

खैर, उस हज़ार-पहलू मुस्कराहट को अपने पतले होठों पर ज़रा और फैलाते हुए, बाबा जी ने निगार से कहा, "निगार, तुम हमारे आश्रम में आ जाओ–शहज़ादा तो थोड़े ही दिनों में क़ैद हो जाएगा।"

निगार ने बड़ी धीमी आवाज़ में जवाब दिया, "जी अच्छा।"

इसके बाद, बाबा जी ने शादी की बात बदलकर जलियाँवाला बाग़ कैम्प की सरगर्मियों का हाल पूछना शुरू कर दिया। बहुत देर तक गुलाम अली, निगार और कमल, गिरफ़्तारियों,

रिहाइयों, दूध-लस्सी और तरकारियों के बारे में बातें करते रहे और मैं, जो बिलकुल चुग़द बना बैठा था, यह सोचता रहा कि बाबा जी ने शादी की इजाज़त देने में इतनी मीन-मेख क्यों की है? क्या वे गुलाम अली और निगार की मुहब्बत को शक की नज़रों से देखते हैं? क्या उन्हें गुलाम अली की सच्चाई पर शुबहा है? निगार को उन्होंने आश्रम में आने की दावत क्या इसलिए दी है कि वहाँ रहकर, वह अपने क़ैद होने वाले पति का ग़म भूल जाएगी? लेकिन बाबा जी के इस सवाल पर, "कमल, तुम कब शादी कर रही हो?" कमल ने क्यों कह दिया था कि "मैं तो आपके आश्रम में जा रही हूँ?"

क्या आश्रम में मर्द-औरत शादी नहीं करते? मेरा दिमाग़ अजीब उलझन में फँसा था। लेकिन उधर ये बातें हो रही थी कि स्त्री वालंटियर्स पाँच सौ वालंटियरों के लिए क्या चपातियाँ वक़्त पर तैयार कर लेती हैं? चूल्हे कितने हैं? और तवे कितने बड़े हैं? क्या ऐसा नहीं हो सकता कि एक बहुत बड़ा चूल्हा लिया जाए और उस पर इतना बड़ा तवा रखा जाए कि छः औरतें एक ही वक्त में रोटियाँ पका सकें?

मैं यह सोच रहा था पण्डितानी कमल क्या आश्रम में जाकर, बाबा जी को बस कौमी गीत और भजन ही सुनाया करेगी? मैंने आश्रम के मर्द वालंटियर देखे थे। हालाँकि वे सबके-सब वहाँ के कायदे के मुताबिक रोज़ 'स्नान' करते थे, सुबह उठकर दांतुन करते थे, बाहर खुली हवा में रहते थे, भजन गाते थे, लेकिन उनके कपड़ों से पसीने की बू फिर भी आती थी। उनमें अकसर के दाँत बदबूदार थे और खुली हवा में रहने से आदमी पर जो एक ख़ुशनुमा निखार आता है, वह उनमें बिलकुल नदारद था। थके-झुके से, दबे-दबे से–पीले चेहरे, धँसी हुई आँखें, डरे हुए जिस्म–गाय के निचुड़े हुए थनों की तरह और बेजान–मैं इन आश्रम वालों को जलियाँवाला बाग़ में कई बार देख चुका था। अब मैं सोच रहा था कि क्या यही मर्द जिनसे घास की बू आती है, इस पण्डितानी को, जो दूध, शहद और केसर की बनी है, अपनी कीचड़-भरी आँखों से घूरेंगे! क्या यही मर्द, जिनका मुँह इस कदर बास मारता है, लोबान से लिपटी हुई इस औरत से बातचीत करेंगे? लेकिन फिर मैंने सोचा कि नहीं हिंदुस्तान की आज़ादी शायद इन चीज़ों से ऊपर है।

मैं इस 'शायद' को देश-भक्ति और आज़ादी के अपने सारे जज़्बे के बावजूद न समझ सका, क्योंकि मुझे निगार का ख़याल आया, जो बिलकुल मेरे पास बैठी थी और बाबा जी को बता रही थी कि शलजम बहुत देर में गलते हैं–कहाँ शलजम कहाँ शादी–जिसके लिए वह और गुलाम अली इजाज़त लेने आए थे।

मैं निगार और आश्रम के बारे में सोचने लगा। आश्रम मैंने देखा न था, पर मुझे ऐसी जगहों से, जिनको आश्रम, विद्यालय, जमाअतखाना, तकिया या दर्सगाह कहते हैं, हमेशा से नफ़रत है। जाने क्यों?

मैंने अंधों के कई स्कूलों और अनाथालयों के लड़कों और उनके प्रबन्ध को देखा है, सड़क पर कतार बाँध कर चलते और भीख माँगते हुए। मैंने जमाअत-ख़ान और दर्सगाहें

देखी हैं। टखनों से ऊँचा शरई पायजामा, बचपन में ही माथे पर मेहराब; जो बड़े हैं, उनके चेहरे पर घनी दाढ़ी–जो बड़े हो रहे हैं, उनके गालों और ठोढ़ी पर बड़े ही भद्दे, मोटे और महीन बाल–नमाज़ पढ़ते जा रहे हैं, लेकिन हरएक के चेहरे पर हैवानियत–एक अधूरी हैवानियत मुसल्ले पर बैठी नज़र आती है।

निगार औरत थी। मुसलमान, हिन्दू, सिख या ईसाई औरत नहीं–वह सिर्फ़ औरत नहीं, औरत की वह दुआ थी जो वह अपने से मुहब्बत करने वाले के लिए या उसके लिए जिसे वह ख़ुद चाहती है, सच्चे दिल से माँगती है।

मेरी समझ में न आता था कि बाबा जी के आश्रम में, जहाँ हर रोज़ कायदे के मुताबिक दुआ माँगी जाती है, यह औरत, जो ख़ुद एक दुआ है, कैसे अपने हाथ उठा सकेगी?

मैं सोचता हूँ कि बाबा जी, निगार, गुलाम अली, वह ख़ूबसूरत पण्डितानी और अमृतसर की सारी फ़िज़ा, जो आज़ादी की लड़ाई के रोमान-भरे नशे में लिपटी हुई थी, एक सपना-सी लगती है। ऐसा सपना जिसे एक बार देखने के बाद, जी चाहता है कि फिर देखें।

बाबा जी का आश्रम मैंने अब भी नहीं देखा, पर जो नफ़रत मुझे उससे पहले थी अब भी है। वह जगह, जहाँ कुदरत के ख़िलाफ़ उसूल बना कर, इनसानों को एक लीक पर चलाया जाए, मेरी निगाह में कोई अहमियत नहीं रखती। आज़ादी हासिल करना बिलकुल ठीक है। उसे हासिल करने के लिए आदमी मर जाए, मैं इसको भी समझ सकता हूँ; लेकिन उसके लिए अगर उस बेचारे को तरकारी की तरह ठंडा और निरीह बना दिया जाए तो यह मेरी समझ के बिलकुल बाहर की बात है।

झोपड़ी में रहना, आराम के बदले सख़्त काम करना, ख़ुदा की तारीफ़ गाना, क़ौमी नारे लगाना–यह सब ठीक है। पर यह क्या कि इनसान के उस कुदरती जज़्बे को, जिसे सौन्दर्य-प्रेम कहते हैं, आहिस्ता-आहिस्ता मुर्दा कर दिया जाए। वह इनसान क्या जिसमें ख़ूबसूरती और हंगामों की तड़प न रहे। ऐसे आश्रमों, मदरसों, विद्यालयों और मूलियों के खेत में क्या फ़र्क़ है।

देर तक बाबा जी, गुलाम अली और निगार से, जलियाँवाला बाग़ की तमाम सरगर्मियों के बारे में बातें करते रहे। अंत में उन्होंने उस जोड़े को, जो ज़ाहिर है कि अपने आने का मक़सद भूल नहीं गया था, कहा कि वे दूसरे दिन शाम को जलियाँवाला बाग़ आएँगे और उन दोनों को मियाँ-बीवी बना देंगे।

गुलाम अली और निगार बड़े खुश हुए। इससे बढ़कर उनकी ख़ुशक़िस्मती और क्या हो सकती थी कि बाबा जी ख़ुद उनके ब्याह की रस्म अदा करेंगे। गुलाम अली जैसा कि उसने मुझे बहुत बाद में बताया, इतना ख़ुश था कि फ़ौरन ही उसे इस बात का एहसास होने लगा था कि शायद जो कुछ उसने सुना है, गलत है। क्योंकि बाबा जी

के पतले, टेढ़े-मेढ़े हाथों की हल्की-सी हरकत भी एक ऐतिहासिक घटना बन जाती थी। इतनी बड़ी हस्ती, एक मामूली आदमी के लिए, जो महज़ इत्तिफ़ाक़ से कांग्रेस का डिक्टेटर बन गया है, चलकर जलियाँवाला बाग़ जाए और उसकी शादी में दिलचस्पी ले, यह हिंदुस्तान के सभी अखबारो के पहले पन्ने की मोटी सुर्खी थी।

गुलाम अली का ख़याल था, बाबा जी नहीं आएँगे, क्योंकि वे बहुत ज़्यादा मसरूफ़ रहते हैं। लेकिन उसका यह ख़याल, जो उसने असल में मनोवैज्ञानिक नज़रिए में सिर्फ़ इसलिए ज़ाहिर किया था कि वे ज़रूर आएँ, उसकी इच्छा के मुताबिक, एकदम गलत साबित होगा।

शाम के छः बजे जलियाँवाला बाग़ में जब रात की रानी की झाड़ियाँ अपनी ख़ुशबू के झोंके फैलाने की तैयारियाँ कर रही थीं और अनेक वालंटियर दूल्हा-दुल्हन के लिए एक छोटा-सा तंबू गाड़कर, उसे चमेली, गेंदे, और गुलाब के फूलों से सजा रहे थे–बाबा जी, राष्ट्रीय गीत गाने वाली जन पण्डितानी, अपने सेक्रेटरी और लाला हरिराम सर्राफ के साथ, लाठी टेकते हुए आए। उनके आने की ख़बर जलियाँवाला बाग़ में सिर्फ़ उसी वक़्त पहुँची जब सदर फाटक पर लाला हरिराम की मोटर रुकी।

मैं भी वहीं था। स्त्री वालंटियर दूसरे तंबू में निगार को दुल्हन बना रही थी। गुलाम अली ने कोई खास तैयारी नहीं की थी। सारा दिन वह शहर के कांग्रेसी बनियों से, वालंटियरों के खाने-पीने की ज़रूरतों के बारे में बातें करता रहा था। इससे छुट्टी पाकर उसने कुछ लम्हों के लिए निगार से, अकेले में कुछ बातचीत की थी। इसके बाद जैसा कि मैं जानता हूँ, उसने अपने मातहत अफ़सरों से सिर्फ़ इतना कहा था कि शादी की रस्म अदा होने के बाद ही, वह और निगार, दोनों झंडा ऊँचा करेंगे।

जब गुलाम अली को बाबा जी के आने की खबर मिली तो वह कुएँ के पास खड़ा था। मैं शायद उसे यह कह रहा था–"गुलाम अली, तुम जानते हो–यह कुआँ, जब गोली चली थी, लाशों से लबालब भर गया था-आज सब इसका पानी पीते हैं। इस बाग़ के जितने फूल हैं, इसी के पानी से सींचे जाते हैं। मगर लोग आते हैं और उन्हें तोड़कर ले जाते हैं–पानी के किसी घूँट में लहू का नमक नहीं होता, फूल की किसी पत्ती में ख़ून की लाली नहीं होती–यह क्या बात हैं?

मुझे अच्छी तरह याद है, मैंने यह कह कर अपने सामने, उस मकान की खिड़की की तरफ देखा था, जिसमें कहा जाता है कि एक नौ-उम्र लड़की बैठी तमाशा देख रही थी और जनरल डायर की गोली का निशाना बन गयी थी। उसकी छाती से निकले हुए ख़ून की लकीर, चूने की पुरानी दीवार पर और भी धुँधली हो रही थी।

अब ख़ून कुछ इतना सस्ता हो गया है कि उसके बहने-बहाने का कुछ असर ही नहीं होता। मुझे याद है कि जलियाँवाला बाग़ के ख़ूनी कत्लेआम के छह-सात महीने बाद, जब मैं तीसरे या चौथे दर्जे में पड़ता था, हमारा मास्टर पूरे दर्जे को एक बार उस

बाग़ में ले गया था। उस समय यह बाग़, बाग़ नहीं था—उजाड़, सुनसान और ऊँची-नीची ज़मीन का एक टुकड़ा था, जिसमें हर क़दम पर मिट्टी के छोटे-बड़े ढेले ठोकरें खाते थे। मुझे याद है, मिट्टी का एक छोटा-सा ढेला, जिस पर जाने पान की पीक के धब्बे या क्या था, हमारे मास्टर ने उठा लिया था और हमसे कहा था—"देखो, इस पर अभी तक हमारे शहीदों का ख़ून लगा है।"

ये कहानी लिख रहा हूँ और याद के बड़े पर्दे पर सैकड़ों छोटी-छोटी बातें उभर रही हैं। मगर मुझे तो गुलाम अली और निगार की शादी का क़िस्सा बयान करना है।

गुलाम अली को जब बाबा जी के आने की खबर मिली तो उसने दौड़कर सब वालंटियर इकट्ठे किए जिन्होंने फ़ौजी ढंग से उनको सलामी दी। इसके बाद, काफ़ी देर तक, वे और गुलाम अली, कैंपों का चक्कर लगाते रहे। इस बीच बाबा जी ने, जिनकी विनोद-प्रियता को सभी जानते थे, वालंटियर औरतों और अन्य कार्यकर्ताओं से बातें करते समय, कई फ़िक़रे चुस्त किए।

इधर-उधर मकानों में, जब बत्तियाँ जलने लगीं और जलियाँवाला बाग़ पर धुँधला अँधेरा-सा छा गया तो स्त्री वालंटियरों ने एक स्तर में भजन गाना शुरू किया। चंद आवाज़ें सुरीली, बाकी सब बेसुरी थीं, पर उसका इकट्ठा असर बड़ा सुखद था। बाबा जी, आँखें बंद किए, सुन रहे थे। क़रीब-क़रीब एक हज़ार आदमी जमा थे, जो चबूतरे के इर्द-गिर्द ज़मीन पर बैठे थे। भजन गाने वाली लड़कियों के अलावा हर कोई चुप था।

भजन पूरा होने पर कुछ देर तक ऐसी ख़ामोशी छायी रही, जो एकदम टूटने के लिए बेचैन हो। चुनांचे जब बाबा जी ने आँखें खोलीं और अपनी मीठी आवाज़ में कहा—"बच्चों, जैसा कि तुम्हें मालूम है, मैं आज यहाँ आज़ादी के दो दीवानों को एक करने आया हूँ।" तो सारा बाग़, ख़ुशी के नारों से गूँज उठा।

निगार, दुल्हन बनी, चबूतरे के एक कोने में सिर झुकाए बैठी थी। खादी की तिरंगी साड़ी में बहुत भली दिख रही थी। बाबा जी ने इशारे से उसे पास बुलाया और गुलाम अली के नज़दीक बैठा दिया। इस पर ख़ुशी के और नारे बुलन्द हुए।

गुलाम अली का चेहरा गैर-मामूली तौर पर तमतमा रहा था। मैंने ध्यान से देखा था, जब उसने निकाह का काग़ज़ अपने दोस्त से लेकर, बाबा जी को दिया तो उसका हाथ काँप रहा था।

चबूतरे पर एक मौलवी साहब भी मौजूद थे। उन्होंने क़ुरआन की वह आयत पढ़ी, जो ऐसे मौकों पर पढ़ा करते हैं। बाबा जी ने आँखें बंद कर लीं। निकाह की कार्रवाई खत्म हुई तो उन्होंने अपने खास अंदाज़ में दूल्हा-दुल्हन को आशीर्वाद दिया और जब छुहारों की बारिश शुरू हुई तो उन्होंने बच्चों की तरह झपट-झपट कर, दस-पन्द्रह छुहारे इकट्ठे करके अपने पास रख लिए।

निगार की हिंदू सहेली ने शर्मीली मुस्कराहट के साथ एक छोटी-सी डिबिया गुलाम अली को दी और उससे कुछ कहा। गुलाम अली ने डिबिया खोली और निगार की सीधी माँग में सिन्दूर भर दिया। जलियाँवाला बाग़ की ख़ुनक फ़िज़ा, एक बार फिर तालियों की तेज़ आवाज़ से गूँज उठी।

बाबा जी उस शोर में उठे। हुजूम एकदम ख़ामोश हो गया।

रात की रानी और चमेली की मिली-जुली, सोंधी-सोंधी गंध, शाम की हल्की-फूली हवा में तैर रही थी। बड़ा सुहाना समां था। बाबा जी की आवाज़ आज और भी मीठी थी। गुलाम अली और निगार की शादी पर अपनी दिली ख़ुशी ज़ाहिर करने के बाद उन्होंने कहा–"ये दोनों बच्चे, अब ज़्यादा मुस्तेदी और सच्ची लगन के साथ, अपने मुल्क और क़ौम की सेवा करेंगे, क्योंकि ब्याह का सही मक़सद, मर्द और औरत की सच्ची दोस्ती है। एक-दूसरे के दोस्त बनकर, गुलाम अली और निगार, एकजान होकर, स्वराज्य के लिए कोशिश कर सकते हैं। यूरोप में ऐसी कई शादियाँ हुई हैं, जिनका मतलब दोस्ती और सिर्फ़ दोस्ती होती है। ऐसे लोग इज़्ज़त के क़ाबिल हैं, जो अपनी जिंदगी में काम-वासना निकाल फेंकते हैं।

बाबा जी देर तक ब्याह के बारे में अपने विचार प्रकट करते रहे। उनका विश्वास था कि शादी का सहीं मज़ा, सिर्फ़ उसी समय हासिल होता है, जब मर्द-औरत का रिश्ता सिर्फ़ जिस्मानी न हो। औरत और मर्द का जिस्मानी रिश्ता उनके करीब उतना महत्त्वपूर्ण नहीं था, जितना कि आमतौर पर समझा जाता है। हज़ारों आदमी खाते हैं–अपनी जीभ के स्वाद के लिए। लेकिन इसका यह मतलब नहीं कि ऐसा करना आदमी का फ़र्ज़ है। बहुत कम लोग ऐसे हैं, जो सिर्फ़ खाते हैं–सिर्फ़ जिंदा रहने के लिए। असल में सिर्फ़ यही लोग हैं, जो खाने-पीने का सही कायदा जानते हैं। इसी तरह के लोग, जो सिर्फ़ इसलिए शादी करते हैं कि उन्हें ब्याह की पाक भावना की हक़ीक़त और इस रिश्ते की पवित्रता का पता चले, सही तौर पर शादी-शुदा ज़िंदगी का मज़ा लेते हैं।

बाबा जी ने अपने इस यक़ीन को कुछ ऐसे समझाकर, मन को छूने वाली कोमल भावनाओं के सहारे, बयान किया कि सुनने वालों के लिए एक बिलकुल नयी दुनिया के दरवाज़े खुल गए। मैं ख़ुद बड़ा प्रभावित हुआ। गुलाम अली, जो मेरे सामने बैठा था, बाबा जी की तक़रीर के एक-एक लफ़्ज़ को, जैसे पी रहा था। बाबा जी ने जब बोलना बंद किया तो उसने निगार से कुछ कहा। इसके बाद उठकर, उसने काँपती हुई आवाज़ में यह ऐलान किया,

"मेरी और निगार की शादी इसी क़िस्म की आदर्श शादी होगी; जब तक हिंदुस्तान को स्वराज नहीं मिलता, मेरा और निगार का रिश्ता, बिलकुल दोस्तों-जैसा होगा।"

जलियाँवाला बाग़ की ख़ुनक फ़िज़ा, देर तक, तालियों के बेपनाह शोर में गूँजती रही। शहज़ादा गुलाम अली भावुक हो गया। उसके कश्मीरी चेहरे पर लाली दौड़ने लगी।

भावनाओं के तूफान में उसने निगार को ऊँचे स्वर में पुकारा–"निगार! तुम एक गुलाम बच्चे की माँ बनो–क्या यह तुम्हें गवारा होगा?"

निगार, जो कुछ शादी होने की वजह से और कुछ बाबा जी की तक़रीर सुनकर, बौखलायी हुई-सी थी, यह कड़क सवाल सुनकर और भी बौखला गयी। सिर्फ़ इतना कह सकी–"जी?...जी नहीं!"

हुजूम ने फिर तालियाँ पीटीं और गुलाम अली और ज़्यादा भावुक हो गया। निगार को गुलाम बच्चे की शर्मिन्दगी से बचाकर, वह इतना खुश हुआ कि बहक गया और असली बात ने हटकर, आज़ादी हासिल करने की पेंचदार गलियों में जा निकला। एक घंटे तक वह भावुकता भरे स्वर में बोलता रहा। अचानक उसकी नज़र निगार पर पड़ी। जाने क्या हुआ–एकदम उसकी बोलने की कुव्वत जवाब दे गयी। जैसे आदमी शराब के नशे में, बिना किसी हिसाब के, नोट निकालता जाए और एकदम बटुवा खाली पाए, वैसे ही अपनी तक़रीर का बटुआ खाली पाकर, गुलाम अली को बड़ी उलझन हुई, लेकिन उसने फ़ौरन ही बाबा जी की तरफ देखा और झुककर कहा, "बाबा जी! हम दोनों को आपका आशीर्वाद चाहिए कि जिस बात का फ़ैसला हमने किया है, उस पर पूरे रहें।"

दूसरे दिन सुबह छः बजे, शहज़ादा गुलाम अली को गिरफ़्तार कर लिया गया, क्योंकि उस मक़रीर में जो उसने स्वराज्य मिलने तक बच्चा पैदा न करने की क़सम खाने के बाद की थी, अंग्रेज़ों का तख़्ता उलटने की धमकी भी थी।

गिरफ़्तार होने के चंद रोज़ बाद, गुलाम अली को आठ महीने की क़ैद हुई और उसे मुलतान जेल भेज दिया गया। वह अमृतसर का इकतालीसवाँ डिक्टेटर कृपा और शायद चालीस हज़ारवाँ सियासी क़ैदी क्योंकि जहाँ तक मुझे याद है उस आंदोलन में क़ैद होने वाले लोगों की संख्या अखबारों ने चालीस हज़ार ही बतायी थी।

आम ख़याल था कि आज़ादी की मंजिल अब सिर्फ़ दो हाथ ही दूर है। लेकिन फिरंगी कूटनीतिज्ञों ने उस आंदोलन का दूध उबलने दिया और अब हिंदुस्तान के बड़े नेताओं के साथ कोई समझौता हुआ तो यह आंदोलन ठंडी लस्सी में बदल गया।

आज़ादी के दीवाने जेलों से बाहर निकले तो क़ैद की तकलीफ़ें भूलने और अपने बिगड़े हुए कारोबार सँभालने में लग गए। शहज़ादा गुलाम अली, सात महीने के बाद ही बाहर आ गया। हालाँकि उस समय, पहले-सा जोश नहीं था, फिर भी अमृतसर के स्टेशन पर लोगों ने उसका स्वागत किया; उसके सम्मान में तीन-चार दावतें और जलसे भी हुए। मैं उन सब में शामिल था। पर ये महफ़िलें बिलकुल फीकीं थीं। लोगों पर अब एक अजीब किस्म की थकान छाई हुई थी, जैसे एक लंबी दौड़ में दौड़ने वालों से अचानक कह दिया गया कि ठहरो, यह दौड़ फिर से शुरू होगी। और अब जैसे ही दौड़ने वाले, कुछ देर हाँफने के बाद, दौड़ शुरू होने वाली जगह की तरफ, बड़ी बेदिली से लौट रहे थे।

कई बरस बीत गए। यह बेरस थकान हिंदुस्तान से दूर न हुई। मेरी दुनिया में कई छोटे-मोटे इंक़लाब आए। दाढ़ी-मूँछ उगी। कॉलेज में भरती हुआ। एम० ए० में दोबारा फेल हुआ। पिता का इंतक़ाल हो गया। रोटी की तलाश में इधर-उधर परेशान हुआ। एक थर्ड क्लास अख़बार में अनुवादक की हैसियत से नौकरी की यहाँ से जी घबराया तो एक बार फिर तालीम हासिल करने का ख़याल आया। अलीगढ़ यूनिवर्सिटी में दाख़िल हुआ और तीन महीने बाद ही टी० बी० का मरीज होकर, कश्मीर के देहातों में आवारागर्दी करता रहा। वहाँ से लौटकर बंबई का रुख किया। यहाँ दो बरस में, तीन हिंदू-मुस्लिम दंगे देखे। जी घबराया तो दिल्ली चला गया। वहाँ बंबई के मुक़ाबले में हर चीज़, सुस्त रफ़्तार देखी। कहीं हरकत नज़र आयी भी तो उसमें एक जनानापन महसूस हुआ। आख़िर यही सोचा कि बंबई अच्छा है। क्या हुआ, जो साथ वाले पड़ोसी को हमारा नाम तक पूछने की फ़ुर्सत नहीं; जहाँ लोगों को फ़ुर्सत होती है, वहाँ धोखाधड़ी और चालबाजी ज़्यादा होती है। चुनाँचे दिल्ली में दो बरस ठंडी जिंदगी बिताने के बाद, सदा रफ़्तार वाली बंबई चला आया।

घर से निकले अब आठ बरस हो चले थे। दोस्त-अहबाब और अमृतसर की सड़कें-गलियाँ किस हालत में हैं, इसका मुझे कुछ पता नहीं था। किसी से ख़तो-किताबत ही नहीं थी, जो पता चलता। दरअसल, मुझे उन आठ बरसों में अपने अतीत की तरफ से कुछ बेपरवाही-सी हो गयी थी—कौन बीते हुए दिनों के बारे में सोचे। जो आठ बरस पहले खर्च हो चुका है, उसका अब हिसाब करने से फ़ायदा? ज़िंदगी के रुपये में वही पाई ज़्यादा अहम है, जिसे तुम आज खर्च करना चाहते हो या जिस पर कल किसी की आँख है।

आज से छह बरस पहले की बात कर रहा हूँ, जब ज़िंदगी के रुपये और चाँदी के रुपये से, जिस पर बादशाह सलामत की छाप होती थी, पाई खर्च नहीं हुई थी। मैं इतना ज़्यादा गरीब नहीं था, क्योंकि फोर्ट में अपने लिए पाँव एक क़ीमती शू ख़रीदने जा रहा था।

'आर्मी एण्ड नेवी स्टोर' के इस तरफ, हॉर्नबी रोड पर, जूतों की एक दुकान है, जिसकी नुमायशी अलमारियाँ मुझे बहुत देर से अपनी तरफ खींच रही थी। मेरी याददाश्त बहुत कमज़ोर है, चुनाँचे यह दुकान ढूँढ़ने में काफ़ी समय लग गया।

यूँ तो मैं अपने लिए एक क़ीमती शू ख़रीदने आया था, पर जैसी कि मेरी आदत है, दूसरी दुकानों में सजी हुई चीज़ें देखने लगा। एक स्टोर में सिगरेट-केस देखे, दूसरे में पाइप। इसी तरह फुटपाथ पर टहलता-टहलता जूतों की एक छोटी-सी दुकान के पास आया और उसके अंदर चला गया कि चलो, यही से ख़रीद लेते हैं। दुकानदार ने गर्मजोशी से मेरा स्वागत किया और पूछा—"क्या माँगता है साब?"

मैंने थोड़ी देर याद किया कि मुझे क्या चाहिए, "हाँ, कैप सोल शू!"

"इदर नहीं रखता हम।"

बारिशें करीब थीं। मैंने सोचा, गम-बूट ही ख़रीद लूँ। कहा—"गमबूट निकालो!"

"बाज़ू वाले की दुकान से मिलेगा, साब। रबड़ का कोई चीज़ हम इदर नहीं रखता।"

मैंने ऐसे ही पूछा, "क्यों?"

"सेठ का मर्जी।"

यह मुख़्तसर लेकिन एकदम पूरा जवाब सुनकर, मैं दुकान से बाहर निकलने ही वाला था कि एक ख़ुशपोश आदमी पर मेरी नज़र पड़ी, जो बाहर फुटपाथ पर, एक बच्चा गोद में उठाए, फल वाले से संतरा ख़रीद रहा था। मैं बाहर निकला और वह दुकान की तरफ मुड़ा-"अरे, ग़ुलाम अली।"

"सआदत।" यह कहकर, उसने बच्चे-सहित मुझे अपनी छाती के साथ भींच लिया। बच्चे को यह हरकत बुरी लगी और उसने रोना शुरू कर दिया। ग़ुलाम अली ने उस आदमी को बुलाया, जिसने मुझसे कहा था कि रबड़ की कोई चीज इदर नहीं रखता, और उसे बच्चा देकर कहा, "जाओ, इसे घर ले जाओ!" फिर वह मेरी तरफ मुड़ा, "कितने दिनों बाद हम एक-दूसरे से मिले हैं।"

ग़ुलाम अली के चेहरे की तरफ गौर से देखा—वह अकड़, वह हल्का-सा गुंडापन, जो उसकी खास अपनी शान थी, अब कहीं न था। मेरे सामने, आग-भरी तक़रीर देने वाले, खद्दरधारी नौजवान की जगह, एक घरेलू क़िस्म का आम इनसान खड़ा था—मुझे उसकी वह आख़िरी तक़रीर याद आयी जब उसने जलियाँवाला बाग़ की ख़ुनक फ़िज़ा को इन गर्म लफ़्ज़ों से कँपकँपा दिया था—"निगार, तुम एक ग़ुलाम बच्चे की माँ बनो, क्या तुम्हें यह गवारा होगा?" फ़ौरन ही मुझे उस बच्चे का ख़याल आया, जो ग़ुलाम अली की गोद में था।

मैंने उससे पूछा—"यह बच्चा किसका है?"

ग़ुलाम अली ने, बिना किसी झिझक के जवाब दिया—"मेरा। इससे बड़ा एक और भी है—कहो तुमने कितने पैदा किये?"

एक लम्हें के लिए मुझे लगा, जैसे ग़ुलाम अली की बजाय, कोई और बोल रहा है। मेरे दिमाग़ में सैकड़ों ख़याल ऊपर-नीचे गिरते गए। क्या ग़ुलाम अली अपनी क़सम बिलकुल भूल चुका है? क्या इसकी सियासी ज़िंदगी, इससे बिलकुल अलग हो चुकी है? हिंदुस्तान को आज़ादी दिलाने का वह जोश, वह वलवला कहाँ गया? उस दाढ़ी-मूँछ रहित ललकार का क्या हुआ?...निगार कहाँ थी?...क्या उसने दो ग़ुलाम बच्चों की माँ बनना मंजूर कर लिया...वह मर चुकी हो। हो सकता है, ग़ुलाम अली ने दूसरी शादी कर ली हो।

"क्या सोच रहे हो?...कुछ बातें करो। इतनी देर के बाद मिले हैं!" ग़ुलाम अली ने मेरे कंधों पर हाथ मारा।

मैं शायद ख़ामोश हो गया था। एकदम चौंका और एक लम्बी 'हाँ' करके सोचने लगा कि बात कैसे शुरू करूँ। लेकिन ग़ुलाम अली ने मेरा इंतज़ार न किया और बोलना

शुरू किया, "यह दुकान मेरी है। दो बरस से मैं यहाँ बंबई में हूँ। बड़ा अच्छा कारोबार चल रहा है। महीने में तीन-चार सौ बच जाते हैं। तुम क्या सोच रहे हो? सुना है कि बहुत बड़े अफ़साना-निगार बन गए हो। याद है, हम एक दफ़ा यहाँ भाग के आए थे... लेकिन यार, अजीब बात है। उस बंबई में और इस बंबई में बड़ा फ़र्क़ महसूस होता है। ऐसा लगता है, वह छोटी थी और यह बड़ी है।"

इतने में एक ग्राहक आया, जिसे टेनिस-शू चाहिए था। गुलाम अली ने उससे कहा, "रबड़ का माल इधर नहीं मिलता, बाजू की दुकान में चले जाइए।"

ग्राहक चला गया तो मैंने गुलाम अली से पूछा, "रबड़ का माल तुम क्यों नहीं रखते? मैं भी यहाँ केप सोल लेने आया था।"

यह सवाल मैंने यूँ ही किया था, लेकिन गुलाम अली का चेहरा एकदम बेरौनक हो गया। धीमी आवाज़ में उसने सिर्फ़ इतना ही कहा, "मुझे पसंद नहीं।"

"क्या पसंद नहीं?"

"यही रबड़....रबड़ की बनी चीज़ें।" यह कहकर, उसने मुस्कराने की कोशिश की। जब नाकाम रहा तो उसने ज़ोर से एक सूखा-सा ठहाका लगाया, "मैं तुम्हें बताऊँगा। है तो बिलकुल वाहियात-सी चीज़, लेकिन...लेकिन मेरी ज़िंदगी में इसका बहुत गहरा ताल्लुक़ है।"

फ़िक्र की गहराई गुलाम अली के चेहरे पर पैदा हुई। आँखें, जिनमें अभी तक खिलंडरा-पन मौजूद था, पल भर को धुँधली हुईं, लेकिन फिर चमक उठीं, "बकवास थी यार वह ज़िंदगी...सच कहता हूँ सआदत, मैं वह दिन बिलकुल भूल चुका हूँ, जब मेरे दिमाग़ पर लीडरी सवार थी। चार-पाँच बरस से अब बड़े सुकून में हूँ। बीवी है, बच्चे हैं, अल्लाह का बड़ा फ़ज़्लो-करम है।"

अल्लाह के फ़ज़्लो-करम के असर में, गुलाम अली ने बिजनेस का जिक्र शुरू कर दिया कि कितने सरमाये से उसने काम शुरू किया था; एक बरस में कितना फ़ायदा हुआ; अब बैंक में उसका कितना रुपया है। मैंने उसे बीच में टोका और कहा, "लेकिन तुमने किसी वाहियात चीज़ का ज़िक्र किया था, जिसका तुम्हारी ज़िंदगी से गहरा ताल्लुक़ है।"

एक बार फिर गुलाम अली का चेहरा बेरौनक हो गया। उसने एक लंबी 'हाँ' की और जवाब दिया, "गहरा ताल्लुक था–शुक्र है कि अब नहीं है...लेकिन मुझे सारी दास्तान सुनानी पड़ेगी।"

इतने में उसका नौकर आ गया। दुकान उसके सुपुर्द करके, वह मुझे अंदर अपने कमरे में ले गया, जहाँ बैठकर, उसने मुझे इत्मीनान से बताया कि उसे रबड़ की चीज़ों से क्यों नफ़रत पैदा हुई।

"मेरी सियासी ज़िंदगी कैसे शुरू हुई, इसके बारे में तुम अच्छी तरह जानते हो। मेरा कैरेक्टर कैसा था, वह भी तुम्हें मालूम है। हम दोनों क़रीब-क़रीब एक जैसे थे। मेरा

मतलब है किसी से हमारे माँ-बाप फ़ख़्र से नहीं कह सकते थे कि हमारे लड़के बेऐब हैं। मालूम नहीं, मैं तुमसे यह क्यों कह रहा हूँ, लेकिन शायद तुम समझ गए हो कि मैं कोई मज़बूत कैरेक्टर का मालिक नहीं था। मुझे शौक था कि मैं कुछ करूँ। सियासत से मुझे इसीलिए दिलचस्पी पैदा हुई थी। लेकिन मैं ख़ुदा की क़सम खाकर कहता हूँ कि मैं झूठा नहीं था। वतन के लिए मैं जान भी दे देता। अब भी हाज़िर हूँ। लेकिन मैं समझता हूँ...बहुत सोच-विचार के बाद, इस नतीजे पर पहुँचा हूँ कि हिंदुस्तान की सियासत, उसके लीडर-सब बच्चे हैं, बिलकुल उसी तरह, जिस तरह मैं था। एक लहर उठती है, उसमें जोश, ज़ोर, शोर-सभी कुछ होता है, लेकिन फौरन बैठ जाती है। इसकी वजह, जहाँ तक मेरा ख़याल है, यह है कि लहर पैदा की जाती है, ख़ुद-ब-ख़ुद नहीं उठती-लेकिन मैं शायद तुम्हें अच्छी तरह समझा नहीं सकता।"

गुलाम अली के ख़यालों में बड़ा उलझाव था। मैंने उसे एक सिगरेट दिया। उसे सुलगाकर, उसने ज़ोर से तीन कश लिये और कहा, "तुम्हारा क्या ख़याल है, क्या हिंदुस्तान की हर कोशिश, जो उसने आज़ादी हासिल करने के लिए की है, गैर-कुदरती नहीं? कोशिश नहीं-मेरा मतलब है, उसका अंजाम क्या हर बार गैर-कुदरती नहीं होता रहा? हमें क्यों आज़ादी नहीं मिलती? क्या हम सब नामर्द हैं? नहीं! हम सब मर्द हैं, लेकिन हम ऐसे माहौल में हैं कि हमारी कुव्वत का हाथ आज़ादी तक पहुँचने ही नहीं पाता।"

मैंने उससे पूछा, "तुम्हारा मतलब है कि आज़ादी और हमारे बीच कोई चीज़ रुकावट बन गई है?"

गुलाम अली की आँखें चमक उठी, "बिलकुल! लेकिन यह कोई पक्की दीवार नहीं है, कोई ठोस चट्टान नहीं है-एक पतली-सी झिल्ली है-हमारी अपनी सियासत की। हमारी बनावटी जिंदगी-जहाँ लोग, दूसरों को धोखा देने के अलावा, अपने आप से भी फ़रेब करते हैं।"

उसके ख़यालात बदस्तूर उलझे हुए थे। मेरा ख़याल है, वह अपने पिछले तजुर्बो को अपने दिमाग़ में ताजा कर रहा था। सिगरेट बुझाकर उसने मेरी तरफ देखा और ऊँची आवाज़ में कहा, "इनसान जैसा है, उसे वैसा ही रहना चाहिए। नेक काम करने के लिए, क्या यह ज़रूरी है कि इनसान अपना सिर मुँडाए, गेरुए कपड़े पहने या बदन पर राख मले। तुम कहोगे यह उसकी मर्ज़ी है। लेकिन मैं कहता हूँ, उसकी इस मर्ज़ी से ही, उसकी इस निराली चीज़ से ही गुमराही फैलती है। ये लोग ऊँचे होकर, इनसान के स्वभाव की कुदरती कमज़ोरियों से ग़ाफ़िल हो जाते हैं। बिलकुल भूल जाते हैं कि उनके कैरेक्टर, उनके ख़यालात और अक़ीदे तो हवा में घुल-मिल अज़ीज़। लेकिन उनके मुंडे हुए सिर, उनके बदन की राख और उनके गेरुए कपड़े भोले-भाले इनसानों के दिमाग़ में रह जाएँगे।"

गुलाम अली और भी जोश में आ गया, "दुनिया में इतने सुधारक पैदा हुए हैं, उनकी तालीम तो लोग भूल चुके हैं, लेकिन सलीबे, धागे, दाढ़ियाँ, कड़े और बगलों के बाल

रह गए हैं। एक हज़ार बरस पहले जो लोग यहाँ बसते थे, हम उनसे ज़्यादा तजुर्बेकार हैं। मेरी समझ में नहीं आता, आज के सुधारक क्यों यह ख़याल नहीं करते कि वे इनसान की सूरत बिगाड़ रहे हैं। जी में कई बार आता है, बुलंद आवाज़ में चिल्लाना शुरू कर दूँ–ख़ुदा के लिए इनसान को इनसान रहने दो। उसकी सूरत को तुम बिगाड़ चुके हो, ठीक है अब उसके हाल पर रहम करो। तुम उसको ख़ुदा बनाने की कोशिश करते हो, लेकिन वह ग़रीब, अपनी इनसानियत भी खो रहा है सआदत! मैं ख़ुदा की क़सम खाकर कहता हूँ, यह मेरे दिल की आवाज़ है। मैंने जो महसूस किया है, वही कह रहा हूँ। अगर यह गलत है तो फिर कोई भी चीज़ दुरुस्त और सही नहीं हैं–मैंने दो बरस, पूरे दो बरस, दिमाग़ के साथ कई कुश्तियाँ लड़ी हैं। मैंने अपने दिल, अपने ज़मीर, अपने जिस्म, अपने रोयें-रोयें से बहस की है, मगर इसी नतीजे पर पहुँचा हूँ कि इनसान को इनसान ही रहना चाहिए काम, यौन-भावना को हज़ारों में एक-दो आदमी मारें। सबने अपनी काम-भावना को मार लिया तो मैं पूछता हूँ यह कुश्ता किसके काम आएगा?"

यहाँ तक कहकर उसने एक और सिगरेट लिया और उसे सुलगाने में सारी तीली जलाकर, गर्दन को एक हल्का-सा झटका दिया, "कुछ नहीं सआदत, तुम नहीं जानते, मैंने कितनी रूहानी और जिस्मानी तकलीफ़ उठाई है। लेकिन फ़ितरत के ख़िलाफ़ जो भी क़दम उठाएगा, उसे तकलीफ़ बर्दाश्त करनी ही होगी। मैंने उस दिन–तुम्हें याद होगा वह दिन–जलियाँवाला बाग़ में इस बात का, ऐलान करके कि निगार और मैं, गुलाम बच्चे पैदा नहीं करेंगे, एक अजीब तरह की, बिजली की-सी ख़ुशी महसूस की थीं-मुझे ऐसा लगा था इस ऐलान के बाद मेरा सिर ऊँचा होकर आसमान के साथ जा लगा है। लेकिन जेल से वापस आने के बाद, मुझे आहिस्ता-आहिस्ता इस बात का तकलीफ़देह, बेहद तकलीफ़देह अहसास होने लगा कि मैंने अपने जिस्म का, अपनी रूह का, एक बहुत ही ज़रूरी हिस्सा बेकार कर लिया है। अपने हाथों से अपनी ज़िंदगी के बाग़ का सबसे हसीन फूल मसल डाला है। शुरू-शुरू में इस ख़याल से मुझे एक अजीब क़िस्म का, तसल्ली देने वाला, फ़ख़्र होता रहा कि मैंने ऐसा काम किया है, जो दूसरों से नहीं हो सकता। लेकिन आहिस्ता-आहिस्ता जब मेरी चेतना के मसाम खुलने लगे तो हक़ीक़त अपनी तमाम तल्ख़ियों-समेत मेरे रगो-रेशे में रचने लगी। जेल से वापस आने पर, मैं निगार से मिला...अस्पताल छोड़कर, वह बाबा जी के आश्रम में चली गई थी... सात महीने की क़ैद के बाद, जब मैं उससे मिला तो उसकी बदली हुई रंगत, उसकी बदली हुई ज़िंदगी और जिस्मानी हालत देखकर मैंने ख़याल किया कि शायद मेरी नज़रों ने धोखा खाया है।

"लेकिन एक बरस गुजरने के बाद–एक बरस उसके साथ...." गुलाम अली के होंठों पर एक ज़ख़्मी मुस्कराहट पैदा हुई–"हाँ एक बरस उसके साथ रहने के बाद मुझे मालूम हुआ कि उसका गम भी वही है, जो मेरा था। लेकिन न वह मुझ पर ज़ाहिर करना चाहती थी और न मैं उस पर ज़ाहिर करना चाहता था। हम दोनों अपने फ़ैसले की जंजीरों में जकड़े हुए थे। एक बरस में सियासी जोश आहिस्ता-आहिस्ता ठंडा हो चुका

था। खादी के लिबास और तिरंगे झंडे में अब वह पहले की-सी कशिश बाकी न रही थी–इंक़लाब जिंदाबाद का नारा अगर कभी बुलंद होता भी था तो उसमें वह शान नज़र नहीं आती थी...जलियाँवाला बाग़ में एक तंबू भी नहीं था...पुराने कैंपों के खूँटे कहीं-कहीं गड़े नज़र आते थे। खून से सियासत की गर्मी क़रीब-क़रीब निकल चुकी थी। मैं अब ज़्यादा वक़्त घर ही में रहता था, अपनी बीवी के पास..."

एक बार फिर गुलाम अली के होठों पर वही ज़ख़्मी मुस्कराहट पैदा हुई और वह कुछ कहते-कहते ख़ामोश हो गया। मैं भी चुप रहा, क्योंकि मैं उसके ख़यालों की तरतीव तोड़ना नहीं चाहता था।

चंद लम्हों के बाद, उसने अपने माथे का पसीना पोंछा और सिगरेट बुझाकर कहने लगा, "हम दोनों एक अजीब क़िस्म की लानत में गिरफ़्तार थे। निगार से मुझे जितनी मुहब्बत है, तुम उसे जानते हो...मैं सोचने लगा–यह मुहब्बत क्या है? मैं उसको हाथ लगाता हूँ तो उसके जिस्म में जो कँपकँपाहट पैदा होती है, क्यों उसे उसकी आख़िरी हद तक नहीं पहुँचने देता? मैं क्यों डरता हूँ कि मुझसे कोई गुनाह हो जाएगा? मुझे निगार की आँखें बहुत पसंद हैं। एक रोज़, जबकि शायद मैं बिलकुल सही हालत में था, मेरा मतलब है, जैसा कि हर इनसान को होना चाहिए था, मैंने उन्हें चूम लिया, वह मेरी बाँहों में थी–यूँ कहो कि एक कँपकँपी थी, जो मेरी बाँहों में थी। क़रीब था कि मेरी रूह अपने पंख फड़फड़ाती हुई, ऊँचे आसमान की तरफ उड़ जाए कि मैंने...कि मैंने उसे पकड़ लिया और क़ैद कर लिया...उसके बाद, बहुत देर तक...कई दिनों तक अपने आपको यक़ीन दिलाने की कोशिश की कि मेरे इस काम से, मेरे इस बहादुराना कारनामे से, मेरी रूह को ऐसी लज़्ज़त मिली है, जिससे बहुत कम इनसान वाक़िफ़ हैं। लेकिन सच्चाई यह है कि मैं इसमें नाकाम रहा और इस नाकामी ने, जिसे मैं एक बहुत बड़ी कामयाबी समझना चाहता था-ख़ुदा की क़सम, यह मेरी दिली ख़्वाहिश थी कि मैं ऐसा समझूँ–मुझे दुनिया का सबसे ज़्यादा दुखी इनसान बना दिया...लेकिन जैसा कि तुम जानते हो, इनसान हीले-बहाने तलाश कर लेता है–मैंने भी एक रास्ता निकाल लिया। हम दोनों सूख रहे थे...अंदर-ही-अंदर हमारी तमाम लज़्ज़तों पर पपड़ी जम रही थी। कितनी बड़ी ट्रेजिडी है कि हम दोनों एक-दूसरे के लिए पराये बन रहे थे, मैंने सोचा। बहुत दिनों के सोच-विचार के बाद हम अपने अहद पर कायम रहकर भी... मेरा मतलब है, निगार गुलाम बच्चे पैदा नहीं करेगी।"

यह कहते हुए, उसके होंठों पर तीसरी बार वही ज़ख़्मी मुस्कराहट पैदा हुई, लेकिन फ़ौरन ही वह एक ऊँचे ठहाके में बदल गई, जिसमें तकलीफ़देह एहसास की चुभन नुमायाँ थी। फिर फ़ौरन ही संजीदा होकर वह कहने लगा, "हमारी शादीशुदा ज़िंदगी का यह अजीब दौर शुरू हुआ। अंधे को जैसे एक आँख मिल गई। मैं एकदम देखने लगा। लेकिन यह जोत थोड़ी देर के बाद धुँधली होने लगी। पहले-पहल तो यही ख़याल था..."

गुलाम अली ठीक लफ़्ज़ तलाश करने लगा–"पहले-पहल तो हम ठीक-ठाक थे। मेरा मतलब है, शुरू-शुरू में हमें इसका बिलकुल ख़याल नहीं था कि थोड़ी देर के बाद हम बेचैन हो जाएँगे...यानी एक आँख माँग करने लगी कि दूसरी आँख भी हो...शुरू में हम दोनों ने महसूस किया था, जैसे हम तंदुरुस्त हो रहे हैं, हमारी तंदुरुस्ती बक रही है...निगार का चेहरा निखर गया था, उसकी आँखों में चमक पैदा हो गई थी। मेरे अंगों से भी वह सूखा-सा तनाव दूर हो गया, जो पहले मुझे तकलीफ़ दिया करता था। लेकिन आहिस्ता-आहिस्ता फिर हम दोनों पर, अजीब-सी मुर्दनी छाने लगी। एक ही बरस में हम दोनों रबड़ के पुतले-से बन गए। मेरा एहसास ज़्यादा तीखा था। तुम यक़ीन नहीं करोगे, लेकिन ख़ुदा की क़सम, उस वक़्त, जब मैं बाज़ू का गोश्त चुटकी में लेता तो बिलकुल रबड़ मालूम होता। ऐसा लगता था कि अंदर खून की नसें नहीं हैं। निगार की हालत, जहाँ तक मेरा ख़याल है, मुझसे अलग थी। उसके सोचने का ढंग और था। वह माँ बनना चाहती थी। गली में जब भी किसी के यहाँ कोई बच्चा पैदा होता तो उसे बहुत-सी आहें छिप-छिपकर, अपने सीने के अंदर दबानी पड़ती थीं। लेकिन मुझे बच्चों का कोई ख़याल नहीं था। बच्चे न हुए तो क्या है? दुनिया में लाखों इनसान मौजूद हैं, जिनके यहाँ औलाद नहीं होती। यह कितनी बड़ी बात है कि मैं अपने अहद पर कायम हूँ? इससे तस्कीन तो काफ़ी हो जाती थी, मगर मेरे दिमाग़ पर जब रबड़ का महीन-महीन जाला तनने लगा तो मेरी घबराहट बढ़ गई...मैं हर वक़्त सोचने लगा और इसका नतीजा यह हुआ कि मेरे दिमाग़ के साथ रबड़ की छूत चिमट गई। रोटी खाता तो लुक़्मे दाँतों के नीचे कचकचाने लगते।" यह कहते हुए गुलाम अली को फुरहरी आ गई, "बहुत ही वाहियात और गलत चीज थी...उँगलियों में हर वक़्त जैसे साबुन-सा लगा है...मुझे अपने आप से नफ़रत हो गई। ऐसा लगता था कि मेरी रूह का सारा रस निचुड़ गया है और एक छिलका-सा बाकी रह गया है, इस्तेमाल किया हुआ–इस्तेमाल किया हुआ..."

गुलाम अली हँसने लगा–"शुक्र है कि वह लानत दूर हुई लेकिन सआदत किन अज़ियतों के बाद...जिंदगी बिलकुल सूखे हुए छीछड़े-सी हो गयी थी। सारी इंद्रियाँ मुर्दा हो गयी थीं, लेकिन छूने की हिस, गैर-कुदरती हद तक तेज़ हो गयी थी। तेज़ नहीं-उसका सिर्फ़ एक रुख हो गया था...लकड़ी में, शीशे में, लोहे में, काग़ज़ में, पत्थर में-हर जगह, रबड़ की वह मुर्दा, उबकाई-भरी मुलायमी। यह तकलीफ़ और भी गहरी हो जाती, जब मैं उसकी वजह का ख़याल करता–मैं दो उँगलियों के उस लानत को उठाकर फेंक सकता था, लेकिन मुझमें इतनी हिम्मत नहीं थी। मैं चाहता था, मुझे कोई सहारा मिल जाए। गहरी तकलीफ़ के इस समुंदर में मुझे एक छोटा-सा तिनका मिल गया, जिसकी मदद से मैं किनारे लग जाऊँ। बहुत देर तक मैं हाथ-पाँव मारता रहा। लेकिन एक दिन, जब मैं कोठे पर धूप में एक मज़हबी किताब पढ़ रहा था, पढ़ क्या रहा था, ऐसे ही सरसरी नज़र से देख रहा था कि अचानक मेरी नज़र एक हदीस पर पड़ी। मैं ख़ुशी से उछल पड़ा। सहारा मेरी आँखों के सामने मौजूद था। मैंने बार-बार वे सतरें पढ़ीं, मेरी सूखी जिंदगी जैसे सैराब होने लगी...लिखा

था कि शादी के बाद मियाँ-बीवी के लिए बच्चे पैदा करने लाज़िमी हैं...सिर्फ़ उसी हालत में उनकी पैदाइश रोकने की है, जब माँ-बाप की ज़िंदगी ख़तरे में हों-मैंने दो उँगलियों से उस लानत को उठाया और एक तरफ फेंक दिया।

यह कहकर यह बच्चों की तरह मुस्कराने लगा। मैं भी मुस्करा दिया, क्योंकि उसने दो उँगलियों से सिगरेट का टुकड़ा उठाकर, एक तरफ यूँ फेंका था, जैसे वह कोई बेहद घिनौनी चीज हो।

मुस्कराते-मुस्कराते गुलाम अली सहसा गंभीर हो गया, "मुझे मालूम है सआदत-मैंने जो कुछ तुमसे कहा है, तुम उसकी कहानी बना दोगे। लेकिन देखो, मेरा मजाक़ न उड़ाना, ख़ुदा की क़सम, मैंने जो कुछ किया था, वही तुमसे कहा है। मैं इस मामले में तुमसे बहस नहीं करूँगा। लेकिन जो कुछ मैंने हासिल किया है, वह यह है कि क़ुदरत के खिलाफ जाना, हरगिज़-हरगिज़ बहादुरी नहीं-यह कोई कारनामा नहीं कि तुम फ़ाके करते-करते मर जाओ, या जिंदा रहो...कब्र खोदकर उसमें गड़ जाना और कई-कई दिन उसके अंदर दम साधे रखना; नुकीली कीलों के बिस्तर पर महीनों लेटे रहना; एक हाथ बरसों ऊपर उठाए रखना, यहाँ तक कि वह सूख-सूखकर लकड़ी हो जाए–ऐसे मदारीपन से, न ख़ुदा मिल सकता है, न स्वराज, और मैं तो समझता हूँ, हिंदुस्तान को स्वराज सिर्फ़ इसलिए नहीं मिल रहा है कि यहाँ मदारी ज़्यादा हैं और लीडर कम। जो हैं, वे क़ुदरत के उसूलों के ख़िलाफ़ चल रहे हैं। ईमान और साफदिली का बर्थ-कंट्रोल करने के लिए इन लोगों ने सियासत ईजाद कर ली है और यही सियासत है, जिसने आज़ादी की कोख का मुँह बंद कर दिया है...

गुलाम अली इसके आगे भी कुछ कहने वाला था कि उसका नौकर अंदर आया। उसकी गोद में शायद गुलाम अली का दूसरा बच्चा था जिसके हाथ में एक सुंदर, रंगीन गुब्बारा था। गुलाम अली पागलों की तरह उस पर झपटा–पटाखे-सी आवाज़ आयी, गुब्बारा पट गया और बच्चे के हाथ में धागे के साथ रबड़ का एक छोटा-सा टुकड़ा लटकता रह गया। गुलाम अली ने दो उँगलियों से उस टुकड़े को छीनकर यूँ फेंका, मानो वह बड़ी ही घिनौनी चीज़ थी।

एक ख़त

तुम्हारा लंबा ख़त मिला, जिसे मैंने दो बार पढ़ा। दफ़्तर में इसके एक-एक लफ़्ज़ पर मैंने गौर किया और शायद इसी वजह से उस दिन मुझे रात के दस बजे तक काम करना पड़ा, इसीलिए कि मैंने बहुत-सा वक़्त इस सोच-विचार में जाया कर दिया था। तुम जानते हो, इस सरमायापरस्त दुनिया में अगर मज़दूर निश्चित वक़्त के एक-एक लम्हे के बदले, अपनी जान के टुकड़े तोलकर न दे तो उसे अपने काम की मज़दूरी नहीं मिल सकती। लेकिन यह रोना रोने से क्या फ़ायदा?

शाम को अज़ीज़ साहब (जिनके यहाँ मैं आजकल ठहरा हुआ हूँ) दफ़्तर में तशरीफ़ लाए और कमरे की चाबियाँ देकर कहने लगे–"मैं जरा काम में कहीं जा रहा हूँ, शायद देर में आना हो, इसलिए तुम मेरा इंतज़ार किए बिना, चले जाना।" लेकिन फिर फौरन ही उन्होंने चाबियाँ जेब में डालीं और कहने लगे, "नहीं, तुम मेरा इंतज़ार करना। मैं दस बजे तक लौट आऊँगा।"

दफ़्तरी काम से फ़ारिग हुआ तो दस बज चुके थे। सख़्त नींद आ रही थी। आँखों में बड़ी प्यारी-सी गुदगुदी हो रही थी। जी चाहता था, कुर्सी ही पर सो जाऊँ।

नींद की इसी झोंक में ग्यारह बजे तक मैंने अज़ीज़ साहब का इंतज़ार किया, पर वे न आए। आख़िर थककर मैंने घर की राह ली। मेरा ख़याल था कि वो उधर-ही-उधर घर चले गए होंगे और आराम से सो रहे होंगे। धीरे-धीरे आधा मील का फासला तय करने के बाद, मैं तीसरी मंजिल पर चढ़ा और जब अँधेरे दरवाज़े की कुंडी की तरफ हाथ बढ़ाया तो लोहे के ताले की ठंडक ने मुझे बताया कि अज़ीज़ साहब अभी तशरीफ़ नहीं लाए।

सीढ़ियाँ चढ़ते समय मेरे थके हुए अंग सुकून-भरी नींद को महसूस करके और भी ढीले हो गए थे और जब मुझे निराशा का सामना करना पड़ा तो और शिथिल हो गए। देर तक काठ की सीढ़ी के एक जीने पर सिर को घुटनों में दबाए, मैं अज़ीज़ साहब का इंतज़ार करता रहा, पर वे न आए। आख़िरकार थक-हारकर मैं उठा और तीन मंज़िलें उतरकर, नीचे बाज़ार में आया और ऐसे ही टहलना शुरू कर दिया। टहलते-टहलते पुल पर जा निकला, जिसके नीचे से रेलगाड़ियाँ गुज़रती हैं। इस पुल के पास ही एक बड़ा चौक है। यहाँ लगभग आध घंटे तक मैं बिजली के एक खंभे के साथ लगकर खड़ा रहा और अपने सामने नीम-रोशन बाज़ार को इस उम्मीद पर देखता रहा कि अज़ीज़ साहब घर की तरफ लौटते नज़र आ जाएँगे। आध घंटे के इस इंतज़ार के बाद मैंने अचानक सिर उठाकर खंभे के ऊपर देखा। बिजली का कुमकुमा मेरी हँसी उड़ा रहा था, जाने क्यों?

थकावट और नींद के झोंके की वजह से मेरी कमर टूट रही थी और मैं चाहता था, थोड़ी देर के लिए बैठ जाऊँ। बंद दुकानों के चबूतरे मुझे दावत दे रहे थे, पर मैंने उनकी दावत क़ुबूल न की और चलता-चलता पुल की पथरीली मुँडेर पर चढ़कर बैठ गया। चौड़ा बाज़ार बिलकुल ख़ामोश था। आना-जाना लगभग बंद था। अलबत्ता कभी-कभी दूर से मोटर के हार्न की रोनी आवाज़ ख़ामोश फ़िज़ा में कंपन पैदा करती हुई ऊपर की तरफ उड़ जाती थी। मेरे सामने सड़क के दोनों ओर बिजली के ऊँचे खंभे दूर तक फैले चले गए थे, जो नींद और उसके एहसास से अनजान लगते थे। उनको देखकर मुझे रूस के मशहूर शायर मयातल्फ़ की नज़्म के कुछ शेर याद आ गए। यह नज़्म 'चिरागे-राह' के नाम समर्पित की गयी है। मयातल्फ़ सड़क के किनारे झिलमिलाती रोशनियों को देखकर कहता है :

ये नन्हे चराग़, ये नन्हे सरदार,

सिर्फ़ अपने लिए चमकते हैं,

जो कुछ ये देखते हैं, जो कुछ ये सुनते हैं

किसी को नहीं बताते।

रूसी शायर ने कुछ ठीक ही कहा है। मेरे पास ही एक गज़ के फ़ासले पर बिजली का खंभा गड़ा था और उसके ऊपर बिजली का, एक चंचल आँखों वाला क़ुमक़ुमा नीचे झुका हुआ था। उसकी आँखें रोशन थीं, पर वह मेरे सीने की बेचैनी से बेख़बर था। उसे क्या पता, मुझ पर क्या बीत रही है।

सिगरेट सुलगाने के लिए मैंने जेब में हाथ डाला तो तुम्हारे वज़नी लिफ़ाफ़े पर हाथ पड़ा। जेहन में तुम्हारा ख़त पहले से ही मौजूद था, चुनांचे मैंने लिफ़ाफ़ा खोलकर बसंती रंग के काग़ज़ निकालकर उन्हें पढ़ना शुरू किया। तुम लिखते हो-"कभी तुम शैतान बन जाते हो और कभी फ़रिश्ता नज़र आने लगते हो।" यहाँ भी दो-तीन आदमियों ने मेरे बारे में यही राय क़ायम की है और मुझे यक़ीन-सा हो गया है कि मैं सचमुच दो सीरतों का मालिक हूँ। इस पर मैंने अच्छी तरह गौर किया है और जो नतीजा निकाला है, वह कुछ इस तरह बयान किया जा सकता है।

बचपन और लड़कपन में मैंने जो कुछ चाहा, वह पूरा न होने दिया गया। यूँ कहो कि मेरी ख़्वाहिशें कुछ इस तरह पूरी की गयीं कि उनकी पूर्ति मेरे आँसुओं और मेरी हिचकियों से लिपटी हुई थी। मैं शुरू ही से जल्दबाज़, जज़्बाती और तुनुक-मिज़ाज रहा हूँ। अगर मेरा जी कोई मिठाई खाने को चाहा है और यह चाह ऐन वक़्त पर पूरी नहीं हुई तो बाद में मेरे लिए उस खास मिठाई में कोई स्वाद नहीं रहा। इन बातों की वजह से मैंने हमेशा अपने गले में एक कड़वाहट-सी महसूस की है और इस तली की शिद्दत बढ़ाने में इस दुखद सच्चाई का हाथ है कि मैंने जिससे प्यार किया, बल्कि मेरी हम कमज़ोरी से ज़बरदस्ती नाजायज़ फ़ायदा भी उठाया, वे मुझसे छल-कपट करते रहे और मज़ा यह है कि मैं उन तमाम दग़ाबाज़ियों के एहसास के बावजूद उनसे प्यार करता रहा। मुझे अच्छी तरह मालूम है कि वे अपनी हर नयी चाल की कामयाबी पर बहुत ख़ुश होते थे कि उन्होंने मुझे बेवकूफ़ बना लिया और मेरी बेवकूफ़ी देखो कि मैं सब कुछ जानते हुए भी, बेवकूफ़ बन जाता था।

जब इस सिलसिले में मुझे हर तरफ में निराशा हुई—यानी जिस किसी को मैंने दिल से चाहा, उसने मेरे साथ धोखा किया—तो मेरा मन बुझ गया और मैंने महसूस किया कि मैं रेगिस्तान में एक भौंरे की तरह हूँ, जिसे रस चूसने के लिए नज़र की हद तक कोई फूल नज़र नहीं आ सकता। लेकिन इसके बावजूद, मैं प्यार करने से बाज़ न आया और हमेशा की तरह किसी ने भी मेरी इस भावना की क़द्र न की। जब पानी सिर से गुज़र गया और मुझे अपने तथाकथित दोस्तों की बेवफ़ाइयाँ और लापरवाहियाँ याद आने लगीं तो मेरे सीने के अंदर एक हलचल-सी मच गयी। मेरे वजूद के जज़्बाती, लाज़वाब और

मुखर हिस्सों में एक जंग-सी छिड़ गयी। मेरा मुखर वजूद इन लोगों को घटिया और घृणित मानते हुए और पिछली घटनाओं की तकलीफ़देह तस्वीर दिखाते हुए, इस बात की माँग करता था कि मैं औरों के लिए अपना दिल पत्थर का बना लूँ और मुहब्बत को हमेशा के लिए बाहर निकाल फेंकूँ। लेकिन जज़्बाती वजूद उन तकलीफ़देह घटनाओं को दूसरे रंग में पेश करते हुए, मुझे फ़ख़्र करने पर मज़बूर करता कि मैंने ज़िंदगी का यही रास्ता अपनाया है। उसकी नज़र में नाकामियाँ-ही-नाकामियाँ थीं। वह चाहता था कि मैं प्यार किए जाऊँ, कि यही कायनात की आत्मा है। अचेतन मन इस झगड़े में बिलकुल अलग-थलग रहा। ऐसा लगता है कि उस पर एक निहायत ही अजीबो गरीब नींद छायी हुई थी।

यह जंग ख़ुदा जाने किस मनहूस दिन शुरू हुई कि अब मेरी ज़िंदगी का एक अंग बनकर रह गयी है। दिन हो या रात, जब कभी मुझे फ़ुर्सत के कुछ लम्हे मिलते हैं, मेरे सीने के चटियल मैदान पर मेरे मुखर और जज़्बाती वजूद हथियार बाँधकर खड़े हो जाते हैं और लड़ना शुरू कर देते हैं। उन लम्हों में जब उन दोनों के बीच लड़ाई ज़ोरों पर हो, अगर कोई मेरे साथ बात करे तो मेरा लहजा यक़ीन ही कुछ और क़िस्म का होता है। मेरे हलक़ में एक नाक़ाबिले बयान तल्ख़ी घुल रही होती है। आँखें गर्म होती है और शरीर का एक-एक अंग बेकल होता है। मैं बहुत कोशिश किया करता हूँ कि अपने लहजे को तुर्श न होने दूँ और कभी-कभी मैं इस कोशिश में सफल भी हो जाता हूँ, लेकिन अगर मेरे कानों को कोई अप्रिय चीज़ सुनायी दे, या मैं ऐसी कोई चीज़ महसूस करूँ, जो मेरी तबियत के एकदम ख़िलाफ़ हो तो फिर मैं कुछ नहीं कर सकता! मेरे सीने की गहराइयों में जो कुछ भी उठता है, ज़ुबान के रास्ते बाहर निकल जाता है और मौकों पर जो शब्द भी मेरी ज़ुबान पर आते हैं, बेहद तल्ख़ होते हैं। उनकी तरी और तुर्शी का एहसास मुझे उस समय कभी नहीं हुआ, इसलिए कि मैं अपने मिज़ाज से हमेशा और हर समय बाखबर रहता हूँ और मुझे मालूम होता है कि मैं कभी किसी को दुख नहीं पहुँचा सकता। अगर मैंने अपने मिलनेवालों में से या किसी दोस्त को नाख़ुश किया है तो उसका कारण मैं नहीं हूँ, बल्कि ये खास लम्हे हैं, जब मैं पागल से बेहतर नहीं होता या तुम्हारे अल्फ़ाज़ में 'शैतान' होता हूँ। हालाँकि यह लफ़्ज़ बहुत सख़्त है और इसे मेरे पागलपन पर लागू नहीं किया जा सकता।

जब तुम्हारा पिछले से पिछला ख़त मिला था, उस समय मेरा मुखर अस्तित्व मेरे जज़्बाती वजूद पर हावी था और मैं अपने दिल से नर्म-नाजुक गोश्त को पत्थर में बदलने की कोशिश कर रहा था। मैं पहले ही से अपने सीने की आग में फुँका जा रहा था कि ऊपर से तुम्हारे ख़त ने तेल डाल दिया।

तुमने बिलकुल सही कहा है, "तुम दर्द-भरा दिल रखते हो, हालाँकि इसको अच्छा नहीं समझते।" मैं इसको अच्छा क्यों नहीं समझता?–इस सवाल का जवाब, इंसानियत

को कुचलने वाले हिंदुस्तान की निज़ाम है, जिसमें लोगों की जवानी पर बुढ़ापे की मोहर लगा दी जाती है।

मेरा दिल दर्द से भरा हुआ है और यही वजह है कि मैं बीमार हूँ और बीमार रहता हूँ। जब तक मेरे सीने में दर्दमंदी मौजूद है, मैं हमेशा बेचैन रहूँगा। तुम शायद इसे अत्युक्ति समझो, पर यह असलियत है कि यह दर्द मंदी मेरे लहू की बूँदों से अपनी ख़ुराक हासिल कर रही है और एक दिन ऐसा आएगा, जब सिर्फ़ दर्द-ही-दर्द रह जाएगा और तुम्हारा दोस्त दुनिया की नज़रों से ग़ायब हो जाएगा। मैं अकसर सोचता हूँ दर्द-मंदी की इस भावना ने मुझे कैसे-कैसे भयानक दुख पहुँचाए हैं। यह क्या कम है कि मेरी जवानी के दिन बुढ़ापे की रातों में बदल गए हैं और जब मैं यह सोचता हूँ तो इस बात का इरादा करने पर मज़बूर हो जाता हूँ कि मुझे अपना दिल पत्थर का बना लेना चाहिए। लेकिन अफ़सोस है, इस दर्द मंदी ने मुझे इतना कमज़ोर बना दिया है कि मुझमें यह नहीं हो सकता, और चूँकि मुझसे यह नहीं हो सकता इसलिए मेरी तबियत में अजीबोगरीब कैफ़ियतें पैदा हो गयी हैं।

शेर मैं अब भी सही नहीं पढ़ सकता, इसलिए कि शायरी से मुझे बहुत कम दिलचस्पी रही है। लेकिन मुझे इस बात का पूरे तौर पर एहसास है कि मेरी तबियत का झुकाव शायरी की तरफ है। शहर में बसने वाले लोगों की 'वजनी शायरी' मुझे पसंद नहीं। देहात के हल्के-फुल्के गीत मुझे बेहद भाते हैं। ये इतने स्वच्छ होते हैं कि उनके पीछे दिल धड़कते हुए नज़र आ सकते हैं। तुम्हें हैरत है कि मैं 'रूमानी ट्रेजिडी' क्योंकर लिखने लगा और मैं ख़ुद इस बात पर हैरान हूँ।

कुछ लोग ऐसे हैं, जो अपने एहसास को दूसरों की ज़ुबान में बयान करके अपना सीना खाली करना चाहते हैं। ये लोग दिमाग़ से कोरे हैं और मुझे इन पर तरस आता है। यह दिमाग़ी गरीबी, माली मुफ़लिसी से ज्यादा तकलीफ़देह है। मैं माली मुफ़लिस हूँ, मगर ख़ुदा का शुक्र है, जेहनी मुफ़लिस नहीं हूँ, वरना मेरी मुसीबतों की कोई हद न होती। मुझे यह कितना बड़ा इत्मीनान है कि मैं जो कुछ महसूस करता हूँ, वही ज़ुबान से बयान कर लेता हूँ।

मैंने अपने अफ़सानों के बारे में कभी गौर नहीं किया। अगर उनमें कोई चीज़ तुम्हारे कहने के मुताबिक, 'जलवागर' है तो वह मेरा 'बेकल वतन' है। मेरा ईमान न अहिंसा पर है, न हिंसा पर, दोनों पर है और दोनों पर नहीं। मौजूदा, बदलते हुए माहौल में रहते हुए मेरे ईमान में स्थिरता नहीं रही। आज मैं एक चीज़ को अच्छा समझता हूँ, लेकिन दूसरे दिन सूरज की रोशनी के साथ ही उस चीज़ का रूप बदल जाता है। उसकी तमाम अच्छाईयाँ-बुराइयाँ बन जाती हैं। इनसान का इल्म बहुत महदूद है और मेरा इल्म महदूद होने के अलावा बिखरा हुआ भी है। ऐसी सूरत में, तुम्हारे इस सवाल का जवाब मैं कैसे दे सकता हूँ?

मुझ पर लेख लिखकर क्या करोगे प्यारे! मैं अपने कलम की कैंची से अपना लिबास पहले ही तार-तार कर चुका हूँ। ख़ुदा के लिए मुझे और नंगा करने की कोशिश न करो। मेरे चेहरे से अगर तुमने नक़ाब उठा दी तो तुम दुनिया को एक बहुत ही डरावनी शक्ल दिखाओगे। मैं हड्डियों का एक ढाँचा हूँ, जिस पर मेरा कलम कभी-कभी पतली झिल्ली मढ़ता रहता है। अगर तुमने झिल्लियों की यह तह उधेड़ डाली तो मेरा ख़याल है, जो डरावनी-सी सूरत तुम्हें मुँह खोले नज़र आएगी, उसे देखने की ताब तुम ख़ुद में न पाओगे।

मेरी कश्मीर की ज़िंदगी!...हाय मेरी कश्मीर की ज़िंदगी! मुझे पता है, तुम्हें मेरी ज़िंदगी के इस ख़ुशगवार टुकड़े के बारे में तरह-तरह की बातें मालूम होती रहती हैं। ये बातें जिन लोगों के जरिये तुम तक पहुँची है, उनको मैं अच्छी तरह जानता हूँ; इसलिए तुम्हारा यह कहना सही है कि तुम उनको सुनकर, अभी तक कोई सही राय नहीं बना सके। लेकिन मैं यह ज़रूर कहूँगा कि यह कहने के बावजूद तुमने एक राय बनायी है और ऐसा करने में बहुत जल्दबाजी से काम लिया है। अगर तुम मेरी तमाम तहरीरों को सामने रख लेते तो तुम्हें यह ग़लतफ़हमी हरगिज़-हरगिज़ न होती कि मैं कश्मीर में एक भोली-भाली लड़की से मिलता रहा हूँ। मेरे दोस्त, तुमने मुझे सदमा पहुँचाया है।

वज़ीर कौन थी?...इसका जवाब थोड़े में यही हो सकता है कि वह एक देहाती लड़की थी। जवान और पूरी जवान। उस पहाड़ी लड़की के बारे में, जिसने मेरी ज़िंदगी की किताब के कुछ पन्नों पर चंद हसीन नक्शा बनाये हैं, मैं बहुत कुछ कह चुका हूँ।

मैंने वज़ीर को 'बरबाद' नहीं किया। अगर 'बरबादी' से तुम्हारा मतलब 'जिस्मानी बरबादी' है तो वह पहले ही से बरबाद हो चुकी थी और वह इसी बरबादी में अपनी ख़ुशी तलाश करती थी। जवानी के नशे में मस्त, उसने इस गलत ख़याल को अपने दिमाग़ में जगह दे रखी थी कि ज़िंदगी का असली आनंद और मज़ा अपना ख़ून खौलाने में है और वह इस मक़सद के लिए हर वक़्त ईंधन चुनती रहती थी। यह तबाही भरा ख़याल उसके दिमाग़ में कैसे पैदा हुआ, इसके बारे में बहुत कुछ कहा जाता है। हमारी जाति में ऐसे लोगों की कमी नहीं, जिनका काम सिर्फ़ भोली-भाली लड़कियों से खेलना होता है। जहाँ तक मेरा अपना ख़याल है, वज़ीर उस चीज़ का शिकार थी जिसे सभ्यता और संस्कृति का नाम दिया जाता है। एक छोटा-सा पहाड़ी गाँव है, जो शहरों के शोर-हंगामे से बहुत दूर, हिमालय की गोद में आबाद है और अब तहजीब और तमद्दुन की कृपा से उसका परिचय शहरों से हो गया है। दूसरे शब्दों में शहरों की ज़िंदगी उस जगह पहुँचनी शुरू हो गयी है।

खाली सलेट पर तुम जो कुछ भी लिखोगे, साफ तौर पर दिखाई देगा और साफ पढ़ा जाएगा। वज़ीर का सीना बिलकुल खाली था। दुनियावी ख़यालात से पाक और साफ। लेकिन सभ्यता के खुरदरे हाथों ने उस पर निहायत भद्दे नक्शे बना दिए थे, जो मुझे उसकी गलत रविश का कारण दिखते हैं।

वज़ीर का मकान या झोपड़ा, सड़क के ऊपर, पहाड़ की ढलान में स्थित था और मैं उसकी माँ के कहने पर, हर रोज़ उससे जरा ऊपर, चीड़ के पेड़ों की छाँव में, ज़मीन पर दरी बिछाकर, कुछ लिखा-पढ़ी करता था और आम तौर पर वज़ीर मेरे पास ही अपनी भैंस चराया करती थी। चूँकि होटल से हर रोज़ दरी उठाकर यहाँ लाना और फिर उसे वापस ले जाना, मेरे जैसे आदमी के लिए एक मुसीबत थी, इसलिए मैं उसे उनके घर में ही छोड़ जाता था। एक दिन की बात है, मुझे नहाने में देर हो गयी और मैं टहलता-टहलता पहाड़ी के कठिन रास्तों को तय करके जब उनके घर पहुँचा और दरी माँगी तो उसकी बड़ी बहन से मालूम हुआ कि वज़ीर दरी लेकर ऊपर चली गई है। यह सुनकर मैं और ऊपर चढ़ा और जब उस बड़े पत्थर के पास आया, जिसे मैं मेज के रूप में इस्तेमाल करता था तो मेरी निगाहें वज़ीर पर पड़ी। दरी अपनी जगह पर बिछी हुई थी और वह अपना हरा, कलफ़-लगा दुपट्टा ताने सो रही थी।

मैं देर तक पत्थर पर बैठा रहा। मुझे मालूम था, वह सोने का बहाना करके लेटी है। शायद उसका ख़याल था कि मैं उसे जगाने की कोशिश करूँगा और वह गहरी नींद का बहाना करके जागने में देर करेगी। लेकिन मैं ख़ामोश बैठा रहा, बल्कि अपने चमड़े के थैले से एक किताब निकालकर उसकी तरफ पीठ करके पढ़ने में मशगूल हो गया। जब आध घंटा इस तरह गुज़र गया तो लाचार होकर वह जागी। अँगड़ाई लेकर उसने अजीब-सी आवाज़ मुँह से निकाली।

मैंने किताब बंद कर दी और मुड़कर उससे कहा–"मेरे आने से तुम्हारी नींद तो ख़राब नहीं हुई?"

वज़ीर ने आँखें मलकर लहजे को निंदासा-सा बनाते हुए कहा–"आप कब आये थे?"

"अभी-अभी आ के बैठा हूँ। सोना है तो सो जाओ।"

"नहीं...आज निगोड़ी नींद को जाने क्या हो गया। कमर सीधी करने के लिए ज़रा देर को यहाँ लेटी थी कि बस सो गयी।...दो घंटे से क्या कम सोयी हूँगी।" उसके गीले होंठों पर मुस्कराहट खेल रही थी और उसकी आँखों से जो कुछ बाहर झाँक रहा था, उसको मेरी कलम बयान करने में असमर्थ है। मेरा ख़याल है, उस वक़्त उसके दिल में यह एहसास करवटें ले रहा था कि उसके सामने एक मर्द बैठा है और वह औरत है–जवान औरत–जोबन की उमंगों का उबलता हुआ चश्मा!

थोड़ी देर के बाद वह गैर-मामूली तौर पर बातूनी बन गयी और बहक-सी गयी। मैंने उसकी भैंस और बछड़े का ज़िक्र छेड़ने के बाद एक दिलचस्प कहानी सुनायी, जिसमें एक बछड़े से उसकी माँ के प्यार का किस्सा था। इससे उसकी आँखों की वे चिंगारियों ठंडी हो गयीं, जो कुछ देर पहले लपक रही थीं।

मैं ज़ाहिद नहीं हूँ और न मैंने कभी इसका दावा किया है। गुनाह और सवाब सज़ा और जज़ा के बारे में मेरे विचार दूसरों से अलग हैं और यक़ीनन तुम्हारे ख़यालों से भी

बहुत अलग हैं। इसी तरह औरतों के बारे में भी मेरे विचार अजीबोगरीब है। मैं इस वक़्त इस बहस में नहीं पड़ना चाहता क्योंकि इसके लिए मन की शांति और समय चाहिए। पर बात आ गयी है तो एक घटना बयान करता हूँ, जिससे तुम मेरे ख़यालों के बारे में कुछ अंदाज़ा लगा सकोगे।

बातों-बातों में एक बार मैंने अपने एक दोस्त से कहा कि हुस्न अगर पूरे शबाब और जोबन पर हो तो वह दिलकशी खो बैठता है। मुझे अब भी इस ख़याल पर यक़ीन है, पर मेरे दोस्त ने इसे एक बेमानी दलाल बताया। हो सकता है, तुम्हारी निगाह में भी यह बेमानी हो। मगर मैं तुमसे अपने दिल की बात कहता हूँ। उस हुस्न ने मेरे मन को कभी अपनी ओर नहीं खींचा–जो पूरे शबाब पर हो। उसको देखकर मेरी आँखें जरूर चौंधिया जाएँगी। मगर इसका यह मतलब नहीं कि उस हुस्न की तमाम कैफ़ियतें मेरे दिल और दिमाग़ पर तारी हो गयी हैं। शोख़ और भड़कीले रंग कभी उस बुलंदी तक नहीं पहुँच सकते, जो नर्म और नाज़ुक रंगों और लकीरों को हासिल है। वह हुस्न यक़ीनन इज़्ज़त के क़ाबिल है, जो आहिस्ता-आहिस्ता निगाहों में जज़्ब होकर दिल में उतर जाए। रोशनी का चौंधियाने वाला शोला, दिल की जगह, नसों पर असर करता है। लेकिन इस फिज़ूल बहस में पड़ने से क्या फ़ायदा?

मैं कह रहा था कि मैं ज़ाहिद नहीं हूँ और यह कहते समय मैं दबी ज़ुबान से बहुत-सी चीज़ों को स्वीकार भी कर रहा हूँ। लेकिन उस पहाड़ी लड़की से, जो शारीरिक लज़्ज़तों पर मोहित थी, मेरे संबंध सिर्फ़ जेहनी और रूहानी थे। मैंने शायद तुम्हें यह नहीं बताया कि मैं इस बात का क़ायल हूँ कि अगर औरत से दोस्ती की जाए तो उसके अंदर अनोखापन होना चाहिए। उससे इस तरह मिलना चाहिए कि वह तुम्हें दूसरों में बिलकुल अलग समझने पर मज़बूर हो जाए। उसे तुम्हारे दिल की हर धड़कन में ऐसी पुकार सुनायी दे, जो उसके कानों के लिए नयी हो।

औरत और मर्द–और उनका आपसी रिश्ता–हर बालिग़ आदमी को मालूम है लेकिन माफ़ करना, यह रिश्ता मेरी नज़रों में पुराना हो चुका है–इसमें सरासर हैवानियत है। मैं पूछता हूँ, अगर मर्द को अपनी मुहब्बत का केंद्र, किसी औरत को ही बनाना है तो वह इंसानियत के इस पाकीज़ा जज़्बे में हैवानियत को क्यों जगह दे?...क्या इसके बिना प्यार-मुहब्बत नहीं हो सकता?...क्या जिस्मानी मशक़्क़त का नाम मुहब्बत है?

वज़ीर को यही भरम था कि शारीरिक लज़्ज़तों का नाम प्यार है और मेरा उद्यान है, जिस मर्द से भी वह मिलती थी, वह प्यार का मतलब इन्हीं शब्दों में बयान करना था। मैं उससे मिला और उसके सारे विचारों का विरोधी बनकर, मैंने उससे दोस्ती पैदा की। उसने अपने भड़कीले रंग के सपनों का फल मेरे वजूद में खोजने की कोशिश की, पर उसे निराशा हुई। लेकिन चूँकि वह गलत होने के साथ-साथ मासूम थी, मेरी सीधी-सादी बातों ने उस निराशा को हैरत में बदल दिया और धीरे-धीरे उसका यह आश्चर्य इस

ख़्वाहिश का रूप धारण कर गया कि वह इस नयी रस्म-राह की गहराइयों की जानकारी हासिल करे। यह ख़्वाहिश यक़ीनन ही एक पाकीज़ा मासूमियत में बदल जाती और वह अपने औरतपन का पिछला गौरव फिर से हासिल कर लेती, जिसे वह गलत रास्ते पर चलकर खो बैठी थी, लेकिन अफ़सोस, मुझे उस पहाड़ी गाँव से अचानक भीगी आँखों के साथ अपने शहर वापस आना पड़ा।

मुझे वह अकसर याद आती है...क्यों?...इसलिए कि विदा होते समय उसकी सदा मुस्कराती आँखों में दो छलकते हुए आँसू बता रहे थे कि वह मेरी भावना से काफ़ी प्रभावित हो चुकी है और सच्ची मुहब्बत की एक नन्ही-सी किरन उसके सीने के अँधेरे में दाख़िल हो चुकी है।...काश, मैं वज़ीर को प्यार की तमाम ऊँचाइयों से परिचित करा सकता और क्या पता है कि वह पहाड़ी लड़की मुझे वह चीज़ हासिल करा देती, जिसकी खोज में मेरी जवानी बुढ़ापे के सपने देख रही है।

यही है मेरी दास्तान, जिसमें बकौल तुम्हारे, लोग अपनी दिलचस्पी का सामान तलाश करते हैं।...तुम नहीं समझते और नये लोग समझते हैं कि मैं ये कहानियाँ क्यों लिखता हूँ।...फिर कभी समझाऊँगा।

दो क़ौमें

मुख़्तार ने शारदा को पहली बार झिरियों से देखा। वह ऊपर कोठे पर कटी हुई पतंग लेने गया, तो उसे झिरियों में से एक झलक दिखाई दी। सामने वाले मकान की ऊपरी मंजिल की खिड़की खुली थी। लड़की डोंगा हाथ में लिए नहा रही थी। मुख़्तार को बड़ा विस्मय हुआ कि लड़की कहाँ से आ गयी क्योंकि सामने वाले मकान में कोई लड़की नहीं थी। जो थी, ब्याही जा चुकी थी। सिर्फ़ रूपकौर थी, उसका पिलपिला पति कालूमल था। उसके तीन बच्चे थे और बस।

मुख़्तार ने पतंग उठायी और ठिठककर रह गया। लड़की बहुत ख़ूबसूरत थी। उसके नंगे बदन पर सुनहरे रोएँ थे। उनमें फँसी हुई पानी की नन्ही-नन्ही बूँदें चमक रही थी। उसका रंग हल्का साँवला था। साँवला भी नहीं, ताँबे के रंग जैसा। पानी की नन्ही-नन्ही बुँदियाँ ऐसी लगती थी जैसे उसका बदन पिघलकर बूँद-बूँद गिर रहा था।

मुख़्तार ने झिरी के सुराखों के साथ अपनी आँखें जमा दीं। और उस लड़की को जो डोंगा हाथ में लिये नहा रही थी, दिलचस्पी और गौर से देखना शुरू कर दिया। उसकी उम्र अधिक-से-अधिक सोलह वर्ष की थी। गीले सीने पर उसकी छोटी-छोटी गोल छातियाँ, जिन पर पानी की बूँदें फिसल रही थीं, बड़ी दिलफ़रेब थीं। उसे देखकर मुख़्तार के दिल-दिमाग़ में वासना पैदा नहीं हुई। एक जवान, ख़ूबसूरत और बिलकुल नंगी लड़की, उसकी निगाहों के सामने थी। होना यह चाहिए था कि मुख़्तार के अंदर कामोत्तेजना भड़क

उठती, पर वह बड़ी तल्लीनता से उसे देख रहा था, जैसे किसी चित्रकार का चित्र देख रहा हो।

लड़की के निचले होंठ के अंतिम कोने पर बड़ा-सा तिल था—बेहद गंभीर, बेहद संजीदा, जैसे वह अपने वजूद से बेख़बर है, पर दूसरा उसके वजूद से वाक़िफ़ है—सिर्फ़ इस हद तक कि उसे वहाँ होना चाहिए था।

वहाँ पर सुनहरे रोएँ पानी की बूंदों के साथ लिपटे हुए चमक रहे थे। उसके सिर के बाल सुनहरे नहीं, धूसर थे, जिन्होंने शायद सुनहरे होने से इंकार कर दिया था। शरीर सुडौल और गदराया हुआ था, लेकिन उसे देखने से उत्तेजना पैदा नहीं होती थी। मुख़्तार देर तक झिरी के साथ आँखें जमाए रहा।

लड़की ने बदन पर साबुन मला। मुख़्तार तक उसकी ख़ुशबू पहुँची। सलोने, ताँबे जैसे रंग वाले बदन पर सफेद झाग बड़े सुहाने मालूम होते थे। फिर जब यह झाग पानी के प्रवाह से फिसले तो मुख़्तार ने महसूस किया जैसे उस लड़की ने अपना बुलबुलों वाला लिबास बड़े इत्मीनान से उतारकर एक तरफ रख दिया है।

नहाने से निबटकर लड़की ने तौलिये से अपना बदन पोंछा। बड़ी शांति और निश्चिंतता से धीरे-धीरे कपड़े पहने। खिड़की के डंडे पर दोनों हाथ रखे और सामने देखा। एकदम उसकी आँखें शरमाहट की झीलों में डूब गईं। उसने खिड़की बंद कर दी। मुख़्तार हठात् हँस पड़ा। लड़की ने फ़ौरन खिड़की के पट खोले और बड़े ग़ुस्से में झिरी की ओर देखा। मुख़्तार ने कहा, "मैं बिलकुल क़सूरवार नहीं। आप खिड़की खोलकर क्यों नहा रही थीं?"

लड़की ने कुछ नहीं कहा। गुस्से-भरी निगाहों से झिरी को देखा और खिड़की बंद कर ली।

चौथे दिन रूपकौर आई। उसके साथ वही लड़की थी। मुख़्तार की माँ और बहन दोनों सिलाई और क्रोशिये के काम में माहिर थी। गली की ज़्यादातर लड़कियाँ उनसे यह काम सीखने के लिए आया करती थीं। रूपकौर भी उस लड़की को इसी मतलब से लाई थी क्योंकि उसे क्रोशिये के काम का बहुत शौक था। मुख़्तार अपने कमरे से निकलकर सेहन में आया तो उसने रूपकौर को प्रणाम किया। लड़की पर उसकी निगाह पड़ी तो वह सिमट-सी गई। वह मुस्कराकर वहाँ से चला गया। लड़की रोज़ाना वहाँ आने लगी। मुख़्तार को देखती तो सिमट जाती। धीरे-धीरे उसकी यह प्रतिक्रिया दूर हुई और उसके दिमाग़ से यह ख़याल कुछ कम हुआ कि मुख़्तार ने उसे नहाते हुए देखा था।

मुख़्तार को मालूम हुआ कि उसका नाम शारदा है। रूपकौर के चाचा की लड़की है। अनाथ है। चेचो की मलिया में एक गरीब रिश्तेदार के साथ रहती थी। रूपकार ने उसे अपने पास बुला लिया। एंट्रेंस पास है। बड़ी बुद्धिमान है क्योंकि उसने क्रोशिये का मुश्किल-से-मुश्किल काम चुटकियों में सीख लिया था।

दिन गुज़रते गए। इस दौरान मुख़्तार ने महसूस किया कि वह शारदा की मुहब्बत में गिरफ़्तार हो गया है। यह सब कुछ धीरे-धीरे हुआ। जब मुख़्तार ने उसे पहली बार झिरी में से देखा था तो उस समय उसके सामने एक दृश्य था—बड़ा मनमोहक दृश्य, लेकिन अब शारदा धीरे-धीर उसके दिल में बैठ गई थी। मुख़्तार ने कई बार सोचा था कि यह प्रेम का मामला बहुत गलत है, इसलिए कि शारदा हिंदु है। मुसलमान कैसे एक हिंदू लड़की से मुहब्बत करने की हिम्मत कर सकता है। मुख़्तार ने अपने-आपको बहुत समझाया पर वह अपनी प्रेम की भावना को मिटा न सका।

शारदा अब उससे बातें करने लगी थी, मगर खुलकर नहीं। उसके दिमाग़ में मुख़्तार को देखते ही ऐसा अहसास जाग जाता था कि वह नंगी नहा रही थी और मुख़्तार झिरी में से उसे देख रहा था।

एक दिन घर में कोई नहीं था। मुख़्तार की माँ और बहन दोनों किसी रिश्तेदार के चालीसवें पर गई हुई थीं। शारदा नित्य की तरह अपना थैला उठाए सुबह दस बजे आई। मुख़्तार सेहन में चारपाई पर लेटा अख़बार पढ़ रहा था। शारदा ने उससे पूछा, "बहनजी कहाँ हैं?"

मुख़्तार के हाथ काँपने लगे, "वह...कहीं बाहर गई हैं।"

शारदा ने पूछा–"माता जी?"

मुख़्तार उठकर बैठ गया, "वह उनके साथ गई हैं।"

"अच्छा।" कहकर शारदा ने तनिक घबराई हुई निगाहों से मुख़्तार को देखा और नमस्ते करके चलने लगी। मुख़्तार ने उसे रोका, "ठहरो शारदा!"

शारदा को जैसे बिजली के करंट ने छू लिया। चौंककर रुक गई, "जी?"

मुख़्तार चारपाई पर से उठा, "बैठ जाओ, वे लोग अभी आ जाएँगी।"

"जी नहीं, मैं जाती हूँ।" कहकर शारदा खड़ी रही।

मुख़्तार ने बड़ी हिम्मत से काम लिया। आगे बढ़ा। उसकी एक कलाई पकड़ी और खींचकर उसके होंठों को चूम लिया। यह सब कुछ इतनी जल्दी हुआ कि मुख़्तार और शारदा दोनों को एक क्षण के लिए बिलकुल पता न चला कि हुआ क्या है। उसके बाद दोनों काँपने लगे। मुख़्तार ने केवल इतना कहा, "मुझे माफ कर देना।"

शारदा ख़ामोश खड़ी रही। उसका ताँबे जैसा रंग सुर्ख़ हो गया। होंठों में हल्की-सी कंपकंपाहट थी, जैसे वे छेड़े जाने पर शिकायत कर रहे हैं। मुख़्तार अपनी हरकत और उसके परिणामों को भूल गया। उसने एक बार फिर शारदा को अपनी ओर खींचा और सीने के साथ भींच लिया। शारदा ने प्रतिरोध न किया। यह केवल विस्मय-मूर्ति बनी हुई-सी एक प्रश्न बन गई थी—एक ऐसा प्रश्न, जो स्वयं से किया गया हो। वह शायद स्वयं से पूछ रही थी—यह क्या हुआ है? यह क्या हो रहा है? क्या उसे होना चाहिए था? क्या ऐसा किसी और से भी हुआ है?

मुख़्तार ने उसे चारपाई पर बिठा लिया और पूछा, "तुम बोलती क्यों नहीं हो शारदा?"

शारदा के दुपट्टे के पीछे उसका सीना धड़क रहा था। उसने कोई जवाब न दिया। मुख़्तार को उसकी यह चुप्पी बहुत चिंताजनक महसूस हुई, "बोलो शारदा, अगर तुम्हें मेरी यह हरकत बुरी लगी है तो कह दो–ख़ुदा की क़सम, मैं माफ़ी माँग लूँगा। तुम्हारी तरफ निगाह उठाकर भी न देखूँगा। मैंने कभी ऐसी हिम्मत न की होती, लेकिन न जाने मुझे क्या हो गया है। दरअसल...दरअसल मुझे तुमसे मुहब्बत है।"

शारदा के होंठ हिले, जैसे उन्होंने शब्द 'मुहब्बत' कहने की कोशिश की हो। मुख़्तार ने बड़ी गर्मजोशों से कहना शुरू किया, "मुझे मालूम नहीं, तुम मुहब्बत का मतलब समझती हो कि नहीं–मैं ख़ुद इसके बारे में ज़्यादा जानकारी नहीं रखता। सिर्फ़ इतना जानता हूँ कि तुम्हें चाहता हूँ। तुम्हारी सारी हस्ती को अपनी इस मुट्ठी में ले लेना चाहता हूँ। अगर तुम चाहो तो मैं अपनी सारी ज़िंदगी तुम्हारे हवाले कर दूँगा। शारदा, तुम बोलती क्यों नहीं हो?"

शारदा की आँखें स्वप्निल हो गईं। मुख़्तार ने फिर बोलना शुरू कर दिया, "मैंने उस दिन झिरी में से तुम्हें देखा। नहीं–तुम ख़ुद दिखाई दीं। यह ऐसा दृश्य था जो मैं क़यामत तक नहीं भूल सकता। तुम शरमाती क्यों हो, मेरी निगाहों ने तुम्हारी खूबसूरती चुराई तो नहीं–मेरी आँखों में सिर्फ़ उस दृश्य की तस्वीर है। तुम उसे ज़िंदा कर दो तो मैं तुम्हारे पाँव चूम लूँगा।" यह कहकर मुख़्तार ने शारदा का एक पाँव चूम लिया।

वह काँप गई। चारपाई पर से एकदम उठकर उसने काँपती आवाज़ में कहा, "यह आप क्या कर रहे हैं? हमारे धर्म में...।"

मुख़्तार ख़ुशी से उछल पड़ा, "धर्म-कर्म को छोड़ो। प्रेम के धर्म में सब ठीक है।" यह कहकर उसने शारदा को चूमना चाहा, पर वह तड़पकर एक ओर हटी और बड़े शर्मीले अंदाज़ में मुस्कराती हुई भाग गई। मुख़्तार ने चाहा, वह उड़कर ममटी पर पहुँच जाए। सेहन में कूदे और नाचना शुरू कर दे।

मुख़्तार की माँ और बहन आ गई तो शारदा आई। मुख़्तार को देखकर उसने फौरन निगाहें नीची कर लीं। मुख़्तार वहाँ से खिसक गया कि भेद न खुल जाए।

दूसरे दिन वह कोठे पर चढ़ा। झिरी से झाँककर देखा कि शारदा खिड़की के पास खड़ी बालों को कंघी कर रही है। मुख़्तार ने उसे आवाज़ दी, "शारदा!"

शारदा चौंकी। कंघी उसके हाथ से छूटकर नीचे गली में जा गिरी। मुख़्तार हँसा। शारदा के होंठों पर भी मुस्कराहट पैदा हुई। मुख़्तार ने उससे कहा, "कितनी डरपोक हो तुम–हौले से आवाज़ दी और तुम्हारी कंघी छूट गयी।"

शारदा ने कहा, "अब लाकर दीजिए नई कंघी मुझे, यह तो मोरी में जा गिरी है।"

मुख़्तार ने जवाब दिया, "अभी लाऊँ।"

शारदा ने फ़ौरन कहा, "नहीं, नहीं, मैंने मज़ाक़ किया है।"

"मैंने भी मज़ाक़ किया था। तुम्हें छोड़कर मैं लेने जाता, कभी नहीं।"

शारदा मुस्कराई, "मैं बाल कैसे बनाऊँ?"

मुख़्तार ने झिरी के सुराखों में अपनी अँगुलियाँ डालीं, "ये मेरी अँगुलियाँ ले लो।"

शारदा हँसी। मुख़्तार का जी चाहा कि वह अपनी सारी उम्र इस हँसी की छाया में गुजार दे, "शारदा, ख़ुदा की क़सम, तुम हँसती हो, तो मेरा रोआँ-रोआँ प्रफुल्लित हो जाता है। तुम क्यों इतनी प्यारी हो? यह कमबख़्त झिरी...यह मिट्टी के जलील पर्दे...जी चाहता है, इन्हें तोड़-फोड़ दूँ।"

शारदा फिर हँसी। मुख़्तार ने कहा, "यह हँसी कोई और न देखे, कोई और न सुने। मैं इसके गिर्द अपने होठों की दीवारें खड़ी कर दूँगा।"

शारदा ने कहा, "आप बातें बड़ी अच्छी करते हैं।"

"तो मुझे इनाम दो। मुहब्बत की एक हल्की-सी निगाह इन झिरियों से मेरी तरफ फेंक दो। मैं उसे अपनी पलकों में उठाकर अपनी आँखों में छुपा लूँगा।" मुख़्तार ने शारदा के पीछे दूर एक छाया-सी देखी और फ़ौरन झिरी से हट गया। थोड़ी देर बाद वापस आया, तो खिड़की खाली थी। शारदा जा चुकी थी।

धीरे-धीरे मुख़्तार और शारद दोनों घी-शक्कर हो गए। तन्हाई का मौका मिलता तो देर तक प्यार-मुहब्बत की बातें करते रहते। एक दिन रूपकौर और उसका पति कालूमल कहीं बाहर गए हुए थे। मुख़्तार गली में से गुजर रहा था कि उसको एक कंकर लगा। उसने ऊपर देखा। शारदा थी। उसने हाथ के इशारे से उसे बुलाया।

मुख़्तार उसके पास पहुँच गया। पूरा एकांत था। खूब घुल-मिलकर बातें हुईं। मुख़्तार ने उससे कहा, "उस दिन मुझसे गुस्ताख़ी हुई थी और मैंने माफ़ी माँग ली थी। आज फिर गुस्ताख़ी करने का इरादा रखता हूँ, पर माफ़ी नहीं माँगूँगा।" और अपने होंठ शारदा के कंपकंपाते होंठों पर रख दिए।

शारदा ने शर्मीली शरारत से कहा, "अब माफ़ी माँगिए।"

"जी नहीं। अब ये होंठ आपके नहीं, मेरे हैं। क्या मैं झूठ कहता हूँ?"

शारदा ने निगाहें नीची करके कहा, "ये होंठ क्या, मैं भी आपकी हूँ।"

मुख़्तार एकदम संजीदा हो गया, "देखो शारदा! हम इस समय एक ज्वालामुखी पहाड़ पर खड़े हैं। तुम सोच लो, समझ लो, मैं तुम्हें यक़ीन दिलाता हूँ। ख़ुदा की क़सम खाकर कहता हूँ कि तुम्हारे सिवा मेरी ज़िंदगी में और कोई औरत नहीं आएगी। मैं क़सम खाता हूँ कि ज़िंदगी-भर तुम्हारा रहूँगा। मेरी मुहब्बत साबित कदम रहेगी—क्या तुम इसका प्रण करती हो?"

शारदा ने अपनी निगाहें उठाकर मुख़्तार की ओर देखा, "मेरा प्रेम सच्चा है।" मुख़्तार ने उसे सीने के साथ भींच लिया और कहा, "ज़िंदा रहो। सिर्फ़ मेरे लिए, मेरी मुहब्बत के

लिए। ख़ुदा की क़सम, शारदा, तुम्हारा प्यार मुझे न मिलता तो मैं निश्चय ही आत्महत्या कर लेता। तुम मेरे आलिंगन में हो तो मुझे ऐसा महसूस होता है कि सारी दुनिया की ख़ुशियों से मेरी झोली भरी हुई है। मैं बहुत ख़ुशकिस्मत हूँ।

शारदा ने अपना सिर मुख़्तार के कंधों पर गिरा दिया, "आप बातें करना जानते हैं। मुझसे अपने दिल की बात नहीं कही जाती।"

देर तक दोनों एक-दूसरे में खोए रहे। जब मुख़्तार वहाँ से गया तो उसकी आत्मा एक नए सुहाने आनंद से ओत-प्रोत थी। सारी रात वह सोचता रहा। दूसरे दिन कलकत्ता चला गया, जहाँ उसका बाप कारोबर करता था। आठ दिन के बाद वापस आया।

शारदा रोज़ की तरह क्रोशिये का काम सीखने निश्चित समय पर आई। उसकी नज़रों ने उससे कई बातें कीं—कहाँ ग़ायब रहे इतने दिन? मुझसे कुछ न कहा और कलकत्ता चले गये? मुहब्बत के बड़े दावे करते थे?...मैं नहीं बोलूँगी तुमसे... मेरी ओर क्या देखते हो? क्या कहना चाहते हो मुझसे?

मुख़्तार बहुत कुछ कहना चाहता था, पर तन्हाई नहीं थी। वह उससें काफ़ी लंबी बातचीत करना चाहता था। दो दिन बीत गए। अवसर न मिला। नज़रों ही नज़रों में गूँगी बातें होती रहीं। आख़िर तीसरे दिन शारदा ने उसे बुलाया। मुख़्तार बहुत ख़ुश हुआ। रूपकौर और उसका पति कालूमल घर में नहीं थे।

शारदा सीढ़ियों में मिली। मुख्तार ने उसे वहीं सीने के साथ लगाना चाहा। वह तड़पकर ऊपर चली गई। नाराज़ थी। मुख़्तार ने उससे कहा, "देखो मेरी जान, मेरे पास बैठो। मैं तुमसे बहुत ज़रूरी बातें करना चाहता हूँ, ऐसी बातें जिनका हमारी ज़िंदगी से बड़ा गहरा तअल्लुक़ है।"

शारदा उसके पास पलंग पर बैठ गई, "तुम बात टालो नहीं...बताओ मुझे बताए बिना कलकत्ता क्यों गए?...सच, मैं बहुत रोयी।"

मुख़्तार ने बढ़कर उसकी आँखें चूम ली, "उस दिन जब मैं गया तो सारी रात सोचता रहा। जो कुछ उस दिन हुआ, उसके बाद यह सोच-विचार जरूरी था। हमारी हैसियत मियाँ-बीवी की थी। मैंने गलती की। तुमने कुछ न सोचा। हमने एक ही छलाँग में कई मंज़िलें तय कर लीं। और यह सोचा ही नहीं कि हमें जाना किस तरफ है...समझ रही हो न शारदा?"

शारदा ने आँखें झुका लीं, "जी हाँ।"

मैं कलकत्ता इसलिए गया था कि अब्बा जी से मशवरा करूँ। तुम्हें सुनकर ख़ुशी होगी कि मैंने उन्हें राज़ी कर लिया है। मुख़्तार की आँखें ख़ुशी में चमक उठीं। शारदा के दोनों हाथों को अपने हाथों में लेकर उसने कहा, "मेरे दिल का सारा बोझ हलका हो गया है। मैं अब तुमसे शादी कर सकता हूँ।"

शारदा ने हौले से कहा, "शादी?"

मुख़्तार ने बड़े इत्मीनान से कहा, "हाँ-हाँ! इसके अलावा और हो ही क्या सकता है...मुझे मालूम है कि तुम्हारे घरवाले बड़ा हंगामा मचाएँगे, लेकिन मैंने उसका इंतज़ाम कर लिया है। हम दोनों यहाँ से ग़ायब हो जाएँगे। सीधे कलकत्ता चलेंगे। बाकी काम अब्बाजी के सुपुर्द है। जिस रोज़ वहाँ पहुँचेंगे, उसी रोज़ मौलवी बुलाकर तुम्हें मुसलमान बना देंगे। शादी भी उसी वक़्त हो जाएगी।"

शारदा के होंठ जैसे किसी ने सी दिए। मुख़्तार ने उसकी तरफ देखा, "ख़ामोश क्यों हो गयी?"

शारदा न बोली। मुख़्तार को बड़ी उलझन हुई, "बताओ शारदा, क्या बात है?"

शारदा ने मुश्किल में इतना कहा, "तुम हिंदू हो जाओ।"

"मैं हिंदू हो जाऊँ?" मुख़्तार के लहज़े में हैरानी थी। वह हँसा, "मैं हिंदू कैसे हो सकता हूँ।"

"मैं मुसलमान कैसे हो सकती हूँ?" शारदा की आवाज़ मध्यम थी।

"तुम मुसलमान क्यों नहीं हो सकती? मेरा मतलब है कि तुम मुझसें मुहब्बत करती हो। इसके अलावा इस्लाम सबसे अच्छा मज़हब है। हिंदू मज़हब भी कोई मज़हब है! गाय का पेशाब पीते हैं। बुत पूजते हैं। मेरा मतलब है कि ठीक है अपनी जगह यह मज़हब भी, मगर इस्लाम का मुकाबला नहीं कर सकता।" मुख़्तार के ख़यालात परेशान थे, "तुम मुसलमान हो जाओगी तो बस...मेरा मतलब है, सब ठीक हो जाएगा।"

शारदा का ताँबे जैसा रंग जर्द पड़ गया, "आप जाइए, वे लोग आने वाले हैं।" यह कहकर वह पलंग पर से उठी।

मुख़्तार स्तब्ध रह गया, "लेकिन शारदा...?"

"नहीं, नहीं...आप जाइए, आप जल्दी जाइए। वे आ जाएँगे।" शारदा के लहजे में बेपरवाही की सर्दी थी।

मुख़्तार ने अपने ख़ुश्क गले में ये शब्द निकाले, "हम दोनों एक-दूसरे से मुहब्बत करते हैं शारदा, तुम नाराज़ क्यों हो गई?"

"जाओ। चले जाओ। हमारा हिंदू मज़हब बुरा है। तुम मुसलमान बहुत अच्छे हो!" शारदा के लहजे में नफ़रत थी। वह दूसरे कमरे में चली गई और दरवाज़ा बंद कर लिया। मुख़्तार अपना इस्लाम सीने में दबाये वहाँ से चला गया।

सवेरे जो कल मेरी आँख खुली

अजब थी बहार और अजब सैर थी! यही जी में आया कि घर से निकल टहलता-टहलता ज़रा बाग़ चलूँ-बाग़ पहुँचने से पहले ज़ाहिर है कि मैंने कुछ बाज़ार और

गलियाँ तय की होंगी और मेरी आँखों ने कुछ देखा भी होगा। पाकिस्तान तो पहले का ही देखा-भाला था, लेकिन जबसे 'ज़िंदाबाद' हुआ, वह कल देखा। बिजली के खम्भे पर देखा, परनाले पर देखा, छज्जे पर देखा, हर जगह देखा, जहाँ न देखा, वहाँ देखने की हसरत लिए घर लौटा।

पाकिस्तान ज़िंदाबाद–ये लकड़ियों का टाल हैं–पाकिस्तान ज़िंदाबाद! फटाफट मुहाज़िर हेयर कटिंग सैलून–पाकिस्तान ज़िंदाबाद! यहाँ ताले मरम्मत किए जाते हैं-पाकिस्तान ज़िंदाबाद! गर्मागर्म चाय–पाकिस्तान ज़िंदाबाद! बीमार कपड़ों का अस्पताल–पाकिस्तान ज़िंदाबाद! अलहमदउलल्ला की यह दुकान सैयद अनवर हुसैन मुहाज़िर जालन्धरी के नाम अलॉट हो गई है।

एक मकान के बाहर यह भी लिखा देखा-पाकिस्तान ज़िंदाबाद–यह घर एक पारसी भाई का है यानी हज़रत, कहीं इसे न अलॉट कर लीजिएगा।

सुबह का समय था। अजब बहार थी और अजब सैर थी। क़रीब-क़रीब सारी दुकानें बंद थीं। एक हलवाई की दुकान खुली थी। मैंने कहा, चलो लस्सी ही पीते हैं। दुकान की तरफ बढ़ा तो क्या देखता हूँ कि बिजली का पंखा चल तो रहा है, लेकिन इसका मुँह दूसरी तरफ है। मैंने हलवाई से कहा, "यह उल्टे रुख पंखा चलाने का क्या मतलब है?" उसने घूरकर मुझे देखा और कहा-"देखते नहीं हो!"

मैंने देखा, पंखे का रुख कायदेआज़म मुहम्मद अली जिन्ना की रंगीन तस्वीर की तरफ था, जो दीवार के साथ लगी हुई थी। मैंने जोर का नारा लगाया...पाकिस्तान ज़िंदाबाद और लस्सी पिये बगैर आगे चल दिया।

बंद दुकान के थड़े पर आदमी बैठा पूरियाँ तल रहा था। मैं सोचने लगा, अभी परसों मैंने इस दुकान से चप्पल ख़रीदी थी। पूरी वाला किधर से आ गया? ख़याल आया शायद कोई दूसरी दुकान हो, लेकिन बोर्ड नहीं था। सामने वही दंगों में झुलसा हुआ मकान था, जिसकी बरसाती में बिजली का पंखा लटक रहा था। इसको देखकर मैंने सोचा कि आग जलाने में इसने भी काफ़ी मदद दी होगी।

पूरी वाले ने मुझे कहा, "क्या सोच रहे हैं आप, बाबूजी! गर्मागर्म पूरियाँ हैं।"

पूरी वाला अपने माथे का पसीना पोंछकर मुस्कराया, "जूतों की दुकान अब भी है, लेकिन वह नौ बजे शुरू होती है और मेरी यह छः बजे से शुरू होती है और साढ़े चार बजे खत्म होती है।"

मैं आगे बढ़ गया।

क्या देखता हूँ कि एक आदमी सड़क पर काँच के टुकड़े बिखेर रहा है। पहले मैंने ख़याल किया, भला आदमी है। इस बात को ध्यान रखता है कि लोगों को तकलीफ़ देंगे, इसलिए सड़क पर से चुन रहा है, लेकिन जब मैंने देखा कि चुनने के बजाय वह बड़ी तरतीब से उन्हें इधर-उधर गिरा रहा है तो मैं कुछ दूर खड़ा हो गया।

झोली खाली करने के बाद वह सड़क के किनारे बिछे हुए टाट पर बैठ गया। पास ही एक दरख़्त था। इस पर एक बोर्ड लगा था–"यहाँ साइकिलों के पंक्चर लगाए जाते हैं और इनकी मरम्मत की जाती है।"

मैंने क़दम तेज़ कर दिए। दुकानों के साइनबोर्डों में एक तबदीली नज़र आई। पहले क़रीब-क़रीब सब अंग्रेज़ी में होते थे, अब कुछ दुकानों पर नाम और लिखावट दोनों उर्दू लिबास में नज़र आए। किसी ने ठीक कहा है कि जैसा देश, वैसा भेस।

आगे चलकर एक दुकान थी, जिसका नाम 'पापोशियाना' था यानी जूतों का आशियाना। मैंने ख़ुश होकर पाकिस्तान ज़िंदाबाद कहा और चलता रहा।

चलते-चलते साइकिल के चार पहियों पर एक अजीब ढंग की हाथ-गाड़ी देखी। पूछा, "यह क्या है?" जवाब मिला, "होटल।" चलता-फिरता होटल था। चपातियाँ पकाने के लिए अँगीठी और तवा मौजूद, चार सालन, शामी कबाब, तलने के लिए फ्राईपेन हाज़िर। पानी के दो घड़े, बर्फ़ लैमोनैड की बोतलें, दही का कठौता, नींबू निचोड़ने का खटका, गिलास, प्लेटें हर चीज़ मौजूद थीं।

कुछ दूर आगे बढ़ा तो देखा, एक आदमी छोटे-से लड़के को धड़ाधड़ पीट रहा है। मैंने वजह पूछी तो मालूम हुआ कि लड़का नौकर है। उसने एक रुपये का नोट गुम कर दिया है। मैंने उस ज़ालिम को झिड़का और कहा, "क्या हुआ, बच्चा है। काग़ज़ का छोटा-सा पुर्ज़ा ही तो होता है एक रुपये का नोट। कहीं गिर पड़ा होगा। ख़बरदार जो तुमने इस पर हाथ उठाया।

यह सुनकर वह आदमी मुझसे उलझ गया और कहने लगा कि "तुम्हारे लिए एक रुपये का नोट काग़ज़ का छोटा-सा पुर्ज़ा है लेकिन जानते हो कि कितनी मेहनत के बाद यह काग़ज़ का छोटा-सा पुर्ज़ा मिलता है आजकल!" यह कहकर वह फिर उस बच्चे को पीटने लगा। मुझे बहुत तरस आया। जेब से रुपया निकाला और उस आदमी से बच्चे की जान छुड़ाई।

कुछ क़दमों का फ़ासला तय किया होगा, कि एक आदमी ने मेरे कंधे पर हाथ रखा और मुस्कराकर कहा, "रुपया दे दिया उस पाजी को?"

मैंने जवाब दिया, "जी हाँ। बहुत बुरी तरह पीट रहा था बेचारे को।"

"बेचारा, उसका अपना लड़का है।"

"क्या कहा?"

"बाप और बेटे दोनों का यही कारोबार है। दो-चार रुपये रोज़ इसी ढोंग से पैदा कर लेते हैं।"

मैंने कहा, "ठीक है।" और आगे क़दम बढ़ा दिए।

एकदम शोर-सा पैदा हो गया, क्या देखता हूँ कि लड़के हाथों में काग़ज़ के बंडल लिए चिल्ला रहे हैं और अंधाधुंध भाग रहे हैं। भाँति-भाँति की बोलियाँ सुनने में आईं।

अख़बार बिक रहे थे। ताज़ा-ताज़ा और गर्म-गर्म खबरें—देहली में जूता चल गया। लखनऊ में अमुक—लीडर की कोठी पर कुत्तों ने हमला कर दिया। पाकिस्तान के एक ज्योतिषी की भविष्यवाणी-कश्मीर दो हफ़्तों में आज़ाद हो जाएगा।

सैकड़ों ही अख़बार थे। आज का ताज़ा 'निवाए सुबह' आज का ताज़ा 'सुनहरा पाकिस्तान।'

अख़बार बेचने वाले लड़कों की बाढ़ गुज़र गई तो एक औरत नज़र आई। उम्र थी कोई पचास के लगभग, गंभीर सूरत। एक हाथ में थैला था, दूसरे में अख़बारी बंडल। मैंने पूछा, "क्या अख़बार बेचती हैं?"

जवाब मिला, "जी हाँ।"

मैंने दो अख़बार ख़रीदे और दिल में उस अख़बार बेचने वाली औरत का सम्मान लिए आगे बढ़ गया।

थोड़ी ही देर में कुत्तों का एक जमघट सामने आया। कुत्ते भौंक रहे थे और एक-दूसरे को भंभोड़ रहे थे, प्यार कर रहे थे और काट भी रहे थे। मैं डरकर एक तरफ हट गया, क्योंकि पन्द्रह दिन हुए एक कुत्ते ने मुझे काट खाया था और पूरे चौदह दिन रेबीज के टीके मुझे अपने पेट में भुकवाने पड़े थे।

मैंने सोचा, क्या ये सब कुत्ते मुहाज़िर हैं या वे हैं, यहाँ से जाने वाले अपने पीछे छोड़ गए हैं? कोई भी हो, इसका ख़याल तो रखना ही चाहिए। जो शरणार्थी हैं उनको फिर से आबाद किया जाए और जो बिना मालिक के रह गए हैं, उनको उनकी नस्ल के मुताबिक उन लोगों के नाम अलॉट कर दिए जाएँ, जिनके कुत्ते उस पार रह गए हैं—और जिनका कोई वली-वारिस नहीं, उनके लिए लकड़ी की टाँगें लगवा दी जाएँ ताकि वे उन्हीं में अपना शगल पूरा करते रहें।

कुत्तों का झुरमुट चला गया तो मेरी जान में जान आई। मैंने क़दम बढ़ाने शुरू किए। मैंने एक अख़बार खोला और उसे देखना शुरू किया। मुखपृष्ठ पर एक फिल्म एक्ट्रेस की तस्वीर थी—तीन रंगों में एक्ट्रेस का जिस्म अधनंगा था। नीचे लिखा था—

"फिल्मों में बेहयाई की नुमाइश कैसे की जाती है, इसका कुछ अंदाज़ा ऊपर की तस्वीर से हो सकता है।"

मैंने दिन-ही-दिन में पाकिस्तान ज़िंदाबाद का नारा लगाया और अख़बार को फुटपाथ पर फेंक दिया।

दूसरा अख़बार खोला। एक छोटे से इश्तिहार पर नज़र पड़ी, लिखा था,

"मैंने कल अपनी साइकिल लायड्ज बैंक के बाहर रखी। काम से फारिग होकर जब लौटा तो क्या देखता हूँ कि साइकिल पर पुरानी गद्दी कसी हुई है, लेकिन नई ग़ायब है। मैं ग़रीब मुहाज़िर हूँ। जिन साहब ने ली हो, मेहरबानी करके मुझे वायरस कर दे।"

मैं खूब हँसा और अख़बार तह करके अपनी जेब में रख लिया।

क़ुछ गज़ों के फ़ासले पर एक जली हुई दुकान दिखाई दी। उसके अंदर आदमी बर्फ़ की दो मोटी-मोटी सिलें रखे बैठा था। मैंने दिल में कहा, इस दुकान को आख़िर किसी तरह ठंडक पहुँच ही गई।

दो-तीन साइकिलें देखी। थोड़े-थोड़े अर्से के बाद मर्द चला रहे थे और एक-एक बुर्कापोश औरत पीछे कैरियर पर बैठी थी। पाँच-छ: मिनट के बाद एक और किस्म की साइकिल नज़र आई लेकिन अब बुर्कापोश औरत आगे हैंडिल पर बैठी थी। अचानक ख़रबूज़े के छिलके पर से साइकिल फिसली, सवार ने ब्रेक दबाए। फिसलने और ब्रेक के दोहरे अमल में साइकिल उलटकर गिरी। मैं मदद के लिए दौड़ा। मर्द औरत के बुर्के में लिपटा हुआ और औरत बेचारी साइकिल के नीचे दबी हुई थी। मैंने साइकिल हटाई और उसको सहारा देकर उठाया। मर्द ने बुर्के में से मुँह निकालकर मेरी तरफ देखा और कहा–"आप तशरीफ़ ले जाइए। हमें आपकी मदद की ज़रूरत नहीं।"

यह कहकर वह उठा और औरत के सिर पर औंधा-सीधा बुर्का अटकाया और उसको हैंडिल पर बिठा यह जा, वह जा। मैंने दिल में सोचा कि आगे सड़क पर ख़रबूज़े का कोई और छिलका पड़ा हुआ न हो।

थोड़ी ही दूर दीवार पर एक इश्तिहार देखा, जिसका शीर्षक बहुत ही अर्थपूर्ण था–"मुसलमान औरत और पर्दा।"

बहुत आगे निकल गया। जगह जानी-पहचानी थी, मगर वह बुत कहाँ था जो मैं देखा करता था। मैंने एक आदमी से, जो घास के तख़्ते पर आराम फ़रमा रहा था, पूछा–"क्यों साहब यहाँ एक बुत होता था, वह कहाँ गया?"

आराम फ़रमाने वाले ने आँखें खोली और कहा, "चला गया।"

"चला गया? आपका मतलब है, अपने-आप चला गया?"

वह मुस्कराया, "नहीं, उसे ले गए।"

मैंने पूछा, "कौन?"

जवाब मिला, "जिनका था।"

मैंने दिल में कहा–लो, अब बुत भी हिजरत करने लगे। एक दिन वह भी आएगा, जब लोग अपने मुर्दे को भी कब्रों से उखाड़कर ले जाएँगे।

यही सोचते हुए क़दम उठाने वाला था कि एक साहब ने, जो मेरी ही तरह टहल रहे थे मुझसे कहा, "बुत कही गया नहीं, यहीं है और महफ़ूज़ है।" मैंने पूछा, "कहाँ?" उन्होंने जबाव दिया, "अजायबघर में।" मैंने दिल में दुआ माँगी–ख़ुदा, वह दिन लाइयो कि हम सब अजायबघर में रखे जाने के क़ाबिल हो जाएँ।

फ़ुटपाथ पर एक देहलवी मुहाज़िर अपने साहबजादे के साथ सैर फरमा रहे थे। साहबजादे ने उनसे कहा, "अब्बाजान, हम आज छोले खाएँगे।"

अब्बाजान के कान सुर्ख़ हो गए, "क्या कहा?"

साहबजादे ने जवाब दिया, "हम आज छोले खाएँगे।"

अब्बाजान के कान सुर्ख़ हो गए, "छोले क्या हुआ, चने कहो।"

साहबजादे ने बड़ी मासूमी से कहा, "नहीं अब्बाजान, चने दिल्ली में होते हैं। यहाँ सब छोले ही खाते हैं।"

अब्बाजान के कान अपनी असली हालत पर आ गए।

मैं टहलता-टहलता लॉरेंस बाग़ पहुँच गया। वही बाग़ था पुराना, लेकिन वह चहल-पहल नहीं थी। औरतें तो क़रीब-क़रीब बिलकुल ही ग़ायब थीं। फूल खिले हुए थे। कलियाँ चटक रही थीं। हल्की-फुल्की हवा में खुशबुयें तैर रही थीं। मैंने सोचा, औरतों को क्या हुआ है जो घर में क़ैद हैं? ऐसा ख़ूबसूरत बाग़, इतना सुहावना मौसम, इसमें लुत्फ़ क्यों नहीं लेती? लेकिन मुझे फ़ौरन ही इस सवाल का जवाब मिल गया—जब मेरे कानों में एक बिलकुल भोंडे और बाज़ारू गाने की आवाज़ आई और जब मैंने लॉरेंस बाग़ की पगडंडियों पर फटी-फटी निगाहों वाले गोश्त बेहंगम लोथड़ों को धीमी चाल से चलते देखा, तो मुझे दुःख हुआ और यह दुःख और बढ़ गया, जब मैंने सोचा कि फूल बेकार खिल रहे हैं, कलियाँ बेमतलब चटक रही हैं। ये जो इनकी तरफ देखे बग़ैर चल रहे हैं, ये जो इनकी ख़ुशबू से बिलकुल बेख़बर हैं, क्या इनकी जगह इस बाग़ के बजाय कोई दिमाग़ी अस्पताल नहीं? कोई स्कूल नहीं, जहाँ इनके दिमाग़ों की बंद खिड़कियाँ खोली जाएँ? इनकी रूहों के जंग लगे ताले तोड़े जाएँ? अगर कोई ऐसा नहीं कर सकता, मेरा मतलब है, अगर इनसान का दिमाग़ मज़बूर है, इन इनसानों के मन का सुधार करने में तो क्या वह इन्हें चिड़ियाघर में नहीं रख सकता, जो लॉरेंस गार्डन में ही क़ायम है?

मेरी तबीयत खराब हो गई। बाग़ से बाहर निकल रहा था कि एक साहब ने पूछा—"क्यों साहब, यही जिन्ना बाग़ है?"

मैंने जवाब दिया, "जी नहीं, यह लॉरेंस बाग़ है।"

वे साहब मुस्कराए, "आप चिड़ियाघर से तशरीफ़ ला रहे हैं?"

"जी हाँ।"

वे साहब हँस पड़े, "जनाब, जब से पाकिस्तान क़ायम हुआ है इसका नाम जिन्ना बाग़ हो गया है।"

मैंने उनसे कहा "पाकिस्तान ज़िंदाबाद।"

वे और ज़्यादा हँसते हुए लारेंस बाग़ में चले गए और मुझे ऐसा मालूम हुआ कि मैं दोज़ख़ के बाहर निकला हूँ।

किर्चें और किर्चियाँ

"हिंदुस्तान के मशहूर निडर नेता के दाख़िले पर काश्मीर में पाबंदी लगा दी गयी।"

"और यह भी एक तमाशा है कि यह मशहूर और निडर लीडर ख़ुद काश्मीरी हैं।"

"सआदत हसन मंटो भी काश्मीरी है।"

"और उस पर तीन मुक़दमे अश्लीलता के अपराध में चल चुके हैं।"

"राजनीति भी अश्लील है।"

"हिंदुस्तान के मशहूर और निडर लीडर पर धारा 292 ताजीराते हिंद के तहत मुक़दमा चलाना चाहिए।"

"और सेशन में बरी कर देना चाहिए।"

"इसलिए कि अभी तक अश्लीलता का सही निश्चय नहीं हुआ।"

"और न अभी तक इसकी सही और निश्चित परिभाषा ही पता लगी है।"

"हिंदुस्तान के मशहूर और निडर नेता जो काश्मीरी हैं।"

"ज़िंदाबाद।"

"सआदत हसन मंटो।"

"हिंदुस्तान के मशहूर, निडर और जज़्बाती लीडर ने काश्मीर में अपने दाख़िले की पाबंदी के बावजूद धावा बोल दिया।"

"डोगरा हुकूमत होशियार बाश।"

"बा अदब, बा मुलाहिज़ा होशियार–निगाहें रूबरू।"

"राष्ट्रपति की सवारी आती है।"

"हम डोगरे नहीं–दोगुरे हैं–हमारे दो गुर हैं।"

"तुम दोगुरे हो–मगर गोरे नहीं जो हज़ार गुरे थे–तुम मुझे नहीं रोक सकते।"

"हम तो नहीं रोक सकते–लेकिन ये संगीने और किर्चें रोक सकती हैं। जो बनायी ही इसलिए गयी है।"

"ये क्यों बनायी गयी हैं?"

"मालूम नहीं–जिन्होंने बनायी हैं, उनसे पूछो।"

"तुम काश्मीरी हो?"

"हमें मालूम नहीं–हम सिर्फ़ डोगरे हैं–हम सिर्फ़ किर्चें हैं–हम सिर्फ़ वे हैं, जो हम नहीं हैं, लेकिन हमें तुम्हारे वजूद ने जन्म दिया है–तुम चले जाओ–वापस इलाहाबाद चले जाओ जहाँ के अमरूद बहुत मशहूर हैं–हम अपनी तेज़-तेज़ किर्चों से उन्हें काट-काटकर

खाते रहे हैं–जाओ, वापस चले जाओ, ऐसा न हो कि हम तुम्हें भी इलाहाबादी अमरूद समझकर खा जाएँ।"

"मैं बड़ा जज़्बाती आदमी हूँ–मैं अमरूद भी बन जाऊँगा–मगर यहाँ नमरूद की ख़ुदाई नहीं देखूँगा–तुम्हारा महाराज नमरूद है–इलाहाबाद का अमरूद होने का उसे गर्व कभी हासिल नहीं हो सकता–मैं काश्मीरी हूँ, बब्बू-गोशा हूँ, ग्लास हूँ, सेब हूँ–मैं बड़ी से बड़ी चीज़ हूँ। यहाँ से बाहर निकलकर तमाम हिंदुस्तान से पूछो कि मैं कौन हूँ। मेरा बाप मोती था–बड़ा नायाब मोती–क्या तुम उसकी आब-व-ताब भूल गए हो?"

"जो बिंध गया सो मोती–क्या वह बिंध गया था?"

"वह बिंधा नहीं था, कई दफ़ा बाँधा गया था–उस को पीटा भी गया था।"

"तो वह मोती नहीं था–हमने उसकी ज्योति कभी नहीं देखी।"

"तुमने उसकी जूती भी नहीं देखी और न तुम इस लायक़ हो कि उसे देखो।"

"पकड़ लो।"

"पकड़ लो।"

"नहीं, संगीनों की नोक पर इसे रोक लो।"

"मैं इसकी परवाह नहीं करता।"

"उठाओ, इस सिरफिरे को, मोटर में डालो और काश्मीर की सरहद से बाहर छोड़ आओ।"

"हाँ, आदमी बुरा नहीं–हालाँकि बातें बहुत बुरी करता है।"

"जो हमें नहीं सिखायी गयीं।"

"पकड़ो।"

"डालो मोटर में।"

"और छोड़ आओ सरहद पर।"

"हिंदुस्तान के मशहूर, निडर और जज़्बाते लीडर को पकड़ो–बड़ी सावधानी के साथ–जिस तरह कि तुम बच्चे को उठाते हो। और यूँ समझो कि तुम इसे मोटर में नहीं बल्कि एक झूले में डाल रहे हो–झूला झुकाते हुए उसे वहीं छोड़ आओ जहाँ से उसने हमारी नींद हराम करने की ठानी थी–हम डोगरे हैं।"

"हम दोगुरे हैं।"

"हम हरीसिंह हैं।"

"हमने रम पी हुई है।"

"इसलिए हम बाआदब हैं, बामुलाहजा हैं–होशियार हैं।"

"राष्ट्रपति की सवारी वापस करो।"

"लो भई बँटवारा हो गया।"

"क्या बँटवारा हो गया?"

"बर्रे सग़ीर?"

"बर्रे सग़ीर?"

"किसने बँटवारा किया?"

"माफ़ करना, मैं हिंदू हूँ-मेरा मुल्क अब यह हिंदुस्तान है।"

"कौन-सा हिंदुस्तान?"

"जिसे रेड क्लिफ ने हमारे खाने में दर्ज किया है।"

"तो इसमें माफ़ी की क्या ज़रूरत थी?"

"ज़रूरत थी, मत बोलो–अब तुम हिंदू हो–तुम्हारी ज़ुबान हिंदी होनी चाहिए।"

"मगर हमारे मुल्क के लँगोटधारी नेता ने कहा था-"

"वह मारा जाएगा।"

"उसे कौन मार सकता है?"

"हम मारेंगे।"

"तुम?"

"हमारी कौम में से कोई भी आदमी उठेगा और ऐसे फिरकापरस्त आदमी को हलाक कर देगा।"

"यह ज़रूर होना चाहिए।"

"यह ज़रूर होगा।"

"कब?"

"हो जाएगा अपने वक़्त पर।"

"वह वक़्त कब आएगा?"

"वक़्त के आने और ले जाने के सवाल पर कई बार गौर हो चुका है। मगर सुना है कि यह हुकूमत के अफ़सरों के अधिकार की बात नहीं–सुना है कि एक रब है जो इस महकमे का बड़ा अफ़सर है।"

"वह किसी को चूँ-चरा की इजाज़त नहीं देता और अपनी मनमानी करता है।"

"उसे सज़ा मिलनी चाहिए।"

"उनके लिए हमारे ताजीराते हिंद बिलकुल बेअसर है।"

"यह क्या हो रहा है, भाई साहब?"

"अस्सलाम–व' अलैकुम। "

"व'अलैकुम-अस्सलाम।"

"दुनिया की सबसे बड़ी इस्लामी हुकूमत वजूद में आ रही है।"

"सुना है, बिगुल काफ़ी बजे थे–पटाखे भी छूटे थे।"

"शबरात थी?"

"हर इंक़लाब एक शबरात होता है।"

"लेकिन हर शबरात इंक़लाब नहीं होती।"

"तुम बकवास करते हो–तुम–ऐसा मालूम होता है कि अभी सम्राजी बंधनों में गिरफ़्तार हो।"

"तुम बुर्जुआ हो–तुम्हें परोलतारियों से कोई निस्बत नहीं।"

"च निस्बत खाक राबा आलम-ए-पाक।"

"यह सआदत हसन मंटो नहीं बोल रहा।"

"जी, नहीं। उसको तो अर्सा हुआ मरे हुए उसका ठंडा गोश्त बोल रहा है।"

"कहाँ से?"

"क़ब्र से?"

"ऐसा क्योंकर हो सकता है–उसके ख़िलाफ तो फ़तवा दे चुके हैं कि काफ़िर है-काफ़िर की क़ब्र कैसे बन सकती है।"

"ख़ुद-ब-ख़ुद बन गई है।"

"गलत है–चारों दिशाओं में ऐलान कर दो कि यह उस ख़बीस की कब्र नहीं–किसी नामालूम दरवेश की है। जो सिर्फ़ अंदरूनी तौर पर अश्लील था और ख़ुफिया अंदाज़ में अपने इस मर्ज का इलाज करता रहा था।"

"ठीक है।"

"ठीक है।"

"बहुत ही ठीक तौर पर ठीक है।"

"ख़ुदा बख़्शिश करने वाला है।"

"ख़ुदा मंटो को भी इस नयामत से फायह दे।"

"आमीन।"

"आमीन।"

"यह तो जहन्नुम नहीं बहिश्त है।"

"–अगर फ़िरदौस बर-रू-ए-जमीं अस्त
हमीं अस्त ओ हमीं अस्त ओ हमीं अस्त।"

"दगादार डरा।"

"इसका क्या मतलब हुआ?"

"मतलब इसका वही कुछ है जो हम सबका मतलब है।"

"तो हम ज़रूर काश्मीर ले लेंगे।"

"ज़रूर–"

"यू० एन० ओ० फ़ैसला करेगी।"

"किसका?"

"हमारी क़िस्मत का।"

"पहले तो ऐसे फ़ैसले ख़ुदा किया करता था।"

"अब ज़मीनी जन्नत का फ़ैसला ज़मीनी 'देवता' करेगा।"

"वह ज़मीनी 'देवता' कौन है?"

"उसके कई नाम हैं–उसका नाम रहीम हो सकता है। ग्राहम भी हो सकता है। यानी कि ग्राहम हुआ–अगर दोनों कौमों ने दोनों मुल्कों ने इसे मान लिया तो–"

"वरना?"

"वरना सब बकवास है।"

"मरहबा।"

"मरहबा।"

"ज़िंदाबाद।"

"जन्नत के हम हक़दार है।"

" 'यक़ीनन'-इसका हिंदी लफ़्ज़ क्या है–यह नेताजी आल इंडिया रेडियो से पूछकर बताएँगे–इसका मतलब उनकी समझ में आएगा या नहीं–इसके बारे में उन्होंने अभी तक कुछ नहीं कहा।"

"जन्नत को हम स्वर्ग कहते हैं नेता जी।"

"मैंने इसका नाम आज सुना है।"

"यह बड़ी अचरज की बात है।"

"यह 'अचरज' भी मैंने आज सुना है।"

"यह रेडियाई ज़ुबान है–वह ज़ुबान जो आपके होते हुए यहाँ पल रही है।"

"मैं बड़ा बदज़ुबान हूँ–मुझे इस ज़ुबान से कोई सरोकार नहीं।"

"यह सरोकार क्या होता है?"

"इससे सरकार को कोई ताल्लुक नहीं–इससे सिर्फ़ मेरा ताल्लुक रहा है–मेरे सारे ख़ानदान का ताल्लुक–लेकिन तुम इस सब पर लानत भेजो–लेकिन मैं तुमसे साफ लफ़्ज़ों में कहना चाहता हूँ कि मुझे काश्मीर चाहिए–इसीलिए कि मैं वहाँ पैदा हुआ था।"

"मंटो वहाँ पैदा नहीं हुआ?"

"दुनिया का कोई इनसान वहाँ पैदा नहीं हुआ।"

"अगर कोई इनसान पैदा होता रहा है तो वह हमेशा काश्मीर से बाहर पैदा होता रहा है।"

"इसकी वजह?"

"क्यों?"

"ख़ुद काश्मीर से पूछो।"

"ख़ुद पैदा होने वाले से पूछो।"

"ख़ुद पैदा करने वाले से पूछो।"

"यह बड़ी अजीबोगरीब बात है।"

"इस अजीबोगरीब बात का दूसरा नाम यू० एन० ओ० है।"

"यह भी काफ़ी अजीबोगरीब नाम है।"

"अजीबोगरीब का नाम ही सियासत है।"

"और उसका दूसरा नाम सआदत।"

"ई सआदत बजोरे बाजू नीस्त
तानाह बख्शद-ख़ुदा-ए-काश्मीरी।"

"लेकिन अफसोस कि वह 'हातो' नहीं।"

"डॉ. ग्राहम ज़िंदाबाद।"

"मुर्दाबाद।"

"साला कुछ करता ही नहीं है।"

"नहीं यार–रिपोर्टें लिखता है–और यह बड़ा मुश्किल काम है।"

"मुश्किलें ज़िंदाबाद।"

"आज़ाद काश्मीर ज़िंदाबाद।"

"जन्नत के भी टुकड़े हुए हैं।

"आधा हमारा–आधा उनका।"

"नहीं, हम पूरा चाहते हैं।"

"साबुत और सालिम जन्नत।"

"हक्का कि बा अकूबत-ए-दोज़ख़ बराबर अस्त
रफ्तन वपाये मरवे हमसाया दर बहिस्त।"

"यह कौन है?"

"मंटो।"

"नहीं–शेख सादी–जो अपने वक़्त का मंटो था।"

योमे-इस्तकलाल

जब हिंदुस्तान के दो हिस्से हुए तो मैं बंबई में था। रेडियो पर क़ायदे आज़म और पंडित नेहरू के भाषण सुने। इसके बाद जब बँटवारा हो गया तो मैंने वह हंगामा भी देखा जो बंबई में मचा था।

इससे पहले हर रोज़ अख़बारों में हिंदू-मुस्लिम दंगों की ख़बरें पढ़ता रहता था। कभी पाँच हिंदू मर जाते तो कभी पाँच मुसलमान। जो भी हो, क़त्ल-व-ख़ून की माप औसतन बराबर ही रहती थी।

इस सिलसिले में एक लतीफ़ा भी सुन लीजिए। अख़बारवाला 'टाइम्स आफ इंडिया' सुबह बावर्चीख़ाने की खिड़की से फेंक जाया करता था। एक दिन (और वह दंगों का दिन था) अख़बारवाला आया और उसने दरवाज़े पर दस्तक दी। मैं बहुत हैरान हुआ। उठकर बाहर गया तो देखा कि कोई नया आदमी है। मैंने उससे पूछा, "वह अख़बारवाला कहाँ है, जो यहाँ आया करता है?"

उसने जवाब दिया, "साहब, वह मर गया है-कल कामटीपुरे में उसे छुरी घोंप दी गई–लेकिन मरने से पहले वह मुझसे कह गया कि फलाँ साहब के अख़बार पहुँचा दिया करो और उनसे पैसे भी वसूल कर लेना।"

उस वक़्त दिल पर जो गुजरी उसको मैं बयान नहीं कर सकता। उसके दूसरे दिन मैंने अपने मकान से लगी सड़क पर जिसका नाम क्लेयर रोड है, पेट्रोल पंप के पास एक हिंदू बर्फ़ बेचने वाले की लाश देखी।

उसकी बर्फ़ की हाथगाड़ी उसकी लाश के पास खड़ी थी। बर्फ़ की सिलों से पानी टपक रहा था। उसके ख़ून के ऐन ऊपर। ख़ून जम गया था और मालूम होता था कि 'जेली' का एक तोदा पड़ा है। वे दिन भी कुछ अजीब थे। हंगामे ही हंगामे थे। और इन हंगामों की कोख से दो मुल्कों को जन्म लेना था। आज़ाद हिंदुस्तान और आज़ाद पाकिस्तान को। एक अफ़रा-तफ़री मची थी। सैकड़ों अमीर मुसलमान हवाई जहाज़ों से उड़कर पाकिस्तान जा रहे थे ताकि वहाँ नई बनी इस्लामी हुकूमत का जश्न देखें। बाकी हज़ारों वहीं दुबके हुए थे। उन्हें डर था कोई आफ़त न आ जाए।

अगस्त 14 आई और बंबई जो यूँ भी जश्नों की दुल्हन कहलाती है नई नवेली दुल्हन की तरह सज गई। रोशनियों का एक सैलाब था जो 14 अगस्त की रात को बंबई शहर में बह गया था। रंग-रंग की रोशनियाँ! मेरा ख़याल है इतनी बिजली इस शहर ने कभी अपनी ज़िंदगी में खर्च नहीं की होगी।

बी० ई० एस० टी० (बम्बई इलेक्ट्रिक सलाई एण्ड ट्रामवे कम्पनी) ने एक ट्रामकार खास इस जश्न के लिए चारों तरफ बिजली के कुमकुमों से सजाई हुई थी। कुछ इस तौर पर कि कांग्रेस के तिरंगे झंडे बन गए थे। यह सारी रात शहर में घूमती रही।

बड़ी-बड़ी बिल्डिंगें भी रोशनियों से जगमगा रही थीं। अंग्रेज़ी दुकानों ने खास इंतज़ाम कर रखा था। व्हाइट वेज़्ज़ और ऐवान-ए-फ़िजिज की सजधज देखने के क़ाबिल थी।

अब आप भिंडी बाज़ार की सुनिए। यह बंबई का मशहूर बाज़ार है जो बंबई जी ज़ुबान में मियाँ भाइयों यानी मुसलमानों का इलाका है। इसमें असंख्य होटल और रेस्तराँ है। किसी का नाम बिस्मिल्लाह और किसी का नाम सुबहान अल्लाह। सारा क़ुरआन इस बाज़ार में खत्म हो गया है। लेकिन 'नाऊज बिल्लाह' नाम का कोई रेस्तराँ या होटल मौजूद नहीं।

वह बाज़ार बंबई का पाकिस्तान था। हिंदू अपने हिंदुस्तान की आज़ादी की खुशियाँ मना रहे थे और मुसलमान अपने आज़ाद पाकिस्तान की और मैं हैरान था कि यह सब क्या हो रहा है। भिंडी बाजार में जहाँ हिंदुओं की दुकानें थीं उन पर तिरंगे लहरा रहे थे। बाकी जहाँ देखो इस्लामी झंडे थे।

मैं सुबह भिंडी बाज़ार गया तो मैंने एक अजीब नज़ारा देखा। सारा बाज़ार हरी झंडियों से अटा पड़ा था। एक रेस्तराँ के बाहर कायदे आजम की पेंटिंग (जो संभवत: किसी अनाड़ी ने बनाई थी) शोख रंगों में लटक रही थी। और दो बिजली के पंखों का रुख उसकी तरफ था।

जो भी हो मुझे वह नज़ारा कभी न भूलाए भूलेगा। मुसलमान बहुत ख़ुश थे कि उन्हें पाकिस्तान मिल गया है। पाकिस्तान कहाँ है, क्या है? यह उनको कतई मालूम नहीं था। बस वे ख़ुश थे। इसलिए कि उनको बहुत देर के बाद ख़ुशी का एक मौका मिला था।

रामपुरी दादा रेस्तराओं में कई-कई कप चाय के पिए जा रहे थे और पासिंग शो सिगरेट भी और पाकिस्तान बनने की ख़ुशी मना रहे थे। कालाकांडी और सलेंकि की सुपारी के पान धड़ाधड़ आ रहे थे और बाहर वाले की अँगुलियों पर चूना भी।

मैं हैरान था कि यह क्या हो रहा है। लेकिन सबसे हैरत में डालने वाली बात यह थी कि 14 अगस्त को बंबई में कोई ख़ून नहीं हुआ। लोग आज़ादी हासिल करने की ख़ुशी में मगन थे। यह आज़ादी क्या थी, क्योंकर हासिल हुई और आज़ाद होकर उनकी ज़िंदगी में क्या तब्दीली होगी, इसके बारे में कोई भी नहीं जानता था।

एक तरफ 'पाकिस्तान ज़िंदाबाद' के नारे गूँजते थे, दूसरी तरफ 'हिंदुस्तान ज़िंदाबाद' के। अब कुछ लतीफ़े पाकिस्तान के विषय में सुनिए जो कि हमारी नयी पैदा हुई इस्लामी

हुकूमत है। पिछले साल यौमे-इस्तकलाल पर एक साहब सूखा हुआ दरख़्त काटकर घर ले जाने की कोशिश कर रहे थे। मैंने उनसे कहा, "यह आप क्या कर रहे हैं। यह दरख़्त काटने का आपको कोई हक़ नहीं।" आपने फ़रमाया, "यह पाकिस्तान है। यह माल हमारा है।" मैं ख़ामोश हो गया।

हमारा मुहल्ला किसी ज़माने में, उस ज़माने में बँटवारा नहीं हुआ था, बड़ी ख़ूबसूरत जगह थी। अब यह हाल है कि वह गोल जगह जहाँ किसी ज़माने में घास के तख़्ते थे, अब बिलकुल उजाड़ है। वहाँ नंगे बच्चे दिन-रात गालियाँ बकते और वाहियात खेल खेलते रहते हैं। मेरी एक बच्ची की एक बड़ी गेंद ग़ायब हो गई। मैंने सोचा कहीं घर में होगी। लेकिन चौथे दिन कुछ बच्चों को उनमें खेलते देखा। जब उनसे पूछा गया तो उन्होंने, "यह हमारी है। एक रुपये चार आने में ख़रीदी थी।"

लतीफ़ा यह है कि उस गेंद की क़ीमत चार रुपया पंद्रह आना थी।

पाकिस्तान में लड़ाई नहीं हो सकती, इसलिए मैंने उससे हाथ खींच लिया और अपनी बच्ची की गेंद उन्हीं के पास रहने दी, कि ये उनका हक़ था।

इसी जगह का एक और ज़िक्र करना चाहता हूँ। एक साहब बाहर फ़र्श पर से ईंटें उखाड़ रहे थे। मैंने उनसे कहा, "भाई ऐसा न करते। यह बहुत ज़्यादती है।"

आपने फ़रमाया, "पाकिस्तान है। तुम कौन हो मुझे रोकने वाले।" मैं ख़ामोश हो गया।

मैंने एक रेडियो मरम्मत करने वाले को अपना रेडियो मरम्मत के लिए दिया। याद्दाश्त कमज़ोर होने से भूल गया कि उसके पास जाना है। एक महीने बाद याद आया। जब उसके पास गया तो उसने कहा, "तुम इतने दिन नहीं आए। मैंने तुम्हारा रेडियो बेच दिया और अपनी उजरत वसूल कर ली है।"

पिछले से पिछले साल यौमे-इस्तकलाल से एक दिन पहले मुझे नोटिस मिला कि तुम गैर-ज़रूरी आदमी हो। वजह बताओ कि तुम्हें क्यों न तुम्हारे क़ाबिज मकान से बेदख़ल कर दिया जाए।

अगर मैं गैर-ज़रूरी आदमी हूँ तो हुकूमत को भी यह विशेष हक़ हासिल है कि वह मुझे प्लेग का चूहा करार देकर पकड़ ले और नष्ट कर दे। लेकिन मैं अभी तक बचा हुआ हूँ।

आख़िर में एक बहुत बड़ा लतीफ़ा बताना चाहता हूँ। जब पाकिस्तान बनने के ठीक बाद मैं कराची आया तो वहाँ एक हुल्लड़ मचा हुआ था। मैंने चाहा कि फ़ौरन लाहौर का रुख करूँ। चुनांचे मैं रेलवे स्टेशन गया और बुकिंग क्लर्क से कहा कि मुझे एक टिकट फर्स्ट क्लास का लाहौर के लिए चाहिए।

उसने जवाब दिया, "यह टिकट आपको नहीं मिल सकता। इसलिए कि सब सीटें बुक हैं।"

मैं बंबई के माहौल का आदी था जहाँ हर चीज ब्लैक मार्केट में मिल सकती है। मैंने उससे कहा, "भई, तुम कुछ रुपये ज़्यादह ले लो।"

उसने बड़ी संजीदगी और बड़ी मलामत-भरे लहजे में मुझसे कहा, "यह पाकिस्तान है–मैं इससे पहले ऐसा काम करता रहा हूँ मगर अब नहीं कर सकता। सीटें सब बुक हैं। आपको टिकट किसी भी क़ीमत पर कभी नहीं मिल सकता।

और मुझे टिकट किसी क़ीमत पर नहीं मिला।

नारा

उसे यों महसूस हुआ कि पत्थर की उस इमारत की सातों मंज़िलें उसके कंधों पर धर दी गयी हैं।

वह सातवीं मंजिल से एक-एक सीढ़ी करके नीचे उतरा और उन तमाम मंजिलों का बोझ उसके चौड़े लेकिन कमज़ोर कंधों पर सवार होता गया। जब वह मकान-मालिक से मिलने के लिए ऊपर चढ़ रहा था तो उसे ऐसा लगा था कि उसका बोझ कुछ हल्का हो गया है और कुछ हल्का हो जाएगा। इसलिए कि उसने अपने मन में सोचा था कि मकान-मालिक को वह 'सेठ' के नाम से पुकारता है, उसकी मुसीबत ज़रूर सुनेगा और किराया चुकाने के लिए उसे एक महीने की मोहलत बख़्श देगा। बख़्श देगा–यह सोचते हुए उनके अभिमान को ठेस लगी थी, लेकिन फ़ौरन ही उसको असलियत मालूम हो गया थी। वह भीख माँगने ही तो जा रहा था और भीख हाथ फैलाकर, आँखों में आँसू भरकर, अपने दुख-दर्द सुनाकर और अपने घाव दिखाकर ही माँगी जाती है।

उसने यही कुछ किया। जब वह इमारत के बड़े दरवाज़े में दाख़िल होने लगा तो उसने अपने गुरूर को, उस चीज को, जो भीख माँगने में आम तौर पर रुकावट पैदा किया करती है, निकालकर, फुटपाथ पर डाल दिया था।

वह अपना दीया बुझाकर अपने आपको अँधेरे में लपेटकर मकान-मालिक के उस जगमगाते कमरे में दाख़िल हुआ, जहाँ 'सेठ' अपनी दो बिल्डिंगों का किराया वसूल करता था और हाथ जोड़कर एक तरफ खड़ा हो गया। सेठ के तिलक लगे माथे पर कई सिलवटें पड़ गयीं। उसका बालों-भरा हाथ एक मोटी-सी कापी की ओर बढ़ा। दो बड़ी-बड़ी आँखों ने उस कॉपी पर कुछ अल्फ़ाज़ पढ़े और भद्दी-सी आवाज़ गूँजी–

"केशव लाल...पाँचवी खोली, दूसरा माला...दो महीने का किराया...ले आए हो क्या?"

यह सुनकर उसने अपना दिल, जिसके सारे पुराने और नये ज़ख़्म, सीढ़ियाँ चढ़ते हुए, वह कुरेद-कुरेद कर हरे कर चुका था, सेठ को दिखाने चाहे। उसे पूरा यक़ीन था कि उसे देखकर उसके मन में ज़रूर हमदर्दी हो जाएगी। पर...सेठजी ने कुछ न सुनना चाहा और उसके सीने में एक हुल्लड़-सा मच गया।

सेठ के मन में हमदर्दी जगाने के लिए उसने अपने वे सारे दुख, जो बीत चुके थे, बीतते दिनों की गहरी खाई से निकालकर अपने दिल में भर लिये थे और कुछ वक़्त पहले मिट चुके उन तमाम ज़ख़्मों की जलन उसने बड़ी मुश्किल से इकट्ठी करके, अपनी छाती में जमा की थी। अब उसकी समझ में नहीं आता था कि इतनी चीज़ों को कैसे संभाले।

उसके घर में बिन-बुलाए मेहमान आ गए होते तो वह उनसे बड़े रूखेपन के साथ कह सकता था-जाओ भई जाओ। मेरे पास इतनी जगह नहीं है कि तुम्हें बिठा सकूँ और न मेरे पास रुपया है कि तुम सब की ख़ातिर-तवज्जोह कर सकूँ। पर यहाँ तो मामला ही दूसरा था। उसने तो अपने भूले-भटके दुखों को इधर-उधर से पकड़कर, ख़ुद ही अपने सीने में जमा किया था। अब भला वे बाहर निकल सकते थे?

हड़बड़ाहट में उसे कुछ पता न चला कि उसकी छाती में कितनी चीज़ें भर गयी हैं। पर जैसे-जैसे उसने सोचना शुरू किया, वह पहचानने लगा कि अमुक दुख, अमुक वक़्त का है और दर्द उसे अमुक वक़्त पर हुआ था। और जब यह सोच-विचार शुरू हुआ तो याद ने बढ़कर वह धुँध हटा दी जो इनमें लिपटी हुई थी और कल के तमाम दुख-दर्द आज की तकलीफ़ें बन गए और उसने अपनी ज़िंदगी की बासी रोटियाँ फिर अंगारों पर सेंकनी शुरू कर दीं।

उसने सोचा, थोड़े-से समय में बहुत कुछ सोचा। उसके घर का अंधा लैम्प कई बार बिजली के उस बल्ब से टकराया, जो मकान-मालिक के गंजे सिर के ऊपर मुस्करा रहा था। कई बार उसके पैबंद-लगे कपड़े उन खूँटियों पर, जो दीवार में गड़ी चमक रही थी, लटककर, फिर उसके मैले बदन से चिपट गए। कई बार उसे अन्नदाता भगवान का ध्यान आया, जो बहुत दूर न जाने कहा बैठा, अपने बंदों का ख़याल रखता है। पर अपने सामने सेठ को कुर्सी पर बैठा देखकर, जिसके कलम की एक हरकत कुछ-का-कुछ कर सकती थी, वह उस बारे में कुछ भी न सोच सका। कई बार उसे ख़याल आया और वह सोचने लगा कि उसे क्या ख़याल आया था, पर वह उसके पीछे भाग-दौड़ न कर सका। वह बेहद घबरा गया था। उसने आज तक अपने सीने में इतनी खलबली पहले कभी महसूस नहीं की थी।

वह खलबली पर अभी ताज्जुब ही कर रहा था कि मकान-मालिक ने गुस्से में आकर उसे गाली दी—गाली...यों समझिए कि कानों के रास्ते पिघला हुआ सीसा शाँय-शाँय करता, उसके दिल में उतर गया और उसके सीने के अंदर जो हुल्लड़ मच गया, उसका तो कुछ ठिकाना ही नहीं था। जिस तरह किसी गर्मा-गर्म जलसे में किसी की शरारत से भगदड़ मच जाया करती है, ठीक उसी तरह, उसके मन में हलचल पैदा हो गयी। उसने बहुत जतन किए कि उसके वे दुख-दर्द जो उसने सेठ को दिखाने के लिए इकट्ठे किए थे, चुपचाप रहें; पर कुछ न हो सका। सेठ के मुँह से गाली का निकलना था कि सबके सब बेचैन हो गए और अंधाधुंध एक-दूसरे के साथ टकराने लगे। अब वह इस

नयी तकलीफ़ को न सह सका और उसकी आँखों में, जो पहले ही से तप रही थी, आँसू आ गए, जिससे उनकी गर्मी और भी बढ़ गयी और उनसे धुआँ निकलने लगा।

उसके मन में आया कि उस गाली को, जिसे वह बड़ी हद तक निगल चुका था, सेठ के झुर्रियों पड़े चेहरे पर कै की तरह उगल दे, पर वह इस ख़याल से बाज आ गया, क्योंकि उसका गुरूर तो बाहर फुटपाथ पर पड़ा था। अपोलो बन्दर पर नमक लगी मूँगफली बेचने वाले का गुरूर–उसकी आँखें हँस रही थीं और उनके आगे नमक लगी मूँगफली के वे सारे दाने, जो उसके घर में एक थैले के अंदर, बरसात की वजह से गीले हो रहे थे, नाचने लगे।

उसकी आँखें हँसी, उसका दिल भी हँसा। यह सब कुछ हुआ पर वह कड़वाहट दूर न हुई, जो उसके गले में सेठ ने गाली पैदा कर दी थी। वह कड़वाहट अगर सिर्फ़ जुबान पर होती तो वह उसे थूक देता, पर वह तो बुरी तरह उसके गले में अटक गयी थी और निकाले न निकलती थी। फिर एक अजीब क़िस्म का दुख, जो उस गाली ने पैदा कर दिया था, उसकी घबराहट को और भी बढ़ा रहा था। उसे यूँ महसूस होता था कि उसकी आँखें, जो सेठ के सामने रोना बेकार समझती थीं, उसके सीने के अंदर उतरकर आँसू बहा रही है, जहाँ हर चीज़ पहले ही से दुख में डूबी हुई थी।

सेठ ने उसे फिर गाली दी। उतनी ही मोटी, जितनी सेठ की चर्बी-भरी गर्दन थी। और उसे ऐसा लगा कि किसी ने ऊपर से उस पर कूड़ा-कर्कट फेंक दिया है। चुनांचे उसका एक हाथ अपने आप चेहरे की हिफ़ाज़त के लिए बढ़ा। पर उस गाली की सारी गर्द उस पर फैल चुकी थी। उसे कुछ पता न था–वह सिर्फ़ इतना जानता था कि ऐसे हालात में किसी बात की सुध-बुध नहीं रहा करती।

वह जब नीचे उतरा तो ऐसा महसूस हुआ कि पत्थर की उस इमारत की सातों मंज़िलें उसके कंधे पर धर दी गयी हैं।

एक नहीं, दो गालियाँ...बार-बार ये गालियाँ, जो सेठ ने पान की पीक की तरह अपने मुँह से उगल दी थीं, उसके कानों के पास ज़हरीली बरों की तरह भिनभिनाना शुरू कर देती थीं और वह बेहद बेचैन हो जाता था। वह कैसे उस...उस...उसकी समझ में नहीं आता था कि इस गड़बड़ का नाम क्या रखे, जो उसके दिल और दिमाग़ में उन गालियों ने मचा रखी थी–यह कैसे उस ताप को दूर कर सकता था, जिसमें वह फुँका जा रहा था। कैसे? पर वह सोच-विचार के क़ाबिल भी तो नहीं रहा था। उसका दिल-दिमाग़ तो उस समय एक ऐसा अखाड़ा बना हुआ था, जिसमें बहुत-से पहलवान कुश्ती लड़ रहे हों। जो भी ख़याल वहाँ पैदा होता, किसी दूसरे ख़याल से, जो पहले ही से यहाँ मौजूद होता भिड़ जाता और वह कुछ सोच न सकता।

चलते-चलते, जब एकाएक उसके दुख, कै के रूप में, बाहर निकलने को थे, उसके मन में आया। मन में क्या आया, मजबूरी की हालत में वह उस आदमी को रोककर, जो

लंबे-लंबे डग भरता उसके पास से गुज़र रहा था, यह कहने ही वाला था—'भैया, मैं मरीज हूँ' पर जब उसने राह चलते आदमी की शक्ल देखी तो बिजली का वह खम्भा, जो उसके पास ही ज़मीन में गड़ा था, उसे उस आदमी से कहीं ज़्यादा रहम-दिल दिखायी दिया और जो कुछ वह अपने अंदर से बाहर निकालने वाला था, एक-एक घूँट करके फिर निगल गया।

फुटपाथ में चौकोर पत्थर एक तरतीब के साथ जुड़े थे। वह उन पत्थरों पर चल रहा था। आज तक कभी उसने उनकी सख़्ती महसूस न की थी, पर आज उनकी कठोरता उसके दिल तक पहुँच रही थी। फुटपाथ का हर पत्थर, जिस पर उसके क़दम पड़े थे, उसके दिल के साथ टकरा रहा था। सेठ के मकान से निकलकर, अभी वह थोड़ी ही दूर गया होगा कि उसका जोड़-जोड़ ढीला हो गया।

चलते-चलते, उसकी टक्कर एक लड़के से हुई और उसे ऐसा लगा, मानो वह टूट गया है। इसलिए उसने झट उस आदमी की तरह, जिसकी झोली से बेर गिर रहे थे, इधर-उधर अपने हाथ फैलाए और अपने आपको इकट्ठा करके हौले-हौले चलना शुरू किया।

उसका दिमाग़ उसकी टाँगों के मुक़ाबले में ज़्यादा तेज़ी के साथ चल रहा था। चुनांचे कभी-कभी चलते-चलते, उसे यह महसूस होता था कि उसका निचला धड़, सारा-का-सारा बहुत पीछे रह गया है और दिमाग़ बहुत आगे निकल गया है। कई बार उसे इस ख़याल से ठहरना पड़ा कि दोनों चीज़ें एक-दूसरे के साथ-साथ हो जाएँ।

वह फुटपाथ पर चल रहा था, जिसके उस तरफ, सड़क पर, पों-पों करती मोटरों का ताँता बँधा हुआ था। घोड़ा-गाड़ियाँ, ट्रामें, भारी-भरकम ट्रक, लारियाँ—ये सब सड़क की काली छाती पर दनदनाती हुई चल रही थीं। एक शोर मचा हुआ था, पर उसके कानों को कुछ सुनाई न देता था। वे तो पहले ही शाँय-शाँय कर रहे थे, जैसे रेलगाड़ी का इंजन फालतू भाप बाहर निकाल रहा हो।

चलते-चलते, एक लँगड़े कुत्ते से उसकी टक्कर हुई। कुत्ते ने, इस ख़याल से कि शायद उसका ज़ख़्मी पैर कुचल दिया गया है, 'चाँऊ' किया और परे हट गया। वह समझा कि, सेठ ने उसे फिर गाली दी है।...गाली...गाली ठीक इसी तरह उससे उलझकर रह गयी थी, जैसे झड़बेरी के काँटों में कोई कपड़ा। वह अपने आपको छुड़ाने की जितनी कोशिश करता था, उतनी ही ज़्यादा उसकी रूह ज़ख़्मी होती जा रही थी।

उसे उस नमक-लगी मूँगफली का ख़याल नहीं था, जो उसके घर में बारिश की वजह से गीली हो रही थी और न उसे रोटी-कपड़े का ख़याल था। उसकी उम्र तीस बरस के क़रीब थी और इन तीस बरसों में, जिनमें भगवान जाने कितने दिन होते हैं, वह कभी भूखा न सोया था, न कभी नंगा ही फिरा था। उसे सिर्फ़ इस बात का दुख था कि उसे हर महीने किराया देना पड़ता था। वह अपना और अपने बाल-बच्चों का पेट भरे, उस बकरे जैसी दाढ़ी वाले हकीम की दवाइयों के दाम दे, शाम को ताड़ी की एक बोतल के लिए दुअन्नी पैदा करे या उस गंजे सेठ के मकान के कमरे का किराया अदा करे!

मकानों और किरायों की फिलासफ़ी उसकी समझ से सदा ऊँची रही थी। वह जब भी दस रुपये गिनकर सेठ या उसके मुनीम की हथेली पर रखता तो समझता था कि उससे यह रकम जबरदस्ती छीन ली गयी है और अब अगर वह पाँच बरस तक बराबर किराया देते रहने के बाद सिर्फ़ दो महीने का किराया चुकता न कर सका तो क्या सेठ को इस बात का हक़ हासिल हो गया कि वह उसे गाली दे? सबसे बड़ी बात तो यही थी, जो उसे खाए जा रही थी। उसे इन बीस रुपयों की परवाह नहीं थी, जो उसे आज नहीं तो कल चुका देने थे वह उन दो गालियों के बारे में सोच रहा था, जो उन बीस रुपयों के बीच में से निकली थी। न वह बीस रुपयों का कर्जदार होता और सेठ के कुठाली जैसे मुँह से यह गंदगी बाहर निकलती।

मान लिया, वह धनवान था। उसके पास दो बिल्डिगें थीं, जिनके एक सौ चौबीस कमरों का किराया उसको आता था। पर उन एक सौ चौबीस कमरों में जितने लोग रहते हैं, वे उसके गुलाम तो नहीं? और अगर गुलाम भी हैं तो वह उन्हें गाली कैसे दे सकता है?

ठीक है, उसे किराया चाहिए, पर मैं कहाँ से लाऊँ? पाँच बरस तक उसको देता ही रहा हूँ। जब होगा, दे दूँगा। पिछले बरस, बरसात का सारा पानी हम पर टपकता रहा, पर मैंने उसे कभी गाली न दी, हालाँकि मुझे उससे कई ज़्यादा गंदी गालियाँ याद हैं। मैंने सेठ जी से हज़ार बार कहा कि मेरी सीढ़ी का डंडा टूट गया है, उसे बनवा दीजिए, पर मेरी एक न सुनी गयी। मेरी फूल-सी बच्ची गिरी। उसका दाहिना हाथ हमेशा के लिए बेकार हो गया। मैं गालियों की जगह, उसे कोस सकता था, पर मुझे इसका ध्यान ही नहीं आया।...और दो महीने का किराया न चुकाने पर मैं गालियों के क़ाबिल हो गया। उसको यह ध्यान तक न आया कि उसके बच्चे अपोलो बन्दर पर मेरे थैले से मुट्ठियाँ भर-भरकर के मूँगफली खाते हैं।

इसमें कोई शक नहीं कि उसके पास इतनी दौलत नहीं थी, जितनी कि दो बिल्डिंगों वाले उस सेठ के पास थी और ऐसे लोग भी होंगे, जिनके पास उससे भी ज़्यादा दौलत होगी। पर वह ग़रीब कैसे हो गया? उसे ग़रीब समझकर ही तो गाली दी गयी थी। नहीं तो उस गंजे सेठ की क्या मजाल थी कि कुर्सी पर बड़े इत्मीनान से बैठकर उसे दो गालियाँ सुना देता। जैसे किसी के पास दौलत का न होना बहुत बुरी बात है। अब यह उसका कसूर नहीं था कि उसके पास दौलत की कमी थी। सच पूछिए तो उसने कभी धन-दौलत के सपने देखे ही न थे। वह अपने हाल पर मस्त था। उसकी जिंदगी बड़े मज़े से गुज़र रही थी। पर पिछले महीने एकाएक उसकी बीवी बीमार पड़ गयी और उसकी दवा-दारू पर वे तमाम रुपये खर्च हो गए, जो किराये में जाने वाले थे। अगर वह ख़ुद बीमार होता तो मुमकिन था वह दवाओं पर रुपया खर्च न करता। लेकिन यहाँ तो उसके होने वाले बच्चे की बात थी जो अपनी माँ के पेट ही में था। उसको औलाद बहुत प्यारी थी—जो पैदा हो चुकी थी और जो पैदा होने वाली थी—सबकी सब उसे प्यारी थीं। वह कैसे अपनी बीवी का इलाज न कराता? क्या वह उस बच्चे का बाप न था? यह तो

सिर्फ़ दो महीने के किराये की बात थी। अगर उसे अपने बच्चे के लिए चोरी भी करनी पड़ती तो वह कभी न चूकता।

चोरी! नहीं-नहीं, वह चोरी कभी न करता—यों समझिए कि वह अपने बच्चे के लिए बड़े-से-बड़ी कुर्बानी करने के लिए तैयार था, पर वह चोरी कभी न करता—वह अपनी छिपी हुई चीज़ वापिस लेने के लिए लड़ने-मरने को तैयार था, पर वह चोरी न कर सकता था।

अगर वह चाहता तो उस वक़्त जब सेठ ने उसे गाली दी थी, आगे बढ़कर उसका टेंटुआ दबा देता और उस तिजोरी में से वे तमाम नीले और हरे नोट निकालकर भाग जाता, जिनको वह आज तक लाजवंती के पत्ते समझा करता था...नहीं-नहीं, वह ऐसा कभी न करता। लेकिन फिर उस सेठ ने उसे गाली क्यों दी?...पिछले बरस, चौपाटी पर एक ग्राहक ने उसे गाली दी थी इसलिए कि दो पैसे की मूँगफली में चार दाने कड़वे चले गए थे और उसके जवाब में उसने उसकी गर्दन पर ऐसी धौल जमायी थी कि दूर बेंच पर बैठे आदमियों ने उसकी आवाज़ सुन ली थी। पर सेठ ने उसे दो गालियाँ दीं और वह चुप रहा। ख़ामोश सुनता रहा। केशव लाल, खारी सींग वाला जिसके बारे में मशहूर था कि वह नाक पर मक्खी भी नहीं बैठने देता।...सेठ ने एक गाली दी और वह कुछ न बोला...दूसरी गाली दी, तब भी वह चुप रहा, जैसे वह मिट्टी का पुतला है...वह मिट्टी का पुतला कैसे हुआ? उसने उन दो गालियों को सेठ के थूक-भरे मुँह से निकलते देखा, जैसे बड़े-बड़े चूहे मोरियों से बाहर निकलते हैं। वह जान-बूझकर चुप रहा इसलिए कि वह अपना गुरूर नीचे छोड़ आया था। पर उसने अपना गुरूर अपने से क्यों अलग किया-सेठ से गालियाँ खाने के लिए?

यह सोचते हुए उसे एकाएक ख़याल आया कि शायद सेठ ने उसे नहीं, किसी और को गालियाँ दी थीं...नहीं-नहीं गालियाँ उसे ही दी गयी थीं। इसलिए कि दो महीने का किराया उसी की तरफ निकलता था। अगर उसे गालियाँ न दी गयी होतीं तो इस सोच-विचार की ज़रूरत ही क्या थी, और यह जो सीने में हुल्लड़-सा मच रहा था, क्या अकारण उसे दुख दे रहा था? उसी को वे गालियाँ दी गयी थीं।

जब उसके सामने एक मोटर ने अपने माथे की बत्तियाँ रोशन की तो उसे ऐसा लगा कि वे दो गालियाँ पिघलकर, उसकी आँखों में धँस गयी हैं।...गालियाँ...गालियाँ...वह झुँझला गया। वह जितनी कोशिश करता था कि उन गालियाँ के बारे में न सोचे, उतनी ही शिद्दत से उसे उनके बारे में सोचना पड़ता था और यह मजबूरी उसे बहुत चिड़चिड़ा बना रही थी, चुनांचे उस चिड़चिड़ेपन में उसने ख़्वाहमख़्वाह दो-तीन आदमियों को, जो उसके पास से गुज़र रहे थे, मन-ही-मन गालियाँ दीं "यों अकड़ के चल रहे हैं, जैसे इनके बाबा का राज है।"

अगर उसका राज होता तो वह उस सेठ को मज़ा चखा देता, उसे ऊपर-तले दो गालियाँ सुनाकर अपने घर में यों आराम से बैठा था, जैसे उसने अपनी गद्देदार कुर्सी में

से दो खटमल निकाल कर बाहर फेंक दिए हों। सचमुच अगर उसका अपना राज होता तो वह चौक में बहुत-से लोगों को इकट्ठा करके सेठ को बीच में खड़ा कर देता और उसकी गंजी चँदिया पर इतने ज़ोर से धप्पा मारता कि सेठ बिलबिला उठता। फिर वह सब लोगों से कहता कि हँसो, जी भर के हँसो और ख़ुद इतना हँसता कि हँसते-हँसते उसका पेट दुखने लगता।...पर उस समय उसे बिलकुल हँसी नहीं आ रही थी।...क्यों?...अपना राज न होने पर भी तो वह सेठ के गंजे सिर पर धप्पा मार सकता था। उसे किस बात की रुकावट थी?...रुकावट थी...रुकावट थी–तभी तो वह गालियाँ सुनकर चुप हो रहा।

उसके क़दम रुक गए। उसका दिमाग़ भी एक पल के लिए सुस्ताया और उसने सोचा कि चलो अभी इस झंझट का फ़ैसला ही कर दूँ।...भागा हुआ जाऊँ और एक ही झटके में सेठ की गर्दन मरोड़कर उस तिजोरी पर रख दूँ, जिसका ढकना मगरमच्छ के मुँह की तरह खुलता है।...लेकिन वह खंभे की तरह जमीन में क्यों गड़ गया था? सेठ के घर की तरफ पलटा क्यों नहीं था? क्या उसमें हौसला न था?

उसमें हौसला न था। कितने दुख की बात है कि उसकी सारी ताक़त ठंडी पड़ गयी थी। ये गालियाँ...वह उन गालियों को क्या कहता? उन गालियों ने उसकी चौड़ी छाती पर रोलर-सा फेर दिया था...सिर्फ़ दो गालियों ने...हालाँकि पिछले हिंदु-मुस्लिम दंगे में एक हिंदू ने उसे मुसलमान समझकर लाठियों से बहुत पीटा था और अधमुआ कर दिया था, लेकिन उसे इतनी कमज़ोरी महसूस न हुई थी। केशव लाल, खारी सींग वाला, जो अपने दोस्तों को बड़े गर्व के साथ कहा करता था कि वह कभी बीमार नहीं पड़ा, आज यों चल रहा था, जैसे बरसों का रोगी हो! और यह रोग किसने पैदा किया था? दो गाँलियों ने।

गालियाँ...गालियाँ...कहाँ थी ये दो गालियाँ? उसके मन में आया कि अपने सीने के अंदर हाथ डालकर, वह उन दो पत्थरों को, जो किसी तरह गलते ही न थे, बाहर निकाल ले और जो कोई भी उसके सामने आए, उसके सिर पर दे मारे, पर यह कैसे हो सकता था। उसका सीना मुरब्बे का मर्तबान थोड़े ही था।

ठीक है, लेकिन फिर कोई और तरकीब भी तो समझ में आए, जिससे ये गालियाँ दफा हो जाएँ। क्यों...क्यों नहीं कोई आदमी बढ़कर उसे इस दुख से छुट्टी दिलाने की कोशिश करता? क्या वह हमदर्दी के क़ाबिल न था?...होगा, पर किसी को उसके दिल के हाल का क्या पता था। वह खुली किताब थोड़े ही था और न उसने अपना दिल बाहर लटका रखा था। अंदर की बात किसी को क्या मालूम?

न मालूम हो। भगवान करे किसी को अंदर की बात का पता चल गया तो केशव लाल, खारी सींग वाले के लिए डूब मरने की बात थी। गालियाँ सुनकर चुप रहना, मामूली बात थी क्या?

मामूली बात नहीं, बहुत बड़ी बात है...हिमालय पहाड़ जितनी बड़ी बात है। उसमें भी बड़ी बात है। उसका गंरूर मिट्टी में मिल गया, उसकी ज़िल्लत हुई है, उसकी नाक कट

गयी है. उसका सब कुछ लुट गया है। चलो भई, छुट्टी हुई। अब तो ये गालियाँ उसका पीछा छोड़ दें। वह कमीना था, जलील था, नीच था, गंदगी साफ करने वाला भंगी था.. .उसको गालियाँ मिलनी ही चाहिए थीं।

नहीं, नहीं, किसी की क्या मजाल थी कि उसे गालियाँ दे और फिर बिना कसूर के! वह उसे कच्चा न चबा जाता...यार हटाओ, ये सब कहने की बातें हैं! तुमने तो सेठ से यूँ गालियाँ सुनीं, जैसे मीठी-मीठी बोलियाँ थीं।

मीठी-मीठी बोलियाँ थीं, बड़े मजेदार घूँट थे—चलो यही सही।...अब तो मेरा पीछा छोड़ दो; वरना सच कहता हूँ, पागल हो जाऊँगा।...ये लोग, जो बड़े आराम से इधर-उधर चल-फिर रहे हैं, मैं उनमें से हरएक का सिर फोड़ दूँगा। भगवान की क़सम, मुझमें अब ज़्यादा ताब नहीं रही। मैं ज़रूर पागल कुत्ते की तरह सब को काटना शुरू कर दूँगा। लोग मुझे पागलखाने में बंद कर देंगे और मैं दीवारों के साथ अपना सिर टकराकर मर जाऊँगा...मर जाऊँगा, सच कहता हूँ, मर जाऊँगा और मेरी राधा विधवा और मेरे बच्चे यतीम हो जाएँगे। यह सब कुछ इसलिए होगा कि मैंने सेठ से दो गालियाँ सुनीं और चुप रहा। जैसे मेरे मुँह पर ताला लगा हुआ था। मैं लूला-लँगड़ा, अपंग था।...भगवान करे, मेरी टाँगें उस मोटर के नीचे आकर टूट जाएँ...मैं मर जाऊँ, ताकि यह बक-बक तो खत्म हो छि: कोई ठिकाना है इस दुख का...कपड़े फाड़कर नंगा नाचना शुरू कर दूँ...उस ट्राम के नीचे सिर दे दूँ, ज़ोर-ज़ोर से चिल्लाना शुरू कर दूँ...क्या करूँ, क्या न करूँ?

यह सोचते हुए उसे एकाएक ख़याल आया कि बाज़ार के बीच खड़ा हो जाए और सब ट्रैफिक को रोककर जो उसके मुँह में आए, बकता चला जाए, यहाँ तक कि उसका सीना सारा-का-सारा खाली हो जाए, या फिर उसके मन में आया कि खड़े-खड़े यहीं से चिल्लाना शुरू कर दें—"मुझे बचाओ...मुझे बचाओ।"

इतने में एक आग बुझाने वाला इंजन सड़क पर 'टन-टन' करता आया और उधर, उस मोड़ में गुम हो गया। उसे देखकर वह ऊँची आवाज़ में कहने ही वाला था, 'ठहरो।...मेरी आग बुझाते जाओ!' पर न जाने क्यों रुक गया।

अचानक उसने अपने क़दम तेज़ कर दिए। उसे ऐसा महसूस हुआ था कि उसकी साँस रुकने लगी है और अगर तेज़ न चलेगा तो बहुत मुमकिन है कि वह फट जाए। लेकिन जैसे ही उसकी रफ़्तार बढ़ी, उसका दिमाग़ आग का एक चक्कर-सा बन गया। उस चक्कर में उसके सारे पुराने और नये ख़याल एक हार की तरह गुंथ गए। दो महीने का किराया, पत्थर की बिल्डिंग में उसका दरख़्वास्त लेकर जाना...सात मंजिलों की एक सौ बारह सीढ़ियाँ, सेठ की भद्दी आवाज़, उसके गंजे सिर पर मुस्कराता हुआ बिजली का लैम्प और...यह मोटी गाली...फिर दूसरी...और उसकी ख़ामोशी...यहाँ पहुँचकर आग के उस चक्कर में से तड़-तड़ गालियाँ सी निकलना शुरू हो जातीं और उसे ऐसा महसूस होता कि उसका सीना छलनी हो गया है।

उसने अपने क़दम और तेज़ किए और आग का यह चक्कर इतनी तेजी से घूमना शुरू हुआ कि शोलों की एक बहुत बड़ी गेंद-सी बन गयी, जो उसके आगे-आगे ज़मीन पर उछलने-कूदने लगी।

वह अब दौड़ने लगा। लेकिन फ़ौरन ही ख़यालों की भीड़-भाड़ में एक नया ख़याल ऊँची आवाज़ में चिल्लाया–"तुम क्यों भाग रहे हो? किससे भाग रहे हो? तुम बुज़दिल हो!"

उसके क़दम धीरे-धीरे उठने लगे, फिर ब्रेक-सी लग गयी और वह आहिस्ता-आहिस्ता चलने लगा।...वह सचमुच बुज़दिल था...भाग क्यों रहा था...उसे तो बदला लेना था..ब...द...ला...यह सोचते हुए उसे अपनी जीभ पर लहू का नमकीन स्वाद महसूस हुआ और उसके बदन में एक झुरझुरी-सी पैदा हुई! लहू...लहू..उसे आसमान-ज़मीन-सब लहू में ही रंगे हुए नज़र आने लगे। लहू...उस समय उसमें इतनी शक्ति थी कि पत्थर की रगों में से भी लहू निचोड़ सकता था।

उसकी आँखों में लाल डोरे उभर आए। मुट्ठियाँ भिंच गयीं और कदमों में मज़बूती आ गयी।...अब वह बदला लेने पर तुल गया था।

वह बढ़ा।

आने-जाने वाले लोगों में से तीर की तरह अपना रास्ता बनाता आगे बढ़ता रहा–आगे और आगे!

जिस तरह तेज़ चलने वाली रेलगाड़ी, छोटे-छोटे स्टेशनों को छोड़ जाया करती है, उसी तरह वह बिजली के खंभों, दुकानों और लंबे-लंबे बाजारों को अपने पीछे छोड़ता, आगे बढ़ रहा था। आगे...आगे...बहुत आगे।

रास्ते में एक सिनेमा की रंगीन बिल्डिंग आयी। उसने उसकी तरफ आँख उठाकर भी न देखा और उसके पास से बेपरवाह, हवा की तरह बढ़ गया। बढ़ता ही गया। भीतर-ही-भीतर उसने अपने हर ज़र्रे को एक बम बना लिया था, ताकि वक़्त पर काम आए।

कई बाज़ारों से, जहरीले साँप की तरह फुफकारता हुआ, वह अपोलो बंदर पहुँचा। अपोलो बंदर...गेटवे ऑफ इंडिया के सामने, अनगिनत मोटरें कतार-दर-कतार खड़ी थीं। उनको देखकर उसने यह समझा कि बहुत-से गिद्ध पंख जोड़कर, किसी लाश के इर्द-गिर्द बैठे हैं। जब उसने ख़ामोश समुंदर की तरफ देखा तो उसे वह एक लंबी-चौड़ी लाश मालूम हुई।...उस समुद्र के इस तरफ एक कोने में लाल-लाल रोशनी की लकीरें हौले-हौले बल खा रही थीं। यह एक आलीशान होटल के माथे पर, बिजली की ट्यूबों में लिखा हुआ नाम था, जिसकी लाल रोशनी समुद्र के पानी में गुदगुदी पैदा कर रही थी।

केशव लाल, खारी सींग वाला, उस आलीशान होटल के नीचे खड़ा हो गया। उस बिजली के बोर्ड के ठीक नीचे क़दम गाड़कर उसने ऊपर देखा। पत्थर की इमारत की

तरफ, जिसके रोशन कमरे चमक रहे थे और...उसके गले से एक नारा...कानों के पर्दे फाड़ देने वाला नारा, पिघले हुए गर्म-गर्म लावे की तरह निकला—"हत तेरी...।"

जितने कबूतर होटल की मुँडेरों पर ऊँघ रहे थे, बेतरह डर गए और पंख फड़फड़ाने लगे।

नारा लगाकर, जब उसने अपने क़दम जमीन से बड़ी मुश्किल के साथ अलग किए और वापस मुड़ा तो उसे इस बात का पूरा यक़ीन था कि होटल की संगीन इमारत अर-अरा कर नीचे गिर गयी है।

और यह नारा सुनकर एक आदमी ने अपनी पत्नी से, जो यह नारा सुनकर डर गयी थी, कहा—"पगला है!"

सड़क के किनारे

यही दिन थे—आसमान उसकी आँखों की तरह ऐसा ही नीला था जैसा आज है। खुला हुआ, निखरा हुआ और धूप भी ऐसी ही कुनकुनी थी। सुहाने सपनों की तरह मिट्टी की गंध भी ऐसी ही थी जैसी इस वक़्त मेरे दिल-व-दिमाग़ में रच रही है और मैंने इसी तरह लेटे-लेटे अपनी फड़फड़ाती हुई रूह उसके हवाले कर दी थी।

उसने मुझसे कहा था—"तुमने मुझे जो ये लम्हे दान किए हैं, यक़ीन जानो, मेरी ज़िंदगी इनसे खाली थी—जो खाली जगहें तुमने आज मेरी हस्ती में पुर की है, तुम्हारा शुक्रगुज़ार हूँ। तुम मेरी ज़िंदगी में न आतीं तो शायद वे हमेशा अधूरी रहती। मेरी समझ में नहीं आता कि मैं तुमसे और क्या कहूँ...मेरी तकमील हो गई है। मुझे पूरे तौर पर महसूस होता है, मुझे अब तुम्हारी ज़रूरत नहीं रही..." और वह चला गया। हमेशा के लिए चला गया।

मेरी आँखें रोईं। मेरा दिल रोया। मैंने उसकी मिन्नत-समाजत की। उससे लाख बार पूछा कि मेरी ज़रूरत अब तुम्हें क्यों नहीं रही...जबकि तुम्हारी ज़रूरत अपनी तमाम शिद्दतों के साथ अब शुरू हुई है। इन क्षणों के बाद जिन्होंने तुम्हारे कहने के अनुसार तुम्हारी हस्ती की खाली जगहें पुर की हैं।

उसने कहा—"तुम्हारे अस्तित्व के जिस कण को मेरी हस्ती के निर्माण और पुष्टि की ज़रूरत थी, ये लम्हे चुन-चुनकर देते रहे—अब जब पुष्टि हो गई है, तुम्हारा और मेरा रिश्ता अपने आप कम हो गया है।"

किस क़दर ज़ालिमाना शब्द थे—मुझसे यह पथराव बर्दाश्त न किया गया। मैं चीख-चीखकर रोने लगी। मगर उस पर कुछ असर न हुआ। मैंने उससे कहा—"ये कण जिससे तुम्हारी हस्ती की पुष्टि हुई है मेरे वजूद का एक हिस्सा थे—क्या उनका मुझसे कोई रिश्ता नहीं—क्या मेरे वजूद का शेष हिस्सा उनसे अपना नाता तोड़ सकता

है? तुम मुकम्मल हो गए हो लेकिन मुझे अधूरा करके—क्या मैंने इसीलिए तुम्हें अपना देवता बनाया था?"

उसने कहा—"भँवरे फूलों और कलियों का रस चूस-चूसकर शहद निकालते हैं मगर वे उसकी तलछट भी इन फूलों और कलियों के होठों तक नहीं लाते! ख़ुदा अपनी इबादत कराता है मगर ख़ुद बंदगी नहीं करता! अदम के साथ एकान्त में कुछ लम्हे बिताकर उसने अस्तित्व की पुष्टि की—लेकिन अब अदम कहाँ—उसकी अब अस्तित्व को क्या ज़रूरत है-वह एक ऐसी माँ थी जो सृष्टि को जन्म देते ही प्रसव के बिस्तर पर नष्ट हो गई थी।"

औरत रो सकती है—दलील नहीं दे सकती। उसकी सबसे बड़ी दलील उसकी आँखों से ढलका हुआ आँसू है। मैंने उससे कहा—"देखो, मैं रो रही हूँ—मेरी आँखें आँसू बरसा रही हैं। तुम जा रहे हो तो जाओ। मगर इनमें से कुछ आँसुओं को तो अपने ख़याल के क़फ़न में लपेटकर साथ लेते जाओ। मैं तो सारी उम्र रोती रहूँगी—मुझे इतना तो याद रहेगा कि चंद आँसुओं के क़फ़न-दफ़न का सामान तुमने भी किया था—मुझे खुश करने के लिए।"

उसने कहा—"मैं तुम्हें खुश कर चुका हूँ—क्या उसका आनंद, उसका अहसास तुम्हारी ज़िंदगी के बाकी लम्हे का सहारा नहीं बन सकता? तुम कहती हो कि मेरी तकमील ने तुम्हें अधूरा कर दिया है। लेकिन यह अधूरापन ही क्या तुम्हारी ज़िंदगी को चलाने के लिए काफ़ी नहीं। मैं मर्द हूँ—आज तुमने मेरी तकमील की है। कल कोई और करेगा—मेरा अस्तित्व कुछ ऐसे धूल-पानी से बना है, ज़िंदगी में कई ऐसे क्षण आएँगे, जब वह ख़ुद को संपूर्ण व पुष्ट समझेगा और तुम जैसी कई औरतें आएँगी जो इन क्षणों की पैदा की हुई खाली जगहों को पुर करेंगी।"

मैं रोती रही। झुँझलाती रही।

मैंने सोचा—ये कुछ लम्हे जो अभी-अभी मेरी मुट्ठी में थे...नहीं मैं इन लम्हों की मुट्ठी में थी...मैंने क्यों ख़ुद को उनके हवाले कर दिया...मैंने क्यों अपनी फड़फड़ाती रूह उनके मुँह खोले पिंजरे में डाल दी। इसमें मज़ा था, एक लुत्फ़ था—एक कैफ़ था...ज़रूर था और यह उसके और मेरे संघर्ष में था—लेकिन यह क्या, वह साबित-ओ-सा-लिम रहा और मुझमें तरेड़ें पड़ गए, यह क्या, कि वह अब मेरी ज़रूरत को महसूस नहीं करता लेकिन मैं और भी तेज़ी से उसकी ज़रूरत महसूस करती हूँ—वह ताकतवर बन गया है, मैं कमज़ोर हो गई हूँ। यह क्या कि आसमान पर दो बादल गले मिल रहे हों। एक रो-रोकर बरसने लगे, दूसरा बिजली का टुकड़ा बनकर उस बारिश से खेलता, कोड़े लगाता भाग जाए—यह किसका क़ानून है? आसमानों का? ज़मीनों का? या इनके बनाने वाले का?

मैं सोचती रही और झुँझलाती रही।

दो रूहों का सिमटकर एक हो जाना, और एक होकर असीम विस्तार प्राप्त कर लेना—क्या यह सब शायरी है दो रूहें सिमटकर ज़रूर इस नन्हे से बिंदु पर पहुँचती हैं

जो फैलकर सृष्टि बनता हैं–लेकिन इस सृष्टि में एक रूह क्यों कभी-कभी घायल छोड़ दी जाती है? क्या इस कसूर पर कि उसने दूसरी रूह को इस नन्हे-से बिन्दु पर पहुँचने में मदद दी थी?

"यह कैसी सृष्टि है?"

यही दिन थे–आसमान उसकी आँखों की तरह ऐसा ही नीला था जैसा कि आज है।

और धूप भी ऐसी ही कुनकुनी थी–और मैंने इसी तरह लेटे-लेटे अपनी फड़फड़ाती हुई रूह उसके हवाले कर दी थी–वह मौजूद नहीं हैं–बिजली कौंध कर जाने वह किन बदलियों के आँसू बहा रही है–वह अपनी पुष्टि करके चला गया था–एक साँप था जो मुझे डस कर चला गया–लेकिन अब उसकी छोड़ी हुई लकीर क्यों मेरे पेट में करवटें ले रही है-क्या यह मेरी पुष्टि हो रही है?

नहीं, नहीं–यह कैसे तकमील हो सकती है–यह तो फ़ना है।

लेकिन यह मेरे जिस्म की खाली जगहें क्यों पुर हो रही हैं-ये जो गड्ड थे किस मलबे से पुर किए जा रहे हैं–मेरी रगों में ये कैसी सरसराहटें दौड़ रही हैं। ये सिमटकर अपने पेट में किस नन्हे से बिंदु पर पहुँचने के लिए संघर्ष कर रही है। मेरी नाव डूबकर अब किन समुद्रों में उभरने के लिए उठ रही है?

यह मेरे अंदर दहकते हुए चूल्हों पर किस मेहमान के लिए दूध गर्म किया जा रहा है–यह मेरा दिल मेरे ख़ून को धुनक-धुनककर किसके लिए नर्म-नाज़ुक रज़ाइयाँ तैयार कर रहा है। यह मेरा दिमाग़ मेरे ख़यालात के रंग-बिरंगे धागों से किसके लिए नन्ही-मुन्नी पोशाकें तैयार कर रहा है?

मेरा रंग किसलिए निखर रहा है–अंग-अंग और रोम-रोम में फँसी हिचकियाँ लोरियों में क्यों बदल रही हैं?

यही दिन थे–आसमान उसकी आँखों की तरह ऐसा ही नीला था जैसा कि आज है–लेकिन यह आसमान अपनी बुलंदियों से उतरकर मेरे पेट में तन गया है–इसकी नीली-नीली आँखें क्यों मेरी रगों में दौड़ती फिरती हैं?

मेरे सीने की गोलाइयों में मस्जिदों की मेहराबों जैसा आकार क्यों आ रहा है? नहीं, नहीं, यह आकार कुछ भी नहीं–मैं इन मेहराबों को ढाह दूँगी। मैं अपने अंदर के तमाम चूल्हे ठंडे कर दूँगी जिन पर बिन बुलाए मेहमान की ख़ातिर हाडियां चढ़ी हैं। मैं अपने ख़यालात के तमाम रंग-बिरंगे धागे आपस में उलझा दूँगी।

यही दिन थे–आसमान उसकी आँखों की तरह ऐसा ही नीला था जैसा कि आज है।

लेकिन मैं वह दिन क्यों याद करती हूँ जिसके सीने पर से वह अपने पदचिह्न भी उठाकर ले गया था।

लेकिन यह...यह पदचिह्न किसका है–जो मेरे पेट की गहराइयों में तड़प रहा है। क्या मेरा जाना-पहचाना नहीं–मैं इसे खुरच दूँगी–यह रसौली है, फोड़ा है, बहुत ख़ौफ़नाक फोड़ा।

लेकिन मुझे क्यों महसूस होता है कि यह फाहा है–फाहा है तो किस ज़ख़्म का? उस ज़ख़्म का जो मुझे वह लगाकर चला गया था?–नहीं, नहीं–यह तो ऐसा लगता है कि किसी पैदाइशी ज़ख़्म के लिए है–एक ज़ख़्म के लिए जो मैंने कभी देखा ही नहीं था–जो मेरी कोख में जाने कब से सो रहा था।

यह कोख क्या? फिजूल-सी मिट्टी की हिण्ड कुल्हिया–बच्चों का खिलौना–मैं इसे तोड़-फोड़ दूँगी।

लेकिन यह कौन मेरे कान में कहता है–"यह दुनिया एक चौराहा है–अपना भांडा क्यों इसमें फोड़ती है–याद रख तुझ पर अँगुलियाँ उठेंगी।"

अँगुलियाँ उधर क्यों न उठेंगी जिधर वह अपनी हस्ती पूर्ण करके चला गया था–क्या उन अँगुलियों को वह रास्ता मालूम नहीं–यह दुनिया एक चौराहा है–लेकिन इस वक़्त तो वह मुझे एक दोराहे पर छोड़कर चला गया था। इधर भी अधूरापन था, उधर भी अधूरापन। इधर भी आँसू और उधर भी आँसू।

लेकिन यह किसका आँसू मेरे सीप में मोती बन रहा है–यह कहाँ बँधेगा?

अँगुलियाँ उठेंगी, जब सीप का मुँह खुलेगा और मोती फिसलकर बाहर चौराहे पर गिर पड़ेगा तो अँगुलियाँ उठेंगी–सीपी की तरफ भी और मोती की तरफ भी और ये अँगुलियाँ सँपोलियाँ बनकर इन दोनों को डसेंगी और अपने ज़हर से इनको नीला कर देंगी।

आसमान उसकी आँखों की तरह ऐसा ही नीला था जैसा कि आज है–यह गिर क्यों नहीं पड़ता–वे कौन से सुतन हैं जो इसे थामे हुए हैं–क्या उस दिन जो भूकंप आया था, वह इन सुतूनों की बुनियादें हिला देने के लिए काफ़ी न था? यह क्यों अब तक मेरे सिर के ऊपर उसी तरह बना हुआ है?

मेरी रूह पसीने में ग़र्क़ है। इसका हर मसाम चुना हुआ है। चारों तरफ आग दहक रही है–मेरे अंदर कुठाली में सोना पिघल रहा है–धौकनियाँ चल रही है। शोले भड़क रहे हैं। सोना, ज्वालामुखी पहाड़ के लावे की तरह उबल रहा है। मेरी रगों में नीली आँखें दौड़-दौड़कर हाँफ रही हैं–घंटियाँ बज रही हैं–कोई आ रहा है–कोई आ रहा है–

बंद कर दो, बंद कर दो किवाड़।

कुठाली उलट गई–पिघला हुआ सोना बिखर रहा है-घंटियाँ बज रही हैं–वह आ रहा है–मेरी आँखें मुँद रही है–नीला आसमान गँदला होकर नीचे आ रहा है।

यह किसके होने की आवाज़ है-उसे चुप कराओ–उसकी चीखे मेरे दिल पर हथौड़े मार रही हैं। चुप कराओ–उसे चुप कराओ–मैं गोद बन रही हूँ। मैं क्यों गोद बन ही हूँ?

मेरी बाँहे खुल रही हैं, चूल्हों पर दूध उबल रहा है। मेरे सीने की गोलाइयाँ प्यालियाँ बन रही हैं–लाओ, उस गोश्त के लोथड़े को मेरे दिल के धुनके हुए ख़ून के नर्म-नर्म गालों में लिटा दो।

मत छीनो—मत छीनो इसे—मुझमें अलग न करो। ख़ुदा के लिए मुझसे अलग न करो।

अँगुलियाँ...—उठने दो अँगुलियाँ—मुझे कोई परवाह नहीं—यह दुनिया चौराहा है—फूटने दो मेरी ज़िंदगी के तमाम भाँडे—मेरी ज़िंदगी तबाह हो जाएगी—हो जाने दो—मुझे मेरा गोश्त वापस दे दो—मेरी रूह का यह टुकड़ा मुझसे मत छीना—तुम नहीं जानते यह कितना क़ीमती है—यह गौहर है जो मुझे उन कुछ लम्हों ने प्रदान किया है—उन कुछ लम्हों ने जिन्होंने मेरे वजूद के कई कण चुन-चुनकर किसी की पुष्टि की थी और मुझे अपने ख़याल में अधूरा छोड़कर चले गए थे—मेरी पुष्टि आज हुई है।

मान लो—मान लो—मेरे पेट की खला से पूछो—मेरी दूध से भरी छातियों से पूछो—इन लोरियों से पूछो—ये मेरे अंग-अंग और रोम-रोम में तमाम हिचकियाँ सुलाकर आगे बढ़ रही हैं—इन झूलनों से पूछो जो मेरे बाजुओं में डाले जा रहे हैं।

अँगुलियाँ...उठने दो अँगुलियाँ—मैं इन्हें काट डालूँगी—शोर मचेगा। मैं ये अँगुलियाँ उठाकर अपने कानों में ठूँस लूँगी। मैं गूँगी हो जाऊँगी, बहरी हो जाऊँगी, अंधी हो जाऊँगी-मेरा गोश्त मेरे इशारे समझ लिया करेगा—मैं इसे टटोल-टटोलकर पहचान लिया करूँगी।

मत छीनो—मत छीनो इसे—यह मेरी कोख की माँग का सिंदूर है। यह मेरी ममता के माथे की बिंदिया है—मेरे पास का कड़वा फल है—लोग इस पर थू-थू करेंगे?—मैं चाट लूँगी ये सब थूकें—

देखो मैं हाथ जोड़ती हूँ—तुम्हारे पाँव पड़ती हूँ।

मेरे भरे हुए दूध के बर्तन औंधे न करो—मेरे दिल के धुनके हुए ख़ून के नर्म-नर्म गालों में आग न लगाओ—मेरी बाँहों के झूले की रस्सियाँ न तोड़ो—मेरे कानों को उन गीतों से वंचित न करो जो इसके रोने में मुझे सुनाई देते हैं।

मत छीनो—मत छीनो—मुझसे अलग न करो—ख़ुदा के लिए मुझसे अलग न करो।

लाहौर, 21 जनवरी—धोबी मंडी से पुलिस ने एक नवजात बच्ची को सर्दी से ठिठुरते हुए सड़क के किनारे पड़ी हुई पाया और अपने क़ब्जे में ले लिया। किसी पत्थरदिल ने बच्ची की गर्दन को मज़बूती से कपड़े से जकड़ रखा था और कोमल जिस्म को पानी के गीले कपड़े से बाँध रखा था ताकि सर्दी से वो मर जाए। मगर वह जिंदा थी। बच्ची बहुत ख़ूबसूरत है। आँखें नीली है—उसको अस्पताल पहुँचा दिया गया है।

धुआँ

जब वह स्कूल जा रहा था तो उसने रास्ते में एक क़साई देखा, जिसके सिर पर एक बहुत बड़ा टोकरा था। उसमें दो ताज़ा ज़िबह किए हुए, बकरे थे। खालें उतरी हुई थीं और उनके नंगे गोश्त में से धुआँ उठ रहा था। जगह-जगह पर यह गोश्त, जिसको

देखकर मसऊद के ठंडे गालों पर गर्मी की लहरें-सी दौड़ जाती थीं, फड़क रहा था, जैसे कभी-कभी उसकी आँख फड़का करती थी।

सवा नौ बजे होंगे, पर झुके हुए सलेटी बादलों से ऐसा लग रहा था कि बहुत सवेरा है। सर्दी में शिद्दत नहीं थी, लेकिन राह चलते आदमियों के मुँह से गर्म-गर्म समावार की टोटियों की तरह, गाढ़ा सफ़ेद धुली निकल रहा था। हर चीज़ बोझिल दिखाई देती थी, जैसे बादलों के वजन के नीचे दबी हुई हो। मौसम की कुछ यही हालत थी, जो रबड़ के जूते पहनकर चलने से पैदा होती है। इसके बावजूद कि बाज़ार में लोगों की आमदोरफ़्त जारी थी और दुकानों में ज़िंदगी के आसार पैदा हो चुके थे—आवाज़ें मद्धिम थीं, जैसे सरगोशियाँ हो रही हों; चुपके-चुपके, धीरे-धीरे बातें हो रही हों; हौले-हौले लोग कदम उठा रहे हों कि ज़्यादा ऊँची आवाज़ा पैदा न हो।

मसऊद, बग़ल में बस्ता दबाए स्कूल आ रहा था। आज उसकी चाल भी सुस्त थी। जब उसने बेखाल के ताज़ा ज़िबह किए हुए, बकरों के गोश्त से सफ़ेद-सफ़ेद धुआँ उठता देखा तो उसे राहत महसूस हुई। उस धुएँ ने उसके ठंडे गालों पर गरम-गरम लकीरों का एक जाल-सा बुन दिया। इस गर्मी ने उसे राहत पहुँचायी और वह सोचने लगा कि सर्दियों में, ठंडे यख हाथों पर बेंत खाने के बाद, अगर यह धुआँ मिल जाया करे तो कितना अच्छा हो।

फ़िज़ा में उजलापन नहीं था, रोशनी थी, पर धुँधली। कोहरे की एक पतली-सी तह, हर चीज़ पर चढ़ी हुई थी, जिससे फ़िज़ा में गँदलापन पैदा हो गया था। यह गँदलापन आँखों को भला लगता था, इसलिए कि नज़र आने वाली चीज़ों की नोक-पलक कुछ मद्धिम पड़ गयी थी।

मसऊद जब स्कूल पहुँचा तो उसे अपने साथियों से यह जानकर ज़रा भी ख़ुशी न हुई कि स्कूल सेक्रेटरी साहब के गुज़र जाने की वजह से बंद कर दिया है। सब लड़के ख़ुश थे, जिसका सबूत यह था कि वे अपने बस्ते एक जगह पर रखकर, स्कूल के सहन में ऊटपटाँग-से खेलों में मशगूल थे। कुछ लड़के, छुट्टी का पता लगते ही, घर चले गए थे, कुछ आ रहे थे और कुछ नोटिस-बोर्ड के पास जमा थे और एक ही ख़बर को बार-बार पढ़ रहे थे।

मसऊद ने जब सुना कि सेक्रेटरी साहब गुज़र गए हैं तो उसे बिलकुल अफ़सोस न हुआ। उसका दिल जज़्बात से बिलकुल ख़ाली था। हाँ, उसने यह ज़रूर सोचा कि पिछले साल, जब उसके दादाजान का इंतकाल इन्हीं दिनों में हुआ था तब उनका जनाज़ा ले जाने में बड़ी दिक्कत हुई थी, इसलिए कि वारिश शुरू हो गयी थी। वह भी जनाज़े के साथ गया था और कब्रिस्तान में चिकने कीचड़ की वजह से यूँ फिसला था कि ख़ुदी हुई क़ब्र में गिरते-गिरते बचा था। ये सब बातें उसको अच्छी तरह याद थीं। सर्दी की शिद्दत, कीचड़ से लथपथ उसके कपड़े सुर्ख़ी लिये नीले हाथ, जिनको दबाने से सफ़ेद-सफ़ेद

धब्बे पड़ जाते थे, नाक जो कि बर्फ़ की डली लगती थी और फिर आकर हाथ-पाँव धोने और कपड़े बदलने का मसला-सब कुछ उसको अच्छी तरह याद था। इसलिए जब उसने सेक्रेटरी साहब की मौत की ख़बर सुनी तो उसे ये सब बीती हुई बातें याद आ गयीं और उसने सोचा जब सेक्रेटरी साहब का जनाज़ा उठेगा तो बारिश शुरू हो जाएगी और कब्रिस्तान में इतना कीचड़ हो जाएगा कि कई लोग फिसलेंगे और उनको ऐसी चोटें आएँगी कि वे बिलबिला उठेंगे।

मसऊद ने यह ख़बर सुनकर सीधा अपनी कमरे का रुख़ किया। कमरे में पहुँचकर उसने अपने डेस्क का ताला खोला। दो-तीन किताबें, जो कि उसे दूसरे दिन फिर लानी थीं, उसमें रखीं और बाक़ी बस्ता उठाकर, घर की तरफ चल पड़ा।

रास्ते में उसने फिर वही, ताजा ज़िबह किए हुए, दो बकरे देखे। उनमें से एक को, अब क़साई ने लटका दिया था, दूसरा तख़्ते पर पड़ा था। जब मसऊद दुकान पर से गुज़रा तो उसके दिल में ख़्वाहिश हुई कि वह उस गोश्त को, जिसमें से धुआँ उठ रहा था, छूकर देखे। चुनाँचे उसने आगे बढ़कर उँगली से बकरे के उस हिस्से को छूकर देखा, जो अभी तक फड़क रहा था। गोश्त गर्म था। मसऊद की ठंडी उँगली को यह गर्मी बहुत भली लगी। क़साई दुकान के अंदर छुरी तेज़ करने में लगा था, इसलिए मसऊद ने एक बार फिर गोश्त को छूकर देखा और वहाँ से चल पड़ा।

घर पहुँचकर, जब उसने अपनी माँ को सेक्रेटरी साहब की मौत की ख़बर सुनायी तो उसे पता चला कि उसके अब्बा जी, उनके ही जनाज़े के साथ गए हैं। अब घर में सिर्फ़ दो लोग थे। माँ और बड़ी बहन। माँ रसोई में बैठी सालन पका रही थी और बड़ी बहन, कुलसुम-पास ही एक कांगड़ी लिये दरबारी की सरगम याद कर रही थी।

चूँकि गली के दूसरे लड़के गर्वनमेंट स्कूल में पढ़ते थे, जिस पर इस्लामिया स्कूल के सेक्रेटरी की मौत का कुछ असर नहीं हुआ था, इसलिए मसऊद ने ख़ुद को बिलकुल बेकार महसूस किया। स्कूल का कोई काम भी नहीं था। छठी क्लास में जो कुछ पढ़ाया जाता है, उसे यह घर में अपने अब्बा जी से पढ़ चुका था। खेलने के लिए भी उसके पास कोई चीज़ न थी। एक मैली-कुचैली ताश ताक में पड़ी थी, पर उससे मसऊद को कोई दिलचस्पी न थी। लूडो और इसी क़िस्म के दूसरे खेल, जो उसकी बड़ी बहन, अपनी सहेलियों के साथ, हर रोज़ खेलती थी, उसकी समझ से परे थे। समझ से परे यूँ थे कि मसऊद ने उनको समझने की कोशिश ही नहीं की थी। उसको ऐसे खेलों से कोई लगाव ही नहीं था।

बस्ता अपनी जगह पर रखने और कोट उतारने के बाद, वह किचन में अपनी माँ के पास बैठ गया और दरबारी की सरगम सुनता रहा, जिसमें कई बार, 'सा रे गा मा' आता था। उसकी माँ पालक काट रही थी। पालक काटने के बाद, उसने हरे-हरे पत्तों का गीला-गीला ढेर उठाकर हँडिया में डाल दिया। थोड़ी देर बाद, जब पालक को आँच

लगी तो उसमें से सफ़ेद-सफ़ेद धुआँ उठने लगा। उस धुएँ को देखकर मसऊद को बकरे का गोश्त याद आ गया। तब उसने अपनी माँ से कहा–"अम्मी जान, आज मैंने क़साई की दुकान पर दो बकरे देखे। खाल उतरी हुई थी और उनमें से धुआँ निकल रहा था, बिलकुल ऐसा ही, जैसा कि सुबह-सबेरे मेरे मुँह से निकलता है।"

"अच्छा!" यह कहकर उसकी माँ चूल्हे में लकड़ियों के कोयले झाड़ने लगी।

"हाँ! और मैंने गोश्त को अपनी उँगली से छूकर देखा तो वह गर्म था।"

"अच्छा!" यह कहकर उसकी माँ ने वह बर्तन उठाया, जिसमें उसने पालक का साग धोया था और रसोईघर से बाहर चली गयी।

"और वह गोश्त कई जगह पर फड़कता भी था।"

"अच्छा...!" मसऊद की बड़ी बहन ने दरबारी की 'सरगम' याद करनी छोड़ दी और उसकी ओर मुख़ातिब हुई, "कैसे फड़कता था?"

"यूँ...यूँ!" मसऊद ने उँगलियों से फड़कन पैदा करके, अपनी बहन को दिखायी।

"फिर क्या हुआ?"

यह सवाल कुलसुम ने अपने सरगम-भरे दिमाग़ से कुछ इस ढंग से निकाला कि मसऊद एक लम्हे के लिए बिलकुल भौचक्का रह गया, "फिर क्या होना था?" मैंने ऐसे ही आपसे बात की थी कि क़साई की दुकान पर गोश्त फड़क रहा था। मैंने उँगली से छूकर भी देखा था। गर्म था।"

"गर्म था?...अच्छा मसऊद, यह बताओ, तुम मेरा एक काम करोगे?"

"बताइए।"

"आओ, मेरे साथ आओ।"

"नहीं, पहले आप बताइए...काम क्या है।"

"तुम आओ तो सही मेरे साथ।"

"जी नहीं...आप पहले काम बताइए।"

"देखो, मेरी कमर में बड़ा दर्द हो रहा है...मैं पलंग पर लेटती हूँ। तुम ज़रा पाँव से दबा देना...अच्छे भाई जो हुए। अल्लाह की क़सम, बड़ा दर्द हो रहा है।" यह कहकर मसऊद की बहन ने अपनी कमर पर मुक्कियाँ मारनी शुरू कर दीं।

"यह आपकी कमर को क्या हो जाता है। जब देखो, दर्द हो रहा है। और फिर आप दबवाती भी मुझी से हैं। क्यों नहीं अपनी सहेलियों से कहतीं?" मसऊद उठ खड़ा हुआ और राजी हो गया।

"चलिए, लेकिन आपसे यह कहे देता हूँ कि दस मिनट से ज़्यादा मैं बिलकुल नहीं दबाऊँगा।"

"शाबाश...शाबाश!" कहकर उसकी बहन उठ खड़ी हुई और सरगमों की कॉपी सामने ताक़ में रखकर, उस कमरे की तरफ चली, जहाँ वह और मसऊद दोनों सोते थे।

सहन में पहुँचकर उसने अपनी दुखती हुई कमर सीधी की और ऊपर आसमान की तरफ देखा। मटियाले बादल झुके हुए थे।

"मसऊद, आज ज़रूर बारिश होगी!" यह कहकर उसने मसऊद की तरफ़ देखा, पर वह अंदर, अपनी चारपाई पर लेटा था।

जब कुलसुम अपने पलंग पर औंधे मुँह लेट गयी तो मसऊद ने उठकर घड़ी में वक़्त देखा, "देखिए बाजी, ग्यारह बजने में दस मिनट बाक़ी हैं। मैं पूरे ग्यारह बजे आपकी कमर दबाना छोड़ दूँगा।"

"बहुत अच्छा, लेकिन तुम अब ख़ुदा के लिए ज़्यादा नखरे न करो। इधर मेरे पलंग पर आकर जल्दी कमर दबाओ, वरना याद रखो, बड़े ज़ोर से कान ऐंठूँगी।" कुलसुम ने मसऊद को डाँट पिलायी। मसऊद ने अपनी बड़ी बहन के हुक्म का पालन किया और दीवार का सहारा लेकर, पाँव से उसकी कमर दबानी शुरू कर दी। मसऊद के भार के नीचे कुलसुम की चौड़ी-चकली कमर में हलका-सा झुकाव पैदा हो गया। जब उसने पैरों से दबाना शुरू किया–ठीक उसी तरह, जिस तरह मज़दूर मिट्टी गूँधते हैं तो कुलसुम ने मज़ा लेने की ख़ातिर, हौले-हौले, 'हाय-हाय' करना शुरू कर दिया।

कुलसूम के कूल्हों पर माँस ज़्यादा था। जब मसऊद का पाँव उस हिस्से पर पड़ा तो उसे ऐसा लगा, जैसे वह उस बकरे के गोश्त को दबा रहा है जो उसने क़साई की दुकान में, अपनी उँगली से छूकर देखा था। इस अहसास ने, कुछ लम्हों के लिए, उसके दिल-दिमाग़ में ख़याल पैदा किए, जिनका न कोई सिर था न पैर। वह उनका कोई मतलब न समझ सका और समझता भी कैसे जबकि कोई ख़याल मुकम्मल ही न था।

एक-दो बार मसऊद ने यह भी महसूस किया कि उसके पैरों के नीचे, गोश्त के लोथड़ों में हरकत, पैदा हुई है। उसी क़िस्म की हरकत, जो उसने बकरे के गर्म-गर्म गोश्त में देखी थी। उसने बड़े अनमने भाव से कमर दबानी शुरू की थी। पर अब उसे इस काम में मज़ा आने लगा। उसके बोझ के नीचे कुलसुम हौले-हौले कराह रही थी। यह भिंची-भिंची आवाज़, जो कि मसऊद के पैरों की हरकत का साथ दे रही थी, उस गुमनाम-से मज़े को बढ़ा रही थी।

टाइम पीस में ग्यारह बज गए, पर मसऊद अपनी बहन कुलसुम की कमर दबाता रहा। जब कमर अच्छी तरह दबायी जा चुकी तो कुलसुम सीधी लेट गयी और कहने लगी–"शाबाश। लो, अब लगे हाथों टाँगें भी दबा दो– बिलकुल इसी तरह...शाबाश मेरे भाई।"

मसऊद ने दीवार का सहारा लेकर, जब कुलसुम की रानों पर अपना पूरा बोझ डाला तो उसके पाँव के नीचे मछलियाँ-सी तड़प गयीं। अचानक वह हँस पड़ी और दोहरी हो

गयी। मसऊद गिरते-गिरते बचा था, लेकिन उसके तलवों में मछलियों की वह तड़प जम कर रह गयी। उसके दिल में ज़बरदस्त ख़्वाहिश पैदा हुई कि वह फिर उसी तरह दीवार का सहारा लेकर, अपनी बहन की रानें दबाए। इसलिए उसने कहा–"यह आपने हँसना क्यों शुरू कर दिया? सीधी लेट जाइए, मैं आपकी टाँगें दबा दूँ।"

कुलसुम सीधी लेट गयी। रानों की मछलियाँ इधर-उधर होने की वजह से जो गुदगुदी पैदा हुई थी, उसका असर अभी तक उसके जिस्म में बाक़ी था।

"ना भाई, मेरे गुदगुदी होती है। तुम वहशियों की तरह दबाते हो।"

मसऊद ने सोचा कि शायद उसने ग़लत ढंग से दबाया है–"नहीं, अबकी बार मैं पूरा बोझ आप पर नहीं डालूँगा...आप इत्मीनान रखिए। अब ऐसी अच्छी तरह दबाऊँगा कि आपको कोई तकलीफ़ नहीं होगी।"

दीवार का सहारा लेकर उसने अपने जिस्म को तोला और इस तरह से धीरे-धीरे कुलसुम की रानों पर अपने पैर जमाये कि उसका आधा बोझ कहीं ग़ायब हो गया। हौले-हौले, बड़ी होशियारी से, उसने पैर चलाने शुरू किए। कुलसुम की रानों में अकड़ी हुई मछलियाँ, उसके पैरों के नीचे दब-दबकर, इधर-उधर फिसलने लगीं। मसऊद ने एक बार स्कूल में, तने हुए रस्से पर एक मदारी को चलते देखा था। उसने सोचा कि मदारी के पैरों के नीचे तना हुआ रस्सा इसी तरह फिसलता होगा।

इससे पहले कई बार उसने अपनी बहन कुलसुम की टाँगें दबायी थीं, पर वह मज़ा, जो उसको अब मिल रहा था, पहले कभी न मिला था। उसे बकरे के गर्म-गर्म गोश्त का बार-बार ख़याल आता था। एक-दो बार उसने सोचा, कुलसुम को अगर ज़िबह किया जाए तो खाल उतर जाने पर क्या इसके गोश्त में से भी धुआँ निकलेगा? लेकिन ऐसी बेहूदा बातें सोचने पर उसने अपने आपको मुजरिम-सा महसूस किया और दिमाग़ को इस तरह साफ़ कर दिया, जैसे वह सलेट को कपड़े से साफ़ किया करता था।

"बस, बस," कुलसुम थक गयी, "बस, बस।"

मसऊद को अचानक शरारत सूझी। वह पलंग पर से नीचे उतरने लगा तो उसने कुलसुम की दोनों बग़लों में गुदगुदी शुरू कर दी। हँसी के मारे वह लोटपोट हो गयी। उसमें इतनी सकत नहीं थी कि वह मसऊद के हाथों को परे झटक दे। लेकिन जब उसने इरादा करके उसके, लात जमानी चाही तो मसऊद उछलकर उसकी मार से बाहर हो गया और स्लीपर पहनकर कमरे से निकल गया।

जब वह आँगन में आया तो उसने देखा कि हलकी-हलकी बूँदाबाँदी हो रही है। बादल और भी झुक आए थे। पानी की नन्ही-नन्ही बूँदें आँगन की ईंटों में धीरे-धीरे, बेआवाज़ जज़्ब हो रही थीं। मसऊद का जिस्म राहतकुन गर्मी महसूस कर रहा था। जब हवा का ठंडा-ठंडा झोंका उसके गालों में लगा और दो-तीन नन्ही-नन्ही बूँदें उसकी नाक पर पड़ी तो एक झुरझुरी-सी उसके बदन में लहरा उठी। सामने कोठी की दीवार

पर एक कबूतर और एक कबूतरी पास-पास पर फुलाये बैठे थे। ऐसा लगता था कि दोनों दम-पुख़्त हुई हाँडी की तरह गर्म हैं। गुलदाऊदी और नाज़बू के हरे-हरे पत्ते, ऊपर लाल-लाल गमलों में नहा रहे थे। फ़िज़ा में नींदें घुली हुई थीं—ऐसी नींदें जिनमें जागने की कैफ़ियत ज़्यादा होती है और इनसान के इर्द-गिर्द नर्म-नर्म ख़्वाब यूँ लिपट जाते हैं, जैसे ऊनी कपड़े।

मसऊद ऐसी बातें सोचने लगा, जिनका मतलब उसकी समझ में नहीं आता था। वह उन बातों को छूकर देख सकता था, पर उनका मतलब उसकी गिरफ़्त से बाहर था। फिर भी, एक गुमनाम-सा मज़ा इस सोच में उसे आ रहा था।

बारिश में कुछ देर खड़े रहने के बाद, जब मसऊद के हाथ बिलकुल बर्फ़ हो गये और दबाने से उन पर सफ़ेद धब्बे पड़ने लगे तो उसने मुट्ठियाँ कस लीं और उनको मुँह की भाप से गर्म करना शुरू किया। ऐसा करने से हाथों को कुछ राहत तो पहुँची पर वे नम हो गये, इसलिए आग तापने के लिए वह किचन में चला गया। खाना तैयार था। अभी उसने पहला कौर ही उठाया था कि उसके वालिद कब्रिस्तान से लौट आये। बाप-बेटे में कोई बात न हुई। मसऊद की माँ उठकर फ़ौरन दूसरे कमरे में चली गयी और वहाँ देर तक अपने पति के साथ बातें करती रही।

खाना ख़त्म कर, मसऊद बैठक में चला गया और खिड़की खोलकर फर्श पर लेट गया। बारिश की वजह से सर्दी की शिद्दत बढ़ गयी थी, क्योंकि अब हवा भी चल रही थी। मगर यह सर्दी बुरी नहीं लगती थी। तालाब के पानी की तरह, यह ऊपर ठण्डी और अंदर गर्म थी। जब मसऊद फ़र्श पर लेटा तो उसके मन में ख़्वाहिश हुई कि वह उस सर्दी के अंदर धँस जाये, जहाँ उसके बदन को राहतकुन गर्मी पहुँचे। देर तक वह ऐसी, गर्म दूध जैसी बातों के बारे में सोचता रहा, जिसकी वजह से उसके पुट्ठों में हलका-हलका दर्द पैदा हो गया। एक-दो बार उसने अँगड़ाई ली तो उसे मज़ा आया। उसके जिस्म के किसी हिस्से में (यह उसको पता नहीं था कि कहाँ) कोई चीज़ अटक-सी गयी थी। यह क्या चीज़ थी, इसके बारे में भी मसऊद को कुछ पता नहीं था। हाँ, इस अटकाव ने उसके सारे जिस्म में बेचैनी, एक दबी हुई बेचैनी पैदा कर दी थी। उसका सारा शरीर खिंच कर लंबा हो जाने का इरादा बन गया था।

देर तक गुदगुदे कालीन पर करवटें बदलने के बाद, वह उठा और किचन में से होता हुआ, सहन में आ निकला। न किचन में कोई था, न सहन में। इधर-उधर जितने कमरे थे, सब के सब बंद थे। बारिश अब रुक गयी थी। मसऊद ने हॉकी और गेंद निकाली और आँगन में खेलना शुरू कर दिया। एक बार जब उसने ज़ोर से हिट लगायी तो गेंद आँगन के दायें हाथ वाले कमरे के दरवाज़े पर लगी। अंदर से मसऊद के बाप की आवाज़ आयी—"कौन?"

"जी, मैं हूँ मसऊद!"

अंदर से आवाज़ आयी-"क्या कर रहे हो?"

"जी, खेल रहा हूँ।"

"खेलो..." फिर थोड़ा रुककर, उसके बाप ने कहा-"तुम्हारी माँ मेरा सर दबा रही है।...ज़्यादा शोर न मचाना!"

यह सुनकर मसऊद ने गेंद वहीं पड़ी रहने दी और हॉकी हाथ में लिये, सामने वाले कमरे का रुख़ किया। उसका एक दरवाज़ा बंद था और दूसरा अधखुला...मसऊद को एक शरारत सूझी। दबे पाँव, वह अधखुले दरवाज़े की ओर बढ़ा और धमाके के साथ उसने दोनों पट खोल दिए। दो चीखें बुलंद हुईं और कुलसुम तथा उसकी सहेली विमला ने, जो पास-पास लेटी थीं, डरकर झट से रजाई ओढ़ ली।

विमला के ब्लाउज़ के बटन खुले हुए थे और कुलसुम उसके खुले सीने को घूर रही थी।

मसऊद कुछ समझ न सका। उसके दिमाग़ पर धुआँ-सा छा गया। वहाँ से उल्टे क़दम लौटकर, वह जब बैठक की ओर चला तो उसे सहसा अपने अंदर बेपनाह ताक़त का अहसास हुआ, जिसने कुछ देर के लिए उसकी सोचने-समझने की क़ुव्वत बिलकुल कमज़ोर कर दी।

बैठक में खिड़की के पास बैठकर जब मसऊद ने हॉकी को दोनों हाथों में पकड़ कर घुटने पर रखा तो यह सोचा कि हलका-सा दबाव डालने पर भी हॉकी में झुकाव पैदा हो जाएगा और ज़्यादा ज़ोर लगाने पर तो हैंडल चटाख से टूट जाएगा। उसने घुटने पर हॉकी के हैंडल में झुकाव तो पैदा कर लिया पर ज़्यादा-से-ज़्यादा ज़ोर लगाने पर भी वह टूट न सका। देर तक वह हॉकी के साथ कुश्ती लड़ता रहा। जब थक कर हार गया तो झुँझलाकर उसने हॉकी परे फेंक दी।

ढाढ़स

आज से ठीक आठ बरस पहले की बात है। हिंदू सभा कॉलेज के सामने जो सुंदर विवाह-घर है, उसमें हमारे मित्र विश्वेश्वरनाथ की बरात ठहरी हुई थी। तीन-साढ़े तीन सौ के लगभग मेहमान थे, जो लाहौर की प्रसिद्ध वेश्याओं का संगीत सुनने के बाद उस विशाल भवन के विभिन्न कमरों में चारपाइयों पर गहरी नींद में सोए पड़े थे।

चार बज चुके थे। मेरी आँखों में, विश्वेश्वरनाथ के साथ एक अलग कमरे में, दोस्तों के साथ पी हुई व्हिस्की का ख़ुमार अभी शेष था। जब हाल की गोल क्लॉक ने चार बजाए, तो मेरी आँखें खुलीं। शायद कोई स्वप्न देख रहा था, क्योंकि पलकों में कुछ चीज़ फँसी-फँसी मालूम होती थी।

एक आँख बंद करके शायद इस विचार से कि दूसरी आँख अभी कुछ देर सोई रहे, मैंने हॉल के फ़र्श पर दृष्टि दौड़ाई-सब सो रहे थे। कुछ औंधे, कुछ सीधे और कुछ चाकों से बने हुए। मैंने अब दूसरी आँख खोली और देखा कि रात को पीने के बाद जब हम हाल में आकर लेटे थे, तो असगर अली ने ज़िद की थी कि वह गाव-तकिया लेकर सोएगा। गाव-तकिया मेरे सिर से कुछ फ़ासले पर पड़ा हुआ था, किंतु असगर मौजूद नहीं था।

मैंने सोचा, शायद वह रात-भर जागता रहा है और इस समय यहाँ से बहुत दूर रामबाग में किसी मामूली वेश्या के मैले बिस्तर पर सो रहा है।

असगर के लिए शराब देशी हो या अंग्रेज़ी, एक तेज़ गाड़ी थी जो उसे तुरंत स्त्री की ओर खींचकर ले जाती थी। शराब पीने के बाद यों तो निन्यानवे प्रतिशत पुरुषों को सुंदर वस्तुएँ अपनी ओर खींचतीं हैं, लेकिन असगर जो बहुत ही अच्छा फोटोग्राफर और पेंटर था–जो रंगों और लकीरों का सही इस्तेमाल जानता था, शराब पीने के बाद, हमेशा बहुत ही भौंडी तस्वीरें उपस्थित किया करता था।

मेरी आँखों में फँसे स्वप्न के टुकड़े निकल गए और मैंने असगर अली के संबंध में सोचना शुरू किया, जो स्वप्न नहीं था। उसके लंबे बालों व भारी शरीर का दबाव गाव-तकिये पर मुझे साफ़ नज़र आ रहा था।

कई बार ध्यान से देखने पर भी मैं समझ न सका कि शराब पीकर असगर का दिल-दिमाग़ सिली क्यों हो जाता है। सिली तो नहीं कहना चाहिए, क्योंकि भयानक रूप से भौंडा हो जाता था और अँधेरी-से-अँधेरी गलियों में भी वह रास्ता-ढूँढ़ता लड़खड़ाता हुआ किसी-न-किसी शरीर बेचने वाली स्त्री के पास पहुँच ही जाता था। उसके गंदे बिस्तर में उठकर जब वह प्रातः नहा-धोकर अपने स्टूडियो पहुँचता और साफ़-सुथरी तंदुरुस्त जवान तथा सुंदर लड़कियों और स्त्रियों की तस्वीरें उतारता तो उसकी आँखों में हैवानियत की हलकी-सी झलक भी न होती जो शराबी हालत में हर देखने वाले को नज़र आ सकती थीं।

विश्वास कीजिए, शराब पीकर वह बहुत बेचैन हो जाता था। उसके दिमाग़ से स्वयं ही कुछ काल के लिए सारी समझ-बूझ ग़ायब हो जाती थी। आदमी कितनी पी सकता है? सात-आठ पेग–किंतु उस मादक शराब के छः या सात घूँट उसे विस्मृति के अथाह समुद्र में धकेल देते थे। आप व्हिस्की में सोडा या पानी मिला सकते हैं, लेकिन स्त्री को इसमें घोलना कम-से-कम मेरी समझ में नहीं आता। ग़म भुलाने के लिए शराब पी जाती है, लेकिन स्त्री कोई ग़म तो नहीं। शोर मचाने के लिए शराब पी जाती है, लेकिन स्त्री कोई शोर तो नहीं।

रात असगर ने शराब पीकर बहुत शोर मचाया। शादी-ब्याह पर एक तो वैसे ही काफ़ी हुल्लड़बाजी होती है, इसलिए यह शोर उसमें दब गया; नहीं तो अच्छी-ख़ासी

मुसीबत पैदा हो जाती। वह एक बार व्हिस्की से भरा गिलास उठाकर यह कहते हुए कमरे से बाहर निकल गया–"मैं बहुत ऊँचा आदमी हूँ–किसी ऊँची जगह बैठकर पीऊँगा।"

मेरा ख़याल था कि वह रामबाग में किसी ऊँचे कोठे की तलाश में चला गया है, लेकिन थोड़ी ही देर के बाद जब दरवाज़ा खुला तो वह एक लकड़ी की सीढ़ी लिये अंदर दाख़िल हुआ और उसे दीवार के साथ लगाकर सबसे ऊपर वाले डंडे पर बैठ गया और छत के साथ सिर लगाकर पीने लगा।

बड़ी मुश्किल के बाद मैंने और विश्वेश्वर ने उसे नीचे उतारा और समझाया कि ऐसी हरकतें केवल उसी समय अच्छी लगती हैं जब और कोई मौजूद न हो। विवाह-गृह मेहमानों से खचाखच भरा हुआ है, उसे चुपचाप रहना चाहिए। मालूम नहीं यह बात कैसे उसके दिमाग़ में बैठ गई, क्योंकि जब तक पार्टी जारी रही, वह एक कोने में चुपचाप बैठा अपने हिस्से की व्हिस्की पीता रहा।

यह सोचते-सोचते मैं उठा और बाहर बालकनी में जाकर खड़ा हो गया। सामने हिंदू सभा कॉलेज की लाल-लाल ईंटों वाली इमारत प्रातः के चुप-चाप अँधियारे में मौन खड़ी थी। आकाश की ओर देखा तो तारे मटियाले आकाश पर काँपते हुए नज़र आ रहे थे।

मार्च का अंतिम दिनों का सुहावना समीर धीमे-धीमे वह रहा था। मैंने सोचा, चलो, ऊपर चलें। खुली जगह है। कुछ देर संगमरमर के फ़र्श पर बैठेंगे। सरदी लगने पर जो तेज़-तेज़ फुरफुरी आएगी, उसमें कितना आनंद प्राप्त होगा!

लंबा बरामदा पार करके जब मैं सीढ़ियों के पास पहुँचा तो ऊपर से किसी के उतरने की आवाज़ आई। कुछ क्षणों के बाद असगर सामने आया और मुझे नमस्कार किए बिना पास से गुज़र गया। अँधेरा था, मैंने सोचा शायद उसने देखा नहीं इसलिए धीमे-धीमे मैंने सीढ़ियों पर चढ़ना शुरू किया।

मेरी आदत है कि जब कभी मैं सीढ़ियों पर चढ़ता हूँ, तो उन्हें ज़रूर गिनता हूँ। मैंने दिल में चौबीस कहा और सहसा मुझे आख़िरी सीढ़ी पर–एक स्त्री खड़ी नज़र आई। मैं बौखला गया, क्योंकि हम दोनों लगभग एक-दूसरे से टकरा गए थे।

"माफ़ कीजिए, ओह, आप?"

वह स्त्री शारदा थी। हमारी परिचिता हरनामकौर की बड़ी लड़की, जो विवाह के एक बरस बाद विधवा हो गई थी।

इसके पहले कि मैं उससे और कुछ कहूँ, उसने मुझसे बड़ी शीघ्रता से पूछा–"वह कौन था जो अभी नीचे गया है?"

"कौन?"

"वही आदमी जो अभी नीचे उतर गया है–क्या आप उसे जानते हैं?"

"जानता हूँ।"

"कौन है?"

"असगर।"

"असगर!" वह नाम मानो उसने अपने दाँतों से काट डाला हो और मुझे जो कुछ भी हुआ था उसका पता चल गया।

"क्या उसने कोई अशिष्टता की है?"

"अशिष्टता?" शारदा का दोहरा शरीर क्रोध से काँप उठा–"लेकिन मैं पूछती हूँ उसने मुझे समझा क्या..." यह कहते-कहते उसकी छोटी-छोटी आँखों में आँसू आ गए–"उसने...उसने..." उसकी आवाज़ हलक में फँस गई और दोनों हाथों से मुँह ढाँपकर उसने ज़ोर-ज़ोर से रोना शुरू कर दिया।

मैं अजीब उलझन में फँस गया। सोचने लगा, यदि रोने की आवाज़ सुनकर कोई ऊपर आ गया तो एक शोर मच जाएगा।

शारदा के चार भाई थे और चारों के चारों जनवासे में मौजूद थे। उनमें से दो हर समय लड़ाई का बहाना ढूँढ़ते रहते थे। असगर अली की अब खैर नहीं।

मैंने उसको समझाना शुरू किया–"देखिए आप रोइए नहीं...कोई सुन लेगा।"

एकदम दोनों हाथ अपने मुँह से हटाकर उसने तेज़ आवाज़ में कहा–"सुन ले...मैं सुनाना ही तो चाहती हूँ...मुझे आख़िर उसने समझा ही क्या था...बाजारू स्त्री?...मैं...मैं।"

फिर आवाज़ उसके हलक में अटक गई।

"मेरा विचार है कि इस मामले को यहीं दबा देना चाहिए।"

"क्यों?"

"बदनामी होगी।"

"किसकी?–मेरी या उसकी?"

"बदनामी तो उसकी ही होगी, लेकिन कीचड़ में हाथ डालने का लाभ ही क्या है?" यह कहकर मैंने अपना रूमाल निकालकर उसे दिया–"लीजिए, आँसू पोंछ लीजिए।"

रूमाल फ़र्श पर पटककर वह ऊँची सीढ़ी पर बैठ गई। मैंने रूमाल झाड़कर अपनी जेब में रख लिया–"शारदा देवी, असगर मेरा मित्र है, उससे जो ग़लती हुई उसकी मैं माफ़ी चाहता हूँ।"

"आप क्यों माफ़ी माँगते हैं?"

"इसलिए कि मैं यह मामला ख़त्म करना चाहता हूँ। वैसे आप कहें तो मैं उसे यहाँ ले आता हूँ, वह आपके सामने नाक से लकीरें भी खींच देगा।"

घृणा में उसने अपना मुँह फेर लिया–"नहीं, उसको मेरे सामने नहीं लाइएगा–उसने मेरा अपमान किया है?" यह कहते हुए फिर उसका गला रूँध गया। और ऊँची सीढ़ी

की मरमरी शिला पर कुहनियों के बल दुहरी होकर उसने हृदय के आन्तरिक भावों को दबाने का असफल प्रयत्न किया।

मैं बौखला गया—एक जवान और तंदुरुस्त स्त्री मेरे सामने रो रही थी और मैं उसे चुप नहीं करा सकता था। एक बार उसी असगर की मोटर चलाते-चलाते मैंने एक कुत्ते को बचाने के लिए हॉर्न बजाया—सहसा ऐसा हाथ पड़ा कि बस वही आवाज़-एक न ख़त्म होने वाला शोर बनकर रह गई। हज़ार कोशिशें कीं, हॉर्न बंद हो जाए, लेकिन वह चिल्लाता रहा...लोग देख रहे थे और मैं विवशता में बैठा था। ख़ुदा का शुक्र है कि कोठे पर मेरे और शारदा के अलावा कोई और न था, लेकिन मेरी विवशता हॉर्न वाले मामले से कुछ ज़्यादा थी। मेरे सामने एक स्त्री रो रही थी जिसको बहुत दुख पहुँचा था।

कोई और स्त्री होती तो मैं थोड़ी देर अपना कर्तव्य पूरा करने के बाद चला जाता, किंतु शारदा परिचिता की लड़की थी और मैं उसे बचपन से जानता था।

बड़ी अच्छी लड़की थी, अपनी तीन छोटी बहिनों के मुकाबिले में कम ख़ूबसूरत, लेकिन अधिक बुद्धिमान।

सिलाई व पढ़ाई में वह बहुत प्रवीण थी। और पिछले साल जब उसका पति विवाह के ठीक ग्यारह महीने बाद रेल-दुर्घटना में मर गया, तो हमें इस बात का बहुत दुख हुआ था। पति की मृत्यु का दुख कुछ और है, लेकिन यह दुख जो शारदा को मेरे एक आवारा मित्र ने पहुँचाया था, वह बिलकुल ही अजीब क़िस्म का था, जिससे वह बहुत व्याकुल थी।

मैंने उसे चुप कराने की एक बार और कोशिश की। उसके पास पत्थर की शिला पर बैठकर मैंने कहा—"शारदा देवी, रोते जाना ठीक नहीं। जाओ, नीचे चली जाओ और जो कुछ हुआ है, उसे भूल जाओ—वह कमबख़्त शराब पीये था—नहीं तो विश्वास करो, वह इतना बुरा आदमी नहीं है। शराब पीकर न जाने क्या हो जाता है उसे।"

शारदा का रोना बंद न हुआ।

मुझे पता था कि असगर ने क्या किया होगा क्योंकि मरदों का आम एक ही तरीका होता है—शारीरिक। लेकिन मैं ख़ुद शारदा के मुँह से सुनना चाहता था कि असगर ने किस प्रकार वह बेहूदगी की। इसलिए मैंने उसी सहानुभूति के भाव में उससे कहा—"मालूम नहीं उसने तुमसे क्या बदतमीज़ी की है—लेकिन कुछ न कुछ अंदाज़ा लगा सकता हूँ। तुम ऊपर क्या करने आई थीं?"

शारदा ने लरज़ती हुई आवाज़ में कहा—"मैं नीचे कमरे में सो रही थी...दो स्त्रियों ने मेरे संबंध में बातचीत शुरू कर दी।"

आवाज़ एकदम गले में रुँध गई।

मैंने पूछा—"क्या कह रही थीं?"

शारदा ने अपना मुँह मरमरी शिला पर रख दिया और बहुत जोर से रोने लगी। मैंने उसके चौड़े कंधों पर धीमे-धीमे थपकी दी–"चुप हो जाओ शारदा–चुप हो जाओ।"

रोते-रोते हिचकियों के बीच उसने कहा–"वे कहती थीं...वे कहती थीं–उस विधवा को यहाँ क्यों बुलाया गया है?" विधवा कहते हुए शारदा ने अपने आँसू भीगे दुपट्टे का एक कोना मुँह में चबा लिया..."यह सुनकर मैं रोने लगी और ऊपर चली आई...और. ..और..." यह सुनकर मुझे बहुत दुख हुआ–स्त्रियाँ कितनी अत्याचारिणी होती हैं और विशेषकर बूढ़ी। घाव ताज़े हों या पुराने, किंतु वे क्या मज़े ले-लेकर उन्हें कुरेदती हैं। मैंने शारदा का हाथ अपने हाथ में लिया और भारी सहानुभूति के साथ दबाया-"ऐसी बातों की बिलकुल परवाह नहीं करनी चाहिए।"

वह बच्चे की तरह बिलखने लगी–मैंने ऊपर आकर यही सोचा था और वह सो गई थी कि–"...आपका दोस्त आया और उसने मेरा दुपट्टा खींचा और...और मेरे कुर्ते के बटन खोलकर..."

उसके कुर्ते के बटन खुले हुए थे।

"जाने दो शारदा। भूल जाओ जो कुछ हुआ।" मैंने जेब से रूमाल निकाला और उसके आँसू पोंछने शुरू किए।

दुपट्टे का कोना अभी तक उसके मुँह में था, वरन् उसने कुछ और ज़्यादा अंदर चबा लिया। मैंने उसे खींचकर बाहर निकाल लिया। उसने उस गीले हिस्से को अपनी उँगलियों पर लपेटते हुए बड़े दुख से कहा–"आपके दोस्त ने विधवा समझकर ही मुझ पर हाथ डाला था–सोचा होगा कि इस स्त्री का कौन है?"

"नहीं-नहीं, शारदा नहीं," मैंने उसका सिर अपने कंधे के साथ लगा लिया। "जो कुछ उसने सोचा, जो कुछ उसने किया, उस पर थूक दो और चुप हो जाओ।" जी चाहा लोरी देकर उसे सुला दूँ।

मैंने उसकी आँखें पोंछी थीं, लेकिन आँसू फिर छलक आए थे। दुपट्टे का कोना जो उसने फिर मुँह में चबा लिया था, वह निकालकर मैंने फिर उसकी उँगलियों से आँसू पोंछे और दोनों आँखों को धीमे-धीमे चूम लिया।

"बस अब नहीं रोना।"

"शारदा ने अपना सिर मेरे हृदय से लगा लिया। मैंने धीमे-धीमे उसके गाल थपकाए, बस-बस-बस!"

थोड़ी देर के बाद जब मैं नीचे उतरा तो मार्च के अन्तिम दिनों की सुहावनी वायु में ऊपर सीढ़ियों की मरमरी शिला पर असगर की बेहूदगी को भूलकर शारदा अपना मलमल का दुपट्टा ताने ख़ुद को बिलकुल हलका कर रही थी–उसके हृदय में शोक और दुख के स्थान पर अब प्रसन्नता एवं उल्लास का भाव था।

बू

बरसात के यही दिन थे। खिड़की के बाहर पीपल के पत्ते इसी तरह नहा रहे थे। सागवान के इस स्प्रिंगदार पलंग पर, जो अब खिड़की के पास से थोड़ा इधर सरका दिया गया था, एक घाटन लौंडिया रणधीर के साथ लिपटी हुई थी।

खिड़की के पास बाहर पीपल से नहाये हुए पत्ते रात के दूधिया अँधेरे में झूमरों की तरह थरथरा रहे थे—और शाम के वक़्त, जब दिन-भर एक अंग्रेज़ी अख़बार की सारी ख़बरें और इश्तहार पढ़ने के बाद कुछ सुस्ताने के लिए वह बालकनी में आ खड़ा हुआ था, तो उसने उस घाटन लड़की को, जो साथ वाले रस्सियों के कारखाने में काम करती थी और बारिश से बचने के लिए इमली के पेड़ के नीचे खड़ी थी, खाँस-खाँसकर अपनी तरफ़ आकर्षित कर लिया था और उसके बाद हाथ के इशारे से ऊपर बुला लिया था।

वह कई दिन से तेज़ क़िस्म की तन्हाई से उकता गया था। जंग के कारण बंबई की लगभग तमाम क्रिश्चियन छोकरियाँ, जो सस्ते दामों पर मिल जाया करती थीं, औरतों की अंग्रेज़ी फ़ौज में भरती हो गई थीं। उनमें से कई एक ने फोर्ट के इलाके में डांस स्कूल खोल लिये थे, जहाँ सिर्फ़ फ़ौजी गोरों को जाने की इजाज़त थी—रणधीर बहुत उदास हो गया था।

उसकी उदासी का एक कारण तो यह था कि क्रिश्चियन छोकरियाँ दुर्लभ हो गई थीं और दूसरा यह कि रणधीर फ़ौजी गौरों के मुक़ाबले में कहीं ज़्यादा सभ्य, पढ़ा-लिखा और ख़ूबसूरत नौजवान था। लेकिन उस पर फोर्ट के लगभग तमाम क्लबों के दरवाज़े बंद कर दिए गए थे, क्योंकि उसकी चमड़ी सफ़ेद नहीं थी।

जंग के पहले रणधीर नागपाड़ा और ताजमहल होटल की कई मशहूर और विख्यात क्रिश्चियन छोकरियों से शारीरिक संबंध स्थापित कर चुका था, उसे भलीभाँति पता था कि इस क़िस्म के संबंधों के आधार पर वह क्रिश्चियन लड़कियों के मुक़ाबले में कहीं ज़्यादा जानकारी रखता था, जिनसे ये छोकरियाँ फ़ैशन के तौर पर रोमांस लड़ाती हैं और बाद में किसी बेवकूफ़ से शादी कर लेती हैं।

रणधीर ने बस यूँ कि हैज़ल से बदला लेने की ख़ातिर उस घाटन की लड़की को इशारे से ऊपर बुलाया था। हैज़ल उसके फ्लैट के नीचे रहती थी। और हर रोज़ सुबह वर्दी पहनकर कटे हुए बालों पर खाकी रंग की टोपी तिरछे कोण से जमाकर बाहर निकलती थी और ऐसे बाँकपन से चलती थी, जैसे फुटपाथ पर चलने वाले सभी लोग टाट की तरह उसके क़दमों में बिछे चले जाएँगे।

रणधीर सोचता था कि आख़िर क्यों वह उन क्रिश्चियन छोकरियों की तरफ़ इतना ज़्यादा रीझा हुआ है। इसमें कोई शक नहीं कि वे अपने जिस्म की तमाम दिखाई जा सकने वाली चीज़ों की नुमाइश करती हैं। किसी क़िस्म की झिझक महसूस किए बग़ैर

अपने कारनामों का ज़िक्र कर देती हैं। अपने बीते हुए पुराने रोमांसों का हाल सुना देती हैं–यह सब ठीक है, लेकिन किसी दूसरी औरत में भी तो ये विशेषताएँ हो सकती हैं।

रणधीर ने जब घाटन लड़की को इशारे से ऊपर बुलाया तो उसे किसी तरह भी इस बात का यक़ीन नहीं था कि वह उसे अपने साथ बुला लेगा लेकिन थोड़ी ही देर के बाद उसने उसके भीगे हुए कपड़े देखकर यह सोचा था कि कहीं ऐसा न हो कि बेचारी को निमोनिया हो जाए। सो रणधीर ने उससे कहा था, "ये कपड़े उतार दो, सर्दी लग जाएगी।"

वह रणधीर की इस बात का मतलब समझ गई थी, उसकी आँखों में शर्म के लाल डोरे तैर गए थे। लेकिन बाद में जब रणधीर ने अपनी धोती निकालकर दी तो उसने कुछ देर सोचकर अपना लहँगा उतार दिया, जिस पर मैल भीगने के कारण और भी उभर आया था–लहँगा उतारकर उसने एक तरफ़ रख दिया और जल्दी से धोती अपनी रानों पर डाल ली। फिर उसने अपनी भिंची-भिंची टाँगों से ही चोली उतारने की कोशिश की, जिसके दोनों किनारों को मिलाकर उसने एक गाँठ दे रखी थी। वह गाँठ उसके तंदुरुस्त सीने के नन्हे, लेकिन सिमटे गढ़े में छिप गई थी।

देर तक वह अपने घिसे हुए नाखूनों की मदद से चोली की गाँठ खोलने की कोशिश करती रही, जो भीगने के कारण बहुत ज़्यादा मज़बूत हो गई थी। जब थक-हारकर बैठ गई तो उसने मराठी में रणधीर से कुछ कहा, जिसका मतलब यह था–"मैं क्या करूँ–नहीं निकलती।"

रणधीर उसके पास बैठ गया और गाँठ खोलने लगा। जब नहीं खुली तो उसने चोली के दोनों सिरे दोनों हाथों से पकड़कर ऐसे ज़ोर से झटका दिया कि गाँठ सरासर फैल गयी और उसके साथ ही दो धड़कती हुई छातियाँ एकदम प्रकट हो गईं। क्षण-भर के लिए रणधीर ने सोचा कि उसके अपने हाथों ने उस घाटन लड़की के सीने पर नर्म-नर्म गुँथी हुई, मिट्टी को कमाकर कुम्हार की तरह दो प्यालियों की शक्ल बना दी है।

उसकी सेहतमंद छातियों में वही गुदगुदाहट, वही धड़कन, वही गोलाई, वही गर्म-गर्म ठंडक थी, जो कुम्हार के हाथों से निकले हुए ताज़े बर्तनों में होती है।

मटमैले रंग की जवान छातियों में, जो कुँवारी थीं, एक अजीबोगरीब क़िस्म की चमक पैदा कर दी थी जो चमक होते हुए भी चमक नहीं थी। उसके सीने पर ये उभार दो दीये मालूम होते थे, जो तालाब के गँदले पानी पर जल रहे थे।

बरसात के यही दिन थे। खिड़की के बाहर पीपल के पत्ते इसी तरह कँपकँपा रहे थे। उस घाटन की लड़की के दोनों कपड़े, जो पानी में सराबोर हो चुके थे, एक गँदले ढेर की सूरत में फ़र्श पर पड़े थे और वह रणधीर के साथ चिपटी हुई थी। उसके नंगे बदन की गर्मी रणधीर के जिस्म में हलचल पैदा कर रही थी, जो सख़्त जाड़े के दिनों में नाइयों के गलीज़ लेकिन गर्म हमामों में नहाते समय महसूस हुआ करती है।

दिन-भर वह रणधीर के साथ चिपटी रही–दोनों जैसे एक-दूसरे के साथ गडमड हो गए थे। उन्होंने मुश्किल से एक-दो बातें की होंगी, क्योंकि जो कुछ भी कहना-सुनना था, साँसों, होंठों और हाथों से तय हो रहा था। रणधीर के हाथ सारी रात उसकी छातियों पर हवा के झोंकों की तरह फिरते रहे। उन हवाई झोंकों से उस घाटन लड़की के पूरे बदन में एक ऐसी सरसराहट पैदा हो जाती कि ख़ुद रणधीर भी कँपकँपा उठता।

ऐसी कँपकँपाहट से रणधीर का सैकड़ों बार वास्ता पड़ चुका था। वह इनके मज़े भी बख़ूबी जानता था। कई लड़कियों के नर्म-व-नाज़ुक और सख़्त सीनों से अपना सीना मिलाकर वह ऐसी कई रातें गुजार चुका था। वह ऐसी लड़कियों के साथ भी रह चुका था, जो बिलकुल अल्हड़ थीं और उसके साथ लिपटकर घर की वे सारी बातें सुना दिया करती थीं, जो किसी ग़ैर के कानों के लिए नहीं होतीं। वह ऐसी लड़कियों से भी शारीरिक संबंध स्थापित कर चुका था, जो सारी मेहनत ख़ुद करती थीं और उसे कोई तकलीफ़ नहीं देती थीं–लेकिन यह घाटन की लड़की, जो इमली के पेड़ के नीचे भीगी हुई खड़ी थी और जिसे उसने इशारे से ऊपर बुला लिया था, बिलकुल भिन्न क़िस्म की लड़की थी।

सारी रात रणधीर को उसके जिस्म से एक अजीब क़िस्म की बू आती रही। इस बू को, जो एक ही समय में ख़ुशबू भी थी और बदबू भी–वह सारी रात पीता रहा। उसकी बग़लों से, उसकी छातियों से, उसके बालों से, उसके पेट से, जिस्म के हर हिस्से से यह जो बदबू भी थी और ख़ुशबू भी, रणधीर के पूरे शरीर में बस गई थी। सारी रात वह सोचता रहा था कि यह घाटन लड़की बिलकुल क़रीब होने पर भी हरगिज़ इतनी क़रीब न होती, अगर उसके जिस्म से यह बू न उड़ती–यह बू उसके मन-मस्तिष्क की हर सलवट में रेंग रही थी। उसके तमाम नये-पुराने अनुभवों में रच गई थी।

उस बू ने उस लड़की और रणधीर को जैसे एक-दूसरे से एकाकार कर दिया था। दोनों एक-दूसरे में समा गए थे। उन अनंत गहराइयों में उतर गए थे, जहाँ पहुँचकर इनसान एक ख़ालिस इनसानी संतुष्टि से महफ़ूज होता है। ऐसी संतुष्टि, जो क्षणिक होने पर भी अनंत थी। लगातार बदलती हुई होने पर भी दृढ़ और स्थायी थी। दोनों एक ऐसा जवाब बन गए थे, जो आसमान के नीले शून्य में उड़ते रहने पर भी दिखाई देता रहे।

उस बू को, जो उस घाटन लड़की के अंग-अंग से फूट रही थी, रणधीर बख़ूबी समझता था, लेकिन समझते हुए भी वह इसका विश्लेषण नहीं कर सकता था। जिस तरह कभी मिट्टी पर पानी छिड़कने से सोंधी-सोंधी बू निकलती है–लेकिन नहीं, वह बू कुछ और ही तरह की थी। उसमें लवण्डर और इत्र की मिलावट नहीं थी, वह बिलकुल असली थी–औरत और मर्द के शारीरिक संबंध की तरह असली और पवित्र।

रणधीर को पसीने की बू से सख़्त नफ़रत थी। नहाने के बाद वह हमेशा बग़लों वग़ैरा में पाउडर छिड़कता था या कोई ऐसी दवा इस्तेमाल करता था, जिससे वह बदबू जाती रहे, लेकिन ताज्जुब है कि उसने कई बार-हाँ, कई बार, उस घाटन लड़की की

बालों-भरी बग़लों को चूमा और उसे बिलकुल घिन नहीं आई, बल्कि अजीब क़िस्म की तुष्टि का अहसास हुआ। रणधीर को ऐसा लगता था कि वह इस बू को जानता है, पहचानता है, उसका अर्थ भी समझता है, लेकिन किसी और को नहीं समझा सकता।

बरसात के यही दिन थे। यूँ ही खिड़की के बाहर जब उसने देखा तो पीपल के पत्ते उसी तरह नहा रहे थे। हवा में सरसराहटें और फड़फड़ाहटें घुली हुई थीं। अँधेरा था, लेकिन उसमें दबी-दबी धुँधली-सी रोशनी समाई हुई थी, जैसे बारिश की बूँदों के साथ सितारों का हलका-हलका गुबार नीचे उतर आया हो—बरसात के यही दिन थे, जब रणधीर के उस कमरे में सागवान का सिर्फ़ एक ही पलंग था। लेकिन अब उसके साथ सटा हुआ एक और पलंग भी था और कोने में एक नई ड्रेसिंग टेबल भी मौजूद थी। दिन यही बरसात के थे। मौसम भी बिलकुल वैसा ही था। बारिश की बूँदों के साथ सितारों की रोशनी का हलका-हलका गुबार उसी तरह उतर रहा था, लेकिन वातावरण में हिना के इत्र की तेज़ ख़ुशबू बसी हुई थी।

दूसरा पलंग ख़ाली था। उस पलंग पर रणधीर औंधे मुँह लेटा खिड़की के बाहर पीपल के झूमते हुए पत्तों पर बारिश की बूँदों का नाच देख रहा था। एक गोरी-चिट्टी लड़की अपने नंगे जिस्म को चादर में छुपाने की नाकाम कोशिश करते-करते क़रीब हो गई थी। उसकी सुर्ख़ रेशमी सलवार दूसरे पलंग पर पड़ी थी, जिसके गहरे सुर्ख रंग के इज़ारबंद का एक फुँदना नीचे लटक रहा था। पलंग पर उसके दूसरे कपड़े भी पड़े थे। सुनहरी फूलदार ज़रूर, अँगिया, जाँघिया और वह पुकार, जो उसने घाटन लड़की के बदन की बू में सूँघी थी—वह पुकार, जो दूध के प्यासे बच्चे के रोने से ज़्यादा आनंदमयी होती है—वह पुकार, जो स्वप्न के दायरे से निकलकर ख़ामोश हो गई थी।

रणधीर खिड़की के बाहर देख रहा था। उसके बिलकुल निकट ही पीपल के नहाये हुए पत्ते झूम रहे थे। वह उनकी मस्ती-भरी कँपकँपाहटों के उस पार कहीं बहुत दूर देखने की कोशिश कर रहा था, जहाँ गठीले बादलों में अजीबोगरीब क़िस्म की रोशनी घुली हुई दिखाई दे रही थी—ठीक वैसी ही जैसी उस घाटन लड़की के सीने में उसे नज़र आई थी। ऐसी रोशनी, जो पुरइसरार गुफ़्तगू की तरह दबी लेकिन स्पष्ट थी।

रणधीर के पहलू में एक गोरी-चिट्टी लड़की—जिसका जिस्म दूध और घी में गुँथे आटे की तरह मुलायम था, लेटी थी—उसके नींद से मस्त बदन से हिना के इत्र की ख़ुशबू आ रही थी—जो अब थी, थकी-सी मालूम होती थी। रणधीर को यह दम तोड़ती और जुनूं की हद तक पहुँची हुई ख़ुशबू बहुत बुरी मालूम हुई। उसमें कुछ खटास थी—एक अजीब क़िस्म की खटास, जैसी बदहज़मी की डकारों में होती है—उदास, बेरंग, बेचैन।

रणधीर ने अपने पहलू में लेटी हुई लड़की की तरफ़ देखा, जिस तरह फटे हुए दूध के बेरंग पानी में सफ़ेद मुर्दा फुटकियाँ तैरने लगती हैं, उसी तरह इस लड़की के दूधिया जिस्म पर खराशें और धब्बे तैर रहे थे और वह हिना के इत्र की ऊटपटांग ख़ुशबू।

दरअसल रणधीर के मन-मस्तिष्क में वह बू बसी हुई थी, जो उस घाटन लड़की के जिस्म से बिना किसी बाहरी कोशिश के स्वयं निकल रही थी। वह बू जो हिना के इत्र से कहीं ज़्यादा हलकी-फुलकी और रस में डूबी हुई थी, जिसमें सूँघे जाने की कोशिश शामिल नहीं थी। वह ख़ुद-ब-ख़ुद नाक के रास्ते अंदर घुस अपनी सही मंज़िल पर पहुँच जाती थी।

लड़की के स्याह बालों में मुकेश के कण धूल के कणों की तरह जमे हुए थे। चेहरे पर पाउडर, सुर्ख़ी और मुकेश के इन कणों ने मिल-जुलकर एक अजीब रंग पैदा कर दिया था—बेनाम-सा उड़ा-उड़ा रंग और उसके गोरे सीने पर कच्चे रंग की अँगिया ने जगह-जगह सुर्ख़ धब्बे बना दिए थे।

छातियाँ दूध की तरह सफ़ेद थीं—उनमें हलका-हलका नीलापन भी था। बग़लों में बाल मुँडे हुए थे, जिसकी वजह से वहाँ सुरमई गुबार-सा पैदा हो गया था।

रणधीर लड़की की तरफ़ देख-देखकर कई बार सोच चुका था—क्या ऐसा नहीं लगता, जैसे मैंने अभी-अभी कीलें उखाड़कर उसे लकड़ी के बंद बक्स से निकाला हो? किताबों और चीनी के बर्तनों पर हलकी-हलकी खराशें पड़ जाती हैं, ठीक उसी तरह उस लड़की के जिस्म पर भी कई निशान थे।

जब रणधीर ने उसकी तंग और चुस्त अँगिया की डोरियाँ खोली थीं तो उसकी पीठ और सामने सीने पर नर्म-नर्म गोश्त पर झुर्रियाँ-सी थीं और कमर के चारों तरफ कसकर बाँधे हुए इज़ारबंद का निशान। वजनी और नुकीले नेकलेस से उसके सीने पर कई जगह खराशें पड़ गयी थीं, जैसे नाख़ूनों से बड़े ज़ोर से खुजाया गया हो। बरसात के यही दिन थे, पीपल के नर्म-नर्म पत्तों पर बारिश की बूँदें गिरने से वैसी ही आवाज़ पैदा हो रही थी, जैसी रणधीर उस दिन सारी रात सुनता रहा था। मौसम बेहद सुहाना था। ठंडी-ठंडी हवा चल रही थी। उसमें हिना के इत्र की तेज़ ख़ुशबू घुली हुई थी।

रणधीर के हाथ बहुत देर तक उस गोरी-चिट्टी लड़की के कच्चे दूध की तरह सफ़ेद सीने पर हवा के झोंकों की तरह फिरते रहे थे। उसकी अँगुलियों ने उस गोरे-गोरे बदन में कई चिंगारियाँ दौड़ती हुई महसूस की थीं। उस नाज़ुक बदन में कई जगहों पर सिमटी हुई कँपकँपाहटों का भी उसे पता चला था, जब उसने अपना सीना उसके सीने के साथ मिलाया तो रणधीर के जिस्म के हर रोंगटे ने उस लड़की के बदन के छिड़े हुए तारों की भी आवाज़ सुनी थी—मगर वह आवाज़ कहाँ थी?

रणधीर ने आख़िरी कोशिश के तौर पर उस लड़की के दूधिया जिस्म पर हाथ फेरा, लेकिन उसे कोई कँपकँपी महसूस न हुई—उसकी नई नवेली पत्नी, जो एक फ़र्स्ट क्लास मजिस्ट्रेट की बेटी थी, जिसने बी० ए० तक शिक्षा पाई थी और जो अपने कॉलेज के सैकड़ों दिलों की धड़कन थी, रणधीर की किसी भी चेतना को न छू सकी। वह हिना की ख़ुशबू में उस बू को तलाश कर रहा था, जो उन्हीं दिनों में

जबकि खिड़की के बाहर पीपल के पत्ते बारिश में नहा रहे थे, उस घाटन लड़की के मैले बदन से आई थी।

चुग़द

लड़कों और लड़कियों के प्रेम की चर्चा चाल रही थी। प्रकाश, जो बहुत देर से चुपचाप बैठा अंदर-ही-अंदर किसी गहरी सोच में गुम था, एकदम फट पड़ा:

"सब बकवास है। सौ में से निन्यानवे रोमांस निहायत ही भौंडे, लच्चर और बेहूदा ढंग के हुआ करते हैं। बाक़ी एक रह जाता है। इसमें आप अपनी शायरी रख लीजिए या अपनी अक्ल और समझ भर दीजिए। मुझे हैरत है...तुम सब ख़ासे तजुर्बेकार हो।... औसत आदमी के मुक़ाबले में ज़्यादा समझदार हो। जो सच्चाई है, वह तुम्हारी आँखों से ओझल भी नहीं। फिर यह क्या बेवकूफ़ी है कि तुम बराबर इस बात पर ज़ोर दिए जा रहे हो कि औरत को लुभाने के लिए नर्म-नाज़ुक शायरी, ख़ूबसूरत शक्ल, सुंदर कपड़े, इत्र...लैवेंडर और जाने किस-किस ख़ुराफात की ज़रूरत है। और मेरी समझ में यह चीज़ तो बिलकुल नहीं आती कि किसी औरत से इश्क़ करने से पहले, तमाम पहलू सोचकर कोई स्कीम बनायी जाए।"

चौधरी ने जवाब दिया-"हर काम करने से पहले आदमी को सोचना पड़ता ही है।"

प्रकाश ने फ़ौरन कहा-"मानता हूँ, लेकिन यह रोमांस लड़ाना मेरे नज़दीक कोई काम नहीं।" यह एक...यह एक...भई, तुम गौर क्यों नहीं करते। अफ़साना लिखना एक काम है। इसे शुरू करने से पहले सोचना ज़रूरी है। लेकिन रोमांस को आप काम कैसे कह सकते हैं? यह एक...यह एक...मेरा मतलब है, रोमांस मकान बनाना नहीं जो आपको पहले नक्शा बनवाना पड़े। एक लड़की या औरत अचानक आपके सामने आती है। आपके दिल में कुछ गड़बड़-सी होती है। फिर यह ख़्वाहिश होती है कि वह आपके साथ लेटी हो।...इसे आप काम कहते हैं? यह एक...यह एक हैवानी तलब है, जिसे पूरा करने के लिए हैवानी तरीक़े ही इस्तेमाल करने चाहिए। जब एक कुत्ता किसी कुतिया से इश्क़ लड़ाना चाहता है तो वह बैठकर स्कीम तैयार नहीं करता। इसी तरह, जब साँड बू सूँघकर गाय के पास जाता है तो उसे अपने बदन पर इत्र नहीं लगाना पड़ता। बुनियादी तौर पर हम सब जानवर है, इसलिए इश्क़ या रोमांस में, जो दुनिया की सबसे पुरानी तलब है, इनसानियत का ज़्यादा दख़ल नहीं होना चाहिए।

मैंने कहा-"तो इसका मतलब यह हुआ कि मूर्तियाँ या तस्वीरें बनाना, शेरो-शायरी करना-ये सब फाइन आर्ट महज़ बेकाम के काम है।"

प्रकाश ने सिगरेट सुलगायी और अपने जोश को दबाते हुए कहा-"महज बेकार नहीं।" मैं समझ गया, तुम क्या कहना चाहते हो। तुम्हारा मतलब यह था कि जब सारे

फ़न औरत की वजह से पैदा हुई हैं, तो फिर ये बेकार कैसे है–असल बात यह है कि इनकी पैदाइश की वजह औरत नहीं है, बल्कि औरत के बारे में, मर्द की हद से बढ़ी हुई ख़ुशफहमी है। मर्द जब औरत के बारे में सोचता है तो और सब कुछ भूल जाता है। वह चाहता है कि औरत को औरत न समझे–औरत को महज़ औरत समझने से, उसके जज़्बात को ठेस पहुँचती है, इसलिए वह चाहता है कि उसे हसीन-से-हसीन रूप में देखे। यूरोप के देशों में जहाँ औरतें फ़ैशन पर मरती हैं, उनसे जाकर पूछो कि उनके बालों, उनके कपड़ों और उनके जूतों के नित-नये फ़ैशन कौन ईजाद करता है?

चौधरी ने बेतकल्लुफ़ी के अपने ख़ास अंदाज़ में प्रकाश के कंधे पर हौले से हाथ मारा–"तुम बहक गए हो, यार। जूतों के डिज़ाइन कौन बनाता है, साँड गाय के पास जाता है तो उसे लैवेंडर नहीं लगाना पड़ता।" यहाँ बातें हो रही थीं कि लड़कों और लड़कियों के वहीं रोमांस कामयाब होते हैं, जो शरीफ़ाना लाइनों पर शुरू हों।

प्रकाश के होंठों के कोने, तंज से सिकुड़ गए–"चौधरी साहब क़िबला, आप बिलकुल बकवास करते हैं। शराफ़त को रखिए आप अपने सिगरेट के डिब्बे में और ईमान से कहिए, वह लौंडिया, जिसके लिए आप पूरे एक बरस तक, रूमालों को बेहतरीन-से-बेहतरीन लैवेंडर लगाकर, स्कीमें बनाते रहे, क्या आपको मिल गयी थी?"

चौधरी ने कुछ खिसियाकर जवाब दिया–"नहीं।"

"क्यों?"

"वह...वह किसी और से मुहब्बत करती थी।"

"किससे?...एक उल्लू के पट्ठे से–एक फेरी वाले बज़ाज़ से, जिसको न तो ग़ालिब के शेर याद थे, न कृश्न चन्दर की कहानियाँ। जो आपको मुक़ाबले में लैवेंडर–लगे रूमाल से नहीं, बल्कि अपने मैले तहमद से नाक साफ़ करता था।" प्रकाश हँसा–"चौधरी साहब, मुझे अच्छी तरह याद है, आप बड़ी मेहनत से उसे ख़त लिखा करते थे, आसमान के तमाम तारे नोचकर आपने चिपका दिये थे; चाँद की सारी चाँदनी समेटकर उनमें फैला दी–पर इस फेरी वाले बज़ाज़ ने उस लड़की को, जिसकी समझ की ऊँचाई के गीत आप हर वक़्त गाते थे, जिसकी तबीयत की नफ़ासत पर आप मर मिटे थे, एक आँख मारकर, अपने थानों की गठड़ी में बाँधा और चलता बना–इसका जवाब है आपके पास?"

चौधरी मिनमिनाया–"मेरा ख़याल है, जिन लाइनों पर मैं चल रहा था, ग़लत थी। जितना कुछ मैंने उसके नफ़सियात को पढ़ा था, वह दुरुस्त साबित न हुआ।"

प्रकाश मुस्कराया, "चौधरी साहब, जिन लाइनों पर आप चल रहे थे, यक़ीनन ग़लत थीं। उसका नफ़सियाती मुताता भी जो आपने किया था, सौ फ़ीसदी ग़लत था। और जो कुछ आप कहना चाहते हैं, वह भी ठीक नहीं है। इसलिए कि आपको लाइन बनाने और नफ़सियाती मुताता की ज़हमत उठानी ही न चाहिए थी। नोट-बुक निकालकर उसमें लिख

लीजिए कि सौ में सौ मक्खियाँ शहद की तरह भागी आएँगी और सौ में से निन्यानवे लड़कियाँ भौंडेपन की तरफ़ खिंचेगी।"

प्रकाश के लहज़े में एक ऐसा तंज था, जिसका रुख़ चौधरी की तरफ़ उतना नहीं था, जितना ख़ुद उसकी अपनी तरफ़ था।

चौधरी ने सिर हिलाया और कहा–"तुम्हारी फ़िलासफ़ी मैं कभी नहीं समझ सकता।"

"कोशिश करो और समझो। कोई ऐसी मुश्किल चीज़ नहीं है। किस्सा यह है कि एक आसान बात को तुमने मुश्किल बना दिया है। तुम आर्टिस्ट हो और नोट-बुक निकालकर यह भी लिख लो कि आर्टिस्ट अव्वल दर्जे के बेवकूफ़ होते हैं। मुझे बहुत तरस आता है उन पर। कमबख़्तों की बेवकूफ़ी में भी सच्चाई और प्यार होता है। दुनिया भर के मसले हल कर देंगे, पर जब किसी औरत से मुठभेड़ होगी तो जनाब ऐसे चक्कर में फँस जाएँगे कि एक ग़ज़ दूर खड़ी औरत तक पहुँचने के लिए, पेशावर का टिकट लेंगे और वहाँ पहुँचकर सोचेंगे, वह औरत आँखों से ओझल कैसे हो गयी? चौधरी साहब क़िबला! निकालिए अपनी नोट-बुक और लिख लीजिए कि आप अव्वल दर्जे के चुग़द हैं।"

चौधरी चुप रहा और मुझे एक बार फिर यह महसूस हुआ कि प्रकाश चौधरी को आईना बनाकर, उसमें अपनी शक्ल देख रहा है और ख़ुद को गालियाँ दे रहा है। मैंने उससे कहा–"प्रकाश, ऐसा लगता है, चौधरी की बजाय तुम अपने आपको गालियाँ दे रहे हो।"

उम्मीद के ख़िलाफ़ उसने जवाब दिया–"तुम बिलकुल ठीक कहते हो, इसलिए मैं भी एक आर्टिस्ट हूँ, यानी जब दो और दो, चार बनते हैं तो मैं भी ख़ुश नहीं होता। मैं भी क़िबला चौधरी साहब की तरह अमृतसर के कंपनी बाग़ में औरत से मिलकर फ्रंटियर मेल से पेशावर जाता हूँ और वहाँ आँखें मल-मल कर सोचता हूँ, मेरी महबूबा गायब कहाँ हो गयी!" यह कहकर प्रकाश ख़ूब हँसा, फिर चौधरी से मुख़ातिब हुआ–"चौधरी साहब, क़िबला, हाथ मिलाइए। हम दोनों फिसड्डी घोड़े हैं। इस दौड़ में सिर्फ़ वही कामयाब होगा, जिसके ज़ेहन में सिर्फ़ एक ही चीज़ हो कि उसे दौड़ना है। यह नहीं कि काम और वक़्त का सवाल हल करने बैठ जाए–इतने क़दमों में इतना फ़ासला तय होता है तो उतने क़दमों में कितना फ़ासला तय होगा। इश्क़ ज्योमेट्री है न अलजबरा, बस बकवास है; इसलिए उसमें फँसने वाले को बकवास ही से मदद लेनी चाहिए।"

चौधरी ने ऊबे हुए स्वर में कहा–"क्या बकवास करते हो!"

"तो सुनो," प्रकाश जमकर बैठ गया, "मैं तुम्हें एक सच्चा वाक़या सुनाता हूँ। मेरा एक दोस्त है। मैं उसका नाम नहीं बताऊँगा। दो बरस हुए, वह एक ज़रूरी काम से चम्बा गया। दो दिन के बाद लौटकर, वह डलहौज़ी आने वाला था। उसके फ़ौरन बाद अमृतसर पहुँचना था, पर वह तीन महीने तक लापता रहा। न उसने घर ख़त लिखा, न मुझे। जब लौटा तो उसने बताया कि वह तीन महीने चम्बा ही में रहा। वहाँ की एक हसीन लड़की से उसे इश्क़ हो गया था।"

चौधरी ने पूछा–"नाकाम रहा होगा?"

प्रकाश के होंठों पर एक अर्थपूर्ण मुस्कराहट उभरी–"नहीं-नहीं, वह कामयाब रहा। ज़िंदगी में उसे एक शानदार तजुर्बा हासिल हुआ। तीन महीने वह चम्बा की सर्दी में ठिठुरता और लड़की से इश्क़ करता रहा। वापस डलहौज़ी आने वाला था कि पहाड़ी की एक पगडंडी पर उस काफ़िर जमाल हसीना से उसकी मुठभेड़ हुई। सारी दुनिया परछा गयी। उसको इश्क़ हो गया था। क़िबला चौधरी साहब, सुनिए। पंद्रह दिनों तक लगातार वह बेचारा, अपने इश्क़ को चम्बा की जमा देने वाली फ़िज़ा में, दिल के अंदर दबाए, छिप-छिपकर दूर से उस लड़की को देखता रहा, पर उसके पास जाकर उससे बात करने की हिम्मत न कर सका। दिन बीत जाने पर वह सोचता कि दूरी कितनी अच्छी चीज़ है। ऊँची पहाड़ी पर वह बकरियाँ चरा रही है, नीचे सड़क पर इसका दिल धड़क रहा है। आँखों के सामने यह शायराना नज़ारा जाइए और दाद दीजिए। इस पहाड़ी पर सच्चा आशिक़ खड़ा है। दूसरी पहाड़ी पर उसकी हसीन महबूबा...बीच में पानी का नाला बह रहा है। सुबहान अल्लाह कैसा दिलकश नज़ारा है। चौधरी साहब, क़िबला...।"

चौधरी ने टोका–"बकवास मत करो। जो वाक़या है, उसे बयान कर दो।" प्रकाश मुस्कराया–"तो सुनिए। पंद्रह दिन तक मेरा दोस्त इश्क़ के जोरदार हमले के असर को दूर करने में लगा रहा और सोचता रहा कि उसे जल्दी वापस चला जाना चाहिए। इन पंद्रह दिनों में उसने कागज-पेंसिल लेकर तो नहीं, पर दिमाग़ ही दिमाग़ में उस लड़की से अपनी मुहब्बत का जायज़ा कई बार लिया। लड़की के जिस्म की हर चीज़ उसे पसंद थी, लेकिन सवाल यह था कि उसे हासिल कैसे करे? क्या एकदम, बिना जान-पहचान के, यह उससे बातें करना शुरू कर दे?–बिलकुल नहीं। यह कैसे हो सकता था? क्यों, हो कैसे नहीं सकता पर मान लिया जाए कि उसने मुँह फेर लिया, जवाब दिए बिना, अपनी, बकरियों को हाँकती, पास से गुजर गयी। जल्दबाजी कभी फलती नहीं–लेकिन उससे बात किए बिना उसे हासिल कैसे किया जा सकता है? एक तरक़ीब है। वह यह कि उसके मन में अपने लिए प्यार पैदा किया जाए। उसको अपनी ओर खींचा जाए। हाँ-हाँ, ठीक है। पर सवाल यह कि खींचा ऐसे जाए–हाथ से इशारा?–नहीं, बिलकुल पोच है...सो किबला चौधरी साहब, हमारा हीरो उन पंद्रह दिनों में यही सोचता रहा। सोलहवें दिन अचानक, बावली पर उस लड़की ने उसकी ओर देखा और मुस्करा दी–हमारे हीरो के दिल की बाछें खिल गयी, लेकिन टाँगें!–आपने अब टाँगों के बारे में सोचना शुरू किया, लेकिन जब मुस्कराहट का ख़याल आया तो अपनी टाँगें अलग कर दीं और उस लड़की की पिंडलियों के बारे में सोचने लगा, जो उठी हुई घघरी में से उसे दिखायी पड़ी थीं। कितनी सुडौल थीं। लेकिन वह दिन दूर नहीं, जब वह उन पर बहुत हौले-हौले हाथ फेर सकेगा।...पंद्रह दिन और बीत गए।–इधर वह मुस्कराकर पास से गुज़रती रही, उधर हमारे हीरो साहब, जवाबी मुस्कराहट की रिहर्सल करते रहे... सवा महीना हो गया और उनका इश्क़ सिर्फ़ होंठों ही पर मुस्कराता रहा। आख़िर एक दिन, ख़ुद उस लड़की ने ख़ामोशी

की मुहर तोड़ी और बड़ी अदा से एक सिगरेट माँगा। आपने सारी डिब्बी भेंट कर दी और घर आकर, सारी रात कँपकँपाहट पैदा करने वाले सपने देखते रहे। दूसरे दिन एक आदमी को डलहौज़ी भेजा और वहाँ सिगरेटों के पंद्रह पैकेट मँगवाकर एक छोटे-से लड़के के हाथ, अपनी महबूबा को भिजवा दिए। जब उसने अपनी झोली में डाले तो आपके दिल को, दूर खड़े-खड़े ही बड़ी ख़ुशी महसूस हुई। होते-होते वह दिन भी आ गया, जब दोनों पास-पास बैठकर बातें करने लगे क़िबला चौधरी साहब बताइए, हमारा हीरो क्या बातें करता था उससे?"

चौधरी ने उसी उकताए हुए स्वर में जवाब दिया–"मुझे क्या पता।"

प्रकाश मुस्कराया, "मुझे पता है क़िबला चौधरी साहब! घर से चलते समय वह बातों की एक बहुत लंबी-चौड़ी सूची तैयार करता। मैं उससे यह कहूँगा, मैं उससे वह कहूँगा। जब वह नाले के पास कपड़े धोती होगी तो मैं आहिस्ता-आहिस्ता जाकर उसकी आँखें मीच लूँगा; फिर उसकी बग़लों में गुदगुदी करूँगा। लेकिन जब उसके पास पहुँचता और आँखें मीचते और गुदगुदी करने का ख़याल आता तो उसे शर्म आ जाती—क्या बचपना है और वह उससे कुछ दूर हट कर बैठ जाता और भेड़-बकरियों की बातें करता रहता। कई बार उसे ख़याल आया, कब तक ये भेड़-बकरियाँ उसकी मुहब्बत चरती रहेंगी?—दो महीने से कुछ दिन ऊपर हो गए हैं और अभी तक वह उसको हाथ तक नहीं लगा सका। लेकिन वह फिर सोचता कि हाथ लगाए कैसे? कोई बहाना तो होना चाहिए। फिर उसे ख़याल आता, बहाने से हाथ लगाना बिलकुल बकवास है। लड़की की तरफ से उसे ख़ामोश इजाज़त मिलनी चाहिए कि वह उसके जिस्म के जिस हिस्से को भी चाहे, हाथ लगा सकता है। अब ख़ामोश इजाज़त का सवाल आ जाता। उसे कैसे पता चल सकता है कि उसने इजाज़त दे दी है? क़िबला चौधरी साहब, इसको खोज लगाते-लगाते, पंद्रह दिन और बीत गए।"

प्रकाश ने सिगरेट सुलगाया और मुँह से धुआँ निकालते हुए बहने लगा। इस बीच वे काफ़ी घुल-मिल गए थे। लेकिन इसका असर हमारे हीरो पर बुरा हुआ। बातचीत के बीच उसने लड़की से अपने ऊँचे खानदान की चर्चा कई बार की थी। अपने यारबाश दोस्तों पर कई बार लानत भेजी थी, जो पहाड़ों देहातों में जाकर ग़रीब लड़कियों को ख़राब करते थे। कभी दबे स्वर में, कभी ऊँचे स्वर में, अपनी तारीफ़ भी की थी। अब वह कैसे उस लड़की पर अपनी ख़्वाहिश ज़ाहिर करता। ज़ाहिर है कि मामला बहुत टेढ़ा और पेचदार हो गया, पर उसके इश्क़ का जज़्बा सलामत था, इसलिए उसे उम्मीद थी कि एक दिन ख़ुद लड़की ही अपने आपको थाली में डालकर उसे सौंप देगी।...इस उम्मीद में कुछ दिन और बीत गए। एक दिन कपड़े धोते-धोते लड़की ने, जिसके हाथ साबुन से भरे थे, उससे कहा—"तुम्हारी माचिस ख़त्म हो गयी है, मेरी जेब से निकाल लो..." यह जेब, ठीक उसकी छाती के उभार के ऊपर थी। हमारा हीरो झेंप गया। लड़की ने कहा—"निकाल लो न।" थोड़ी-सी हिम्मत पैदा करके, उसने अपना काँपता हुआ हाथ बढ़ाया और दो

उँगलियाँ, बड़ी एहतियात से उसकी जेब में डालीं। माचिस बहुत नीचे नहीं थी। घबराया, कहीं और न जा टकराएँ, इसलिए बाहर निकाल लीं और अपनी ख़ाली माचिस से एक तीली निकालकर सिगरेट सुलगाया और लड़की से कहा–"तुम्हारी जेब से माचिस फिर कभी निकालूँगा। यह सुनकर लड़की ने चंचल नज़रों से उसकी तरफ देखा और मुस्करा दी। हमारे हीरो ने आधा मैदान मार लिया। दूसरा आधा मारने के लिए, वह स्कीमें सोचने लगा। एक दिन सुबह-सबेरे, नाले के इस तरफ़ बैठा, दूसरी बुलंदी पर उस लड़की को बकरियाँ चराते देख रहा था। और उसकी उभरी हुई जेब के माल पर गौर कर रहा था कि नीचे सड़क पर, बावली के पास, लॉरी रुकी। सिक्ख ड्राइवर ने बाहर निकलकर पानी पिया और ऊपर, उस लड़की की तरफ़ देखा। हीरो के दिल में एक जलन-सी पैदा हुई। बावली की मुंडेरी पर खड़े होकर, मोबिल आयल से लिथड़े उस सिक्ख ड्राइवर ने फिर एक बार सावित्री की ओर देखा और अपना गंदा हाथ उठाकर उसे इशारा किया। मेरे हीरो के मन में आयी, पास पड़ा हुआ पत्थर उस पर लुढ़का दे...इशारा करने के बाद, उसने दोनों हाथ मुँह के इधर-उधर रखकर, बड़े ही भोंडे स्वर में पुकारा–"जानी...मैं सदके... आऊँ? मेरे तन-बदन में आग लग गयी।...सिक्ख ड्राइवर ने ऊपर चढ़ना शुरू किया। मेरा दिल घुटने लगा।...चंद मिनटों में ही वह हरामज़ादा उसके पास खड़ा था। पर मुझे यक़ीन था कि अगर उसने कोई बदतमीज़ी की तो वह छड़ी से उसकी ऐसी मरम्मत करेगी कि वह सारी उम्र याद रखेगा।...मैं उधर से निगाह हटाकर, इस मरम्मत के बारे में सोच ही रहा था कि एकदम दोनों मेरी आँखों से ओझल हो गए।...मैं नीचे सड़क की तरफ़ भागा। बावली के पास पहुँचकर सोचा, क्या हिमाक़त है, फ़िक्र कैसी? लेकिन फिर ख़याल आया, कहीं वह उल्लू का पट्ठा ज़बरदस्ती न कर बैठे, इसलिए पहाड़ी पर तेज़ी से चढ़ना शुरू किया–बड़ी मुश्किल चढ़ाई थी। जगह-जगह कँटीली झाड़ियाँ थीं। उनको पकड़-पकड़ कर बढ़ना पड़ता था। बहुत दूर-ऊपर चला गया, पर वे दोनों कहीं न मिले। हाँफते-हाँफते मैंने अपने सामने की झाड़ी पकड़कर खड़े होने की कोशिश की–क्या देखता हूँ, झाड़ी की दूसरी तरफ़ पत्थरों पर सावित्री लेटी है और उस गंदे ड्राइवर की दाढ़ी उसके चेहरे पर बिखरी हुई है। मेरे जिस्म के सारे बाल जल गए। एक करोड़ गालियाँ उन दोनों के लिए मेरे मन में पैदा हुई, लेकिन पल भर के लिए सोचा तो लगा कि दुनिया का सबसे बड़ा चुग़द मैं हूँ। उसी वक़्त नीचे उतरा और सीधा बस के अड्डे की तरफ़ चल पड़ा।"

प्रकाश के माथे पर पसीने की नन्ही-नन्ही बूँदें चमकने लगीं।

मंत्र

चौधरी मौजू बूढ़े बरगद की घनी छाँव के नीचे खुर्री चारपाई पर बड़े इत्मीनान से बैठा अपना चमोड़ा पी रहा था। धुएँ के हलके-हलके बक्के उसके मुँह से निकलते थे और दोपहर की ठहरी हुई हवा में हौले-हौले गुम हो जाते थे।

वह सुबह से अपने छोटे-से खेत में हल चला रहा था और अब थक गया था। धूप इतनी तेज़ थी कि चील भी अपना अंडा छोड़ दे। मगर अब वह चैन से बैठा अपने चमोड़े का मज़ा ले रहा था, जो चुटकियों में उसकी थकान दूर कर देता था।

उसका पसीना चुंबक हो गया था, इसलिए ठहरी हुई हवा उसे कोई ठंडक नहीं पहुँचा रही थी। लेकिन चमोड़े का ठंडा-ठंडा स्वादिष्ट धुआँ उसके दिल व दिमाग़ में अनूठे नशे की लहरें पैदा कर रहा था।

अब समय हो चुका था कि घर से उसकी इकलौती लड़की जीनाँ रोटी-लस्सी लेकर आ जाए। वह ठीक वक़्त पर पहुँच जाती थी, हालाँकि घर में उसका हाथ बँटाने वाला और कोई भी नहीं था। उसकी माँ थी, जिसको दो साल हुए मौजू ने एक लंबे झगड़े के बाद सख़्त गुस्से में तलाक़ दे दी थी।

उसकी जवान इकलौती बेटी जीनाँ बड़ी फर्माबरदार लड़की थी। वह अपने बाप का बहुत ख़याल रखती थी। घर का कामकाज, जो इतना ज़्यादा नहीं था, बड़ी मुस्तैदी से करती थी कि जो ख़ाली वक़्त मिले उसमें चरखा चलाए और पूनियाँ काते या अपनी सहेलियों के साथ जो गिनती की थीं इधर-उधर की गप्प में गुज़ार दे।

चौधरी मौजू की ज़मीन वाजबी थी, मगर उसके गुज़ारे के लिए काफ़ी थी। गाँव बहुत छोटा था। एक दूर गिरी-पड़ी जगह पर जहाँ से रेल का गुज़र नहीं था, एक कच्ची सड़क थी जो उसे दूर एक बड़े गाँव के साथ मिलाती थी। चौधरी मौजू हर महीने दो बार अपनी घोड़ी पर सवार होकर गाँव में जाता था, जिसमें दो-तीन दुकानें थीं और वहाँ से ज़रूरत की चीज़ें ले आया करता था।

पहले वह बहुत ख़ुश था, उसे कोई ग़म नहीं था। दो-तीन साल उसे इस ख़याल ने अलबत्ता ज़रूर सताया था कि उसके कोई नर संतान नहीं होती लेकिन फिर वह यह सोचकर संतुष्ट हो गया था कि जो अल्लाह को मंज़ूर होता है, वही होता है। पर अब जिस दिन से उसने अपनी बीवी को तलाक़ देकर मैके भेज दिया था, उसकी ज़िंदगी सूखा हुआ नैचा-सा बनकर रह गयी थी। सारी ताज़गी जैसे उसकी बीवी अपने साथ ले गयी थी।

चौधरी मौजू मज़हबी आदमी था, हालाँकि उसे अपने मज़हब के बारे में सिर्फ़ दो-तीन चीज़ों की ही जानकारी थी कि ख़ुदा एक है जिसकी बंदगी लाज़िमी है। मुहम्मद उसके रसूल हैं जिनके हुक्मों का पालन करना फ़र्ज़ है। और क़ुरान-पाक ख़ुदा का कलाम है जो मुहम्मद पर उतरा और बस।

नमाज़-रोज़े से वह बेखबर था। गाँव बहुत छोटा था जिसमें कोई मस्जिद नहीं थी, सिर्फ़ दस-पंद्रह घर थे। वे भी एक-दूसरे से दूर-दूर। लोग अल्लाह-अल्लाह करते थे, उनके दिल में उस पाक ज़ात का ख़ौफ़ था मगर उससे ज़्यादा और कुछ नहीं था। क़रीब-क़रीब हर घर में क़ुरान मौजूद था, मगर पढ़ना कोई भी नहीं जानता था। सबने उसे धार्मिक आस्था के तौर पर जुज़दान लपेटकर किसी ऊँचे ताक में रख छोड़ा था।

उसकी ज़रूरत सिर्फ़ उसी वक़्त पेश आती थी जब किसी से कोई सच्ची बात कहलवानी होती थी, या किसी काम के लिए क़ुरान उठवाना होता था।

गाँव में मौलवी की शक्ल उसी वक़्त दिखायी देती थी जब किसी लड़के या लड़की की शादी होती थी। मौत पर जनाज़े की नमाज़ वग़ैरा वे ख़ुद ही पढ़ लेते थे—अपनी ज़बान में।

चौधरी मौजू ऐसे मौकों पर ज़्यादा काम आता था, उसकी ज़बान में असर था। जिस अंदाज़ से वह मरने वाले की ख़ूबियाँ बयान करता था और उसकी मगफिरत के लिए दुआ करता था, वह कुछ उसी का हिस्सा था।

पिछले बरस जब उसके दोस्त दीनू का जवान लड़का मर गया तो उसको क़ब्र में उतारकर उसने बड़े प्रभावशाली ढंग से यह कहा था, "हाय, क्या हसीन जवान लड़का था! थूक फेंकता था तो बीस ग़ज़ दूर जाकर गिरता था। उसकी पेशाब की धार का तो आसपास किया गाँव—खेड़े में भी मुक़ाबला करने वाला मौजूद नहीं था और बेनी पकड़ने में तो जवाब नहीं था उसका। हे घिसनी का नारा मारता और दो उँगलियों से यों बेनी खोलता जैसे कुरते का बटन खोलते हैं। दीनू यार, तुझ पर आज क़यामत का दिन है...तू कभी यह सदमा बर्दाश्त नहीं कर सकेगा। यारो, इसे मर जाना चाहिए था। ऐसा हसीन जवान लड़का, ऐसा ख़ूबसूरत गबरू जवान! नेतीसियारी जैसी सुंदर और हटीली नारी उसको काबू में करने के लिए तावीज़-धागे कराती रही, मगर भाई महरवा है दीनू! तेरा लड़का लँगोट का पक्का रहा! ख़ुदा करे उसको जन्नत में सबसे ख़ूबसूरत हूर मिले और वहाँ भी लँगोट का पक्का रहे। अल्लाह मियाँ ख़ुश होकर उस पर और रहमतें उतारेगा—आमीन!"

यह छोटा-सा भाषण सुनकर दस-बीस आदमी, जिनमें दीनू भी शामिल था, दहाड़े मारकर रो पड़े थे। ख़ुद चौधरी मौजू की आँखों से आँसू बह रहे थे।

मौजू ने जब अपनी बीवी फाताँ, को तलाक़ देना चाहा था तो उसने मौलवी बुलाने की ज़रूरत नहीं समझी थी। उसने बड़े-बूढ़ों से सुन रखा था कि, तीन बार 'तलाक़, तलाक़, तलाक़' कह दो तो क़िस्सा ख़त्म हो जाता है। चुनाँचे उसने वह क़िस्सा इस तरह ख़त्म किया था। मगर दूसरे ही दिन उसे बहुत अफ़सोस हुआ था, बड़ा पश्चाताप हुआ था कि उसने यह क्या ग़लती की। मियाँ-बीवी में झगड़े होते ही रहते हैं; मगर तलाक़ तक नौबत नहीं आती, उसे ध्यान न देना चाहिए था।

फाताँ उसे पसंद थी। गो वह अब जवान नहीं थी, लेकिन फिर भी उसको उसका जिस्म पसंद था, उसकी बातें पसंद थीं और फिर वह उसकी जीनाँ की माँ थी। मगर अब तीर कमान से निकल चुका था जो वापस नहीं आ सकता था। चौधरी मौजू जब भी उसके बारे में सोचता तो उसके चहीते चमोड़े धुआँ उसके हलक में कड़ुवे घूँट बन-बनकर जाने लगता।

जीनाँ ख़ूबसूरत थी, अपनी माँ की तरह। उन दो बरसों में उसने एकदम बढ़ना शुरू कर दिया था और देखते-देखते जवान मुटियार बन गयी थी, जिसके अंग-अंग से जवानी

फूट-फूटकर निकल रही थी। चौधरी मौजू को उसके हाथ पीले करने की फ़िक्र थी। यहाँ पर उसको फाताँ याद आती। यह काम वह कितनी आसानी से कर सकती थी!

खुर्री खाट पर चौधरी मौजू ने अपनी सीट और अपना तहमद दुरुस्त करते हुए चमोड़े से एक लंबा कश लिया और खाँसने लगा। खाँसने के दौरान में किसी की आवाज़ आई, "अस्सलाम-अलेकुम-व-रहमत-उल्लाह-ओ-बरकातहू!"

चौधरी मौजू ने पलटकर देखा तो उसे सफ़ेद कपड़ों में एक लंबी दाढ़ी वाले बुज़ुर्ग नज़र आए। उसने सलाम का जवाब दिया और सोचने लगा कि यह शख़्स कहाँ से आ गया है?

लंबी दाढ़ी वाले बुज़ुर्ग की आँखें बड़ी-बड़ी और रोबदार थी, जिनमें सुरमा लगा हुआ था। लंबे-लंबे पटे थे उनके और दाढ़ी के बाल खिचड़ी थे—सफ़ेद ज़्यादा और काले कम। सिर पर सफ़ेद मुँडासा और कंधे पर रेशम का काढ़ा हुआ बसंती रूमाल।

हाथ में चाँदी की मूठ वाला मोटा असा (डंडा) था, पाँव में लाल खाल का नर्म व नाज़ुक जूता।

चौधरी मौजू ने जब उस बुज़ुर्ग को सिर से पैर तक गौर से देखा तो दिल में फ़ौरन ही उसके प्रति श्रद्धा पैदा हो गयी। चारपाई पर से जल्दी-जल्दी उठकर वह उससे बोला, "आप कहाँ से आए, कब आए?"

बुज़ुर्ग की कतरी हुई शरई लबों में मुस्कराहट पैदा हुई, "फ़क़ीर कहाँ से आएँगे? उनका कोई घर नहीं होता; उनके आने का कोई वक़्त मुकर्रर नहीं; उनके जाने का कोई वक़्त मुकर्रर नहीं। अल्लाह तबा़रक ताला ने जिधर हुक्म दिया चल पड़े जहाँ ठहरने का हुक्म हुआ वही ठहर गए।"

चौधरी मौजू पर इन शब्दों का बहुत असर हुआ। उसने आगे बढ़कर उस बुज़ुर्ग का हाथ बड़े आदर से अपने हाथों में लिया, चूमा, आँखों से लगाया और कहा—"चौधरी मौजू का घर आपका अपना घर है।"

बुज़ुर्ग मुस्कराता हुआ खाट पर बैठ गया और अपने चाँदी के मूठ वाले असा को दोनों हाथों में थामकर उस पर अपना सर झुका दिया। 'अल्लाहजल्ला शानहू' को जाने तेरी कौन-सी अदा पसंद आ गयी कि अपने इस हक़ीर (तुच्छ) और आरज़ी (नश्वर) बंदे को तेरे पास भेज दिया।

चौधरी मौजू ने खुश होकर पूछा—"तो मौलवी साहब, आप उसके हुक्म से आए हैं?"

मौलवी साहब ने अपना झुका हुआ सर उठाया और कुपित हो कहा—"तो क्या हम तेरे हुक्म से आए हैं? हम तेरे बंदे है या उसके, जिसकी इबादत से हमने पूरे चालीस बरस गुज़ारकर यह थोड़ा-बहुत रुतबा हासिल किया है?"

चौधरी मौजू काँप गया। अपने ख़ास गँवारू लेकिन ख़ुलूस-भरे अंदाज़ में उसने मौलवी साहब से अपना गुनाह माफ़ करवाया और कहा, "मौलवी साहब, हम जैसे

इनसानों से जिनको नमाज़ पढ़नी भी न हीं आती, ऐसी ग़लतियाँ हो ही जाती हैं। हम गुनाहगार हैं, हमें बख़्शवाना और बख़्शना आपका काम है।"

मौलवी साहब ने अपनी बड़ी-बड़ी सुरमा लगी आँखें बंद कीं और कहा, "हम इसीलिए आए हैं।"

चौधरी मौजू ज़मीन पर बैठ गया और मौलवी साहब के पाँव दबाने लगा। इतने में उसकी लड़की जीनाँ आ गयी। उसने मौलवी साहब को देखा तो घूँघट छोड़ लिया।

मौलवी साहब ने मुँदी आँखों से पूछा–"कौन है, चौधरी मौजू?"

"मेरी बेटी, मौलवी साहब, जीनाँ।"

मौलवी साहब ने अधखुली आँखों से जीनाँ को देखा और मौजू से कहा–

"हम फ़क़ीरों से क्या पर्दा है, इससे पूछो।"

"कोई पर्दा नहीं मौलवी साहब पर्दा कैसा होगा?" फिर मौजू जीनाँ की ओर मुड़ा और उससे बोला, "मौलवी साहब हैं जीनाँ अल्लाह के खास बंदे! इनसे पर्दा कैसा? उठा ले अपना घूँघट।"

जीनाँ ने अपना घूँघट उठा लिया। मौलवी साहब ने अपनी सुरमा लगी आँखें भरके उसे देखा और मौजू से कहा, "तेरी बेटी ख़ूबसूरत है, चौधरी मौजू!"

जीनाँ शरमा गयी। मौजू ने कहा–"अपनी माँ पर है, मौलवी साहब!"

"कहाँ है इसकी माँ?" मौलवी साहब ने एक बार फिर जीनाँ की ज़बानी की तरफ़ देखा।

चौधरी मौजू सिटपिटा गया कि जवाब क्या दे!

मौलवी साहब ने फिर पूछा–"इसकी माँ कहाँ है चौधरी मौजू?"

मौजू ने जल्दी से कहा–"मर चुकी है जी।"

मौलवी साहब की नज़रें जीनाँ पर गड़ी थीं। उसकी प्रतिक्रिया भाँपकर उन्होंने मौजू से कड़ककर कहा–"तू झूठ बोलता है।"

मौजू ने मौलवी साहब के पाँव पकड़ लिये और लज्जापूर्ण स्वर में कहा, "जी हाँ. ..जी हाँ...मैंने झूठ बोला था। मुझे माफ़ कर दीजिए। मैं बड़ा झूठा आदमी हूँ। मैंने उसे तलाक़ दे दी थी, मौलवी साहब!"

मौलवी साहब ने लंबी 'हूँ' की और नज़रें जीनाँ की चदरिया से हटा लीं और मौजू को संबोधित किया–"तू बहुत बड़ा गुनाहगार है। क्या क़सूर था उस बेज़बान का?"

मौजू लज्जा से गड़ा हुआ था–"कुछ नहीं मालूम मौलवी साहब! मामूली-सी बात थी जो बढ़ते-बढ़ते तलाक़ तक पहुँच गयी। मैं वाक़यी गुनाहगार हूँ। तलाक़ देने के दूसरे दिन ही मैंने सोचा था कि मौजू, तूने यह क्या झक मारी। पर उस वक़्त क्या हो सकता था, चिड़ियाँ खेत चुग चुकी थीं। पछतावे से क्या हो सकता था, मौलवी साहब?"

मौलवी साहब ने चाँदी की मूठ वाला असा मौजू के कंधे पर रख दिया, "अल्लाह तबारक ताला की ज़ात बहुत बड़ी है। वह रहीम है, बड़ा करीम है। वह चाहे तो हर बिगड़ी बना सकता है। उसका हुक्म हुआ तो यह हक़ीर-फ़क़ीर तेरी निजात के लिए कोई रास्ता ढूँढ़ निकालेगा।"

अहसान में दबा चौधरी मौजू मौलवी साहब की टाँगों के साथ लिपट गया और रोने लगा। मौलवी साहब ने जीनाँ की तरफ़ देखा। उसकी आँखों से भी आँसू बह रहे थे। "इधर आ, लड़की!"

मौलवी साहब के स्वर में ऐसा आदेश था जिसको रद्द करना जीनाँ के लिए ना-मुमकिन था। रोटी और लस्सी एक तरफ़ रखकर वह खाट के पास चली गयी। मौलवी साहब ने उसे बाज़ू से पकड़ा और कहा-"बैठ जा!"

जीनाँ ज़मीन पर बैठने लगी तो मौलवी साहब ने उसका बाज़ू ऊपर खींचा, "इधर मेरे पास बैठ।"

जीनाँ सिमटकर मौलवी साहब के पास बैठ गयी। मौलवी साहब ने उसकी कमर में हाथ देकर उसको अपने क़रीब कर लिया और ज़रा दबाकर पूछा, "क्या लायी है तू हमारे खाने के लिए?"

जीनाँ ने एक तरफ़ हटना चाहा, मगर गिरफ़्त मज़बूत थी। उसको जवाब देना पड़ा-"जी...जी रोटियाँ, साग और लस्सी।"

मौलवी साहब ने जीनाँ की पतली, मज़बूत कमर अपने हाथ से एक बार फिर दबायी, "चल खोल खाना और हमें खिला।"

जीनाँ उठकर चली गयी तो मौलवी साहब ने मौजू के कंधे से अपना चाँदी के मूठ वाला असा नन्ही-सी थपक के बाद उठा लिया-"उठ मौजू, हमारे हाथ धुला।" मौजू फ़ौरन उठा। पास ही कुआँ था, पानी लाया और मौलवी साहब के हाथ एक मुरीद की तरह धुलाए। जीनाँ ने चारपाई पर खाना रख दिया।

मौलवी साहब सब का सब खा गए और जीनाँ को हुक्म दिया कि वह उनके हाथ धुलाए। जीनाँ नाफ़रमानी नहीं कर सकती थी, क्योंकि मौलवी साहब की शक्ल व सूरत और उनकी बातचीत का अंदाज़ ही कुछ ऐसा आदेशपूर्ण था।

मौलवी साहब ने डकार लेकर बड़े जोर से 'अलहमदुलिल्लाह' (ईश्वर बड़ा है) कहा और दाढ़ी पर गीला-गीला हाथ फेरा। एक और डकार ली और चारपाई पर लेट गए। एक आँख बन्द करके दूसरी आँख से जीनाँ की ढलकी हुई चुनरिया की तरफ देखते रहे। उसने जल्दी-जल्दी बर्तन समेटे और चली गयी। मौलवी साहब ने आँखें बंद की और मौजू से कहा, "चौधरी, अब हम सोएँगे।"

चौधरी कुछ देर उनके पाँव दबाता रहा। जब उसने देखा कि वह सो गए हैं तो एक तरफ़ जाकर उसने उपले सुलगाये और चिलम में तम्बाकू भरकर भूखे पेट चमोड़ा पीना

शुरू कर दिया। मगर वह ख़ुश था। उसे ऐसा लगता था कि उसकी ज़िंदगी का कोई बहुत बड़ा बोझ दूर हो गया है। उसने दिल ही दिल में अपने ख़ास गँवारू किन्तु निष्ठापूर्ण स्वर में अल्लाहताला का शुक्र अदा किया, जिसने अपनी तरफ़ से मौलवी साहब की शक्ल में रहमत का फ़रिश्ता भेज दिया।

पहले उसने सोचा कि मौलवी साहब के पास ही बैठा रहे, क्योंकि शायद उनको किसी ख़िदमत की ज़रूरत हो। मगर जब देर हो गयी और वह सोते रहे तो वह उठकर अपने खेत में चला गया और अपने काम में जुट गया। उसे इस बात का बिलकुल ख़याल नहीं था कि वह भूखा है। उसे तो बल्कि इस बात की बेहद ख़ुशी हुई थी कि उसका खाना मौलवी साहब ने खाया और उसे इतना बड़ा सौभाग्य प्राप्त हुआ।

शाम के पहले-पहले जब वह खेत से वापस आया तो उसे यह देखकर बड़ा दुख हुआ कि मौलवी साहब मौजूद नहीं। उसने अपने-आपको बहुत धिक्कारा कि वह क्यों चला गया। उनके हुजूर में बैठा रहता। शायद वह नाराज़ होकर चले गए हों और कोई बद्दुआ भी दे गए हों। जब चौधरी मौजू ने यह सोचा तो उसकी रूह काँप गयी, आँखों में आँसू आ गए।

उसने इधर-उधर मौलवी साहब को तलाश किया, मगर यह न मिले। गहरी शाम हो गयी फिर भी उसका कोई सुराग न मिला। थक-हारकर अपने को दिल ही दिल में कोसता और लानत-मलामत करता वह गरदन झुकाए घर की तरफ़ जा रहा था कि उसे दो जवान लड़के घबराए हुए मिले। चौधरी मौजू ने उनसे घबराहट की वजह पूछी तो पहले तो टालना चाहा, मगर फिर असल बात बता दी कि वे घूरे में दबा हुआ शराब का घड़ा निकालकर पीने वाले थे कि एक नूरानी सूरत वाले बुज़ुर्ग एकदम वहाँ प्रकट हुए और बड़ी गजबनाक निगाहों से उनको देखकर यह पूछा कि वे यह क्या हरामकारी कर रहे हैं। जिस चीज़ को अल्लाह तबारक ताला ने हराम करार दिया है वे उसे पीकर इतना बड़ा गुनाह कर रहे हैं जिसका कोई क़फ्फ़ारा (प्रायश्चित) नहीं। उन लोगों को इतनी जुरअत न हुई कि कुछ बोलें, बस सिर पर पाँव रखकर भागे और यहाँ आकर दम लिया।

चौधरी मौजू ने उन दोनों को बताया कि वह नूरानी सूरत वाले वाक़यी अल्लाह के पहुँचे हुए बुज़ुर्ग थे। फिर उसने अंदेशा ज़ाहिर किया कि अब जाने उस गाँव पर क्या क़हर (प्रकोप) नाज़िल होगा! एक उसने उनको छोड़कर चले जाने की पूरी हरकत की, एक उन्होंने कि हराम चीज़ निकालकर पी रहे थे।

'अब अल्लाह ही बचाए! अब अल्ला ही बचाए मेरे बच्चो!' यह बड़बड़ाता चौधरी मौजू घर की ओर रवाना हुआ। जीनाँ मौजूद थी, पर उसने उससे कोई बात न की और खाट पर बैठकर ख़ामोश हो हुक्का पीने लगा। उसके दिल व दिमाग़ में एक तूफ़ान बरपा था। उसको यक़ीन था कि उस पर और गाँव पर ज़रूर ख़ुदा की कोई आफ़त आएगी।

शाम का खाना तैयार था। जीनाँ ने मौलवी साहब के लिए भी पका रखा था। जब उसने अपने बाप से पूछा कि मौलवी साहब कहाँ हैं तो उसने बड़े दुख-भरे स्वर में कहा, "गए, चले गए। उनका हम गुनाहगारों के यहाँ क्या काम?"

जीनाँ को अफ़सोस हुआ, क्योंकि मौलवी साहब ने कहा था कि कोई ऐसा रास्ता ढूँढ़ निकालेंगे जिससे उसकी माँ वापस आ जाएगी। पर वह जा चुके थे। अब वह रास्ता ढूँढ़ने वाला कौन था? जीनाँ ख़ामोशी से सीढ़ी पर बैठ गयी; खाना ठंडा होता रहा। थोड़ी देर के बाद ड्योढ़ी में आहट हुई। बाप-बेटी दोनों चौंके। मौजू उठकर बाहर गया और कुछ क्षण में वह और मौलवी साहब दोनों अंदर आँगन में थे। दीये की धुँधली रोशनी में जीनाँ ने देखा कि मौलवी साहब लड़खड़ा रहे हैं। उनके हाथ में एक छोटा-सा मटका है।

मौजू ने उनको सहारा देकर चारपाई पर बिठाया। मौलवी साहब ने घड़ा मौजू को दिया और लड़खड़ाते स्वर में कहा, "आज ख़ुदा ने हमारा बहुत बड़ा इम्तहान लिया। तुम्हारे गाँव के दो लड़के शराब का घड़ा निकालकर पीने वाले थे कि हम पहुँच गए। वे हमें देखते ही भाग गए। हमको बहुत सदमा हुआ कि इतनी छोटी उम्र और इतना बड़ा गुनाह! लेकिन हमने सोचा कि इसी उम्र में तो इनसान रास्ते से भटकता है। चुनाँचे हमने उनके लिए अल्लाह तबारक ताला के हुज़ूर में गिड़गिड़ाकर दुआ माँगी कि उनका गुनाह माफ़ किया जाए। जवाब मिला—जानते हो क्या जवाब मिला?..."

मौजू ने काँपते हुए कहा—"जी नहीं।"

"जवाब मिला, क्या तू उनका गुनाह अपने सर लेता है?" मैंने अर्ज़ की "हाँ, बारी तआला!" आवाज़ आयी—"तो जा, यह सारा घड़ा शराब का तू पी! हमने उन लड़कों को बख़्शा?"

मौजू एक ऐसी दुनिया में चला गया जो उसकी अपनी कल्पना की उपज थी। उसके रोंगटे खड़े हो गए—"तो आपने पी?"

मौलवी साहब का स्वर और अधिक लड़खड़ाने लगा, "हाँ पी। पी, उनका गुनाह अपने सिर लेने के लिए पी। रब-उल-इज़्ज़त की आँखों में कामयाब होने के लिए पी। घड़े में और भी पड़ी है। यह भी हमें पीनी है। रख दे इसे सँभालकर और देख उसकी एक बूँद इधर-उधर न हो।"

मौजू ने बड़ा उठाकर अंदर कोठरी में रख दिया और उसके मुँह पर कपड़ा बाँध दिया। वापस सहन में आया तो मौलवी साहब जीनाँ से अपना सर दबवा रहे थे और उससे कह रहे थे—"जो आदमी दूसरों के लिए कुछ करता है, अल्लाह जल्ला शानहू उससे बहुत ख़ुश होता है। वह इस वक़्त तुझसे भी ख़ुश है। हम भी तुझसे ख़ुश हैं।"

और इसी ख़ुशी में मौलवी साहब ने जीनाँ को अपने पास बिठाकर उसकी पेशानी चूम ली। उसने उठना चाहा, मगर उनकी पकड़ मज़बूत थी। मौलवी साहब ने उसे अपने गले से लगा लिया और मौजू से कहा, "चौधरी, तेरी बेटी का नसीब जाग उठा है।

चौधरी सर से पैर तक उनका आभारी था। "यह सब आपकी दुआ है, आपकी मेहरबानी है।"

मौलवी साहब ने जीनाँ को एक बार फिर अपने सीने के साथ भींचा, "अल्लाह मेहरबान, सो कुल मेहरबान। जीनाँ, हम तुझे एक वज़ीफ़ा (मंत्र) बताएँगे, वह पढ़ा करना। अल्ला हमेशा मेहरबान रहेगा।

दूसरे दिन मौलवी साहब बहुत देर से उठे। मौजू डर के मारे खेतों पर न गया। सहन में उनकी चारपाई के पास बैठा रहा। जब वह उठे तो उनको दातून करवायी, नहलाया-धुलाया और उनके आदेशानुसार शराब का घड़ा लाकर उनके पास रख दिया। मौलवी साहब ने कुछ पढ़ा, घड़े का मुँह खोलकर उसमें तीन बार फूँका और दो-तीन कटोरे चढ़ा गए। ऊपर आसमान की तरफ देखा, कुछ पढ़ा और बुलंद आवाज़ में कहा–"हम तेरे हर इम्तहान में पूरे उतरेंगे मौला!" फिर वह चौधरी से बोले, मौजू, जा हुक्म मिला है कि अभी जाकर अपनी बीवी को ले आ। रास्ता मिल गया है हमें।"

मौजू बहुत ख़ुश हुआ। जल्दी-जल्दी उसने घोड़ी पर ज़ीन कसी और कहा कि वह दूसरे रोज़ सुबह-सबेरे पहुँच जाएगा। फिर उसने जीनाँ से कहा कि वह मौलवी साहब की हर ख़्वाइश का ख़याल रखे और ख़िदमतगुज़ारी में क़सर उठा न रखे।

जीनाँ बर्तन माँजने में व्यस्त हो गयी। मौलवी साहब चारपाई पर बैठे उसे घूरते और शराब के कटोरे पीते रहे। उसके बाद उन्होंने जेब से मोटे-मोटे दानों वाली तसबीह उठायी और फेरना शुरू कर दी। जब जीनाँ काम से निपटी तो उन्होंने उससे कहा–"जीनाँ, देखो वज़ू करो।"

जीनाँ ने बड़े भोलेपन से जवाब दिया–"मुझे नहीं आता, मौलवी जी।"

मौलवी साहब ने बड़े प्यार से उसे झिड़की दी, "वज़ू करना नहीं आता, क्या जवाब देगी अल्लाह को?" यह कहकर वह उठे और उसे वज़ू कराया और साथ-साथ इस ढंग से समझाते रहे कि वह उसके बदन के एक-एक कोने-खदरे को झाँक-झाँककर देख सके।

वज़ू कराने के बाद मौलवी साहब ने जा नमाज़ माँगी। वह न मिली तो फिर डाँटा। मगर उसी अंदाज़ में गिलास मँगवाया, उसे अंदर की कोठरी में छिपाया और जीनाँ से कहा कि बाहर की कुंडी लगा दे। जब कुंडी लग गयी तो उससे कहा कि घड़ा और कटोरा उठाकर अंदर ले आए; वह ले आयी। मौलवी साहब ने आधा कटोरा दिया और आधा अपने सामने रख लिया और तसबीह फेरना शुरू कर दी। जीनाँ उनके पास ख़ामोश बैठी रही। बहुत देर तक मौलवी साहब आँखें बंद किए उसी तरह वज़ीफ़ा करते रहे। फिर उन्होंने आँखें खोलीं, कटोरा जो आधा भरा था उसमें तीन फूँके मारीं और जीनाँ की तरफ़ बढ़ा दिया–"पी जाओ इसे!"

जीनाँ ने कटोरा पकड़ लिया, मगर उसके हाथ काँपने लगे। मौलवी साहब ने बड़े जलाल-भरे अंदाज़ में उसकी तरफ देखा–"हम कहते हैं, पी जाओ। तुम्हारे सारे दलिद्दर दूर हो जाएँगे।"

जीनाँ पी गयी। मौलवी साहब अपने पतले होंठों में मुस्कराए और उससे बोले–"हम फिर अपना वज़ीफ़ा शुरू करते हैं, जब शहादत की उँगली (तर्जनी) से इशारा करें तो आधा कटोरा घड़े में से निकालकर फ़ौरन पी जाना। समझ गयी?"

मौलवी साहब ने उसे जवाब का मौका ही न दिया और आँखें बन्द करके ख़ुदा के ध्यान में लीन हो गए। जीनाँ के मुँह का जायका बेहद खराब हो गया था, ऐसा लगता था कि सीने में आग-सी लग गयी है। वह चाहती थी कि उठकर ठंडा-ठंडा पानी पिए, पर वह कैसे उठ सकती थी? जलन को हलक और सीने में लिये देर तक बैठी रही। उसके बाद एकदम मौलवी साहब की शहादत की उंगली ज़ोर से उठी। जीनाँ को जैसे किसी ने हिप्नोटाइज़ कर दिया था। फ़ौरन उसने आधा कटोरा भरा और पी गयी। थूकना चाहा मगर उठ न सकी।

मौलवी साहब उसी तरह आँखें बंद किए तसबीह के दाने खटाखट फेरते रहे। जीनाँ ने महसूस किया कि उसका सर चकरा रहा है और जैसे उसको नींद आ रही है। फिर उसने नीम बेहोशी की स्थिति में यों महसूस किया कि वह किसी बेदाढ़ी-मूँछ वाले जवान मर्द की गोद में है और वह उसे जन्नत दिखाने ले जा रहा है।

जीनाँ ने जब आँखें खोली तो वह खेस पर लेटी थी। उसने अधखुली, खुमार भरी आँखों से इधर-उधर देखा और वहाँ क्यों लेटी थी, इसके बारे में सोचना शुरू किया तो उसे सब कुछ धुँध में लिपटा हुआ नज़र आया। वह फिर सोने लगी, लेकिन एकदम उठ बैठी–मौलवी साहब कहाँ थे–और वह जन्नत!

कोई भी नहीं था। वह बाहर आँगन में निकली तो देखा कि दिन ढल रहा है और मौलवी साहब घड़े के पास बैठे वज़ू कर रहे हैं। आहट सुनकर उन्होंने पलटकर जीनाँ की तरफ़ देखा और मुस्कराए। जीनाँ वापस कोठरी में चली गयी और खेस पर बैठकर अपनी माँ के बारे में सोचने लगी, जिसको लाने उसका बाप गया हुआ था। पूरी एक रात बाक़ी थी उनकी वापसी में।

और उसे सख़्त भूख लग रही थी। उसने कुछ पकाया-रींधा नहीं था, उसके छोटे-से बेचैन मस्तिष्क में बेशुमार बातें आ रही थीं। कुछ देर के बाद मौलवी साहब आए और यह कहकर चले गए–

"मुझे तुम्हारे बाप के लिए एक वज़ीफ़ा करना है। सारी रात किसी कब्र के पास बैठना होगा, सुबह आ जाऊँगा। तुम्हारे लिए भी दुआ माँगूँगा।"

मौलवी साहब सुबह-सबेरे प्रकट हुए। उनकी बड़ी-बड़ी आँखें जिनमें से सुरमे की लकीर ग़ायब थी, बेहद सुर्ख़ थीं। उनके स्वर और कदमों में लड़खड़ाहट थी। आँगन में आते ही उन्होंने मुस्कराकर जीनाँ की तरफ देखा और आगे बढ़कर उसे गले लगाया, उसे चूमा और चारपाई पर बैठ गए। जीनाँ एक तरफ़ कोने में पीढ़ी पर बैठ गयी और गत धुँधली घटनाओं के बारे में सोचने लगी। उसे अपने बाप का भी इंतज़ार था

जिसे उस वक़्त तक पहुँच जान चाहिए था। माँ से बिछड़े हुए उसे दो बरस हो चुके थे।...और जन्नत...वह जन्नत...कैसी थी वह जन्नत! क्या वह मौलवी साहब थे? मगर उसको धुँधला-सा ख़याल था कि वह आदमी दाढ़ी वाला नहीं था, कोई जवान था।

मौलवी साहब थोड़ी देर के बाद उससे मुखातिब हुए, "जीनाँ, अभी तक मौजू नहीं आया?"

जीनाँ ख़ामोश रही।

मौलवी साहब फिर उससे मुखातिब हुए–"और मैं सारी रात एक टूटी-फूटी क़ब्र पर सर न्योढ़ाये सुनसान रात में उसके लिए वज़ीफ़ा पढ़ता रहा...कब आएगा वह? क्या वह ले आएगा तुम्हारी माँ को?"

जीनाँ ने सिर्फ़ इतना कहा–"जी मालूम नहीं। शायद आते ही हों। आ जाएँगे, अम्मा भी आ जाएँगी, पर ठीक पता नहीं।"

इतने में आहट हुई, जीनाँ उठी। उसकी माँ दिखायी दी। वह उसे देखते ही उससे लिपट गयी और रोने लगी। मौजू आया तो उसने मौलवी साहब को बड़े अदब के साथ सलाम किया। फिर उसने अपनी बीवी से कहा–"फाताँ, सलाम करो मौलवी साहब को।"

फाताँ अपनी बेटी से अलग हुई, आँसू पोंछते हुए आगे बढ़ी और मौलवी साहब को उसने सलाम किया। मौलवी साहब ने अपनी लाल-लाल आँखों से उसे घूरकर देखा और मौजू से कहा–"सारी रात क़ब्र के पास तुम्हारे लिए वज़ीफ़ा करता रहा, अभी-अभी उठकर आया हूँ। अल्लाह ने मेरी सुन ली है। सब ठीक हो जाएगा।"

चौधरी मौजू ने फ़र्श पर बैठकर मौलवी साहब के पाँव दबाने शुरू कर दिए। वह इतना आभारी था उनका कि कुछ कह न सका। अलबत्ता बीवी से मुखातिब होकर उसने आँसुओं-भरी आवाज़ में कहा–"इधर आ फाताँ, तू ही मौलवी साहब का शुक्रिया अदा कर, मुझे तो नहीं आता।"

फाताँ अपने पति के पास बैठ गयी, पर वह सिर्फ़ इतना कह सकी, "हम ग़रीब क्या अदा कर सकते हैं?"

मौलवी साहब ने गौर से फाताँ को देखा, मौजू चौधरी, तुम ठीक कहते थे। तुम्हारी बीवी ख़ूबसूरत है। इस उम्र में भी जवान मालूम होती है, बिलकुल दूसरी जीनाँ–उससे भी अच्छी। हम सब ठीक कर देंगे, फाताँ। "अल्लाह का फज़्ल-ओ-करम हो गया है।"

मियाँ-बीवी दोनों ख़ामोश रहे। मौजू मौलवी साहब के पाँव दबाता रहा। जीनाँ चूल्हा सुलगाने में व्यस्त हो गयी थी।

थोड़ी देर बाद मौलवी साहब उठे। फाताँ के सर पर हाथ से प्यार किया और मौजू से मुख़ातिब हुए, "अल्लाह ताला का हुक्म है कि जब कोई आदमी अपनी बीवी को

तलाक़ दे और फिर उसके अपने घर बसाना चाहे तो उसकी सज़ा यह है कि पहले वह औरत किसी और मर्द से शादी करे, उससे तलाक़ ले, फिर जायज़ है।"

मौजू ने हौले से कहा–"यह मैं सुन चुका हूँ, मौलवी साहब!"

मौलवी साहब ने मौजू को उठाया और उसके कंधे पर हाथ रखा, "लेकिन हमने ख़ुदा के हुज़ूर में गिड़गिड़ाकर दुआ माँगी कि ऐसी कड़ी सज़ा न दी जाए ग़रीब को। उससे भूल हो गयी है। आवाज़ आयी–हम हर रोज़ तेरी सिफारिशें कब तक सुनेंगे? तू अपने लिए चाहे जो भी माँग, हम देने के लिए तैयार हैं। मैंने अर्ज़ की, मेरे शहंशाह बहर-ओ-वर (जल व थल) के मालिक! मैं अपने लिए कुछ नहीं माँगता। तेरा दिया मेरे पास बहुत कुछ है। मौजू चौधरी को अपनी बीवी से मुहब्बत है। हुक्म मिला, तो हम उसकी मुहब्बत और तेरे ईमान का इम्तहान लेना चाहते हैं, एक दिन के लिए तू उससे निकाह कर ले, दूसरे दिन तलाक देकर मौजू के हवाले कर दे। हम तेरे लिए बस यही कर सकते हैं कि तूने चालीस बरस दिल से हमारी इबादत की है।"

मौजू ख़ुश हुआ, "मुझे मंजूर है, मौलवी साहब! मुझे मंज़ूर है।" और फाताँ की तरफ़ उसने तमन्नाई आँखों से देखा, "क्यों फाताँ?" मगर उसने फाताँ के जवाब का इंतज़ार न किया, "हम दोनों को मंज़ूर है।"

मौलवी साहब ने आँखें बंद कीं, कुछ पढ़ा, दोनों के फूँक मारी और आसमान की तरफ़ नज़रें उठायीं–"अल्लाह तबारक ताला हम सबको इस इम्तहान में पूरा उतारे।" फिर वह मौजू से मुख़ातिब हुए–"अच्छा मौजू, मैं अब चलता हूँ। तुम और जीनाँ आज की रात कहीं चले जाना। सुबह-सबेरे आ जाना।" यह कहकर मौलवी साहब चले गए।

जीनाँ और मौजू तैयार थे। जब शाम को मौलवी साहब वापस आए तो उन्होंने उनसे बहुत थोड़ी-सी बातें कीं। वह कुछ पढ़ रहे थे। आख़िर में उन्होंने इशारा किया, जीनाँ और मौजू फ़ौरन चले गए।

मौलवी साहब ने कुंडी बन्द कर दी और फाताँ से कहा, "तुम आज की रात मेरी बीवी हो जाओ। जाओ, अंदर से बिस्तर लाओ और मेरी चारपाई बिछाओ। हम सोयेंगे।"

फाताँ ने अंदर कोठरी से बिस्तर लाकर चारपाई पर बड़े सलीके से लगा दिया। मौलवी साहब ने कहा, "बीवी, तुम बैठो, हम अभी आते हैं।"

यह कहकर वह कोठरी में चले गए। अंदर दीया जल रहा था। कोने में बर्तनों के मनारे के पास उनका घड़ा रखा था। उन्होंने उसे हिलाकर देखा, थोड़ी-सी बाक़ी थी। घड़े के साथ ही मुँह लगाकर उन्होंने कई बड़े-बड़े घूँट पिए। कंधे से रेशमी फूलों वाला वसंती रूमाल उतारकर मूँछें और होंठ साफ़ किए और दरवाज़ा भेड़ दिया।

फाताँ चारपाई पर बैठी थी। काफ़ी देर के बाद मौलवी साहब निकले। उनके हाथ में कटोरा था। उसमें तीन दफ़ा फूँककर उन्होंने फाताँ को पेश किया, "लो इसे पी जाओ।"

फाताँ पी गयी। कै आने लगी तो मौलवी साहब ने उसकी पीठ थपथपायी और कहा–"ठीक हो जाओ फ़ौरन।"

फाताँ ने कोशिश की और कसी क़दर ठीक हो गयी। मौलवी साहब लेट गए। सुबह-सबेरे जीनाँ और मौजू आए तो उन्होंने देखा कि सहन में फाताँ सो रही है, मगर मौलवी साहब मौजूद नहीं। मौजू ने सोचा, बाहर गए होंगे खेतों में। उसने फाताँ को जगाया। फाताँ ने हूँ-हूँ करके आहिस्ता-आहिस्ता आँखें खोलीं फिर बड़बड़ायी–"जन्नत-जन्नत!" लेकिन जब उसने मौजू को देखा तो पूरी आँखें खोलकर बिस्तर में बैठ गयी।

मौजू ने पूछा–"मौलवी साहब कहाँ है?"

फाताँ अभी तक पूरे होश में नहीं थी–"मौलवी साहब? कौन मौलवी साहब?...वह तो...पता नहीं कहाँ गए? यहाँ नहीं हैं?"

"नहीं," मौजू ने कहा, "मैं देखता हूँ उन्हें बाहर।"

वह जा रहा था कि उसे फाताँ की हलकी-सी चीख सुनायी दी। पलटकर उसने देखा तकिये के नीचे से वह कोई काली-काली चीज़ निकाल रही है। जब पूरी निकल आयी तो उसने कहा–"यह क्या है?"

मौजू ने कहा–"बाल।"

फाताँ ने बालों का वह गुच्छा फ़र्श पर फेंक दिया। मौजू ने उसे उठा लिया और गौर से देखा–"दाढ़ी और पट्टे।"

जीनाँ पास ही खड़ी थी, वह बोली–"मौलवी साहब की दाढ़ी और पट्टे।"

फाताँ ने वहीं चारपाई से कहा–"हाँ-मौलवी साहब की दाढ़ी और पट्टे।"

मौजू अजीब चक्कर में पड़ गया, "और मौलवी साहब कहाँ है?" लेकिन फ़ौरन ही उसके सरल और निःस्वार्थ मस्तिष्क में एक ख़याल आया–"जीनाँ, फाताँ तुम नहीं समझी। वह कोई करामात बुज़ुर्ग थे, हमारा काम कर गए और यह निशानी छोड़ गए।"

उसने उन बालों को चूमा, आँखों से लगाया और उनको जीनाँ के हवाले करके कहा–"जाओ, इनको किसी साफ़ कपड़े में लपेटकर संदूक में रख दो। ख़ुदा के हुक्म से घर में बरकत ही बरकत रहेगी।"

जीनाँ अंदर कोठरी में गयी तो वह फाताँ के पास बैठ गया और बड़े प्यार से कहने लगा–"मैं अब नमाज़ पढ़ना सीखूँगा और बुज़ुर्ग के लिए दुआ किया करूँगा, जिसने हम दोनों को फिर से मिला दिया।"

फाताँ ख़ामोश रही।

मम्मद भाई

फ़ारस रोड पर आप उस गली में चले जाइए जो सफ़ेद गली कहलाती है तो इसके आख़िरी सिरे पर आपको चंद होटल मिलेंगे। यूँ तो बंबई में क़दम-क़दम पर होटल और रेस्तराँ होते हैं, मगर वे रेस्तराँ इस दृष्टि से बहुत दिलचस्प और विशेष हैं कि ये उस इलाके में स्थित हैं, जहाँ भाँति-भाँति की लौंडियाँ बसती हैं।

एक ज़माना गुज़र चुका है। बस आप यूँ समझिए कि बीस वर्ष के क़रीब, जब मैं इन रेस्तोरानों में जाया करता था और खाना खाया करता था। सफ़ेद गली के आगे निकल 'प्ले-हाउस' आता है। उधर दिन-भर हाव-हू रहती है। सिनेमा के शो दिन-भर चलते रहते थे। चंपियाँ चलती थीं। सिनेमाघर लगभग चार थे। इनके बाहर घंटियाँ बजा-बजाकर बड़े ऊँचे स्वर में लोगों को आमंत्रण देते थे—"आओ, आओ... दो आने में फर्स्ट क्लास खेल...दो आने में।"

कई बार ये घंटियाँ बजाने वाले ज़बरदस्ती लोगों को अंदर धकेल देते थे। बाहर कुर्सियों पर चम्पी करने वाले लोग बैठे होते थे, जिनकी खोपड़ियों की मरम्मत बड़े साइंटिफ़िक ढंग से की जाती थी। मालिश अच्छी चीज़ है, लेकिन मेरी समझ में नहीं आता कि बंबई के रहने वाले इसके इतने शौक़ीन क्यों हैं। दिन को, रात को हर वक़्त इन्हें मालिश की ज़रूरत होती है। आप अगर चाहें तो रात के तीन बजे बड़ी आसानी से तेल-मालिशिया बुला सकते हैं। यूँ भी सारी रात आप भले ही बंबई के किसी कोने में हों यह आवाज़ आप यक़ीनन सुनते रहेंगे, "पी...पी...पी...।"

यह 'पी' चम्पी का बोलने का संक्षिप्त है।

फ़ारस रोड यूँ तो एक सड़क का नाम है, लेकिन दरअसल यह पूरे इलाके से संबंधित है, जहाँ वेश्याएँ बसती हैं। यह बहुत बड़ा इलाका है। इसमें कई गलियाँ हैं, जिनके अलग-अलग नाम हैं, लेकिन सहूलत के रूप में इसकी हर गली को फ़ारस रोड या सफ़ेद गली कहा जाता है। इसमें सैकड़ों जंगला लगी दुकानें हैं, जिनमें विभिन्न रंग और आयु की औरतें बैठकर अपना जिस्म बेचती हैं। विभिन्न दामों पर, आठ आने से आठ रुपये तक, आठ रुपये से सौ रुपये तक—हर दाम की औरत आपको इस इलाके में मिल सकती है।

यहूदी, पंजाबी, मरहठी, कश्मीरी, गुजराती, बंगाली, ऐंग्लो-इंडियन, फ्रांसीसी, चीनी, जापानी अर्थात् हर क़िस्म की औरत आपको यहाँ उपलब्ध हो सकती है—ये औरतें कैसी होती हैं—माफ़ कीजिएगा इसके विषय में आप मुझ से कुछ न पूछिए...बस औरतें होती हैं और उनको ग्राहक मिल ही जाते हैं।

इस इलाके में बहुत-से चीनी भी आबाद हैं। मालूम नहीं ये क्या कारोबार करते हैं, मगर रहते इस इलाके में हैं। कुछ रेस्तराँ चलाते हैं, जिनके बाहर बोर्डों पर ऊपर-नीचे कीड़े-मकोड़ों की शक्ल में कुछ लिखा होता हैं–मालूम नहीं क्या।

इस इलाके में बिजनेस मैन और हर क़ौम के लोग आबाद हैं। एक गली है, जिसका नाम अरब सेन है। वहाँ के लोग इसे अरब गली कहते हैं। उस ज़माने में, जिसकी मैं बात कर रहा हूँ, इस गली में लगभग बीस-पच्चीस अरब रहते थे जो स्वयं को मोतियों के व्यापारी कहते थे। बाक़ी आबादी पंजाबियों और रामपुरियों की थी। इस गली में मुझे एक कमरा मिल गया था, जिसमें सूरज की रोशनी का दाख़िला बंद था। हर वक़्त बिजली का बल्ब रोशन रहता था। इसका किराया साढ़े नौ रुपये माहवार था।

आपका अगर बंबई में वास नहीं रहा तो आप मुश्किल से यक़ीन करेंगे कि वहाँ किसी को किसी और से सरोकार नहीं होता। अगर आप अपनी खोली में मर रहे हैं, तो आपको कोई नहीं पूछेगा। आपके पड़ोस में क़त्ल हो जाए, मजाल है जो आपको इसकी ख़बर हो जाए। मगर वहाँ अरब गली में सिर्फ़ एक शख़्स ऐसा था, जिसको अड़ोस-पड़ोस के हर शख़्स से दिलचस्पी थी और उसका नाम था, मम्मद भाई।

मम्मद भाई रामपुर का रहने वाला था। अव्वल दर्जे का फकेत, गतके और बनोट की कला में अद्वितीय। मैं जब अरब गली में आया तो होटलों में अकसर उसका नाम सुनने में आया, लेकिन एक अरसे उससे मुलाक़ात न हो सकी।

मैं सुबह-सवेर अपनी खोली से निकल जाता था और बहुत रात गए लौटता था, लेकिन मुझे मम्मद भाई से मिलने की बहुत लालसा थी, क्योंकि उनके विषय में अरब गली में असंख्य दास्तानें मशहूर थीं कि अगर बीस-पच्चीस आदमी लाठियों से हथियारबंद होकर उस पर टूट पड़े तो वे उसका बाल तक बांका नहीं कर सकते। एक मिनट के अंदर-अंदर वह सबको चित्त कर देता है और यह कि उस जैसा छुरीमार सारी बंबई में नहीं मिल सकता। ऐसे छुरी मारता है कि जिसको लगती है, उसे पता नहीं चलता। सौ क़दम बिना अहसास के चलता रहता है और आख़िर एकदम ढेर हो जाता है। लोग कहते हैं कि उसके हाथ की सफ़ाई है।

उसके हाथ की यह सफ़ाई देखने की मुझे इच्छा नहीं थी, लेकिन उसके बारे में और बातें सुन-सुनकर मेरे दिल में यह इच्छा ज़रूर पैदा हो चुकी थी कि मैं उसे देखूँ। उससे बातें न करूँ, लेकिन क़रीब से देख लूँ कि वह कैसा है। इस तमाम इलाके पर उसका व्यक्तित्व छाया हुआ था। वह बहुत बड़ा दादा यानी बदमाश था। लेकिन इसके बावजूद लोग कहते हैं कि उसने किसी की बहू-बेटी की तरफ़ आँख उठाकर भी नहीं देखा। लंगोट का बहुत पक्का था। ग़रीबों के दुःख-दर्द में शरीक़ था। अरब गली सिर्फ़ गली ही नहीं आसपास जितनी गलियाँ थीं, उनमें जितनी ग़रीब औरतें थीं, सब मम्मद भाई को जानती थी, क्योंकि वह अकसर उनकी माली इमदाद करता रहता था? लेकिन

वह स्वयं उनके पास कभी नहीं जाता था। अपने किसी विश्वस्त शार्गिद को भेज देता और उनकी कुशलता का पता कर लिया करता था।

मुझे नहीं मालूम कि उसकी आमदनी के साधन क्या थे। अच्छा खाता था, अच्छा पीता था। उसके पास एक छोटा-सा ताँगा था, जिसमें बड़ा तंदुरुस्त टट्टू जुता होता था। उसको वह स्वयं चलाता था। साथ-साथ दो या तीन शागिर्द होते थे, बड़े बाअदब... भिंडी बाज़ार का एक चक्कर लगाकर या किसी दरगाह में होकर वह उस ताँगे पर अरब गली वापस आ जाता था और किसी ईरानी के होटल में बैठकर गतके और बनोट की बातों में लिप्त हो जाता था।

मेरी खोली के साथ एक और खोली थी जिसमें मारवाड़ का एक मशहूर नर्तक रहता था। उसने मुझे बताया कि मम्मद भाई एक लाख रुपये का आदमी है। उसको एक बार हैज़ा हो गया था। मम्मद भाई को पता चला तो उसने फ़ारस रोड के तमाम डॉक्टर उसकी खोली में इकट्ठे कर दिए और उनसे कहा–"देखो, अगर आशिक़ हुसैन को कुछ हो गया तो मैं सबका सफ़ाया कर दूँगा।" आशिक़ हुसैन ने बड़े श्रद्धापूर्ण लहज़े में मुझसे कहा, "मंटो साहब, मम्मद भाई फ़रिश्ता है, फ़रिश्ता...जब उसने डॉक्टरों को धमकी दी तो वे सब काँपने लगे। ऐसा लगकर इलाज किया कि वह दो दिन में ठीक-ठाक हो गया।"

मम्मद भाई के बारे में अरब गली के गंदे और वाहियात रेस्तोरानों में और भी बहुत कुछ सुन चुका था। एक शख़्स ने, जो शायद उसका शागिर्द था और स्वयं को बहुत बड़ा फकेत समझता था, मुझसे यह कहा कि मम्मद दादा अपने नेफ़े में एक ऐसा आबदार तेज़ धार वाला ख़ंजर हमेशा उड़सकर रखता है, जो उस्तरे की तरह शेव भी कर सकता है और यह ख़ंजर म्यान में नहीं होता। खुला रहता है, बिलकुल नंगा और वह भी उसके पेट के साथ। उसकी नोक इतनी तीखी है कि अगर बातें करते हुए, झुकते हुए उससे ज़रा-सी ग़लती हो जाए तो मम्मद भाई का एकदम काम तमाम होकर रह जाए।

ज़हिर है कि उसको देखने और उससे मिलने की इच्छा दिन-ब-दिन मेरे मन-मस्तिष्क में बढ़ती गयी। मालूम नहीं मैंने अपनी कल्पना में उसकी शक्ल-व-सूरत का क्या नक्शा तैयार किया था। जो भी हो, इतनी मुद्दत के बाद मुझे इतना याद है कि मैं एक भीमकाय इनसान को अपनी आँखों के सामने देखता था, जिसका नाम मम्मद भाई था।

इस क़िस्म का आदमी जो हरकुलस साइकिलों पर इश्तहार के रूप में दिया जाता है।

मैं सुबह-सवेर अपने काम पर निकल जाता था और रात को दस बजे के क़रीब खाने-वाने से निपट वापिस आकर फ़ौरन सो जाता था। इस दौरान मेरी मम्मद भाई से कैसे मुलाक़ात हो सकती थी। मैंने कई बार सोचा कि काम पर न जाऊँ और सारा दिन अरब गली में गुज़ार कर मम्मद भाई को देखने की कोशिश करूँ, मगर अफ़सोस कि मैं ऐसा न कर सका। इसलिए कि मेरी नौकरी ही बड़ी वाहियात क़िस्म की थी।

मम्मद भाई से मुलाक़ात करने की सोच ही रहा था कि अचानक इंफ्लुएंज़ा ने मुझ पर ज़बरदस्त हमला किया। ऐसा हमला कि मैं बौखला गया। ख़तरा था कि वह बिगड़कर निमोनिया में बदल जाएगा क्योंकि अरब गली के एक डॉक्टर ने यही कहा था। मैं बिलकुल अकेला था। मेरे साथ एक आदमी रहता था। उसको पूना में नौकरी मिल गयी थी इसलिए उसकी संगत भी नसीब नहीं थी! मैं बुखार में फुंका जा रहा थ। इतनी प्यास थी कि जो पानी खोली में रखा था, वह मेरे लिए नाकाफ़ी था और दोस्त-यार कोई पास नहीं था जो मेरी देखभाल करता।

मैं बहुत सख़्त जान हूँ। देखभाल की मुझे प्रायः ज़रूरत नहीं हुआ करती, मगर पता नहीं वह किस क़िस्म का बुखार था—इंफ्लुएंज़ा था, मलेरिया था या और क्या था, लेकिन उसने मेरी रीढ़ की हड्डी तोड़ दी। मैं बलबलाने लगा। मेरे दिल में पहली बार इच्छा हुई कि मेरे पास कोई हो जो मुझे दिलासा दे। दिलासा न दे तो कम से कम एक सेकंड के लिए अपनी शक्ल दिखाकर चला जाए ताकि मुझे यह प्रसन्नतादायक अहसास हो कि मुझे पूछने वाला भी कोई है।

दो दिन तक मैं बिस्तर में पड़ा कष्टभरी करवटें लेता रहा, मगर कोई न आया। आना भी किसे था...मेरी जान-पहचान के आदमी ही कितने थे—दो, तीन या चार और वे इतनी दूर थे कि उनको मेरी मौत का भी पता नहीं हो सकता था—और फिर बंबई में कौन किसको पूछता है—कोई मरे, कोई जिए ...उनकी बला से।

मेरी बहुत बुरी हालत थी। आशिक़ हुसैन डांसर की बीवी बीमार थी, इसलिए वह अपने वतन जा चुकी थी, यह मुझे होटल के छोकरे ने बताया था। अब मैं किसको बुलाता? बड़ी निढाल हालत में था और सोच रहा था कि स्वयं नीचे उतरूँ और किसी डॉक्टर के पास जाऊँ कि दरवाज़े पर दस्तक हुई। मैंने ख़याल किया कि होटल का छोकरा, जिसे बंबई की ज़बान में 'बाहर वाला' कहते हैं, होगा। बड़ी मरियल आवाज़ में कहा—"आ जाओ।"

दरवाज़ा खुला और एक छरहरे बदन का आदमी, जिसकी मूँछें मुझे सबसे पहले दिखाई दीं, अंदर दाखिल हुआ।

उसकी मूँछें ही सब कुछ थीं। मेरा मतलब यह है कि अगर उसकी मूँछें न होतीं तो बहुत संभव है कि वह कुछ भी न होता। उसकी मूँछों ही से ऐसा मालूम होता था कि उन्होंने उसके सारे अस्तित्व को ज़िन्दगी बख़्श रखी है।

वह अंदर आया और अपनी क़ैसर विलियम जैसी मूँछों को अँगुली में ठीक करते हुए मेरी खाट के क़रीब आया। उसके पीछे-पीछे तीन-चार आदमी थे। अजीबोगरीब आकार-प्रकार के। मैं बहुत हैरान था कि ये कौन हैं और मेरे पास क्यों आए हैं।

क़ैसर विलियम जैसी मूँछों और छरहरे बदन वाले आदमी ने मुझसे बड़ी नर्म और नाज़ुक आवाज़ में कहा, "बंटो साहब, आपने हद कर दी। साला मुझे इत्तिला क्यों न

दी?" मंटो का बंटो बन जाना मेरे लिए कोई नयी बात नहीं थी। इसके अलावा मैं इस मूड में भी नहीं था कि मैं उसकी इस्लाह करता। मैंने अपनी मरी आवाज़ में उस मूँछों वाले आदमी से केवल इतना कहा–"आप कौन हैं?"

उसने संक्षिप्त-सा जवाब दिया–"मम्मद भाई!"

मैं उठकर बैठ गया–"मम्मद भाई...तो...तो आप मम्मद भाई है...मशहूर दादा..."

मैंने यह कह तो दिया, लेकिन फ़ौरन मुझे अपने बेंडेपन का अहसास हुआ और रुक गया। मम्मद भाई ने अपनी छोटी अँगुली से अपनी मूँछों के कड़े बाल ज़रा ऊपर किए और मुस्कराया–"हाँ बंटो भाई...मैं मम्मद हूँ...यहाँ का मशहूर दादा...मुझे बाहर वाले से मालूम हुआ कि तुम बीमार हो–साला, यह भी कोई बात है कि तुमने मुझे ख़बर न की। मम्मद भाई का मस्तक फिर जाता है, जब कोई ऐसी बात होती है।" मैं जवाब में कुछ कहने वाला था कि उसने अपने साथियों में से एक से मुख़ातिब होकर कहा–"ओ, क्या नाम है तेरा...जा, भागकर जा। और क्या नाम है उस डॉक्टर का...समझ गए न! उससे कह कि मम्मद भाई तुझे बुलाता है। एकदम जल्द आ...एकदम...सब काम छोड़ दे और जल्दी आ और देख, साले से कहना, सब दवाएँ लेता आए।"

मम्मद भाई ने हुक्म दिया ही था वह एकदम चला गया। मैं सोच रहा था, मैं उसको देख रहा था और वे तमाम दास्तानें मेरे बुखारग्रस्त दिमाग़ में चल-फिर रही थीं, जो मैं उसके बारे में लोगों से सुन चुका था–लेकिन गड-मड सूरत में, क्योंकि बार-बार उसको देखने के कारण उसकी मूँछें सब पर छा जाती थीं। बड़ी ख़ौफ़नाक, मगर बड़ी ख़ूबसूरत मूँछें थीं, लेकिन ऐसा महसूस होता था कि उस चेहरे को, जिसके नैन-नक्श बड़े मुलायम, नर्म व नाज़ुक हैं, सिर्फ़ भयानक बनाने के लिए ये मूँछें रखी गयी हैं। मैंने अपने बुखारग्रस्त दिमाग़ में सोचा कि यह शख़्स वास्तव में इतना भयानक नहीं जितना कि इसने स्वयं को प्रकट कर रखा है।

खोली में कोई कुर्सी नहीं थी। मैंने मम्मद भाई से कहा, वह मेरी चारपाई पर बैठ जाए मगर उसने इनकार कर दिया और बड़े रूखे-से लहजे में कहा–"ठीक है, हम खड़े रहेंगे।"

फिर उसने टहलते हुए हालाँकि उस खोली में इस अय्याशी की कोई गुंजाइश नहीं थी, कुर्ते का दामन उठाकर पायजामे के नेफ़े से एक ख़ंजर निकाला–मैं समझा चाँदी का है। इतना चमक रहा था कि मैं आपसे क्या कहूँ। वह ख़ंजर निकालकर उसने पहले कलाई पर फेरा। जो-जो बाल उसकी ज़द में आए, सब साफ़ हो गए। उसने इस पर अपनी तसल्ली प्रकट की और नाख़ून तराशने लगा।

उसकी आमद ही से मेरा बुखार कई दर्जे नीचे उतर गया था। मैंने अब किसी प्रकार चेतन आवाज़ में उससे कहा–"मम्मद भाई, यह छुरी तुम अपने नेफ़े में यानी बिलकुल पेट के साथ रखते हो। इतनी तेज़ है, तुम्हें भय महसूस नहीं होता?"

मम्मद ने अपने नाखून का एक कतरन बड़ी सफ़ाई से उड़ाते हुए जवाब दिया, "बंटो भाई, यह छुरी दूसरों के लिए है। यह अच्छी तरह जानती है। साली अपनी चीज़ है। मुझे नुकसान कैसे पहुँचाएगी?"

छुरी से जो रिश्ता उसने क़ायम किया था वह कुछ ऐसा ही था जैसे कोई माँ या बाप कहे कि यह मेरा बेटा है या बेटी। उसका हाथ मुझ पर कैसे उठ सकता है?

डॉक्टर आ गया। उसका नाम पिंटू था और मैं बंटो...उसने मम्मद भाई को अपने क्रिश्चियन अंदाज़ में सलाम किया और पूछा, क्या मामला है? जो मामला था वह मम्मद भाई ने बयान कर दिया। संक्षिप्त लेकिन कड़े शब्दों में, जिनमें आदेश था कि देखो, अगर तुमने बंटो भाई का इलाज अच्छी तरह न किया तो तुम्हारी ख़ैर नहीं।

डॉक्टर पिंटू ने आज्ञाकारी लड़के की तरह अपना काम किया। मेरी नब्ज़ देखी... स्टेथेस्कोप लगाकर मेरे सीने और पीठ का मुआयना किया। ब्लडप्रैशर देखा। मुझसे बीमारी की तमाम तफ़सील पूछी। इसके बाद उसने मुझसे नहीं मम्मद भाई से कहा–"कोई फ़िक्र की बात नहीं है। मलेरिया है...मैं इंजेक्शन लगा देता हूँ..."

मम्मद भाई मुझसे कुछ फ़ासले पर खड़ा था। उसने डॉक्टर पिंटू की बात सुनी और ख़ंजर से अपनी कलाई के बाल उड़ाते हुए कहा–"मैं कुछ नहीं जानता। इंजेक्शन देना है तो दे दो, लेकिन अगर उसे कुछ हो गया तो...।"

डॉक्टर काँप गया–"नहीं मम्मद भाई, सब ठीक हो जाएगा।"

मम्मद भाई ने खंजर अपने नेफे में उड़स लिया–"ठीक है।"

"तो मैं इंजेक्शन लगाता हूँ।" डॉक्टर ने अपना बैग खोला और सिरिंज निकाली।

"ठहरो-ठहरो।"

मम्मद भाई घबरा गया था। डॉक्टर ने सिरिंज फ़ौरन बैग में वापस रख दी और मिमियाते हुए मम्मद भाई से मुख़ातिब हुआ–"क्यों?"

"बस, मैं किसी को सुई लगते नहीं देख सकता।" यह कहकर वह खोली से बाहर चला गया। उसके साथ ही उसके साथी भी चले गए। डॉक्टर पिंटू ने मुझे कुनैन का इंजेक्शन लगाया। बड़े सलीक़े से वरना मलेरिया का यह इंजेक्शन बड़ा तकलीफ़देह होता है। जब वह फ़ारिग हुआ तो मैंने उससे फ़ीस पूछी। उसने कहा–"दस रुपये।" मैं तकिये के नीचे से अपना बटुआ निकाल रहा था कि मम्मद भाई अंदर आ गया। उस वक़्त मैं दस रुपये का नोट डॉक्टर को दे रहा था।

मम्मद भाई ने गजबनाक निगाहों से मुझे और डॉक्टर को देखा और गरजकर कहा–"यह क्या हो रहा है।"

मैंने कहा–"फ़ीस दे रहा हूँ।"

मम्मद भाई डॉक्टर पिंटू से मुख़ातिब हुआ–"साले, यह फ़ीस कैसी ले रहे हो?"

डॉक्टर पिंटू बौखला गया—"मैं कब ले रहा हूँ। यह ख़ुद दे रहे हैं!"

"साला...हमसे फ़ीस लेते हो...वापस करो यह नोट।" मम्मद भाई के लहज़े में ख़ंजर जैसी तेज़ी थी।

डॉक्टर पिंटू ने मुझे नोट वापस कर दिया और बैग बंद करके मम्मद भाई से आज्ञा लेते हुए चला गया।

मम्मद भाई ने अपनी एक अंगुली से अपनी काँटों जैसी मूँछों को तान दिया, "बंटो भाई। यह भी कोई बात है कि इस इलाके का डॉक्टर तुमसे फ़ीस ले। तुम्हारी क़सम, अपनी मूँछें मुँडवा देता, अगर इस साले ने फ़ीस ली होती। ये सब तुम्हारे गुलाम हैं।"

थोड़ा रुकने के बाद मैंने उससे पूछा—"मम्मद भाई! तुम मुझे कैसे जानते हो?"

मम्मद भाई की मूँछें थरथरायीं, "मम्मद भाई किसे नहीं जानता...हम अपनी रियाया का ख़याल रखते हैं। हमारी सी० आई० डी० है। हमें बताती रहती है...कौन आया है कौन गया है, कौन अच्छी हालत में है, कौन बुरी हालत में...तुम्हारे मुताल्लिक़ हम सब कुछ जानते हैं?"

मैंने मज़ा लेकर पूछा—"क्या जानते हैं आप?"

"साला...हम क्या नहीं जानते...तुम अमृतसर का रहने वाला है। कश्मीरी है...अख़बारों में काम करता है...तुमने बिस्मिल्ला होटल के दस रुपये देने हैं, इसलिए तुम उधर से नहीं गुज़रते। भिंडी बाज़ार में एक पान वाला तुम्हारी जान को रोता है। उससे तुम बीस रुपये दस आने के सिगरेट लेकर फूँक चुके हो।"

मैं पानी-पानी हो गया।

मम्मद भाई ने अपनी कड़ी मूँछों पर बारीक अँगुली फेरी और मुस्कराकर कहा, बंटो भाई, कुछ फ़िक्र न करो। तुम्हारे सब क़र्ज़े चुका दिए गए। अब तुम नये सिरे से मामला शुरू कर सकते हो। मैंने इन सालों से कह दिया है कि ख़बरदार, अगर बंटो भाई को तुमने तंग किया—और मम्मद भाई तुमसे कहता है कि इंशा अल्लाह तुम्हें कोई तंग नहीं करेगा।"

मेरी समझ में नहीं आया कि उससे क्या कहूँ। बीमार था। कुनैन का टीका लग चुका था, जिसके कारण कानों में साँय-साँय हो रही थी। इसके अलावा उसके व्यवहार के नीचे मैं इतना दब चुका था कि कोई अगर मुझे निकालने की कोशिश करता तो उसे बहुत मेहनत करनी पड़ती। मैं सिर्फ़ इतना कह सका—"मम्मद भाई, ख़ुदा तुम्हें ज़िंदा रखे—तुम खुश रहो।"

मम्मद भाई ने अपनी मूँछों के बाल ज़रा ऊपर किए और कुछ कहे बगैर चला गया।

डॉक्टर पिंटू हर रोज़ सुबह-शाम आता रहा। मैंने कई बार फ़ीस का ज़िक्र किया, मगर उसने कानों को हाथ लगाकर कहा—"नहीं, मिस्टर बंटो। मम्मद भाई का मामला है। मैं एक पैसा भी नहीं ले सकता।"

मैंने सोचा, यह मम्मद भाई कोई बहुत बड़ा आदमी है, यानी ख़ौफ़नाक क़िस्म का, जिससे डॉक्टर पिंटू, जो बड़ा कंजूस क़िस्म का आदमी है, डरता है, मुझसे फ़ीस लेने की जुर्रत नहीं करता। हालाँकि वह अपनी जेब से इंजेक्शनों पर ख़र्च कर रहा है।

बीमारी के दौरान मम्मद भाई भी लगातार आते रहे। कभी सुबह, कभी शाम को। अपने छह-सात शागिर्दों के साथ आता और मुझे हर संभव तरीक़े से ढाढ़स देता कि मामूली मलेरिया है। तुम डॉक्टर पिंटू के इलाज से इंशा अल्लाह बहुत जल्द ठीक-ठाक हो जाओगे।

पन्द्रह रोज़ के बाद मैं ठीक-ठाक हो गया। इस दौरान मैं मम्मद भाई के प्रत्येक नैन-नक्श को अच्छी तरह देख चुका था।

जैसाकि मैं पहले कह चुका हूँ, वह छरहरे बदन का आदमी था। उम्र भी पच्चीस-तीस के बीच होगी। पतली-पतली बाँहें, टाँगें भी ऐसी ही थीं। हाथ बला के फुर्तीले थे। इनसे वह छोटा-सा तेज़ धार वाला चाकू किसी दुश्मन पर फेंकता था तो वह सीधा उसके दिल में घुसता था। यह मुझे अरब गली के लोगों ने बताया था।

उसके विषय में अनंत बातें मशहूर थीं। उसने किसी को क़त्ल किया था। उसके विषय में निश्चित रूप से कुछ नहीं कह सकता। छुरीमार वह अव्वल दर्जे का था। बनोट और गतके का माहिर! यूँ सब कहते थे कि वह सैकड़ों क़त्ल कर चुका है, मगर मैं यह अभी मानने को तैयार नहीं।

लेकिन जब मैं उसके ख़ंजर के विषय में सोचता हूँ तो मेरे तन-बदन में झुरझुरी-सी छा जाती है। यह भयंकर हथियार वह क्यों हर समय अपनी सलवार के नेफ़े में उड़से रहता है।

मैं जब अच्छा हो गया तो एक दिन अरब गली के एक थर्ड क्लास चीनी रेस्तराँ में उससे मेरी मुलाक़ात हुई। वह अपना भयानक ख़ंजर निकालकर अपने नाख़ून काट रहा था। मैंने उससे पूछा—"मम्मद भाई, आजकल बंदूक-पिस्तौल का ज़माना है। तुम यह ख़ंजर लिये क्यों फिरते हो?"

मम्मद भाई ने अपनी सख़्त मूँछों पर एक अँगुली फेरी और कहा—"बंटो भाई, बंदूक-पिस्तौल में कोई मज़ा नहीं। इन्हें कोई बच्चा भी चला सकता है। घोड़ा दबाया और ठाँ...इसमें क्या है? यह चीज़, यह ख़ंजर, यह छुरी, यह चाकू मज़ा आता है न। ख़ुदा की क़सम, यह वह है...तुम क्या कहा करते हो, हाँ, आर्ट, इसमें आर्ट आता है। मेरी जान, जिसको चाकू-छुरी चलाने का आर्ट न आता हो वह एकदम कंडप है। पिस्तौल क्या है...खिलौना है, जो नुकसान पहुँचा सकता है...पर इसमें क्या लुत्फ़ आता है—कुछ भी नहीं, तुम यह ख़ंजर देखो—इसकी तेज़ धार को देखो।" यह कहते हुए उसने अँगूठे पर लब लगाया और उसकी धार पर फेरा—"इससे कोई धमाका नहीं होता—बस, यूँ पेट के अंदर दाखिल कर दो—इस सफ़ाई से कि उस साले को मालूम तक न हो...बन्दूक-पिस्तौल सब बकवास हैं।"

मम्मद भाई से अब हर रोज़ किसी न किसी वक़्त मुलाक़ात हो जाती थी। मैं उसका कृतज्ञ था। लेकिन मैं जब उसका ज़िक्र करता तो वह नाराज़ हो जाता, कहता था कि मैंने तुम पर कोई अहसान नहीं किया। यह तो मेरा फ़र्ज़ था। जब मैंने कुछ जाँच-पड़ताल की तो मुझे मालूम हुआ कि फ़ारस रोड के इलाके का वह एक क़िस्म का हाकिम था। एक हाकिम जो हर शख़्स की ख़बरगीरी करता था। कोई बीमार हो, किसी को कोई तकलीफ़ हो, मम्मद भाई उसके पास पहुँच जाता था और यह उसकी सी० आई० डी० का काम था कि उसको हर चीज़ से बाख़बर रखती थी।

वह दादा था यानी एक ख़तरनाक गुंडा, लेकिन मेरी समझ में अब भी नहीं आता कि वह किस लिहाज़ से गुंडा था। ख़ुदा गवाह है कि मैंने उसमें कोई गुंडापन नहीं देखा। एक सिर्फ़ उसकी मूँछें थीं, जो उसे भयावह बनाए रखती थीं, लेकिन उसको उनसे प्यार था। वह उनकी इस तरह परवरिश करता था, जिस तरह कोई अपने बच्चे की करे।

उसकी मूँछों का एक-एक बाल खड़ा था, जैसे साही का। मुझे किसी ने बताया था कि मम्मद भाई हर रोज़ अपनी मूँछों को मलाई खिलाता है। जब खाना खाता है तो सालन-भरी अँगुलियों से अपनी मूँछें ज़रूर मरोड़ता है कि बुजुर्गों के कथनानुसार, यूँ बालों में ताक़त आती है।

मैं इसके पूर्व लगभग कई बार कह चुका हूँ कि उसकी मूँछें बड़ी भयावह थीं। वास्तव में मूँछों का नाम ही मम्मद भाई था या उस ख़ंजर का जो उसकी तंग घेरे की सलवार के नेफ़े में हर वक़्त मौजूद रहता था। मुझे इन दोनों चीज़ों से डर लगता था, न मालूम क्यों?

मम्मद भाई यूँ तो इस इलाके का बहुत बड़ा दादा था, लेकिन वह सबका हमदर्द था। पता नहीं उसकी आमदनी के कौन से साधन थे पर वह प्रत्येक ज़रूरतमंद की वक़्त पड़ने पर मदद करता था। उस इलाके की तमाम लौंडियाँ उसको अपना पीर मानती थीं। चूँकि वह एक माना हुआ गुंडा था, इसलिए ज़रूरी था कि उसका संबंध वहाँ की किसी वेश्या से होता, मगर मुझे मालूम हुआ कि इस तरह के सिलसिले से उसका दूर का भी संबंध नहीं रहा था।

मेरी उसकी बड़ी दोस्ती हो गयी थी। अनपढ़ था, लेकिन जाने क्यों वह मेरी इतनी इज़्ज़त करता था कि अरब गली के तमाम आदमी ईर्ष्या करते थे। एक दिन सुबह-सवेर दफ़्तर जाते वक़्त मैंने चीनी होटल में किसी से सुना कि मम्मद भाई गिरफ़्तार कर लिया गया है। मुझे बहुत ताज्जुब हुआ, कि तमाम थाने वाले उसके दोस्त थे। इसलिए क्या वजह हो सकती थी?

मैंने उस आदमी से पूछा कि क्या बात हुई, जो मम्मद भाई गिरफ़्तार हो गया। उसने मुझसे कहा कि इस अरब गली में एक औरत रहती है जिसका नाम शीरीं बाई है। उसकी एक जवान लड़की है। उसको कल एक आदमी ने खराब कर दिया। यानी उसके साथ

बलात्कार किया। शीरीं बाई रोती हुई मम्मद भाई के पास आई और कहा–"तुम यहाँ के दादा हो। मेरी बेटी से फलां आदमी ने यह बुरा काम किया है–लानत है तुम पर कि तुम घर में बैठे हो।" मम्मद भाई ने एक मोटी गाली उस बुढ़िया को दी और कहा–"तुम क्या चाहती हो?" उसने कहा–"मैं यह चाहती हूँ कि तुम उस हरामज़ादे का पेट चाक कर दो।"

मम्मद भाई उस वक़्त होटल में सेस पाव के साथ क़ीमा खा रहा था। यह सुनकर उसने अपने नेफ़े में से ख़ंजर निकाला। उस पर अँगूठा फेरकर उसकी धार देखी और बुढ़िया से कहा–"जा, तेरा काम हो जाएगा।"

और उसका काम हो गया–दूसरे शब्दों में जिस व्यक्ति ने इस बुढ़िया की लड़की के साथ बलात्कार किया था, आधे घंटे के अंदर-अंदर उसका काम तमाम हो गया।

मम्मद भाई गिरफ़्तार हो गया था, मगर काम इतनी होशियारी और सफ़ाई से किया था कि उसके ख़िलाफ़ कोई शहादत नहीं थी। इसके अलावा अगर कोई मौके पर गवाह मौजूद भी होता तो वह कभी अदालत में बयान न देता। नतीजा यह हुआ कि उसको ज़मानत पर रिहा कर दिया गया।

दो दिन हवालात में रहा था, मगर उसको वहाँ कोई तकलीफ़ न थी। पुलिस के सिपाही-इंस्पेक्टर सब उसको जानते थे। लेकिन जब वह ज़मानत पर रिहा होकर बाहर आया तो उसने महसूस किया कि उसे अपनी ज़िंदगी का सबसे बड़ा धक्का पहुँचा है। उसकी मूँछें जो ख़ौफ़नाक तौर पर उठी हुई थीं–अब किसी क़दर झुकी हुई थीं।

चीनी के होटल में उससे मेरी मुलाक़ात हुई। उसके कपड़े जो हमेशा उजले होते थे, मैले थे। मैंने उससे क़त्ल के बारे में कोई बात न की, लेकिन उसने ख़ुद कहा–"मंटो साहब, मुझे इस बात का अफ़सोस है कि साला देर से मरा–छुरी मारने में मुझसे गलती हो गयी। हाथ टेढ़ा पड़ा। लेकिन वह भी उस साले का क़सूर था–एकदम मुड़ गया। इस वजह से सारा मामला कंडप हो गया; लेकिन मर गया–ज़रा तकलीफ़ के साथ, जिसका मुझे अफ़सोस है।"

आप ख़ुद सोच सकते हैं कि यह सुनकर मेरी प्रतिक्रिया क्या होगी। यानी इसका अफ़सोस था कि वह उसे एक झटके से क़त्ल न कर सका और यह कि मरने में उसे ज़रा तकलीफ़ हुई है।

मुक़दमा चलता था और मम्मद भाई उससे बहुत घबराता था। उसने अपनी ज़िंदगी में अदालत की शक्ल कभी नहीं देखी थी। मालूम नहीं उसने इससे पहले भी क़त्ल किए थे कि नहीं, लेकिन जहाँ तक मेरी सूचना का संबंध है, वह मजिस्ट्रेट, वकील और गवाह के बारे में कुछ नहीं जानता था। इसलिए कि उसका वास्ता इन लोगों से कभी पड़ा ही नहीं था।

वह बहुत फ़िक्रमंद था। पुलिस ने जब केस पेश करना चाहा और तारीख़ मुकर्रर हो गयी तो मम्मद भाई बहुत परेशान हो गया। अदालत में मजिस्ट्रेट के सामने केस हाज़िर

हुआ जाता है, इस विषय में उसे बिलकुल पता नहीं था। बार-बार वह अपनी सख़्त मूँछों पर अँगुलियाँ फेरता था और मुझसे कहता था, "बंटो साहब, मैं मर जाऊँगा पर कोर्ट में नहीं जाऊँगा। साली मालूम नहीं कैसी जगह है।"

अरब गली में उसके कई दोस्त थे। उन्होंने उसको ढाढ़स दी कि मामला संगीन नहीं है। कोई गवाह मौजूद नहीं। एक सिर्फ़ उसकी मूँछें हैं, जो मजिस्ट्रेट के मन में उसके ख़िलाफ़ यक़ीनी तौर पर विरोधी भावना पैदा कर सकती हैं।

जैसाकि मैं इसके पहले कह चुका हूँ, उसकी केवल मूँछें ही थीं जो उसको भयावह बनाती थीं। अगर ये न होतीं तो हरगिज़...'दादा' दिखाई न देता।

उसने बहुत गौर किया। उसकी ज़मानत थाने में ही हो गयी थी। अब उसे अदालत में पेश होना था। मजिस्ट्रेट से वह बहुत घबराता था। ईरान के होटल में जब मेरी उसकी मुलाक़ात हुई तो मैंने महसूस किया कि वह बहुत परेशान है। उसको अपनी मूँछों के विषय में बड़ी चिंता थी। वह सोचता था कि उनके साथ अगर वह अदालत में पेश हुआ तो बहुत मुमकिन है कि उसको सज़ा हो जाए।

आप समझते है कि यह कहानी है, मगर यह एक घटना है कि वह बहुत परेशान था। उसके तमाम शागिर्द हैरान थे। इसलिए कि वह ख़ुद कभी हैरान व परेशान नहीं हुआ था। उसको सिर्फ़ मूँछों की फ़िक्र थी क्योंकि उसके कुछ नज़दीकी दोस्तों ने कहा था-

"मम्मद भाई, कोर्ट में जाना है तो इन मूँछों के साथ कभी न जाना। मजिस्ट्रेट तुमको अंदर कर देगा।"

और वह सोचता था। हर वक़्त सोचता था कि उसकी मूँछों ने उस आदमी का क़त्ल किया है या उसने...लेकिन किसी नतीजे पर नहीं पहुँच सकता था। उसने अपना ख़ंजर, पता नहीं जो पहली बार रक्त-रंजित हुआ था या इसके पहले कई बार हो चुका था, अपने नेफ़े से निकाला और होटल के बाहर गली में फेंक दिया। मैंने हैरतभरे लहज़े में उससे पूछा-"मम्मद भाई, यह क्या?"

"कुछ नहीं, बंटो भाई, बहुत घोटाला हो गया है। कोर्ट में जाना है। यार-दोस्त कहते हैं, तुम्हारी मूँछें देखकर वह तुमको ज़रूर सज़ा देगा। अब बोलो मैं क्या करूँ?"

मैं क्या बोल सकता था। मैंने उसकी मूँछों की तरफ़ देखा जो वाक़यी बड़ी ख़ौफ़नाक थीं। मैंने उससे सिर्फ़ इतना कहा-"मम्मद भाई, बात तो ठीक है-तुम्हारी मूँछें मजिस्ट्रेट के फैसले पर प्रभाव डालेगी-सच पूछो तो जो कुछ होगा, तुम्हारे ख़िलाफ़ नहीं मूँछों के ख़िलाफ़ होगा।"

"तो मैं मुँडवा दूँ?" मम्मद भाई ने अपनी चहेती मूँछों पर बड़े प्यार से अँगुली फेरी।

मैंने उससे पूछा-"तुम्हारा क्या ख़याल है?"

"मेरा ख़याल जो कुछ भी है वह तुम न पूछो—लेकिन यहाँ हर शख़्स का यही ख़याल है कि मैं उन्हें मुँडवा दूँ ताकि वह साला मजिस्ट्रेट मेहरबान हो जाए। तो मुँडवा दूँ, बंटो भाई?"

मैंने कुछ समझने के बाद उससे कहा—"हाँ, अगर तुम मुनासिब समझते हो तो मुँडवा दो—अदालत का सवाल है, और तुम्हारी मूँछें वाक़यी बड़ी ख़ौफ़नाक हैं।"

दूसरे दिन मम्मद भाई ने अपनी मूँछें—अपनी जान से प्रिय मूँछें—मुँडवा डालीं, क्योंकि उसकी इज़्ज़त खतरे में थी, लेकिन सिर्फ़ दूसरों की सलाह पर।

मिस्टर एफ० एच० टेल की अदालत में उसका मुक़दमा पेश हुआ। मैं भी वहाँ मौजूद था। उसके ख़िलाफ़ कोई शहादत मौजूद नहीं थी, लेकिन मजिस्ट्रेट ने उसको ख़तरनाक गुंडा क़रार देते हुए तड़ीपार यानी सूबा बाहर कर दिया। उसको सिर्फ़ एक दिन मिला था, जिसमें उसे तमाम हिसाब-किताब तय करके बंबई छोड़ देना था।

अदालत से बाहर निकलकर उसने मुझसे कोई बात न की। उसकी छोटी-बड़ी अँगुलियाँ बार-बार ऊपरी होंठ की तरफ बढ़ती थीं—मगर वहाँ कोई बाल ही न था।

शाम को उसे जब बंबई छोड़कर कहीं और जाना था, मेरी उसकी मुलाक़ात ईरानी के होटल में हुई। उसके दस-बीस शागिर्द आस-पास कुर्सियों पर बैठे चाय पी रहे थे। जब मैं उससे मिला तो उसने मुझसे कोई बात न की—मूँछों के बग़ैर वह बहुत शरीफ़ आदमी दिखाई दे रहा था, लेकिन मैंने महसूस किया कि वह बहुत ग़मगीन है।

उसके पास कुर्सी पर बैठकर मैंने उससे कहा—"क्या बात है मम्मद भाई?"

उसने जवाब में एक बहुत बड़ी गाली ख़ुदा जाने किसको दी और कहा—"साला अब मम्मद भाई ही न रहा।"

मुझे मालूम था कि वह सूबा से बाहर किया जा चुका है—"कोई बात नहीं मम्मद भाई, यहाँ नहीं तो किसी और जगह सही।"

उसने तमाम जगहों को बेशुमार गालियाँ दीं—"साला, अपने को यह ग़म नहीं—यहाँ रहें या किसी और जगह सही—ये साला मूँछें क्यों मुँडवाए।"

फिर उसने उन लोगों को जिन्होंने उसको मूँछें मुँडवाने की सलाह दी थी एक करोड़ गालियाँ दीं और कहा—"साला, अगर मुझे तड़ीपार ही होना था तो मूँछों के साथ क्यों न हुआ।"

मुझे हँसी आ गयी—वह आग-बबूला हो गया—"साला तुम कैसा आदमी है, बंटो साहब!—हम सच कहता है, ख़ुदा की कसम, हमें फाँसी लगा देते—पर, यह बेवकूफ़ी तो हमने ख़ुद की—आज तक किसी से न डरा था—साला अपनी मूँछों से डर गया।"

वह कहकर उसने दोहत्थड़ अपने मुँह पर मारा—"मम्मद भाई, लानत है तुझ पर—साला अपनी मूँछों से डर गया—अब जा अपनी माँ के...।"

और उसकी आँखों में आँसू आ गए, जो उसके बग़ैर मूँछों वाले चेहरे पर कुछ अजीब-से दिखाई देते थे।

शहीदसाज़

मैं गुजरात, काठियावाड़ का रहने वाला हूँ। जात का बनिया हूँ। पिछले बरस जब हिंदुस्तान के बँटवारे पर टंटा हुआ तो मैं बिलकुल बेकार था। माफ़ कीजिएगा, मैंने लफ़्ज़ 'टंटा' इस्तेमाल किया, मगर इसमें कोई हर्ज़ नहीं। इसलिए कि उर्दू ज़बान में बाहर के शब्द आने ही चाहिए, चाहे वे गुजराती के ही क्यों न हों।

जी हाँ, मैं बिलकुल बेकार था। लेकिन कोकीन का थोड़ा-सा धंधा चल रहा था, जिससे कुछ आमदनी की सूरत हो ही जाती थी। जब बँटवारा हुआ और इधर के आदमी उधर और उधर के इधर हज़ारों की तादाद में आने-जाने लगे तो मैंने सोचा, चलो पाकिस्तान चलें। कोकीन का न सही, कोई दूसरा कारोबार शुरू कर दूँगा। चुनांचे मैं वहाँ से चल पड़ा और रास्ते में तरह-तरह के छोटे-मोटे धंधे करता पाकिस्तान पहुँच गया।

मैं तो चला इसी नीयत से था कि कोई मोटा कारोबार करूँगा। चुनांचे पाकिस्तान पहुँचते ही मैंने हालात को अच्छी तरह जाँचा और एलाटमेंटों का सिलसिला शुरू कर दिया। मस्का-पालिश मुझे आता ही था। चिकनी-चुपड़ी बातें कीं। एक-दो आदमियों के साथ याराना गाँठा और एक छोटा-सा मकान एलाट करा लिया। इससे काफ़ी फ़ायदा हुआ तो मैं विभिन्न शहरों में घूम-फिरकर मकान और दुकानें एलाट कराने का धंधा करने लगा।

काम कोई भी हो, इनसान को मेहनत करनी पड़ती है। मुझे भी एलाटमेंटों के सिलसिले में काफ़ी दौड़-धूप करनी पड़ी। कहीं किसी को मस्का लगाया; किसी की मुट्ठी गर्म की, किसी को खाने की दावत दी; किसी को नाच-रंग की...कहने का मतलब यह कि बेशुमार बहेड़े थे। दिन-भर ख़ाक छानता। बड़ी-बड़ी कोठियों के फेरे करता और शहर का चप्पा-चप्पा देखकर, अच्छा-सा मकान तलाश करता, जिसको एलाट कराने से ज़्यादा फ़ायदा हो।

इनसान की मेहनत कभी ख़ाली नहीं जाती, सो एक बरस के अंदर-अंदर मैंने लाखों रुपये पैदा कर लिये। अब ख़ुदा का दिया सब कुछ था—रहने को बेहतरीन कोठी, बैंक में बेहिसाब माल-पानी। माफ़ कीजिएगा, मैं काठियावाड़, गुजरात का रोज़मर्रा इस्तेमाल बोल गया। मगर कोई वादा नहीं, उर्दू ज़बान में बाहर के शब्द भी शामिल होने चाहिए—जी हाँ, अल्लाह का दिया सब कुछ था—रहने को बढ़िया-सी कोठी, नौकर-चाकर, पैकार्ड मोटर, बैंक में ढाई लाख रुपये, कारख़ाने और दुकानें अलग-यह सब कुछ था, लेकिन मेरे दिल का चैन जाने कहा उड़ गया। यूँ तो कोकीन का धंधा करते हुए भी दिल पर कभी-कभी बोझ-सा महसूस होता था, लेकिन अब तो जैसे दिल रहा ही नहीं था। या

फिर यूँ कहिए कि बोझ इतना आ पड़ा कि दिल उसके नीचे दब गया। पर यह बोझ किस बात का था?

आदमी बुद्धिमान हूँ। दिमाग़ में कोई सवाल पैदा हो जाए तो मैं उसका जवाब ढूँढ़ ही निकालता हूँ। ठंडे दिल से (हालाँकि दिल का कुछ पता ही न था) मैंने ग़ौर करना शुरू कर दिया, इस गड़बड़-घोटाले की वजह क्या है?

औरत?...हो सकती है। मेरी अपनी तो कोई थी नहीं। जो थी, वह काठियावाड़, गुजरात में ही अल्लाह को प्यारी हो गयी थी। लेकिन दूसरों की औरतें मौजूद थीं। मिसाल के तौर पर अपने माली ही की थी। अपना-अपना टेस्ट है साहब। सच पूछिए तो औरत जवान होनी चाहिए और यह ज़रूरी नहीं कि पढ़ी-लिखी हो और डांस करना जानती हो। अपने को तो सारी जवान औरतें चलती हैं (काठियावाड़, गुजरात का मुहावरा है, जिस उर्दू में कोई बदल मौजूद नहीं)।

औरत का तो सवाल ही उठ गया और दौलत पैदा ही नहीं हो सकता, इसलिए कि बंदा ज़्यादा लालची नहीं; जो कुछ है, उसी से सब-संतोष है। लेकिन फिर यह दिल वाली बात क्यों पैदा हो गयी थी?

आदमी बुद्धिमान हूँ। कोई मसला सामने आ जाए तो उसकी तह तक पहुँचने की कोशिश करता हूँ। कारखाने चल रहे थे, दुकानें भी चल रही थीं, रुपया अपने-आप पैदा हो रहा था। मैंने अलग-थलग होकर सोचना शुरू किया और बहुत देर के बाद इस नतीजे पर पहुँचा कि दिल की गड़बड़ सिर्फ़ इसलिए है कि मैंने कोई नेक काम नहीं किया।

काठियावाड़ गुजरात में तो मैंने बीसियों नेक काम किए थे। मिसाल के तौर पर, जब मेरा दोस्त पाण्डुरंग मर गया तो मैंने उसकी रांड को अपने घर डाल लिया और दो बरस तक उसे धंधा करने से रोके रखा। विनायक की लड़की की टाँग टूट गयी तो उसे नयी ख़रीद दी। लगभग चालीस रुपये उस पर उठ गए थे। जमना बाई को गरमी हो गयी, साली को (माफ़ कीजिएगा) कुछ पता ही नहीं था। कुछ ऐसे ही था। मैं उसे डॉक्टर के पास ले गया। छह महीने तक बराबर उसका इलाज कराता रहा। लेकिन पाकिस्तान आकर मैंने कोई नेक काम नहीं किया था और दिल की गड़बड़ की यही वजह थी, वरना बाकी सब ठीक-ठाक था।

मैंने सोचा, क्या करूँ? ख़ैरात देने का ख़याल आया, लेकिन एक दिन शहर में घूमा तो देखा कि लगभग हर आदमी भिखारी है। कोई भूखा, कोई नंगा। किस-किस का पेट भरूँ, किस-किस का अंग ढाँकूँ? सोचा, एक लंगर खोल दूँ। लेकिन लंगरख़ाने से क्या होता है और फिर अनाज कहाँ से लाता? ब्लैक मार्केट से ख़रीदने का ख़याल पैदा हुआ तो यह सवाल भी साथ ही पैदा हो गया कि एक तरफ़ गुनाह करके, दूसरी तरफ़ नेक काम का मतलब ही क्या है?

घंटों बैठ-बैठकर मैंने लोगों के दुख-दर्द सुने। सच पूछिए तो हर शख़्स दुखी था। वे भी, जो दुकानों के थड़ों पर सोते हैं और वे भी, जो ऊँची-ऊँची हवेलियों में रहते हैं। पैदल चलने वाले को यह दुख था कि उसके काम का कोई जूता नहीं। मोटर में बैठने वाले को यह दुख था कि उसके पास कार का नया मॉडल नहीं। हर आदमी की शिकायत अपनी जगह सही थी। हर आदमी की इच्छा अपनी-अपनी जगह माकूल थी।

मैंने ग़ालिब की एक ग़ज़ल, अल्लाह बख़्शे, शोलापुर की अमीनाबाई चितलेकर से सुनी थी, एक शेर याद रह गया है–'किसकी हाजत रवा करे कोई'–माफ़ कीजिएगा, यह उसका दूसरा बंद है या हो सकता है कि पहला ही हो।

जी हाँ, मैं किस-किस की हालत रवा (इच्छा पूरी) करता, जब सौ में सौ ही हाजतमंद थे। मैंने फिर यह भी सोचा कि ख़ैरत देना कोई अच्छा काम नहीं है। मुमकिन है, आप मुझसे सहमत न हों, लेकिन मैंने शरणार्थियों के कैम्पों में जा-जाकर हालात को अच्छी तरह परखा तो मुझे मालूम हुआ कि ख़ैरात ने बहुत-से रिफ़्यूजियों को बिलकुल निकम्मा बना दिया है। दिनभर हाथ पर हाथ धरे बैठे हैं; ताश खेल रहे है; जुगार हो रही है (माफ़ कीजिएगा 'जुगार' का मतलब है, जुआ यानी क़िमारबाज़ी) और गालियाँ बक रहे हैं फ़ोकट यानी मुफ़्त की रोटियाँ तोड़ रहे हैं। ऐसे लोग भला पाकिस्तान को मज़बूत बनाने में क्या मदद दे सकते हैं। इसलिए मैं इस नतीजे पर पहुँचा कि भीख देना हरगिज़-हरगिज़ नेकी का काम नहीं है; लेकिन फिर नेकी के काम का और कौन-सा रास्ता है?

कैम्पों में धड़ाधड़ आदमी मर रहे थे। कभी हैज़ा फूटता था, कभी प्लेग। अस्पतालों में तिल धरने की जगह नहीं थी। मुझे बड़ा तरस आया। क़रीब था कि एक अस्पताल बनवा दूँ, मगर सोचने पर इरादा छोड़ दिया। पूरी स्कीम तैयार कर चुका था। इमारत के लिए टेंडर मँगवाता; दाख़िले की फीसों का रुपया जमा हो जाता; अपनी ही एक कंपनी खड़ी कर देता और टेंडर उसके नाम निकाल देता। ख़याल था, एक लाख रुपया इमारत पर ख़र्च करूँगा। ज़ाहिर है कि सत्तर हज़ार रुपये में पूरी बिल्डिंग खड़ी कर देता और पूरे तीस हज़ार रुपये बचा लेता, मगर यह सारी स्कीम धरी-की-धरी रह गयी, जब मैंने सोचा कि अगर मरने वालों को बचा लिया गया तो यह तो फ़ालतू आज़ादी है, वह कैसे कम होगी?

ग़ौर किया जाए तो यह सारा लफड़ा ही फ़ालतू आबादी का है। 'लफड़ा' का मतलब है, झगड़ा-वह झगड़ा, जिसमें फज़ीहत भी हो, लेकिन इससे भी इस शब्द का पूरा मतलब मैं बता नहीं सकता।

जी हाँ, देखा जाए तो यह सारा लफड़ा ही इस फ़ालतू आबादी की वजह से है। अब लोग बढ़ते ही जाएँगे तो इसका यह मतलब नहीं कि ज़मीन भी साथ-साथ बढ़ती जाएगी, आसमान भी साथ-साथ फैलता जाएगा, बारिश ज़्यादा होगी, या अनाज पैदा होगा; इसलिए मैं इस नतीजे पर पहुँचा कि अस्पताल बनवाना कभी भी नेक काम नहीं

हो सकता। फिर सोचा, मस्जिद बनवा दूँ। लेकिन अल्लाह बख़्शे, शोलापुर की अमीनाबाई चितलेकर का गाया हुआ एक शेर याद आ गया-'नाम मंजूर है तो फैज के असबाव बना'-वह 'मंजूर' को 'मंज़ूर' और 'फ़ैज़' को फैज कहा करती थी। नाम मंज़ूर है तो फ़ैज़ के असबाब बना, पुल बना, चाह बना, मस्जिद-तालाब बना।

किस कमबख़्त को नाम और ख़्याति की इच्छा है। वे जो नाम उछालने के लिए! पुल बनाते हैं, नेकी का क्या काम करते हैं?-खाक! मैंने कहा-नहीं, यह मस्जिद बनवाने का ख़याल बिलकुल ग़लत है। बहुत-सी अलग-थलग मस्जिदों का होना भी क़ौम के हक़ में कभी फ़ायदेमंद नहीं हो सकता, इसलिए कि जनता बँट जाती है।

थक-हारकर मैं हज की तैयारियाँ कर रहा था कि अल्लाह मियाँ ने मुझे खुद ही एक रास्ता बता दिया। शहर में एक जलसा हुआ। जब ख़त्म हुआ तो लोगों में अफ़रा-तफ़री फ़ैल गयी। इतनी भगदड़ मची कि तीस आदमी मर गए। इस दुर्घटना की ख़बर दूसरे रोज़ जब अख़बारों में छपी तो पता चला कि वे मरे नहीं थे, बल्कि शहीद हुए थे। मैंने सोचना शुरू किया। सोचने के अलावा मैं कई मौलवियों से भी मिला। पता चला कि जो लोग अचानक दुर्घटनाओं का शिकार होते हैं, उन्हें शहादत का रुतबा मिलता है, यानी की वह रुतबा, जिससे बड़ा कोई रुतबा नहीं। मैंने सोचा कि अगर लोग मरने की बजाय शहीद हुआ करें तो कितना अच्छा हो। वे जो आम मौत मरते हैं, ज़ाहिर है कि उनकी मौत बिलकुल अकारज जाती है। अगर वे शहीद हो जाते हैं तो एक बात बनती है।

मैंने इस बारीक बात पर और ग़ौर करना शुरू किया।

चारों तरफ़, जिधर देखो, खस्ता-हाल इनसान थे। चेहरे पीले; चिंता-फ़िक्र और दुख और रोज़ी के बोझ-तले पिसे हुए; धँसी हुई आँखें; बेजान चाल; कपड़े तार-तार-रेलगाड़ी के कंडम माल की तरह या तो किसी टूटे-फूटे झोपड़ी में पड़े हैं या बाज़ारों में लावारिस जानवरों की तरह मुँह उठाये बेमतलब घूम रहे हैं। क्यों जी रहे हैं, किसके लिए जी रहे हैं और कैसे जी रहे हैं, इसका कुछ पता ही नहीं। कोई महामारी फैली, हज़ारों मर गए; और कुछ नहीं तो भूख और प्यास से ही घुल-घुलकर मरे। सर्दियों में अकड़ गए। गर्मियों में सूख गए। किसी की मौत पर किसी ने दो आँसू बहा दिए। बहुतों की मौत चुंबक ही रही। ज़िदगी समझ में न आयी, ठीक है। उससे रस न पाया, वह भी ठीक है...वह किसका शेर है, ख़ुदा भला करे, शोलापुर की अमीनाबाई चितलेकर, क्या दर्द-भरी आवाज़ में गाया करती थी-'मर के भी चैन न पाया तो किधर जाएँगे।' मेरा मतलब है कि अगर मरने के बाद भी ज़िंदगी न सुधरी तो लानत है ससुरी पर। मैंने सोचा, क्यों न ये बेचारे, ये क़िस्मत के मारे हुए, दर्द के ठुकराए हुए इनसान, जो इस दुनिया में हर अच्छी चीज़ के लिए तरसते हैं, उस दुनिया में ऐसा रुतबा पाएँ कि वे, जो यहाँ पर उनकी तरफ़ देखना भी पसंद नहीं करते, वही उनको देखें और रश्क करें। उसकी एक ही सूरत थी कि वे आम मौत न मरें, बल्कि शहीद हों।

अब सवाल यह था—क्या ये लोग शहीद होने के लिए राज़ी होंगे? मैंने सोचा, क्यों नहीं। वह कौन-सा मुसलमान है, जिसमें शहीद होने का जोश न हो। मुसलमानों को देखा-देखी तो हिन्दुओं और सिख्खों में भी यह रुतबा पैदा कर दिया गया है। लेकिन मुझे सख़्त नाउम्मीदी हुई, जब मैंने एक मरियल-से आदमी से पूछा, "क्या तुम शहीद होना चाहते हो?" उसने जवाब दिया, "नहीं।"

समझ में न आया कि वह आदमी जीकर क्या करेगा। मैंने उसे बहुत समझाया कि देखो बड़े मियाँ, ज़्यादा-से-ज़्यादा तुम डेढ़ महीना और जिओगे। चलने की तुममें ताक़त नहीं। खाँसते-खाँसते गोते खा जाते हो तो ऐसा लगता है कि बस दम निकल गया। फूटी कौड़ी तक तुम्हारे पास नहीं। ज़िंदगी-भर तुमने सुख नहीं देखा; भविष्य का सवाल ही नहीं पैदा होता; फिर और जीकर क्या करोगे? फ़ौज में तुम भरती नहीं हो सकते। इसलिए मोर्चे पर अपने वतन के लिए लड़ते-लड़ते जान देने का ख़याल भी बेकार-सा है। तब क्या यह ठीक नहीं होगा कि तुम कोशिश करके यहीं बाज़ार या डेरे में, जहाँ तुम रात को सोते हो, अपनी शहादत का बंदोबस्त कर लो। उसने पूछा, "यह कैसे हो सकता है?"

मैंने जवाब दिया, "यह सामने केले का छिलका पड़ा है, मान लो कि तुम इस पर से फिसल गए...ज़ाहिर है कि तुम मर जाओगे और शहादत का रुतबा पाओगे।" पर यह बात उसकी समझ में न आयी। कहने लगा, "मैं क्यों आँखों देखे, केले के छिलके पर पाँव धरने लगा—क्या मुझे अपनी जान प्यारी नहीं?"

मुझे बहुत अफ़सोस हुआ और उस वक़्त और भी ज़्यादा हुआ, जब मैंने सुना कि वह कमबख़्त, जो बड़ी आसानी से शहादत का रुतबा पा सकता था, खैराती अस्पताल में लोहे की चारपाई पर खाँसता-खँखारता मर गया।

एक बुढ़िया थी—मुँह में दाँत, न पेट में आँत। आखिरी साँसें ले रही थी। मुझे बहुत तरस आया। सारी उम्र ग़रीबी की मुफ़लिसी, दुख और चिंता में बीती थी। मैं उसे उठाकर रेल के पाटे पर ले गया (माफ़ कीजिएगा, हमारे यहाँ पटरी को पाटा कहते हैं) लेकिन जनाब, जैसे ही उसने गाड़ी की आवाज़ सुनी, होश में आ गयी और कूक भरे खिलौने की तरह उठकर भाग गयी।

मेरा दिल टूट गया, लेकिन फिर भी मैंने हिम्मत न हारी। बनिये का बेटा अपनी धुन का पक्का होता है। नेकी का जो साफ़ और सीधा रास्ता मुझे नज़र आया था, मैंने उसे अपनी आँख से ओझल न होने दिया।

मुगलों के वक़्त का एक बहुत बड़ा अहाता ख़ाली पड़ा था। उसमें एक सौ इक्यावन छोटे-छोटे कमरे थे। बहुत ही ख़स्ता हालत में। मेरी तजुर्बेकार आँखों ने अंदाज़ा लगा लिया कि पहली ही तेज़ बारिश में सब की छतें गिर जाएँगी, सो मैंने इस अहाते को साढ़े दस हज़ार रुपये में ख़रीद लिया और इसमें एक हज़ार ग़रीब, बेसहारा लोग बसा दिये। दो महीने किराया वसूल किया—एक रुपया माहवार के हिसाब से तीसरे महीने, जैसा कि

मेरा अनुमान था, पहली ही बड़ी बारिश में सब कमरों की छतें नीचे आ रहीं और सात सौ आदमी, जिनमें बच्चे-बूढ़े सभी लोग थे, शहीद हो गए। वे जो मेरे दिल का बोझ-सा था, कुछ हद तक हलका हो गया। आज़ादी के सात सौ आदमी कम भी हो गए, लेकिन शहादत का रुतबा भी मिल गया–इधर का पलड़ा भारी हो रहा।

तब से मैं यही काम कर रहा हूँ। हर रोज़ बिसात के मुताबिक, दो-तीन आदमियों को शहादत का जाम पिला देता हूँ।

जैसा कि मैं पहले ही कह चुका हूँ, काम कोई भी हो, इनसान को मेहनत करनी ही पड़ती है। ख़ुदा भला करे, शोलापुर की अमीनाबाई चितलेकर एक शेर गाया करती थीं, लेकिन माफ़ कीजिएगा, वह शेर यहाँ ठीक नहीं बैठता। कुछ भी हो, कहना यह है कि मुझे काफ़ी मेहनत करनी पड़ी है। मिसाल के लिए एक आदमी को (जिसका वजूद छक्के के पाँचवें पहिये की तरह बेमतलब और बेकार था) जामे-शहादत पिलाने के लिए मुझे पूरे दिन जगह-जगह केले के छिलके गिराने पड़े। लेकिन मौत की तरह, जहाँ तक मैं समझता हूँ शहादत का भी एक दिन तय है। दसवें दिन जाकर कहीं वह पथरीले फ़र्श पर केले के छिलके पर से फिसला और शहीद हो गया।

आजकल मैं एक बहुत बड़ी इमारत बनवा रहा हूँ। ठेका मेरी ही कंपनी के पास है। दो लाख का है। उसमें पचहत्तर हज़ार तो मैं साफ़ अपनी जेब में डाल लूँगा। बीमा भी करा लिया है। मेरा अंदाज़ा है, जब तीसरी मंज़िल खड़ी की जाएगी तो मारी बिल्डिंग अड़-अड़ धड़ाम गिर पड़ेगी, क्योंकि मसाला ही मैंने ऐसा लगवाया है। उस वक़्त तीन सौ मज़दूर काम पर लगे होंगे। ख़ुदा के घर से मुझे पूरी-पूरी उम्मीद है कि वे सबके-सब शहीद हो जाएँगे, लेकिन अगर कोई बच गया तो इसका यह मतलब होगा कि वह पहले दर्जे का गुनहगार है, जिसकी शहादत अल्लाहताला को मंजूर नहीं थी।

टोबा टेकसिंह

बँटवारे के दो-तीन साल बाद पाकिस्तान और हिंदुस्तान की सरकारों को ख़याल आया कि साधारण क़ैदियों की तरह पागलों का भी तबादला होना चाहिए। यानी जो मुसलमान पागल हिंदुस्तान के पागलख़ानों में है, उन्हें पाकिस्तान पहुँचा दिया जाए और जो हिन्दु और सिख पाकिस्तान के पागलख़ानों में है, उन्हें हिंदुस्तान के हवाले कर दिया जाए।

मालूम नहीं यह बात ठीक थी या नहीं। बहरहाल बुद्धिमानों के फ़ैसले के अनुसार इधर-उधर ऊँचे स्तर की कान्फ्रेंस हुई और आख़िर एक दिन पागलों के तबादले के लिए नियत हो गया। अच्छी तरह छानबीन की गई। वे मुसलमान पागल, जिनके अभिभावक हिंदुस्तान में थे, वहीं रहने दिए गए थे और जो बाक़ी थे, उन्हें सीमा पार रवाना कर दिया गया था। यहाँ पाकिस्तान से, क्योंकि क़रीब-क़रीब सब हिंदु-सिख जा चुके थे, इसलिए किसी को रखने-रखाने का सवाल ही न पैदा हुआ। जितने हिंदू-सिख पागल थे,

सबके सब पुलिस के संरक्षण में सीमा पर पहुँचा दिए गए। उधर की मालूम नहीं, लेकिन इधर लाहौर के पागलख़ाने में जब इस तबादले की ख़बर पहुँची तो बड़ी दिलचस्प और कौतुकपूर्ण बातें होने लगीं। एक मुसलमान पागल, जो बारह बरस से रोज़ाना बाक़ायदगी के साथ 'ज़मींदार' पढ़ता था, उससे जब उसके दोस्त ने पूछा–"मौलवी साहब, यह पाकिस्तान क्या होता है?" तो उसने बड़े सोच-विचार के बाद जवाब दिया–"हिंदुस्तान में एक ऐसी जगह है, जहाँ उस्तरे बनते हैं।"

यह जवाब सुनकर उसका मित्र संतुष्ट हो गया।

इसी तरह एक दिन एक सिख पागल ने एक दूसरे सिख पागल ने पूछा–"सरदार जी, हमें हिंदुस्तान क्यों भेजा जा रहा है? हमें तो वहाँ की बोली भी नहीं आती।"

दूसरा मुस्करा दिया–"मुझे तो हिंदुस्तान की बोली आती है–हिन्दुस्तानी बड़े शैतानी आकड़-आकड़ फिरते हैं...।"

एक मुसलमान पागल ने नहाते-नहाते 'पाकिस्तान ज़िंदाबाद' का नारा इस बुलंदी से लगाया कि फ़र्श पर फिसलकर गिरा और अचेत हो गया। कुछ पागल ऐसे भी थे, जो पागल नहीं थे। इनमें अधिकतर ऐसे क़ातिल थे, जिनके रिश्तेदारों ने अफ़सरों को दे-दिलाकर पागलख़ाने भिजवा दिया था कि वे फाँसी के फन्दे से बच जाएँ।

ये कुछ-कुछ समझते थे कि हिंदुस्तान का क्यों विभाजन हुआ है और यह पाकिस्तान क्या है, लेकिन सभी घटनाओं से ये भी बेख़बर थे। अख़बारों से कुछ पता नहीं चलता था और पहरेदार सिपाही अनपढ़, जाहिल थे। उनकी बातचीत से वे कोई नतीजा नहीं निकाल सकते थे। उनको सिर्फ़ इतना ही मालूम था कि एक आदमी मुहम्मद अली जिन्ना है जिसको क़ायदे-आजम कहते हैं। उसने मुसलमानों के लिए एक अलग मुल्क बनाया है, जिसका नाम पाकिस्तान है। यह कहाँ है? इसकी स्थिति क्या है? इसके विषय में वे कुछ नहीं जानते थे। यही कारण है कि पागलख़ाने में वे सब पागल, जिनका दिमाग़ पूरी तरह से ख़राब नहीं था, इस ऊहापोह में थे कि वे पाकिस्तान में हैं या हिंदुस्तान में। अगर हिंदुस्तान में हैं तो पाकिस्तान कहाँ है, और अगर वे पाकिस्तान में हैं तो यह कैसे हो सकता है कि वे कुछ अर्सा पहले यहाँ रहते हुए भी हिंदुस्तान में थे। एक पागल तो पाकिस्तान और हिंदुस्तान और हिंदुस्तान और पाकिस्तान के चक्कर में ऐसा पड़ा कि और ज़्यादा पागल हो गया। झाड़ू देते-देते एक-दिन दरख़्त पर चढ़ गया और एक टहनी पर बैठकर दो घंटे लगातार भाषण देता रहा, जो पाकिस्तान और हिंदुस्तान के नाज़ुक मामले पर था। सिपाहियों ने उसे नीचे उतरने के लिए कहा तो वह और ऊपर चढ़ गया। डराया-धमकाया गया तो उसने कहा–"मैं न हिंदुस्तान में रहना चाहता हूँ न पाकिस्तान में, मैं इस पेड़ पर ही रहूँगा।"

बड़ी मुश्किलों के बाद जब उसका दौरा ठंडा पड़ गया, तो वह नीचे उतरा और अपने हिन्द-सिख दोस्तों के गले मिल-मिलकर रोने लगा। इस ख़याल से उसका दिल भर आया कि वे उसे छोड़कर हिन्दुस्तान चले जाएँगे।

एक एम.एस.सी. पास रेडियो इंजीनियर, जो मुसलमान था और दूसरे पागलों से बिलकुल अलग-थलग बाग़ की एक ख़ास रोश पर सारा दिन ख़ामोश टहलता रहता था, में यह तबदीली प्रकट हुई कि उसने अपने तमाम कपड़े उतारकर दफ़ेदार के हवाले कर दिए और नंग-धड़ंग सारे बाग़ में चलना शुरू कर दिया।

चैनयूट एक मोटे मुसलमान पागल ने, जो मुस्लिम लीग का एक सक्रिय कार्यकर्ता रह चुका था और दिन में पंद्रह-सोलह बार नहाया करता, एकदम नई आदत छोड़ दी। उसका नाम मुहम्मद अली था। चुनांचे उसने एक दिन अपने जंगले में घोषणा कर दी कि वह क़ायदे-आजम मुहम्मद अली जिन्ना है। उसकी देखा-देखी एक सिख पागल मास्टर तारासिंह बन गया। क़रीब था कि उस जंगले में ख़ून-ख़राबा हो जाए, मगर दोनों को ख़तरनाक पागल करार देकर अलग-अलग बंद कर दिया गया।

लाहौर का एक नौजवान हिंदू वकील था, जो मुहब्बत में पड़कर पागल हो गया था। जब उसने सुना कि अमृतसर हिंदुस्तान में चला गया है तो उसे बहुत दुख हुआ। उसी शहर की एक हिंदू लड़की से उसे प्रेम हो गया था। यद्यपि उसने उस वकील को ठुकरा दिया था, मगर दीवानगी की हालत में भी वह उसको भूला नहीं था। चुनांचे वह उन तमाम मुस्लिम लीडरों को गालियाँ देता था, जिन्होंने मिल-मिलाकर हिंदुस्तान के दो टुकड़े कर दिए थे। उसकी प्रेमिका हिंदुस्तानी बन गई थी और वह पाकिस्तानी।

जब तबादले की बात शुरू हुई तो वकील को पागलों ने समझाया कि वह दिल छोटा न करे, उसको हिंदुस्तान भेज दिया जाएगा—उस हिंदुस्तान में, जहाँ उसकी प्रेमिका रहती है, मगर वह लाहौर छोड़ना नहीं चाहता था। इस ख़याल से कि अमृतसर में उसकी प्रैक्टिस नहीं चलेगी। यूरोपियन वार्ड में दो ऐंग्लो-इंडियन पागल थे। उनको जब मालूम हुआ कि हिंदुस्तान को आज़ाद करके अंग्रेज़ चले गए हैं तो उनको बड़ा दुख हुआ। वे छिप-छिपकर घंटों इस समस्या पर बातचीत करते रहते कि पागलख़ाने में उनकी हैसियत किस तरह की होगी—यूरोपियन वार्ड रहेगा या जाएगा। ब्रेकफास्ट मिला करेगा या नहीं। क्या उन्हें डबल रोटी के बजाय ब्लडी इंडियन चपाती तो ज़हर-मार नहीं करनी पड़ेगी?

एक सिख था, जिसको पागलख़ाने में दाख़िल हुए पंद्रह वर्ष हो चुके थे। हर समय उसकी ज़बान से अजीब-ओ-ग़रीब शब्द सुनने में आते थे, "ओ पड़ दी गिड़-गिड़ दी एक्स दी बेध्याना दी मुंग दी दाल ऑफ़ दी लालटेन।" वह दिन को सोता था न रात को। पहरेदारों का यह कहना था कि पंद्रह वर्ष के इस लंबे अर्से में वह एक क्षण के लिए भी न सोया था। लेटता भी नहीं था। अलबत्ता कभी-कभी किसी दीवार के साथ टेक लगा लेता था। हर समय खड़े रहने-से उसके पाँव सूज गए थे। पिंडलियाँ भी फूल गई थीं, मगर इस शारीरिक तकलीफ़ के बावजूद लेटकर आराम नहीं करता था। हर समय खड़े रहने से। हिंदुस्तान, पाकिस्तान और पागलों के तबादले के विषय में जब कभी पागलों में चर्चा होती थी तो वह ध्यान से सुनता था। कोई उससे पूछता कि उसका क्या ख़याल

है तो वह बड़ी गंभीरता से जवाब देता, "ओ पड़ दी गिड़-गिड़ दी एक्स दी बेध्याना दी मुंग दी दाल ऑफ़ दी पाकिस्तान गवर्नमेंट।"

लेकिन बाद में 'ऑफ़ दी पाकिस्तान गवर्नमेंट' की जगह 'ऑफ़ दी टोबा टेकसिंह' ने ले ली और दूसरे पागलों से पूछना शुरू किया कि टोबा टेकसिंह कहाँ है, कहाँ का रहने वाला है? लेकिन किसी को भी मालूम नहीं था कि वह पाकिस्तान में है या हिंदुस्तान में। जो बताने की कोशिश करते थे, ख़ुद इस उलझन में फँस जाते थे कि स्यालकोट पहले हिंदुस्तान में होता था, पर अब सुना है कि पाकिस्तान में है। क्या पता है कि लाहौर जो अब पाकिस्तान में है, कल हिंदुस्तान में चला जाएगा या सारा हिंदुस्तान ही पाकिस्तान बन जाएगा और यह भी कौन सीने पर हाथ रखकर कह सकता था कि हिंदुस्तान और पाकिस्तान दोनों किसी दिन सिरे से ग़ायब न हो जाएँगे।

एक सिख पागल के केश छिदरे होकर बहुत थोड़े ही रह गए थे। चूँकि वह बहुत कम नहाता था, दाढ़ी और बाल आपस में जम गए थे, जिसके कारण उसकी शक्ल बड़ी भयानक हो गई थी। लेकिन वह आदमी किसी का नुकसान नहीं करता था। पंद्रह वर्षों में उसने किसी से झगड़ा-फ़साद नहीं किया था। पागलख़ाने में जो पुराने नौकर थे, वे उसके बारे में इतना जानते थे कि टोबा टेकसिंह में उसकी कई ज़मीनें थीं। अच्छा खाता-पीता था कि अचानक ही दिमाग़ उलट गया। उसके रिश्तेदार लोहे की मोटी-मोटी जंजीरों में उसे बाँधकर लाए और पागलख़ाने में दाख़िल करा गए।

महीने में एक बार मुलाक़ात के लिए ये लोग आते थे और उसकी राज़ी-ख़ुशी मालूम करके चले जाते थे। एक मुद्दत तक यह काम चलता रहा, लेकिन जब पाकिस्तान-हिंदुस्तान की गड़बड़ शुरू हो गई तो उनका आना बंद हो गया। उसका नाम बिशनसिंह था, मगर उसे टोबा टेकसिंह कहते थे। उसे बिलकुल यह मालूम न था कि दिन कौन-सा है, महीना कौन-सा है या कितने साल बीत चुके हैं...। लेकिन हर महीने जब उसके स्वजन और संबंधी उससे मिलने आते तो उसे अपने-आप पता चल जाता था। चुनांचे वह एक दफ़ेदार से कहता कि उसकी मुलाक़ात आ रही है। उस दिन वह अच्छी तरह नहाता, बदन पर ख़ूब साबुन घिसता और सिर में तेल लगाकर कंघी करता। अपने कपड़े, जो वह कभी इस्तेमाल नहीं करता था, निकलवाकर पहनना और यूँ सज-बनकर मिलने वालों के पास जाता। वे उससे कुछ पूछते तो वह चुप रहता या कभी-कभी 'ओ पड़ दी गिड़-गिड़ दी एक्स दी बेध्याना दी मुंग दी दाल ऑफ़ दी लालटेन' कह देता।

उसकी एक लड़की थी जो हर महीने एक अंगुल बढ़ती-बढ़ती पंद्रह वर्ष में जवान हो गई थी। बिशनसिंह उसे पहचानता ही न था। जब वह बच्ची थी, तब भी अपने बाप को देखकर रोती थी। जवान हुई, तब भी उसकी आँखों में आँसू बहते थे। पाकिस्तान और हिंदुस्तान का क़िस्सा शुरू किया कि टोबा टेकसिंह कहाँ है? जब संतोषजनक उत्तर न मिला तो उसकी कुरेद दिन-ब-दिन बढ़ती हुई। अब मुलाक़ात को भी नहीं आती है। पहले

तो उसे अपने-आप पता चल जाता था कि मिलने वाले आ रहे हैं, पर अब जैसे उसके दिल की आवाज़ भी बंद हो गई थी, जो उसे उनके आने की ख़बर दे दिया करती थी।

उसकी बड़ी इच्छा थी कि वे लोग आएँ, जो उससे सहानुभूति प्रकट करते थे और उसके लिए फल-मिठाइयाँ और कपड़े लाते थे। वह यदि उनसे पूछता कि टोबा टेकसिंह कहाँ है तो वे निश्चित बता देते कि पाकिस्तान में है या हिंदुस्तान में है, क्योंकि उसका विचार था कि वे टोबा टेकसिंह ही से आते हैं, जहाँ उसकी ज़मीन है।

पागलख़ाने में एक पागल ऐसा भी था जो अपने को ख़ुदा कहता था। उससे जब एक दिन बिशनसिंह ने पूछा टोबा टेकसिंह पाकिस्तान में है या हिंदुस्तान में, तो उसने अपनी आदत के मुताबिक क़हक़हा लगाया और कहा–"वह न पाकिस्तान में है और न हिंदुस्तान में, इसलिए कि हमने अभी तक हुक्म नहीं दिया।" बिशनसिंह ने उस ख़ुदा से कई बार मिन्नत-ख़ुशामद से कहा कि वह उसे हुक्म दे दे ताकि झंझट ख़त्म हो, मगर वह बहुत व्यस्त था, क्योंकि उसे और भी अनगिनत हुक्म देने थे। एक दिन तंग आकर वह उस पर बरस पड़ा, "ओ पड़ दी गिड़-गिड़ दी एक्स दी बेध्याना दी मुंग दी दाल ऑफ़ दी वाहे गुरु जी दा खालसा, एंड वाहे गुरु जी दी फ़तह–जो बोले सो निहाल–सत श्री अकाल!"

उसका शायद यह मतलब था कि तुम मुसलमानों के ख़ुदा हो-सिखों के ख़ुदा होते तो ज़रूर मेरी सुनते।

तबादले के कुछ दिन पहले टोबा टेकसिंह का एक मुसलमान, जो उसका दोस्त था, मुलाक़ात के लिए आया। पहले वह कभी नहीं आया था। जब बिशनसिंह ने उसे देखा तो एक तरफ़ हटा और वापस जाने लगा। मगर सिपाहियों ने उसे रोका, "यह तुमसे मिलने आया है–तुम्हारा दोस्त फ़ज़लुद्दीन है।"

बिशनसिंह ने फ़ज़लुद्दीन को एक नज़र देखा और कुछ बड़बड़ाने लगा। फ़ज़लुद्दीन ने आगे बढ़कर उसके कंधे पर हाथ रखा–"मैं बहुत दिनों से सोच रहा था कि तुमसे मिलूँ लेकिन फ़ुर्सत ही न मिली–तुम्हारे सब आदमी राज़ी-ख़ुशी हिंदुस्तान चले गए थे। मुझसे जितनी मदद हो सकी मैंने की–तुम्हारी बेटी रूपकौर...।"

वह कुछ कहते-कहते रुक गया। बिशनसिंह कुछ याद करने लगा–"बेटी रूपकौर?"

फ़ज़लुद्दीन ने कुछ रुककर कहा–"हाँ...वह...वह भी ठीक-ठाक है।...उनके साथ ही चली गयी थी।"

बिशनसिंह चुप रहा। फ़ज़लुद्दीन ने कहना शुरू किया–"उन्होंने मुझसे कहा था कि तुम्हारी राज़ी-ख़ुशी पूछता रहूँ। अब मैंने सुना है कि हिंदुस्तान जा रहे हो-भाई बलवीर सिंह और भाई बधावा सिंह से मेरा सलाम कहना और बहन अमृतकौर से भी। भाई बलबीर सिंह से कहना–फ़ज़लुद्दीन राज़ी-ख़ुशी है। दो भूरी भैंसें, जो वे छोड़ गए थे, उनमें से एक ने कट्टा दिया है, दूसरी ने कट्टी दी थी, पर वह छह दिन की होकर मर

गई।...और मेरे लायक जो ख़िदमत हो, कहना। हर वक़्त तैयार हूँ। और यह तुम्हारे लिए थोड़े-से मरुण्डे लाया हूँ।"

बिशनसिंह ने मरुण्डों की पोटली लेकर पास खड़े सिपाही के हवाले कर दी और फ़ज़लुद्दीन से पूछा–"टोबा टेकसिंह कहाँ है?"

"टोबा टेकसिंह," उसने तनिक आश्चर्य से कहा–"कहाँ है? वहीं है, जहाँ था।"

बिशनसिंह ने पूछा–"पाकिस्तान में या हिंदुस्तान में?"

"हिंदुस्तान में-नहीं-नहीं, पाकिस्तान में।" फ़ज़लुद्दीन बौखला-सा गया।

बिशनसिंह बड़बड़ाता हुआ चला गया–"ओ पड़ दी गिड़-गिड़ दी एक्स दी बेध्याना दी मुंग दी दाल ऑफ़ दी पाकिस्तान एंड हिंदुस्तान ऑफ़ दी दुर फिट्टे मुँह।"

तबादले की तैयारियाँ पूरी हो चुकी थीं। इधर-से-उधर और उधर-से-इधर आने वाले पागलों की सूचियाँ पहुँच गई थीं और तबादले की तारीख भी निश्चित हो चुकी थी। सख़्त सर्दियाँ थीं। लाहौर के पागलख़ाने से हिंदू-सिख पागलों से भरी लारियाँ पुलिस के दस्ते के साथ रवाना हुईं। संबंधित अफ़सर भी उनके साथ थे। बाघा के बार्डर पर दोनों ओर के सुपरिंटेंडेंट एक-दूसरे से मिले और प्रारंभिक कार्रवाई ख़त्म होने के बाद तबादला शुरू हो गया, जो रात-भर जारी रहा।

पागलों को लारियों से निकालना और उनको दूसरे अफ़सरों के हवाले करना बड़ा कठिन काम था। कुछ तो बाहर निकलते ही नहीं थे, जो निकलने को तैयार होते, उनको सँभालना मुश्किल होता, क्योंकि इधर-उधर भाग उठते थे। जो नंगे थे, उनको कपड़े पहनाये जाते तो वे फाड़कर अपने शरीर से अलग कर देते। कोई गालियाँ बक रहा है तो कोई गा रहा है। आपस में लड़-झगड़ रहे हैं और रो रहे हैं, बक रहे हैं। कान पड़ी आवाज़ सुनाई नहीं देती थी। पागल स्त्रियों का शोरगुल अलग था और सर्दी इतने कड़ाके की थी कि दाँत से दाँत बज रहे थे।

अधिकतर पागल इस तबादले को नहीं चाहते थे। इसलिए कि उनकी समझ में नहीं आता था कि उन्हें अपनी जगह से उखाड़कर कहाँ फेंका जा रहा है। थोड़े-से वे जो सोच-समझ सकते थे, 'पाकिस्तान ज़िंदाबाद' के नारे लगा रहे थे। दो-तीन बार झगड़ा होते-होते बचा, क्योंकि कुछ हिंदुस्तानियों और सिखों को ये नारे सुनकर तैश आ गया था।

जब बिशनसिंह की बारी आई और जब उसको दूसरी ओर भेज ने के संबंध में अधिकारी लिखत-पढ़त करने लगे तो उसने पूछा–"टोबा टेकसिंह कहाँ है? पाकिस्तान में या हिंदुस्तान में?"

संबंधित अधिकारी हँसा और बोला–"पाकिस्तान में।"

यह सुनकर बिशनसिंह उछलकर एक तरफ़ हटा और दौड़कर अपने शेष साथियों के पास पहुँच गया। पाकिस्तान सिपाहियों ने उसे पकड़ लिया और दूसरी तरफ़ ले जाने

लगे, किंतु उसने चलने से इंकार कर दिया–"टोबा टेकसिंह कहाँ है?" और ज़ोर-ज़ोर से चिल्लाने लगा, "ओ पड़ दी गिड़-गिड़ दी एक्स दी बेध्याना दी मुंग दी दाल ऑफ़ दी टोबा टेकसिंह एंड पाकिस्तान।"

उसे बहुत समझाया गया, "देखो, टोबा टेकसिंह अब हिंदुस्तान में चला गया है–यदि नहीं गया है तो उसे तुरंत ही भेज दिया जाएगा।" किंतु वह न माना। जब ज़बरदस्ती दूसरी ओर ले जाने की कोशिश की गई तो यह बीच में एक स्थान पर इस प्रकार अपनी सूजी हुई टाँगों पर खड़ा हो गया, जैसे अब कोई ताक़त उसे वहाँ से नहीं हटा सकेगी। क्योंकि आदमी बेज़रर था, इसलिए उसके साथ ज़बरदस्ती नहीं की गई, उसको वहीं खड़ा रहने दिया गया और शेष काम होता रहा।

सूरज निकलने से पहले स्तब्ध खड़े हुए बिशनसिंह के गले से एक गगनभेदी चीख़ निकली। इधर-उधर से कई अफ़सर दौड़े आए और देखा कि वह आदमी, जो पंद्रह वर्ष तक दिन-रात अपनी टांगों पर खड़ा रहा था, औंधे मुँह लेटा था। इधर काँटेदार तारों के पीछे हिंदुस्तान था-उधर वैसे काँटेदार तारों के पीछे पाकिस्तान। बीच में ज़मीन के उस टुकड़े पर, जिसका कोई नाम नहीं था, टोबा टेकसिंह पड़ा था।

सहाय

यह मत कहो कि एक लाख हिंदू और एक लाख मुसलमान मरे हैं–यह कहो कि दो लाख इनसान मरे हैं–और यह इतनी बड़ी ट्रेजेडी नहीं कि दो लाख इनसान मरे हैं। ट्रेजेडी असल में यह है कि मरने से मारने वाले किसी भी खाते में नहीं गए। एक लाख हिंदू मारकर मुसलमानों ने यह समझा होगा कि हिंदू मज़हब मर गया है। लेकिन वह ज़िंदा है और ज़िंदा रहेगा। इसी तरह एक लाख मुसलमान क़त्ल करके हिंदुओं ने बगलें बजायी होगी कि इस्लाम ख़त्म हो गया है। मगर असलियत आपके सामने है कि इस्लाम पर एक हलकी-सी खराश भी नहीं आयी–वे लोग बेवकूफ़ हैं जो समझते हैं कि बंदूकों से मज़हब शिकार किए जा सकते हैं-मज़हब, दीन, ईमान, धर्म, यक़ीन, विश्वास–वे जो कुछ भी हैं हमारे जिस्म में नहीं आत्मा में होते हैं–छुरे, चाकू और गोली से ये कैसे फ़ना हो सकते हैं।

मुमताज़ उस दिन बहुत जोश में भरा था। हम सिर्फ़ तीन थे जो उसे जहाज़ पर छोड़ने के लिए आए थे। वह अनिश्चित काल के लिए हमसे जुदा होकर पाकिस्तान जा रहा था–पाकिस्तान जिसके वजूद के बारे में हम में से किसी को वहम-ओ-गुमान भी न था।

हम तीनों हिंदू थे। पश्चिमी पंजाब में हमारे रिश्तेदारों को माली और जानी नुकसान उठाना पड़ा था। ग़ालिबन यही वजह थी कि मुमताज़ हमसे जुदा हो रहा था। जुगल को लाहौर से ख़त मिला कि दंगों में उसका चाचा मारा गया है तो उसको बहुत सदमा हुआ।

चुनांचे इस सदमे के असर से बातों-बातों में एक दिन उसने मुमताज़ से कहा, "मैं सोच रहा हूँ कि हमारे मुहल्ले में दंगा शुरू हो जाए तो मैं क्या करूँगा?"

मुमताज़ ने उससे पूछा–"क्या करोगे?"

जुगल ने बड़ी संजीदगी के साथ जवाब दिया–"मैं सोच रहा हूँ, बहुत मुमकिन है मैं तुम्हें मार डालूँ।"

यह सुनकर मुमताज़ बिलकुल ख़ामोश हो गया और उसकी यह ख़ामोशी लगभग आठ दिन बनी रही और उस वक़्त टूटी अब उसने अचानक हमें बताया कि वह पौने चार बजे समुद्री जहाज़ से कराची जा रहा है। हम तीनों में से किसी ने उसके इस इरादे के बारे में बातचीत न की। जुगल को इस बात का बहुत अहसास था कि मुमताज़ की रवानगी का कारण उसका यह कथन है–"मैं सोच रहा हूँ, बहुत मुमकिन है, मैं तुम्हें मार डालूँ।" शायद वह अभी तक यह सोच रहा था कि वह पक्का इरादा करके मुमताज़ को मार सकता है या नहीं-मुमताज़ को जो उसका जिगरी दोस्त था–यही वजह है कि वह तीनों में सबसे ज़्यादा ख़ामोश था। लेकिन अजीब बात है कि मुमताज़ गैरमामूली तौर पर बातूनी हो गया था। ख़ास तौर पर रवानगी से कुछ घंटे पहले।

सुबह उठते ही उसने पीनी शुरू कर दी। असबाब-वग़ैरह कुछ इस ढंग से बाँधा और बँधवाया जैसे वह कहीं सैर-ओ-तफ़रीह के लिए जा रहा है। ख़ुद ही बात करता था और ख़ुद ही हँसता था। कोई और देखता तो समझता कि बंबई छोड़ने में वह ऐसी ख़ुशी महसूस कर रहा हैं जिसको बयान नहीं किया जा सकता। लेकिन हम तीनों अच्छी तरह जानते थे कि वह सिर्फ़ अपने जज़्बात को छुपाने के लिए हमें और अपने आपको धोखा देने की कोशिश कर रहा है।

मैंने बहुत चाहा कि उसकी एकदम रवानगी के बारे में बात करूँ। इशारे से मैंने जुगल से भी कहा कि वह बात छेड़े। मगर मुमताज़ ने हमें कोई मौका ही नहीं दिया। जुगल तीन-चार पेग पीकर और भी ज़्यादा ख़ामोश हो गया और दूसरे कमरे में लेट गया। मैं और बृजमोहन उसके साथ रहे। उसे कई बिल अदा करने थे। डॉक्टरों की फीसें देनी थीं–लांड्री से कपड़े लाने थे–ये सब काम उसने हँसते-हँसते किए। लेकिन जब उसने बाँके के होटल के बाज़ार वाली दुकान से एक पान लिया तो उसकी आँखों में आँसू आ गए। बृजमोहन के कंधे पर हाथ रखकर वहाँ से चलते हुए उसने हौले से कहा–"याद है बृज, आज से दस वर्ष पहले जब हमारा हाल बहुत पतला था, गोविंद ने हमें एक रुपया उधार दिया।"

रास्ते में मुमताज़ ख़ामोश रहा मगर घर पहुँचते ही उसने फिर बातों का न ख़त्म होने वाला सिलसिला शुरू कर दिया। ऐसी बातों का जिनका न सिर था न पैर लेकिन वे ख़ुद कुछ ऐसी दिलचस्प थीं कि मैं और बृजमोहन बराबर उनमें हिस्सा लेते रहे और जब रवानगी का वक़्त क़रीब आया तो जुगल भी शामिल हो गया। लेकिन जब टैक्सी बंदरगाह की तरफ़ बढ़ी तो सब ख़ामोश हो गए।

मुमताज़ की नज़रें बंबई के लंबे-चौड़े खुले बाज़ारों को अलविदा कहती रही। यहाँ तक कि टैक्सी अपनी मंज़िल पर पहुँच गयी–बेहद भीड़ थी। हज़ारों रिफ़्यूजी जा रहे थे। ख़ुशहाल बहुत कम और बदहाल बहुत ज़्यादा। बेपनाह हुजूम था लेकिन मुझे ऐसा लगता था कि अकेला मुमताज़ जा रहा है। हमें छोड़कर ऐसी जगह जा रहा है जो उसकी देखी-भाली नहीं है। जो उसके समझने-बूझने पर भी अजनबी होगी। लेकिन यह मेरा अपना ख़याल था। मैं नहीं कह सकता कि मुमताज़ क्या सोच रहा था।

जब केबिन में सारा सामान चला गया तो मुमताज़ हमें डैक पर ले गया–उधर जहाँ आसमान और समुद्र आपस में मिल रहे थे, मुमताज़ देर तक देखता रहा। फिर उसने जुगल का हाथ अपने हाथ में लेकर कहा–"यह सिर्फ़ नज़र का धोखा है–आसमान और समुद्र का आपस में मिलन–लेकिन यह नज़र का धोखा कितना दिलकश है–यह मिलाप है।"

जुगल ख़ामोश रहा–शायद उस वक़्त भी उसके दिल-ओ-दिमाग़ में उसकी यह कही हुई बात चुटकियाँ ले रही थी–"मैं सोच रहा हूँ, बहुत मुमकिन है मैं तुम्हें मार डालूँ।"

मुमताज़ ने जहाज़ के 'बार' से ब्रांडी मँगवाई। क्योंकि वह सुबह से यही पी रहा था। हम चारों हाथ में गिलास लिये जंगले के साथ खड़े थे रिफ़्यूजी धड़ाधड़ जहाज़ में सवार हो रहे थे और क़रीब-क़रीब स्थिर समुद्र पर जल-पक्षी मँडरा रहे थे।

जुगल ने एकदम एक ही घूँट में अपना गिलास ख़त्म किया और बहुत ही भौंडे अंदाज़ में मुमताज़ से कहा–"मुझे माफ़ कर देना मुमताज़-मेरा ख़याल है मैंने उस रोज़ तुम्हें दुख पहुँचाया था।"

मुमताज़ ने थोड़ा रुक कर जुगल से सवाल किया–"जब तुमने कहा था मैं सोच रहा हूँ–बहुत मुमकिन है मैं तुम्हें मार डालूँ–क्या आज उस वक़्त वाकई तुमने यही सोचा था–नेकदिली से इसी नतीजे पर पहुँचे थे।"

जुगल ने हाँ में सिर हिलाया–"लेकिन मुझे अफ़सोस है।"

"तुम मुझे मार डालते तो तुम्हें ज़्यादा अफ़सोस होता," मुमताज़ ने बड़े दार्शनिक अंदाज़ में कहा–"लेकिन सिर्फ़ उस सूरत में अगर तुमने ग़ौर किया होता कि तुमने मुमताज़ को–एक मुसलमान को–एक दोस्त को नहीं बल्कि एक इनसान को मारा है–वह अगर हरामज़ादा था तो उसकी हरामज़ादगी को नहीं बल्कि ख़ुद उसको मार डाला है–वह अगर मुसलमान था तो तुमने उसकी मुसलमानी को नहीं उसकी हस्ती को ख़त्म किया है–अगर उसकी लाश मुसलमानों के हाथ आती तो क़ब्रिस्तान में एक क़ब्र और चढ़ जाती, लेकिन दुनिया में एक इनसान कम हो जाता।"

थोड़ी देर ख़ामोश रहने के और सोचने के बाद उसने फिर बोलना शुरू किया–"हो सकता है मेरे मज़हब वाले मुझे शहीद कहते। लेकिन ख़ुदा की क़सम अगर मुमकिन होता तो मैं क़ब्र फोड़कर चिल्लाना शुरू कर देता–मुझे शहादत का यह रुतबा क़ुबूल नहीं–मुझे यह डिग्री नहीं चाहिए, जिसका इंतहान मैंने दिया ही नहीं। लाहौर में तुम्हारे

चचा को एक मुसलमान ने मार डाला। तुमने यह बात बंबई में सुनी और मुझे क़त्ल कर दिया—बताओ तुम और मैं किस तमगे के क़ाबिल हैं? और लाहौर में तुम्हारा चचा और उसका क़ातिल किस इनाम का हक़दार है- मैं तो यह कहूँगा कि मरने वालों कुत्ते की मौत मारे गए और मारने वालों ने बेकार—बिलकुल बेकार अपने हाथ ख़ून से रँगे।

बातें करते-करते मुमताज़ बहुत ज़्यादा जज़्बाती हो गया। लेकिन उस ज़्यादती में ख़लूस बराबर का था। मेरे दिल पर ख़ास तौर पर इस बात का बहुत असर हुआ कि मज़हब, दीन, ईमान, यक़ीन, धर्म आदि—ये जो कुछ भी हैं हमारे जिस्म की बजाय रूह में होते हैं। जिन्हें छुरे, चाकू और गोली से फ़ना नहीं किया सकता। चुनांचे मैंने उससे कहा, "तुम बिलकुल ठीक कहते हो।"

यह सुनकर मुमताज़ ने अपने ख़यालात का जायज़ा लिया और थोड़ी बेचैनी से कहा, "नहीं, बिलकुल नहीं—मेरा मतलब है कि यह ठीक तो है लेकिन शायद मैं जो कुछ कहना चाहता हूँ अच्छी तरह अदा नहीं कर सका—मज़हब से तेरा मतलब, यह मज़हब नहीं, यह धर्म नहीं, जिनमें हममें से निन्यानबे फ़ीसदी फँसे हुए हैं—मेरा मतलब उस ख़ास चीज़ से है जो एक इनसान को दूसरे इनसानों के मुक़ाबले में अलग हैसियत बख़्शती है—वह चीज़ जो इनसान को हक़ीक़त में इनसान साबित करती है—लेकिन यह चीज़ क्या है? अफ़सोस है कि मैं उसे हथेली पर रखकर नहीं दिखा सकता—"यह कहते-कहते एकदम उसकी आँखों में चमक-सी पैदा हुई और उसने जैसे ख़ुद से पूछना शुरू किया, "लेकिन उसमें वह कौन-सी ख़ास बात थी?—कट्टर हिन्दू था—पेशा निहायत ही जलील लेकिन इसके बावजूद उनकी रूह कितनी रोशन थी?"

मैंने पूछा, "किसकी?"

"एक भड़वैये की।"

हम तीनों चौंक पड़े। मुमताज़ के लहजे में कोई तकल्लुफ़ नहीं था इसलिए मैंने संजीदगी से पूछा, "एक भड़वैये की?"

मुमताज़ ने हाँ में सिर हिलाया, "मुझे हैरत है कि वह कैसा इनसान था और ज़्यादा हैरत इस बात की है कि आम लोगों के लिए वह एक भड़ था—औरतों का दलाल—लेकिन उसका जमीर बहुत साफ़ था।

मुमताज़ थोड़ी देर के लिए रुक गया—जैसे वह पुरानी घटनाएँ अपने दिमाग़ में ताज़ा कर रहा हो—कुछ लम्हों के बाद उसने फिर बोलना शुरू किया, "उसका पूरा नाम मुझे याद नहीं—कुछ सहाय था—बनारस का रहने वाला-बहुत ही सफ़ाई पसंद। वह जगह जहाँ वह रहता था अगरचे बहुत ही छोटी थी मगर उसने बड़े सलीक़े से उसे अलग-अलग खानों में कर रखा था—पर्दे का वाजबी इंतज़ाम था। चारपाइयाँ और पलंग नहीं थे। लेकिन गद्दे और गावतकिये मौजूद थे। चादरें और ग़िलाफ़ वगैरह हमेशा उजले रहते थे। नौकर मौजूद था मगर सफ़ाई वह ख़ुद अपने हाथ से करता था। सिर्फ़ सफ़ाई ही नहीं, हर

काम और सिर से बला कभी नहीं टालता था–धोखा और फ़रेब नहीं करता था–रात ज़्यादा गुजर गयी है और आसपास से पानी मिली शराब मिलती है तो वह साफ़ कह देता था कि साहब अपने पैसे ख़राब न कीजिए–अगर किसी लड़की के बारे में उसे शक है तो वह छुपाता नहीं था–और तो और उसने मुझे यह भी बता दिया था कि वह तीन बरस के अर्से में बीस हज़ार रुपये कमा चुका है–हर दस में से ढाई कमीशन के लें–लेकर–उसे सिर्फ़ दस हज़ार और बनाने थे–मालूम नहीं सिर्फ़ दस हज़ार और क्यों, ज़्यादा क्यों नहीं–उसने मुझसे कहा था कि तीस हज़ार रुपये पूरे करके वह वापस बनारस चला जाएगा और बज़ाज़ी की दुकान खोलेगा–यह भी नहीं कह सकता कि वह सिर्फ़ बज़ाज़ी की दुकान खोलने का ख़्वाहिशमंद क्यों था।

मैं यहाँ तक सुन चुका तो मेरे मुँह से निकला–"अजीबोगरीब आदमी था।" मुमताज़ ने अपनी बात जारी रखी–"मेरा ख़याल था कि वह सिर से पैर तक बनावट है–एक बहुत बड़ा फ्रॉड है। कौन यक़ीन कर सकता है कि वह इन तमाम लड़कियों को जो उसके धंधे में शामिल थीं अपनी बेटियाँ समझता था। यह भी उस वक़्त मेरी समझ से बाहर था कि उसने हर लड़की के नाम पर पोस्ट ऑफिस में सेविंग खाता खोल रखा था और हर महीने कुल आमदनी वह वहाँ जमा कर आता था। और यह बात तो बिलकुल यक़ीन करने के क़ाबिल नहीं थी कि वह दस-बारह लड़कियों के खाने-पीने का ख़र्च अपनी जेब से देता था। उसकी हर बात मुझे ज़रूरत से ज़्यादा बनावटी मालूम होती थी–एक दिन मैं उसके घर गया तो उसने मुझसे कहा, "अमीना और सकीला दोनों छुट्टी पर हैं–मैं हर हफ़्ते इन दोनों को छुट्टी दे देता हूँ ताकि बाहर जाकर किसी होटल में मांस वग़ैरह खा सकें–यहाँ तो आप जानते हैं सब वैष्णव हैं–मैं यह सुनकर दिल ही दिल में मुस्कराया कि मुझे बना रहा है–एक दिन उसने मुझे बताया कि अहमदाबाद की उस हिंदू लड़की ने, जिसकी शादी उसने एक मुसलमान ग्राहक के साथ करा दी थी, लाहौर से ख़त लिखा है कि दाता साहब के दरबार में उसने एक मन्नत माँगी थी, जो पूरी हुई। अब उसने सहाय के लिए मन्नत माँगी है कि जल्दी से जल्दी उसके तीस हज़ार पूरे हों और वह बनारस जाकर बज़ाज़ी की दुकान खोल सके–यह सुनकर तो मैं हँस पड़ा। मैंने सोचा, चूँकि मैं मुसलमान हूँ, इसलिए मुझे ख़ुश करने की कोशिश कर रहा है।"

मैंने मुमताज़ से कहा, "तुम्हारा ख़याल ग़लत था।"

"बिलकुल–उसके कहने और करने में कोई फ़र्क़ नहीं था–हो सकता है उसमें कोई ख़ामी हो। मुमकिन है उससे अपनी ज़िंदगी में कई ग़लतियाँ हुई हों–मगर वह बहुत ही उम्दा इनसान था।"

जुगल ने सवाल किया–"यह तुम्हें कैसे मालूम हुआ?"

"उसकी मौत पर।" यह कहकर मुमताज़ कुछ देर के लिए ख़ामोश हो गया। थोड़ी देर के बाद उसने उधर देखना शुरू किया जहाँ आसमान और समुद्र एक धुँधली-सी आगोश

में सिमटे हुए थे। "दंगे शुरू हो चुके थे–मैं बहुत सुबह उठकर भिंडी बाज़ार से गुज़र रहा था–कर्फ़्यू से बायस बाज़ार में आना-जाना बहुत ही कम था। ट्राम भी नहीं चल रही थी, टैक्सी की तलाश में चलते-चलते जब मैं जे. जे. अस्पताल के पास पहुँचा तो फ़ुटपाथ पर एक आदमी को मैंने एक बड़े से टोकरे के पास गठरी-सी बने हुए देखा–मैंने सोचा कोई पाटीवाला सो रहा है। लेकिन जब मैंने पत्थर के टुकड़ों पर ख़ून के लोथड़े देखे तो मैं रुक गया। वारदात क़त्ल की थी। मैंने सोचा अपना रास्ता लूँ मगर लाश में हरकत पैदा हुई–मैं फिर रुक गया। आसपास कोई न था। मैंने झुककर उसकी तरफ़ देखा–मुझे सहाय का जाना-पहचाना चेहरा नज़र आया, मगर ख़ून के धब्बों से भरा हुआ। मैं उसके पास फ़ुटपाथ पर बैठ गया और ग़ौर से देखा–उसकी रविल की सफ़ेद कमीज़ जो हमेशा बेदाग़ हुआ करती थी–लहू से लिथड़ी हुई थी–ज़ख़्म शायद पसलियों के पास था। उसने हौले-हौले कराहना शुरू किया तो मैंने एहतियात से उसका कंधा पकड़कर हिलाया जैसे किसी सोते को जगाया जाता है। एक-दो बार मैंने उसको अधूरे नाम से पुकारा। मैं उठकर जाने ही वाला था कि उसने अपनी आँखें खोली–देर तक वह उन अधखुली आँखों से टकटकी बाँधे मुझे देखता रहा–फिर एकदम उसके सारे बदन में फड़कन–पैदा हुई और उसने मुझे पहचानकर कहा, "आप? आप?"

मैंने उससे तले-ऊपर बहुत-सी बातें पूछना शुरू कर दीं। वह कैसे इधर आया, किसने उसको ज़ख़्मी किया, कब से वह फुटपाथ पर पड़ा हैं–सामने अस्पताल है, क्या मैं वहाँ ख़बर दूँ?

उसमें बोलने की ताक़त नहीं थी–जब मैंने सारे सवाल कर डाले तो कराहते हुए उसने बड़ी मुश्किल से ये शब्द कहे, "मेरे दिन पूरे हो चुके हैं–भगवान को यही मंजूर था।"

भगवान को जाने क्या मंजूर था, लेकिन मुझे मंजूर नहीं था कि मैं मुसलमान होकर, मुसलमान के इलाके में एक आदमी को जिसके बारे में मैं जानता था कि हिंदु है, इस अहसास के साथ मरते देखूँ कि उसको मारने वाला मुसलमान था और आख़िरी वक़्त में उसकी मौत के सिरहाने जो आदमी खड़ा था, वह मुसलमान था–मैं डरपोक तो नहीं, लेकिन उस वक़्त मेरी हालत डरपोक से भी बुरी थी। एक तरफ़ यह डर समाया हुआ था कि मुमकिन है मैं पकड़ा जाऊँ, दूसरी तरफ़ यह डर था कि पकड़ा न गया तो पूछताछ के लिए धर लिया जाऊँगा। एक बार ख़याल आया अगर, मैं उसे अस्पताल ले गया तो क्या पता अपना बदला लेने की ख़ातिर मुझे फँसा दे। सोचा मरना तो है ही, क्यों न इसे साथ लेकर मरूँ। इस तरह की बातें सोचकर मैं जाने ही वाला था कि...बल्कि यूँ कहिए भागने ही वाला था कि सहाय ने मुझे पुकारा–मैं ठहर गया। न ठहरने के इरादे के बावजूद मेरे क़दम रुक गए। मैंने उसकी तरफ़ इस अंदाज़ से देखा जैसे उससे कह रहा हूँ–जल्दी करो मियाँ, मुझे जाना है। उसने दर्द की तकलीफ़ से दोहरा होते हुए, बड़ी मुश्किल से अपनी कमीज़ के बटन खोले और अंदर हाथ डाला। मगर जब कुछ और न

करने की उसकी हिम्मत न रही तो मुझसे कहा–"नीचे बंडी है–इधर की जेब में कुछ जेवर और बारह सौ रुपये है–यह...यह सुलताना का माल है...मैंने...मैंने एक दोस्त के पास रखा हुआ था...आज उसे...भेजने वाला था...क्योंकि...क्योंकि...आप जानते हैं ख़तरा बहुत बढ़ गया है...आप उसे दे दीजिएगा और...कहिएगा फ़ौरन चली जाए...लेकिन...अपना ख़याल रखिएगा।"

मुमताज़ ख़ामोश हो गया। लेकिन मुझे ऐसा महसूस हुआ उसकी आवाज़ सहाय की आवाज़ में जो जे.जे. अस्पताल के सामने फ़ुटपाथ पर उभरी थी दूर उधर जहाँ आसमान और समुद्र एक धुँधली-सी आगोश में सिमटे थे, मिल रही है।

जहाज़ ने ह्विसल दी तो मुमताज़ ने कहा–"मैं सुल्ताना से मिला, उसको ज़ेवर और रुपया दिया तो उसकी आँखों में आँसू आ गए।"

जब हम मुमताज़ को विदा करके नीचे उतरे तो वह डैक पर जंगले के साथ खड़ा था–उसका दाहिना हाथ हिल रहा था–मैंने जुगल को संबोधित किया, "क्या तुम्हें ऐसा महसूस नहीं होता कि मुमताज़ सहाय की रूह को बुला रहा है–हमसफ़र बनाने के लिए?"

जुगल ने सिर्फ़ इतना कहा, "काश! मैं सहाय की रूह होता।"

खोल दो

अमृतसर से स्पेशल ट्रेन दोपहर दो बजे चली और आठ घंटों के बाद मुग़लपुरा पहुँची। रास्ते में कई आदमी मारे गए। अनेक ज़ख़्मी हुए और कुछ इधर-उधर भटक गए।

सुबह दस बजे कैंप की ठंडी ज़मीन पर जब सराजुद्दीन ने आँखें खोलीं और अपने चारों तरफ़ मर्दों, औरतों और बच्चों का एक उमड़ता समुद्र देखा तो उसकी सोचने-समझने की शक्तियाँ और भी बूढ़ी हो गईं। वह देर तक गदले आसमान को टकटकी बाँधे देखता रहा। यूँ तो कैंप में शोर मचा हुआ था, लेकिन बूढ़े सराजुद्दीन के कान जैसे बंद थे। उसे कुछ सुनाई नहीं देता था। कोई उसे देखता तो यह ख़याल करता कि वह किसी गहरी नींद में गर्क है, मगर ऐसा नहीं था। उसके होश-हवास ग़ायब थे। उसका सारा अस्तित्व शून्य में लटका हुआ था।

गदले आसमान की तरफ़ बग़ैर किसी इरादे से देखते-देखते सराजुद्दीन की निगाहें सूरज से टकराईं। तेज़ रोशनी उसके अस्तित्व की रग-रग में उतर गई और वह जाग उठा। ऊपर-तले उसके दिमाग़ में कई तस्वीरें दौड़ गईं–लूट, आग, भागम-भाग, स्टेशन, गोलियाँ, रात और सकीना...सराजुद्दीन एकदम उठ खड़ा हुआ और पागलों की तरह उसने चारों तरफ़ फैले हुए इनसानों के समुद्र को खंगालना शुरू कर दिया।

पूरे तीन घंटे वह 'सकीना-सकीना' पुकारता कैंप की ख़ाक छानता रहा, मगर उसे अपनी जवान इकलौती बेटी का कोई पता न मिला। चारों तरफ़ एक धाँधली-सी मची थी। कोई

अपना बच्चा ढूँढ़ रहा था, कोई माँ, कोई बीवी और कोई बेटी। सराजुद्दीन थक-हारकर एक तरफ़ बैठ गया और मस्तिष्क पर ज़ोर देकर सोचने लगा कि सकीना उससे कब और कहाँ अलग हुई, लेकिन सोचते-सोचते उसका दिमाग़ सकीना की माँ की लाश पर जम जाता, जिसकी सारी अंतड़ियाँ बाहर निकली हुई थीं। उससे आगे वह और कुछ न सोच सकता।

सकीना की माँ मर चुकी थी। उसने सराजुद्दीन की आँखों के सामने दम तोड़ा था, लेकिन सकीना कहाँ थी, जिसके विषय में उसकी माँ ने मरते हुए कहा था, "मुझे छोड़ दो और सकीना को लेकर जल्दी यहाँ से भाग जाओ।"

सकीना उसके साथ ही थी। दोनों नंगे पाँव भाग रहे थे। सकीना का दुपट्टा गिर पड़ा था। उसे उठाने के लिए उसने रुकना चाहा था। सकीना ने चिल्लाकर कहा था, "अब्बाजी, छोड़िए!" लेकिन उसने दुपट्टा उठा लिया था। यह सोचते-सोचते उसने अपने कोट की उभरी हुई जेब की तरफ़ देखा और उसमें हाथ डालकर एक कपड़ा निकाला, सकीना का वही दुपट्टा था, लेकिन सकीना कहाँ थी?

सराजुद्दीन ने अपने थके हुए दिमाग़ पर बहुत ज़ोर दिया मगर वह किसी नतीजे पर न पहुँच सका। क्या वह सकीना को अपने साथ स्टेशन तक ले आया था?–क्या वह उसके साथ ही गाड़ी में सवार थी?–रास्ते में जब गाड़ी रोकी गई थी और बलवाई अंदर घुस आए थे, तो क्या वह बेहोश हो गया था, जो वे सकीना को उठाकर ले गए?

सराजुद्दीन के दिमाग़ में सवाल ही सवाल थे, जवाब कोई भी नहीं था। उसको हमदर्दी की ज़रूरत थी, लेकिन चारों तरफ़ जितने भी इनसान फँसे हुए थे, सबको हमदर्दी की ज़रूरत थी। सराजुद्दीन ने रोना चाहा, मगर आँखों ने उसकी मदद न की। आँसू न जाने कहाँ गायब हो गए थे।

छह रोज़ के बाद जब होश-ओ-हवास किसी क़दर दुरुस्त हुए तो सराजुद्दीन उन लोगों से मिला जो उसकी मदद करने के लिए तैयार थे। आठ नौजवान थे, जिनके पास लाठियाँ थीं, बंदूकें थीं। सराजुद्दीन ने उनको लाख-लाख दुआएँ दीं और सकीना का हुलिया बताया। "गोरा रंग है और बहुत ख़ूबसूरत है...मुझ पर नहीं अपनी माँ पर थी...उम्र सत्रह वर्ष के क़रीब है।...आँखें बड़ी-बड़ी...बाल स्याह, दाहिने गाल पर मोटा-सा तिल...मेरी इकलौती लड़की है। ढूँढ़ लाओ, ख़ुदा तुम्हारा भला करेगा।"

रज़ाकार नौजवानों ने बड़े जज़्बे के साथ बूढ़े सराजुद्दीन को यक़ीन दिलाया कि अगर उसकी बेटी हुई तो चंद ही दिनों में उसके पास होगी।

आठों नौजवानों ने कोशिश की। जान हथेली पर रखकर वे अमृतसर गए। कई मर्दों और कई बच्चों को निकाल-निकालकर उन्होंने सुरक्षित स्थानों पर पहुँचाया। दस रोज़ गुज़र गए, मगर उन्हें सकीना कहीं न मिली।

एक रोज़ इसी सेवा के लिए लॉरी पर अमृतसर जा रहे थे कि छहरया के पास सड़क पर उन्हें एक लड़की दिखाई दी। लॉरी की आवाज़ सुनकर वह बिदकी और

भागना शुरू कर दिया। रज़ाकारों ने मोटर रोकी। और सबके-सब उसके पीछे भागे। एक खेत में उन्होंने लड़की को पकड़ लिया। देखा, तो बहुत ख़ूबसूरत थी। दाहिने गाल पर मोटा तिल था। एक लड़के ने उससे कहा, "घबराओ नहीं—क्या तुम्हारा नाम सकीना है?"

लड़की का रंग और भी ज़र्द हो गया। उसने कोई जवाब नहीं दिया, लेकिन जब तमाम लड़कों ने उसे दम-दिलासा दिया तो उसकी दहशत दूर हुई और उसने मान लिया कि वह सराजुद्दीन की बेटी सकीना है।

आठ रज़ाकार नौजवानों ने हर तरह सकीना की दिलजोई की। उसे खाना खिलाया, दूध पिलाया और लॉरी में बैठा दिया। एक ने अपना कोट उतारकर उसे दे दिया, क्योंकि दुपट्टा न होने के कारण वह बहुत उलझन महसूस कर रही थी और बार-बार बाँहों से अपने सीने को ढकने की कोशिश में लगी हुई थी।

कई दिन गुज़र गए—सराजुद्दीन को सकीना की कोई ख़बर न मिली। वह दिन-रात विभिन्न कैंपों और दफ़्तरों के चक्कर काटता रहता, लेकिन कहीं से भी उसकी बेटी का पता न चला। रात को वह बहुत देर तक उन रज़ाकार नौजवानों की कामयाबी के लिए दुआएँ माँगता रहता, जिन्होंने उसको यक़ीन दिलाया था कि अगर सकीना ज़िंदा हुई तो चंद दिनों में ही उसे ढूँढ़ निकालेंगे।

एक रोज़ सराजुद्दीन ने कैम्प में उन नौजवान रज़ाकारों को देखा। लॉरी में बैठे थे। सराजुद्दीन भागा-भागा उनके पास गया। लॉरी चलने ही वाली थी कि उसने पूछा, "बेटा मेरी सकीना का पता चला?"

सबने एक जवाब होकर कहा, "चल जाएगा, चल जाएगा।" और लॉरी चला दी। सराजुद्दीन ने एक बार फिर उन नौजवानों की कामयाबी की दुआ माँगी और उसका जी किसी क़दर हलका हो गया।

शाम के क़रीब कैंप में जहाँ सराजुद्दीन बैठा था, उसके पास ही कुछ गड़बड़-सी हुई। चार आदमी कुछ उठाकर ला रहे थे। उसने मालूम किया तो पता चला कि एक लड़की रेलवे लाइन के पास बेहोश पड़ी थी। लोग उसे उठाकर लाए हैं। सराजुद्दीन उनके पीछे हो लिया। लोगों ने लड़की को अस्पताल वालों के सुपुर्द किया और चले गए।

कुछ देर वह ऐसे ही अस्पताल के बाहर गड़े हुए लकड़ी के खंबे के साथ लगकर खड़ा रहा। फिर आहिस्ता-आहिस्ता अन्दर चला गया। कमरे में कोई न था। एक स्ट्रेचर था, जिस पर एक लाश पड़ी थी। सराजुद्दीन छोटे-छोटे क़दम उठाता उसकी तरफ़ बढ़ा। कमरे में अचानक रोशनी हुई। सराजुद्दीन ने लाश के ज़र्द चेहरे पर चमकता हुआ तिल देखा और चिल्लाया—"सकीना!"

डॉक्टर, जिसने कमरे में रोशनी की थी, ने सराजुद्दीन से पूछा, "क्या है?"

सराजुद्दीन के हलक़ से सिर्फ़ इस क़दर निकला, "जी मैं...जी मैं...इसका बाप हूँ।"

डॉक्टर ने स्ट्रेचर पर पड़ी लाश की नब्ज़ टटोली और सराजुद्दीन से कहा–"खिड़की खोल दो।"

सकीना के मुर्दा जिस्म में जुंबिश हुई। बेजान हाथों से उसने इज़ारबंद खोला और सलवार नीचे सरका दी। बूढ़ा सराजुद्दीन खुशी से चिल्लाया, "ज़िंदा हैं–मेरी बेटी ज़िंदा है...।" डॉक्टर सिर से पैर तक पसीने में गर्क हो गया।

ख़ुदा की क़सम

उधर से मुसलमान और इधर से हिंदू अभी तक आ-जा रहे थे। कैंपों के कैंप भरे पड़े थे; जिनमें कहावत के तौर पर तिल धरने के लिए वाकई कोई जगह नहीं थी। लेकिन इसके बावजूद लोग उनमें ठूँसे जा रहे थे। गल्ला नाकाफ़ी है, स्वास्थ्य-सुरक्षा का कोई इंतज़ाम नहीं, बीमारियाँ फैल रही हैं–इसका होश किसको था? एक आपाधापी का आलम था।

सन् '48 का आरंभ था। शायद मार्च का महीना। इधर और उधर दोनों तरफ़ रज़ाकारों (स्वयंसेवकों) के ज़रिये 'भगाई हुई' औरतों और बच्चों के आयात का शुभ कार्य आरंभ हो चुका था। सैकड़ों मर्द, औरतें, लड़के और लड़कियाँ इस भलाई के काम में हिस्सा ले रहे थे। मैं जब उन्हें इसमें सक्रिय देखता, तो मुझे बड़ी अचरजमयी प्रसन्नता होती–यानी ख़ुदा इनसान की बुराइयों के आसार मिटाने की कोशिश में मसरूफ़ था। जो इस्मतें लुट चुकी थीं उनको और लूट-खसोट से बचाना चाहता था–किसलिए?

इसलिए कि उसका दामन अधिक धब्बों और दागों से न भर जाए? इसलिए कि वह जल्दी-जल्दी अपनी खून से लिथड़ी हुई उँगलियाँ चाट ले और अपने हम-जिंसों के साथ दस्तरख़्वान पर बैठकर रोटी खाए? इसलिए कि वह इंसानियत का सुई-धागा लेकर जब तक दूसरे आँखें बंद किए हैं, इस्मतों के चाक रफ़ू कर दे?

कुछ समझ में नहीं आता था, लेकिन इन रज़ाकारों का प्रयास फिर भी प्रशंसनीय मालूम होता था।

उन्हें सैकड़ों दुश्वारियों का सामना करना पड़ता था। हज़ारों बखेड़े थे जो उन्हें उठाने पड़ते थे, क्योंकि जिन्होंने औरतें और लड़कियाँ उड़ाई थी–पारे की तरह थे; आज इधर, कल उधर। अभी इस मुहल्ले में, अभी उस मुहल्ले में। और फिर आस-पास के आदमी भी उनकी मदद नहीं करते थे।

अजीब-अजीब दास्तानें सुनने में आती थीं। एक लियाजाँ अफ़सर ने मुझे बताया कि सहारनपुर में दो लड़कियों ने अपने माँ-बाप के पास जाने से इंकार कर दिया। दूसरे ने बताया कि जब जालंधर में ज़बरदस्ती हमने एक लड़की को निकाला तो क़ाबिज़ के सारे खानदान ने उसे यों अलविदा कही जैसे वह उनकी बहू है और किसी दूर-दराज़

सफ़र पर जा रही है। कई लड़कियों ने माँ-बाप के डर से रास्ते में ही आत्महत्या कर ली। कुछ ऐसी थीं जो उन सदमों की ताव न लाकर कमज़ोर हो चुकी थीं। कुछ ऐसी भी थीं जिन्हें शराब की लत पड़ चुकी थी; उन्हें प्यास लगती तो पानी के बजाय शराब माँगती और नंगी-नंगी गालियाँ बकतीं।

मैं उन बरामद की हुई लड़कियों और औरतों के बारे में सोचता तो मेरे ज़हन में सिर्फ़ फूले हुए पेट उभरते। इन पेटों का क्या होगा? इनमें जो कुछ भरा है उसका मालिक कौन है–पाकिस्तान या हिंदुस्तान? और वह नौ महीने को नाज़बरदारी–इसका मेहनताना पाकिस्तान अदा करेगा या हिंदुस्तान? क्या ये सब ज़ालिम प्रकृति या क़ुदरत के बहीखाते में दर्ज होगा? लेकिन क्या उनमें कोई सफ़ा ख़ाली रह गया है?

बरामद की हुई औरतें आ रही थीं। बरामदशुदा औरतें जा रही थीं।

मैं सोचता था कि ये औरतें 'भगाई हुई' क्यों कहलाई जाती थीं। उन्हें भगाया कब गया है? भगा ले जाना तो एक रोमांटिक काम है, जिसमें मर्द और औरत–दोनों शरीक होते हैं। यह तो एक ऐसी खाई है जिसे फाँदने से पहले दोनों रूहों के सारे तार झनझना उठते हैं। लेकिन यह अगवा कैसा है कि एक निहत्थी को पकड़कर कोठरी में क़ैद कर लिया?

लेकिन ज़माना ऐसा था कि तर्क-वितर्क और दलीलें व फ़लसफ़ा बेकार चीज़ थीं। उन दिनों जिस तरह लोग गर्मियों में भी दरवाज़े और खिड़कियाँ बंद करके सोते थे, उसी तरह मैंने भी अपने दिल-ओ-दिमाग़ की सब खिड़कियाँ-दरवाज़े बंद कर दिए थे; हालाँकि उन्हें खुला रखने की ज़्यादा ज़रूरत उसी वक़्त थी, पर मैं क्या करता, मुझे कुछ सूझता ही नहीं था।

बरामद की हुई औरतें आ रही थीं। बरामदशुदा औरतें जा रही थीं।

यह बरामद और दरामद तमाम व्यावसायिक विशेषताओं के साथ जारी थी।

और पत्रकार, कहानी-लेखक और कवि अपनी क़लम उठाए शिकार में व्यस्त थे; लेकिन कहानियों और कविताओं का एक सैलाब था जो उमड़ा चला आ रहा था। क़लमों के क़दम उखड़-उखड़ जाते थे। जितने ही शिकारी थे, सब बौखला गए थे।

एक लियाज़ाँ अफ़सर मुझसे मिला; कहने लगा, "तुम क्यों गुमसुम रहते हो?" मैंने कोई जवाब न दिया।

उसने मुझे एक दास्तान सुनाई:

"भगाई हुई औरतों की तलाश में हम मारे-मारे फिरते हैं–एक शहर से दूसरे शहर, एक गाँव से दूसरे गाँव, फिर तीसरे गाँव, फिर चौथे; गली-गली, मुहल्ले-मुहल्ले... कूचे-कूचे बड़ी मुश्किलों से मक़सूद गौहर हाथ आता है।"

"मैंने दिल में कहा, कैसे गौहर...अनछिदे गौहर या छिदे हुए?"

तुम्हें मालूम नहीं, हमें कितनी दिक़्क़तों का सामना करना पड़ता है? लेकिन मैं तुम्हें एक बात बताने वाला था...हम सरहद के उस पार सैकड़ों फेरे कर चुके हैं। अजब बात है कि मैंने हर फेरे में एक बुढ़िया को देखा–एक मुसलमान बुढ़िया को–अधेड़ उम्र की थी। पहली मरतबा तो मैंने उसे जालंधर की बस्तियों में देखा–परेशान हाल, चला हुआ दिमाग़, वीरान-वीरान आँखें, गर्द व गुबार से अटे हुए बाल, फटे हुए कपड़े, उसे तन का होश था न मन का; लेकिन उसकी निगाहों से यह साफ़ ज़ाहिर था कि वह किसी को ढूँढ रही है।

मुझे बहन ने बताया कि यह औरत सदमे की वजह से पागल हो गई है, पटियाला की रहने वाली है। इसकी इकलौती लड़की थी जो इसे नहीं मिलती। हमने बहुत जतन किए है उसे ढूँढ़ने के लिए, मगर नाकाम रहे हैं। शायद बलवों में मारी गई, मगर यह बुढ़िया नहीं मानती।

दूसरी बार मैंने उस पगली को सहारनपुर के लारियों के अड्डे पर देखा। उसकी हालत पहले से कहीं ज़्यादा बदतर व ख़स्ता थी। उसके होंठों पर मीठी-मीठी पपड़ियाँ जमी थीं। बाल साधुओं के-से बने थे। मैंने उससे बातचीत की और चाहा कि वह अपनी अंधी तलाश छोड़ दे। चुनांचे मैंने इस ग़रज़ से बहुत संगदिल बनकर उससे कहा, "माई, तेरी लड़की क़त्ल कर दी गई थी।"

पगली ने मेरी तरफ़ देखा, "क़त्ल...नहीं।" उसके लहज़े में फ़ौलादी यक़ीन पैदा हो गया, "उसे कोई क़त्ल नहीं कर सकता। मेरी बेटी को कोई क़त्ल नहीं कर सकता।"

और वह चली गई उसकी अंधी तलाश में।

मैंने सोचा–एक तलाश और फिर अंधी लेकिन पगली को क्यों इतना यक़ीन था कि उसकी बेटी पर कोई कृपाण नहीं उठा सकता? कोई तेज़ धार या कुंद छुरा उसकी गरदन की तरफ़ नहीं बढ़ सकता? क्या वह अमर थी? या उसकी ममता अमर थी? ममता तो ख़ैर अमर होती है, फिर क्या वह अपनी ममता ढूँढ़ रही थी? क्या उसने उसे कहीं खो दिया...?

तीसरे फेरे में मैंने उसे फिर देखा। अब वह बिलकुल चीथड़ों में थी, क़रीब-क़रीब नंगी। मैंने उसे कपड़े दिए, मगर उसने क़ुबूल न किए।

मैंने उससे कहा, "माई, मैं सच कहता हूँ, तेरी लड़की पटियाला ही में क़त्ल कर दी गई थी।"

उसने फिर उसी फ़ौलादी यक़ीन के साथ कहा, "तू झूठ कहता है।"

मैंने उसको अपनी बात मनवाने की ख़ातिर कहा, "नहीं, मैं सच कहता हूँ। काफ़ी रो-पीट लिया है तुमने। चलो मेरे साथ, मैं तुम्हें पाकिस्तान ले चलूँगा।"

उसने मेरी बात न सुनी और बड़बड़ाने लगी। बड़बड़ाते-बड़बड़ाते वह एकदम चौंकी। अब उसके लहजे में यक़ीन फ़ौलाद से भी ज़्यादा ठोस था, "नहीं! मेरी बेटी को कोई क़त्ल नहीं कर सकता।"

मैंने पूछा, "क्यों?"

बुढ़िया ने हौले-हौले कहा, "वह ख़ूबसूरत है। इतनी ख़ूबसूरत है कि उसे कोई क़त्ल नहीं कर सकता—उसे तमाचा तक नहीं मार सकता।"

मैं सोचने लगा—क्या वाक़ई वह इतनी ख़ूबसूरत थी? हर माँ की आँखों में उसकी औलाद चंदे आफ़ताब, चंदे माहताब होती है। लेकिन हो सकता है, वह लड़की दरअसल ख़ूबसूरत हो। मगर इस तूफ़ान में कौन-सी ख़ूबसूरती है, जो इनसान के खुरदरे हाथों से बची है? हो सकता है, पगली उस कच्चे विचार को धोखा दे रही हो। फ़रार के लाखों रास्ते हैं, दुख एक ऐसा चौक है जो अपने इर्द-गिर्द लाखों बल्कि करोड़ों सड़कों का जाल बुन देता है।

बार्डर के उस पार कई फेरे हुए। हर बार मैंने उस पगली को देखा। अब वह हड्डियों का ढाँचा रह गई थी। बीनाई कमज़ोर हो चुकी थी। टटोल-टटोलकर चलती थी मगर उसकी तलाश जारी थी—बड़ी शद्दोमद से। उसका यक़ीन उसी तरह ठोस था कि उसकी बेटी ज़िंदा है इसलिए कि उसे कोई मार नहीं सकता।

बहन ने मुझसे कहा कि इस औरत से मगज़मारी फ़िज़ूल है। इसका दिमाग़ चल चुका है। बेहतर यही है कि तुम इसे पाकिस्तान ले जाओ ज़ोर पागलख़ाने में दाख़िल करा दो।

मैंने मुनासिब न समझा। मैं उसकी अंधी तलाश, जो उसकी ज़िंदगी का एकमात्र सहारा थी, उससे नहीं छीनना चाहता था। मैं उसे एक विशाल पागलख़ाने से जिसमें वह मीलों की दूरी तय करके अपने पाँव के आबलों की प्यास बुझा सकती थी, उठाकर एक छोटी-सी चारदीवारी में क़ैद करना नहीं चाहता सा।

आख़िरी बार मैंने उसे अमृतसर में देखा। उसकी बदहाली का यह आलम था कि मेरी आँखों में आँसू आ गए। मैंने फ़ैसला कर लिया कि इसे पाकिस्तान ले जाऊँगा और पागलख़ाने में दाख़िल करा दूँगा।

वह फ़रीद के चौक में खड़ी अपनी नीम अंधी आँखों से इधर-उधर देख रही थी। चौक में काफ़ी चहल-पहल थी। मैं बहन के साथ एक दुकान पर बैठा एक अगवा की हुई लड़की के बारे में बातचीत कर रहा था जिसके बारे में इत्तिला मिली थी कि वह बाज़ार सबूनियाँ में एक हिंदू बनिये के घर मौजूद है। यह बातचीत ख़त्म हुई तो मैं उठा कि उस पगली से झूठ-सच कहकर उसे पाकिस्तान जाने के लिए आमादा करूँ कि एक जोड़ा उधर में गुज़रा-औरत ने घूँघट काढ़ रखा था, छोटा-सा घूँघट। उसके साथ एक सिख नौजवान था—बड़ा छैल-छबीला। बड़ा तंदुरुस्त और तीखे-तीखे नक्शों वाला।

जब ये दोनों उस पगली के पास से गुज़रे तो नौजवान एकदम ठिठक गया। उसने दो क़दम पीछे हटकर औरत का हाथ पकड़ लिया। कुछ अचानक तौर पर लड़की ने अपना छोटा-सा घूँघट उठाया। लड़के की धुली हुई सफ़ेद चादर के चौखटे में मुझे एक ऐसा गुलाबी चेहरा नज़र आया जिसका हुस्न बयान करने में मेरी ज़बान आजिज़ है।

मैं उनके बिलकुल पास था। सिख नौजवान ने उस सौंदर्य की देवी से उस पगली की ओर इशारा करते हुए सरगोशी में कहा, "तुम्हारी माँ।"

लड़की ने एक क्षण के लिए पगली की तरफ़ देखा और घूँघट छोड़ लिया और नौजवान का बाजू पकड़कर भिंचे हुए स्वर में कहा, "चलो।"

और वे दोनों सड़क से ज़रा हटकर तेज़ी से आगे निकल गए। पगली चिल्लाई, "भागभरी-भागभरी!"

वह सख़्त बेचैन थी। मैंने पास जाकर पूछा, "क्या बात है, माई?"

वह काँप रही थी, "मैंने उसको देखा है।"

मैंने पूछा, "किसे?"

उसके माथे के नीचे दो गढ़ा में उसकी आँखों के बेनूर ढेले हरकत में आए–"अपनी बेटी को-भागभरी को।"

मैंने फिर उससे कहा, "वह मर-खप चुकी है, माई!"

उसने चीखकर कहा, "तुम झूठ कहते हो।"

मैंने इस मरतबा उसे पूरा यक़ीन दिलाने की ख़ातिर कहा, "मैं ख़ुदा की क़सम खाकर कहता हूँ–वह मर चुकी है।"

यह सुनते ही वह पगली चौक में ढेर हो गई।

www.ingramcontent.com/pod-product-compliance
Lightning Source LLC
Chambersburg PA
CBHW031335230926
51848CB00002B/247
* 9 7 8 9 3 6 7 9 3 1 8 4 4 *